총서 '불멸의 력사'
해제집

강진호 성신여대 국문과 교수
유임하 한국체대 교양과정부 교수
채호석 한국외대 한국어교육과 교수
홍석률 성신여대 사학과 교수
김한식 상명대 국문과 교수
오태호 경희대 학부대학 강의교수
공임순 서강대 강사
김은정 한국외대 강사
남원진 건국대 강사
이승윤 연세대 강사
박선영 성신여대 강사
김원경 고려대 강사

총서 '불멸의 력사' 연구 2

총서 '불멸의 력사' 해제집

초판 인쇄 2009년 8월 26일 **초판 발행** 2009년 8월 31일
지은이 강진호 외 **펴낸이** 박성모 **펴낸곳** 소명출판 **출판등록** 제13-522호
주소 서울시 서초구 서초동 1621-18 란빌딩 1층
전화 02-585-7840 **팩스** 02-585-7848 **전자우편** somyong@korea.com **홈페이지** www.somyong.co.kr

값 46,000원

ISBN 978-89-5626-414-1 94810
ISBN 978-89-5626-412-7 (전3권)

이 저서는 2007년도 정부재원(교육인적자원부 학술연구조성사업비)으로 한국연구재단의 연구 지원을 받았음(KRF-2007-322-A00097).

총서 '불멸의 력사' 연구 2

총서 '불멸의 력사' 해제집

Explanation of the series of 'The Imperishable History(of North Korea)'

강진호 외 지음

소명출판

◆ 일러두기

1. 이 책은 총서 '불멸의 력사'로 출간된 총 32편의 장편소설에 대한 해제집이다. '총서'의 순서는 1980년대 중반 김정일의 지시에 따라 전집 형식으로 출판되면서 잡은 1권에서 15권까지의 순서에 따랐으며, 그 이후는 역사적 시기에 따라서 임의로 배열하였다. 각 해제별 체제는 다음과 같다.
   ① 작품별 세부 사항
   ② 줄거리 소개
   ③ 북한의 소개와 평가
   ④ 개작 상황
   이와 함께 책 말미에 집필 작가들에 관한 이력과 작품 연보를 수록하였다.
2. 작품별 해제의 '③ 북한의 소개와 평가' 부분에는 북한에서 출간된 『조선중앙년감』, 『문학예술사전』 등의 사전(년감)자료와 『조선문학』, 『문학신문』 등에 수록된 평론 자료를 수록하였다. 북한의 자료를 직접 제시한 관계로 철자와 외래어 표기, 약물 기호를 북한식 그대로 실었다. 다만 독자의 편의를 위해 띄어쓰기는 남한식으로 조정하였다.
3. 약물 기호
   －홑따옴표(' ')는 단어나 문장을 강조하는 경우 및 단체명, 고유명 등을 명기하는 경우에 사용하였다.
   －겹따옴표(" ")는 작품이나 논설의 본문을 직접 인용하는 경우에 사용하였다.
   －홑낫표(「 」)는 단편소설명, 연극명, 영화명, 노래 제목 등을 제시하는 경우에 사용하였다.
   －겹낫표(『 』)는 중·장편소설명, 소설집명, 단행본명, 정기간행물명 등을 제시하는 경우에 사용하였다.
   －본문에서 작품 내용 및 북한 자료가 직접 인용된 부분과 '③ 북한의 소개와 평가' 부분에서는 위의 약물 기호를 사용하지 않고 북한식 약물 기호를 그대로 반영하였다.

책머리에

해방 이후 남한 사회에서 진행된 북한의 정치·경제·사회·군사·외교 등 여러 분야에 걸친 연구는 질적으로나 양적으로 많은 성과물을 도출하였다. 1988년 납북·월북 작가들에 대한 해금 이후 북한 문학 연구가 본격화되었으며, 이후 문학뿐 아니라 연극, 가요, 영화 등 여러 방면에 걸쳐 다양한 연구가 진행되었다.

'총서'가 본격적으로 창작된 시점은 1970년 중반 이후이다. '총서'는 1926년 '타도제국주의동맹'의 결성에서 1994년 김일성의 죽음까지, 즉 김일성이 역사의 전면에 등장하는 시점에서부터 퇴장하기까지를 대상으로 하고 있다. 작품은 시대순으로 집필된 것이 아니라 당대 현실 정치의 필요에 의해 과거의 역사적 사실들을 호출하는 형식으로 되어 있다. 김일성 사후에 발표된 12편을 포함하여 본 '해제집'에서 대상으로 한 총 32편의 작품들은 모두 김일성의 유훈통치를 강화하고, 김정일의 권력승계를 정당화하며, 체제위기를 극복하기 위한 교양과 교화의 수단으로 적극 활용되었다. '총서'는 창작 당시의 절박한 시대적 요구를 투영하면서 사회적 균열을 봉합하려는 의도로 창작되었고, 이 과정에서 김정일은 '4·15 문학창작단'을 진두지휘하면서 김일성 일가의 혁명 가계(家系)와 영웅적 항일투쟁을 본격적으로 그려내면서 스스로를 그 적자(嫡子)로 자리매김하고 정통성을 부여하기에 이른 것이다.

'총서'의 전체 규모는 1972년 발표된 권정웅의 『1932년』부터 백보흠·송상원의 『영생』에 이르기까지 '항일혁명투쟁시기편' 17권과 '해방 후편' 15권을 통틀어 총 32권에 달한다. 각 권당 평균 700여 쪽, 원고지로 약 10만 매에 이르는 분량인 셈이다. '총서'는 김일성을 중심으로 한 역사적 사변들을 단계별로 창작하고, 각각의 장편소설은 상대적인 독자성을 가지면서도 인물이 서로 연결되고 사건이 계승되며 주제도 연관되는 특성을 지닌다. 이외에도 '총서'에는 만주 지역에서 실제로 활동했던 여러 독립단체와 학생회, 많은 국내외의 역사적 사건이 다루어지며, 각 권당 무수한 역사적 인물과 허구적 인물들이 등장한다. 이들 인물과 사건을 중심으로 소설적 상상력을 구사해서 만들어진 역사 서사물이 바로 '총서'이다. 요컨대, 북한사회에서 '총서'는 공적 기억의 보고(寶庫)이자 '국가 이야기'의 원천으로 북한사회의 '문화정전'에 해당한다. 그럼에도 불구하고 현재까지 남한에서 '총서'에 대한 논의는 단편적이었을 뿐만 아니라, '총서'를 전체로 이해할 필요성조차도 인식되지 못하고 있었다. 북한의 폐쇄적인 사회구조로 인해 자료에 대한 접근이 제한적일 뿐 아니라, 작가나 작품에 대한 실증적인 작업조차 쉽지 않은 상황 또한 '총서'에 대한 연구를 더디게 한 요인이었다.

'총서'에 대한 전반적인 이해에 도달하기 위해서는 무엇보다 1차 텍스트인 '총서' 각 권에 대한 꼼꼼한 읽기를 바탕으로 텍스트 내에 산재해 있는 다양한 정보들을 객관적으로 정리하는 작업이 필요하다. '총서 해제집'의 기획은 이러한 문제의식에서 출발하였다.

'해제집'은 '총서' 한 권 한 권을 상세하게 설명하는 식으로 구성되었다. 우선 각권의 서지 사항과 함께 표지 사진을 실어 쉽게 접할 수 없는 북한 출판물에 대한 정보를 제공하였다. 또한 텍스트별로 작가에 대한 조사와 함께 주제 · 테마 · 구성 · 시점 · 시간적 배경 · 공간적 배경 · 소재 · 인물에 대한 객관적인 정보를 제공하였다. 더불어 평균 600에서 800쪽에 이르는 매 작품의 줄거리를 서사를 중심으로 정리하였다. 줄거리의 경우는 1차로 간행된 텍스트뿐 아니라 북한의 상황 변화에 따라 개작이 이루어진 경우는 개작의 추이도 함께 정리하였다. 이외에도 북한의 『조선중앙년감』과 『문학예술사전』, 『조선문학』, 『문학신문』 등을 참고하여 각 작품에 대한 북한에서의 평가 등을 수록하여 연구자들이 보다 쉽게 작품에 접근할 수 있도록 하였다.

'총서 해제집'은 본 연구팀의 또 다른 결과물인 '총서 연구서', '총서 용어사전'과 짝을 이룬다. '총서 연구서'는 '총서' 전반에 대한 심도 있는 연구논문을 담고 있고, '총서 용어사전'은 역사 · 철학용어 · 인명 · 일상용어 등을 수록하였다. 우리는 '총서'와 관련된 모든 부문의 자료들을 총괄하고, 체계적으로 연관시킨 이 세 권의 저작을 통하여 향후 북한 연구자들이 총서 '불멸의 력사'에 관한 보다 많은 정보를 손쉽게 제공받고 새로운 연구로 나갈 수 있을 것으로 기대한다.

본 작업은 기획단계에서부터 결과물에 이르기까지 2년이 넘는 기간이 소요되었다. 실제 본 연구팀의 전임연구원들이 지속적으로 진행하였던 북한문학 세미나 시절까지를 더하면 3년 여의 시간이 투입된 셈이다. 방대하고 이질적인 텍스트에 대한 독해와 분석 작업, 자료에 대한 발굴과 확인에 이르기까지의 과정은 늘 시간과의 싸움이었다. '해제집'은 그 시간을 함께 묵묵히 견디며 채워온 열일곱 동료들의 땀과 노력의 결실이다.

하지만 여전히 부족하고 아쉬움이 남는다. 이번 '해제집'은 완성형이 아니라 진행형이라 할 수 있다. '총서'가 여전히 북한에서 창작 중이기 때문이다. 우리가 한국학술진흥재단에 계획서를 제출할 때만 해도 총 32권이던 '총서'는 2007년 김삼복의 『청산벌』이 발표되면서 33권으로 늘었다. 새로이 발표된 텍스트들을 추가하고, 새로운 자료들을 발굴하여 지속적으로 보완할 때 '해제집'은 더욱 단단해질 수 있을 것이다.

여러 북한문학 연구자들과 동학들의 아낌없는 충고와 질정을 바란다.

2009년 6월

저자들을 대신해서 강진호

차례

| 해방 후편 |

| 작가 소개 |

| 항일혁명투쟁시기편 |

총서 '불멸의 력사' 해제

01

『닻은 올랐다』

1. 세부 사항

<table>
<tr><td>제목</td><td colspan="3">총서 '불멸의 력사'1 『닻은 올랐다』</td><td>출간 권수</td><td>1</td></tr>
<tr><td>작가 및 창작단</td><td colspan="5">김정 / 조선작가동맹중앙위원회 4·15문학창작단</td></tr>
<tr><td rowspan="2">발표 연도
(수상 연도)</td><td>발표 연도</td><td>1982</td><td rowspan="2">발표 지면
(수상명·집)</td><td colspan="2" rowspan="2">문예출판사</td></tr>
<tr><td>개작 연도</td><td>1986</td></tr>
<tr><td>스토리
주제</td><td colspan="5">1925~1926년에 이르는 '타도제국주의동맹'의 수립 과정. 전반부는 김형직의 활동 내용을, 후반부는 김성주의 '타도제국주의동맹' 결성 및 활동을 다룸.</td></tr>
<tr><td>키워드1/ 테마</td><td colspan="5">만주 지역의 항일운동, 독립군 부대의 내분 수습, 기존 공산주의와 임시정부 비판, 공산주의혁명운동.</td></tr>
<tr><td>키워드2/ 구성</td><td colspan="5">2편 48장</td></tr>
<tr><td>키워드3/ 시점</td><td colspan="5">복합 시점—전지적 작가 시점과 1인칭 주인공 시점(김일성에 한하여 주체존대법 사용)</td></tr>
<tr><td>키워드4/ 시간</td><td colspan="5">1925~1926년</td></tr>
<tr><td>키워드5/ 장소</td><td colspan="5">만주 화전</td></tr>
<tr><td>키워드6/ 소재</td><td colspan="5">타도제국주의동맹('ㅌ·ㄷ'), 항일혁명무장투쟁, 화성의숙, 사회주의와 공산주의, 청년학생운동.</td></tr>
<tr><td>키워드7/ 인물(직업)</td><td colspan="5">학생, 민족주의자, 독립운동가, 임시정부 요인, 밀정, 농민, 교사, 독립군 교관, 독립군 지도자, 관동군, 노동자.</td></tr>
</table>

2. 줄거리 소개

전편(총 23장)

팔도구를 떠난 김성주는 2년 만에 집에 돌아와 어머니를 만나지만 밀정의 감시를 피해 곧바로 피신해야 하는 상황이다. 그는 아버지의 신변 걱정과 나라를 잃은 슬픔에 잠긴 채 어머니의 배웅을 받으며 도착한 날 밤 영주, 철주를 데리고 집을 나서 림강으로 향한다.

림강을 향해 가던 중, 포평 기슭에서 잠시 쉬던 김성주는 지주의 빚독촉을 견디다 못해 무송 샘골로 솔가 도주하는 한 무리의 백성들과 조우한다. 그들 중에는 이후 김성주의 친우가 된 리무성, 그의 동생 무련, 외삼촌인 박도삼 일행이 끼어 있다. 그들은 잠시 이야기를 나눈 후 각자의 길을 향해 떠난다.

무송 현성에 자리 잡은 '무림의원'에서 김성주와 가족들은 오랜만에 단란한 나날을 보낸다. 새벽 산책길에 나선 김성주와 김형직은 산마루에 올라 조국의 미래에 대한 염려와 앞으로의 계획에 관해 이야기를 나눈다.

'무림의원'의 은혜에 보답하기 위해 나뭇짐을 해 가던 리무성은 김형직의 심부름으로 안도 독립군 두령들에게 비밀서한을 가져갔던 림소영과 마주친다. 주막에 나무를 해다 준 후 주머니를 털어 엿을 산 무성은 림소영과 대화를 나누며 '무림의원'으로 온다.

김형직과의 만남, 독립군에 들어온 자신의 내력 등을 회상하던 림소영은 강반석을 도와 반찬을 만들며 손님 대접 준비에 바쁘다. 한편 림소영은 연대장파와 변참모파로 갈라져 패싸움 중인 안도 독립군 부대의 한심한 상황을 김형직에게 전한다.

김성주는 리무성, 고대문, 강춘일, 김선실, 남을송 등 동무들과 양지촌 성터에 올라 고구려의 기상을 되새기며 그와 대조적으로 몰락해버린 조선의 현실을 개탄한다. 그때 신민부 파견원 출신 마인택이 나타나 술에 취해 패배주의적인 망국타령을 늘어놓는다.

백산학교 건설장에서 공사를 돕고 집으로 돌아온 김성주는 아버지 약을 달이는 어머니와 김형직의 건강에 대해 염려하는 대화를 나눈다. 병중에도 왕진을 다녀오던 김형직은 독립군 대원 최인걸이 반대파에게 테러를 당해 쓰러져 있다는 무성의 전갈을 듣고 다시 집을 나선다.

강반석과 김성주는 김형직에게 우산을 전해주기 위해 밤길을 걸어 리무성의 집을 찾는다. 최인걸에게 독립군 북도패와 서도패의 사정을 전해들은 김형직은 김성주에게 올바른 독립운동 방안에 대해 다시 한 번 당부한다.

총상을 입고 박도삼의 집에 머물던 최인걸은 마을 주민의 관심과 온정으로 점차 건강을 회복해 간다. 김형직이 안도로 떠난다는 소식을 접한 림소영이 동행을 청하나 그는 소영에게 무송에 머무르며 곧 개교할 백산학교 교편물을 제작하도록 당부한다.

김성주는 백산학교 건설 일을 못마땅해 하는 마을 오 지주의 폭력적인 언사를 준엄히 꾸짖는다. 백산학교 공사와 관련한 심부름으로 샘골 박도삼의 집을 방문한 김성주는 화전 삼포에 일꾼으로 떠나는 무송을 만나 우정을 다짐하며 이별한다.

림소영은 김형직의 부탁에 따라 '무림의원'에 머물며 백산학교 교편물을 준비하며 하루하루를 보낸다. 그녀는 연인이자 화성의숙 교관인 박인석에게 무송의 근황을 전하고 편지를 주고받으며 연심에 젖는다.

김성주는 '무림의원'에 머물며 몸을 추스르고 있는 최인걸과 독립군 문제에 대해 걱정 어린 의견을 나눈다. 이때 강반석이 백산학교에 매달 종을 가져오자 김성주는 어머니와 함께 공사장을 찾아 일을 돕는다.

동무들에게 조선 이야기를 들려주기 위해 남을송의 집을 찾은 김성주. 그곳에서 돈만 있으면 독립이 된다는 을송의 아버지 남태겸과 현장의 대화를 듣자 마음이 무겁다. 며칠 후 김형직이 무송으로 돌아온다.

백산학교 개교 날, 김성주는 완쾌한 최인걸과 함께 식장으로 향한다. 단상에 오른 김형직은 교육의 필요성을 설파한다. 최인걸은 광복에 대한 김성주의 명쾌하고 열정적인 논변을 듣고 감동에 젖는다.

김성주는 강반석이 만들어준 저고리를 무성의 동생 무련에게 전하기 위해 박도삼의 집을 방문했다가 지붕 이엉 올리는 일을 시원스레 돕는다. 그는 오 지주 집에 잔심부름을 도우러 간 무련의 고생을 목격하고 지주의 횡포에 분노한다.

1925년 8월, 무송회의를 위해 각 지역 대표들이 말리허로 모여드는 중에 김성주는 회의에 참가하기 위해 온 오동진을 만난다. 오동진은 김형직이 '광제청년단'과 '대한독립청년단'을 통합시켰던 관전회의를 들려주며 김성주와 함께 독립에 대해 대화를 나눈다.

무송에 오동진 일행이 도착한다. 오동진을 수행한 장호림은 '무림의원'에 들러 과거 동지였던 마인택에게 무송회의에 참가하도록 권하지만 거절당한다. 그들은 독립운동의 향방과 사분오열하는 임정의 작태를 놓고 견해차를 보이다 갈라서고 만다.

25년 8월, 화성의숙 교관 박인석이 말리허에 도착한다. 박인석과 만나기로 한 림소영은 그를 처음 만나던 때를 떠올리며 추억에 젖는다. 오랜만에 림소영과 해후한 박인석은 나룻가에 앉아 정담을 나눈다.

26년 초여름, 건강이 급속도로 악화된 김형직은 결국 몸져눕는다. 임종 직전 김형직은 숨 가빴던 생의 여정, 가족들, 조선의 미래를 주마등처럼 떠올린다. 6월 5일 저녁 김형직은 권총 두 자루를 김성주에게 유품으로 남긴 채 사망하고 만다.

의위원회 책임을 맡은 오동진은 밤을 지새워 추도문을 쓰는 사이사이 1911년 봄 대성학교 학생시절 숭실학교에 다니던 김형직과의 만남을 회상하며 비통해 한다. 오동진은 김성주와 손을 잡고 서로를 위로한다.

김형직의 사망 소식은 무송을 넘어 남리, 칠골, 내동, 중강진, 상해, 길림 등으로 퍼진다. 26년 6월, 물결처럼 밀려든 조문객들 속에서 오동진,

김시우를 위시한 8명의 독립운동가들이 멘 장례행렬은 소남문거리를 통과한다.

김형직의 죽음을 모르는 병자들이 '무림의원'을 찾아오지만 그들을 더 이상 치료할 수 없게 되자 김성주와 강반석은 '무림의원' 간판을 뗀다. 모자는 다시 한 번 김형직의 부재를 실감하고 슬픔에 잠긴다.

가족 걱정에 갈등하던 김성주는 강반석의 격려에 힘입어 화전 화성의숙에 입학하기로 결정한다. 무송을 떠나기 전, 병에 효과가 좋은 오선주를 들고 박도삼의 집을 찾은 김성주는 그의 사망 소식을 접한다.

후편(총 25장)

26년 6월, 화전에 도착한 김성주는 먼저 김시우 총관의 집을 찾는다. 화성의숙에서 최일심 숙장, 군사교관 박인석과 첫 대면한 김성주는 곧 이어 리무성, 방을룡과 재회한다. 리무성은 화성의숙에 입학할 계획을 갖고 있다.

입학식 날부터 김성주는 학생들과 어울려 많은 이야기를 들려준다. 다음날 송화강변으로 새벽 산책을 나선 김성주는 강기슭에서 혼자 시를 읊조리는 화성의숙 학생 리효와 처음 대면하고 시에 대한 견해를 주고받는다.

박인석은 김형직의 사망으로 깊은 절망에 빠진 림소영의 편지 내용에 걱정이 앞서나 김성주에 대한 부탁, 화전 안도선 중대 계몽 일을 하게 되었다는 계획 등을 마저 읽고 안도한다. 한편 군사훈련 시간에 늦은 리효를 못마땅하게 여긴 박인석은 그에게 체벌을 내린다. 야외상학훈련을 통해 리효, 김영갑과 교분을 좀 더 나누게 된 김성주는 화성의숙에 새 기운을 불러일으키기로 결심한다.

인삼과 『개벽』지가 포장된 소포를 받던 리효, 편지를 부치러 온 김성주와 마주친다. 그는 이광수의 「민족개조론」을 놓고 논쟁을 벌이던 중 김성주의 예리한 논조와 비판적 시각에 감탄한다. 리효 아버지의 편지에는 미국 유학에 대한 권고가 담겨 있다.

개원에서 학교운영 모연공작을 마치고 돌아오던 화성의숙 학생들은 까치골 촌장집에서 마지막 밤을 보낸다. 김성주의 입학 소식을 접한 최인걸은 밤길을 걸어 의숙으로 돌아와 그와 반갑게 상봉한다.

화전에 도착한 림소영은 김시우 총관집에 머물고 있던 김성주와 해후한다. 김성주와 대화를 나누던 소영은 어린 줄만 알았던 성주의 지식과 논변에 새삼 감탄한다. 김성주는 어머니가 보낸 강냉이를 맛보며 뜨거운 어머니의 사랑을 느낀다.

박인석과 림소영은 송화강 기슭에서 재회의 기쁨을 나눈다. 소영은 혁명과 민족에 투신한 자신의 결의에 관심을 갖기보다는 사랑을 호소하는 인석을 보며 끌리는 마음과 저어하는 마음 사이에서 갈등한다.

관전부대 독립군 용사들이 도착하자 최일심 숙장을 비롯한 화성의숙 구성원들은 정성껏 환대한다. 부대 책임자 최호국은 주재소 습격 무용담을 들려주며 학생무장대 조직을 독려한다. 학생들은 채호국의 말을 듣고 직접 행동에 나설 결심을 한다.

교외 들판으로 새벽 산책을 나선 김성주는 사색에 젖은 최인걸을 발견한다. 그는 채호국의 연설에 고무되어 국내 원정을 떠나자는 김영갑의 말에 갈등하고 있다. 김성주는 그에게 공산주의 연구 비밀독서회를 조직하려는 의중을 내비친다. 한편 아침식사를 위해 기숙사로 들어선 그들에게 리효, 김영갑, 조기영, 석해도가 국내 원정을 떠났다는 소식이 기다리고 있다.

박인석은 4인의 국내 원정에 대해 부정적인 시각이 담긴 김성주의 말에 실망하지만 그의 예리하고 정연한 논리에 크게 마음이 흔들린다. 강가에서 림소영을 만난 인석은 자신과 의견이 같은 소영의 말에 위로를 받는다.

국내 원정을 떠난 학생들이 돌아오지 않자 최일심 숙장은 괴로운 나날을 보낸다. 마르크스의 책을 읽다 들킨 박두학을 야단치던 숙장은 때마침 박인석의 동경 유학 시절 친구이자 '화요파' 중진으로 활동 중인 최재영의 방문을 받고 불안감에 휩싸인다.

리효의 부상과 조기영의 행방불명이라는 참담한 결과를 끝으로 4인의 국내 습격 원정대가 돌아온다. 귀환 중인 리효는 김성주의 충고를 무시한 것에 대해 후회 어린 상념에 젖어 있다. 리효 등과 길에서 마주친 방을룡은 그들을 마차에 태워 돌아오며 비참한 실패담을 전해 듣는다.

방을룡의 집에서 몸을 추스르는 리효를 김성주가 방문한다. 이때 장백에서 온 조기영의 어머니가 나타나 기영의 사망기사가 실린 『동아일보』 1926년 8월 16일자 신문을 내밀자 학생들은 비통함에 잠긴다. 리효는 유학 대신 동무들과 함께 할 것을 결심한다. 이 자리에서 김성주는 새 사상 연구 보급, 조선혁명 진로 탐색을 목적으로 하는 비밀독서회를 조직한다.

최일심 숙장에게 전하는 오동진의 편지를 가져온 림소영은 아들을 잃고 슬퍼하는 기영 어머니의 모습에 국내 원정을 찬성했던 자신과 박인식을 떠올리며 죄의식에 사로잡힌다. 병문안차 리효를 방문한 소영은 김성주가 제2의 원정이 발생할까 걱정하자 그 중심에 박인석이 있을 것이라 예측하며 다시금 자책에 빠진다.

학생들에게 가창행진을 시킨 박인석이 리무성을 따로 불러 불온서적을 찾기 위한 소지품 검사를 돕게 하자 리무성은 그의 행동에 실망한다. 무성은 박두학이 읽던 『공산당선언』을 숨기지만 인석에게 들켜 압수당한다.

『대동민보』에 『공산당선언』 압수사건을 비판하는 최재영의 글이 실리자 대노한 박인석은 최재영을 찾아 나선 길에 림소영과 마주친다. 소영이 최재영의 글에 동조하는 태도를 보이자 그는 처음으로 소영에게 강한 반발을 느끼며 최재영을 찾아가지 말라는 그녀의 만류를 뿌리친다.

손수 만든 버선을 가지고 인석의 집으로 향하던 소영은 박인석의 이기적인 분노 표출에 놀라 번민에 휩싸이지만 가던 길을 마저 재촉한다. 소영은 집에 돌아온 인석과 공산주의 사상에 대해 서로 다른 견해를 드러내며 다시 한 번 대립한다. 김성주의 행동을 못마땅해 하는 박인석의 태도에서 편협함을 느낀 림소영은 그와의 결별을 예감한다.

비밀독서회 성원들은 방을룡의 집에서 최재영과 만나지만 노동계급에만 집착하여 민족주의를 무조건 배척하는 논리에 실망만 느낀다. 그때 최재영을 만난 사실이 발각되어 성원들은 화성의숙으로 소집된다. 김성주는 박인석과 대화를 나누지만 견해가 서로 다름을 깨닫고 출학을 자청한다.

불온학생 사건은 리효에게 정학 3개월과 학교운영 모연자금을 명하는 것으로 일단락된다. 김성주는 최일심과 박인석을 찾아 처벌의 부당성과 새 사조 보급의 중요성을 역설한 뒤, 나루터로 가서 공작지로 떠나는 리효를 배웅한다.

9월 하순, 김성주는 모연자금을 떠난 리효를 만나기 위해 성남촌으로 향한다. 비밀독서회 등 화성의숙의 안부를 나눈 그들은 함께 모연을 떠난다. 모연 중 가난하지만 인정있는 노파를 만난 그들은 혁명의 주인이 민족주의자나 임정각료가 아니라 인민임을 뼈저리게 깨닫는다.

김성주는 화전에 가기 전 무련을 만나볼 결심으로 새초덕을 향해 떠난다. 무련은 돼지몰이를 하며 갖은 고생을 하고 있다. 김성주는 무련의 측은한 모습에 가슴 아파하며 화전을 향해 출발한다.

허울 좋은 '독립공채'를 팔러 다니는 마인택 일행을 저지하던 김영갑과 최도순이 뭇매를 맞고 헛간에 갇히자 리무성과 학생들이 구출한다. 뒤늦게 소식을 듣고 달려온 박인석이 마인택 패거리와 총격전을 벌이던 중, 리무성이 총탄에 맞고 사망한다. 분노한 학생들로 인해 전면전의 위기가 닥치지만 김성주가 이를 막아선다.

리무성을 그리며 묘에 간 김성주는 오빠에게 신기고자 짠 양말을 묻기 위해 묘를 파는 무련을 보고 눈물을 흘린다. 김성주는 이날(1926년 10월 10일) 새로운 형태의 혁명조직인 '타도제국주의동맹(ㅌ·ㄷ)'을 결성하기 위한 예비회의를 소집한다.

1926년 10월의 어느 밤, 김성주는 최인걸, 박두학, 리효, 김영갑, 송일복, 석해도, 신병림 등과 김시우 총관집에 모여 '타도제국주의동맹'을 결성한다. 마당에 서성이며 그 모습을 지켜보던 총관은 감격에 젖는다.

1926년 12월 초, 김성주는 화성의숙을 중퇴한다. 김영갑은 삼원포, 리효는 성남촌, 박두학은 장백, 송일복은 무송, 석해도와 신병림은 각각 안도와 반석 지구에서 활동할 것을 약조한 상태이다. 최일심 숙장, 박인석, 김시우 총관, 'ㅌ·ㄷ' 성원들과 작별인사를 나눈 김성주는 험한 여정에 굴하지 않고 독립을 위해 투신할 것을 결심하며 최인걸과 함께 길림으로 향한다.

3. 북한의 소개와 평가

| 사전(년감) 자료 |

장편소설. 주체71(1982)년 김정 창작. 총서 《불멸의 력사》 중 항일혁명투쟁시기편에 속하는 작품이다. 장편소설은 1925년 초부터 1925년 말까지를 시대적 배경으로 하여 민족수난의 시기에 혁명의 길에 나서시여 조선혁명의 새 기원을 열어 놓으신 위대한 수령 김일성 동지의 빛나는 혁명활동과 영생불멸의 혁명업적을 감명깊게 형상하였다. 전후편으로 구성된 소설은 광복의 천리길을 걸으시여 팔도구에 이르신 김성주 동지께서 그리운 어머님과 회포를 나누실 사이도 없이 그날 밤으로 어린 두 동생과 함께 림강으로 떠나시는 장면으로부터 시작된다. 말파리를 타고 림강으로 가시는 도중에 김성주 동지께서는 압록강에서 모닥불을 피워놓고 조국에 대한 그리움으로 눈물짓는 류랑민들을 보시면서 조국광복의 맹세를 더욱 굳게 다지신다. 그 후 무송에 오신 김성주 동지께서는 아버님의 발기로 설립되는 백산학교 건설을 도우시고 애국주의사상을 부단히 섭취하시는 한편 패권싸움으로 허송세월하는 민족주의운동자들과 당시 독립운동의 실태를 보시면서 조선혁명의 참다운 길을 모색하신다. 이러한 때 나라의 독립을 이룩하기 위하여 정력적으로 활동하시던 우리나라 반일민족해방운동의 탁월한 지도자이신 김형직 선생님께서 조국광복의 뜻을 이루지 못하신 채 애석하게도 세상을 떠나신다. 김성주 동지께서는 새로운 투쟁의 길을 개척할 굳은 결심을 안으시고 화전으로 가시여 화성의숙에 입학하신다. 그런데 화성의숙에서 진행되는 군사학을 비롯한 여러 과목들의 교육내용이 마음에 들지 않았다. 새로운 과목, 새로운 목소리, 새로운 스승들을 안타까이 그리시던 김성주 동지께서는 스스로 새것을 찾으실 것을 결심하시고 그 첫걸음으로 공산주의 서적들을 정열적으로 탐독하신다. 김성주 동지께서는 날로 기울어져가는 독립운동의 실태를 두고 고민하는 림소영을 고무해주시기도 하시고 리광수의 《민족개조론》에 귀를 기울이는 의숙생 리효의 그릇된 생각을 바로잡아 주시기도 하시며 일부 모험주의적 행동에 대하여 비판도 하신다. 이 무렵 김성주 동지께서는 군사교관 박인석의 무모한 모험주의 영향 하에 국내원정을 떠났던 의숙생 조기영이 희생된 사건을 계기로 하여 독립군들의 산만하고 자연발생적인 투쟁방법으로써는 나라의 독립을 이룩할 수 없으며 새로운 로선과 전략이 없이는 광복운동이 단 한 걸음도 전진할 수 없다는 심각한 교훈을 찾으신다. 그날 밤 김성주 동지께서는 송화강가에서 최창걸, 리무성, 리효, 박두학, 리제우, 조학봉, 계영춘 등 공산주의를 신봉하는 학생들의 모임을 소집하시고 새 사조를 연구 보급하며 조선혁명의 진로를 탐색할 것을 목적으로 하는 비밀독서회를 조직하신다. 그런데 군사교관 박인석과 일부 의숙생들은 국내원정에서 실패하자 다시 원정을 준비한다. 림소영은 자기 주의만 주장하면서 새 사조를 질시하는 박인석의 사상이 새것에 저항하는 장애물이라는 것을 알게 된 후 그를 사랑하면서도 대담하게 그와 결별한다. 김성주 동지를 선두로 하는 비밀독서회 성원들의 영향 밑에 많은 학생들이 새 사조에 공감을 표시하자 학교 안의 교원들은 이를 저지시키려 한다. 바로 이러한 때 화성의숙과 민가네 패와의 싸움에서 리무성이 희생되는 참극이 벌어진다. 리무성의 죽음에서 동족상쟁의 비극을 뼈아프게 목격하신 김성주 동지께서는 파쟁을 일삼는 모든 자들과 영원히 결별하시고 자신의 신념으로 선택한 새 길, 조선혁명의 참다운 길을 개척해나갈 불같은 결심을 다지시고 공산주의적 혁명조직인 《타도제국주의동맹》을 결성하신다. 소설은 그 후 활동무대를 더욱더 넓혀나가시기 위하여 김성주 동지께서 화성의숙을 중퇴하시고 각이한 시대사조들이 모여드는 길림으로 떠나시는 장면으로 끝난다. 소설은 《타도제국주의동맹》 결성을 전후한 시기의 사회력사적 현실과 각이한 계층인물들의 성격을 서사시적 화폭 속에 재현하면서 우리나라 민족주의운동과 초기 공산주의운동의 본질적 약점을 심각히 분석 총화하시고 새로운 시대사상을 신념으로 하는 참다운 공산주의 혁명조직인 《타도제국주의동맹》을 결성하심으로써 자주위업의 새 시대를 열어놓으신 경애하는 수령님의 불멸의 혁명업적과 위대한 혁명적 풍모를 빛나게 형상하였다. 작품에서는 또한 위대한 수령님께서 지니신 인민에 대한 끝없는 믿음과 군중에 대한 남다른 포용력, 비범한 령도력을 생동한 예술적 화폭 속에서 감동적으로 그리고 있다. 소설은 위대한 수령님의 혁명활동 로정을 따라 이야기 줄거리를 전개하면서 각계각층을 대표하는 여러 인물들을 경애하는 수령님의 위대성을 부각시키는 데 복종시켜 잘 그려내였다. 소설은 서사시적 화폭의 웅대성과 다면성, 흥미있는 사건 전개, 작가의 힘있는 주정토로, 철학적 깊이가 있는 대사 등 훌륭한 형상적 특성을 보여주었다.

—『문학대사전』(1), 사회과학출판사, 1999.

| 평론 자료 |

주체위업의 시원을 열어놓으신 위대한 수령님의 불멸의 업적에 대한 예술적 화폭

—총서 《불멸의 력사》 중 장편소설 《닻은 올랐다》에 대하여

장영

영광스러운 당중앙의 현명한 령도와 세심한 보살핌에 의하여 우리 문학은 혁명의 영재이시며 민족의 태양이시며 전설적 영웅이신 위대한 수령 김일성 동지의 영광 찬란한 혁명력사와 불멸의 업적을 전면적으로 체계성 있게 형상화하는 총서 《불멸의 력사》를 창작하는 력사적 과제를 성과적으로 수행하고 있다. 이것은 로동계급의 혁명문학의 근본 문제가 가장 높은 수준에서 해결되게 된 것으로서 주체문학의 년대기 우에 영원히 아로새겨질 자랑스러운 사변으로 된다.

장편소설 《닻은 올랐다》는 위대한 수령님의 혁명력사를 총서 형식의 대작으로 형상화할 데 대한 우리 당의 독창적인 문예 방침을 관철하는 길에서 이룩한 또 하나의 기념비적 성과작이다.

총서 《불멸의 력사》 중 장편소설 《닻은 올랐다》가 반영하고 있는 력사적 시기는 1925년 초부터 1926년 말까지의 기간이다.

이 시기로 말하면 일제의 식민지적 폭압정책과 략탈정책이 교활한 방법으로 진행되고 민족주의운동과 초기 공산주의운동이 본질적인 약점을 드러냄으로써 조선 인민의 반일민족해방투쟁이 심각한 우여곡절을 겪고 있던 시기였다.

바로 이러한 시기 위대한 수령 김일성 동지께서 조국과 민족의 운명을 한 몸에 지니시고 혁명의 길에 나서심으로써 우리 인민의 수난의 력사는 끝장나게 되였으며 이 땅 우에는 자주위업의 새 시대가 펼쳐지게 되였다.

장편소설 《닻은 올랐다》는 위대한 수령님의 혁명활동이 개시됨으로써 사대와 굴종, 투항과 반목 등 온갖 허접쓰레기들에 사형선고를 내리고 그것을 전염시킨 전 세대의 주의자들, 운동자들과 단호히 결별한 전혀 새로운 주체위업의 새 력사가 시작되게 되였다는 것을 긍지 높이 구가하고 있다. 다시 말하여 위대한 수령님의 혁명활동의 개시가 우리 인민의 혁명투쟁에서 새로운 력사적 전환을 가져오게 되였다는 것을 형상적으로 밝히는 여기에 이 장편소설이 제기한 중요한 사상주제적 과제가 있다.

장편소설은 이러한 사상주제적 과제를 해결하기 위하여 위대한 수령님께서 1925년 2월 팔도구를 떠나 림강으로 가시는 내용으로부터 시작하여 1926년 10월 17일 우리나라에서 처음으로 되는 참다운 공산주의적 혁명조직인 타도제국주의동맹을 결성하시고 혁명활동의 무대를 보다 넓은 지역에로 옮기시기 위하여 이해 12월 초 화성의숙을 떠나시는 내용까지를 예술적 화폭에 담고 있다.

2년도 채 못 되는 이 짧은 기간 주체시대의 새 력사의 닻을 올리신 경애하는 수령님의 혁명활동은 실로 그 업적의 위대성으로 하여 만대에 길이 빛나고 있다.

그러면 이 기간에 벌리신 위대한 수령님의 혁명활동을 공산주의적 인간학의 요구의 견지에서 예술적 화폭으로 그린 장편소설 『닻은 올랐다』가 거둔 중요한 사상예술적 성과는 무엇인가?

①

총서 《불멸의 력사》 중 장편소설 《닻은 올랐다》가 거둔 가장 중요한 사상예술적 성과는 혁명의 영재이신 위대한 수령님에 의하여 우리나라에서의 민족주의운동과 초기 공산주의운동의 본질적 약점이 심각히 분석 총화되고 전 시대와는 전혀 다른 새로운 혁명의 시대, 자주위업의 새 시대가 펼쳐지게 되였다는 것을 형상적으로 감명 깊게 보여준 데 있다.

위대한 수령 김일성 동지께서는 다음과 같이 교시하시였다.

《새로 자라난 조선의 참다운 공산주의자들은 선행한 민족주의운동과 초기 공산주의운동에서 심각한 교훈을 찾았으며 새로운 혁명적 세계관을 가지고 민족주의운동자들이나 초기 공산주의운동자들과는 전혀 다른 혁명의 길을 선택하였습니다.》(《김일성 저작선집》 제7권, 258페지)

장편소설 《닻은 올랐다》는 무엇보다 먼저 위대한 수령 김일성 동지께서 혁명의 길에 나서시던 1920년대 중엽 우리 인민의 암담한 생활 처지와 우리나라 민족해방운동과 초기 공산주의운동의 실태를 생동하게 그려 보이고 있다.

1920년대 중엽으로 말하면 조선 인민의 거족적인 3·1봉기에서 심대한 타격을 받은 일제 침략자들이 종래의 야만적인 무단통치 방법으로써는 도저히 조선을 통치할 수 없다는 것을 타산하고 이른바 《문화통치》로 이행함으로써 회유와 기만의 방법으로 우리 인민에 대한 사상문화적 예속을 강화하는 한편 보다 악랄하고 교활한 수법으로 조선에서 식민지적 략탈을 본격화하던 시기이다.

일본 제국주의자들은 《문화통치》의 간판 밑에 《민의창달》이요, 《교육쇄신》이요

하고 떠들었지만 그것은 어디까지나 제 놈들의 식민지 통치를 찬미하는 범위 안에서만 허용되였다. 놈들은 민족적 독립과 자유를 위한 조선 인민의 사소한 움직임도 철저히 탄압하였으며 국내외의 일체 반일적 요소들과 무고한 인민들에 대한 야만적인 학살만행을 서슴없이 감행하였다. 그리하여 이전의 야수적인 무단통치 방식에 교활성을 결합한 보다 악랄한 식민지 통치 방식이 이 땅에 군림하게 되였다.

이로 말미암아 조선은 말 그대로 하나의 음산한 감옥으로, 죽음의 생지옥으로 전변되였으며 망국의 비운을 통탄하는 겨레의 울부짖음과 분노의 함성은 온 삼천리 강토에 메아리쳤다.

소설은 나라를 빼앗기고 살길을 찾아 이역에로 흘러가는 리무성이네의 참담한 모습과 무송의 샘골에 울짱을 박고 근근히 목숨을 이어가던 그들이 끝내 외삼촌 박도삼마저 잃고 산지사방으로 흩어지는 모습을 통하여 당시 우리 겨레의 비참한 생활상을 방불하게 그려 보이고 있다.

그러나 당시 일제의 식민지 통치에서 벗어나기 위한 우리 인민의 반일투쟁은 간고한 시련을 겪고 있었다.

3·1봉기 후 자산계급 출신의 민족운동 지도자들은 그 대부분이 반일애국운동을 포기하고 일제의 충실한 앞잡이로, 민족개량주의자로 굴러 떨어져 우리 인민의 반제민족해방운동과 공산주의운동을 저해하는 파렴치한 책동을 감행하여 나섰다.

또한 중국의 동북 지방과 로씨야의 연해주 지방에 망명하여 반일투쟁을 계속하던 독립군들은 《흑하사변》을 계기로 전면적인 와해 과정에 들어서게 되였으며 독립운동단체들은 서로 자파 세력을 넓히기 위한 추잡한 파벌싸움으로 아까운 피만 흘리고 있었다.

소설은 북만의 《신민부》 파견원 마인택과 남만 《정의부》의 독립군 중대장 장호림과 론쟁 그리고 《군자금》으로 토지를 사고 약혼식까지 한 마인택이 화전의 삼밭 골에 나타나 《독립공채》를 팔려다가 모연공작을 나온 화성의숙 학생들과 충돌을 하고 나중에는 사태를 수습하려고 나온 리무성을 살해하는 류혈참극까지 빚어내는 장면 등을 통하여 파벌싸움이 어느 지경에 이르렀는가 하는 것을 생동하게 보여주고 있다.

당시 독립운동자들간의 반목과 질시는 파벌들 사이에서뿐 아니라 자파세력 안에서도 벌어지고 있었다.

소설은 안도 지방의 《정의부》 산하 독립군부대 안에서 연대장을 중심으로 한 서도 출신과 변참모를 중심으로 한 북도 출신간의 대립과 충돌이 격화되던 나머지 부대의 합심을 이룩하려는 진정서를 가지고 떠난 최인걸에게 사격을 가하여 중상을 입히고 두령들의 패싸움을 화해시키러 갔던 화전의 김시우 총관에게 무리매를 안겨 릉지가 되게 한 형상을 통하여 자파세력 안의 패싸움이 잦을 날이 없었던 사실을 상기시키고 있다.

그런가 하면 길림을 비롯한 만주의 각 곳을 돌아치며 기염을 토하는 《상해림시정부》의 《리론가》들과 서울 《연정회》의 개량주의자들은 외세의존사상을 퍼뜨리거나 투쟁에 일떠선 인민들에게 무저항주의를 설교하고 있었다.

당시 사회주의 10월 혁명의 영향 밑에 발생한 초기 공산주의운동도 그 자체의 제한성으로 말미암아 옳은 지도리론과 전략전술을 제기하지 못하고 대중 속에 뿌리를 박지 못하였으며 파벌싸움으로 대중운동에 막대한 해독을 끼치고 있었다.

소설은 화요파 계렬의 행세식 맑스주의자 최재영이 화전에 나타나 공산주의를 운운하면서 로동계급의 해방을 부르짖고 있지만 사실에 있어서는 우리 혁명의 성격과 동력도 제대로 모르고 한갖 남의 《리론》을 기계적으로 되풀이하면서 자파세력을 확장하려고 날뛰는 비렬한 행세군에 불과하다는 것을 보여주고 있다.

소설은 이와 같이 1920년대 중엽 일제의 식민지 통치를 반대하는 인민들의 투쟁에 편승한 민족주의운동자들과 초기 공산주의운동자들이 제각기 《지도자》, 《혁명가》로 자처하면서 소란스럽게 떠들었으나 그 어느 누구도 조선혁명의 진로를 정확히 밝혀주지 못하고 있었던 사실을 생활적으로 보여주면서 이로 말미암아 당시 조선 인민의 반일민족해방투쟁을 옳게 이끌어 줄 탁월한 수령의 출현을 목마르게 기다리던 시대의 절박성을 강조하고 있다.

이러한 시대의 념원을 한 몸에 지니신 김성주 동지께서는 비상한 통찰력으로 민족주의운동과 초기 공산주의운동의 본질적 약점을 깊이 꿰뚫어 보시였다.

김성주 동지께서 심오히 분석 총화하신 민족주의운동과 초기 공산주의운동의 본질적 약점이란 우선 조선민족해방운동을 한다고 하는 공산주의자들과 민족주의자들이 대중을 떠나서 상층부의 몇몇 사람들끼리 모여 앉아 말공부만 하고 세력권 확장과 권력쟁탈을 위한 파벌싸움으로 민족해방운동을 4분5렬시키는 것이였으며 그 다른 하나는 인민의 힘을 믿고 그에 의거할 대신 남만 쳐다보고 남의 힘을 빌어 혁명을 하려고 한 사대주의적 사상관점이였다.

김성주 동지께서는 일제와 판가리 싸움을 할 대신 인민들로부터 《운동자금》이나 모으고 그것을 사리사욕에 탕진하며 조선인 거주 지역을 차지하기 위하여 개싸움이나 하고 남만 쳐다보는 이 자들로써는 도저히 조선을 독립할 수 없다는 것을 통감하시고 이 자들의 행동에서 환멸을 느끼시였다.

그렇다면 조선은 어느 길로 가야하며 무슨 힘으로 어떻게 나갈 것인가?

소설에 묘사된 바와 같이 별이 없는 조국, 달이 없는 조국, 향도성이 없는 조선의 1926년을 인정하신다는 것은 김성주 동지에게 있어서 사실상 괴롭고 슬프신 일이였다. 하지만 괴롭고 슬프시더라도 그것을 인정하시지 않으면 안 되였다. 차라리 그렇게 백지상태로 돌아가는 것이 미래를 위하여 다행한 일인지도 몰랐다. 왜냐하면 별이 없는 하늘, 빛이 없는 밤을 각오한 길손은 머리 우에 눈을 팔지 않고 자기 손으로 어둠을 밝힐 홰불을 마련하게 될 것이기 때문이다.

《우리는 우리의 두뇌와 힘으로 조선이 나아갈 길을 찾을 것이다. 그 어떤 때에도 물들지 않는 새 세대들의 심장으로 조선이 쳐다볼 홰불을 만들 것이다!》

이렇게 결심하신 김성주 동지께서는 천리혜안의 비범한 예지와 비상한 탐구력으로 조선혁명의 진로를 새롭게 탐색하시였다.

소설은 김성주 동지께서 화성의숙에서 생활하시는 기간 맑스－레닌주의 서적들을 탐독하시는 한편 밤이면 밤마다 송화강가를 거니시고 새벽이면 어김없이 화전의 들과 언덕을 산책하시며 깊은 사색의 세계를 끊임없이 이어가시는 모습을 숭엄하게 보여주면서 이 심오한 사색과 탐구를 통하여 마침내 혁명에서 승리하기 위하여서는 인민의 힘을 믿고 인민대중 속에 들어가야 하며 또 자기 나라 혁명은 자신이 책임지고 자주적으로 수행하여야 한다는 확고한 신념을 가지시게 되는 과정을 잘 형상하고 있다.

김성주 동지께서 지니신 이 철석같은 신념은 그이께서 위대한 주체사상을 창시하시게 된 출발점을 되였으며 조선혁명을 인민대중의 힘에 의거하여 자주적으로 개척해 나가시게 된 근본 동기로 되였다.

소설은 바로 김성주 동지께서 이러한 신념에 기초하여 그 어떤 낡은 사상에도 오염되지 않은 새 세대들을 주체형의 첫 혁명전위들로 키우시고 마침내 뜻을 같이하는 청년 핵심들로써 타도제국주의동맹의 결성을 선포하시며 그 강령을 발표하시는 력사적인 회의를 숭엄한 화폭으로 그려 보이고 있다.

김성주 동지께서는 이 강령에서 조선혁명의 당면과업은 일본 제국주의를 타도하고 조선의 해방과 독립을 이룩하는 것이며 최종목적은 조선에 사회주의, 공산주의를 건설하며 나아가서 모든 제국주의를 타도하고 세계에 공산주의를 건설하는 것이라고 가르치시였다.

김성주 동지께서 곡절 많은 민족주의운동과 초기 공산주의운동에 종지부를 찍으시고 그와 완전히 결별한 전위조직인 타도제국주의동맹을 결성하신 것은 우리 혁명발전에서 근본적인 전환을 가져온 력사적인 사변으로 된다.

위대한 수령 김일성 동지께서는 다음과 같이 교시하시였다.

《우리나라에서 처음으로 되는 참다운 공산주의적 혁명조직인 타도제국주의동맹의 결성은 우리 혁명의 새로운 출발을 알리는 력사적인 선언이였습니다. 타도제국주의동맹이 결성된 때로부터 우리 인민의 혁명투쟁은 자주성의 원칙에 기초하여 진행되게 되였으며 바로 이때로부터 우리 당의 영광스러운 뿌리가 내리기 시작하였습니다.》(《김일성 저작선집》 제7권, 258폐지)

타도제국주의동맹의 결성, 이것은 유구한 력사를 내려오면서 위대한 수령을 기다려 마지않던 우리 인민이 혁명의 영재이신 경애하는 김일성 동지를 자기의 수령으로 높이 모시게 된 영광의 선언이였으며 그이의 령도 밑에 조선혁명의 새 력사가 시작되였음을 알리는 력사전인 선언이였다.

위대한 수령님의 혁명사상과 령도를 받들어 나갈 정치적 무기인 타도제국주의동맹이 결성됨으로써 우리 혁명은 비로소 위대한 수령 김일성 동지의 유일적 령도를 받게 되였으며 정확한 지도사상과 지도리론, 지도방법, 전략전술을 가지고 주체위업의 새 력사를 개척하는 영광스러운 길로 힘차게 전진하게 되였다.

하기에 장편소설 《닻은 올랐다》는 위대한 수령님의 영광 찬란한 혁명력사를 전면적으로 체계성 있게 형상화하는 총서 《불멸의 력사》 중의 장편소설들 가운데서 그 년대적 순차로 볼 때 첫 시기에 놓이는 작품이라고 말할 수 있다.

장편소설 《닻은 올랐다》는 이처럼 의의있는 내용을 반영함에 있어서 당대의 력사적 사건과 사실들을 그대로 진실하게 그리면서도 그것을 일대기식으로 라렬한 것이 아니라 타도제국주의동맹을 결성하신 김성주 동지의 불멸의 업적을 칭송하는 데 력점을 찍고 그 력사적 사변이 마련되게 된 경위를 공산주의적 인간학의 요구에 맞게 보여줌으로써 이 작품이 력사문헌적인 가치와 함께 예술작품으로서의 가치도 가질 수 있게 하였다. 바로 여기에 장편소설이 거둔 중요한 사상예술적 성과의 하나가 있다.

②

총서 《불멸의 력사》 중 장편소설 《닻은 올랐다》가 거둔 사상예술적 성과의 다른 하나는 주체위업의 시원을 열어놓으신 경애하는 수령 김일성 동지의 위대성을 기정사실화하지 않고 다양한 생활을 통하여 형상적으로 진실하게 보여준 데 있다.

일반적으로 말하여 로동계급의 정치적 수령은 로동계급과 인민대중을 사회발전 법칙에 관한 지식과 계급투쟁에 관한 리론으로 무장시키고 그들에게 옳은 투쟁강령을 제시하며 혁명의 매 단계마다 과학적인 전략과 전술을 세워 그들을 혁명승리에로 이끄는 위대한 령도자이다.

따라서 로동계급의 수령은 력사발전의 합법칙성과 시대의 절박한 요구, 로동계급의 력사적 임무, 계급적 세력의 호상관계와 혁명투쟁이 진행되는 환경 그리고 혁명의 수행방도를 누구보다도 더 잘 알고 인민대중의 리익을 가장 철저히 대표하며 계급 가운데서 누구보다도 멀리 앞을 내다보면서 혁명승리의 앞길을 휘황히 밝혀 나가는 위대한 사상과 탁월한 령도력, 고매한 인품을 지니고 있어야 한다.

이러한 인간이 출현하지 못할 때 그 시대가 아무리 탁월한 수령을 목마르게 기다린다고 하더라도 또 그 누가 아무리 혁명의 《령도자》로 자처한다고 하더라도 결코 로동계급의 수령을 맞이하는 력사적 과제는 해결될 수 없다.

이것은 지난날 우리나라의 력사가 잘 실증하여 주고 있다.

그러나 우리 인민은 1920년대 중엽에 위대한 사상과 비범한 령도력, 고매한 인품을 지니신 경애하는 김일성 동지를 맞이함으로써 력사상 처음으로 혁명의 수령을 높이 우러러 모시는 크나큰 영광과 행복을 가지게 되였다.

장편소설 《닻은 올랐다》는 이러한 력사적 사실을 반영함에 있어서 김성주 동지를 우리 혁명의 수령으로 모시게 된 것은 결코 그 어떤 기상천외한 사변이나 그 누구의 지시에 의한 것이 아니라 애국의 혈통을 이어받으신 그이께서 도탄에 빠진 겨레의 참담한 모습과 조국의 불우한 운명을 통감하시고 비범한 예지와 심오한 사색으로 혁명의 진로를 밝히시면서 타도제국주의동맹을 결성하시는 과정에 쌓아올리신 불멸의 업적과 위대한 인간적 풍모에 의한 필연적 결과임을 설득력있게 보여주고 있다.

소설은 무엇보다 먼저 김성주 동지께서 근로인민대중이 력사 무대의 주인으로 등장하는 자주시대의 요구를 명철하게 헤아리시고 세상에서 가장 힘있는 존재가 인간, 근로인민대중이라는 주체의 신념을 지니신 데 대하여 형상하고 있다.

김성주 동지께서 무송에 계실 때 양조업자의 아들 남을송의 집을 찾으신 장면의 묘사가 그 실례로 된다.

을송의 아버지 남태겸과 현장 사이에 주고받는 말에서 《이 세상을 움직이는 힘이야 사실상 인력이 아니라 금력》이라고 하면서 돈만 있으면 《아이들이 좋아하는 가락지빵으로부터 유한부인들의 다이야몬드 반지와 국가관직에 이르기까지 못 사는 게 없》고 지어 나라의 독립도 돈이 있어야 한다고 지껄이는 소리를 들으신 김성주 동지께서는 력사가 아직 황금만능의 교훈을 타파할 만한 새로운 교훈을 만들어내지 못한 것을 유감으로 여기시면서 이렇게 생각하신다.

《아니다. 세계를 움직이는 힘이 돈일 수 없다. 돈도 결국은 사람이 만들어 낸 것이 아닌가.》

이런 생각으로 깊은 사색의 세계를 헤치시던 김성주 동지께서는 백산학교 개교식 날 최인결에게 금력보다 더 큰 것은 사람의 힘이며 비록 돈이 없고 가난한 민족이지만 조선 민족은 힘있는 민족이며 이런 민족과 인민은 반드시 나라를 자기 힘으로 광복할 것이라는 확고한 신념을 말씀하신다. 이것을 파란 많은 전 시대, 온갖 주의주장들이 범람하는 동란의 전 시대가 아직 한 번도 말해본 적 없는 전혀 새로운 진리이며 앞으로 주체사상이 창시되게 될 출발적 기초였다.

소설은 이러한 신념에 기초하여 혁명의 진로를 탐색하시던 김성주 동지께서 마침내 인민대중에게 자주의식을 심어주고 그들을 묶어세우면 못해낼 일이 없으며 조선은 반드시 무산사회를 건설하기 위한 공산주의의 길로 나가야 한다는 진리를 발견하시는 과정을 진실하게 보여주고 있다.

김성주 동지께서 발견하신 이 진리, 이것은 민족주의운동자들의 주장과는 물론 초기 공산주의운동자들의 견해와도 완전히 다른 전혀 새로운 사상이다.

소설은 김성주 동지께서 화성의숙을 떠나시려고 작별인사차로 교원실을 찾으셨을 때의 장면을 의미 깊게 묘사하고 있다.

그이를 바래워 드리려고 문 밖에 나온 박인석이 화전에 나타나 맑스주의를 선전한 최재영 때문에 젊은이들이 새 사조에 쏠리게 되고 뿔뿔이 흩어지게 되였다고 탓하자 김성주 동지께서는

《선생님, 최재영은 여기에 아무런 상관도 없습니다. 나는 내 신념에 의해 떠나기로 결심한 것입니다.》라고 단호히 선언하신다.

소설은 이 짤막한 대화를 통하여 새로운 시대사상의 창시자로서의 김성주 동지의 높은 사상정신세계의 독창성을 인상 깊게 보여준다.

소설은 이와 함께 김성주 동지께서 일찍부터 지니고 계시는 군중에 대한 남다른 포옹력과 비범한 령도력에 대하여서도 진실하게 형상하고 있다.

김성주 동지께서 무송과 화성의숙에서 생활하시는 기간 인민들은 반일애국사상으로 무장시키시고 혁명동지들을 한 사람 한 사람 키워내시는 장면들은 참으로 감명 깊다.

무송에 백산학교를 건설하던 때의 일이다. 김성주 동지께서는 학교 건설장에 나가 동무들과 함께 해종일 공사를 도우시다가 저녁 어스름이 깃들 무렵이면 동무들을 우등불가에 모여 놓고 조국의 이야기를 들려주시였으며 대남문거리의 남을송이네 집에 동무들을 모여 놓으시고서도 조국에 대한 이야기를 들려주시였다. 샘골의 오 지주가 백산학교 건설장에 나무를 실어가지 못하게 방해하여 나섰을 때에는 그놈의 약점을 들춰내여 공박을 들이대면서 꼼짝 못하게 하시고 마을 농민들에게 지주 놈을 무서워할 것이 아니라 맞서 싸워야 한다고 가르쳐 주시였다.

화성의숙에서의 김성주 동지의 대중령도의 비범성은 그이께서 지니고 계시는 수령으로서의 위대한 령도력을 더욱 생동하게 보여준다.

김성주 동지께서는 공산주의 선진사상을 연구하기 위한 독서에 열중하시는 한편 뜻을 같이할 수 있는 리무성이며 최인걸, 리효, 박두학이들에게도 《공산당선언》과 《국가와 혁명》을 비롯한 선진서적들을 읽도록 하시고 읽은 책에 대한 토론과 론쟁을 활발히 벌리시며 그 과정에 비밀독서회를 조직하시고 여기서 새 세대의 공산주의 청년핵심들을 키우시여 마침내 타도제국주의동맹의 결성을 온 세상에 선포하신다. 그러시던 어느 날 완고한 민족주의 울타리에서 벗어나지 못한 화성의숙의 숙장과 군사교관이 선진서적을 읽는 학생들을 불러내여 크게 꾸짖으려할 때 김성주 동지께서는 자신의 신념과 요구에 의하여 새 사조를 받아들이는 것은 그 어떤 힘으로도 막을 수 없는 시대적 추세라고 하시면서 추호의 동요도 없이 선진사상을 견결히 옹호하신다.

김성주 동지께서는 또한 삼밭골에 나타난 마인택 일당과 화성의숙 학생들 사이의 싸움 끝에 리무성이가 희생되고 이에 격분한 군사교관과 학생들이 그의 원수를 갚는다고 총격전을 벌리려 할 때에는 패싸움으로 무모한 희생을 내지 않도록 리성으로써 사태를 수습하신다.

김성주 동지께서는 이렇듯 대중을 옳게 이끌어 나가는 높은 령도력의 체현자이실 뿐 아니라 동지들과 인민들을 언제나 따뜻이 보살펴주시는 고매한 인간적 풍모를 지니고 계시였다.

그것은 특히 소설의 중요인물인 리무성에 대한 동지적 사랑에서 집중적으로 표현되고 있다.

팔도구를 떠나시던 그 날 압록강가의 우등불 곁에서 잠시 만나셨던 리무성을 무송땅에서 다시 만나신 김성주 동지께서는 그와 친교를 맺으시고 그가 화성의숙에 들어와 주체형의 첫 혁명전위로 자라나도록 따뜻이 이끌어주시며 그가 패싸움의 희생자가 되였을 때에는 누구보다 가슴 아파하시면서 이른 새벽 그의 무덤을 찾아주시고 무성이가 그토록 소원하던 무산사회를 기어이 성취하고야 말 것을 굳게 다짐하신다.

김성주 동지께서는 최호국 일행의 무훈담에서 충격을 받고 국내원정을 나갔다가 실패하고 심한 부상까지 당하여 돌아온 리효도 성의껏 돌봐주신다.

리효네의 국내원정을 추동한 군사교관 박인석은 《참외추렴》을 다니면서도 얼굴 한 번 내밀지 않는 그런 때 짬짬이 그를 찾아 한약도 달여 먹이시는 김성주 동지의 인간애는 얼마나 뜨거운 것인가.

뿐만 아니라 소설은 김성주 동지께서 지니고 계시는 근로하는 인민에 대한 다함 없는 사랑과 소탈한 인민적 품성도 잘 보여주고 있다.

무성의 외삼촌 박도삼이 살았을 때 그의 집을 찾으신 김성주 동지께서는 앓는 몸으로 지붕을 잇는 도삼의 일손을 도우시면서 물매가 밋밋한 지붕에다가는 평곱새보다 까치곱새를 틀어 올려야 비물이 잘 빠지고 이영이 덜 삭는다고 일깨워주시며 지붕에 벼알이 있으면 날짐승들이 자꾸 이영을 들추어 비물이 인차 샐 수 있으니 짚에서 벼알을 뜯자고 하신다. 하기에 박도삼은 나이가 아직 스무 살도 되지 않은 젊은 분께서 이영물계까지 도통하신 데 대해 놀라움을 금치 못해 하면서 《…과시 농사군의 손자답군!》하고 감복한다.

의지가지없는 무성의 누이동생 무련이에 대한 김성주 동지의 보살피심은 참으로 눈물겨웁다.

김성주 동지께서는 무성이가 화전의 어느 삼포로 벌이를 떠난 뒤 지주 집의 아이보개로 지내는 무련이를 가긍하게 여기시여 강반석 어머님께서 지으신 저고리를 가져다 입혀주시기도 하고 무련이가 새초덕의 면양업자한테 가서 돼지몰이공으로 일할 때에는 모연공작을 나간 리효를 만나시려고 성남촌으로 가셨다가 돌아오시는 길에 지짐 여섯 장과 엿 한 근을 사가지고 수십 리 길을 에돌아 궂은비를 맞으시면서 무련이를 찾아보기도 하신다. 그리고 무성이가 희생되던 그 무렵에는 무련이를 량심적인 김시우 총관네 집의 양딸로 데려오시고서야 마음을 놓으시는 것이였다.

소설은 이렇듯 경애하는 김성주 동지께서 지니신 위대한 사상과 비범한 령도력, 고매한 인간적 풍모를 다면적으로 보여줌으로써 로동계급의 수령이 지녀야 할 풍모를 완벽하게 갖추시고 우리 혁명의 진두에 나서신 위대한 수령님을 높이 모신 우리 인민의 크나큰 영광과 행복을 더욱 두텁게 하여준다.

③

총서《불멸의 력사》중 장편소설《닻은 올랐다》가 거둔 또 하나의 사상예술적 성과는 위대한 수령님께서 자주위업의 새 시대를 펼치시게 된 그 사상정신적 힘의 원천이 어디에 있었는가 하는 것을 형상적으로 감명 깊게 보여준 데 있다.

소설은 경애하는 김성주 동지께서 일찌기 혁명에 대한 큰 뜻을 품으시게 된 그 근저에는 위대한 혁명가정의 영향이 컸다는 것을 밝히고 있다.

소설에서 형상된 바와 같이 불요불굴의 반일혁명투사이시며 우리나라 반일민족해방운동의 탁월한 지도자이시며 민족주의운동으로부터 공산주의운동에로의 방향전환의 선구자이신 김형직 선생님께서는 반일민족해방운동이 파벌들간의 세력권 확장과《령도권》탈취를 위한 싸움으로 4분5렬되고 있었던 당시의 현실을 가슴 아프게 보시면서 이 운동의 단합을 위하여 온갖 심혈을 다 바치시였다.

김형직 선생님께서 관전회의를 통하여《대한독립청년단》과《광제청년단》사이의 류혈적인 당파싸움을 화해시키시였음에도 불구하고 파벌들간의 통합 문제가 의연히 이루어지지 못하여 심려하시는 내용도 그 한 실례로 된다.

그리하여 민족단체들의 련합을 실현하기 위한 방도를 모색하시던 김형직 선생님께서는 마침내 1925년 가을 력사적인 무송회의를 소집하시고 민족단체련합촉진회 조직의 탄생을 선포하시였으며 무송회의 결정을 실현하시기 위하여 남북만 각지의 독립운동자들을 찾아 먼 길을 다녀오기도 하시였다.

소설은 김형직 선생님께서 적들에게 체포되시였다가 피하시는 과정에 받은 고초로 말미암아 병을 만나 앓는 몸이심에도 불구하고《뼈와 살을 깎아 내리는 참혹한 고통을 겪는 한이 있더라도 기어이 민족단합의 력사적 대제를 실현》하여야 한다는 강의한 의지로 그처럼 애쓰시는 마음이 김성주 동지의 심장에 그대로 흘러들고 있음을 형상적으로 감명 깊게 보여주고 있다. 그것은 김형직 선생님께서 패싸움의 과녁이 되여 총상을 당한 최인걸의 상처를 치료하시고 돌아오시는 길에 아드님께 들려주시는 이야기 장면에서 잘 표현되고 있다.

《대가가 아무리 비싸도 단합을 이룩하지 못하면 왜놈들과 싸울 수 없다. 그래서 아버지는 한뉘 사람들을 찾아다니지 않느냐. 나는 아마도 일생을 그 일에 바치게 될 것 같다. 우리가 하지 않으면 너희들 대에 가서 또 지금처럼 파쟁 때문에 애를 먹을 수 있는 것이다. 파쟁을 뿌리 뽑지 못하면 아무것도 성취할 수 없다는 걸 명심해야 한다.》

아버님의 이 말씀을 들으시는 김성주 동지의 어깨는 갑절 무거워지는 것 같은 느낌이였다. 개천에 징검돌을 놓아드려 아버님께서 개울을 쉽게 건느시듯 가시는 그 걸음마다 디딤돌을 놓아드릴 수 없을가고 생각하시는 그이의 심정은 곧 민족단합의 대제를 자신께서 맡아 이룩하시려는 굳은 결의의 표시이기도 하다.

김형직 선생님께서는 또한 《지원》의 높은 뜻을 실현하시기 위하여 무송에 백산학교를 세우시고 앞날의 애국자들과 열혈지사들을 키워내시였으며 조선이 어느 길로 나갈 것인가를 깊이 탐구하시여 마침내 레닌이 맑스의 사상을 발전시켜 로씨야의 구미에 맞는 진리를 만들어낸 것처럼 《우리는 조선의 구미에 맞는 공산주의적 진리를 만들어내야 한다!》는 확고한 신념을 간직하시였다.

1920년대 초엽을 피로 물들인 반일항전의 교훈 우에 새 사조를 태우시고 민족해방투쟁의 방향타를 민족주의운동으로부터 공산주의운동에로 확고히 전환시키기 위하여 그 어느 때보다 혁명활동을 적극적으로 벌리셔야 할 김형직 선생님께서는 아쉽게도 아드님께 다음과 같은 유언을 남기시고 세상을 떠나시였다.

《…모두 갈 길을 대달라는 것이다. 조선은 어떤 길로 가야하는가고… 이것은… 온 민족의 물음이고 시대의 물음이고 력사의 물음이다. 너는 반드시 아버지를 대신하여 이 물음에 대답을 주어야 한다.…

나는 뜻을 이루지 못하고 간다. 그러나 너희를 믿는다. 너희들은 언제든지 나라와 민족의 몸이라는 것을 잊어서는 안 된다. 뼈가 부서지고 몸이 쪼개지는 한이 있더라도 나라를 반드시 찾아야 한다!》

불요불굴의 혁명투사이신 김형직 선생님의 서거는 우리나라 반일민족해방운동에서 돌이킬 수 없는 커다란 손실이였다.

그러나 조선의 독립을 조선 사람 자신의 힘에 의하여 수행하여야 한다는 김형직 선생님의 확고한 자주적 립장과 우리나라 반일민족해방운동이 민족주의운동으로부터 공산주의운동에로 발전하여야 한다는 선생님의 그 념원은 김성주 동지께서 조선혁명을 주체적 립장에서 전개해 나갈 신념을 지니실 수 있게 하는 데서 커다란 사상정신적 힘으로 되였다.

소설은 김형직 선생님의 혁명사업을 말없이 받아드리시고 아버님의 생전의 뜻을 이룩하시도록 아드님을 화전에로 떠나보내시는 조선의 어머니 강반석 녀사와 그 웅심 깊은 마음도 김성주 동지로 하여금 시대와 겨레의 열망을 기어코 성취하고야 말리라는 결심을 굳게 다지시게 된 힘의 원천이였다는 것을 보여주고 있다.

뜻을 같이 할 동지들을 찾고 싶은 생각에서 마음은 화전에로 쏠리셨지만 어린 동생들만을 남기고 떠나기가 괴로우시여 선뜻 결심을 내리지 못하시는 김성주 동지께

《나는 네가 집을 생각하기 전에 나라와 백성을 먼저 생각하는 조선의 아들이 되였으면 한다.》고 하시면서 아드님을 화성의숙에로 떠나보내시는 강반석 어머님, 이역의 거칠은 광야에서 김형직 선생님을 여의신 설음을 용케 이겨내시면서 뒤뜨락의 풋강냉이를 쪄서 아드님께 보내시는 어머님의 그 다심한 손길은 김성주 동지에 대한 그 얼마나 크나큰 기대를 담고 있는 것인가.

소설은 김형직 선생님의 지도를 받던 애국지사들의 김성주 동지에 대한 기대도 진실하게 그려 보이고 있다.

황혼기의 민족주의운동을 서글프게 바라보는 량심적인 독립군 사령관 오동진이 김성주 동지께 한양성에서 떵-하고 치면 온 삼천리가 다 들을 수 있는 큰 종을 만들어 울리면 이천만 백의동포가 모두 쟁기를 들고 와닥닥 일어나 왜놈들을 답새기는 그런 큰일을 해주실 것을 말씀드리면서 다음과 같이 이야기한다.

《우리는 오직 너희들만을 믿는다. 너희들 세대만이 조선을 위한 대경륜을 치를 수 있고 대사를 치를 수 있다.》

오동진의 이 말은 전세대의 량심적인 애국지사들이 김성주 동지께 올리는 시대의 부탁이다.

소설은 또한 화전총관소의 김시우 총관이 김형직 선생님께서 생전에 이루시지 못한 원대한 뜻을 김성주 동지께서 이루어주시기를 바라면서 자기의 서재를 마음대로 리용하시도록 하며 그이께서 타도제국주의동맹을 결성하시는 그 날에는 그 력사적인 모임을 자기의 집에서 가지시도록 온갖 편의를 돌봐드리는 형상을 통하여서도 량심적인 애국지사들의 김성주 동지에 대한 크나큰 기대를 보여주고 있다.

이와 함께 소설에서 이채롭게 빛을 뿌리는 림소영의 형상도 김형직 선생님의 영향 하에 민족주의운동이 공산주의운동에로의 방향전환을 준비하던 시기 민족주의운동 안의 진보적 세력의 전형으로 됨과 동시에 김성주 동지의 혁명활동에 대한 애국렬녀들의 기대가 얼마나 컸던가를 짙게 보여주고 있다.

왜놈에게 부모를 빼앗기고 사랑하는 어린 두 동생과 생리별을 한 독립군의 녀대원 림소영에게 있어서 원쑤를 갚고 나라를 찾는 일보다 더 소중한 것은 없었다. 하기에 처녀는 화성의숙의 군사교관 박인석의 사랑에 마음이 끌리면서도 그가 자기를 한갖 녀성으로밖에 대해주지 않는 것이 안타까와 몸부림을 치며 련인이 김성주 동지께서 탐구하시는 새 사조에 반기를 들고 나섰을 때에는 비록 일생의 상처로 남아있게 될 일이지만 순정을 바쳐온 그와 단호히 결별하는 것이다. 그는 아직 공산주의자는 아니였지만 김성주 동지께서 탐구하시는 공산주의가 조선독립과 만민의 복락을 위한 진리의 길일진대 그를 서슴없이 따라야 한다는 립장만은 가지고 있었다.

따라서 림소영과 박인석과의 결렬, 이것은 청춘 시절에 깊어졌던 련정의 단순한 결별이 아니라 민족주의운동 안의 두 세력—애국적인 진보세력과 시대의 새 사조의 발전을 가로막는 편협한 보수세력 사이의 결별이였다.

소설은 이와 같이 자주의 새 세계를 창조하시려는 김성주 동지에 대한 애국지사들의 크나큰 기대를 다양한 형상을 통하여 보여줌과 동시에 인민대중의 무궁무진한 힘이 그이께서는 주체의 신념을 더욱 굳건히 지니실 수 있게 한 원천이였다는 것을 밝히고 있다.

김성주 동지께서 압록강을 건느신 그 달음으로 말파리를 타고 림강으로 떠나시던 날 밤, 고국 땅에서 쫓겨난 류랑민들이 압록강가에 구슬픈 모닥불을 피워놓고 밤을 새우는 모습을 보시고 얼마나 가슴 아파하시였던가.

하지만 인민대중의 힘은 무궁무진한 것이다. 리무성의 외삼촌 일가는 그처럼 어려운 처지에서도 어떻게 하나 살아보려고 버티고 있었으며 남편과 아들을 왜놈들에게 빼앗기고 홀로 사는 성남촌의 한 할머니는 닭을 잡아 독립자금으로 써달라고 바치고 있었다. 이런 인민을 묶어세운다면 못해낼 일이 없다는 진리를 발견하신 김성주 동지께서는 마침내 선행한 초기 공산주의운동과는 완전한 계선을 그으시고 근로인민대중을 력사의 주인으로 내세우는 자주의 길을 택하시였던 것이다.

그리하여 김성주 동지의 신념을 받들고 자라난 주체형의 첫 공산주의 혁명전위들은 그이께서 방향타를 잡으시고 닻을 올리신 조선혁명의 새로운 기슭을 떠나 자주시대의 노를 힘있게 저으면서 민족해방, 계급해방을 위한 거창한 파도를 헤쳐 나가게 되였다.

참으로 장편소설《닻은 올랐다》는 위대한 수령님의 혁명활동의 개시로 인하여 주체시대의 새 력사가 펼쳐지게 된 뜻 깊은 사변을 반영한 작품으로서 우리 혁명대오의 주체사상화가 어떻게 시작되였고 우리 당의 영광스러운 뿌리가 어떻게 내리기 시작하였는가를 형상적으로 깊이 있게 리해하는 데 큰 도움을 주는 귀중한 교과서이다.

우리는 총서《불멸의 력사》중 장편소설《닻은 올랐다》를 통하여 위대한 김일성 동지를 우리 혁명의 수령으로 높이 모신 긍지를 더욱 심장 깊이 지니고 수령형상작품 창작에서 보다 큰 성과를 이룩함으로써 주체의 혁명문학의 화원을 더 아름답게 장식하며 타도제국주의동맹의 결성으로부터 시작된 주체위업을 끝까지 완수하기 위한 투쟁에 힘있게 이바지하여야 할 것이다.

—『조선문학』1982년 8호.

4. 개작 상황

『닻은 올랐다』의 1982년 초판본, 1986년 개작본 대조 결과 표현과 내용에 있어 전면적 개작이 이루어졌다. 개작 방식을 몇 가지 기준으로 묶어 예시하면 아래와 같다.

1) 문단 단위 개작

(1) 문단 표현의 전체적 변화

그 날 새벽은 유난히도 더디게 찾아오는 것 같았다. 남문 밖의 어느 대장쟁이네 집에서 잠을 설친 수탉이 홰를 치며 한바탕 《꼬끼요》하고 새벽고동을 울린 다음에도 거리는 한동안 깊은 정적에 휩싸여 있었다. 하지만 그런 정적 속에서도 한 겹 두 겹 밤의 장막을 벗어내치며 아침은 약삭바르게 분주히 다가오고 있었다. 처음에는 멀리서 아스라하게 들려오는 송화강의 얼음장 터지는 소리를 싣고, 다음에는 소남문거리를 굴러가는 달구지 바퀴소리를 싣고, 새날이 집집의 창문들을 일제히 두드렸다.

—82년 초판본, 전편 3, 20면

무송의 이른 새벽이였다.

송화강의 얼음장 터지는 소리가 굳잠에 든 사람들의 꿈결을 타고 아스라하게 들려왔다.

새들은 벌써 둥지를 차고 일어나 먹이를 찾아 떠났다. 밤새 얼어붙었던 고드름 하나가 때 이르게 처마 끝에서 떨어졌다.

이웃집들에서 그릇들이 달그락거리는 소리며, 문들이 여닫기는 소리며, 아이들을 칭원하는 늙은이의 말소리까지 들려왔다.

—86년 개작본, 전편 3, 20면

(2) 새 문단의 삽입

날이 어슬어슬해지자 비밀독서회 성원들은 최재영이가 와서 기다리고 있다는 방을룡이네 집으로 향하였다.

방을룡이네 집 방 앞에는 윤기가 즈즈르한 최재영의 소가죽 구두가 놓여있었다.

—82년 초판본, 후편 18, 442면

날이 어슬어슬해지자 비밀독서회 성원들은 최재영이가 와서 기다리고 있다는 방을룡이네 집으로 향하였다.

언젠가 남만청총의 최봉이도 바로 그 집에 와서 화성의숙 학생들을 상대로 민족주의 강연을 한 적이 있었다. 최봉은 리론의 대가, 연설의 대가로 널리 알려진 사람이였지만 그 날의 강연에서는 이전날 얻던 그런 폭풍같은 반향을 불러일으키지 못하였다. 그사이 학생들의 정치적 식견에서 그만큼 현저한 변화가 일어났던 것이다.

방을룡이네 집 방 앞에는 윤기가 즈즈르한 최재영의 소가죽 구두가 놓여있었다.

—86년 개작본, 후편 18, 441면

(3) 새 문단 삽입과 표현 변화

《그새 또 다른 소식은 없었소?》

《많지, 우선 무성의 입학이 첫째로 꼽을 소식이고 다음은 그동안 인걸이 아버지한테서 두 통의 편지가 온 것이 두 번째 꼽을 소식이지. 자 받소.》

김성주 동지께서는 안주머니에서 사흘째 간수하고 다니는 두툼한 편지 두 장을 꺼내여 최인걸에게 넘겨주시였다.

—82년 초판본, 전편 3, 20면

《그새 또 다른 소식은 없었소?》

《많지, 우선 무성의 입학이 첫째로 꼽을 소식이고 다음은 그동안 차광수란 사람한테서 편지가 온 것이 두 번째 꼽을 소식이지. 서울에서 부친 것 같더구만. 이 차광수란 어떤 사람이요?》

김성주 동지께서는 안주머니에서 사흘째 간수하고 다니는 편지를 꺼내여 오른손 둘째 손가락등으로 발신인의 주소가 적힌 부위를 톡 건드리시였다.

최창걸은 그 편지를 받아들고 겉봉의 글자들을 걸탐스레 들여다보았다.

《일본에 건너가서 고학으로 대학을 다니며 사회과학을 전공한 인테리인데 올바른 운동선을 찾느라고 방황하는 모양이야. 삼원포에서 우연히 낯을 익혔지. 아주 고민이 많은 청년이더군.》

《왜 무슨 불우한 일이라도 겪고 있던가?》

《아니, 사생활에서부터 오는 번민이라기보다 이 시대 모든 청년들이 품고 있는 고통이라고 할가. 이를테면 옳은 진로를 찾지 못한 데서부터 오는 그런 사회적 고민이겠지.》

《방황! 고민!… 하긴 이것이 1920년대를 특징짓는 조선의 모습이기도 하니까.》

김성주 동지께서는 매지구름이 설레는 음침한 하늘을 쳐다보며 나직이 뇌이시였다.

최창걸은 양복주머니에 편지를 집어넣고 나서 화제를 바꾸었다.

—86년 개작본, 후편 5, 307면

(4) 문단 합침

언제나 생사의 운명을 등에 지고 피비린내 나는 전장과 비발치는 탄막을 헤쳐야 하는 군인생활 과정에 그는 더한층 억세여지고 모질어졌는지도 모른다.

그렇다고 하여 그에게서 꽃의 향기나 아름다움을 즐길 줄 아는 녀성적인 정서까지 죄다 말라버린 것은 아니였다.

자기를 《용맹한 무사》나 《녀걸》로 추어올리는 것보다 오히려 《소영이야말로 여자거던!》라고 말하는 것을 더 듣고 싶어하는 림소영이였다.

그는 지금 누구보다도 박인석이한테서 녀성으로서의 매력을 인정받는 것이 기뻤다.

그리고 행복하였다.

—82년 초판본, 전편 18, 188면

언제나 생사의 운명을 등에 지고 피비린내 나는 전장과 비발치는 탄막을 헤쳐야 하는 군인생활 과정에 그는 더한층 억세여지고 모질어졌는지도 모른다. 그렇다고 하여 그에게서 꽃의 향기나 아름다움을 즐길 줄 아는 녀성적인 정서까지 죄다 말라버린 것은 아니였다. 자기를 《용맹한 무사》나 《녀걸》로 추어울리는 것보다 오히려 《소영이야말로 여자거던!》라고 말하는 것을 더 듣고 싶어하는 림소영이였다. 그는 지금 누구보다도 박인석이한테서 녀성으로서의 매력을 인정받는 것이 기뻤다. 그리고 행복하였다.

—86년 개작본, 전편 18, 187면

2) 문장 단위 개작

(1) 문장 표현의 변화

다치기만 하면 금시 푸들쩍 꼬리를 치면서 움직일 것 같은 눈썹이나 꽉 다물린 두툼한 입술만 보아도 지성이 느껴지고 듬직한 인상을 준다.

—82년 초판본, 전편 8, 78면

먹물에 잠갔다 낸 붓초리처럼 시꺼먼 눈썹 우의 이마, 그 이마 한옆에는 지성미가 강하게 느껴지는 청년의 호인다운 인상을 얼마간 흐리게 하는 커다란 허물자리가 패여 있다.

—86년 개작본, 전편 8, 78면

(2) 문장 내 상황과 등장인물 변화

① **장호림**이 상여채를 붙잡고 한참동안 소리를 내여 흐느껴 울었다.

—82년 초판본, 전편 21, 223면

량세봉이 상여채를 붙잡고 한참동안 소리를 내여 흐느껴 울었다.

—86년 개작본, 전편 21, 221면

② 김성주 동지께서는 **홍필순이며** 진상락이를 비롯한 여러 명의 청년들이 새로 비밀독서회에 망라되여 공산주의사상에 대한 연구에 심혈을 기울이고 있는 데 대하여 알려주시였다.

—82년 초판본, 후편 20, 467면

김성주 동지께서는 황학, 유대용들이며 진상락이를 비롯한 여러 명의 청년들이 새로 비밀독서회에 망라되여 공산주의사상에 대한 연구에 심혈을 기울이고 있는 데 대하여 알려주시였다.

—86년 개작본, 후편 20, 467면

③ 김영갑은 삼원포로, 리효는 성남촌으로 그리고 박두학은 장백으로, 송일복은 무송으로, 석해도와 신병림은 각각 안도와 반석 지구로…

—82년 초판본, 후편 24, 536면

최창걸은 삼원포에, 조학봉은 성남촌에, 리제우는 무송에, 계영춘이와 리효는 각각 안도와 반석 지구에 거점을 잡고 거기서 선진사상의 보급과 조직망을 늘이기 위한 활동을 진행하기로 결정하였다.

—86년 개작본, 후편 24, 537면

(3) 새 문장의 삽입

새우잠을 자는 아이보다 세 살쯤 더 나이가 들어 보이는 처녀애가 녀인의 곁에 앉아 있다. 아기가 몸을 비틀며 포대기 속에서 태를 칠 때마다 그 애는 어린것의 머리에서 모자가 떨어지지 않게 다심히 잔손질을 하는 것이였다.

모닥불가의 사람들은 마부를 위해 자리를 좁혀주었다.

김성주 동지께서는 마부의 등 뒤로 철주만 밀어 보내고 자신께서는 사람들의 담벽에 끼이시지 않았다. 기나긴 이 한밤을 모닥불 곁에서 지샐 지도 모르는 불쌍한 류랑민들을 방해하시고 싶지 않아서였다.

—82년 초판본, 전편 2, 11면

새우잠을 자는 아이보다 세 살쯤 더 나이가 들어 보이는 처녀애가 녀인의 곁에 앉아 있다. 아기가 몸을 비틀며 포대기 속에서 태를 칠 때마다 그 애는 어린것의 머리에서 모자가 떨어지지 않게 다심히 잔손질을 하는 것이였다.

얼핏 보기에도 솔가해 가는 한가족들이라는 것이 인차 알리였다.

모닥불가의 사람들은 마부와 영주를 위해 자리를 좁혀주었다.

아기의 고깔모자를 바로 씌워주던 처녀애가 영주를 자기 곁에 끌어다 앉히였다.

김성주 동지께서는 마부의 등 뒤로 철주만 밀어 보내고 자신께서는 사람들의 담벽에 끼이시지 않았다. 기나긴 이 한밤을 모닥불 곁에서 지샐지도 모르는 불쌍한 류랑민들을 방해하시고 싶지 않아서였다.

—86년 개작본, 전편 2, 11면

3) 단어 단위 개작

(1) 단어 표현의 변화

보위색 군복을 입은 처녀의 아릿다운 얼굴이 멀리서 그를 향해 웃고 있었다.

—82년 초판본, 후편 10, 358면

황갈색 군복을 입은 처녀의 아릿다운 얼굴이 멀리서 그를 향해 웃고 있었다.

—86년 개작본, 후편 10, 358면

(2) 종결어미의 변화

① 김일성, 김형직, 강반석을 묘사하는 3인칭 서술의 경우, 초판본의 주체높임 종결어미를 평서형 종결어미로 바꿈.

압록강을 건너 낯익은 강안거리를 걸어가실 때까지만 하여도 그이의 가슴은 다가올 상봉에 대한 그리움으로 **차오르시였다.**

—82년 초판본, 후편 1, 2면

압록강을 건너 낯익은 강안거리를 걸어가실 때까지만 하여도 그이의 가슴은 다가올 상봉에 대한 그리움으로 **차올랐다.**

—86년 개작본, 전편 1, 2면

오래간만에 들어보는 어머님의 음성은 다정도 **하시였다.**

—82년 초판본, 전편 1, 2면

오래간만에 들어보는 어머님의 음성은 다정도 하였다.

—86년 개작본, 전편 1, 2면

② 현재시제 종결어미를 과거시제 종결어미로 바꾼 경우.

달구지군들은 찍소리도 못하고 박도삼의 눈치만 흘끔흘끔 살핀다.
박도삼이 표표한 얼굴로 외나무다리 앞에 다가간다.

—82년 초판본, 전편 10, 102면

달구지군들은 찍소리도 못하고 박도삼의 눈치만 흘끔흘끔 살폈다.
박도삼이 표표한 얼굴로 외나무다리 앞에 다가갔다.

—86년 개작본, 전편 10, 102면

4) 등장인물 호칭, 이름 변화

초판본	개작본
외삼촌, 무성이의 외삼촌, 무성이네 외삼촌, 도삼이	박도삼
무성이	리무성
고대문	고재순
장호림	장철하
최인걸	최창걸
송일복	리제우
공렬, 공가성을 가진 독립군 대원	공영
김영갑	김리갑
최일심 숙장	최동오 숙장
신병림	계영춘
석해도	조학봉
최재영	김찬

— 작성 : 박선영

『혁명의 려명』

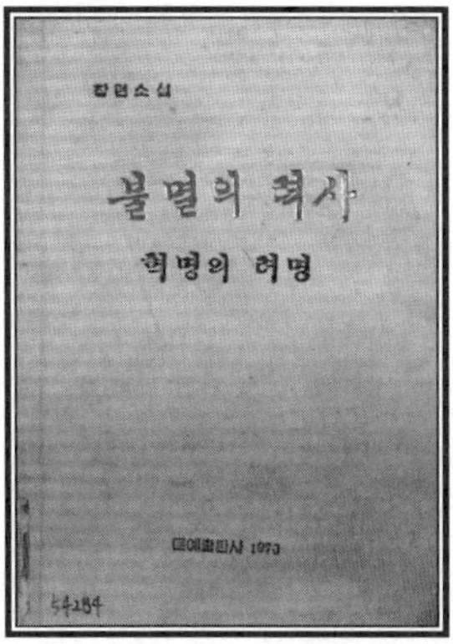

1. 세부 사항

<table>
<tr><td>제목</td><td colspan="3">총서 '불멸의 력사'2『혁명의 려명』</td><td>출간 권수</td><td>2</td></tr>
<tr><td>작가 및 창작단</td><td colspan="5">천세봉 / 조선작가동맹중앙위원회 4・15문학창작단</td></tr>
<tr><td rowspan="2">발표 연도
(수상 연도)</td><td>발표 연도</td><td>1973</td><td rowspan="2">발표 지면
(수상명・집)</td><td rowspan="2" colspan="2">문예출판사</td></tr>
<tr><td>개작 연도</td><td>1987</td></tr>
<tr><td>스토리
주제</td><td colspan="5">타도제국주의동맹 이후 반제청년동맹 결성과정을 통해 드러나는 김일성의 비범성</td></tr>
<tr><td>키워드1/ 테마</td><td colspan="5">만주 지역의 항일운동, 사상투쟁(종파주의자, 민족주의자의 분열 반대), 예술선전대.</td></tr>
<tr><td>키워드2/ 구성</td><td colspan="5">17장</td></tr>
<tr><td>키워드3/ 시점</td><td colspan="5">복합 시점－전지적 작가 시점과 1인칭 주인공 시점(김일성에 한하여 주체존대법 쓰임)</td></tr>
<tr><td>키워드4/ 시간</td><td colspan="5">1927~1928년</td></tr>
<tr><td>키워드5/ 장소</td><td colspan="5">길림, 돈화.</td></tr>
<tr><td>키워드6/ 소재</td><td colspan="5">삼부 통합 , 길회선 철도 부설 반대투쟁, 일본상품 배척투쟁, 「송도국의 룡상」, 새날소년회, 타도제국주의동맹.</td></tr>
<tr><td>키워드7/ 인물(직업)</td><td colspan="5">학생, 민족주의자, 독립운동가, 철도・부두노동자, 교원, 밀정.</td></tr>
</table>

2. 줄거리 소개

1장 별

삼부통합회의가 무산된 가운데 독립운동단체의 반목은 계속된다. 화전의 화성의숙을 다니던 금성은 화성의숙을 그만두고 길림성 육문중학으로 옮겨와 어머니와 친동기처럼 지내던 봉숙이네 집에서 하숙을 하게 된다.

2장 씨앗을 뿌리시며

육문중학에 다니게 된 금성은 역사 시간에 빙허 선생의 오류를 발견 지적하고, 빙허는 금성의 지적에 충격을 받는다. 그리고 권심의 강연회에서 그의 오류를 발견하고 지적함으로써 오류를 바로 잡는다. 그들을 보면서 금성은 김형직의 죽음 이후 'ㅌ·ㄷ'동맹 결성 과정을 회상한다.

3장 강남공원의 눈보라

안묵의 강연회에서 그의 오류를 발견한 금성은 그에게 질문지를 보내고 질문지를 받은 안묵은 얼굴이 새파래져 강연회장을 떠나버린다. 그리고 학생들의 요청으로 금성은 강남공원에서 연설을 한다.

4장 물결이 일어난다 1

안묵이 일경에게 체포되자 금성은 안묵 석방운동을 하기 위한 투쟁 방법을 모의한다. 그리고 간도로 떠나려는 채경을 교양하여 '새날소년회'를 창단하고 채경과 경주는 소년회의 역원이 된다.

5장 물결이 일어난다 2

시를 쓰고 싶어 하는 신동호는 마르크시즘을 거부하며 방황하고, 금성은 조선공산당의 우두머리 월파와 논쟁한다. 금성은 소년회를 동원하여 안묵 석방운동을 벌이고 소년회의 조직을 확대한다. 경주, 순희, 보배는 여자사범학교에 연구소를 조직하고, 이를 기반으로 '6・1학우회'를 결성한다.

6장 해발이 퍼진다

강창수는 일본에서 돌아와 연길로 와서 떠돌다 강남공원에서 연설을 하는 금성을 보고 감동해 그를 돕기 시작한다. 금성은 강창수를 광복동 교원으로 배치한다.

7장 선창가에서

금성은 강창수를 광복동 교원으로 배치하고 길림으로 돌아오는 길 송화강 선창가에서 춘택의 고단함을 살펴본다. 금성은 다리가 불편한 최진국의 아버지 최성근 대신 밤새 부두 일을 한 후 의사 박승훈을 만나 그의 명백하지 않은 생활태도를 질책한다. 박승훈은 그에 설복하고 최성근의 다리를 치료해준다.

8장 행복

백락진의 아들 순기는 방황을 하고. 동생 순희는 마르크스의 책을 읽도록 권함으로써 그를 교양한다. 그 무렵 금성은 어머니 강반석으로부터 부녀회를 꾸릴 방도에 대한 편지를 받게 된다.

9장 인터나쇼날의 노래

금성은 권심이 글을 써서 찾아오자 그의 논문에 있는 오류를 지적해주고 권심은 금성의 예리함에 감탄한다. 금성은 공산청년회의 강령과 규약을 만들고, 장두촌의 실정을 파악하고 야학을 설립하는 등 조직 활동을 확대한다.

10장 가을

어머니가 보내준 돈으로 아이들의 신과 장두촌 여인의 신발을 산다.

11장 송도국의 룡상

금성은 국제당의 승인을 받으러 다니던 '고려공청' 장윤삼과 '조선만주총국' 월파와 소작료 철폐 문제로 논쟁을 벌이고 이들 이론의 허점과 야욕을 밝혀낸다. 조창진은 월파와 금성의 이론 논쟁을 보며 금성의 인물 됨됨이에 감화되어 그의 휘하에 들어간다. 금성은 연극 「송도국의 룡상」을 직접 창작하여 공연을 지도하고 민족주의자들의 작태를 비판한다.

12장 엄혹한 시절

연극의 파문으로 3부 통합회의는 연기되고, 독립자금을 구하러 가던 백락진은 밀정 유상조의 음모에 빠져 기차역에서 일본군에 포위되자 자살한다.

13장 사람들이여, 희망을 가지라!

무송부녀회를 지도하는 강반석은 집을 찾아온 아들 금성에게 부녀회 조직과 투쟁의 방도 등을 지도받는다.

14장 학원의 비바람

1928년 여름 육문중학의 공청원들은 빙허 등 양심적인 교사들이 파면되자 반동군벌, 반동교원들에 대한 반대투쟁을 벌인다.

15장 광장으로

동맹휴학으로 왕희동 등 반동교원들을 파면시키고 신동호는 아버지의 죽음과 금성의 교양에 의해 철도노동자가 되기로 결심한다. 노동자들은 철도 부설 반대투쟁을, 학생들은 일본상품 배척투쟁을 벌인다.

16장 불타는 청춘

아버지의 죽음 이후 금성의 감화를 통해 조직원이 된 백순기는 서울로 유학을 떠나서 서울공산당과 연계를 하기로 한다. 길림에서는 길회선 부설공사가 시작된다는 소식에 일본상품 배척투쟁과 함께 길회선 부설 반대투쟁이 벌어진다. 리갑무는 자신이 본 역사를 수기로 기록하기 시작한다.

17장 송가

계속된 시위 속에서 경무청 순경들에 의해 조창진은 죽음을 맞게 되고, 경주는 금성을 보위하려다 중상을 입는다. 학생들은 부상 속에서도 투쟁을 독려하는 경주의 모습에 힘을 얻고, 금성은 조창진의 죽음을 통해 무장투쟁의 필요성을 느끼게 된다. 그리고 금성의 영도 하에 군중들은 새로운 투쟁에 나서게 된다.

3. 북한의 소개와 평가

| 사전(년감) 자료 |

장편소설. 1973년 천세봉 창작. 총서 《불멸의 력사》 중의 한 권이다. 민족 수난의 암운이 무겁게 드리웠던 1927년 초부터 1928년까지를 시대적 배경으로 하여 경애하는 수령 김일성 동지께서 길림을 중심으로 전개하신 빛나는 혁명활동을 웅대한 서사시적 화폭으로 재현한 혁명적 대작이다. 작품은 위대한 수령님께서 혁명의 새 아침을 불러오실 웅대한 포부를 안으시고 1927년 1월 중순 길림으로 오시는 장면으로부터 시작된다. 당시 정세는 매우 복잡하였다. 조선 공산주의운동과 민족주의운동의 중심지의 하나였던 길림에서는 고루한 민족주의자들과 이른바 공산주의운동을 한다고 하는 종파분자들의 그릇된 리론과 파벌투쟁으로 하여 청년학생들과 로동자, 농민들이 참다운 혁명의 길을 찾지 못하고 갈팡질팡하고 있었다. 길림의 복잡한 현실을 눈앞에 보시며 육문중학교에 적을 두신 위대한 수령님께서는 화전에서 이미 길림에 파견하셨던 《타도제국주의동맹》 성원들과 핵심적인 청년학생들을 중심으로 맑스—레닌주의연구소조를 무으시며 광범한 청년학생들과 로동자, 농민들 속에 혁명의 씨앗을 뿌려 가신다. 이 무렵 길림에는 조선 민족주의운동의 거물로 알려진 《상해림시정부》의 우두머리 안묵이 온다. 안묵이 출연하는 강연회에 참석하신 위대한 수령님께서는 민족개량주의와 외세의존을 설교하는 그에게 서면질문을 들이대시여 그 《리론》의 허황성을 여지없이 격파하신다. 한편 그이께서는 민족주의와 기회주의 《리론》의 탁류 속에서 헤여나지 못하고 있던 권심, 백순기, 신동호, 채경 등 많은 사람들을 옳바른 길로 이끌어주신다. 위대한 수령님께서는 또한 민족주의자들의 영향 밑에 있던 려길학우회를 혁명적인 반일조직인 조선인류길학우회로 개편하시며 조선인길림소년회를 창립하시고 청소년 학생들을 반일사상으로 교양하시는 한편 그들을 투쟁 속에서 단련시켜 혁명의 믿음직한 후비대로 키워 가신다. 길림 시내 각 학교들에 맑스-레닌주의연구소조가 조직되고 로동자들 속에서 소조활동이 활발해지자 위대한 수령님께서는 《ㅌ.ㄷ》를 반제청년동맹으로 개편하시였으며 광범한 농민대중을 혁명의식으로 무장시키고 단결시키기 위하여 몸소 광복촌에 나가시여 학교 사업을 돌보시면서 농민들을 교양하신다. 넓은 지역들에 혁명조직이 뿌리박게 되고 반일청소년단체들의 활동이 적극화됨에 따라 위대한 수령님께서는 모든 조직들을 통일적으로 지도할 혁명적이며 전투적인 전위조직인 조선공산주의청년동맹을 내오신다. 공청을 조직하신 후 위대한 수령님께서는 혁명조직을 더 넓은 지역으로 확대하시기 위하여 우수한 공청원들을 농촌 지역으로 파견하시며 자신께서도 길림 주변의 한 농촌에 나가시여 정력적인 활동을 벌리신다. 소설의 다음 부분에서는 위대한 수령님께서 영생불멸의 주체사상을 창시하시는 과정을 구체적으로 형상하였다. 당시 길림에서는 민족주의 우두머리들이 모여 《신민부》, 《정의부》, 《참의부》의 통합회의를 열어놓고 서로 자기의 《리론》을 내놓으면서 권력다툼으로 세월을 보내고 있었다. 또한 《조선공산당 만주총국》의 최곤, 월파를 비롯한 행세식 맑스주의자들은 자파세력 확장과 일신의 출세와 명예만을 위하여 무모한 론쟁을 일삼고 있었다. 위대한 수령님께서는 인민대중과 동떨어져 상층부의 몇몇 사람들끼리만 모여앉아 권력싸움만 하는 종파분자들과 고루한 민족주의자들을 반대하는 투쟁을 적극적으로 벌려 나가시면서 인민대중 속에 들어가 그들의 힘에 의거하여 혁명투쟁을 벌려야 하며 자기 나라 혁명은 자신이 책임지고 수행해야 한다는 위대한 진리를 발견하신다. 위대한 수령님께서는 청년학생들로 하여금 《송도국 룡상》이라는 풍자적인 연극을 공연하게 하심으로써 파벌싸움에 눈이 어두운 민족주의자들을 폭로하시였으며 초혁명적 구호를 내들고 대중을 무모한 투쟁에로 추동하던 《조선공산당 만주총국》 파쟁군들의 좌경적 책동을 분쇄하시고 조선혁명은 반제반봉건민주주의혁명이며 조선사람은 조선혁명의 주인이 되어 우리나라의 구체적 현실에 맞는 전략전술을 세우고 투쟁하여야 한다는 것을 밝히신다. 위대한 수령님의 지도 밑에 길림시와 교하, 화전. 무송 등 넓은 지역들에 짧은 기간에 반일청년조직들이 튼튼히 뿌리박고 혁명의 주체적 력량이 억세게 자라난다. 소설의 마감 부분에는 위대한 수령님께서 조직 지도하신 일제와 반동군벌들을 반대하는 대중적인 투쟁이 그려져 있다. 청년학생들과 로동자, 농민들을 혁명적으로 교양하시고 혁명조직에 튼튼히 묶어세우신 위대한 수령님께서는 일제의 길회선 철도 부설을 반대하는 반일시위투쟁과 일본 상품 배척 투쟁을 능숙하게 조직 지도하시였다. 이 투쟁에서 대오의 앞장에 섰던 공청원 조창진이가 일제의 칼에 맞아 쓰러진다. 위대한 수령님께서는 그의 희생을 가슴 아파하시면서 전 대오가 더욱 철통같이 어깨를 겯고 일제놈들이 둥지를 틀고 있는 신시가지를 향해 돌진할 것을 호소하신다. 소설은 위대한 수령님의 호소에 호응하여 장엄한 시위군중의 대렬이 힘차게 전진하는 장면을 보여주는 데서 끝난다. 소설에서는 주체사상의 출발점에 대한 문제를 제기하고 위대한 수령님께서 인민대중의 힘을 굳게 믿으시고 그들을 묶어세우시여 주체적인 조선혁명의 려명을 안아 오신 력사적 사실을 감명 깊게 형상함으로써 혁명의 주인은 인민대중이며 인민대중 속에 들어가 그들을 교양하고 조직 동원하여야 혁명에서 승리할 수 있다는 사상을 깊이 있게 밝히였다. 장편소설에는 위대한 수령님께서 지니신 비범한 예지와 예리한 통찰력, 확고부동한 혁명적 원칙성과 강의한 의지, 능숙한 조직력과 비상한 혁명적 전개력, 너그러운 포옹력과 혁명적 동지애, 혁명적 사업 방법과 인민적 사업 작풍이 생활적으로 진실하게 그려져 있다. 장편소설에는 위대한 수령님의 혁명활동과의 련관 속에서 강반석 녀사의 고결한 혁명정신과 강의한 의지가 감명깊게 그려져있으며 김형권 동지와 김철주 동지의 혁명활동의 일단도 생동하게 형상화되여 있다. 장편소설은 위대한 수령님을 높이 우러르며 수령님의 두리에 굳게 뭉쳐 조국 광복과 혁명의 승리를 위하여 헌신적으로 투쟁한 채경과 경주, 강창수, 최기준, 조창진 등 청년공산주의자들을 비롯하여 각계각층을 대표하는 여러 인물들의 전형을 훌륭히 창조하였으며 각이한 길을 걷던 청년학생들, 로동자, 농민들, 우여곡절을 겪던 사람들이 경애하는 수령님의 보살피심에 의하여 참된 혁명의 길에 들어서는 과정도 진실하게 그려내였다. 소설은 당시의 복잡한 현실을 체계정연하고 집약화된 구성 속에 립체적으로 재현하는 데 성공하였으며 력사적 사실과 원형에 의거하면서도 충분히 전형화하고 풍부한 형상적 세부들로 충만시킴으로써 커다란 예술적 감화력을 가진다.

—『문학예술사전』(하), 과학백과사전종합출판사, 1993.

| 평론 자료 |

조선혁명의 려명기에 대한 기념비적 화폭

–장편소설 《혁명의 려명》(총서 《불멸의 력사》 중에서)에 대하여

당원들과 근로자들을 사회주의, 공산주의 건설의 투사, 혁명가로 교양 육성함에 있어서 혁명적 문학예술의 임무와 역할은 매우 크다.

위대한 수령 김일성 동지께서는 다음과 같이 교시하시였다.

《문학예술은 근로자들을 공산주의적으로 교양하며 온 사회를 혁명화, 로동계급화하는 데서 큰 역할을 맡고 있습니다.

문학예술부문 앞에 나선 중요한 과업은 근로자들을 공산주의 세계관으로 무장시키기 위한 혁명적인 작품들을 더 많이 창작하는 데 있습니다.》

수령님께서 가르치신 바와 같이 사회주의 문학예술의 기본 임무는 근로자들을 공산주의 세계관으로 무장시키며 온 사회의 혁명화, 노동계급화에 적극 이바지하는 데 있다.

우리의 문학예술이 이 숭고한 력사적 임무를 다하기 위하여서는 수령님께서 영광스러운 항일혁명투쟁시기에 이룩하신 빛나는 혁명전통을 내용으로 하는 작품을 비롯하여 그것을 계승한 오늘의 우리 인민의 장엄한 투쟁 모습과 약동하는 현실을 형상한 혁명적 작품들을 더 많이 더 질적으로 창작하여야 한다.

혁명적 작품들 중에서도 위대한 수령 김일성 동지의 영광 찬란한 혁명력사를 반영하는 혁명적 대작을 창작하는 문제는 가장 중요한 자리를 차지한다.

그것은 위대한 수령님의 영광 찬란한 혁명력사를 감동 깊은 예술적 형상으로 재현함으로써 근로자들로 하여금 수령님께서 마련하신 고귀한 혁명전통에 대한 리해를 더욱 깊이 가지게 하고 그들 속에서 당의 유일사상체계를 철저히 확립하며 그들의 혁명적 세계관을 더욱 공고히 하는데 직접 이바지하기 때문이다.

최근 발표된 장편소설 《혁명의 려명》은 바로 이와 같은 절실한 요구에 해답을 주고 있는 작품으로서 지금 광범한 독자들의 사랑을 받으며 널리 읽히고 있다.

위대한 수령 김일성 동지의 반세기에 걸치는 영광 찬란한 혁명력사를 포괄적으로 반영하고 있는 문학총서 《불멸의 력사》 중의 장편소설 《혁명의 려명》은 우리나라 혁명 발전에서와 반일민족해방운동 발전에서 위대한 혁명적 전환의 새 시대를 열어놓으신 그이의 초기 혁명활동에서 의의 깊은 길림에서의 혁명활동을 생동한 예술적 화폭으로 빛나게 재현하였다.

위대한 수령 김일성 동지께서 전개하신 초기 혁명활동 과정은 맑스-레닌주의를 조선의 현실에 창조적으로 적용하시여 독자적으로 혁명의 길을 개척해 나가신 과정이였으며 위대한 주체사상을 창시하시여 조선혁명의 장래발전을 위한 과학적 지도리론을 완성해 나가신 과정이었다. 그것은 또한 수많은 청년학생들을 묶어세워 조선혁명의 믿음직한 담당자로, 렬렬한 공산주의자로 육성해 나가신 과정이였다.

수령님께서는 이 과정에 확고부동한 혁명적 원칙성과 불굴의 의지, 능숙한 조직력과 비상한 혁명적 전개력, 혁명적 사업 방법과 인민적 사업 작풍, 높은 령도예술을 완벽하게 체현하시고 인민대중을 혁명승리의 한 길로 힘있게 이끄시였다.

작품은 위대한 주체사상을 창시하시여 반제민족해방운동의 력사적 새 시기를 열어놓으신 수령님의 불멸의 혁명사상과 고귀한 업적과 고매한 덕성을 높은 예술적 형상으로 보여주는 데 바쳐져 있다.

전 17장으로 구성된 작품은 나라와 민족의 운명이 생사존망의 위기에 처한 시기에 시대의 절박한 요구와 인민의 절절한 기대를 한 몸에 안으시고 길림으로 활동무대를 옮기신 그이께서 위대한 주체사상을 관철하여 나가심으로써 조선혁명의 찬란한 려명을 마련하시는 영광스러운 노정들에 대한 생동한 예술적 화폭들로 이루어졌다.

당시의 길림시는 조선 공산주의운동과 민족해방운동의 중심지의 하나로 되여 있었으며 그만큼 복잡했다.

작품은 일제 침략자들의 야수적 탄압이 더욱 심해지고 한편으로는 각이한 파벌로 갈라진 민족주의자들과 《공산주의자》들이 세력권 쟁탈을 위한 암투를 벌리고 있는 당시의 시대상을 반영하면서 조선혁명의 수령으로 등장하신 금성 동지께서 주체사상의 기치를 높이 추켜드시고 일제강점하의 비운 속에서 헤매는 인민대중을 이끄시어 혁명의 주력군으로 키워 나가시며 민족해방운동의 력사적 전환의 새 시기, 조선혁명의 려명기를 마련해 나가시는 과정에 대한 감동적인 묘사에 바쳐졌다.

작품의 첫 부분은 주로 수령님께서 공산주의운동 대렬 내에 끼어든 좌경기회주의분자들과 고루한 민족주의 우두머리들과의 원칙적인 정치사상적 투쟁을 벌리시며 길을 잃고 헤매는 도시의 청년학생들과 노동자, 농민대중을 각성시켜 혁명화하며 혁명조직에 묶어세우시고 혁명의 주력군을 꾸려나가시는 과정의 묘사에 바쳐져 있다.

작품의 후반부에는 혁명조직에 망라된 청년학생들과 혁명적 군중을 조직 동원하시여 강력한 대중투쟁을 벌리심으로써 반제민족해방투쟁의 력사적 새 기원을 열어놓으시고 조선혁명의 려명을 마련하신 수령님의 불멸의 업적을 담은 투쟁 화폭들이 그려져 있다.

①

1927년 초 추위가 한창인 계절, 금성 동지께서 처음으로 당도하신 날, 길림의 밤거리는 눈보라 속에 잠겨 떨고 있었다.

마치 싸늘하게 식어버린 커다란 재무지 속에서 마지막 사그라져가는 불티와도 같은 가로등의 빛도 밝음을 주는 것이 아니라 이 숨막히는 밤에 오히려 더 불안의 그늘과 어둠을 짙게 깔아준다.

온 누리가 어둠에 잠겨 있고 무서운 추위와 눈보라, 그 밖에는 아무것도 없는 거리, 빛이 그립고 온기가 그리운 그 거리의 어느 한 회관에서 어둠을 항거하는 것 같은 목멘 소리가 울려나오고 있었다.

《조선은 지금 캄캄한 밤입니다. 한 걸음도 앞을 내다볼 수 없는 어둠입니다. 여명을 기약할 수 없는 어둠 속에서 온 겨레가 손을 허우적이며 나아갈 길을 찾고 있습니다. 그들에게 길을 주어야 합니다. 길을…》

어둠 속에서 조선이 나갈 길을 안타깝게 찾으며 부르짖는 외침은 이 회관에서만 울리는 것이 아니었다.

학생들도, 피를 뿌리며 싸워온 독립군들도 밝은 빛을 찾아 헤매며 몸부림을 치고 있었다.

려명을 부르는 겨레의 이 피 타는 외침소리를 삼키며 어둠은 더욱 짙어만 가는데 서로 자기파의 세력권 확장에만 눈이 어두워 돌아치는 《사회주의자》들과 민족주의자들이 무모한 론쟁만을 벌리고 있는 길림의 밤거리로 금성 동지께서 생각에 잠기시여 걸으신다.

그이께서는 암초에 걸려 허덕이며 길을 찾고 있는 이 나라 민중에게 겹겹으로 뭉치고 쌓인 암운을 헤치고 혁명의 밝은 미래를 마련하셔야 했다.

그이께서 헤쳐 나가셔야 할 그 길은 인류가 아직 걸어보지 못한 전혀 새로운 길이였으며 그만큼 간고하고 험준한 길이였다.

식민지 반봉건 사회의 특수한 사회력사적 조건에서 민족적 모순과 계급적 모순이 착잡하게 얽혀있는 조선혁명을 어떤 지도사상, 어떤 노선, 어떤 전략전술로써 수행해야 할 것인가.

아직 그 누구에 의해서도 정확한 맑스—레닌주의적 해답이 주어지지 못하고 있는, 그러나 반드시 해결하여야 할 이 근본 문제가 절박하게 나서고 있는데 공산주의운동과 민족해방운동에 대한 일제의 탄압은 야수적이였으며 좌경분자들과 고루한 민족주의자들은 저마다 《지도자》로, 《이론가》로 자처하면서 허황한 궤변으로 대중을 혼란시키며 실천투쟁은 조직하는 것 없이 혁명의 령도권을 탈취하려는 야망 밑에 서로 상대방을 공박하는 비렬한 암투를 벌리고 있었다.

혁명을 한다는 사람들이 대중을 떠나서 상층부의 몇몇 사람끼리 모여앉아 인민대중의 아픔과 염원, 조국의 운명은 아랑곳하지 않고 파벌싸움만을 일삼으며 남의 힘에 의존하여 그 무엇인가 이뤄보려고 망상하는 등… 참을 수 없는 행동의 후과는 혁명력량의 통일단결을 방해하여 나아가서는 대중을 혁명에서 이탈시키며 혁명의 전도를 암담한 혼란 속에 몰아넣는 그만큼 해독이 크고 위험한 것이였다.

이렇듯 엄중한 정세를 깊이 통찰하신 금성 동지께서는 이미 《ㅌ.ㄷ》를 조직하시면서 명백하게 밝히신 투쟁강령에 더욱 철저히 의거하시여 혁명의 앞길을 독자적으로 헤쳐나가시는 장엄한 투쟁을 선포하시였다.

작품은 첫 부분에서부터 공산주의 대렬의 통일단결을 와해하며 반일혁명력량을 하나로 뭉칠 수 없게 하고 있는 좌경종파분자들과 민족주의 《우두머리》들의 죄행을 신랄하게 폭로규탄하시며 한편으로는 혁명력량을 새로 꾸려나가시는 금성 동지의 눈부신 활동을 보여준다.

그이께서는 특히 혁명의 선간자로서 누구보다 앞장서 나가야 할 청년학생들이 올바른 길을 찾지 못하고 허황한 리론투쟁을 하며 서로 싸우고 있는 현상을 못내 가슴 아파하시며 그들을 혁명적으로 각성시켜 조선혁명의 진실한 력군으로 키워나가는데 깊은 관심을 돌리신다.

(이것이 슬픈 현실이 아닌가. 원수가 울타리를 허물고 마당 안으로 뛰어들었는데 어찌하여 이 나라 청년들은 이렇게 서로 싸움만 하고 있는가. 가장 앞장서 나아가야 할 사람들이 우리 청년들 아닌가!…)

금성 동지께서 길림에 당도하신 직후 어느 한 강연회장에서 나오시며 심중한 사색에 잠기시는 장면은 위기에 직면한 조선혁명을 전진시켜 나가시기 위해 기울이시는 그이의 크나큰 심려를 감동적으로 묘사하고 있다.

인민에 대한 믿음과 사랑, 빼앗긴 조국을 기어코 그들의 영향 하에 빠져들어서 나갈 길을 찾지 못하고 우왕좌왕하던 많은 청년들이 그이께서 밝혀주시는 광명의 길을 찾아 한 걸음 한 걸음 에여 나오기 시작한다. 비단 길림의 청년들만이 아니었다. 만주의 넓은 지역에서와 멀리 조선 안에서까지 수많은 청년들이 그이를 우러러 길림으로 모여들었다.

권심, 강창수 등…수많은 청년들이 그이의 가르치심을 받기에 이르러 자신의 그릇된 길을 청산하고 그이께서 밝히신 조선혁명의 주체적 노선과 독창적인 투쟁방도를 명확하게 체득하게 된다.

금성 동지께서는 또한 조선혁명의 주체적 노선을 관철해 나가시며 민족주의 《우두머리》들의 고루한 편견과 사대망국사상을 분쇄하는 투쟁을 강력하게 벌리셨다.

그이께서는 저마다 《독립지사》로, 《이름난 웅변가》로 자처하는 《민족주의 거물》들의 허황한 궤변을 사리정연한 이론으로 분쇄하시고 때로는 연예 공연과 짧은 풍자극의 상연으로 상대방을 곤경에 몰아넣기도 하시며 그들 중 민족적 량심을 지닌 인사들을 넓으신 한 품에 받아 안으시였다.

민족주의 《이론가》 안묵이 청년들 앞에서 민족개량주의와 사대망국론을 설교하는 것을 보시고 그 즉석에서 신랄히 공박하시고 나서 그가 일제경찰의 밀고로 체포당하게 되자 청년 대중을 동원하시여 석방운동을 벌리시는 생동한 묘사들은 그의 한 실례로 된다.

작품은 금성 동지께서 나타나심으로 하여 조선 공산주의운동과 민족해방운동에서 온갖 고질적 안폐와 오물들이 말끔히 청산되고 조선민족해방운동이 드디어 갈망하여 마지않은 혁명적 전환의 새 시기에 들어서게 되는 력사적 과정을 생동한 예술적 화폭으로 재현하고 있다.

그 과정의 묘사를 통하여 작품은 주요하게 혁명의 위기를 한 몸에 안으시고 력사의 분수령 위에 거연히 솟아오르신 금성 동지의 불멸의 형상을 감동 깊게 보여주고 있다.

장편소설 《혁명의 려명》은 이와 같은 감동적 형상들을 통하여 현시대의 가장 위대한 주체사상이 어떤 력사적 환경에서 창시되였으며 우리나라 공산주의운동과 민족해방운동의 앞길에 드리웠던 검은 구름이 그 기치 아래 어떻게 가셔지고 조선혁명의 찬란한 미래가 어떻게 밝아오고 있었는가에 대한 심오한 예술적 해명을 주고 있다.

②

작품이 전개됨에 따라 독자들 앞에는 수령님의 초기 혁명활동에 거대한 력사적 의의를 가지는 일련의 중요한 사건들에 대한 생동한 예술적 화폭들이 련이어 펼쳐진다. 금성 동지께서는 청년학생들 속에서 독서회와 연구소조 등 비밀조직들을 광범히 조직하시고 과학적 공산주의 리론을 보급하시며 그를 통하여 청년공산주의자의 핵심부대를 육성해 나가신다. 그리하여 목적과 지향이 뚜렷치 않았던 학생조직을 혁명적 조직으로 꾸리시고 이미 조직된 《ㅌ.ㄷ》를 반제청년동맹으로 개편하시고 그 조직망을 넓혀 나가시며 카륜, 고유수 등 광범한 농촌 지역들을 혁명화하시기 위한 여러 가지 형태의 조직정치사업을 령도해 나가신다.

모든 혁명조직들을 통일적으로 지도하는 전위조직인 조선공산주의청년동맹의 결성에 이르기까지의 력사적 사건들을 묘사하면서 작품은 군중을 혁명적으로 교양 육성하는 사업과 혁명조직을 꾸리는 사업을 결합시키며 혁명의 골간부대와 지휘성원들을 키워 나가시며 동시에 혁명의 군중적 지반을 굳건히 다져 나가시는 혁명적 군중공작 방법의 모범을 창조하신 그이의 정확하고도 명철하신 령도를 높은 예술적 형상으로 확증하고 있다.

금성 동지의 명철하신 지도와 인자하신 손길이 미치는 곳마다에서 혁명력량이 자라나며 노동자, 농민 출신의 청년공산주의자들이 앞을 다투어 혁명조직에 결속된다.

조국을 떠나 먼 이국땅에서 착취와 억압에 시달리여 암담한 생활을 하고 있던 이 나라의 농민들과 부녀자들, 아이들이 겪고 있는 참상을 자신께서 당하시는 것 이상의 아픔으로 느끼시며 그들에게 재생의 기쁨을 안기시려고 풀섶을 헤치시고 험준한 농촌 길을 걸으시는 그이, 뽈 대신 돌덩이처럼 무거운 새끼뭉치를 차며 그래도 좋다고 뛰노는 아이들 곁을 차마 떠나지 못하시며 황폐한 학교 마당을 정리하여 꽃밭을 가꾸시는 그이의 사랑의 손길 아래 야학 문이 열리고 학교가 일어서며 농민대중이 혁명적으로 각성된다.

농민들을 밭머리에서 만나시여 함께 김을 매시며 그들의 생활을 깊이 료해하시며 또한 밤잠을 주무시지 않으시고 아이들을 위한 교재를 쓰시며 혁명의 씨앗을 뿌려 나가시는 그이의 불면불휴의 노력은 인민대중을 위해서는 그 무엇도 아끼지 않으시는 그이의 숭고한 혁명정신에서 흘러나오는 것이다.

금성 동지께서는 몸소 한 청년공작원을 농촌으로 데리고 나가시며 힘주어 말씀하신다.

《혁명이란 혁명의 진리를 알고 있는 몇몇 사람의 힘으로는 안 됩니다. 대중 속에 들어가 대중을 혁명의 진리로 깨우쳐 주고 대중 자신이 각성해서 한 덩어리가 되여 일어서도록 만들어야 합니다. 혁명의 주인은 인민대중입니다. 혁명이란 착취받고 억압받는 인민의 운명을 해결하는 것인데 누가 혁명의 주인이 되여야 하겠습니까? 인민이 혁명의 주인이 되여 들고 일어나야 승리할 수 있습니다.》

대중 자신이 각성하여 혁명의 주인으로 되여야 하며 인민대중이 들고 일어나 투쟁하여야만 혁명에서 승리할 수 있다는 사상의 강조! 이는 그이께서 밝히신 위대한 주체사상의 본질을 단순하고도 명확한 진리로써 해명하는 것이다.

작품은 혁명승리의 기본 요인과 방도를 인민대중의 힘에서 찾으시고 그들 자신이 계급적 원수를 똑똑히 알고 혁명적으로 각성하도록 이끌어 나가시는 금성 동지의 숭고한 혁명활동 로정을 높은 예술적 수준에서 빛나게 형상하고 있다.

농촌혁명화의 길에 나서신 그이께서는 어느 가을날 길림 근방의 장두촌마을에 나가신다.

마을에 당도하시였을 때 이 마을의 악질지주 홍가 놈이 무릎을 꿇고 앉아서 목숨을 이어 살아가게 해달라고 애걸하는 농민들을 도적놈들이라고 욕설을 퍼부으며 펄펄 뛰는 모습을 보신 그이께서는 모여선 사람들을 헤치고 앞에 나서시여 농민들을 향해 힘있게 말씀하신다.

《여러분!… 허리를 펴고 머리를 드십시오. 당신들이 타작한 곡식은 당신들이 허리띠를 졸라매며 피땀을 흘려서 지은 곡식입니다. 지주는 그 곡식을 약탈해다가 먹고 살이 찌는 것이지 땅문서를 깨물어 먹고 살이 찌는 것은 아닙니다. 그런데 무엇 때문에 죽은 목숨처럼 말도 못하고 그 더러운 욕설을 듣고 있습니까? 당신들이 도적인 것이 아니라 당신들이 지은 곡식을 모조리 략탈해 가고 그것도 모자라서 사람까지 빼앗아 가겠다는 저 놈이 바로 도적놈입니다.》

농민들은 그이의 이 힘찬 고무적인 말씀에서 힘과 용기를 얻으며 자기들을 억압 착취한 진주의 강도적인 본성을 깊이 깨닫고 생존의 권리와 인간의 존엄을 지키기 위하여 마침내 지주 놈을 반대하는 투쟁에 떨쳐나서 승리하는 것이다.

작품에는 또한 혁명의 령도계급인 노동계급을 각성시켜 혁명투쟁의 선두에 나서도록 이끄시는 금성 동지의 정력적인 활동이 감명 깊게 그려지고 있다.

길림에 당도하신 직후에 벌써 길림과 돈화의 기관구 노동자들 속에 혁명조직을 박기 위해 반제청년동맹원들을 파견하셨던 금성 동지께서 어느 날 농촌 마을에서 돌아오시며 몸소 선창가의 부두노동자들을 찾아보신다.

선창가에서 뻗장다리가 된 불구의 몸으로 무거운 짐을 부리고 있는 나이 많은 부두노동자 최성근 노인을 바라보시게 된 그이께서 아무 말씀도 건네시지 않고 무거운 양곡포대를 자신께서 메시고 성큼성큼 걸어나가시었다.

놀랜 것은 최성근 노인만이 아니었다.

그들은 자신들과 함께 무거운 양곡포대를 걸머지시고 아찔하게 높은 쌀무지 위로 올라가시는 그이가 바로 김형직 선생님의 아드님이신 금성 동지이심을 알자 앞을 다투어 나서며 그만두시라고 말씀 올렸다.

그러나 그이께서는 뻗정다리 노인 최성근을 향해 사뭇 부드러운 음성으로 말씀하셨다.

《불편하신 몸으로 좀 고되겠습니까? 이게 다 나라가 없고 불공평한 세상 탓입

니다. 저희 젊은 사람들의 책임이 큽니다.》

금성 동지께서는 이날 밤 새날이 푸름하게 밝아오도록 선창가를 떠나지 않으시고 부두노동자들과 함께 양곡포대를 나르는 힘겨운 일을 계속하셨다.

고역에 시달리는 이 나라 노동자들의 비참한 생활 처지를 깊이 헤아리시고 그들과 생사고락을 같이 하시는 그이의 숭고한 사랑에 접한 부두노동자들은 삼동의 뜨거운 눈물을 머금고 말로써는 다할 수 없는 충성의 결의를 다졌다.

그들이 다지는 결의, 그것은 바로 노동계급의 자각과 의무를 잊지 말아야 하며 반드시 혁명의 선봉부대가 되여야 한다고 이르시는 그이의 간곡한 가르치심을 어김없이 실천하는 것이었다.

이 나라 노동계급에게 기울이시는 그이의 사랑과 온정에는 그 깊이와 끝을 헤아릴 수 없었다.

금성 동지께서 부두가를 다녀가신 며칠 후였다. 노동재해로 뻗장다리가 되고 그것으로 하여 고생하여오던 최성근은 뜻밖에도 병원에 입원하게 되는 전혀 생각도 못한 큰 은덕을 받게 되여 그 자신 어리둥절해졌다.

노인은 뻗장다리를 고치고 성한 몸으로 퇴원하게 된 때에 이르러서야 밤중 선창가에 나타나시여 몸소 등짐을 지시고 밤이 새도록 함께 일하시던 그 분, 김형직 선생님의 아드님이신 금성 동지께서 자기를 입원까지 시켜주셨다는 것을 알고 감동에 겨운 뜨거운 눈물을 떨어뜨렸다.

금성 동지께서는 이와 같이 일제 침략자 놈들에게 나라를 빼앗긴 데다 지주, 자본가 놈들의 가혹한 착취에 시달리는 이 나라의 가엾은 백성들, 노동자, 농민들에게 뜨거운 사랑의 정을 기울이시여 그들 자신이 자기 운명의 주인으로서 힘과 용기를 내여 당당히 앞길을 개척해 나가도록 각성시켜 나가시며 혁명의 대중적 지반을 튼튼히 꾸려 나가시였다.

③

작품은 전반부에서 주로 위대한 주체사상이 조선혁명의 유일하게 정당한 지도 자상으로서 확고하게 자리 잡으며 그에 기초하여 혁명력량이 꾸려지고 혁명의 지휘서 우언들이 자라나고 노동자, 농민, 청년학생들… 광범한 대중이 혁명적으로 각성하는 과정을 묘사하는 데 집중되었다.

작품의 후반부에 이르러서는 조직된 혁명력량을 동원하여 제국주의 아성을 무너뜨리기 위한 보다 적극적인 투쟁의 화폭을 보여주는 데 집중되고 있다.

위에서 이미 언급한 바와 같이 민족주의 《우두머리》들의 비렬한 령도권 투쟁을 《송도국 룡상》이라는 풍자극의 상연으로 야유해버림으로써 그들의 《3부통합회의》를 급속히 결속짓게 하시는 등 영활한 투쟁의 조직과 학원의 민주화와 반동교원의 숙청을 중요한 요구조건으로 내걸고 싸운 육문중학교 안에서의 동맹휴학의 단행 등 보다 조직적이고 군중적인 투쟁들이 생동한 화폭으로 연이어 펼쳐진다.

1년 남짓한 짧은 기간에 광범한 청년학생들과 노동자들, 농민대중을 혁명화하여 큰 도시와 광활한 농촌 지역을 하나의 혁명적 대로 굳게 결합시키신 금성 동지께서는 대중의 혁명적 기세를 늦춤이 없이 그들을 보다 결정적인 새로운 투쟁에로 부르시었다.

특히 그이께서 길회선 철도 부설 반대투쟁과 일본상품 반대투쟁을 조직 전개하시는 장면은 참으로 격동적이다.

금성 동지의 령도 하에 연달아 일어난 청년학생들의 대중투쟁을 펼쳐 보이면서 작품은 그 투쟁의 선두에 서시여 확고한 혁명적 원칙성과 비상한 혁명적 전개력, 명철하신 통찰력과 예지로 충발된 대중투쟁의 령도예술을 완벽하게 체현하신 그이의 고귀한 업적과 불멸의 위훈을 격조 높이 전하고 있다.

무장한 원수와 맞서 맨주먹을 들고 싸우다가 장렬한 최후를 마친 한 공청원의 시신을 붉은 기폭으로 감싸 안으시고 광장에 나오신 그이께서 운집해 선 시위 군중에게 투쟁대오를 더 굳게 짜고 일제 원수 놈들의 영사관과 병영들을 향해 돌진할 것을 호소하시는 격동적인 장면은 작품의 절정을 이루는 가장 훌륭한 예술적 화폭이다.

금성 동지의 품에 안겨 혁명을 위해 한생을 바친 젊은 공청원 조창진의 최후를 보여주는 장면에서 우리들은 한때 좌경로선의 진창 속에 빠져들었던 그가 그이의 따뜻한 보살피심과 세심한 지도를 받으며 비로소 참다운 혁명의 길에 들어선 간고한 성장력사를 돌이켜보며 더욱 큰 감동을 받게 된다.

작품은 이와 같이 금성 동지의 불멸의 형상을 통하여 위대한 주체사상에 기초한 주체적인 혁명로선과 독창적인 투쟁방도가 명확히 서고 주요하게는 혁명의 미래를 명철하게 내다보시는 수령님의 올바른 령도가 보장되는 때에만 혁명의 기본 역량인 인민대중을 각성시킬 수 있고 그들의 힘을 조직 동원하여 혁명에서 승리할 수 있다는 명확한 진리를 힘있게 확증하고 있다.

작품에는 또한 수령님의 초기 혁명활동에서 떼여놓을 수 없는 밀접한 련관관계에 있는 강반석 어머님과 삼촌이신 김형권 동지와 동생이신 김철주 동지의 혁명활동을 감동적으로 보여주고 있다.

강반석 어머님은 불굴의 혁명투사 김형식 선생님의 뜻을 이어 부녀들을 혁명화하는 사업과 반일조직들을 직접 지도하시는 여성 혁명가로서 그이와 더불어 혁명위업을 힘있게 수행해 나가고 계신다.

어머님이 보내신 한 장의 편지를 받으신 금성 동지께서 깊은 사색에 잠기시여 아버님과 어머님을 회상하시며 어머님께서 활동하고 계시는 백산 지구에서의 군중공작을 더욱 활발히 전개할 데 대한 방도를 편지에 적으시며 《새날》신문의 원고까지 써 보내시는 장면의 묘사와 그이께서 무송으로 가셨을 때 아드님을 맞이하시는 어머님의 자애로운 모습을 보여주는 장면들에 대한 생동한 묘사는 우리들에게 강렬한 혁명적 정서를 안겨준다.

작품은 금성 동지의 형상과 함께 강반석 어머님과 김형권 동지의 형상을 결합시켜 보여줌으로써 참답고 위대한 혁명가정에서만 있을 수 있는 아름답고 진실한 육친적 사랑과 그이의 령도를 따라 혁명을 위해 모든 것을 다 바치시는 고매한 혁명정신을 감동 깊게 전하고 있다.

작품에는 이외에도 금성 동지의 령도를 따라 혁명의 충직한 력군으로, 지휘성원으로, 군중투쟁의 조직자로 성장한 박광식, 리병모, 장덕순, 강창수 등 핵심적 인물들과 그리고 혁명의 길을 찾아 심각한 모색 과정을 거쳐 온 채경이와 경주, 신동호 등 수많은 청년공산주의자들의 성격 발전 과정과 그이께 무한히 충직한 그들의 대중적 영웅주의와 견결한 투지와 강렬한 조국애를 힘있게 강조하고 있다.

작품에는 또한 노동자, 농민 출신의 젊은 세대들이 혁명의 주력군으로 성장하는 과정과 각 계층 인물들의 변화 발전 과정에 대한 심오한 분석적 묘사가 가해지고 있다.

심각한 우여곡절을 거쳐서 혁명대렬에 들어서는 권심, 조창진 등과 민족적 량심을 버리지 않고 그이께서 이끄시는 민족해방투쟁에 합류하는 백락진, 리갑무, 정민수 등 인물들의 변화 발전 과정이 진실하게 그려지고 있다.

작품은 반일민족해방투쟁의 탁월한 지도자 김형직 선생님에 대한 존경과 흠모의 정을 가슴 깊이 간직하고 있는 이름난 독립지사 백락진의 비극적 최후와 그의 아들 백순기가 공산주의 사상을 접수하고 혁명투쟁의 소용돌이 속에 과감히 나서기까지의 심각한 정신적 체험세계에 대한 진실한 사실주의적 묘사로써 기로에서 헤매는 사람들을 혁명의 품에 안아 키워 나가시는 그이의 위대한 감화력과 사랑의 품이 얼마나 크고 자애로우신가를 감명 깊이 전하고 있다.

이상과 같이 작품은 빛을 잃었던 이 나라의 력사 위에 민족해방혁명의 려명을 마련하여 주시고 인민들에게 조국 광복의 광명한 미래를 안겨주신 민족의 태양이시며 조선 인민의 위대한 수령이신 김일성 동지의 불멸의 혁명력사를 훌륭한 예술적 형상으로 재현하는 영예로운 과업을 빛나게 실현하였다.

《…장하다. 그 힘을 길러낸 조선의 아들이여, 인제 백만년 력사의 죽배 위에 새로운 서광이 뻗쳐왔다. 세상이 어지러우매 인걸이 난다 하였거니와 우리 겨레는 이렇게 망국의 암흑 속에서 민족재생의 태양을 맞이하였다.

찬란하다. 조선의 앞날이여, 이제 만방에 소리치며 자창차게 나아갈 조선의 새 력사는 첫 장을 떼였다.》

광장에 모여선 인민들의 환소성에 대답하시며 투쟁대오를 더 굳게 짜고 일제 침략자들의 아성을 향해 더욱 용감히 돌진할 것을 호소하시는 금성 동지의 웅건한 형상을 우러러 감동을 금치 못하는 독립지사 리갑무 노인의 감명 깊은 술회는 결코 그 한 사람의 심정만을 전하고 있는 것은 아니다.

일제 감옥의 철창 속에 갇히어 광장에서의 함성에 귀 기울이며 군중의 환호성에 답례하시는 금성 동지를 눈앞에 그리며 혼자 속으로 흥분을 금치 못하는 공산주의 이론가 권심의 술회는 더욱 감동적이다. 《아, 조선아 조선아! 가슴이 말라붙었던 조선아, 너는 인제야 위대한 아들을 낳았구나! 피바다를 헤치고 태양이 솟았구나! 삼천리가 빛나게 온 세계가 휘황하게 태양이 솟았구나!》

권심은 깊은 나락 속과 같이 어두운 감방 속에 갇혀있으면서도 조선혁명을 승리에로 힘있게 이끌어 나가시는 위대한 혁명의 령도자를 모시게 된 기쁨을 참지 못해하며 감동의 뜨거운 눈물을 머금는 것이다.

작품은 실로 천만 사람의 가슴마다에 슬기롭고 자랑스러운 조선의 새 력사를 아로새겨주신 위대한 수령님에 대한 우리 인민의 다함없는 흠모의 성을 넘김없이 담아 감동 깊게 전하며 그이의 영광 찬란한 혁명력사와 불멸의 거대한 형상을 빛나게 창조하고 있다.

* * *

장편소설 《혁명의 려명》은 이렇듯 어둠을 헤치고 방금 솟아오른 태양의 눈부신 해발인 양 찬연한 빛을 뿌리시며 반제민족해방투쟁의 혁명적 기치, 주체사상의 봉화를 높이 추켜드시고 조선혁명의 위대한 혁명적 전환의 력사적인 새 시기를 열어놓으시여 이 나라의 력사를 금문자로 아로새기신 위대한 수령님의 초기 혁명활동을 폭넓은 영웅서사시적 화폭으로 수놓은 기념비적 대작이다.

작품은 근로자들을 위대한 수령 김일성 동지의 혁명력사를 더욱 폭넓게 더욱 깊이 있게 학습하도록 하며 그들의 혁명적 세계관을 확립하는 데 근본 문제로 나서는 위대한 주체사상의 본질과 그 정당성, 위대한 생활력을 깊이 있게 파악하도록 하는데 크게 기여할 것이다.

또한 작품은 당원들과 근로자들을 위대한 수령님의 혁명사상으로 교양하여 당의 유일사상체계를 더욱 튼튼히 세우고 모든 근로자들이 수령님을 따라 배워 자신을 철저히 혁명화하며 조선혁명의 종국적 승리를 위하여 적극 투쟁하는 수령님의 충직한 전사로 키우는 훌륭한 교과서로서 길이 전해질 것이다.

—『조선문학』 1975년 1호.

4. 개작 상황

장	1973	장	1987
1장 별	김성주는 화성의숙에서 육문중학으로 옮겨와 봉숙이네 집에 하숙한다.	1장	누락
2장 씨앗을 뿌리시며	역사 시간에 빙허 선생의 오류를 발견하고 지적한다. 권심의 강연회에서 그의 오류를 발견하고 지적한다. 김형직의 죽음 이후 'ㅌ·ㄷ'동맹결성과정 회상이 삽입된다.	1장 별	'ㅌ·ㄷ'동맹에 대한 당위성의 구체적 설명과 '려길학우회'와의 대립 부분이 삽입된다.
3장 강남공원의 눈보라	안묵(안창호)의 강연회에서 그의 오류를 발견하고 질문지를 보낸다. 그 후 강남공원에서 연설한다.	2장 강남공원의 눈보라	안창호의 연설이 삭제된다. 김형직의 죽음 이후 회상분량 22면(원고지 17,137자)원고지 94.4장 분량이 삭제된다. 'ㅌ·ㄷ'동맹결성과정 1장 반 분량 삭제=100.5자(18,329자) 삭제된다.
4장 물결이 일어난다1	금성은 안묵이 체포되자 안묵 석방운동을 위한 투쟁 방법을 모의한다. 간도로 떠나려는 채경을 교양시켜 '새날소년회'를 창단한다. 채경은 경주소년회 역원이 된다.	3장 물결이 일어난다1	'신민회' 등 역사적 사건이 삽입됨. 한편 독립운동가들의 회합이나 강연 장면이 누락된다. 탄부 소년 리성남이 등장하지 않는다. 성남의 이야기가 누락된다.

5장 물결이 일어난다2	방황하는 신동호를 금성이 교양한다. 조공의 우두머리 월파와 논쟁한다. 안묵 석방운동을 벌인다. 소년회의 조직이 확대된다(경주, 순희, 보배 여자 사범학교에 연구소조 조직). '6·1학우회'가 결성된다.	4장 물결이 일어난다2	
6장 해발이 퍼진다	강창수(차광수)를 광복동 교원으로 배치한다. 김혁이 등장하지 않는다.	5장 해발이 퍼진다	김혁에 대한 내용이 삽입된다.
7장 선창가에서	길림으로 돌아오는 도중 송화강 선창가에서 춘택의 고단함을 살펴본다. 최성근 대신 밤새 부두일을 한 후 의사 박승훈을 만나 그의 명백하지 않은 생활태도를 질책한다. 박승훈은 그에 설복해 최성근의 다리를 고쳐준다.	6장 선창가에서	
8장 행복	순기(학천)의 동생, 순희 맑스 책을 읽기를 권함으로써 그를 교양한다. 강반석 어머니로부터 부녀회를 꾸릴 방도에 대한 편지를 받는다.	7장 행복	
9장 인터나쇼날 의 노래	권심이 글을 써 찾아온다. 그의 논문의 오류를 지적한다. 공산청년회의 강령과 규약을 만든다. 장두촌의 실정을 파악하고 야학을 설립한다.	8장 인터나쇼날 의 노래	
10장 가을	어머니가 보내준 돈으로 아이들의 신과 장두촌 여인의 신발을 산다.	9장 가을	리병모가 등장하지 않는다. 장두촌 여인의 신발을 사는 장면은 삭제된다.
11장 송도국의 룡상	국제당의 승인을 받으러 다니던 '고려공청' 장윤삼과 '조선만주총국' 월파가 소작료 철폐 문제로 논쟁한다. 이들 이론의 허점과 야욕을 논쟁을 통해 밝혀낸다. 조창진 월파와 금성의 이론 논쟁을 보며 그의 면모를 파악, 그의 영도 하에 들어간다. 사양화되어가는 민족주의자들을 연극 '3인1당'을 직접 창작 공연하게끔 지도한다. 그들의 작태를 비판한다.	10장 송도국의 룡상	조창진이 금성의 영도 하에 들어가 활약하는 모습이 삭제된다(이 장 이후 등장하지 않음).
12장 엄혹한 시절	연극의 파문으로 3부 통합회의가 연기된다. 독립자금을 구하러 가던 백락진이 음모에 빠져 자살한다.	11장 엄혹한 시절	백락진(오동진) 자살이 아니라 체포 후 투옥으로 바뀐다.
13장 사람들이여, 희망을 가지라!	무송부녀회를 지도하는 강반석의 모습이 묘사된다. 그곳을 찾은 금성이 어머니에게 투쟁의 방도를 지도한다.	12장 사람들이여, 희망을 가지라!	

14장 학원의 비바람	1928년 여름 육문중의 공청원들 반동군벌, 반동교원들과 맞서서 반대투쟁을 벌인다.	13장 학원의 비바람	
15장 광장으로	동맹휴학으로 왕희동 등 반동교원을 파면한다. 신동호는 아버지의 죽음과 김성주의 교양으로 철도노동자가 되기로 결심하고 노동자들은 철도부설 반대투쟁을 하며 학생들은 일본상품 배척투쟁을 벌인다.	14장 광장으로	
16장 불타는 청춘	학생들과 노동자들의 시위가 벌어지고 조직원이 된 백순기는 서울로 떠난다. 리갑무는 자신이 본 역사를 수기로 기록한다.	15장 불타는 청춘	김혁에 대한 부분이 삽입된다.
17장 송가	경무청 순경들에 의해 조창진이 죽는다. 경주는 금성을 보위하려다 부상을 입는다. 부상당한 와중에도 병원에서 뛰쳐나와 학생들에게 투쟁을 독려한다. 금성의 주도로 군중들은 새로운 투쟁에 나선다.	16장 송가	조창진이 아닌 박광식(박두학)이 죽는 것으로 설정이 바뀐다. 「조선의 별」의 1절 가사와 노래를 듣는 김혁의 감정이 묘사된다. 적기가를 부르는 장면이 삽입된다.

— 작성 : 김은정

『은하수』

1. 세부 사항

제목	총서 ‘불멸의 력사’3 『은하수』			출간 권수	3
작가 및 창작단	천세봉 / 조선작가동맹중앙위원회 4·15문학창작단				
발표 연도 (수상 연도)	발표 연도	1982	발표 지면 (수상명·집)	문예출판사	
	개작 연도	1987			
스토리 주제	김일성의 인품과 무장투쟁의 중요성				
키워드1/ 테마	만주 지역의 항일운동, 사상투쟁, 종파주의자, 민족주의자의 분열 반대, 예술선전대. 지도부 보위, 정신적 순결.				
키워드2/ 구성	12장				
키워드3/ 시점	복합 시점－전지적 작가 시점과 1인칭 주인공 시점(김일성에 한하여 주체존대법 쓰임)				
키워드4/ 시간	1929~1930년				
키워드5/ 장소	길림, 카륜, 교하, 고유수, 돈화, 왕청, 할빈(하얼빈).				
키워드6/ 소재	남만청총대회, 왕청문사건(남만청총사건), 5·30폭동, 조선혁명의 진로, 감옥투쟁.				
키워드7/ 인물(직업)	학생, 민족주의자, 독립운동가, 의사, 노동자, 간수, 밀정.				

2. 줄거리 소개

1장 왕청문

김성주와 강창수는 1929년 가을 '남만청총대회'에 참가하기 위해 왕청문으로 가던 도중 왕청에서 조직사업을 하고 있는 장덕순의 약혼자 수연을 찾는다. '혁명당'의 현종관은 고인호에게 김성주와 장덕순 등을 테러하도록 지시한다. 고인호의 테러로 장덕순 등 6명의 청년이 희생된다.

2장 사나운 바람이 불기 전

백순희와 신동호는 서로에게 연모의 정을 느끼고 신동호는 순희를 냉담하게 대한다. 채경은 김성주가 등사한 성토문을 길림 시내에 뿌림으로써 '혁명당'의 기만성을 폭로한다.

3장 꽃바다

고유수로 가는 길에 수연 모녀네 집에 들린다. 고유수에 교사로 있는 현욱을 방문하고 그곳에서 민족주의자 장윤삼과 그의 딸 인순이를 만난다. 인순이를 학교에 보내라고 권유하지만 장윤삼이 거절한다. 인순이 몰래 운동회에 참가한다.

4장 검은 구름

장덕순의 죽음을 묵인한 죄로 강창수에게 외면당한다. 길림으로 돌아온 채경이 체포된다. 인의병원집 딸 영숙도 체포된다. 남만학생조직을 이끄는 장덕순의 죽음을 묵인한 죄로 강창수에게 외면당한다.

5장 슬픔

조직원들은 김성주를 보위하는 데 각별히 신경 쓴다. 김성주는 한윤을 찾아 헤메고 경주의 병을 걱정한 인의병원에 진료를 부탁하러 갔다가 매복해 있던 군벌에게 체포된다. 박승훈은 김성주의 체포를 목격하고 경주를 진료하러 가 그 사실을 알린다. 그 사실에 리갑무는 혼절을 한 후 자리에 눕게 된다.

6장 물을 건너가야한다

채경은 고문실에서 심한 고문을 받으나 굴하지 않는다. 김성주는 감옥 안에서 권태일과 한윤을 만나 그간의 이야기를 듣는다. 그의 보위를 맡은 리상준을 모두가 비판하나 김성주는 죄책감에 빠져 있는 리상준에게 통신문을 보낸다. 김성주의 통신문에 힘을 얻은 강창수는 길림 아지트를 지휘하고, 시위를 조직하기 위해 올라왔던 최창걸은 누이를 만나지도 않고 삼원포로 떠난다. 본격적으로 감옥에서 방투가 시작된다. 순희는 옥바라지를 하며 김성주의 지령을 받아내고, 아내가 아픈 간수 리덕환이 박승훈과 연계를 가지고 바깥 소식을 전해준다.

7장 무송일가

김성주의 지시에 따라 경주는 편지를 가지고 강반석이 있는 무송으로 떠나고 그곳에서 부녀회를 이끌고 생활하는 강반석과 할머니 리보익, 동생 철주의 각별한 보살핌을 받으며 병 치료를 한다. 리보익은 성주가 체포된 것을 알면서도 내색 없이 슬픔을 견뎌낸다. 한편 강반석은 할머니가 성주를 위해 허리에 감고 온 토목 한 필로 옷을 짓고, 경주의 보약으로 쓸 인삼을 사 꿀에 재버린다. 삼촌 김형권은 무송에서 안도로 옮겨 사업을 하라는 성주의 지시에 따라 일가를 데리고 안도로 향한다.

8장 감방 안의 홰불

장덕순의 약혼녀 수연은 김성주를 면회하기 위해 보따리를 들고 감옥으로 찾아오고 그를 만나 장덕순이 스크랩 해놓은 자료를 넘겨준다. 김성주는 수연이 가져온 방대한 자료에 충격을 받는다. 김성주는 할머니가 지어 보낸 옷을 채경에게 보내고, 채경은 그 옷을 받은 날 경무대에서 일본 영사관으로 이첩된다. 채경은 영사관 지하 고문실에서 고문을 받지만 순결한 정신으로 투쟁한다. 김성주는 감옥 안에서 메이데이 투쟁을 준비한다.

9장 후더운 하늘

현묵관 등 종파분자들과 조선공산당 등은 국제당의 비준을 위해 당 재건을 외치며 5·30폭동을 주동한다. 5·30폭동이 일어나자 장윤삼은 진정한 투쟁이 시작되었다고 생각하고 그들을 찾아 떠나지만 그에게 돌아온 것은 딸 인순의 죽음뿐이다. 강창수는 김성주의 통신문을 통해 자신이 한윤을 끌어안지 못한 점과 최창걸의 누이를 방치한 점 등을 반성하고, 최창걸과 누이 정임의 상봉을 돕는 한편 그녀가 조직원으로 나설 수 있도록 수연과 함께 글을 가르친다. 먼저 석방된 한윤은 조직사업에 뛰어든다.

10장 봄이 온다

고유수에서 활동하던 현욱은 활동지를 할빈으로 옮기고 종파들과의 싸움을 통해 조직을 노출시키는 일이 없도록 하라는 지시를 보낸다. 또한 순희의 상한 몰골을 보고 신동호와 순희의 연애 문제를 해결해 주라는 지시를 보낸다. 순희는 차광수의 지령에 따라 신동호가 있는 카륜으로 향하는 길에 서울로 이송되는 채경과 마주친다. 채경을 보며 순희는 자신이 사랑 때문에 큰일을 잊고 있었다는 것을 깨닫게 된다. 길림 거리와 감옥에서는 석방투쟁이 벌어진다.

11장 카륜에로

석방된 김성주는 카륜회의를 위해 카륜으로 향한다. 한윤은 기차 안에서 일본 경찰의 앞잡이가 되어 조직원들을 찾아내기 위해 기차에 오른 고인호와 마주친다. 한윤은 고인호를 피해 기차에서 뛰어내리다 다리가 부러지지만, 김성주와 대표들을 보위해야 한다는 일념으로 기어서 카륜으로 가 고인호를 색출해낸다.

12장 위대한 선언

카륜에서 사람들은 채경이 죽어가면서도 쓴 편지에서 요구한 수령 보위 문제를 새롭게 인식한다. 그리고 김성주는 카륜에서 공청 및 반제청년동맹을 지도하고 간부회의를 소집하여, 조선혁명의 성격을 반제반봉건민주주의혁명으로 규정하고 본격적인 무장투쟁 조직을 준비한다.

3. 북한의 소개와 평가

| 사전(년감) 자료 |

장편소설. 1982년 천세봉 창작. 총서《불멸의 력사》중의 한 권이다. 소설은 1929년 여름으로부터 그 이듬해 여름에 소집된 카륜회의까지를 배경으로 하여 시련에 찬 조선혁명이 나아갈 진로를 마련하신 위대한 수령 김일성 동지의 불멸의 혁명업적과 숭고한 혁명적 풍모를 폭넓게 형상한 작품이다. 12개 장으로 구성되여 있다. 소설은 수령님께서 반제청년동맹원 강창수와 함께 1929년 여름《국민부》민족주의자들의 검은 마수로부터 청년운동을 보호하시기 위하여 왕청문으로 가시는 장면으로부터 시작된다. 왕청문으로 가시던 도중 수령님께서는 그곳에 파견되여 활동하고 있는 장덕순의 애인인 수연이네 집에 들리신다. 그이를 맞이한 수연의 어머니는 못내 반가워하면서 돌아오시는 길에 꼭 다시 들려 결혼잔치에 참가해달라는 간절한 부탁을 한다. 왕청문에 도착하신 수령님께서는 거기에서 활동하던 장덕순이가《국민부》의 우두머리들에 의하여 이미 학살된 사실을 아신다. 그이께서는 몸소 일신의 위험을 무릅쓰시고 놈들의 반인민적 죄행을 준렬히 단죄하시고 청년들에게 민족주의자들과 결별할 것을 호소하신다. 왕청문의 이 소식을 들은 각지의 인민들이 모두 격분하고 있는 가운데 고유수에서 교편을 잡고 있던 혁명시인 현욱이 복수대를 뭇고 무기까지 구입한다. 때마침 고유수에 들리신 수령님께서는 혁명력량을 더욱 강화하는 것이 희생된 동지들을 복수하는 길이라고 말씀하시면서 혁명의 골간을 육성하기 위한 사업을 준비해 나가신다. 한편 길림에서는 청년공산주의자들에 대한 일대 검거선풍이 벌어진다. 이러한 사태에 대처하여 강창수는 조직성원들을 피신시키는 사업을 조직한다. 이때 민족주의자들과 결별하고 수령님의 품을 찾아 길림에 온《남만청총》책임자 한윤이가 조직성원들로부터 민족주의 졸개로 배척당하고 절망 끝에 거리를 헤매다가 적들에게 체포된다. 카륜의 혁명조직들을 지도하시던 수령님께서는 길림에 가시여 혁명조직을 구출하기 위한 정력적인 투쟁을 벌리신다. 어느날 강창수로부터 한윤의 소식을 들으신 그이께서는 그를 구출할 결심을 품고 거리에 나서시였다가 반동군벌에 체포되신다. 강창수를 비롯한 청년공산주의자들은 어떻게 할지 몰라 갈팡질팡한다. 그들이 슬픔에 잠겨있을 때 감옥에 계시는 수령님께서는 계획된 모든 사업을 동요 없이 밀고나가라는 지시문을 보내신다. 그이께서는 련락원 백순희를 통하여 외부조직에 대한 지도를 계속하시는 한편 감옥에서 뜨거운 사랑의 손길로 동지들을 보살피신다. 그이께서는 차디찬 감방안에서 혁명의 전도에 대한 탐구와 사색의 세계를 펼쳐 나가신다. 이 무렵 동만에서는 종파사대주의자들에 의하여 좌경모험주의적인 폭동이 준비되고 있었다. 강반석 어머님의 지성 어린 간호로 몸을 추세우고 다시 돈화로 내려가 활동하고 있던 경주로부터 이 소식을 접하신 수령님께서는 혁명 앞에 조성된 위기를 막으시기 위해 출옥할 것을 결심하신다. 그이께서는 전옥과의 대결 끝에 드디여 출옥에 성공하신다. 무모한 폭동으로 겨레의 피가 헛되게 이역강토에 뿌려진 참혹한 현실, 종파분자들의 꼬임에 넘어가 동만으로 갔던 장윤삼의 어린 딸이 폭동의 제물로 쓰러진 것을 보시는 수령님의 가슴은 참을 수 없는 비분으로 끓어 번지신다. 이 준엄한 정세를 어떻게 타개할 것인가, 조선은 과연 어느 길로 가야 하는가? 그이께서는 이 절박한 시대적 물음에 옳은 해답을 주시기 위해 카륜회의를 소집하신다. 수령님께서는 회의에서 불후의 고전적 로작 《조선혁명의 진로》를 발표하신다. 혁명투쟁의 앞길을 휘황히 밝혀준 주체의 대강, 4대 로선을 받아 안은 대표들의 가슴은 환희로 들끓는다. 뜻 깊은 력사의 밤, 카륜의 밤하늘에는 백배해진 청년공산주의자들의 대오를 상징하듯 찬란한 은하수가 태양의 빛을 받아 아름답고 장엄하게 비쳐 흐른다. 장편소설은 오랜 세월 실패와 희생, 수난과 우여곡절의 길을 걸어온 우리 인민에게 주체적인 혁명로선과 전략전술을 제시하심으로써 조선 공산주의운동과 조선혁명을 새로운 단계에로 이끌어 세우신 위대한 수령님의 영광 찬란한 혁명활동을 서사시적 화폭으로 펼쳐 보여주고 있다. 작품에는 위대한 수령님께서 카륜회의에서 밝히신 주체적인 조선혁명의 대강을 캄캄한 밤하늘 한복판으로 쭉 펼쳐나간 은하수에 비유하면서 태양의 빛이 있어 은하수와 뭇별들이 찬 란한 빛을 뿌리듯 위대한 수령님께서 계시여 혁명의 대강이 마련되고 조선혁명이 나갈 휘황한 길이 열려지게 되었다는 것을 깊이 있게 밝혀내였다. 작품은 탁월한 혁명사상과 비범한 령도력, 고매한 인품을 체현하신 위대한 수령님의 불멸의 형상을 빛나게 창조하였다. 소설에서는 시대의 절박한 요구를 깊이 통찰하시고 조선혁명의 진로를 개척해 나가시는 위대한 수령님의 풍모와 수령님께서 지니신 혁명적 동지애와 의리가 감동적으로 형상되여 있다. 소설은 위대한 수령님의 형상과 함께 그 어떤 세파와 시련도 굳세게 이겨 나가시는 조선의 어머니 강반석 녀사와 만경대 할머니, 그리고 김형권 동지 등 가계분들의 풍모를 감동적으로 그려내었다. 장편소설에서는 또한 수령님의 사업을 몸 가까이에서 보좌하면서 혁명을 힘있게 밀고나가는 강창수, 혁명시인인 열혈청년 현욱, 놈들의 야만적인 고문에도 굴하지 않고 혁명적 지조를 지킨 불굴의 투사 채경, 화성의숙 시절부터 수령님의 지도를 받으며 자라온 장덕순, 길림의 학교시절부터 수령님을 모시고 투쟁한 청년공산주의자들인 경주, 백순희, 백순기, 신도호, 최진구, 리상준 등 청년공산주의자들의 전형적 형상도 훌륭히 창조하였다. 소설에는 이밖에도 독립운동을 떠메고 거치른 길을 헤쳐온 량심적인 민족주의자 리갑무 로인, 위대한 수령님의 품에 안겨 참다운 투쟁의 길을 찾아 재생의 기쁨을 찾은 공산주의운동자인 장윤삼, 경상도내기인 카륜의 농민 오벽근 등 다양한 인물들의 성격이 진실하게 그려져 있다. 소설은 력사적 사실에 기초하면서도 그것을 단순히 기록하지 않고 줄거리 조직에서 립체성과 진일성, 비약과 함축을 대담하게 활용함으로써 구성을 훌륭히 보장하였으며 묘사의 초점을 위대한 수령님의 풍모와 고매한 덕성을 감동적으로 형상하는 데 집중시키였다.

—『문학예술사전』(하), 과학백과사전종합출판사, 1993.

| 평론 자료 |

총서 《불멸의 력사》 중 장편소설 《은하수》에 대하여

김용부

혁명의 영재이신 경애하는 수령 김일성 동지께서는 조선혁명의 새로운 길, 아직 그 누구도 걸어보지 못한 폭풍 세찬 험산준령을 헤쳐오시는 과정에 혁명 승리의 앞길을 밝혀주는 불멸의 위대한 주체사상을 창시하시고 그에 기초하시여 혁명로선을 제시하심으로써 장구한 기간 곡절 많은 조선혁명을 승리와 영광의 한 길로 이끌어 오시였다.

참으로 반세기가 넘는 조선혁명의 력사는 위대한 주체사상이 빛나게 구현되고 전면적으로 승리하여 온 영광스러운 력사이다.

오늘 우리 앞에는 온 사회의 주체사상화 위업을 실현하여야 할 영예로운 과업이 나서고 있다.

당중앙의 현명한 령도 밑에 4·15문학창작단에서 창작한 총서 《불멸의 력사》 중 장편소설 《은하수》는 인류사상사의 최고봉을 이루는 영생불멸의 주체사상을 창시하시고 주체의 혁명로선을 온 세상에 장엄히 선포하시여 력사의 버림을 받아오던 인민대중을 혁명의 주인으로 이끌어주시는 위대한 수령님의 불멸의 형상을 생동한 예술적 화폭으로 감명 깊게 그려냄으로써 온 사회의 주체사상화 위업을 감명 깊게 그려냄으로써 온 사회의 주체사상화 위업을 실현하기 위하여 힘찬 투쟁을 벌이고 있는 전체 당원들과 근로자들을 힘있게 고무하고 있으며 혁명의 참다운 교과서로 되고 있다.

역사의 분수령, 혁명의 전환점

1929년 여름부터 1930년 여름, 이 기간은 년대와 년대를 구분하는 하나의 분기점이다.

그러나 이 기간은 단순히 년대와 년대를 구획하는 시간적 개념으로서의 분기점만이 아니라 조선혁명의 력사에서 가장 높고 빛나는 자리를 차지하는 영광의 시대였으며 주체적 혁명로선을 온 세상에 소리 높이 선포한 력사의 전환점이였다.

장편소설 《은하수》는 1929년 여름 남만청총대회를 준비하던 시기부터 1930년 6월 력사적인 카륜회의까지의 사이에 실지 있었던 력사적 사실에 기초하여 인민대중을 력사의 주체, 혁명의 주체로 보시고 그들의 투쟁을 더욱 조직화·의식화하기 위하여 길림감옥의 차디찬 감방에서 오랫동안 무르익혀 오신 주체의 혁명로선, 무장투쟁로선을 장엄히 선포하시는 혁명의 위대한 수령 김일성 동지의 불멸의 업적과 위대한 풍모를 감명 깊게 형상하고 있다.

소설은 격동적인 사변으로 가득 찬 1930년을 전후한 시기를 시대적 배경으로 계급해방, 민족해방혁명을 승리에로 이끄는 결정적 요인은 어디에 있을까 하는 심각한 문제를 제기하고 이를 사상예술적으로 심오하게 해명하고 있다.

1920년대 말 우리나라의 정치 정세는 매우 엄혹하였다.

세계경제공황의 불길에 말려들어간 일제는 그로부터 벗어나 보려고 만주에 대한 침공 준비를 다그치는 한편 조선 땅을 저들의 믿음직한 후방기지, 병탐기지로 만들기 위해 우리 인민에 대한 폭압과 략탈을 더욱 강화하였다.

일제의 강도적인 략탈정책으로 말미암아 우리 인민은 기아와 빈궁 속에서 허덕이었고 일제의 파쑈적인 폭압으로 인하여 조선 민족의 자유와 인권은 무참히 유린당하였다.

일제의 폭압과 략탈이 강화됨에 따라 인민대중의 반일투쟁은 급격히 앙양되였다. 나라의 방방곡곡에서 반일대중투쟁이 련이어 일어났으며 그것이 점차 폭력투쟁으로 발전되고 있었다. 그러나 일제를 반대하는 우리 인민의 대중적 진출은 승리를 이룩할 수 없었다.

폭압과 항거의 결전장은 일제의 총칼에 맞아 쓰러진 우리 인민들의 선혈로 얼룩지였고 피의 절규, 원한의 통곡소리는 하늘땅에 차 넘쳤다.

특히 종파분자들의 책동에 의한 무모한 5·30폭동으로 하여 혁명력량은 커다란 손실을 입게 되였다.

조성된 정세는 지체 없이 올바른 혁명로선과 전략전술을 세우고 앙양된 대중의 투쟁을 조직화하여 반일민족해방투쟁을 새로운 높은 단계에로 발전시킬 것을 절박하게 요구하였다.

비범한 예지와 과학적인 통찰력으로 조성된 정세를 구체적으로 분석하신 혁명의 위대한 수령 김일성 동지께서는 마침내 1980년 6월 력사적인 카륜회의를 소집하시고 주체사상의 심오한 원리에 기초하시여 조선혁명의 주체적인 로선 즉 조선혁명의 성격은 반제반봉건민주주의혁명이 되여야 하며 조선혁명을 성과적으로 수행하기 위하여서는 일제를 반대하는 무장투쟁을 조직 전개하며 반일애국력량을 총동원하고 당을 건설해야 한다는 혁명로선을 제시하시였다.

위대한 수령님께서 밝히신 이 심오한 진리에 의하여 어둠 속에서 갈 길 몰라 헤매이던 조선혁명은 마침내 광명의 빛줄기를 안고 일제를 반대하는 투쟁의 새로운 력사를 펼치게 되였으며 이로 인하여 1980년은 위대한 력사의 위대한 전환점으로 되였다.

소설은 이처럼 거창한 력사적 시기의 혁명적 사변을 다양하고 풍부한 생활 화폭에 담고 계급해방, 민족해방, 혁명승리를 가져오는 그 결정적 요인은 어디에 있는가 하는 심각한 사회정치적 문제를 제기하고 그것은 바로 노동계급의 탁월한 수령과 그에 의하여 창시된 위대한 지도사상과 지도론에 있으며 수령의 사상을 진심으로 받아들이고 그의 깊은 뜻을 체득한 각성되고 단합된 인민대중과 혁명대오의 무궁무진한 힘에 있다는 심오한 진리를 철학적으로 심도 있게 밝히고 있다.

《환히 터진 은하수가 캄캄한 밤하늘 한복판으로 저 멀리까지 쭉 열려 나갔다. 대강을 상징하는 것 같은 굵은 획이였다. 그 획을 타고 붉은 별의 성좌가 빛을 뿜는다. 청년공산주의자들의 대오를 상징하는 것 같은 붉은 별의 성좌! 아, 은하수,

칠칠흑야에 획을 그은 붉은 은하수, 그 누가 이 우주를 잠재우고 하늘에 획을 긋고 붉은 별을 뿌려 던졌는가. 열도와 빛을 뿜는 태양이 없다면 저 은하세계가 저렇게 밝을 수 있을까. 력사는 하늘의 이 상징을 영원 속에 새겨둘 것이다. 쿵, 어데서 또 한 번 쿵하는 위대한 탄생을 고하는 큰 울림이라도 울려올 것 같은 숭엄한 정적 속에 붉은 은하수가 찬란히 흐른다.》

캄캄한 밤하늘 한복판에 그어진 굵은 획－그것은 위대한 김성주 동지께서 창시하신 주체사상의 붉은 기치이다.

그 획을 타고 빛을 뿜는 붉은 별의 성좌－그것은 위대한 수령님의 두리에 굳게 뭉친 청년공산주의자들의 전대위오, 주체의 혁명대오이다.

《그 누가 이 우주를 잠재우고 하늘에 획을 긋고 붉은 별을 뿌려 던졌는가.》

그이는 바로 2천만 우리 민족의 충성의 마음으로 받들어 올린 민족의 태양, 절세의 위인, 위대한 김성주 동지이시다.

소설의 마지막 대목에서 상징적인 수법으로 제시되고 있는 이 강렬한 주정토로는 작품의 심오한 사상을 웅변적으로 말해주고 있다.

소설은 이처럼 심각한 사회정치적 문제를 제기하고 그것을 진실하고 깊이 있게 해명함으로써 작품의 철학적 깊이를 확고히 보장하고 있다. 여기에 바로 이 작품이 거둔 거대한 사상예술적 성과의 하나가 있다.

태양의 빛발, 태양의 열도

빛과 열－이것은 태양의 속성이다. 태양은 밝은 빛으로 무한대한 우주를 비쳐주며 자기의 뜨거운 열로 만물에게 생을 준다.

그래서 인간은 오랫동안 태양을 칭송하여 왔으며 태양처럼 밝은 예지와 태양처럼 뜨거운 사랑을 지닌 그런 위인이 탄생하기를 열망하여 왔다.

그러나 인류가 생겨 100만 년, 노동계급의 혁명운동이 시작되어 한 세기가 넘지만 세계는 그처럼 위대한 인간, 태양의 비길만한 그러한 분을 오직 한 분 밖에 알지 못한다.

그이는 바로 위대한 혁명사상과 탁월한 령도로 인류가 나아갈 앞길을 휘황히 밝혀주시는 탁월한 사상리론가이신 위대한 김일성 동지이시며 그이가 바로 한없이 뜨거운 사랑으로 만민에게 행복을 안겨주시는 경애하는 김일성 동지이시다.

장편소설 《은하수》는 작품의 중심에 위대한 수령님의 영상을 정중히 모시고 위대한 령도자, 위대한 인간으로서의 그이의 불멸의 업적과 고매한 풍모를 감동 깊은 예술적 화폭으로 펼쳐 보이고 있다.

소설에서는 무엇보다 먼저 주체의 광휘로운 빛발로 조선혁명의 앞길을 휘황히 밝혀주시는 탁월한 사상리론가, 활동가로서의 그이의 위대한 풍모를 폭넓고 심오하게 형상하고 있다.

경애하는 수령 김일성 동지께서는 다음과 같이 교시하시였다.

《우리 인민의 반일민족해방운동을 〈지도〉한다고 자처한 사람들은 혁명투쟁에 인민대중을 조직 동원할 생각을 하지 않았을 뿐 아니라 사대주의 사상에 물젖어 우리 혁명에 엄중한 손실을 가져다주었습니다.

우리는 바로 조선혁명을 하는 것만큼 우리나라의 구체적인 현실로부터 출발하여 혁명에서 나서는 모든 문제를 자체의 힘으로 해결하여야 할 것입니다》(《김일성저작집》 제1권, 5면).

1920년대 말 조선민족해방운동과 공산주의운동은 여전히 파쟁과 사대의 소용돌이 속에서 심한 진통을 겪고 있었다.

고루한 민족주의자들은 인민대중을 무시하고 그들과 이탈하여 파벌싸움에만 눈이 어두워 돌아갔으며 적들의 반동공세가 강화되자 맥없이 주저앉거나 투항 변절하는 길에 굴러 떨어졌다. 소설에서 보는 바와 같이 길림의 토착세력이 물러나 앉자 《국민부》의 우두머리로 된 형종관, 고인호들은 《혁명당》이라는 것을 만들어내고 손문의 민생주의를 본떠서 허황한 민생 문제 해결의 《강령》을 들고 인민들과 청년들을 유혹하였다.

이 자들은 《남만청총대회》를 열고 《조선청년운동》이라는 그 무슨 통일조직을 내오려고 책동하였으나 김성주 동지의 정연한 론리 앞에 그 진상이 낱낱이 폭로되자 마침내 《민족운동》의 가면을 벗어던지고 백주에 테로 행위를 감행함으로써 장덕순을 비롯한 애국청년 여러 명을 괴모산 속에 끌고 들어가 살해하는 만행을 저질렀으며 나중에는 왜놈들에게 투항 변절하여 놈들의 앞잡이로 전락되고 말았다.

행세식 맑스주의자들의 책동도 엄중한 단계에 이르렀다.

공산주의운동 안에 기여든 종파분자들은 령도권을 잡기 위한 파벌싸움만 벌리고 있었으며 국제당의 인정을 받기 위하여 적수공원의 인민들을 무모한 5·30폭동에로 내몰아 유혈참극을 빚어내고 있었다.

조선혁명의 앞길에 가로놓인 이 엄중한 난국을 과연 어떻게 타개할 것인가. 생사운명의 갈림길에 놓인 반일민족해방운동은 새 로선을 기다리였고 거칠은 만주땅에 피눈물을 뿌리며 흩어져 헤매던 조선민족은 자기들을 올바른 길로 이끌어줄 위대한 수령의 탁월한 령도를 목마르게 고대하였다.

반일민족해방운동 앞에 가로놓인 이 엄혹한 사태를 비범한 예지와 예리한 통찰력으로 꿰뚫어보신 김성주 동지께서는 혁명투쟁을 지금까지 벌려온 맑스주의 선전과 시위조직의 한계점에 머물러 세울 수 없으며 신음하는 민족 앞에, 몸부림치는 시대 앞에 피를 주고 숨결을 주는 새로운 혁명로선을 제기하고 반일민족해방운동의 폭을 전조선적인 판도에로, 전민족적인 범위에로 확대해 나가야 한다는 결심을 다지시게 되였다.

경애하는 김성주 동지께서는 한여름 내내 모대기시던 이 문제를 왕청문사건 이후 시대와 혁명의 절박한 과제로 받아들이시었으며 차디찬 길림감옥의 감방에서 수연이가 가지고 온 장덕순의 자료집을 연구하시는 과정에 조선혁명을 이끌어 나갈 새로운 전략전술적 방침을 완성하시였다.

그리하여 마침내 1930년 6월 30일, 력사적인 카륜회의에서 조선혁명의 앞길을 휘황히 밝혀주는 영생불멸의 주체사상에 기초한 주체의 혁명로선을 장엄히 선포하시였다.

이 력사적인 순간으로부터 풍파 많던 조선혁명은 주체사상의 기치 밑에 주체의 궤도를 따라 더욱 힘찬 발걸음을 내디디게 되였다.

소설은 이처럼 작품의 전반을 관통하여 주체의 심오한 철학적 원리에 기초하시여 주체의 혁명로선을 제시하신 위대한 수령님의 사상리론적 업적을 숭고한 예술적 화폭으로 펼쳐놓음으로써 위대한 사상리론가로서의 그이의 풍모를 최상의 높이에서 형상하고 있다.

위대한 인간의 위대한 생활을 그릴 데 대한 당중앙의 방침을 철저히 구현하여 소설은 위대한 인간에게서만 볼 수 있는 위대한 생활을 예술적으로 감명 깊게 그리고 있다.

위대한 김일성 동지, 그이는 광명의 화신이실 뿐만 아니라 사랑의 위대한 화신이시다.

위대한 수령님께서 지니신 뜨거운 사랑, 태양의 열도에도 비길 수 없는 그 뜨거운 사랑으로 반세기가 넘는 조선혁명은 승리의 길을 걸어왔으며 오랫동안 운명의 노예가 되여 오던 인민대중은 력사의 주인으로, 혁명의 전위대오로 자라났다.

인간에 대한 한없는 믿음과 뜨거운 사랑, 이것은 위대한 수령님께서 지니신 가장 고매한 풍모이다.

소설은 한없이 넓고 깊으신 도량과 열렬한 포옹력으로 혁명전사들은 물론 지어

적 진영에 속한 사람들까지도 혁명의 동정자, 지지자로 만드는 위대한 수령님의 인간에 대한 끝없는 믿음과 크나큰 포옹력을 감동 깊게 그리고 있다.

소설에는 김성주 동지께서 혁명의 길에서 방황하던 한윤이를 굳게 믿으시고 따듯이 손잡아 이끌어주시여 혁명의 전위대오에 세워주시는 감명 깊은 이야기가 있다.

한윤이는 한때 《국민부》의 우두머리인 현종관의 《로선》을 따라 애젊은 청춘을 무모한 투쟁의 진창길에 내던지고 있었던 사람이다. 왕청문사건 이후 《국민부》의 파렴치한 권력쟁탈전에서 환멸을 느낀 그는 마침내 그들과 결별하고 위대한 수령님의 품을 찾아왔다. 그러나 누구도 그를 따뜻이 맞아주지 않았으며 지이 서울에서 중학시절을 함께 보낸 강창수도 그를 내쫒아 버린다.

과거에 대한 쓰디쓴 환멸, 가슴 저려나는 회오, 등불 없는 캄캄한 인생, 한윤이는 자신의 기구한 정치적 운명을 한탄하며 몸부림친다.

이 사실을 보고받으신 그이께서는 반동들의 체포 소동이 계속 벌어지고 걸음마다 위험이 뒤따르는 속에서도 길림 시내를 다 뒤지시며 그를 찾아다니신다.

이 과정에 그이께서는 불행하게도 원수들에게 체포되신다.

위대한 김성주 동지께서는 길림감옥의 감방에서 한윤이를 따뜻한 사랑의 한 품에 안아 붉은 기발을 날리며 전진하는 혁명대오의 한 성원으로 받아들이시고 거기서 한없는 보람을 느끼신다.

과연 어느 나라 어느 수령이 혁명과 반혁명의 갈림길에서 모대기고 있는 한 인간을 위하여 자신의 위험을 무릅쓰시고 한 몸 바쳐 나선 일이 있었던가.

그이는 인간에 대한 한없는 믿음을 지니신 위대한 김성주 동지 한 분 뿐이시였다.

한없이 뜨거운 사랑과 믿음을 지니시고 계시는 경애하는 김성주 동지께서는 《화요파》의 장단에 춤을 추며 다니면서 인생을 값없이 탕진한 장윤삼에게도 참된 삶의 길, 보람찬 혁명의 길을 걷게 해주시였으며 길림감옥의 리 간수까지도 혁명의 등정자, 지지자로 만드신다.

소설은 이처럼 인간을 믿으시고 그들을 혁명대오에 세우시여 혁명력량을 끊임없이 강화 발전시켜 나가시는 위대한 수령님의 탁월한 령도예술을 감동적으로 그리고 있다.

혁명적 동지애에 기초한 뜨거운 사랑, 이것은 경애하는 수령님께서 지니신 가장 위대한 인간적 풍모이시다.

숭고한 의리와 혁명적 동지애를 천금보다 더 귀중히 여기시는 경애하는 김성주 동지께서는 한없이 뜨거운 사랑으로 병마에 쓰러진 한 평범한 전사에게도 소생의 활력을 주시고 단두대에 오른 혁명전사에게도 따뜻한 미소와 인간의 참된 긍지를 안겨주시며 사랑을 잃어버린 사람들에게는 청춘의 행복한 사랑을 되찾아주신다.

소설은 처음부터 혁명전사 한 사람, 한 사람을 사랑의 한 품에 안아 뜨거운 은정을 베풀어주시는 경애하는 김성주 동지의 고매한 풍모를 위대한 서사시적 화폭으로 진실하게 펼쳐놓는다.

왕청문에서 피살된 장덕순의 죽음을 두고 그토록 가슴 아파하시는 김성주 동지, 왕청문에서 돌아오시는 길에 아무도 없는 수연이네 집에 들리시어 마당도 쓰시고 굴뚝도 손질하시며 자신의 아프신 마음을 조용히 달래시는 김성주 동지의 모습은 동지들의 마음을 끝없는 격정의 열품 속에 몰아넣는다.

경애하는 김성주 동지께서 채경이 오누이에게 베풀어주시는 뜨거운 은정은 혁명전사들에 대한 동지적 사랑의 최고 절정을 이룬다.

심한 고열로 고통을 받는 경주를 위하여 김성주 동지께서는 위험을 무릅쓰시고 인의병원의 박승훈을 찾아가시어 치료를 부탁하기도 하시며 무송에 계시는 어머님께 보내시어 허약해진 몸을 추세워주기도 하신다.

원수들에게 체포된 혁명전사 채경이에 대한 김성주 동지의 사랑은 수령님과 전사간의 동지적 사랑의 위대한 모범으로 된다.

리보익 녀사께서 만경대로부터 허리에 띠고 오신 토목천으로 존경하는 강반석 어머님께서 감옥에 계시는 사랑하는 아드님께 지어 드리신 양복, 그 귀중한 양복을 김성주 동지께서는 사랑하는 혁명전사인 채경이에게 보내주신다.

경애하는 김성주 동지께서 보내주신 한 벌의 수수한 양복, 그것은 천만 근의 무게로도 잴 수 없는 한없이 귀중한 동지적 사랑의 결정체였다.

하기에 그는 원수들의 야만적인 고문과 악형 속에서도 혁명의 령도자 김성주 동지께 다진 맹세를 꿋꿋이 지켜내였으며 혁명적 지조를 굽히지 않고 영생하는 삶의 길을 빛나게 걸어갈 수 있었다.

혁명전사들에 대한 그이의 사랑은 참으로 뜨겁고 렬렬하며 자애롭고 웅심 깊다.

김성주 동지께서는 차디찬 감방 속에서 조선혁명의 진로를 구상하시는 가운데서도 면회를 온 백순희의 얼굴에 비낀 수심을 발견하시고 그에게 잃어버린 사랑을 되찾아주기도 하시며 남편을 그리워하는 한 혁명가의 아내를 위해서는 가정의 단란한 상봉도 마련해주신다.

소설은 이처럼 혁명전사들과 인민들에 대한 그이의 확고한 믿음과 뜨거운 사랑을 생활적으로 감명 깊게 형상함으로써 작품이 제기한 사상주제적 과제를 빛나게 해결하고 있다.

력사의 주체인 인민대중을 발동시키고 혁명에로 불러일으키는 거대한 힘, 그것은 바로 태양의 빛과 같이 광휘로운 빛발로 혁명의 진로를 환히 밝혀주는 위대한 수령님의 탁월한 지도사상, 지도리론에 있으며 태양의 열도처럼 뜨겁고 렬렬한 믿음과 사랑에 기초하고 있다는 것을 예술적으로 확증하고 있는 데 바로 이 소설이 거둔 거대한 사상예술적 성과의 하나가 있다.

충성의 별무리

하늘에는 태양의 빛과 열도로 밝게 빛나는 은하세계가 있다.

수억 만의 별들이 모여 하나의 흐름을 이룬 붉은 별의 성좌 은하수, 태양을 옹위하여 불변궤도를 돌고 있는 그 흐름은 이 세상의 그 어떤 힘도 막을 수 없다.

캄캄한 밤하늘 한복판으로 줄기차게 흘러간 은하수, 그것은 위대한 수령님을 옹호 보위하는 충성의 결사대, 청년공산주의자들의 전위대오이다.

소설은 경애하는 김일성 동지를 조선혁명의 위대한 령도자로 높이 모시고 충성으로 받들어 나가는 청년공산주의자들의 형상을 훌륭히 창조하여 혁명의 지도자로 높이 받들어 모시고 철저히 옹호 보위하는 것을 혁명전사들의 가장 신성한 의무이며 최상의 영예라는 위대한 진리를 힘있게 확증하고 있다.

이 위대한 진리를 예술적으로 힘있게 확증함으로써 소설은 영원한 생명력을 가지게 되였으며 혁명투쟁의 참다운 교과서로 거대한 교양적 의의를 가지게 되였다.

청년공산주의자들의 확고한 신념은 위대한 수령님의 혁명사상을 진심으로 믿고 받아들이며 한 치의 드팀도 없이 철저히 관철하는 것이였으며 조선혁명의 승리를 위하여 위대한 수령님을 목숨으로 옹호 보위하는 것이였다.

소설은 청년공산주의자들의 가슴 속에 뿌리깊이 자리 잡은 이 확고한 신념, 그들의 철석같은 의지를 주도적인 성격적 특질로 잡아 쥐고 형상의 모든 각광을 여기에 집중하고 있다.

《혁명 동지들! 우리의 귀중한 전우들!

김성주 동무를 철저히 보위하라!

내가 이 세상을 하직하면서 호소하고 싶은 말은 이것입니다. 우리나라를 독립시키는 것, 우리 혁명의 성공을 담보하는 것, 그것은 곧 김성주 동무를 철저히 보위하고 잘 받드는 일에서만 올 것입니다. 그의 말을 철칙으로 여기고 그의 보위를 위하여서는 생명이 필요하다면 생명을 던져서 해내는 것이 우리 조선혁명가들의 기풍으로, 정신력으로 되여야 합니다.

……

조선혁명의 승리를 위하여 김성주를 철저히 보위하라!

력사는 다시금 우리에게 그런 영수를 보내주지 않는다.

그를 힘있게 옹위하고 전진하라!

아, 우리의 희망, 우리의 이상, 우리의 모든 것의 체현자인 김성주 동무!…》

이것은 서대문형무소에서 죽음을 앞두고 혁명동지들에게 유서로 남긴 채경의 심장의 외침이다.

채경은 왜놈들의 야만적인 고문 앞에서도, 단두대 우에서도 경애하는 김성주 동지의 혁명사상을 옹호 고수하였으며 목숨 바쳐 그이의 신변을 보위하였다.

그리하여 채경은 태양의 빛을 받아 찬란히 반짝이는 은하계의 유달리 빛나는 별로 되였다.

운명의 마지막 순간에 남긴 채경이의 피의 호소, 심장의 외침, 그것은 청년공산주의자 전체의 외침이였으며 청년전위들의 대오 앞에서 힘있게 나부낀 깃발이였다.

영원히 변하지 않는 이 위대한 신념은 강창수와 장덕순을 비롯한 청년공산주의자들 모두의 신념이였으며 이 신념은 그들의 성격에서 기본책을 이루었다.

장덕순은 고루한 민족주의자들의 온갖 주의주장 속에서 김성주 동지의 혁명사상을 지켜 싸웠으며 살해되는 마지막 순간까지 혁명적 신념을 고수하고 혁명적 의리를 지켜내였다.

소설에서는 강창수의 형상도 감명 깊게 그려지고 있다.

그는 언제 어디서나 경애하는 김성주 동지의 신변보위를 첫 자리에 놓고 모든 사업을 조직해 나간다.

길림의 정세가 험악해지고 검거선풍이 일어나게 되자 그는 차득보를 카륜에 보내어 경애하는 김성주 동지를 철저히 보위하도록 하며 그이께서 그곳 카륜에서 자리를 뜨지 않고 지시만 보내시도록 조직하였다.

그러나 김성주 동지께서는 길림의 조직이 파괴당하는데 카륜에 앉아 무슨 혁명을 지도하겠는가고 하시며 차득보를 돌려보내시고 자신께서도 길림에 돌아올 결심을 가지신다.

이 사실을 보고받은 김창수는 부르쥔 주먹으로 책상을 두드리며 《김성주 동무를 혁명가 한 사람으로만 보아선 안 되오. 우리 혁명의 전체요, 전체를 보위하는 투쟁으로 생각하고 싸워야 하오.》라고 차득보를 엄하게 질책한다.

참으로 경애하는 김성주 동지는 우리 혁명의 전체였으며 그이를 철저히 보위하는 것은 조선혁명을 구원하고 조선혁명의 승리를 담보하는 사활적인 문제였다.

따라서 그는 김성주 동지의 신변을 보위하기 위하여 송화강 물 위에 뜬 배를 아지트로 정하기도 하며 그이의 지시와 말씀은 단 한 치의 드팀도 없이 무조건 철저히 집행하는 주체형의 공산주의자, 참다운 혁명가의 전형이었다.

김성주 동지의 넓은 포옹력과 한없는 믿음 속에 혁명의 전위대오에 들어선 한윤이의 모습은 인상적이다. 그는 그이께서 계시는 카륜으로 왜놈 밀정들이 간다는 것을 알자 놈들보다 먼저 도착하여 《나의 구원자, 재생의 은인》이신 김성주 동지를 위기에서 구원해야 한다는 일념 밑에 부상당한 몸에 수갑까지 채워있었으나 기고 또 기고 뛰어서 카륜에 도착하여 원수들의 흉계를 앞질러 분쇄해버린다.

참으로 청년공산주의자들의 충성심에는 한계가 없었다.

어찌 이들뿐이랴!

김성주 동지의 소탈한 품성과 자애깊은 사랑에 끝없이 감동된 인민들은 그이를 민족의 영웅으로 조선혁명의 령도자로 높이 칭송하여 한마음 다 바쳐 높이 우러러 모시고 따른다.

그이께서 체포되시었다는 비통한 소식을 듣자 그 자리에서 기절해 넘어간 리갑무 로인, 《한별 선생님》을 찾아 헤매는 인순이의 모습 등 소설에는 감동적인 장면들이 수없이 많이 펼쳐지고 있다.

소설에 그려진 청년공산주의자들과 인민들 모두는 충성의 별무리였으며 이들이 모여 충성의 은하수를 이루었다.

이처럼 장편소설 《은하수》는 위대한 수령님을 조선혁명의 령도자로 높이 우러러 모시고 영원히 받들어 나가려는 청년공산주의자들의 한없이 숭고한 충성심을 감명 깊게 그려냈으며 수령과 혁명전사들 간의 참다운 의리와 혁명적 동지애, 수령과 인민간의 혈연적 련계가 같은 심오한 철학적 진리를 진실하게 밝혀내고 있다.

여기에 바로 이 소설이 거둔 특출한 사상예술적 성과의 하나가 있다.

사회정치적 문제와 예술적 일반화

장편소설 《은하수》는 당중앙에서 밝혀준 공산주의 인간학의 근본 요구에 맞게 작품에 설정된 심오한 사회정치적 문제를 풍부하고 다양한 생활적 화폭을 통하여 훌륭하게 해명함으로써 특출한 예술적 성과를 이룩하였다.

소설은 처음부터 마감까지 시종일관 작품의 중심에 위대한 수령님의 존귀하신 영상을 모시고 줄기찬 사상이론 활동을 벌리시는 수령님의 형상을 창조하고 있으며 주체사상의 창시와 주체적 혁명로선 제시의 사회력사적 필연성과 그의 본질적 내용 그의 장엄한 탄생에 대한 문제를 제기하고 있다. 한 마디로 말하여 정치로선 문제를 주되는 문제로 취급하고 있다.

이러한 조건은 자칫하면 사회정치적 문제가 생경하게 노출될 수 있는 전제를 적지 않게 내포하고 있다.

그러나 이 소설은 수령형상 창조에 관한 당중앙의 현명한 문예 방침을 철저히 구현하여 참다운 인간학의 본보기로 되였다.

이 소설이 거둔 예술적 성과는 무엇보다 먼저 위대한 수령님의 형상을 생활적으로 감명 깊게 보여준데 있다.

소설에서는 위대한 수령님의 사상리론 활동과 령도선을 주선으로 확고히 그려나가면서도 혁명전사들과 인민들에 대한 뜨거운 사랑을 생활적 화폭에 담아 잘 맞물려 그려줌으로써 작품의 예술적 성과를 확고히 담보해주고 있다.

경애하는 김성주 동지께서는 왕청문에서 민족주의자들의 사대매국적인 사상에 들젖은 청년들에게 부르죠아 자유경쟁과 민생 문제 해결의 반동적 본질을 해설하시면서 그 어떤 강당과 연탁을 요구하시지 않았다.

그이께서는 앞마당의 널판자 우에 허물없이 앉으시어 풋콩을 까시며 알기 쉽게 해설해주신다.

김성주 동지께서는 카륜의 노민들 속에 있는 남도회 북도회 하면서 패거리 싸움을 하는 악습을 뽑아버리고 그들을 혁명화하기 위하여 친히 오벽근의 집에서 하룻밤 쉬시면서 그를 알기 쉽게 깨우쳐주어 농민혁명화의 앞장에 서게 하시였다.

장윤삼의 집에 들리시어서는 인순의 일손을 도와 부엌매질도 하신다.

위대한 수령님의 소탈하신 풍모를 보여주는 이 모든 인상 깊은 생활적 화폭들은 수령형상 창조에서 격식화와 틀을 마스고 소설의 예술적 성과를 높여주는데 크게 이바지하고 있다.

인간관계의 특색 있는 설정과 치밀한 감정조직, 이것은 이 소설이 거둔 중요한 성과의 하나이며 참다운 인간학의 본보기 작품으로 되게 한 중요한 요인의 하나이기도 하였다.

채경이와 경주의 관계를 오누이로 설정하고 작품의 마감까지 시종일관 끌고 나가면서 독자들을 인정세계에 깊이 끌어들여 충성심의 숭고한 세계로 승화시켜 나가는 치밀한 감정 조직, 장덕순이와 수연이의 애정관계에 일찍 곡절을 주고 가슴 미여지는 슬픔과 그리움을 이겨나가면서 장덕순이가 걸은 혁명의 길을 계속 이어나가는 수연이의 성격 장성 과정, 이 모든 인간관계와 감정 조직들은 수령과 전사간의 혁명적 의리와 동지애를 부각시키는 데 철저히 복종되고 있으며 위대한 수령님께 바치는 혁명전사들의 숭고한 충성심을 깊이 있게 보여주는 데 이바지하고 있다.

이 소설은 생활 세부 창조의 귀중한 모범도 보여준다.

소설에는 인상 깊고 표현력이 강한 세부들이 수많이 이용되여 있다.

특히 장덕순이가 남긴 수연이의 가락지 세부와 김성주 동지께서 보내주신 채경의 양복 세부는 매우 인상적이고 뜻 깊다.

세부 심화 수법으로서 소설에 그려진 양복 세부는 혁명전사에 대한 어버이 수령님의 사랑과 뜨거운 은정, 위대한 수령님에 대한 혁명전사의 충성심을 감명 깊게 보여주고 있는 뚜렷한 실례로 된다.

참으로 이 소설이 이룩한 사상예술적 성과는 거대하며 그의 교양적 가치는 매우 크다.

오늘 장편소설 《은하수》는 당원들과 근로자들 속에서 혁명적 수령관을 확고히 세우는데 참답게 복무하고 있으며 온 사회의 주체사상화 위업을 실현하기 위하여 《80년대 속도》 창조운동에 적극 떨쳐나서고 있는 그들의 투쟁을 힘있게 고무하고 있다.

우리는 작품에 그려진 청년공산주의자들의 숭고한 충성심을 적극 따라 배워 혁명적 수령관을 확고히 세우며 위대한 수령님과 영광스러운 당중앙을 옹호 보위하는 성벽이 되고 결사대가 되여 온 사회의 주체사상화 위업을 힘있게 앞당겨 나가야 할 것이다.

—『조선문학』 1982년 11호.

4. 개작 상황

장	1982	1987
1장 왕청문	① 강창수 ② 장덕순 ③ 현종관	① 차광수 ② 최봉 ③ 현묵관

2장 사나운 바람이 불기전	① 오보배 ② 오보배의 할아버지	① 강보배 ② 강보배의 할아버지
4장 검은 구름		한윤과 차광수의 갈등 부분이 삭제된다.
6장 물을 건너가야한다	김성주의 지령을 받아내고, 아내가 아픈 간수 리덕환이 박승훈과 연계를 가지고 바깥소식을 전해준다.	1982년 판의 통신문 속의 강창수의 아내로 등장하는 인물은 조직원인 최창걸의 누이 정임으로 바뀐다.
9장 후더운 하늘	최창걸의 누이를 방치한 점 등을 반성한다.	차광수가 아내를 방치한 점을 반성하는 장면으로 바뀐다.

— 작성 : 김은정

『대지는 푸르다』

1. 세부 사항

<table>
<tr><td>제목</td><td colspan="3">총서 '불멸의 력사'4『대지는 푸르다』</td><td>출간 권수</td><td>4</td></tr>
<tr><td>작가 및 창작단</td><td colspan="5">석윤기 / 조선작가동맹중앙위원회 4·15문학창작단</td></tr>
<tr><td rowspan="2">발표 연도
(수상 연도)</td><td>발표 연도</td><td>1981</td><td rowspan="2">발표 지면
(수상명·집)</td><td rowspan="2" colspan="2">문예출판사</td></tr>
<tr><td>개작 연도</td><td>1986</td></tr>
<tr><td>스토리
주제</td><td colspan="5">카륜회의 직후 할빈 도리사건과 국내진공 실패로 동지를 잃은 김성주의 슬픔 및 '김일성'이라는 이름을 얻게 된 과정</td></tr>
<tr><td>키워드1/ 테마</td><td colspan="5">할빈 도리사건, 교하 폭동, 카륜회의, 2·7제투쟁, 독립군 출신 및 민족주의자들과의 사상투쟁, 연락소 복구, 「꽃 파는 처녀」, 혁명기념일, 관동군.</td></tr>
<tr><td>키워드2/ 구성</td><td colspan="5">3편 61절</td></tr>
<tr><td>키워드3/ 시점</td><td colspan="5">복합 시점－전지적 작가 시점과 1인칭 주인공 시점(김일성에 한하여 주체존대법 쓰임)</td></tr>
<tr><td>키워드4/ 시간</td><td colspan="5">1930년 7월 15일~1931년 2월</td></tr>
<tr><td>키워드5/ 장소</td><td colspan="5">해룡, 길림, 간도, 고유수, 할빈, 오가자, 교하, 돈화, 화룡, 왕청, 두만강 지구(온성).</td></tr>
<tr><td>키워드6/ 소재</td><td colspan="5">8·1길돈폭동, 할빈 도리사건, 카륜회의 방침, 「꽃파는 처녀」 창작 과정과 공연.</td></tr>
<tr><td>키워드7/ 인물(직업)</td><td colspan="5">부두노동자, 조직원, 연락원, 독립군, 민족주의자, 교사, 부녀회장, 편집장, 밀정, 첩보원, 농민, 꽃 파는 아이, 학생, 조직 책임자, 지주, 소작농.</td></tr>
</table>

2. 줄거리 소개

1편(총 17절)

카륜회의가 열린 후 보름 뒤 김성주는 현욱(김혁)의 출판 사업을 돕기 위해 할빈으로 수연을 보내려고 한다. 차광수는 수연을 보내는 것을 우려하고, 이에 대해 김성주는 둘의 감정 이외에도 여러 가지 사항을 고려했다고 말한다.

수연의 배웅과 다른 지역으로의 이동을 위해 카륜역으로 나온 김성주는 변장하고 카륜으로 들어온 한영희를 만난다. 한영희는 성주에게 교하에서 폭동사건이 일어났다는 소식과 그로 인해 라법에서 돈화까지 가는 기차가 끊긴 사실을 전한다.

할빈으로 간 수연은 현욱과 함께 애인으로 위장하고 부두노동자 조직에 『볼쉐위크』 특간호를 전달하는 임무를 수행하며 현욱과 함께 있다는 사실에 들뜬다.

소나기를 만나 비를 피하던 선아는 현욱에게 자신이 이곳으로 오게 된 과정과 차광수와의 일화를 말해준다. 선창가 나하로브까에 온 선아는 교하 폭동을 지지한 우만갑을 비판하는 현욱의 모습을 보며 사태가 심상치 않음을 직감한다. 현욱은 폭동을 막기 위해 우만갑과 함께 마창구로 떠난다.

다음날 선아는 장춘행 표를 사서 현욱과 만나기로 한 장소인 흥륭양행으로 향하던 도중 총소리를 듣는다. 현욱은 일제 경찰에게 쫓겨 올라간 3층 건물에서 선아가 무사함을 확인하고 경찰을 유인하기 위해 자신이 작사한 「조선의 별」을 부르며 건물에서 뛰어내린다. 선아는 현욱이 죽었다고 생각했으나 살아난 현욱은 응급처치 후 여순감옥으로 이송된다. 선아는 조직의 권고에 따라 고유수로 향한다.

할빈을 탈출한 선아는 장춘에서 고유수행 버스를 기다리며 현욱의 일기 '사람을 사랑하기 위하여'를 읽는다. 일기에는 김성주를 만난 경위와 그와 뜻을 함께하게 된 내력이 기록되어 있다. 선아는 일기를 읽다 버스를 놓친 후 김성주가 왜 '한별'로 불리는지와 '조선의 별'을 창작하게 된 경위를 현욱으로부터 들었던 기억을 떠올린다.

한영희를 교하로 보낸 김성주는 해룡으로 가서 강재수와 연계된 류한을 만난다. 류한은 무장 소조인 강재수(공영) 소조가 '선진혁명당'의 음모에 빠져 '토벌대'에게 전멸당했다는 소식을 김성주에게 전한다.

강재수의 죽음에 상심한 김성주는 고유수로 가기 위해 장춘으로 나온 길에 자신들의 아지트였던 '약왕묘' 지하실에서 중으로 변장하고 있는 허재률을 만나 강재수가 죽게된 사연과 현욱의 체포 소식을 듣게 된다.

금실의 결혼 준비로 들떠 있어야 할 고유수 이통하의 하동마을은 선아가 들고 온 현욱의 체포소식으로 인해 삼엄하고 침울한 분위기에 젖는다. 이에 부녀회원들은 선아를 측은히 여기면서도 이 사실이 마을 사람들에게 알려질까 전전긍긍한다. 금실은 마을 분위기 때문에 마음이 답답해 눈물을 흘린다.

최용필과 금실의 남편이 될 최만득이 마을에 들어오지만 첩자로 의심받고 박경학의 심사를 받는다. 박경학은 만득이 최승보의 아들이라는 사실을 알고 나서 심사를 공정하게 할 수 없다고 판단하여 기영동(계영춘)에게 심사를 맡기고 순찰을 나가버린다. 기영동은 박경학 대신 최용필과 최만득을 심사한다. 차광수는 위험한 이 마을에 한별이 오면 안 된다고 생각하면서도 그에게 의지하며 기다리는 자신의 마음을 최효성(최효일)에게 고백한다.

고유수에 온 김성주는 강재수의 죽음을 알리고 그 임무를 자신의 삼촌에게 맡기겠다고 하여 사람들을 놀라게 한다. 최효성과 박경학이 자청하며 나서지만 김성주는 뜻을 굽히지 않는다.

김성주는 혼사를 앞둔 박태갑의 집에 찾아가고 박태갑 노인은 어수선한 시국에 결혼을 진행한 자신을 탓한다. 현욱이 묵던 집 주인 안 노인에게 현욱을 구출하지 않은 이유를 설명하여 오해를 풀어준 뒤 위로한다. 선아는 김성주에게 자신이 할빈으로 가서 현욱의 일을 맡겠다고 결의하지만 김성주는 선아에게 여순으로 가서 현욱의 옥바라지를 하며 조직을 만들라고 설득한다. 홍태정 노인 집에 숙소를 정한 김성주는 강반석에게 자신의 결심을 담은 편지를 쓴다. 김성주의 설득으로 금실의 결혼식과 축하잔치가 성대하게 열리고, 마을은 활기를 띤다.

2편(총 23절)

교하로 온 영희는 성문에 붙은 포고문을 보게 되고 부모와 만난다. 영희는 자신과 오빠가 하는 일을 못마땅해 하는 아버지와 대립한다.

김성주는 교하에서 정미소를 하는 신재림을 찾아가나 신재림은 김성주를 박대한다. 김성주와 신재림은 사상적으로 대립한다. 신재림은 일본군에게 쫓기는 김성주를 방치한 데 양심의 가책을 느낀다. 김성주를 찾아 신재림에게 온 영희는 재림의 변절을 눈치 챈다.

일본군에게 쫓기던 김성주는 어느 아낙의 도움으로 몸을 피한다. 성문 밖으로 빠져나온 김성주는 한영희와 만난다. 김성주는 일제의 탄압을 피해서 뿔뿔이 흩어진 교하 민중들을 찾아 밤새워 산길을 걷는다. 그는 한영희의 도움으로 하북 골짜기에 모인 민중들을 만나고, 그들에게 단합된 힘으로 살 길을 열어나가야 한다고 일깨운다. 김성주는 영희에게 할빈으로 가겠다는 자신의 결심을 말하고 영희가 호위를 나선다.

할빈으로 간 성주와 영희는 현욱의 소식을 알아낼 방도를 모색한다. 김성주는 피로도 풀지 못한 채 나하로브까 연락소를 복구하고 이어서 부두노동자들 속으로 들어가 조직을 결성한다. 또한 농촌에 나가 농민들과 함께 일하며 반제청년동맹원들을 주축으로 육서창과 마창구 일대의 혁명조직을 새로 꾸린다. 현욱의 체포 후 고향으로 돌아간 우만갑을 만난 성주는 카륜회의 방침을 설명하며 조직을 다시 세울 것을 지시한다.

김성주는 국제당 연락소의 주사인(오기섭)을 만나 카륜회의에서 제시한 주체적인 조선혁명노선을 이해시킨다. 주사인은 노선의 정당성에 동의하며 그것을 국제당에 알릴 것을 약속한다.

영희와 헤어져 허재률을 만난 김성주는 국내로 들어갈 결심을 말한다. 한편 오중화는 허재률의 요청으로 하연성의 아내 고만녀를 찾아가 비참한 현실에 대한 이야기를 듣는다.

강반석을 찾아간 하연성은 조직 내부에 배신자가 생겼음을 알린 후, 강반석의 집에서 쓰러져 앓는다. 강반석은 그의 병구완을 한다. 이때 찾아온 허재률의 도움으로 약을 지어 먹인다.

김성주는 온성으로 잠입해 돈화와 화룡, 왕청을 거쳐 온성 지구로 나와 오중화 형제들과 하연성의 아내 고만녀 등을 만나고, 그들에게 혁명의식을 심어주며 반일투쟁에 적극 떨쳐나서라고 일깨운다.

차광수는 기영동 등과 함께 현욱을 구출할 계획을 세우고, 최효성의 동생 옥섬을 찾아가 그녀를 오가자로 데려오려 한다. 차광수는 옥섬을 고유수의 서상근 노인 집에 머물게 하고, 박경학 등과 함께 오가자의 변익태에 대해 논의한다.

미나토에서 『볼세위크』지에 대한 논의를 한 김성주는 하연성을 데리고 올 방도에 관해 의논할 것을 제의한다. 김성주는 왕청 지구 사업을 오석하에게 맡기고 안도 땅에 있는 가족을 그리워한다.

3편(총 21절)

오가자의 박창우의 며느리가 시집살이를 못 이겨 도망한 사건이 벌어지자 부녀회와 마을 주민들이 격론을 벌이고, 이것이 이후 여성 문제로 비화된다. 성주는 '리상촌'을 건설한 변익태에게 박창우 며느리 사건 및 여러 문제를 제기하면서 이곳이 진정 '리상촌'이냐고 반문하고, 변익태는 분노한다.

니시자와는 리상촌에 숨어든 최용필의 정보에 따라 후꾸다를 만나기로 결심한다. 후꾸다는 현욱을 회유하면서 한영희에게 밀정을 붙이도록 니시자와에게 명한다. 현욱을 면회 간 선아는 자신의 공장 문제를 이야기한다. 현욱은 그녀의 앞에서 시를 읊다 감옥으로 끌려 들어간다.

성주는 완고한 박창우 노인의 집에 유숙하며 그의 일을 돕는다. 성주는 촌공회에서 도조의 문제점을 지적하는 한편, 혁명가극 「꽃 파는 처녀」를 창작한다. 건강이 악화되어 몸져누운 성주는 자신을 치료하러 온 림계산을 강영진의 어머니에게 보낸다. 림계산은 김성주의 됨됨이를 다시 생각하게 된다. 성주는 혁명가극 「꽃 파는 처녀」 대본을 기영동에게 넘겨주고 공연 준비를 지시한다.

몸을 추스린 후 고향으로 돌아온 하연성은 아내가 야학에 다닌다는 사실에 감격한다. 선아는 영희의 부추김에 현욱의 일기를 땅속에 묻기 전에 읽어 본다. 현욱은 살아서 김성주를 지키겠다고 결심한다. 10월 혁명 기념일을 전후에 박경학은 꽃체조를 준비하고 성주는 마을 사람 앞에서 연설한다.

10월 혁명 기념일에 혁명가극 「꽃 파는 처녀」를 공연한다. 박창우는 조카딸이 꽃분이로 나선 것을 보고 격분하지만 주위 사람들의 칭찬에 혼란스러워 한다. 공연을 계기로 마을의 분위기가 바뀌고 김성주는 변익태에게 자신이 공산주의자임을 밝힌다.

김성주는 최용필의 중상에 변절자 낙인이 찍혀 괴로워하는 림계산을 변호하고, 갈등 해소를 위해 마을 사람들과 대화를 지속한다. 변익태와 박창우는 그런 성주의 모습에 마음이 풀린다.

김성주는 괴로워하는 림계산을 찾아가 그를 위로하고 격려한다. 김성주는 시비의 대상이 된 림계산의 집으로 거처를 옮기고, 반지주투쟁에 마을 사람들과 함께 나서 중국인 지주 사가의 항복을 받아낸다. 변익태는 자신의 행동을 반성하고 김성주를 '김일성'으로 부르길 제안하고 모두가 찬성한다.

3. 북한의 소개와 평가

| 사전(년감) 자료 |

장편소설. 1981년 석윤기 창작. 총서 《불멸의 력사》 중의 한 권이다. 1930년 여름부터 1931년 2월 중순까지를 시대적 배경으로 하여 종파사대주의자들이 일으킨 5·30폭동과 8·1폭동의 후과로 우리 혁명의 앞길에 가로놓였던 엄중한 난국을 타개해 나가시면서 항일무장투쟁준비사업과 조선혁명의 주체적 력량을 튼튼히 꾸리는 사업을 성과적으로 실현함으로써 우리 혁명을 끊임없이 앙양에로 이끌어 올리신 위대한 수령 김일성 동지의 불멸의 혁명업적을 빛나는 서사시적 화폭 속에 재현한 혁명적 대작이다. 작품은 3편으로 구성되여 있다. 1편에서는 위대한 수령 김일성 동지께서 력사적인 카륜회의 방침을 관철하시기 위하여 몸소 해룡과 길림, 고유수 등 여러 지역에 나가시여 인민대중을 교양하시고 좌경모험주의적 폭동의 후과를 수습하시기 위한 대책들을 세워 나가시는 과정을 그리였고 2편에서는 교하와 돈화, 간도와 온성 지방을 중심으로 수천리 험난한 길을 걸으시며 파괴된 혁명조직들을 복구하시고 각계층의 대중에게 혁명적 신념을 심어주시는 위대한 수령님의 정력적인 투쟁 모습을 보여주었으며 3편에서는 오가자 농촌을 혁명화하여 혁명투쟁의 대중적 지반의 본보기를 꾸려 나가시는 과정을 그리였다. 카륜회의 직후 김성주 동지께서는 5·30폭동에 이어 계속되고 있는 종파사대주의자들의 좌경모험주의적 책동과 날로 강화되는 일제의 간악한 반공모략책동으로 초래되는 엄중한 사태를 바로잡고 카륜회의로선을 실현하시기 위하여 유선아를 할빈 지구에 나가 공작하고 있는 김혁의 사업을 도와주도록 떠나보내시고 이어 자신께서는 일제의 악질 특무놈들이 날뛰고 있는 해룡으로 가신다. 여기에서 국내로 나갈 임무를 지니고 활동하고 있던 공영무장소조가 일제가 조작해낸 《신진혁명군》과 왜놈 《토벌대》와 맞다들어 격전 끝에 모두 희생되였다는 비보에 접하신다. 김성주 동지께서는 비분에 찢기는 마음을 다잡으시고 그 밤으로 해룡 일대의 조직을 튼튼히 꾸릴 대책을 세우시고 새벽에는 길림으로 향하신다. 길림에서 허재률을 만나시여 돈화의 엄중한 사태와 할빈에서 공작하던 김혁이 조직을 구원하고 놈들에게 체포된 사실을 보고 받으신 김성주 동지께서는 마음의 고통을 강철의 의지로 묵

새기시며 고유수로 되돌아오시여 폭동 지구들에서 파괴된 혁명조직을 복구하고 새롭게 나서는 일련의 문제들에 대한 대책들을 토의하신 후 시시각각으로 위험이 뒤따르는 돈화와 교하 방면으로 나가신다. 그러나 교하에서는 무모한 8・1폭동의 후과로 많은 조직원들이 희생되고 조직선도 찾을 수 없으시였다. 김성주 동지께서는 독립군 중대장이였던 장철하를 찾아 가시였으나 그가 이미 일신의 위험만을 생각하고 있는 데 분개하시여 되돌아 나오시다가 동북군들의 추격을 받게 되신다. 이 위급한 순간에 김성주 동지께서는 이름도 모르시는 한 가난한 조선 녀인의 방조를 받아 위험한 고비를 넘기신다. 우리 인민들에 대한 굳은 믿음을 다시금 확신하면서 김성주 동지께서는 일제의 류혈적 탄압을 피하여 흩어진 교하 인민들을 찾아 밤새워 산길을 걸으시며 끝내 한영희를 통하여 하북 골짜기에 모인 인민들을 만나시고 그들에게 단합된 힘으로 놈들과 맞서 싸워 살길을 열어 나가도록 일깨워주신 후 그길로 할빈으로 가신다. 할빈에서 김성주 동지께서는 겹쌓인 피로도 푸시지 못하신 채 나하로브까련락소를 복구하시고 이어 부두로동자들 속에 들어가시여 조직을 튼튼히 꾸리시였으며 농촌 지역들에 나가시여 농민들과 풀베기도 하시면서 반제청년동맹원들을 중심으로 하여 옥서창과 마창구 일대의 혁명조직도 새롭게 꾸리신다. 한편 김성주 동지께서는 국제당련락소의 주사인을 만나시고 카륜회의에서 제시하신 주체적인 조선혁명로선을 해설해주심으로써 그로 하여금 로선의 정당성에 감복하도록 하신다. 또한 김성주 동지께서는 돈화와 화룡, 왕청을 거쳐 온성 지구에 나오시여 오중화 형제들과 하연성의 안해 고만녀 등을 만나시고 그들에게 혁명의식을 심어주시여 반일투쟁에 적극 떨쳐나서도록 하신다. 뒤이어 김성주 동지께서는 오가자 마을을 혁명의 보루로 꾸리시기 위하여 마을을 혁명화하는 사업을 시작하신다. 마을에 이르시는 길로 김성주 동지께서는 한때 민족독립단의 부총재였으며 《리상촌》 건설의 제창자인 변태익 로인의 공산주의운동에 대한 그릇된 편견을 바로잡아주시는 한편 이름만 가진 마을의 여러 조직들을 반제청년동맹, 농민동맹, 부녀회 등의 혁명조직으로 꾸리시고 조직들의 역할을 높여 나가도록 하시면서 불후의 고전적 명작 혁명가극 《꽃파는 처녀》를 공연하도록 하심으로써 농민들에게 혁명의식을 심어주신다. 또한 마을의 완고파 박창우 로인의 집과 림계산 의원의 집에 친히 류숙하시면서 그들에게 뜨거운 사랑과 믿음을 안겨주시여 점차 각성되도록 하시며 지주와의 투쟁을 승리에로 이끄신다. 그리하여 오가자는 불과 몇 달사이에 혁명촌으로 전변되게 되며 여기에서 소집된 조선혁명군성원들의 회의에서는 청년공산주의자들을 비롯한 전체 조선 인민들의 념원을 담아 한별 동지의 존함을 한 일자, 별 성자 대신에 우리 민족의 위대한 태양이 되어주시기를 바라는 뜻에서 날 일자와 이룰 성자를 써서 김일성 동지로 고쳐 부르기로 결정한다. 작품은 위대한 수령 김일성 동지께서 1931년 초 아버님의 높은 뜻을 기어이 이룩하리라는 결의를 다시금 굳게 다지시며 오가자를 떠나 새로운 투쟁의 길에 오르시는 것으로 끝맺고 있다. 소설은 위대한 수령 김일성 동지께서 카륜회의에서 제시하신 조선혁명의 주체적 로선을 튼튼히 틀어쥐시고 우리 혁명의 앞길에 가로놓였던 엄중한 난국을 불면불휴의 정력적 활동으로 타개해 나가시면서 인민대중을 각성시켜 혁명력량을 청신하고 활력있는 대지의 푸른 숲처럼 키우시는 과정을 통하여 위대한 수령님의 탁월한 령도력과 고매한 인민적 풍모를 깊이 있게 보여주고 있다. 동시에 소설은 위대한 수령 김일성 동지는 민족해방의 구성이시며 통일단결의 중심이시라는 사상과 경애하는 수령님께서 제시하신 주체적 혁명로선의 정당성과 생활력을 형상적으로 확인하고 있다. 소설에서는 경애하는 수령 김일성 동지를 형상화폭의 중심에 모시고 위대한 수령님께서 지니신 혁명에 대한 주체적인 관점과 립장, 어떤 역경 속에서도 드놀지 않는 확고한 혁명적 신념과 백절불굴의 투쟁정신, 인민에 대한 뜨거운 사랑과 믿음, 숭고한 혁명적 동지애를 력사적 사실에 기초하면서도 생동한 사건과 세부들을 섬세하게 형상하여 감명 깊게 보여주고 있다. 소설은 또한 위대한 수령님께 끝없이 충직한 조선혁명군 대원들과 국내의 혁명가들, 위대한 태양의 빛을 받아 새로운 인간으로, 혁명가로 자라나는 각이한 계급과 계층 인물들의 개성적인 형상을 훌륭히 창조함으로써 경애하는 수령 김일성 동지를 민족의 태양으로 우러러 모시고 따르는 우리 인민들의 한결같은 충성심을 감명 깊게 보여주었다. 작품은 위대한 수령님의 혁명활동을 주선으로 끌고 나가면서 여기에 혁명전사들과 각이한 인물들의 생활선들을 결합시켜 형상의 폭과 깊이를 보장하였으며 대작으로서의 풍격을 훌륭하게 살리고 있다.

—『문학예술사전』(상), 과학백과사전종합출판사, 1988.

| 평론 자료 |

혁명의 대지를 가꾸어 가시는 사랑의 길 우에 수놓아진 거룩한 자욱

—총서 《불멸의 력사》 중 장편소설 《대지는 푸르다》에 대하여

리유근

4·15문학창작단에서 창작한 총서 《불멸의 력사》 중 장편소설 《대지는 푸르다》는 1930년 여름부터 1931년 초 봄까지를 시대적 배경으로 하고 종파사대주의자들과 좌경모험주의자들이 일으킨 5·30 및 8·1폭동의 후파로 우리 혁명 앞에 가로 놓였던 엄중한 난국을 자신의 한 몸으로 막아나서시여 조선혁명을 또 다시 일대 앙양에로 불러일으키신 혁명의 위대한 수령 김일성 동지의 불멸의 혁명업적을 빛나는 서사시적 화폭으로 묘사한 또 하나의 훌륭한 혁명적 대작이다.

작품은 참된 지도자의 올바른 령도가 있고 인민대중의 무궁무진한 창조적 힘이 있는 한 혁명의 그 어떤 침체기도 있을 수 없으며 혁명은 반드시 승승장구한다는 생활의 진리를 심오한 예술적 화폭을 통하여 진실하게 밝혀내였다.

위대한 수령 김일성 동지께서는 다음과 같이 교시하시였다.

《우리는 조선혁명의 력사적 경험을 분석 총화한 데 기초하여 험난한 혁명의 진로를 헤쳐 나가는 과정에 혁명과 건설의 주인은 인민대중이며 혁명과 건설을 추도하는 힘도 인민대중에게 있다는 주체사상을 가지게 되었으며 혁명투쟁과 건설사업을 통하여 그것을 더욱 발전 풍부화시켰습니다.》(《위대한 수령 김일성 동지의 외국 방문 문헌집》, 58~59페지)

작품은 크게 3편으로 구성되여 있는 바 제1편에서는 종파사대주의자들과의 결별을 선언하신 위대한 수령님께서 주체의 혁명적 기치를 높이 드시고 력사적인 카륜회의 방침을 관철하시기 위하여 광활한 지대에 공작원들을 파견하시는 한편 몸소 해룡과 길림, 고유수 등 여러 지역에 나가시여 인민대중을 교양하시고 폭동의 후파를 수습하시기 위한 대책을 하나하나 세워 나가시는 과정을 그리였고 제2편에서는 교하와 돈화, 간도와 온성 지방을 중심으로 하여 한 몸의 위험을 무릅쓰시고 파괴된 혁명조직들을 복구하시기 위하여 완강한 투쟁을 벌려 나가시는 위대한 수령님의 정력적인 활동을 감명 깊게 펼쳐 보이고 있으며 마가 제3편은 오가자 농촌을 혁명화하여 대중적 지반의 본보기를 꾸려 나가시는 과정을 감동적인

생활사실들을 통하여 보여주고 있다.

그러면서 작품은 력사발전을 추동하는 힘도 인민대중에게 있다는 주체사상의 위대한 진리를 형상적으로 확인하고 혁명승리의 합법칙적 요인과 그 필연성에 대하여 심오한 예술적 해답을 주었다.

①

총서《불멸의 력사》중 장편소설《대지는 푸르다》의 사상예술적 성과에서 가장 중요한 것은 실지 있은 력사적 사실들에 기초한 예술적 전형화를 통하여 혁명의 탁월한 수령으로서의 경애하는 김일성 동지의 숭고한 영상을 작품의 중심에 정중히 모시고 있는 그것이다.

오늘 위대한 수령님께서 이룩하신 불멸의 혁명업적을 작품에 옮기는 데 있어서 수령님의 영상을 어떻게 모시는가 하는 것은 혁명적 대작의 사상예술적 성과를 좌우하는 근본 문제의 하나로 된다. 그것은 경애하는 수령 김일성 동지이시야 말로 류례없이 간고한 조선혁명을 빛나는 승리에로 이끌어 오신 우리 혁명의 찬란한 향도성이시며 우리 인민이 수천 년 력사에서 처음으로 맞이하고 높이 모신 민족의 위대한 태양이시기 때문이다.

경애하는 수령님의 령도를 떠나서 우리 혁명의 어제와 오늘을 말할 수 없고 보다 휘황한 미래에 대하여 생각할 수 없다. 이는 지나온 우리 혁명의 모든 실천과정이 똑똑히 보여주고 있는 엄연한 사실이며 움직일 수 없는 진리이다. 때문에 위대한 수령님의 영상을 정중히 모시는 것은 생활 반영의 진실한 거울로서의 우리 혁명적 문학예술 앞에 지워진 가장 숭고한 의무이며 고귀한 사명으로 된다.

여기서 선차적으로 제기되는 문제는 걸출한 사상가—위대한 혁명가로서의 경애하는 수령님의 고매한 풍모와 령도의 현명성을 폭넓고 깊이 있게 밝혀내는 것이다. 그 누구도 지닐 수 없는 비범한 예지와 통찰력, 인간에 대한 뜨거운 믿음과 혁명적 의리를 가장 숭고한 높이에서 체현하고 계시는 위대한 혁명가로서의 경애하는 수령님의 탁월한 풍모를 한없이 소탈하고 겸손하신 인민적 풍격과 결부시켜 보여줄 때 참으로 위대한 령도자, 영명한 수령으로서의 풍모를 전면적으로 진실하게 보여줄 수 있다.

위대한 혁명가로서의 경애하는 수령님의 불멸의 업적은 시대의 요구와 인민대중의 념원을 한 몸에 체현하고 혁명을 끊임없는 앙양에로 이끌어 가시는 그이의 불면불휴의 로고와 사색의 고귀한 결실이다. 따라서 작품에서는 조국과 인민에 대한 열렬한 사랑으로 일관된 위대한 수령님의 그 심원한 사상리론적 업적들이 어디에 시원을 두고 있으며 그것이 어떻게 혁명실천 속에서 공고화되고 거대한 생활력을 발휘하는가 하는 것을 형상적으로 깊이 있게 론증해야 한다.

총서 《불멸의 력사》 중 장편소설 《대지는 푸르다》가 독자들에게 커다란 감명을 안겨주는 작품의 하나로 될 수 있은 것은 바로 이러한 형상적 요구를 원만히 충족시키고 있기 때문이다.

그것은 오직 인민대중의 힘을 믿고 그에 의거하여 혁명을 추진시켜 나가야 한다는 주체의 철학적 신념을 지니시고 완강한 의지로 혁명의 난국을 타개해 나가시는 경애하는 수령님의 불면불휴의 로고와 투쟁 업적을 최대의 정중성을 가지고 형상화하고 있는 데서 표현되였다.

경애하는 수령님께서 헤쳐 나가셔야 할 1930년대 초 조선혁명의 앞길은 참으로 험난하였다. 조국과 인민의 운명에 대해서는 안중에도 없고 오직 자파의 세력 확장과 령도권 쟁탈에만 피눈이 되어 날뛰던 파쟁분자들은 5·30폭동의 류혈적 후과가 채 가셔지기도 전에 또 다시 무모한 8·1폭동을 일으킴으로써 적수공권의 인민들을 일제의 포악한 총검의 희생물로 만들었다. 게다가 놈들의 탄압과 침략책동은 더욱 횡포해지고 아직 혁명의 실천 속에서 단련되지 못한 일부 사람들은 옳은 투쟁의 길을 찾지 못해 갈팡질팡 헤매고 있었다. 위대한 수령님께서 《ㅌ.ㄷ》의 언덕으로부터 걸음걸음 혈로를 헤치시며 천신만고 쌓아올리신 주체의 혁명위업은 엄중한 위기에 처하였다. 이제 조선혁명은 어디로 갈 것인가?

작품은 바로 이 심각한 물음에 해답을 주면서 위대한 수령님께서 옥중에서 입으신 고초도 푸실 사이 없이 종파사대주의자들이 저지른 피의 교훈을 뼈저리게 통감하시고 력사적인 카륜회의 방침을 제시하심으로써 조선혁명의 진로를 새롭게 개척해 나가시는 과정을 감명 깊게 펼쳐 보이였다.

그러면서 길림과 해룡, 고유수와 교하, 온성, 또 다시 길림과 오가자 등지의 수천수만 리 험로 우에 새겨진 위대한 수령님의 거룩한 사랑의 자욱자욱은 위기에 처한 혁명조직들을 일으켜 세우시고 혁명의 대지를 푸른 숲으로 설레이게 한 힘의 원천이였다는 사상을 작품 전편을 통하여 힘있게 관통시켰다. 이는 구원을 바라는 우리 민족의 구성은 오직 위대한 수령 김일성 동지 한 분 밖에 없으며 그이께서 계시는 한 주체혁명 위업은 반드시 이룩된다는 필성의 신념을 뜨겁게 안겨주는 것으로 하여 더욱 의의 깊다.

작품은 이러한 생활의 진리를 밝혀내는 데서 우선 인민대중에 대한 그이의 뜨거운 믿음과 사랑을 감명 깊게 형상하는 데 선차적인 주목을 돌리고 있다.

인민에 대한 철석같은 믿음—이는 간고한 투쟁을 통하여 경애하는 수령님께서 심장으로 체득하신 신념이시였으며 우리 혁명을 보위해 나갈 수 있게 한 힘의 원천이였다. 이러한 신념이 형상의 매 갈피마다에서 진실하게 울려나오도록 예술적 형상의 제반요구들을 복종시키고 그것을 통하여 이 신념이야말로 피의 교훈으로 찾은 가장 소중하고 값 높은 진리이라는 것을 심각한 사회적 문제성과 결부시켜 깊이 있게 밝혀낸 것은 이 작품의 사상예술적 성과에서 기본을 이루고 있다.

좌경모험주의자들이 일으킨 5·30폭동의 후과로 혁명의 정세는 참으로 엄혹하였다. 해룡에서는 그처럼 믿고 의지하던 간재수 무장소조가 일제의 악질적인 특무단체인 《신진혁명군》에 의하여 처절한 격전 끝에 모두 희생되였으며 할빈에서는 열혈청년 시인인 현욱이가 마창구의 폭동후과를 수습하러 나갔다가 체포되여 려순감옥에 갇히였다. 파쟁분자들은 이 뼈저린 피의 교훈을 망각하고 또 다시 5·30폭동의 연장인 8·1폭동을 일으킴으로써 정세를 더욱 엄중한 난국에 몰아넣고 있었다. 돈화 지구에서 류혈적인 참극이 련이어 벌어지는 가운데 국내에 파견되였던 김형권 동지께서는 풍산군 파발리 경찰관 주재소에서 멸적의 총성을 울림으로써 국내 인민들에게 필승의 신심을 안겨주시고 불행하게도 체포되시여 옥중에 갇히신 몸이 되시였다. 혁명조직들은 사방으로 흩어지고 게다가 한 때 독립운동을 한다고 자처하던 일부 사람들도 강화되는 일제의 탄압에 겁을 먹고 일신의 안락을 찾아 시정배로 굴러 떨어져 인간으로서의 체모도, 의리도 헌신짝처럼 집어던졌다.

경애하는 수령님께서는 이 엄혹한 정세 속에서도 결코 락망하지 않으시고 인민대중이 있는 한 반드시 혁명은 위기에서 구출될 수 있다는 확고한 신념 밑에 대중을 묶어세우는 투쟁을 하나하나 정력적으로 밀고 나가신다.

교하 지역의 폭동후과를 수습하시기 위해 나가셨을 때 전날 독립군에서 호랑이 중대장으로 명성을 떨치던 신재림이 오늘은 정미소 주인으로 전락되여 《무식한 농사군》과 한 끼의 끼니가 없어 문전걸식을 하는 아낙네들을 가지고 어떻게 일본제국주의와 맞서보겠는가고 하면서 인민대중을 무력한 존재로 모독하는 데 어 없는 분격을 느끼신 한별 동지께서 《우리에게는 영웅호걸도 없고 지금 당장은 총도 없습니다. 그러나 우리는 인민의 힘을 믿습니다.》라고 확신에 넘쳐 말씀하시는 장면은 바로 이러한 신념을 그대로 대변해주는 것이다.

바로 이러한 신념을 안으시고 위대한 수령님께서는 하북 골짜기에 피해 들어가서 생의 절망과 굶주림에 시달리는 갑산동 사람들과 허물없이 무릎을 마주하시고 난관이 겹쌓일수록 조직의 두리에 굳게 뭉쳐 투쟁으로 난관을 이겨내야 한다고 신심을 안겨주신다. 그처럼 완고하던 오가자의 변태익 로인이나 최승보, 박창우, 림계산이 같은 사람들도 한별 동지의 이러한 신념 밑에서 재생의 길을 찾고 그이의 뜻을 따르게 되었으며 무성하는 혁명의 숲을 이를 수 있게 되었다. 아직도 조직을 중시하지 않고 인민의 힘을 믿지 않으면서 혁명을 주관적 욕망 하나로만 내밀려는 박경학을 깨우쳐주시는 한별 동지의 간곡한 말씀은 참으로 깊은 갈등을 준다.

《…우리는 인민의 참다운 아들딸이 돼야 하오. 동무가 연설을 해가지고는 이 오가자에서 건어뒬 것이 최용필이 같은 사람밖에 없소. 그러나 동무가 인민에 대한 참사랑을 가지고 그들의 가슴 속으로 뚫고 들어갈 때, 그때에만 우리는 인민들을 자기의 편으로 만들 수 있고 일제를 때려부수는 혁명의 대군을 마련할 수 있는 거요…》

작품에서는 경애하는 수령님께서 지니신 인민대중에 대한 이러한 철석같은 믿음은 인민대중과 생사고락을 같이하시는 과정에 얻어진 것이며 하나의 확고한 신념으로 공고화된 것이라는 사상을 진실하게 밝히고 있다. 우리는 이것을 교하 거리의 평범한 아낙네의 형상을 통하여 감명 깊게 느낄 수 있다.

그 녀성은 한별 동지께서 적들의 추격으로 잠시 위급한 정황에 이르시였을 때 그이의 신변을 온갖 위험을 무릅쓰고 보호해 드린다. 그 녀인으로 말하면 위대한 수령님을 언제 한 번 뵈온 적도 없고 어떤 분이신지도 모르는 소박한 촌아낙네에 지나지 않았다. 그러나 그는 나라를 찾자고 나선 분들을 도와야 한다는 의리감으로 일신의 위험을 아랑곳하지 않고 한별 동지의 신변의 안전을 보장했던 것이다. 이것이 바로 우리 인민의 소박한 의리이며 민족적 량심이다. 특별히 인연도 없고 한 번 만난 적도 없는 생면부지의 이름 모를 아낙네이지만 그 소박한 녀인이 깨끗한 량심 속에서 인간 본연의 아름다움을 느끼셨을 때 위대한 수령님께서는 이런 인민들을 위해서도 혁명을 해야 하겠다는 각오를 더욱 굳게 다지신다.

여기서 우리는 참으로 위대한 인간－위대한 혁명가로서의 경애하는 수령 김일성 동지의 숭고한 인민적 풍모를 다함없는 흠모와 신뢰를 안고 끝없이 우러르게 된다.

작품에서 위대한 혁명가로서의 경애하는 수령님의 탁월한 풍모는 또한 그이께서 지니신 뜨거운 인간애와 고귀한 혁명적 의리에 의하여 더 한층 부각되고 있다.

그것은 위대한 수령님께서 차광수, 현옥, 유선아, 한영희 등 조선혁명군 대원들과 소년 탐험대의 나팔수인 장영진 소년을 비롯한 오가자마을 사람들에게 들려주시는 뜨거운 사랑과 온정을 통하여 감동적으로 형상되고 있다. 현욱이 체포되였다는 뜻밖의 소식을 접하시고 너무나도 절통한 심정을 누를 길 없으시여 세월의 풍상에 터슬터슬 갈라진 백양나무의 밑둥을 큰 주먹으로 쾅쾅 내리치시는 장면은 혁명 동지들에 대한 그이의 뜨거운 사랑과 의리를 가슴 뜨겁게 보여주는 참으로 감동적인 장면이다.

망국의 비운을 통탄하며 곡절 많은 인생행로를 걸어온 현욱이를 자애로운 사랑의 한 품에 안아 참다운 혁명의 길로 이끌어 주신 한별 동지이시기에 그의 체포는 그처럼 비통한 격정의 눈물을 자아내게 하였던 것이다. 이처럼 뜨거운 믿음과 사랑으로 그이께서는 옥중에서 고생하는 현욱이를 념려하시여 애인인 선아를 려순으로 파견하시며 강반석 어머님이 살뜰한 사랑이 깃든 솜옷을 입어보시지도 않으시고 조국 땅 온성에서 손수 따오신 찔광이와 함께 그에게 보내주신다.

혁명 동지의 신상에 미친 불행과 그 아픔의 구석구석까지 헤아려보시고 사랑하는 두 사람을 잠시나마 같이 있게 해주시려는 그이의 뜨거운 은정과 혁명적 의리 앞에서 그들은 뜨거운 감격의 눈물을 금치 못하는 것이다.

이런 사랑과 은정을 받아 안았기에 현욱은 감옥 안에서도 한별 동지를 우러러 필승의 신념을 가다듬고 한생을 수령님의 참된 혁명전사로 살며 싸워가리라 굳은 맹세를 다지고 또 다지는 것이다.

해룡의 조직원인 류한이로부터 강재수 무장소조가 장렬하게 희생되였다는 비보를 접하였을 때도, 국내에 나가 활동하시던 김형권 동지께서 체포되시였다는 뜻밖의 소식을 들으셨을 때도 한별 동지께서는 혁명 동지들에게 못 다 기울이신 그 사랑이 가슴에 맺히시여 침식마저 잊으시고 아프신 마음을 금치 못하시는 것이다.

특히 숙부님의 체포로 어머님의 신상에 다닥칠 그 모든 괴로움과 비통한 심정을 자신의 한 몸으로 통간하시고 가물거리는 등잔불 앞에 조용히 앉으시여 어머님께 편지를 쓰시는 위대한 수령님의 거룩하신 영상은 우리의 가슴을 한없이 뜨거운 격정으로 차 넘치게 한다.

위대한 수령님께서는 혁명군 대원들뿐만 아니라 고유수와 오가자마을 인민들에게도 한없는 사랑과 은정을 베푸신다.

고유수의 박태갑 로인이 사위감을 맞았어도 성례를 못 올리고 있는 그 심정을 헤아려 보시고 아무리 사정이 딱하고 형세가 어려워도 성례를 못 올리게 해서야 되겠는가고 하시며 서상근 로인더러 잔치준비를 섭섭지 않게 잘 하도록 하시는 위대한 수령님!

이때로 말하면 그이의 가슴에 참으로 많은 아픔이 덧쌓이던 엄혹한 시련의 시기였다.

강도 일제의 백색 테로 앞에 혁명은 피의 진통을 겪고 있었으며 파쟁분자들의 책동으로 혁명조직은 다 파괴되였다. 강재수의 무장소조도 희생되고 현욱이도 체포되였다. 가슴이 아프면 그 때 한별 동지처럼 그렇게 쓰린 가슴을 안고 계신 분이 또 어데 있었겠는가. 허나 그이께서는 몸소 결혼식장에까지 나오시여 인민들과 함께 자리를 같이하신다.

만백성을 고루 살피시는 인민의 수령의 위대한 풍모가 얼마나 인민들의 가슴을 치고 눈굽을 뜨겁게 적시는가.

소설은 또한 오가자마을 인민들에게 돌려주시는 위대한 수령님의 사랑과 은정도 진실하게 형상하고 있다.

일제의 더러운 주구인 최용필이 놈의 작간으로 마을의 유지이며 의사인 림계산이가 변절자의 루명을 쓰고 역경에 처했을 때 한없이 넓으신 도량과 포용력으로 그를 건져주시는 장면이 그 하나의 실례이다. 의사의 직업을 가지고 마을 사람들 앞에서 내노라고 머리를 쳐들고 찍하면 혁명군을 욕하며 다니던 림계산이가 특무와 내통할 수도 있다고 모두가 격멸의 눈초리를 돌리고 있을 때 오직 한별 동지께서만은 그의 가슴에 소중히 간직되여 있는 민족적 량심을 귀중히 여기시고 동지들의 만류에도 불구하시고 거처를 그의 집으로 옮겨 가신다.

경애하는 수령님의 이러한 뜨거운 믿음과 사랑 앞에서 일시나마 오해를 받아 기를 못 펴고 고민하던 림계산이는 그이의 무릎 우에 얼굴을 묻고 오열을 터뜨리며 떳떳하게 살지 못한 지난날을 통절히 뉘우치는 것이다.

한별 동지께서 하연성의 안해 고만녀에게 돌려주시는 사랑 역시 감명 깊게 형상되고 있다. 고만녀는 일제통치하 우리 인민이 겪는 수난의 가장 전형적인 대변자이다. 그는 남편이 폭동바람에 들떠 혁명을 한다고 나다니는 통에 혼자서 어린 자식을 키우기 위해 갖은 고생을 다 한다. 하나 위대한 수령님께서는 고만녀와 같은 최하층 인간에게서 혁명을 할 래일의 투사를 보시고 그를 자애로운 한 품에 안아 혁명의 길로 이끌어 주신다.

온성 지구 혁명조직 책임자 오석하가 고만녀에게는 글을 가르쳐야 소용없다고 외면했을 때 그와 같은 소박한 근로 인민들을 교양하고 묶어 세워서 그들이 힘을 쓰게 될 때라야 혁명은 승리할 수 있다고 절절하게 타이르시는 한별 동지의 모습은 얼마나 사람들의 가슴을 뜨겁게 하는가.

이와 같이 작품은 위대한 수령님께서 지니신 인민에 대한 뜨거운 사랑과 믿음은 만 사람을 한 품에 안아 따뜻이 보살피시여 가장 나약하고 보잘 것 없는 인간을 가장 억세고 슬기로운 인간으로, 동요와 회의의 갈림길에서 헤매이던 인간을 확고한 혁명적 의지와 신념을 가진 참다운 인간으로 키워주는 자애로운 요람이며 어머니의 품이라는 사상을 힘있게 강조하고 있다.

작품은 위대한 수령님의 이러한 혁명가적 풍모를 무장투쟁을 조직 전개하기 위한 대중적 지반을 꾸려 나가시는 정력적인 활동과 결부시켜 폭넓게 부각시키고 있다.

동북 만주의 광활한 지역과 국경 연안으로부터 시작하여 국내 온성 지구에 이르는 그 어디에 인민을 위해 바쳐가시는 위대한 수령님의 로고와 심혈이 깃들지 않은 곳 있으랴. 그 길에서 가슴 아픈 희생도, 참기 어려운 고통도 겪으셔야 하셨던 한별 동지이시였다. 끼니도 휴식도 잊으시고 때로는 적들의 삼엄한 감시 속을 신변의 위험을 무릅쓰시고 뚫고 나가셔야 하셨으며 진눈까비를 맞으시며 황막한 이국의 광야를 걷고 또 걸으셔야 하셨던 위대한 수령님.

그이께서는 한지에서 밤을 지새우시기도 하시였고 거기서 얻은 몸살로 한 몸마저 지탱하기 어려운 순간에도 혁명의 길은 멈출 수 없으시였으며 그 길에서 숙부님과 현욱의 체포에 대한 가슴 아픈 소식과 강재수 소조의 장렬한 최후에 대한 비보도 접하셔야 하셨다.

참으로 위대한 수령님께서는 조국의 광복과 인민의 행복을 위해 인간이 겪을 수 있는 모든 고생과 슬픔과 괴로움을 한 몸에 감당하시여 한평생을 바쳐 오신 위대한 혁명가의 빛나는 구감이시다.

혁명을 위해 바쳐 오신 위대한 수령님의 이 모든 로고와 심혈을 보탬도, 꾸밈도 엇이 그대로 진실하게 형상화하여 그 불면불휴의 활동 속에서 혁명의 참다운 전위들이 자라나고 주체혁명 위업의 튼튼한 보루가 마련되였다는 것을 심오히 밝혀낸 바로 여기에 이 장편소설이 거둔 귀중한 사상예술적 성과의 하나가 있다.

이에 있어서 오가자마을의 혁명화에 바쳐진 위대한 수령님의 정력적인 활동은 무장투쟁의 대중적 지반을 축성하는데서 커다란 의의를 가진다.

그것은 야학과 삼성학교 및 소탐대의 생활들, 특히 10월 혁명 기념일 행사에 마련된 연예대 활동과 혁명가극 《꽃 파는 처녀》의 공연 성과에서 찾아볼 수 있다.

눈 먼 동생을 살려달라고 애원하던 길림 거리의 바늘 파는 어린 소년, 공연성과에서 찾아볼 수 있다.

눈 먼 동생을 살려달라고 애원하던 길림 거리의 바늘 파는 어린 소년, 할빈 도리의 수많은 꽃 파는 처녀들, 지주 집에 불을 지르고 징역살이에 끌려갔다는 구포벌 소년의 기막힌 처지, 한별 동지 자신께서 직접 체험하신 이 모든 생활의 화폭들이 그대로 가극 《꽃 파는 처녀》의 생활 화폭으로 되었다.

그이께서는 배우들을 선정할 때에도 오가자의 슬기로운 아이들 속에서 예술적 재능을 발견해 내시며 봉건이 가장 완고한 박창우 로인의 딸인 옥실이와 림계산의 딸 봉희를 선정하심으로써 완고한 유지들을 깨우칠 기발한 착상도 무르익히신다. 공연이 진행되던 날 밤 만 사람들의 축복 속에 무대 우에서 노래를 부르는 《꽃 파는 처녀》가 바로 자기 딸이였음을 알았을 때 박창우 로인의 뉘우침은 얼마나 감동적인가.

작품은 인민들이 자기의 처지를 자각하고 참된 삶의 길을 걷게 될 때 그것이 발휘하는 힘은 참으로 거대하다는 것을 이 연예 대공연 과정 하나를 통해서도 잘 보여주었다. 지주 사가 놈의 착취행위를 반대하기 위한 투쟁에로 대중을 조직 동원하시는 것과 같은 한별 동지의 정력적 활동은 변태익 로인을 비롯한 오가자마을 농민들의 사상정신적 개변을 가져오는 데서 결정적 전환점으로 되었다.

남이 강요하는 그 어떤 주의 주장도 믿지 않고 오직 《리상촌》의 허황한 꿈 속에서 자신의 위안을 찾던 변태익 로인은 물론 완고한 봉건의 울타리로 벽을 쌓고 시대의 흐름에 외면하던 박창우, 림계산 등 마을의 모든 《유지》들이 머리를 숙이며 악착하기로 소문난 지주 사가가 무릎을 꿇게 되는 모든 계기들이 위대한 수령님께서 기울이신 심혈과 로고의 결실이라는 하나의 선을 타고 진실하게 안겨온다.

작품은 이와 같이 위대한 수령님의 영상을 모시는 데 있어서 어느 한 부분에 치우치지 않고 사상과 령도의 영재로서의 그이께서 지니신 탁월한 풍모와 높은 공산주의적 덕성을 전면적으로 폭넓게 부각시킴으로써 그이를 조선혁명의 구성으로 우러러 모시게 되는 생활의 필연성을 높은 사상미학적 수준에서 훌륭히 일반화하였다.

②

총서 《불멸의 력사》 중 장편소설 《대지는 푸르다》에서 거둔 사상예술적 성과의 다른 하나는 주체혁명 위업이 개척되던 그 간고한 시기 위대한 수령님께 끝없이 충직했던 청년공산주의자들과 당시 인민들의 형상을 통하여 혁명적 수령관의 참된 본질을 깊이 있게 해명하고 혁명적 수령관을 세우는 것이 혁명의 승패를 결정하는 데서 얼마나 중요한 관건적 문제로 나서는가 하는 것을 힘있게 시사해 준 것이다.

수령에 대한 끝없는 충실성은 혁명적 수령관의 본질적 내용을 이루고 있다.

20년대 말 30년대 초 청년공산주의자들이 보여준 이 혁명적 수령관은 조선혁명의 승리를 담보한 결정적 요인이였으며 우리 모두가 따라 배워야 할 참된 구감으로 되고 있다.

아직은 혁명의 전도에 대해 기약할 수 없고 무엇을 기초로 하여 령도적 중심을 이루겠는가 하는 그 어떤 생각도 가질 수 없었던 그 암담한 시기에 어떻게 그들이 경애하는 수령님을 자기들의 위대한 향도성으로 높이 우러르게 되었는가 하는 것을 밝혀내는 여기에 이 작품이 추구하려는 또 하나의 형상적 의도가 있었다. 작품은 이 심각한 사회력사적 요구를 청년공산주의자들인 차광수, 현욱, 유선아, 한영희, 오석하, 하연성 등의 형상을 통하여 훌륭히 해결하였다.

이들 청년공산주의자들이 지닌 혁명적 수령관은 어떤 역경 속에서도 드놀지 않는 혁명적 신념과 의리로부터 흘러나오는 절대적이고도 무조건적인 충실성에 기초한 수령관이다. 이는 위대한 수령님을 충성으로 높이 우러러 모시는 근본 립장과 자세가 어떠해야 하는가 하는 요구로부터 출발하고 있다.

그것은 우선 수령님의 사상과 의도를 견결히 옹호하고 그것을 자기의 신념으로 받아들이는 투철한 립장에서 표현되었다.

좌경모험주의자들의 망동으로 마창구의 혁명조직이 위험에 처했을 때 단신 그곳으로 달려가 한별 동지께서 천명하신 력사적인 카륜회의 방침을 견결히 옹호하는 현욱의 슬기로운 투쟁 모습과 오가자를 혁명화할 데 대한 위대한 수령님의 사상과 의도를 옳게 인식하지 못하고 일시적인 난관이 제기된다 하여 중도에서 돌아온 박경학에게 카륜회의 로선을 한 조항 한 조항 따져 가면서 설득시키는 차광수의 미더운 모습 등이 그 전형적 실례들이다. 특히 한별 동지의 의도와 사상을 관철하는 데서 어떻게 하면 그 심원한 요구의 경지에까지 이르겠는가 늘 마음을 쓰며 자그마한 드팀이라도 있을세라 몇 번이고 재보고 따져보고서야 비로소 행동에 옮기는 차광수의 신중한 태도와 립장은 그들이 위대한 수령님의 사상과 의도를 어떤 자세와 립장에서 받아들이고 옹호 관철했는가 하는 것을 뚜렷이 보여주는 생동한 모범이다.

작품은 경애하는 수령님의 사상을 신념화, 신조화할 때 인간은 참으로 강의해지며 그 의지를 꺾을 힘은 이 세상에 없다는 사상을 힘있게 강조하고 있다. 우리는 그것을 현욱의 옥중투쟁과 《신진혁명군》 반동 놈들과의 과감한 격전 끝에 장렬한 최후를 마치는 강재수 무장소조원들의 영웅적 투쟁 모습에서 찾아볼 수 있다.

청년공산주의자들이 보여준 혁명적 수령관의 다른 하나의 특징은 위대한 수령님의 신변을 목숨 바쳐 옹호 보위하려는 견결한 혁명적 의지와 불타는 지향이다. 그들에게 있어서 한별 동지의 안녕은 곧 삶의 전부였으며 필생의 념원이였다. 그것이 이들의 가장 숭고한 리념의 하나로 될 수 있었던 것은 파란 많은 인생곡절을 겪어오면서 자신들이 스스로 체득한 생활의 진리였기 때문이다.

작품은 바로 이러한 생활의 리념을 주인공들이 체험하고 있는 심각한 생활 국면 속에 몰아넣고 그것이 한낱 일시적인 충동이나 주관적 욕망에 기인하는 것이 아니라 사상적 리념을 통해 흘러나오는 가장 숭고한 감정이라는 것을 뚜렷이 확증하였다.

소설에서 차광수의 형상은 경애하는 김일성 동지를 어떻게 모시고 따라야 하는가를 산 모범으로 보여준 전형적 형상이다. 그의 모든 사고와 활동은 오직 한별 동지를 충성으로 받들어 모시려는 그 하나의 지향으로 일관되여 있다. 정세가 엄혹하고 적들의 책동이 강화될 때는 물론 비교적 여유 있는 정황 속에서도 그는 언제나 한별 동지의 신변을 념려하여 혁명적 경각성을 앞세우고 사태를 침착하고 랭철하게 판단하여 제기된 정황을 자막대기와 같이 정확하고도 신중성 있게 처리해 나간다. 자기 혼자의 욕망만으로는 끝내 마음 놓이지 않아 한별 동지의 신변을 보위할 것을 공청회의 결정으로까지 박아 넣는 이 하나의 사실만 보아도 그의 혁명적 수령관이 얼마나 투철했던가 하는 것을 알 수 있다.

현욱의 성격형상 역시 매우 감명 깊다.

망국의 비운을 통탄하며 《참된 사람, 참된 삶, 참된 사랑》을 찾아 모멸에 찬 정신적 방황의 길을 헤매여 온 현욱은 한별 동지의 품에 안겨서야 비로소 참된 삶의 길을 걸을 수 있었다. 그이의 품 속에서만 자기의 빛나는 삶도 밝은 미래도 있다는 것을 현욱은 확고한 신념으로 간직하였다.

그가 놈들의 추격으로 위험에 처했을 때 3층집 로대 우에서 몸을 날리면서 자기가 지은 《조선의 별》의 노래를 심장으로 부를 수 있은 것도, 놈들의 움직임에서 한별 동지의 신변이 위태로운 것을 감촉한 후에는 자기를 위해 남아있는 선아에게 어서 가서 한별 동지를 지키라고 안타깝게 호소하는 것도 다 이러한 생활신념을 가슴 깊이 간직하였기 때문이였다.

한별 동지를 마음속으로 우러르며 한별 동지를 지키는 것이 곧 조국을 지키는 것이라고 하면서 우리는 반만년 민족사의 총화인 이 엄숙한 진리를 기어이 실천해야 한다고 절절하게 웨치는 그의 내면독백이 그처럼 우리의 가슴을 치는 여운으로 남아 있는 것도 바로 이러한 신념을 통하여 이루어진 것이기 때문이다.

또한 교하의 파괴된 혁명조직을 수습할 의무를 받고 온 한영희가 상상했던 것과는 너무나도 험악한 사태 앞에서 속으로는 한별 동지를 애타게 그리면서도 그이의 신변을 보호할 데 대한 공청회의 결정을 상기하고 잠시나마 이런 위험한 곳에 그이께서 오시기를 바랐던 자신의 실책을 뼈저리게 뉘우치는 데서 우리는 이들 청년공산주의자들의 리념이 얼마나 티 없이 맑고 깨끗한 것이였던가를 가슴 뜨겁게 느낄 수 있다.

그처럼 위급한 정황 속에 찾아오신 한별 동지를 자기 집도 아닌 음식점에서 그대로 돌려보낸 시재림의 소행에 격분을 금치 못하며 부르짖는 한영희의 절규는 얼마나 우리의 심금을 세차게 울려주는가!

《…우리는 김성주 동무를 우리 조국의 구성으로, 우리 운동의 지도자로 받들고 있습니다. 그가 위험에 처했을 때 선생님이 취한 태도를 우리는 영원히 잊지 않을 것입니다. 우리는 제 육신이 산산쪼각이 나고 원쑤의 손에 잡혀 란도질을 당하더라도 그를 보위할 것입니다.》

작품에서 그 어떤 사상이나 리념이 생경한 론리로서가 아니라 이처럼 심원한 생활의 진리를 타고 우러나올 때 그것이 주는 감화력은 비할 바 없이 큰 것이다.

언제 어디서 무슨 일을 하건 삶의 매 순간순간을 오직 위대한 수령님의 안녕과 건강만을 위하여 사고하고 행동하며 그것이 현실로 되었을 때 세상에 더없는 희열을 느끼는 청년공산주의자들의 숭고한 리념! 이는 그 어떤 역경 속에서도 오직 위대한 수령님만을 믿고 따르려는 우리 인민의 드팀 없는 공통된 념원을 그대로 대변한 것이기에 그처럼 의의 깊은 것으로 되었다.

공산주의자들에 대한 그처럼 완고한 편견에 물젖어 있던 변태익 로인이 위대한 수령님의 높으신 인품에 감화되여 그이를 한별로만 부를 것이 아니라 날 일자, 이룰 성자를 놓아서 민족의 태양으로 모셔야 한다고 진심을 토로했을 때 청년공산주의자들이 그토록 크나큰 감격과 흥분으로 눈시울 적시는 것은 과연 무엇 때문이였던가. 그것은 바로 원쑤와의 피 어린 격전 속에서도, 감옥과 교수대에서도 오직 그것 하나만을 바라고 그것을 위해 굴함 없이 싸워온 그 간절한 념원을 이제 비로소 성취할 수 있게 되었다는 최상의 희열이 가슴 벅차도록 안겨왔기 때문이다.

바로 여기에 이 작품에서 청년공산주의자들과 인민들의 형상이 가지는 참다운 예술적 가치가 있다.

소설이 달성한 사상예술적 성과에서 또한 지적할 수 있는 것은 다양한 예술적 수단들의 능숙한 활용으로 현실 속에서 맺어지는 인간 성격들을 개성화하고 작품의 사상주제적 요구를 생활적으로 진실하게 부각시켜준 점이다.

그것은 무엇보다도 위대한 인간의 위대한 생활을 진실한 예술적 화폭으로 보여줌으로써 경애하는 수령 김일성 동지의 불멸의 영상을 작품에 정중히 모실 수 있게 된 데 있다.

위대한 인간의 위대한 생활을 보여주는 데 있어서 중요한 것은 력사적 사실들을 기정사실화하지 않고 다양하고 풍부한 생활을 통하여 예술적 전형화의 요구를 옳게 지키도록 하는 것이다.

장편소설은 위대한 인간의 위대한 생활을 전형화함에 있어서 당시 력사적 사실에 기초하면서도 성격의 그 어떤 비상한 특징이나 례외적인 사실에서 형상의 묘리를 찾지 않고 언제나 인민대중 속에 들어가시여 그들과 생사고락을 같이 하시며 그들에 의거하여 조성된 난국을 헤쳐 나가시는 위대한 수령님의 한없이 숭고한 인민적 풍격을 도출해 내는 데 묘사적 각광을 집중시키고 있다. 작품에서 위대한 수령님의 풍모가 그처럼 친근한 영상으로 감명 깊게 안겨오는 원인이 바로 여기에 있다.

이러한 성과는 청년공산주의자들의 형상에서도 찾아볼 수 있다.

차광수의 무게 있고 빈틈없는 성격적 특징들을 잘 포착하여 위대한 수령님을 옹호 보위하는 데서 한 치의 드팀도 모르는 그의 충실성과 결부시켜 성격의 주도적 특질을 개성적으로 잘 살려 나가고 있는 것이라든지 다정다감하면서 불같이 뜨거운 현욱의 성격이란 리지적이며 어린애다운 천진성을 가진 선아의 매력 있는 형상, 한영희의 우아하며 웅심 깊고 활달한 성격 등 어느 하나도 개성화되지 않은 것이란 없다. 완고한 민족주의자의 전형인 오가자의 변태익 로인과 박창우, 최승보, 지어는 작품에 잠간 등장하는 국제당 통신련락소 책임자 주사인과 온성 땅의 고만녀, 하연성의 성격까지도 다 자기의 독특한 취미와 습관을 가진 산 개성들로 전형화되었다.

장편소설의 사상예술적 성과에서 다른 하나의 측면은 작품의 구성이 해당 력사적 시기의 생활들과 일치되여 예술적 진실을 잘 보장한 것이다.

작품의 인간관계는 실지 있은 인물들의 원형에 기초하여 맺어지고 있으며 이야기 줄거리도 주제사상적 요구에 맞게 정연한 론리성을 가지고 카륜회의 이후부터 그 이듬해 봄까지의 시기를 일관하게 관통시켜 방불히 그려내고 있다. 여기에 이 장편소설이 력사문헌적 의의와 문학 작품으로서의 품위를 다 같이 갖출 수 있게 한 근본 조건의 하나가 있다.

작품에는 그 밖에 사회력사적 사변들에 대한 정론적인 분석과 풍부하고 다양한 생활묘사들, 남의 것을 통째로 삼키려는 종파사대주의자들을 신랄히 조소한 칠성문 국수 이야기와 같은 흥미 있는 일화들, 예술적 형상의 풍부성을 보장해주는 참신한 생활 세부들, 여러 가지 묘사수단들의 자유로운 활용과 뜻이 깊고 표현성이 강한 대사들이 능숙하게 구사되어 있어 예술적 형상의 품위를 더욱 높일 수 있게 하였다.

이로써 작품은 력사의 분수령인 1980년대의 캄캄한 하늘에 찬란히 빛나는 태양으로 높이 솟아 인민을 이끌고 시대를 이끌어 수천수만리 혈전의 길 우에 사랑의 자욱을 남기시며 혁명의 푸른 대지를 마련해 가시는 위대한 수령 김일성 동지의 영광 찬란한 혁명투쟁 로정의 일단을 높은 사상예술적 수준에서 형상화함으로써 혁명적 대작의 품위를 갖춘 또 하나의 성과작으로 될 수 있었다.

총서 《불멸의 력사》 중 장편소설 《대지는 푸르다》가 이러한 사상예술성이 높은 훌륭한 혁명적 대작으로 완성될 수 있은 것은 로동계급의 수령형상 창조 문제를 우리 문학의 근본 문제로 제기하고 그 빛나는 실현을 위해 정력적인 지도와 세심한 가르치심을 주고 있는 당중앙의 현명한 령도가 있었기 때문이며 우리 당의 독창적인 문예리론과 방침을 창작실천을 통하여 빛나게 구현하였기 때문이다.

이상의 성과들로 하여 장편소설 《대지는 푸르다》는 위대한 수령님과 당중앙의 두리에 굳게 뭉쳐 주체혁명 위업의 완성을 위하여 힘차게 싸워 나아가는 우리의 전체 당원들과 근로자들의 보람찬 투쟁을 힘있게 고무할 것이다.

—『조선문학』 1982년 10호.

4. 개작 상황

장	절	1981	1986
1	1	신재림	장철하
	6	응급처치중	삭제

	7	기영동	계영춘
		최창걸	최창걸 이름 삭제
		강재수	공영
		박경학	리경락
	9	진한범	진한정
	8	"김혁이가 체포되였소."	"김혁이가 잘못되였소."
	9	"구급처치를 했다는 데가 어데요?"	"장춘에서 내렸다는 게 언제요?"
			김혁이 차광수의 탈출 계획을 방해하는 행위 9줄이 삭제된다.
			차광수의 구출 계획 비판이 삭제된다.
	10	홍태정	현태정
		최효성	최효열
	13	체포	"체포"란 단어가 "잘못"으로 모두 바뀐다.
	14		선아의 행색이 삭제된다.
		"김혁 동무가 왜 그렇게 했는지 짐작 못하겠습니까?"	"김혁 동무가 왜 노하지 않겠습니까?"
			"김혁 동무가 왜 그렇게 했는지 짐작 못하겠습니까?" 이하 문장 3줄이 수정된다.
	15		김혁이 감옥에 면회를 못 오게 하는 문제에 대해 김성주가 선아에게 하는 말이 삭제된다.
2	10		주사인과의 대화 내용이 좀 더 풍부하게 첨가된다. 주사인이 김혁과 김혁의 시에 대해 언급하는 부분이 추가된다.
3	1		옥경 태도 변화 : 원작에서 박창우의 며느리에 앞장섰던 것과는 달리 오빠와 아버지에게 그녀를 변호하며 항거한다.
	16	"아니, 저게 누구여?"	"아니, 저게 누구여? 저게 옥실이 아닌가?"
	21		우호적으로 묘사되던 주사인이 부정적으로 묘사되고, 변태익에게 망신당하는 장면이 추가된다.
			차광수의 연설 부분이 삽입된다.
		김일성이란 이름을 변태익이 제안한다.	이름 제안자가 차광수로 변경된다.

— 작성 : 김은정

05

『봄우리』

1. 세부 사항

<table>
<tr><td>제목</td><td colspan="3">총서 '불멸의 력사'5 『봄우리』</td><td>출간 권수</td><td>5</td></tr>
<tr><td>작가 및 창작단</td><td colspan="5">조선작가동맹중앙위원회 4·15문학창작단 / 개작본 석윤기</td></tr>
<tr><td rowspan="2">발표 연도
(수상 연도)</td><td>발표 연도</td><td>1985</td><td rowspan="2">발표 지면
(수상명·집)</td><td rowspan="2" colspan="2">문예출판사</td></tr>
<tr><td>개작 연도</td><td></td></tr>
<tr><td>스토리
주제</td><td colspan="5">무장투쟁의 중요성과 김성주의 인품, 공산주의자들의 동지애.</td></tr>
<tr><td>키워드1/ 테마</td><td colspan="5">명월구회의 방침, 조선인민혁명군 창건, 추수·춘황 투쟁.</td></tr>
<tr><td>키워드2/ 구성</td><td colspan="5">3편</td></tr>
<tr><td>키워드3/ 시점</td><td colspan="5">복합 시점－전지적 작가 시점과 1인칭 주인공 시점(김일성과 강반석에 한하여 주체존대법 쓰임)</td></tr>
<tr><td>키워드4/ 시간</td><td colspan="5">1931년 가을 명월구회의 직전~1932년 봄(조선인민혁명군 창건 4월 25일)</td></tr>
<tr><td>키워드5/ 장소</td><td colspan="5">차조구, 명월구, 려순, 안도, 돈화, 봉천, 부강촌, 소사하 토기점골.</td></tr>
<tr><td>키워드6/ 소재</td><td colspan="5">추수투쟁, 춘황투쟁, 명월구회의, 만보산사건, 민생단.</td></tr>
<tr><td>키워드7/ 인물(직업)</td><td colspan="5">머슴, 마차군, 군인, 밀정, 첩보원, 공산주의자, 교원, 지주, 정미소 주인, 농민, 당 비서, 지사장, 의사, 선박수리공, 철공소 주인, 독립군.</td></tr>
</table>

2. 줄거리 소개

1편(총 24절)

간도 지방에 추수투쟁이 시작되고 한 농민이 자신의 아들이 투쟁 과정에 일본군의 무기를 빼앗는 행동을 하자 그런 일을 막아달라고 김성주에게 하소연한다. 이에 김성주는 무장투쟁의 필요성을 인식시킨다.

명월구로 간 김성주는 혼자 라자구로 가던 도중 길을 잃는다. 이때 차광수 일행과 마주치게 되고 차광수는 혼자 움직이는 김성주의 행동을 경솔하다고 꾸짖는다. 김성주는 차광수에게 최효성의 사형 집행 소식과 김혁의 면회가 중단된 소식을 전해 듣고, 유선아와 한영희의 신변을 보호하기 위해 소환을 결정한다. 한편 다리에 총상을 입은 니시자와는 퇴원하고 나서 후꾸다의 지시대로 중국 요정에서 소홍과 만나 하룻밤을 보내다가 그가 후꾸다의 여동생 스미에임을 알게 된다.

감옥 면회가 중단된 후 려순 조직은 와해될 조짐을 보이고 선아는 일화양행에 청소부로 취직한다. 일화양행은 관동군의 비밀 아지트로 그곳에서 정보를 빼낸 선아는 정보를 조직에 전달한다. 영희로부터 소환명령을 받은 선아는 명령을 거부하고 려순에 남는다.

려순에 나타난 후꾸다는 최효성의 사형 집행을 경솔한 행위라고 질타하고 장작림의 의형제인 장경혜를 자신이 움직이고 있으며 김성주를 체포하기 위해 만보산 사건을 조작한 배경을 보고한다. 후꾸다는 안도에서 종적이 묘연한 김성주를 찾기 위해 니시자와를 안도로 급파한다.

일화양행에서 니시자와와 마주친 선아는 그곳에서 탈출해 니시자와의 끄나풀을 달고 려순으로 향하는 영희를 구하기 위해 등대로 간다. 등대에서 영희를 만난 선아는 김혁의 사망 소식을 전해 듣고, 김혁의 일기장을 바다에 던진다. 눈 속에서 등대를 빠져나가던 중 니시자와의 밀정이 쏜 총에 한영희가 쓰러진다. 마차부의 도움으로 탈출을 하지만 영희가 사망하고 선아는 차광수에게 구출된다. 김성주는 차광수로부터 한영희의 소식을 듣고, 옹진라자에서 명월구회의가 열린다.

1932년 새해 허재률은 체포된 동자경과 접촉하기 위해 봉변을 당하는 안영호 일행을 도와주고 감옥에 들어간다. 진한범(진한장)을 찾아가던 김성주는 은사인 류충제와 진한범의 약혼녀 주서향을 만난다. 주서향은 진한범의 일가친척과 인사를 나눈다. 그 사이 진한범은 집에서 몰래 도망치려 하다가 주서향과 마주치게 되고 주서향의 의식을 떠본다. 부르주아적 습성에 젖어 있는 서향에게 실망한 그는 파혼을 결심한다. 하지만 김성주는 진한범에게 주서향을 혁명의 편으로 끌어당기라고 설득한다.

허재률은 석방된 동자경을 안내하여 김성주를 찾아가지만 만나지 못하고 부강촌을 지나다 안윤재의 보위단에게 붙잡힌다. 안영호는 결혼을 서두르는 아버지가 탐탁치 않으나 그의 뜻에 따르고, 허재률을 공산주의자라고 판단하면서도 은혜를 갚기 위해 아버지에게 그를 풀어줄 것을 요구한다.

돈화 연락소로 거처를 옮긴 옥섬은 짐을 싸라는 지령에 연락소에 들어와 자고 있는 일본군의 총을 빼내와 옥수수밭에 묻는다. 안도 토기점골 강반석에게 가라는 차광수에 말에 옥섬은 거칠게 항의하고 차광수는 옥섬을 설득한다. 보위단에서 빠져 나온 허재률을 만난 차광수는 보위단에 만득이 잡혀 있다는 소리에 옥섬을 허재률에게 맡기고 만득을 구하러 간다. 허재률과 옥섬은 안도로 들어가고, 무사히 돌아온 차광수를 보며 김성주는 안도한다.

김성주는 조직원들과 유격대를 조직하는 문제와 부강촌 문제에 대해 심각하게 고민한다. 병색이 짙은 강반석은 부강촌 공작에 직접 나서려는 아들의 뜻을 받아들이고 토기점골로 이사를 준비한다.

2편(총 25절)

부강촌 지주의 아들인 오정혁은 김성주를 머슴으로 들이기 위해 집으로 돌아오겠다고 통보한다. 오정혁은 주서향의 재력과 권력을 동원하여 안윤재와 안영호의 의심을 피한다. 오정혁은 김성주를 머슴으로 들이고, 안윤재는 명월구에 거물이 들어왔다는 소식에 경계를 하나 김성주의 어수룩한 모습에 별 의심을 하지 않는다.

김성주는 남칠의 투전하는 버릇을 고치도록 유도한다. 또한 동네 아낙이 시키는 일까지 하다가 정혁의 동생 정란의 핀잔을 듣는다. 정란과 부금은 증손으로 가장한 김성주가 상범의 어머니를 위해 언 땅에서 수수뿌리를 캐는 것을 목격하고 충격을 받는다. 상범은 증손이 공산주의자라는 생각을 하면서도 그를 돕는다.

신재림(장철하)은 안영호의 결혼잔치에 갔다가 증손으로 가장한 김성주와 마주친다. 그는 김성주를 보호하기 위해 실례를 무릅쓰고 잔칫집에서 빠져나온다. 안영호의 결혼잔치에 쓸 떡을 치게 된 성주는 정혁의 기지로 위기를 모면하고, 장상민의 마차군인 청룡의 불만을 듣고 선을 연결해준다.

신재림은 토기점골 강반석을 찾아간다. 변절에 대한 용서는 못하겠다는 강반석의 말에 신재림은 현재의 삶을 반성하며 군자금을 내놓지만 강반석은 받지 않는다. 토기점골에서 나온 신재림은 돌아가던 길에 지대현과 소인방으로 가장한 니시자와와 마주치고 성주의 위험을 직감한다. 후꾸다는 부강촌에 김성주가 있다고 확신하고 니시자와와 일을 꾸민다.

옥섬은 주서향의 집으로 가라는 차광수의 지시에 항의한다. 차광수는 자신의 마음을 몰라주는 옥섬에게 사랑을 고백하며 투사가 되어줄 것을 당부한다. 차광수는 옥섬을 돈화로 데려다주고 돌아오는 길에 길목을 지키고 있던 신재림과 만난다. 신재림은 차광수에게 김성주의 신변에 위험이 닥쳤음을 알려준다. 청룡은 성주가 알려준 마철 가게로 가서 차광수를 만나게 해달라고 한다. 청룡을 시험한 차광수는 그에게 가게 주인을 감시하라는 임무를 준다. 한편 김성주는 찾아온 옥섬과 서향에게 새로운 임무를 준다.

니시자와는 조선 공산주의자들과 우 사령 부대와의 사이를 이간하기 위해 부강촌 자위단장 안영호를 꼬여 우 사령 부대의 장교들을 사살하게 한다. 진가유방 습격사건에 가담했던 박일보는 시체로 발견되고 그의 주머니에서 삐라까지 발견된다. 우 사령은 이를 공산주의자들의 소행이라고 생각해 박일보의 시신을 거리에 방치한다. 안영호는 박일보가 시체로 발견되자 두려움에 떨면서 증손이 김일성이라는 사실을 눈치 챈다.

김성주는 진가유방의 사태와 김책의 거취 문제를 세우도록 차광수에게 지시한다. 한편 김책은 차광수에게 김성주의 부강촌 행에 대한 해명을 요구한다. 이에 차광수는 김성주의 편지를 전달한다.

자신이 속았다는 것을 안 안영호는 니시자와에게 따지러 갔다가 반공을 해야 한다는 소리만 듣고 온다. 한편 부금은 서먹해진 정란에게 증손의 위험을 알리고, 이 사실을 안 안영호는 증손을 쫓는다. 김성주는 박일보의 시체를 찾기 위해 우 사령을 만나러 가려하고, 뒤쫓아 온 안영호와 격론을 벌인다. 안영호는 보위대원들이 말을 듣지 않자 차기득에게 분풀이를 한다.

돈화에 나온 김성주는 옥섬이 혁명가로 자라고 있음에 기쁨을 느낀다. 류충제를 만난 김성주는 우 사령과 친분이 있는 그에게 우 사령과 만남을 주선해 줄 것을 요구하고, 류충제는 직접 우 사령을 만나러 간다.

3편(총 20절)

부금과 만난 허재률은 부금의 처지를 듣고 그녀의 거취를 고민하겠다고 약속한다. 박일보의 시체가 돌아온 후 마을을 떠난 안영호는 술로 세월을 보낸다. 니시자와는 안영호를 조선인 자치운동에 내세우려고 두만강 지역으로 보낸다.

두만강 지역 연지덕이에 춘황투쟁이 벌어지는 가운데 일제의 앞잡이가 된 안영호가 일본군과 함께 오는 것을 본 고만녀는 오중흡에게 이를 알리고 나서 안영호 일행에게 사살된다. 도망쳤다 돌아온 장상민은 늦게 온 안영호를 질책하고 문을 연 것이 청룡의 어머니라는 사실에 분노한다. 안영호에게 노세령사건을 전해들은 그는 청룡을 데리고 그곳으로 떠난다. 안영호와 장상민은 고만녀의 아들을 인질로 삼아 오중흡 일행을 체포하려 한다. 그러나 허재률의 제안으로 정남을 넘겨준 안영호는 허재률을 포로로 잡는다.

하연성은 고만녀의 장례를 치른 후 집에 불을 지르고 고만녀가 죽은 자리에서 일본군을 기다린다. 부금은 허재률이 오빠에게 체포되었다는 소식에 자살한다. 김성주는 강반석을 찾아가고 그곳에 찾아온 하연성으로부터 허재률의 체포 소식을 듣는다. 대대적인 토벌이 시작되고 유격대 창건 준비 회의에서 허재률을 구출하기 위해 우 사령을 누가 만날 것인가에 대한 토론이 벌어진다. 김성주는 집으로 돌아와 오랜만에 어머니가 차려준 밥상을 받는다.

김성주, 진한범, 박훈은 우 사령을 찾아가는 길에 소사하 토기점골을 찾아가던 선아와 만나게 되고 량강구의 사정을 전해 듣는다. 김성주 일행은 우 사령의 부하들과 만난다. 김성주를 뒤쫓던 강영진은 그들의 체포 소식을 알리고 차광수와 조직원들은 구출 계획을 세운다. 무장을 한 그들이 떠나려 할 때 강반석이 와서 그들을 막고 그때 김성주와 함께 갔던 박훈이 돌아오자 긴장이 풀린 강반석이 쓰러진다.

김성주는 류충제의 주선으로 우 사령과 만난다. 김성주는 우 사령에게 중국의 정세를 통해 일본의 만행을 설명한다. 부금이 자신 때문에 죽었다는 자책에 빠진 안영호는 니시자와를 죽인 후 우 사령을 찾아간다. 우 사령의 창고에 갇힌 허재률은 잡혀 들어온 안영호로부터 부금이 죽었다는 소식을 듣고 분노하는 한편 김성주가 담판하러 왔다는 소식에 그의 안전을 걱정한다. 창고에서 불려나간 조선인들은 김성주와 만나고 함께 투쟁할 것을 결의한다. 김성주는 조중합작투쟁을 선포한다. 김성주는 우 사령이 안영호를 죽이려 하자 그를 설득하여 살려준다. 그의 인품에 감복한 우 사령이 지도원으로 진한범을 보내줄 것을 요청하자 그에 응한다.

안도에서 반일유격대가 창건되고 반일유격대는 5·1절 행사에 참가한다.

3. 북한의 소개와 평가

| 사전(년감) 자료 |

장편소설. 1984년 석윤기 창작. 총서 《불멸의 력사》 중의 한 권이다. 장편소설은 1931년 가을부터 1932년 봄까지를 시대적 배경으로 하여 항일무장투쟁을 조직 전개할 데 대한 전략적 방침을 제시하시고 겹쌓인 난관과 준엄한 시련을 한 몸으로 헤치시며 그 준비를 위한 투쟁을 현명하게 조직 령도하심으로써 우리 인민의 력사에서 첫 혁명적 무장력인 반일인민유격대를 창건하신 위대한 수령 김일성 동지의 영광스러운 혁명활동과 영생불멸의 혁명업적을 대서사시적 화폭으로 감명 깊게 보여주고 있다. 3편으로 되여 있는 소설은 위대한 수령님께서 간도 일대를 휩쓴 추수투쟁을 승리에로 이끄시기 위하여 마을과 마을을 이어가시며 투쟁위원회들의 사업을 지도하시는 장면으로부터 시작된다. 위대한 수령님께서는 이 과정에 폭약처럼 다져진 인민들의 항거 기세에 신관과 같은 혁명적 구호를 제시하실 새로운 구상을 무르익히신다. 미구에 열릴 당 및 공청간부회의 준비를 위하여 차조구를 떠나 명월구에 도착하신 위대한 수령님께서는 뜻밖에도 국내무장소조성원으로 나갔다가 체포된 최효성이 감옥에서 희생되였다는 비보를 받으시고 비통해하신다. 위대한 수령님께서는 9·18사변으로 복잡해진 정세 속에서 귀중한 전우들의 신상에 위험이 닥칠 수 있다는 것을 예견하시고 김혁의 옥바라지를 해주는 유선아와 한영희를 데려오도록 차광수를 려순으로 파견하신다. 이 무렵 위대한 수령님의 령도 밑에 날로 확대 강화되는 조선공산주의자들의 투쟁을 저들의 대륙침략에서 가장 무서운 위협으로 느낀 일제관동군사령부의 후꾸다 특무망은 《조선인 정치범 석방》 놀음을 벌리면서 안도, 돈화, 명월구를 련결하는 삼각지점인 부강촌에 특무 니시자와 놈을 박아 넣기로 한다. 려순에서 돌아온 차광수로부터 김혁과 한영희의 최후에 대한 소식을 들으신 위대한 수령님께서는 당 및 공청간부회의에 참석하기 위해 동만 각지에서 모여온 청년공산주의자들 앞에서 우리는 여태까지 아픔을 참고 슬픔을 누르면서 원쑤를 칠 그날을 위하여 일로매진해 왔다고 하시면서 때가 되였으니 조국의 광복을 위하여 일어서자고 뜨겁게 호소하신다. 위대한 수령님께서는 며칠 후 명월구 옹석라자의 농막집에서 열린 당 및 공청간부회의에서 일제를 반대하는 무장투쟁을 조직 전개할 데 대한 력사적인 연설을 하신다. 항일무장투쟁을 조직 전개할 데 대한 전략적 방침을 제시하시고 반일인민유격대의 조직, 유격근거지 창설, 무장투쟁의 대중적 지반 축성, 조중 인민의 반일통일전선의 형성 등 항일무장투쟁 앞에 나서는 과업을 제시하신 위대한 수령님의 연설은 참가자들의 폭풍 같은 반향을 불러일으킨다. 회의가 끝난 후 위대한 수령님께서는 유격대 조직의 시범단위로 정하신 안도로 가시기에 앞서 룡정에서 체포된 동만특위 책임자 동자경과 련계를 맺을 데 대한 과업을 주어 미리 떠나보내신 허재률의 공작을 뒤받침해주시기 위해 룡정으로 나오시여 친히 이곳 조직의 투쟁을 지도하신다. 위대한 수령님께서는 동자경과 만나기 위해 일부러 경찰에 잡혀 들어갔다가 나온 허재률을 통하여 부강촌 정세와 일제의 간교한 민족리간책동에 넘어가 《적극 반공, 소극 반일》의 립장을 버리지 않고 있는 동만의 구동북군 중에서도 제일 질이 나쁜 안도 우 사령 부대의 내막을 아시게 된다. 조중 인민의 반일련합전선이 가지는 중요성을 더욱 깊이 통감하신 위대한 수령님께서는 그 후 돈화로 가시여 이곳 조직원 진한범에게 조선인 정치범 석방 놀음으로 조중 인민 사이에 반목과 불화를 조성하려는 일제의 검은 속심을 광범한 중국 인민들 속에 알려주어 그들을 혁명의 편에 끌어당길 데 대한 과업을 주시고 안도로 떠나신다. 한편 위대한 수령님께서 주신 과업을 받고 석방된 동자경을 왕청, 연길에 당조직과 련계를 맺게 해준 후 안도로 들어오던 허재률이 부강촌보위단에 붙잡혔다가 간신히 빠져나온다. 그를 통하여 살벌한 부강촌의 형편을 료해하신 위대한 수령님께서는 당 및 공청 조직의 책임일군들 앞에서 동만 각지와 안도를 련결하는 이 마을을 혁명화하는 문제의 중요성을 밝히신 데 이어 조직성원인 오정혁의 집 《머슴군》으로 가장하시고 몸소 부강촌으로 들어가신다. 경애하는 수령님께서는 시시각각으로 위험이 닥칠 수 있는 어려운 조건에서도 송남칠을 비롯한 마을 청년들을 계급적으로 각성시켜 조직을 꾸릴 수 있는 발판을 마련하시는 동시에 무장투쟁 준비를 위한 동만 각지와 국내혁명조직들의 사업을 능숙하게 조직 지도하신다. 위대한 수령님께서는 그처럼 바쁘신 가운데서도 보위단원 리상범의 어머니의 병치료를 위하여 손수 언 땅에서 캐내신 수수뿌리로 약을 달여 대접하시고 마을 녀인들을 위하여 우물길의 얼음을 까시는 등 뜨거운 인간애로 마을사람들을 감화시키면서 그들을 점차 혁명의 편으로 돌려 세우신다. 이럴 즈음에 일제의 특무 니시자와 놈은 조선공산주의자들과 우 사령 부대와의 사이에 쐐기를 박을 음흉한 목적 밑에 부강촌자위단장 안영호를 꼬여 우 사령 부대의 장교들을 사살하게 하고서는 이것을 공산주의자들에게 넘겨씌우기 위해 사건현장에서 보위단원 박일보를 감쪽같이 죽인후 그의 주머니에 삐라뭉테기를 쓸어넣는다. 그리하여 부강촌 일대에는 험악한 정세가 조성된다. 위대한 수령님께서는 왜놈 특무기관이 꾸민 모략의 진상을 밝히고 박일보의 시신을 찾아 불쌍한 유가족을 진정시켜야 할 책임이 우리 공산주의자들에게 있다고 하시면서 우 사령과 친분관계가 있는 육문중학교시절의 스승인 류충제의 힘을 빌리시려 결연히 돈화로 떠나신다. 위대한 수령님께서는 도중에 무엄하게도 앞길을 막아나서며 체포하려드는 안영호의 면전에서 그가 일제놈들의 간계에 빠져 공산주의자들을 적대시한 죄행들을 준렬히 단죄하신다. 위대한 수령님께서는 돈화에 이르시여 류충제를 만나 박일보의 시신을 찾아줄 것을 부탁하신다. 류충제는 그 즉시 우 사령을 찾아가 우매하고 편협한 그를 연사흘이나 설복하여 끝내 목적을 달성한다. 이를 계기로 부강촌 사람들은 위대한 수령님의 고매한 풍모에 감동을 금치 못하면서 일제특무기관의 모략책동에 제편 사람을 제물로 바친 안영호를 저주 규탄한다. 마침내 부강촌은 반동소굴로부터 완전히 혁명화된 마을로 변한다. 부강촌 공작을 성과적으로 결속하시고 소사하로 돌아오신 위대한 수령님께서는 춘황투쟁을 벌릴 정세가 성숙되였음을 판단하시고 각지에서 투쟁에 진입할 지령과 함께 각 지방에 파견원, 련락원들을 띄우신다. 그리고 이 투쟁의 선풍 속에서 항일무장투쟁을 위한 모든 준비를 갖추도록 하신다. 춘황투쟁과 무장투쟁 준비로 들끓던 이때 강반석 녀사께서도 새로 창건될 유격대의 군복과 식량을 마련하시는 사업에 헌신하신다. 이 무렵 왕청 농막골에 파견되여 춘황투쟁을 지도하던 허재률이 적들에게 체포된다. 그는 안도경찰서로 후송되던 도중 탈출에 성공하나 공교롭게도 유격대 입대를 위해 안도로 찾아오던 많은 조선청년들과 함께 우 사령 부대에 갇히운다. 때를 같이하여 니시자와 놈은 주구들을 발동하여 우 사령을 반공에로 더욱 부추긴다. 또한 일제침략군은 온 간도땅을《토벌》의 피바다에 잠근다. 실로 조선혁명 앞에는 일제침략군과 반일부대의 포위 속에서 질식하느냐 아니면 어느 한쪽을 테고 나가느냐 하는 심각한 국면이 조성된다. 위대한 수령님께서는 조정된 난국을 타개하는 기본 고리가 반일련합전선을 형성하는 데 달려있음을 통찰하시고 신변의 안전을 기약할 수 없는 우 사령 부대로 박훈과 진한범이만을 데리고 찾아가신다. 류충제의 안내로 안도현성에 들어서신 위대한 수령님께서는 담판을 거부하는 우 사령의 태도에 조금도 주저하지 않으시고 일관하게 담판을 주장하신다. 위대한 수령님의 담력과 철석의 의지 앞에 적지 않은 충격을 받은 우 사령은 마침내 단판에 응해나선다. 위대한 수령님께서는 담판 과정에 일제의 간교한 술책으로 뒤엉켜진 복잡한 정세를 명철하게 분석하시면서 공명정대하고 사리정연한 주장으로 완고한 우 사령을 설복하시여 그로 하여금 반일련합전선 형성에 동의하게 하신다. 이리하여 반일부대들과의 반일련합전선 실현의 력사적 시원이 열린다. 작품은 위대한 수령 김일성 동지께서 반일부대와의 련합을 성과적으로 실현한 즉시 안도의 토기점골등판에서 반일인민유격대의 기발 아래 정렬한 무장대오를 사열하시고 유격대 창건을 온 세상에 선포하시는 력사적인 연설을 하시는 데서 끝을 맺고 있다. 장편소설은 혁명 앞에 겹쌓인 난국을 타개하시고 반일인민유격대를 창건하시여 조선혁명의 봄우뢰를 안아오신 분은 과연 누구이신가 하는 거대한 력사적 문제를 제기하고 그분은 바로 민족의 태양이시며 혁명의 영재이신 위대한 수령 김일성 동지이시라는 것을 폭넓고 심오한 형상으로 밝혀내고 있다. 장편소설은 형상화폭의 중심에 일관하여 위대한 수령님을 정중히 모시고 영광스러운 항일혁명투쟁사를 엮어가시는 매 순간마다 수령님께서 쌓아 올리신 고귀한 혁명업적을 진실한 예술적 화폭으로 감명 깊게 그려내고 있다. 장편소설은 위대한 인간, 위대한 령도자로서의 경애하는 수령님의 풍모에서 기본핵을 이루는 것은 혁명위업 실현에 바치신 숭고한 희생정신임을 깊이 있게 해명하면서 비범한 예지와 과학적인 통찰력, 강의한 혁명적 의지와 비상한 전개력, 걸출한 령도력과 무비의 담력을 지니시고 조선혁명을 곧바른 승리에로 이끌어 나가시는 위대한 수령님의 령도의 현명성을 실재한 력사적 사실과 사건들을 통하여 박력 있게 형상하고 있다. 특히 작품에서는 뜨거운 공산주의적 인간애와 넓은 포용력으로 각계각층의 광범한 군중을 혁명화하시여 무장투쟁의 대중적 지반을 축성해 나가시는 위대한 수령님의 고매한 덕성을 다양한 생활세부들과 생동한 예술적 필치로 훌륭히 펼쳐 보이고 있다. 장편소설에서는 또한 불요불굴의 혁명투사이신 강반석 녀사께서 혁명위업에 바치신 불멸의 업적, 어머님께서 지니신 강의하신 성품과 드팀 없는 신념을 감동적으로 형상하고 있다. 이와 함께 작품에서는 조선혁명은 곧 위대한 수령님이시라는 철의 신념을 간직하고 수령님을 충성으로 받들어 모시고 목숨으로 옹호 보위한 김혁, 차광수, 허재률, 한영희, 최옥섬, 오정혁 등 청년공산주의자들의 아름다운 정신세계와 참다운 혁명가적 풍모를 감명 깊게 보여주고 있다. 작품은 부강촌 혁명화와 우 사령을 련공으로 돌려세운 두 개의 력사적 사건을 기본으로 하여 당시의 복잡한 정세와 각이한 사람들의 인간관계를 폭넓은 생활화폭 속에서 분석적으로 전개하여 형상함으로써 구성의 대를 명백히 하고 형상의 집중화와 집약화, 립체성과 철학적 깊이를 보장한 예술적 특성을 보여주고 있다.

—『문학예술사전』(중), 과학백과사전종합출판사, 1991.

| 평론 자료 |

반일인민유격대 창건의 위대한 서사시적 화폭

–총서 《불멸의 력사》 중 장편소설 《봄우뢰》에 대하여

김용부

반세기가 넘는 위대한 수령 김일성 동지의 혁명력사에서 반일인민유격대의 창건은 그의 정치군사적 의의로 하여 특출한 자리를 차지한다.

항일의 전설적 영웅이시며 혁명의 위대한 수령이신 김일성 동지께서는 조선혁명의 앞길에 가로놓인 겹쌓인 난관과 준엄한 시련을 몸소 자신의 한 몸으로 타개하시며 반일민족해방운동의 원동력인 유격대를 창건하시고 마침내 1932년 4월 25일 토기점골의 등판에서 그의 탄생을 온 누리에 선포하시였다.

총서 《불멸의 력사》 중 장편소설 《봄우뢰》(석윤기 작)는 이러한 력사적 사실을 심오한 철학적 사색과 생동한 립체적 구성, 예리하고 분석적인 묘사로 무게 있게 그려냄으로써 위대한 인간, 위대한 수령으로서의 김일성 동지의 풍모를 가장 훌륭하게 형상하고 있다.

헌신성과 믿음의 철학

세계전쟁사는 수백만 년의 인류발전사에서 마지막 5500년간만 하여도 대략 1만 5천 번의 전쟁이 있었다고 기록하고 있다.

그 누구든지 피와 눈물로 얼룩지고 패배자의 쓴맛과 승리자의 영광으로 기록된 수십 세기의 전쟁사를 뒤적여 보라.

그러면 어느 누구도 비정규적인 유격대의 무력으로 100만 대군을 타승한 항일대전과 같은 위대한 투쟁사를 알지 못하게 될 것이며 침략자의 압제 속에서 자기의 독자적인 정치체계도, 민족 경제도, 무장한 군사도 없는 수난 받는 피압박 인민대중이 원쑤의 무기를 하나하나 목숨을 걸고 빼앗아 무장하고 세계제패의 야망을 품은 침략자와 대결하여 마침내 승리를 이룩한 그러한 혁명투쟁사를 더욱 알지 못하게 될 것이다.

수십 세기를 헤아리는 인류 전쟁사는 수천수만의 명장들과 영웅호걸들을 대서특필하여 기록하고 있다.

그러나 인류 력사는 병장기 하나 없고 변변한 군사 한 명 없이 빈 터전 우에서 수만의 군사를 일으켜 압제자를 뒤집어엎은 그러한 명장, 그러한 영웅호걸을 알지 못하고 있다.

력사는 오로지 그러한 투쟁 사실을 한 가지만 알고 있으니 그것이 바로 영광으로 빛나는 조선혁명의 자랑찬 반일투쟁사이며 력사가 알고 있는 그러한 령수는 오직 한 분, 위대한 김일성 동지뿐이시다.

세계가 경탄하여 마지않는 력사적 사실 독립운동의 폐허 우에서 주체의 기치를 높이 드시고 한 사람 한 사람을 투쟁대오에 묶어 세워 마침내 상비적인 혁명무력인 반일인민유격대 창건의 봄우뢰를 터뜨리신 분은 과연 누구이시며 그 어떤 령도예술의 견인력이 사상도, 정견도, 재부도 서로 다른 사람들을 하나의 투쟁전선에 불러내어 인간의 존엄을 빛내여 주었는가.

장편소설 《봄우뢰》는 바로 이처럼 심각한 철학적 문제를 제기하고 심오한 형상적 화폭을 창조하여 진실한 예술적 해명을 주고 있다.

소설은 형상화폭의 중심에 위대한 수령님을 정중히 모시고 영광스러운 반일투쟁사를 엮어 가시는 그 순간순간에 발현되는 위대한 수령님의 고귀한 혁명가적 풍모를 깊이 있게 분석함으로써 작품이 제기한 심각한 철학적 문제를 예술적으로 품위 있게 해명하고 있다.

《인간, 수령, 김일성 동지》—이것은 세계가 위대한 수령님의 고귀한 풍모에 대하여 내리는 절대적인 평가이다.

그러면 위대한 인간, 위대한 수령, 위대한 김일성 동지의 풍모에서 기본 핵은 무엇인가. 한없이 뜨거운 동지애인가, 소탈하신 인민적 풍모인가, 겸허하신 품성인가. 물론 그것들도 다 중요한 측면의 하나로 된다.

그러나 기본은 바로 혁명에 바치시는 헌신성, 주체위업 실현에서의 숭고한 희생정신이다. 혁명의 리익을 위하여서는 한 몸의 안녕도 돌보지 않으시고 자신의 모든 것을 다 바치시는 숭고한 헌신성, 주체위업의 승리를 위하여서는 온갖 위험도 무릅쓰시고 언제나 투쟁의 전초선에 서계시는 위대한 투쟁정신, 조국의 광복을 위하여서는 가정도, 행복도 다 바쳐 가시는 숭고한 풍모—이것이 바로 만민이 우러러 모시는 우리 수령님의 위대한 풍모이다.

소설은 이 위대한 풍모를 형상의 기본 핵으로 설정하고 열정의 분화구를 힘있게 터쳐 긍지 높이 노래하고 있다.

사실 작가는 위대한 수령님의 숭고한 헌신성에 완전히 매혹되여 심장을 송두리째 바쳐 노래하고 있다.

토기점골 등판에서 반일인민유격대의 탄생을 온 누리에 선포하기까지는 인간의 상상력으로써는 도저히 가늠할 수 없는 난관과 시련이 가로놓여 있었다. 그중에서도 부강촌의 혁명화 문제는 유격대의 창건을 선포하는가 하지 못하는가 하는 심각한 문제점이였다.

그것은 바로 부강촌이 조롱박의 주둥이처럼 돈화, 안도, 연길을 련결하는 삼각점의 복판에 도사리고 앉았다는 지리적 특성과 함께 안윤재의 악질 보위단이 둥지를 틀고 앉아 지나가는 행인들을 무조건 잡아 경찰에 섬겨 바치는 사정과 관련되어 있었다.

위대한 수령님께서는 예리한 통찰력으로 이미 부강촌 혁명화 문제의 중요성을 파악하시고 그곳 출신 오정혁을 파견하여 군중공작을 시켰으나 그는 헛물만 켜고 나앉았다. 차광수도 적합지 않았다.

그곳에 틀고 앉아 조선혁명에서 나서는 전반적인 문제를 즉시에 판단하여 결론을 내릴 수는 없으며 더욱이 아차 실수하면 희생되기 십상이다. 이미 부강촌 보위단에 붙들린 적이 있는 허재률이도 적당치 않았다. 이 무시무시한 사지판에 그 누구를 들여보내야 한단 말인가.

이처럼 엄혹한 혁명의 위기를 한 몸에 막아 나서신 분은 바로 위대한 김일성 동지이시였다.

위대한 수령님께서는 순간순간마다 위험이 뒤따르는 부강촌에 몸소 들어가시여 오별장네 집 머슴으로 일하시면서 마을을 혁명화하신다. 때로는 나무군이 되시기도 하시고 때로는 물지게군이 되시기도 하시며 때로는 지주집 잔치의 심부름꾼이 되시기도 하신다. 때로는 보위단원의 앓는 어머니를 위하여 추운 겨울날 언 땅을 뒤지고 수수뿌리를 뽑기도 하시며 자식의 시신을 모시지 못해 통곡하는 한 어머니의 마음에 안정을 주시려고 위험을 맞받아 나가시기도 하신다.

입심이 드센 마을 아낙네들의 험구도, 오별장네 딸 정란의 지청구도 마다하지 않으시고 오로지 미구에 높이 울릴 봄우뢰, 반일인민유격대 탄생의 우렁찬 메아리가 울릴 그날을 그리시며 모든 것을 꿋꿋이 참고 견디신다.

위대한 수령님께서는 능숙한 공작 방법으로 험악한 세상살이에 악 밖에 남지 않은 서남철이도 혁명화하며 지어 보위단의 리상범이도, 차기록이도 교양한다. 이리하여 《완고하게 얼어붙었던 사람들의 가슴 밑창에서부터 진실로 사람다운 생각들이 천천히 굽어들기 시작하였》으며 《그것이 소용돌이를 일으켜 얼어붙은 정신의 동토대를 테고 온 겨레가 하나의 지향을 안고 도도히 흘러가는 혁명의 본류》에 합세하게 되었다.

수수년년 얼어붙은 정신의 동토대에 해토를 마련하시고 봄우뢰를 불러주신 분은 누구이시며 그 정신적 힘은 어디에 있는가. 그분은 바로 위대한 수령 김일성 동지이시였으며 혁명의 난국을 타개하시는 길이라면 머슴살이도 마다하지 않으시는 우리 수령님의 숭고한 헌신성에 있었다.

1848년 공산당선언이 발표된 때로부터 시작하여 로동계급의 혁명운동은 백수십년을 헤아리고 이 운동을 지도한 수령들도 수없이 많았다.

그러나 세계는 한 나라 혁명의 령수가 되어 머슴살이를 한 수령은 아직까지 알지 못하고 있다.

세계가 알고 있는 그러한 수령은 오직 한 분, 주체사상의 기치를 높이 드시고 주체위업의 완성을 위하여 한 생을 바쳐 가시는 혁명의 위대한 수령 김일성 동지뿐이시다.

이 위대한 업적을 정당하게 그려낸 데 이 소설의 력사적 가치가 있는 것이며 이 숭고한 혁명정신을 심오하게 밝혀낸 데 바로 이 작품의 철학적 진리성이 있는 것이다.

수령형상 문제에서 이 작품이 거둔 성과의 다른 하나는 우리 수령님께서 만 사람의 심장을 틀어잡는 비결이 무엇인가를 밝혀준 데 있다.

동토대도 해도로 무르녹히는 비결, 한때의 원쑤도 벗으로 만드는 비결, 총 한 자루 없고 변변한 군사 한 명도 없는 《독립운동》의 폐허 우에서 수만의 군사를 불러일으키는 비결은 과연 무엇인가.

그 비결은 바로 믿음이였다. 인간에 대한 믿음, ―이것이 바로 그 비결이였다.

인간에 대한 믿음은 혁명적 군중 관점의 정수이다.

인간에 대한 불같이 뜨거운 사랑의 기초에는 믿음이 놓여 있으며 근로하는 사람들에 대한 절대적인 사랑의 바탕에도 믿음이 깔려 있다. 믿음이 없는 사랑은 한갓 박애주의의 너울에 불과하다.

박애주의는 사랑의 애잡짤한 눈물을 쥐여짜게 할 수는 있어도 인류해방의 위업을 위해 한 생을 바칠 각오와 신념은 키워줄 수 없다.

위대한 수령 김일성 동지께서는 혁명과 건설의 주인은 인민대중이며 혁명과 건설을 추동하는 힘도 인민대중에게 있다는 주체사상의 근본 원리에 기초하시여 력사의 창조자인 인민대중을 믿고 그들을 각성시키면 못해낼 일이 없다는 확고한 신념을 기본 핵으로 하여 혁명적 군중 관점을 확립하시였고 의식적인 적대분자가 아니면 다 믿고 교양 개조하여 혁명대오에 세울 수 있으며 한 인간의 정신세계에 긍정의 요소가 다소라도 있으면 그것을 적극 계발하여 혁명의 길로 다 끌고 나갈 수 있다는 인간에 대한 주체의 관점을 세우시고 피어린 항일대전의 불길 속에서 그 진리성을 확증하시였다.

소설은 바로 이 귀중한 철학적 진리를 위대한 수령님의 고매한 형상을 통하여 예술적으로 품위 있게 해명하고 있다.

조국광복의 대업을 성취하기 위한 피 어린 성전에서 꽃다운 청춘을 서슴없이 바친 김혁과 한영희의 불같은 충성심과 숭고한 희생정신도 위대한 수령님께서 돌려주신 믿음 우에서 꽃 펴난 것이며 온갖 재부도, 개인의 향락도 다 버리고 시련에 찬 혁명의 폭풍우를 서슴없이 맞받아 나가는 진한범, 주서향, 오정혁도 다 이러한 믿음 속에서 새롭게 태여난 청년공산주의자들이였다. 그 어떤 가식도, 권모술수도 모르는 위대한 수령 김일성 동지의 한없이 숭고한 믿음은 철저한 반공분자도 용공분자로 만드는 기적을 낳게 하였다.

소설에서 보여주고 있는 바와 같이 일제가 박아놓은 쐐기에 말려든 우 사령은 청년공산주의자들은 물론 공산주의를 조금이나마 동정하는 사람들조차 가차 없이 처형하였다.

조중 인민들의 단견된 힘으로 만주를 강점한 일제를 쳐부셔야 할 긴박한 혁명정세는 우 사령 부대를 혁명의 편으로 돌려세워야 할 필요성을 절실히 제기하였다. 그러나 조선 사람이면 다 공산주의자들이거나 그의 동조자이며 공산주의는 다 나쁘다고 인정하고 있는 우 사령을 무슨 힘으로 돌려세운단 말인가. 모두가 다 머리를 내저었다. 그러나 위대한 수령님께서는 그의 가슴 속에 남아있는 한 쪼박의 반일감정을 귀중히 여기시고 그 싹을 움틔워 조중인민의 공동전선에 불러내신다.

우 사령과 그의 병사들을 반일전선에 일으켜 세운 그 비결은 바로 진심에서 우러나오는 일관한 믿음이였다.

위대한 김일성 동지의 이러한 믿음은 토기점골의 동판에서 높이 울린 우렁찬 만세의 봄우뢰를 불러왔고 일제를 반대하는 조중인민의 공동전선에서 승리의 함성으로 장엄히 터져 올랐다.

19세기 초 구라파의 어느 한 폭군은 그대들은 나를 믿으라, 그러면 나도 그대들을 믿을 것이다. 라고 폭언을 던져 력사를 우롱하고 철학을 조롱하였다. 이 폭군은 그가 그토록 《념원》한 온 세계가 아니라 자그마한 섬에서 운명의 종말을 고하였으며 그가 바라던 세계인민들의 열광적인 환호가 아니라 쓸쓸한 바다가의 애절한 파도소리만이 그의 죽음을 재촉하였다. 이것은 인류력사가 우연히 낳은 희비극이 아니였다. 이것은 력사발전의 합법칙적인 현상이였다.

인민을 믿고 인민대중의 힘을 믿으면 그 어떤 어려운 난관도 뚫고 혁명을 승리에로 이끌어 나가 새로운 세계, 인민대중의 자주성을 옹호하는 새로운 사회를 건설할 수 있으나 인민을 우롱하고 인민대중과 등진 자는 반드시 파멸을 면치 못한다는 것은 인류력사가 증명하고 있는 움직일 수 없는 하나의 법칙이다. 장편소설 《봄우뢰》는 혁명적 군중관점과 주체의 인간관에 확고히 기초하여 인민대중을 한없이 믿으시고 그들을 발동시켜 혁명을 밀고 나가시는 위대한 수령님의 고매한 형상을 훌륭히 창조함으로써 력사의 이 위대한 진리를 예술적으로 힘있게 확증한 데 그의 거대한 의의가 있는 것이다.

사건의 집중화와 성격형상의 심도

인류가 낳은 위인의 일대기를 소설화하는 경우 작품의 구성 조직은 매우 어려운 문제의 하나로 나선다.

더욱이 수백만 년의 인류력사에서 처음으로 맞이하고 높이 모신 가장 탁월한 사상리론가이시며 가장 위대한 인간이신 경애하는 김일성 동지의 반세기가 넘는 혁명력사를 수록하는 총서 형식의 대작에서 순간순간이 위훈과 영광으로 빛나는 투쟁사적들을 어떻게 맞물려 그려 나가겠는가 하는 것은 작가의 사색 깊은 탐구와 재능을 요구하는 문제가 아닐 수 없다.

장편소설 《봄우뢰》는 형상체계의 중심에 위대한 수령님을 직접 모시고 있으며 작품의 전편에 반일인민유격대 창건을 위한 위대한 수령님의 혁명활동을 주도적으로 그리고 있다. 이러한 사실은 세 가지 측면에서 어려운 문제를 제기하고 있다.

그것은 우선 조선혁명의 전반을 령도하시는 위대한 수령님의 형상을 창조해야 하는 까닭에 수령님의 혁명활동범위와 투쟁생활분야가 매우 넓고 다양하다는 사정과 관련된다. 이러한 사정은 자칫하면 사건의 복잡성을 낳을 수 있었다.

그것은 또한 력사에서 이미 공인되고 공개된 사적이기에 사실적이여야 한다는 것이다. 위대한 수령님의 혁명력사에 수록되여 있는 혁명사적의 어느 하나도 작가는 소홀히 할 수 없으며 빼놓을 권리가 없다. 이러한 사정 역시 구성 조직에 난관을 조성하고 있으며 그의 복잡성을 초래할 수 있었다.

그것은 또한 우리 수령님께서 지니고 계시는 위대한 정신세계와 고매한 풍모의 포고가 깊이가 무한대하다는 사정과도 관련된다.

위대한 사상리론가이시며 위대한 령도자이시며 위대한 인간이신 경애하는 수령님의 숭고한 정신세계는 세계의 그 어느 위인도 따를 수 없는 최상의 높이에 있다.

그렇다고 하여 한 편의 소설 작품에서 위대한 사상정신적 풍모의 전부를 골고루 다 그려낼 수는 없다. 이것 역시 구성조직이 특이한 묘술을 탐구해 낼 것을 요구하였다. 그러면 어떤 구성 수법을 선택해야 작가가 이미 력점을 찍어 놓은 수령님의 헌신성과 믿음의 숭고한 정신세계를 뚜렷이 부각시킬 수 있을 것인가.

작가는 그것을 바로 친애하는 지도자 동지께서 독창적으로 밝혀주신 사건 조직의 집중화, 집약화의 수법에서 찾았다.

친애하는 지도자 김정일 동지께서는 다음과 같이 지적하시였다.

《…어느 한 인물이나 사건이라도 집중적으로 파고 들어가서 심도 있는 형상을 창조하는 것이 중요하다.》(《영화예술론》, 66페지)

사건조직의 집중화란 어느 한 사건이나 생활을 잡고 그것을 여러 각도에서 깊이 있게 파고들어 내용의 심도를 보장하는 구성 수법을 말한다. 그러므로 하나의 사건이나 생활을 그려도 그것을 여러모로 깊이 있게 파고들면 그 한 가지 사실을 가지고도 헤아릴 수 없이 많은 것을 알고 느끼게 할 수 있으며 형상창조의 심도도 훌륭히 보장할 수 있게 된다.

구성의 론리를 파악하지 못한 어떤 작가들은 생활을 풍부하게 그린다고 하면서 어느 한 사건이나 생활을 심화시켜 그리지 못하면서 이것저것 많이 끌어들이기를 좋아하는데 그런 작품들은 례외 없이 복잡하고 산만하게 이야기가 펼쳐져 지루감만 주고 깊은 감동을 주지 못한다.

친애하는 지도자 동지께서 명철하게 밝혀주신 사건의 집중화, 집약화의 수법을 작가는 그대로 받아들여 이 소설의 구성조직을 특색 있게 짰다. 여기에 바로 이 소설이 성공할 수 있는 비결이 있었다.

장편소설 《봄우뢰》는 장구한 위대한 수령님의 혁명활동 력사에서 부로가 몇 달 되지 않는 짧은 기간을 생활범위로 설정하고 있다. 이것은 일부 사람들이 말하는 것처럼 결코 구성의 단순성을 낳는 전제로 될 수는 없다. 오히려 그것은 치밀하고 섬세한 구성조직을 요구한다.

그것은 명월구회의로부터 반일인민유격대가 탄생되는 이 몇 달이 위대한 수령님의 혁명력사에서 중요한 의의를 가지는 력사적 시기이며 위대한 수령님의 혁명력사는 그 한 순간 한 순간이 옹근 한 세기와 맞먹는 빛나는 위훈과 불멸의 사적으로 수놓아진 자랑찬 력사라는데 있다.

이러한 조건 하에서 작가는 작품에 두 개의 큰 봉우리, 두 개의 큰 사건을 설정하고 있다.

그 하나는 부강촌을 혁명화하시는 위대한 수령님의 혁명활동이며 다른 하나는 우 사령을 반공으로부터 련공으로 돌려세우시고 반일전선에로 불러내시는 위대한 수령님의 혁명활동 사적이다.

소설은 이 두 력사적 사변을 기본 사건으로 설정하고 그것을 각이한 국면에서 여러 각도로 깊이 있게 파고들고 있다.

이렇게 함으로써 소설은 구성의 산만성, 평면성, 력사기록적인 성격을 피하고 립체성을 확고히 보장하고 있다.

소설의 결정을 이루는 반일인민유격대 창건 장면은 두 개의 지주목 즉 부강촌 혁명화와 우 사령의 개조라는 두 이야기가 받들어주고 있으며 그 두 지주목은 또 수많은 크고 작은 사건들과 유기적으로 련결되여 있다.

부강촌을 혁명화하시는 사건인 경우에도 사랑하는 아드님을 사지판에 보내시면서도 가슴 아픔을 참으시고 오히려 고무 격려하시는 강반석 어머님의 숭고한 모습으로, 부강촌 보위단에 의한 허재률의 체포사건으로, 위대한 수령님의 품을 찾아오는 김책 동지의 이야기로, 옛 독립군 중대장 신재림의 선으로, 후구다의 각본에 따라 피를 물고 달려드는 니시자와의 책동으로 이 위대한 력사적 사건을 받들어 주고 있으며 그의 거대한 사회정치적 의의를 부각시켜주고 있다.

이 소설이 수많은 력사적 사실, 수많은 인물들을 등장시키면서도 그것이 하나의 기본선으로 자연스럽게 밀착되는 근본 리유는 바로 여기에 있다.

사건조직의 이러한 집중화는 성격형상의 심오성을 훌륭히 보장하고 있다.

집중적이면서도 명백한 소설의 구성은 위대한 수령님의 숭고한 정신세계에서 중요한 핵을 이루고 있는 혁명에 바치시는 헌신성과 인민대중에 대한 뜨거운 믿음을 특별히 력점을 찍어 인상 깊게 강조하고 있다. 동시에 기본 사건에 치밀하게 밀착되어 있는 수많은 크고 작은 사건과 세부들은 위대한 수령님의 풍모를 전면적으로 종합적으로 인식하고 느끼는 데 이바지하고 있으며 위대한 수령님의 믿음과 사랑을 혁명적 의리로 간직한 청년공산주의자들의 불같은 충성심을 진실하게 펼쳐 보이고 있다.

실례를 하나 들어보자.

위대한 수령님께서 안윤재의 잔치집에 온 문청룡이와 만나시는 장면은 하나의 작은 이야기에 지나지 않는다. 그러나 이 작은 이야기는 위대한 수령님의 숭고한 정신세계의 중요한 측면을 인상 깊게 강조하고 있다. 청룡이는 위대한 수령님도 자기와 꼭 같은 머슴이라고 대번에 믿어버린다. 혁명의 령수를 머슴이라고 진실로 믿는 리유는 어데 있는가. 그것은 바로 위대한 수령님께서 지니시고 계시는 진심이다. 허위와 가식, 림기응변과 권모술수를 모르시고 금강석과 같이 깨끗하고 정결한 진심, 이 진심이 바로 청룡이로 하여금 위대한 수령님을 자기와 같은 머슴으로 알게 하였다.

위대한 수령님식 령도 예술의 비결은 바로 여기에 있다.

이처럼 하나의 작은 생활적 이야기가 위대한 사상, 위대한 성격을 부각해 주고 있다.

이상에서 보는 바와 같이 장편소설 《봄우뢰》의 구성조직은 고유한 자기의 특성을 가지고 있어 매우 인상적이다.

작가는 사건의 집중화, 집약화가 형상의 심도를 확고히 보장한다는 주체적 구성론을 창작 실천에 훌륭히 구현함으로써 친애하는 지도자 동지께서 제시하신 문예방침의 정당성과 그의 위대한 생활력을 다시금 뚜렷이 확증하였다.

분석적인 묘사와 형상의 생동성

문체와 묘사 수법은 작가적 개성의 순수한 발현이며 작가 개인의 것인가?

어떤 사람들은 문체, 그것은 어원적 측면에서 고찰해 봐도 순수한 작가적 개성의 산물이라고 말한다. 과연 그런가. 물론 문체에 작가적 개성이 반영되는 것만은 사실이다. 그러나 우리는 흔히 어느 한 작가가 가지고 있는 개성적 문체도 계속적으로 반복되면 도식에 빠지고 만다는 것을 잘 알고 있다. 확고히 말하건대 문체와 묘사 수법은 작품의 내용과 작가가 선택한 양상 그리고 작가의 개성에 의해 규정된다. 여기에서도 기본은 작품의 사상주제적 내용이다.

이러한 의미에서 볼 때 장편소설 《봄우뢰》의 묘사 수법은 매우 특색 있고 인상적이다. 이 작품은 위대한 수령 김일성 동지의 형상을 중심에 모시고 아직 그 어느 수령도 지녀본 적이 없는 숭고한 정신세계를 송가적으로 그리고 있는 조건에서 오래동안 형성된 작가, 개인의 고유한 특성을 살리면서도 이 소설의 내용에 맞는 묘사 수법들을 새롭게 창조하고 있다.

우선 인물과 사건, 생활 세부들을 시대적 각도, 시대적 높이에서 철학적으로 깊이 있게 분석하고 있다.

작가는 장편소설《고난의 행군》에서 창조했던 체험세계의 심리분석적인 묘사를 고수하면서도 그 보다는 사건과 생활을 통째로 끌어안고 시대적 높이에 서서 정론적으로 분석하고 있다.

소설에서 보는 바와 같이 작가는 시대적 높이에 서서 사건·사실·세부들에 거대한 사회적 의의를 부여하고 있으며 그의 철학적 의미를 심각하고 예리하게 분석평가하고 있다.

동시에 력사의 어느 한 시점에서 과거와 현재, 미래를 련결시켜 그의 시대적 의의를 분석함으로써 묘사의 폭과 깊이를 보장하고 있다.

실례를 들어보자.

《또 다시 산천을 뒤흔드는 우렁찬 만세소리가 터져 올랐다. 사령관 동지의 호소에 대답하는 유격대원들의 이 충성의 맹세는 미구에 끝없는 하늘로, 광막한 대지로, 대륙과 대양으로 펴져가 아직도 세기적인 잠에서 설 깨여난 광범한 인민대중의 가슴에 우뢰와 같은 거대한 메아리를 불러일으켰다.

그것은 진정 우뢰소리였다.

인간 세상에 죄악이 차 넘치고 사람들의 원한이 사무치면 하늘이 노하여 천둥소리를 지르고 번개를 치며 벼락을 내린다는 소박한 생각은 수수만연 짓밟히고 뜯기우고 억눌려온 인민들이 풀 길 없는 억울한 사연을 하늘에 대고 하소연해온 갈구와 념원의 산물이였다.

이놈의 세상 벼락이나 쳐라고 세기를 두고 사람들은 가슴을 두드리며 웨쳤다. 물을 떠놓고 빌고 향을 피워놓고 빌었다. 동서고금에 우뢰를 부르는 신은 얼마나 많았고 우뢰의 신은 또 얼마나 많았던가.

그러나 그 많은 신들은 인민들의 피 터지는 절규에 귀도 기울이지 않았다.

피눈물과 몸부림 속에 무수한 세월이 흐른 후에야 인민들은 그 빌어먹을 놈의 신에게 귀도 눈도 없을 뿐 아니라 신 그 자체가 없다는 것을 깨달았다. 그리하여 인민 자체가 제 손으로 우뢰를 만들기 시작하였으니 자연에서의 우뢰가 무거운 공기와 가벼운 공기가 어울릴 때 생기는 강한 상승기류에서 터져 나오는 것과 마찬가지로 인간세상의 우뢰도 압제자, 략탈자들의 억압과 탄압에 견디지 못한 인민들의 쌓이고 맺힌 울분이 걷잡을 수 없는 상승기류가 되어 마침내 혁명의 우뢰를 불러왔던 것이다.

반일인민유격대의 탄생—그것은 조선 인민의 세기적인 분노가 뭉쳐 터져 오른 우레였으며 진정한 혁명의 뢰신—김일성 동지께서 혁명의 원쑤들을 징벌하기 위

하여 마련하신 벼락이였다.》

위대한 수령 김일성 동지께서 반일인민유격대의 창건을 선포하시는 이 격동적인 장면을 작가는 객관적으로 서술하지 않았다. 작가는 유격대오의 한 성원이 되어 절절하게 체험하면서 원숭이가 인간으로 진화한 그때로부터 오늘에 이르기까지 자주적으로 살 것을 열렬히 갈망해 온 수수만년의 인간력사를 분석적으로 전개하고 있으며 유격대 창건의 사회력사적 의의를 정론적인 기백과 열정으로 장중하게 표현하고 있다.

그의 모든 묘사와 설화, 주정토로들은 철학적 평가와 시대적 의의가 체현되어 웅장하고 진폭이 크며 예리하고 분석적이며 지성세계가 매우 깊다.

묘사 수법에서 이 소설이 가지고 있는 중요한 특징의 다른 하나는 자연 묘사 정물 묘사의 인격화를 실현하여 물체에 박동과 탄력을 강하게 주고 있는 것이다.

자연현상에 대한 인격화, 이것은 문장에 맥박과 리듬, 탄력과 률동을 주는 가장 효과적인 문체론적 표현 수법의 하나이다. 인간이 아닌 자연이나 사물을 그릴 때에도 인간의 숨결과 맥박, 체온이 느껴지게 하는 것은 상상할 수 없는 예술적 감화력을 가지게 하며 묘사의 생동성을 훌륭히 보장할 수 있게 한다.

의인화의 능수인 작가는 이 소설에서도 자기의 장기를 능숙하게 보여주고 있다.

《조선의 넋을 싣고 동서로 굽이쳐 흐르는 압록강과 두만강이 시원을 둔 곳, 네 개의 백하와 두 개의 송화강이 젖줄기 마냥 뻗어 내리는 천지를 신비의 만년설 속에 품과 수수만년 무수한 세계전변의 풍상 속에 말없이 서있던 백두산도 이날의 참뜻을 영원히 새겨두려는 듯 푸른 하늘 흰 구름 우에 머리를 높이 들었다.

봄 시위가 시작되여 골짜기마다 눈석임물이 와― 와― 소리치며 흘러가고 간도 〈토발〉의 초연내가 떠도는 듯한 아직 차거운 봄바람이 겨우내 사나운 눈보라와 싸우기에 지친 엉성한 숲을 어루만진다.》

작가는 산 인간을 대하듯이 자연을 보고 느끼며 그와 말하고 있다.

이러한 수법으로 백두산은 거인의 형상으로 안겨오고 봄날의 눈석임물은 마치 시위군중의 함성 같이 들려오고 봄바람은 부드러운 녀인의 손길처럼 느껴진다. 의인화의 수법이 가지는 예술적 효과는 바로 여기에 있다.

이상에서 장편소설 《봄우뢰》가 가지고 있는 묘사 방식의 특징을 몇 가지로 간단히 고찰하였다.

묘사 수법에서 총서 형식의 장편소설들이 달성하고 있는 이러한 성과는 우리에게 많은 것을 시사하여 주고 있다.

오늘 세계문학계에서는 묘사 방식과 그 수법 문제를 놓고 여러 가지 론의를 진행하고 있다.

묘사 방식 문제와 관련하여 크게 두 가지 견해가 존재하고 있는 바 그 하나는 사회주의적 사실주의는 19세기 고전가들이 남겨놓은 《생활 자체의 형식》, 전통적인 표현 형식만을 리용할 수 있다는 주장이며 다른 하나는 과연 사실주의는 그 형식의 체계가 사회적 생활과 과학문화, 인간의 내면세계의 발전과 더불어 발전하지 않는단 말인가!고 하면서 온갖 예술적 수법들을 종합적으로 리용할 것을 주장하고 있다.

전자의 경우는 본질에 있어서 19세기 비판적 사실주의 작가들이 주장하던 랭정한 묘사, 〈랭정한 증인〉처럼 공정한 객관주의 묘사를 주장하는 것이며 후자는 일부 연구 가치는 있으나 여러 예술적 수법들을 종합적으로 리용한다는 구실 밑에 《의식의 흐름》파가 제기하던 절대적인 주관적 심리세계의 묘사를 끌어들일 수 있는 전제를 조성하고 있다.

이러한 조건 하에서 우리의 소설문학은 현대의 가장 유일하고 옳은 창작 방법인 사회주의적 사실주의 창작 방법의 기치를 더욱 높이 들고 우리식 묘사 수법을 더 잘 알고 그것을 끊임없이 발전시켜 세계적인 본보기를 창조하여야 한다.

우리식 묘사란 친애하는 지도자 동지께서 명철하게 밝혀주신 바와 같이 분석적인 묘사, 철학적 사색이 깃들어 있는 묘사를 말한다.

다시 말하여 인간과 그의 생활에 대한 작가의 태도와 립장이 적극적으로 표현되는 객관적인 묘사를 말하며 인간성격을 중심에 놓고 생활에 대한 그의 체험세계를 깊이 있게 파면서도 생활 자체의 형식을 고수하는 묘사를 말한다. 이러한 의미에서 볼 때 장편소설 《봄우뢰》, 《고난의 행군》, 《근거지의 봄》을 비롯한 총서 작품들은 그 문체와 묘사 수법에서 볼 때 우리가 연구하고 본받아야 할 가치가 충분히 있다고 생각된다. 여기에 바로 장편소설 《봄우뢰》가 거둔 중요한 성과의 하나가 있다.

이상에서 우리는 총서 《불멸의 력사》 중 장편소설 《봄우뢰》의 사상예술적 성과의 몇 가지 측면을 고찰하였다.

장편소설 《봄우뢰》는 그의 심오한 사상적 내용으로 하여 당원들과 근로자들에게 혁명적 수령관을 확고히 세워주는 데 크게 이바지하게 될 것이며 그의 높은 사상예술적 성과로 하여 우리 문학사의 페지에 훌륭한 성과작의 하나로 기록될 것이다.

—『조선문학』 1986년 4호.

4. 개작 상황

개작 상황 없음.

—작성 : 김은정

총서 '불멸의 력사' 해제

06

『1932년』

1. 세부 사항

<table>
<tr><td>제목</td><td colspan="3">총서 '불멸의 력사'6 『1932년』</td><td>출간 권수</td><td>6</td></tr>
<tr><td>작가 및 창작단</td><td colspan="5">권정웅 / 조선작가동맹중앙위원회 4 · 15문학창작단</td></tr>
<tr><td rowspan="2">발표 연도
(수상 연도)</td><td>발표 연도</td><td>1972</td><td rowspan="2">발표 지면
(수상명 · 집)</td><td colspan="2" rowspan="2">문학예술종합출판사</td></tr>
<tr><td>개작 연도</td><td>1973, 1989</td></tr>
<tr><td>스토리
주제</td><td colspan="5">항일유격대 창건 이후 백두산, 압록강 일대를 근거지로 삼아 관동군 · 라남 19사단 '간도지구파견대'와 맞서는 김일성 부대의 무장전투 과정. 강반석의 사망과 인품 형상화.</td></tr>
<tr><td>키워드1/ 테마</td><td colspan="5">무장유격대 확대 강화와 혁명근거지 창설 과정, 강반석의 사망과 비통함, 관동군 토벌대의 만행과 이에 대항하는 무장유격대의 전투.</td></tr>
<tr><td>키워드2/ 구성</td><td colspan="5">14장</td></tr>
<tr><td>키워드3/ 시점</td><td colspan="5">복합 시점－전지적 작가 시점(김일성에 한하여 주체존대법 쓰임)</td></tr>
<tr><td>키워드4/ 시간</td><td colspan="5">1932~1933년 초</td></tr>
<tr><td>키워드5/ 장소</td><td colspan="5">두만강 중부 지구, 왕청 지구, 안도 푸르허, 백두산, 압록강 부근 일대.</td></tr>
<tr><td>키워드6/ 소재</td><td colspan="5">항일유격대, 유격대 지구사업, 관동군 · 라남 19사단 '간도지구파견대'의 토벌, 강반석의 죽음.</td></tr>
<tr><td>키워드7/ 인물(직업)</td><td colspan="5">항일유격대원(군수령, 탄부, 전령병, 작식대원, 통신원 등), 지하공작원, 독립군, 농민, 관동군, 교사.</td></tr>
</table>

2. 줄거리 소개

1장

4월 25일 안도에서 항일유격대를 창건한 금성 장군은 당일 연설을 통해 명월구회의 방침의 첫 단계 사업을 총화하고 각 지방으로 공작원들을 파견한다. 유격대는 두만강 중부 지구, 즉 연화 지구, 화룡, 연길을 거쳐 왕청 지구를 돈 후 다시 안도의 량강을 향해 진군 중이다. 일제의 전대미문의 야수적 '토벌'이 두만강 일대를 휩쓸고 있는 등 혁명정세는 급박하게 돌아가고 있었다. 금성은 각 지구에 통신원을 보내 공작원들과 순시원들을 량강에 부르도록 지시한 후 왕청으로 향한다. 가둑령 아래 강가에서 큰골마을 피난민과 만난 그는 량강으로 향하던 일정을 늦추어 큰골 피난민들을 가재골에 데려다 주기로 한다. 같은 시간 량강에서 15리 떨어진 작은데기마을 내 비밀 통신처로 이용되는 귀틀집에서는 리혁, 박기남, 항일유격대원 진일만, 송덕형, 권만성 등과 노련한 지하공작원 최기갑, 리철군 등이 모여 금성, 한흥수, 전광식을 기다리며 논쟁하고 있다.

2장

전광식과 함께 통신처에 도착한 금성은 참가자들에게 각 지구에 대한 보고를 듣고 논평한다. 토벌에 대한 금성의 지향점은 카륜회의 노선과 이를 구체화한 명월구회의 방침이다. 그는 카륜회의에서 제기된 4대 전략적 방침에 '정면대결'을 피하고 '무장유격대 확대 강화'와 '혁명근거지 창설'을 최우선 전략으로 삼는다. 다음날 계속된 회의에서 근거지 문제, 원정대 편성, 지구 파견원 보충 등을 논하고 리혁, 박기남, 리철군을 북부 지구에 파견하도록 조치한다. 항일유격대의 활동을 알리기 위해 금성은 종성 방면에서 북을 향하는 일본군 마차수송대를 습격하는 첫 전투를 감행한다.

3장

유격대는 양강에 도착하여 주민들의 환대를 받는다. 금성은 어머니 강반석을 만나기 위해 소사하집에 들른다. 이곳에서 부농 출신으로 서울에서 문과를 전문하고 사회주의자가 된 백광명을 만난다. 식민지 민족해방투쟁에 있어 인텔리의 역할에 대한 설명에 감화된 백광명은 혁명에 투신할 것을 결심한다. 강반석은 죽은 김형직의 유품인 총 두 자루를 금성에게 전해준다. 아버지의 유품을 받은 금성은 혁명에 더욱 매진할 것을 결심하고 집을 떠난다.

4장

량강을 떠난 항일유격대는 백두산 줄기를 가로질러 행군하며 압록강 지구로 나아간다. 군수령 박홍덕, 탄관 출신 차기용, 전령병 변인철, 작식대원 영숙 등 유격대원들은 대화를 나누며 행군의 고단함을 달랜다. 하루 200리에 달하는 고된 행군에 대원들은 지쳐간다. 금성 동지는 백두산마을 고산지대인 천상데기마을에서 군중정치 활동을 하기로 결심한다. 또한 그는 문맹 대원들에게 글을 배워 맑스 레닌주의를 학습하는 것이 혁명에 필수적임을 역설한다.

5장

천상데기마을은 토벌을 당해 풍비박산 난 상태이다. 주민 윤철삼의 아들 문기, 며느리 등은 총살당하고 큰아들 창기와 수십 명의 주민이 끌려간 지 스무 날 남짓 되었다. 마을에 유격대가 나타나자 주민들은 일본군이라 오해하고 죽을 각오로 싸울 것을 결심한다. 금성은 토벌 중 부상당한 윤철삼의 상처를 돌봐주고 마을 형편을 설명하는 한편 중대를 보내어 마을 사람들을 구출해 온다.

6장

리철군, 리동천 등은 왕청 영평에 지구중대를 내어 역량을 강화하고 유격대 근거지를 확보하기에 여념이 없다. 지주 최덕만의 아들이 리동천 밀밭에 불을 지르자 동천은 최덕만을 체포하고 그의 집을 지구 혁명본부로 정복한다. 지구 경찰서를 습격한 박기남, 리동천 등, 무기 보급 과정에서 리동천이 사망한다. 지구대원들은 동천의 장례식 날 악질 지주 최덕만을 처단한다.

7장

유격대는 주호림의 독립군 부대가 있는 통화로 행군 중이다. 통화에 도착한 금성은 주호림과 만나 김형직의 생전 모습을 떠올리며 유지를 받들 것을 다시 한 번 다짐한다. 독립군 최참모는 유격대의 생기 넘치는 모습과 투지를 보고 의기소침해진다. 금성이 독립군 황광일 고문, 주호림과 반일민족통일전선, 공산주의 노선에 대해 토론하던 중 강계에 갔던 부대원 피상수가 부상당한 채 돌아온다. 공산주의에 반감을 가지고 있던 주호림은 금성과의 대화를 통해 생각이 바뀌어간다. 한편 마을 주민 독고령감은 아들 관욱을 유격대에 넣어달라고 청한다.

8장

항일유격대는 흑룡강을 끼고 다시 전진하는 중이다. 금성은 류하 덕산골에서 지구 사업을 맡고 있는 오상권을 만나도록 진일만 등을 파견한다. 그러나 오상권은 지난 겨울 조직이 드러나 이미 총살당했다. 이러한 소식을 들은 금성은 오상권의 아버지 오필수를 만나 위로하고 오상권이 남긴 보총 다섯 자루를 전해 받는다. 오상권의 약혼녀 옥녀는 상권의 일기를 읽고 유격대를 따라 혁명에 나서기로 결심한다.

9장

항일유격대는 량강마을로 돌아온다. 금성은 혁명의 전세와 일본군의 동향을 분석하느라 여념이 없다. 한편 고향 쏙새골 샘골마을에 다다른 최칠성은 아내 쌍가마와 오랜만에 해후한다. 이튿날 쏙새골에 관동군 토벌대가 들이닥치나 마침 '간도지구파견대' 주력부대를 섬멸할 작전을 받고 도착한 최기갑 연길 중대가 주민을 피난시키고 적을 물리친다. 전투가 일단 중지된 상태, 금성은 조선민족해방투쟁에서 항일유격대의 역할과 근거지의 중요성을 역설한다. 백광명은 금성을 찾아 토벌의 과정과 경로를 설명하고 입대를 청한다. 금성은 백광명에게 후대를 교육시켜 불굴의 혁명투사로 만들어 달라고 부탁한다.

10장

유격대와 연합하기로 마음먹은 통화의 주호림은 그의 자리를 뺏기 위한 황고문의 음모로 피살당한다. 금성을 만나고자 통화에 온 안동확은 죽기 직전의 주호림을 만나 금성에 대한 이야기를 듣고 혁명의 길을 가기로 마음먹는다. 한편 차기용은 대곡탄광으로, 박홍덕은 라홍으로 각자의 임무를 수행하기 위한 길을 떠난다. 쏙새골전투 이후 돈화 일대에 유격대 소문이 퍼져 나간다. 금성은 겨울에 관동군과 벌어질 일전을 준비하기에 여념이 없는 상태이다. 그는 중국 인민의 반일역량과 반제통일전선을 구축하는 것이 중요함을 대원들에게 역설한다.

11장

오랜만에 토기점골 집에 도착한 금성은 32년 7월 31일에 어머니가 돌아가셨다는 소식을 듣고 비통해 한다. 강반석을 돌보던 봉애 아주머니는 이미 깊은 병중이던 강반석이 죽기 전 금성의 출생, 성장과정을 회고하며 아들과 남편을 그리워한 경위를 말해준다. 그는 슬픔을 이기고 어머니의 유지를 받들리라 다짐하는 한편, 유격대를 따라나서려는 철주에게 남아서 혁명조직을 키우라 설득한다.

12장

강반석의 죽음을 전해들은 대원들은 강반석과의 인연을 떠올리며 슬픔에 휩싸인다. 이때 전광식이 주호림 피살 소식을 듣고 급히 금성에게 돌아온다. 안도 푸르허를 첫 돌파구로 삼기로 결심한 금성은 푸르허로 간다. 농민협회 등 마을 주민은 유격대 환영 준비에 한창이다. 금성은 한인강의 집을 중심으로 유격대를 포진하고 작전을 구상한다.

13장

다시 마을을 떠난 유격대는 돈화・연길・왕청・령안이 한 데 모여든 로야령의 봉우리에 근거한다. 돈화에는 금성의 부대가 곧 전투를 시작할 것이라는 소문이 파다하다. 세걸과 홍덕은 열평, 라홍을 중심으로 보급품과 정보를 모아 나간다. 사령부로 도착한 세걸은 영평－룡드레거리, 라홍에 이르는 노정을 보고한다.

14장

부대는 돈화에서 들어온 관동군, 북으로 올라온 라남 19사단 '간도지구파견대'의 협공을 받으며 하루에도 네다섯 차례씩 전투를 치러낸다. 마침내 부대는 돈화오지로부터 로야령을 넘어 동쪽으로 행군하며 라자지구에 들어선다. 유격대원들은 눈발과 추위를 뚫고 행군하며 32년의 마지막 날을 맞이한다. 금성은 한 해 이룬 성과를 되돌아보며 군의 사기를 다진다. 이날 요녕구로 들어가기 위해 산을 내려와 마을 입구 언덕에 선 사령부와 금성의 앞에 흰 옷을 입은 리동천의 어머니가 걸어 나온다.

3. 북한의 소개와 평가

| 사전(년감) 자료 |

장편소설. 1972년 권정웅 창작. 총서《불멸의 력사》중의 한 권이다. 위대한 수령 김일성 동지께서 일제를 타도하고 조국을 해방하기 위한 반일인민유격대를 창건하시고 남북 수천리에 걸치는 간고한 첫해 원정을 승리에로 이끄심으로써 우리 혁명의 거목을 이룰 한 돌기의 년륜을 마련하신 1932년의 력사적 사실을 서사시적 화폭에 담아 감명 깊게 보여준 작품이다. 소설은 14개의 장으로 구성되여 있다. 소설의 첫 부분(1장, 2장)은 사령관 동지께서 일제의《토벌》만행으로 피바다에 잠긴 조국과 겨레를 구원하시기 위하여 1932년의 험난한 가시덤불길을 헤쳐 나갈 방략을 마련하시는 이야기를 담고 있다. 위대한 수령님께서는 량강구에서 15리 떨어진 작은데기에서 각지에서 온 파견원들을 만나시여 유격대가 나아갈 력사적 진로에 대하여 명철하게 밝혀주신다. 사령관 동지께서는 갓 조직된 항일유격대를 장성 강화해 나가기 위해 하루빨리 각 지구마다 중대, 대대를 내오고 두만강 연안의 광대한 지역에 근거지를 꾸리며 큰 부대 하나를 남북 수 천리 지역에서 활동하도록 함으로써 놈들의 병력을 유인 분산시켜 일제의 학살만행으로부터 인민들과 혁명조직을 구원하며 이 지대에 미리 혁명의 씨앗을 뿌리고 독립군 잔여부대들과 반일부대들에도 영향을 주어 그들과의 반일련합전선을 형성할 데 대한 과업들을 제시하신다. 회의 후 반일인민유격대의 주력부대는 사령관 동지의 지휘 하에 1932년의 첫걸음으로 일본놈 마차수송대에 대한 습격전투를 벌려 원쑤들에게 항일유격대가 활동하기 시작하였다는 것을 선포한다. 다음 부분(3장)에서는 사령관 동지께서 남만원정에 앞서 소사하집을 찾으신 력사적 사실을 그리고 있다. 작품은 두 달째 앓아누워 계시면서도 단 하루도 혁명사업을 중단하지 않으시고 항일유격대를 적극 돕기 위한 사업을 더 세차게 밀고 나가시는 강반석 어머님의 형상을 진실하게 그리였다. 작품은 조선혁명을 떠메고 나선 조선 인민의 무장력을 보시며 어머님께서 격정의 눈물을 흘리시는 장면, 다시 만날 그날을 기약하기 어려운 준엄한 원정의 길을 떠나셔야 하셨던 사령관 동지께서 차마 발길이 떨어지지 않으시여 집 둘레를 돌고 도실 때 그처럼 준절하게 길을 재촉하시는 한없이 숭고한 어머님의 뜻 그리고 사령관 동지에 대한 두 아우님들의 뜨거운 정을 펼치고 있다. 작품은 소사하집 장면에서 조국의 광복과 인민의 행복을 위하여 모든 것을 바치시는 혁명적 가정의 높은 뜻과 혁명적 신념, 혁명을 위한 끝없는 헌신성이 무엇이였는가를 감명 깊게 보여주었다. 소설은 다음 부분(4장-8장)에서 백두산 지구 남만원정로정을 그리고 있다. 소설은 우선 험한 로정을 돌파하는 원정의 첫 단계를 보여주면서 박홍덕, 차기용, 최칠성, 진봉남, 영숙 등 로동자, 농민 출신의 신입대원들이 원정의 시련 속에서 어떻게 단련되며 특히 그들에게 기울이시는 사령관 동지의 세심한 교양과 어버이사랑이 그들을 어떻게 주체형의 공산주의 혁명가로 키워냈는가 하는 것을 다양한 생활을 통하여 그리고 있다. 소설은 또한 하늘아래 첫 동네인 천상데기에서의 원정대오의 생활을 보여주면서 조선인민혁명군의 진출이 일제의 략탈과 만행 속에서 신음하고 있던 인민들에게 광복의 신념을 안겨주고 광활한 압록강 지구에 혁명의 씨앗을 어떻게 뿌려주었는가를 그려내고 있다. 소설은 이어 리광이 파견되여 사업하고 있는 영평 지구에서의 유격대 조직과 근거지 창설과정을 통하여 원정목적의 정당성을 보여주고 있다. 소설은 다음 통화에 이르신 사령관 동지께서 독립군 사령 량세봉과 담판하시고 그를 교양 포섭하시는 이야기를 통하여 원정의 중요한 목적의 하나인 통일전선 문제가 어떻게 성과적으로 해결되여 나가는가 하는 것을 그리고 있다. 계속하여 소설은 류하 지방에 이르신 사령관 동지께서 길림에 계실 때 이곳에 파견하시였던 공작원 최창걸의 희생 소식을 들으시고 절통함을 금치 못하시며 유가족들에게 크나큰 사랑을 돌려주시는 이야기를 가슴 뜨겁게 그리고 있다. 소설은 다음 부분(9장, 10장)에서 사령관 동지께서 이끄신 주력부대가 남만원정을 성과적으로 끝마치고 류하를 떠나 몽강을 거쳐 량강구에 돌아온 이야기를 그리고 있다. 여기에서 소설은 사령관 동지께서 지휘하신 쏙새골전투를 보여주며 공작원으로 파견된 박홍덕, 차기용 등의 국내활동을 보여준다. 사령관 동지께서는 이어 량강구에서 회의를 여시고 동기원정방침을 제시하신다. 소설은 다음 부분(11장, 12장)에서 사령관 동지께서 동기원정 출발에 앞서 다시 소사하집을 찾으신 이야기를 그 리고 있다. 위대한 수령님께서 소사하집을 찾으시기 달반 전에 어머님은 이미 세상을 떠나시였었다. 어머님의 유언을 통하여 어머님의 빛나는 한생이 가리키는 절절한 호소를 가슴 깊이 새기신 사령관 동지께서는 의지가지없이 된 두 아우님과 가슴 아픈 리별을 하시고 원정의 길에 오르신다. 소설은 마지막 부분(13장, 14장)에서 사령관 동지께서 초기 혁명활동 시기에 혁명화하신 푸르허 인민들이 원정대오를 감격적으로 맞이하는 장면, 최칠성, 세걸이, 영숙이들의 눈부신 성장에 대한 이야기를 거쳐 혁명의 사령부를 지켜 주저없이 죽음을 맞받아나간 유격대의 참모장 차광수의 고결한 희생에 대하여 보여주고 있다. 작품은 계속하여 사령관 동지께서 그동안 단련되고 장성한 주력부대 대원들을 모두 다른 부대에 파견하시고 18명 대원만 데리시고 로흑산 방면으로 진출하시다가 적의 대병력과 맞다들었으나 추호의 동요없이 출로를 모색하시며 깊은 산중에 숨어사는 마 령감의 희생적인 도움으로 적들의 포위진을 뚫는데 성공하신 이야기를 전하고 있다. 작품은 화개동에서의 군정학습, 1932년의 혁명로정에 대한 자랑찬 총화, 요영구, 왕청 근거지에로의 진출로 결속되고 있다. 이와 같이 소설은 위대한 수령님의 불멸의 혁명업적과 비범한 령도력, 고매한 혁명가적 풍모를 감명 깊게 보여주었으며 경애하는 수령 김일성 동지의 혁명투쟁을 생의 마지막 순간까지 모든 힘을 다하여 받들어주시는 조선의 어머니 강반석 녀사의 고결한 풍모를 감동적으로 그리였다. 작품은 또한 사령관 동지에 대한 끝없는 충실성을 간직한 주체형의 공산주의혁명가들인 차광수, 전광식, 최창걸, 리광, 한홍권, 박홍덕, 최칠성과 차기용, 진봉남 등의 형상을 생동하게 그리였다. 작품은 생활을 폭넓은 서사시적 화폭으로 심오하게 반영하고 있으며 예술적 구성에서 립체성을 잘 보장하고 있다. 작품은 또한 심리분석의 예리성과 철학적 심오성 등으로 하여 사상미학적 감흥을 더욱 높이고 있다.

—『문학예술사전』(하), 과학백과사전종합출판사, 1993.

| 평론 자료 |

주체적인 반제민족해방투쟁의 시원을 열어놓은 위대한 혁명적 로정에 대한 서사시적 화폭

–장편소설 《1932년》(총서 《불멸의 력사》 중에서)에 대하여

위대한 수령 김일성 동지의 혁명력사를 형상한 혁명적 대작을 창작하는 것은 오늘 우리 세대 작가들 앞에 나서는 가장 영예롭고도 중대한 과업이다.

그것은 이러한 혁명적 대작들이 당원들과 근로자들로 하여금 수령님의 위대한 혁명사상과 높으신 혁명가적 품성을 본받게 하는 훌륭한 교과서로 되기 때문이다.

바로 이러한 당원들과 근로자들의 절실한 요구에 대답하기 위하여 총서 《불멸의 력사》 중의 한 권으로 창작된 장편소설 《1932년》을 얼마 전 문예출판사에서 발행하였다.

작품은 조선민족해방투쟁과 공산주의운동 발전에서 위대한 전환을 가져온 1932년의 커다란 혁명적 사변들을 서사시적 화폭에 담아 반영하였다.

경애하는 수령 김일성 동지께서는 다음과 같이 교시하시였다.

《공산주의자들의 지도 밑에 우리의 혁명적 로동자, 농민들은 항일무장투쟁을 조직 전개하여 조선 인민의 민족해방투쟁을 새로운 단계에로 발전시켰습니다. 항일유격투쟁은 반혁명적 무력에 혁명적 무력으로 대항하는 높은 형태의 투쟁으로서 일제 침략자들에게 련이어 커다란 타격을 주었으며 다른 모든 형태의 대중투쟁을 힘차게 고무추동하였습니다. 항일무장투쟁의 혁명적 영향은 각계각층 인민들 속에 널리 퍼졌으며 이것은 우리 인민의 전반적 반일해방투쟁을 더욱 강화 발전시켰습니다.》(《김일성 저작선집》 제4권, 283~284폐지)

혁명의 위대한 수령 김일성 동지께서 조선인민혁명군을 창건하시고 항일무장투쟁을 조직 전개하시자 이에 당황한 일제는 동만 지방에 더 많은 병력을 끌어들여 항일유격대와 혁명적 군중에 대한 공세를 강화하였다.

위대한 수령 김일성 동지께서는 일제의 이러한 공세에 대처하여 갓 조직된 인민혁명군을 하루 빨리 정치 군사적으로 튼튼히 꾸리며 모든 반제력량과의 공동투쟁을 실현하는 것이 항일무장투쟁을 강력히 조직 전개함에 있어서 제기되는 가장 중요한 과업이라고 인정하시였다.

위대한 수령 김일성 동지께서는 이 혁명의 요구를 푸시기 위하여 1932년 6월 항일유격대의 일부 부대를 친솔하시고 안도를 떠나 무송, 통화를 거쳐 다시 류하, 몽강, 량강구, 그리고 돈화, 액목, 남호두, 라자구, 로흑산, 요영구, 소왕청에 이르는 머나먼 길에서 앞을 막아 나서는 어려운 고비들을 몸소 극복하시면서 정치 군사 활동을 조직 전개하시였다.

장편소설 《1932년》은 이 머나먼 고난의 로정을 서사시적 화폭으로 반영하면서 제목이 말해주는 바와 같이 1932년이 력사에서 어떤 위치를 차지하며 그 불멸의 의의가 무엇인가를 형상적으로 밝히였으며 그 과정에 무엇이 해결되고 그 승리의 요인이 어디에 있는가를 생활적으로 그려내고 있다.

소설의 첫 부분은 일제의 발악적인 《토벌》 학살 만행의 피바다 속에서 원쑤를 때려부시고 조국과 겨레를 구원해줄 것을 절규하는 시대상을 심각한 극적 정황으로 제시하면서 이 시대의 절박한 요구를 통감하신 사령관 동지께서 1932년의 험난한 가시덤불길을 헤쳐 나갈 방략을 마련하시는 이야기로 시작된다.

량강에서 15리 상거한 깊은 산 속, 작은데기 언덕 밑 귀틀집에는 각지에서 온 파견원들이 모여 앉아있다. 두만강 일대의 피바다 속에서 달려온 그들은 진로를 찾지 못하고 사령관 동지의 도착을 기다리는 것이다.

1932년, 닻을 걷고 항구를 나서자마자 사나운 풍랑 속에 휩싸인 청소한 인민 혁명군이 뚫고 나갈 진로는 과연 어디에 있는 것인가?

작은데기에 도착하신 사령관 동지께서는 각지 파견원들의 그간의 사업 보고를 받으시고 유격대가 나아갈 력사적 진로에 대하여 명철하게 밝혀주신다.

그이께서는 이미 조선인민혁명군을 내온 지금에 있어서 가장 큰 과업은 그를 급속히 장성강화하는 것임을 밝히시고 그 방도로서 일제와의 끊임없는 투쟁을 통하여 인민들에 대한 적들의 야수적 《토벌》만행을 분쇄하면서 동시에 유격대의 힘도 키우는 적극적이며 혁명적인 길을 가르치신다.

그이께서는 리해의 가장 중요한 과업은 두만강 일대의 광활한 지역 방방곡곡에 유격대의 대대, 중대를 내오는 것이며 동시에 그 모든 지역에 근거지들을 튼튼히 꾸리는 것이라고 말씀하시면서 근거지는 해방 지구 형태로 혹은 반해방 지구 형태로 준비 정도와 실정에 맞게 내와야 한다고 가르치신다.

사령관 동지께서는 이런 조치만으로는 부족하며 일제의 《토벌》에 대처하여 큰 부대 하나를 남북 수천 리 지역에서 원정활동을 시켜야 하며 회의 후에 원정 부대는 압록강 지구를 향하여 떠나야 한다고 말씀하시고 원정 목적에 대하여 가르치시였다.

그이께서는 원정 목적은 적들로 하여금 우리의 의도와 활동 지역, 활동 방향을 종잡을 수 없게 하고 혼란을 일으키게 하며 특히 현재 두만강 연안에 집중되고 있는 놈들의 병력을 유인 분산시킴으로써 일제의 학살만행으로부터 이 지역 인민들과 혁명조직들을 구원하며 유리한 국면을 열어주는 데 있으며 또한 그것은 원정지대가 혁명 근거지로 될 두만강 연안의 린접지대이고 장차로는 이 지대에 미리 혁명의 씨앗을 뿌리자는 것이며 다음으로는 이 지대에 산재해 있는 독립군부대들과 반일부대들에게도 영향을 주어 그들과의 반일통일전선을 형성하는 사업을 촉진시키자는데 있다고 가르치시였다.

그이께서는 친히 안도의 주력부대를 인솔하시고 원정을 단행할 것이라는 것을 말씀하시고 1932년 이 해를 갈고한 가운데서도 가장 영광스러운 해로 되게 해야겠다고 가르치시였다.

작품은 이렇게 일제의 야수적 《토벌》을 물리치고 항일무장투쟁을 강화 발전시킬 데 대한 사령관 동지의 탁월한 방침을 제시하시는 형상적 화폭을 통해서 자기의 주제적 과제를 깊이 있게 제시하였다.

작품은 다음으로 종성 방향에서 북상해오는 일본 놈 마차 수송대에 대한 습격전투를 보여주며 량강마을과 소사하집에서 있은 일을 보여준다.

사령관 동지께서는 남만원정에 앞서 소사하집을 방문하시게 된다.

작품은 두 달째 앓아누워 계시면서도 단 하루도 혁명사업을 중단하시지 않으시며 항일유격대를 지원하기 위한 자랑스러운 사업을 두고 여느 때보다 더 세차게 사업을 밀고 나가시는 강반석 어머님의 형상을 진실하게 그리였다.

작품은 특히 어머님의 귀밑머리에 때 아닌 흰서리가 내리기 시작하고 거칠어진 어머님의 손을 가슴 아프게 느끼시는 사령관 동지의 형상을 아주 섬세하고 깊게 묘사하였다.

베개를 내미시는 어머님의 손에 눈이 미치신 사령관 동지께서는 눈길을 떼실 수 없으시였다.

마디가 굵고 거칠어지고 살이 빠진 어머님의 손—어린 시절에 그이께서 보신 어머님의 손은 그렇지 않으셨다. 대동강가 빨래터에서 세수를 시켜주시던 그때의 손은 부드럽고 희였으며 물을 움켜도 새지 않던 그런 손이였다. 중강을 지나 무송에 이르렀을 때에도, 화전으로 떠나시던 때 짐을 들어주시던 어머님의 손 역시 지금처럼 구불게 보일 만큼 거칠어지지는 않았다. 험악한 세상의 가시덤불길에서 그 손으로 삶의 길, 싸움의 길을 헤쳐 나가셔야 했던 만큼 그럴 수도 있겠다고 하겠지만 수없이 닳아 끊어지고 바늘 끝이 무디여졌다. 시장하실 때는 그 손으로 치마끈을 졸라매고 참으시였다.

사령관 동지께서는 어머님의 손에서 이처럼 가슴 아픈 세계를 겪으셔야 하셨으며 어머님께서 지어주신 풀색 군복을 입으시고는 그에 깃든 너무도 크나큰 숨은 뜻에 목이 메이셨다.

어머니께서 바라시여서 유격대를 보러 가신 두 모자간의 형상은 한없이 따뜻하고 끝없이 깊은 감회를 자아내게 그려졌다.

조선혁명을 떠메고 나설 조선 인민의 무장력을 처음으로 보신 어머님은 그러한 군대를 만드시려고 애쓰시다가 돌아가신 김형직 선생님의 생각이 다시금 간절해지시는 것이였다.

어쩐지 내 혼자 온 것 같지 않다시는 어머님의 잔잔한 어조에서 불과 같이 뜨거운, 대해와 같이 설레이는 격정을 뚜렷이 느끼신 사령관 동지의 감회 또한 깊으시였다.

대원들의 앞에 나서신 어머님께서는 아무쪼록 그 손에 든 총을 무심히 보지 말고 그 총으로 겨레들의 한을 풀어서 한당대 억울하고 분해서 울며 살아온 어머니들에게 단 한 번이라도 기뻐서 울게 해드려야 한다시면서 왜놈들이 없는 세상, 어머니들이 주름을 펴고 웃으며 살 수 있는 세상을 찾아달라고 다시금 부탁하시고 그러면 한평생 고생했다는 것도 어머님들은 다 잊어버리고 나처럼 이렇게 기뻐서 울 것이라고 말씀하셨다.

사령관 동지께서는 어머님의 눈물을 그 날 처음 보시였다.

우실 사연으로 말하면 너무나 많으신 어머님이시였다.

평양감옥에서 말할 수 없이 상하신 아버님을 뵙고 오시던 그날도 눈물을 감추시던 어머님이시였다. 하늘같이 믿으시던 아버님을 한창 나이에 저 세상으로 떠나보내시고 막막한 이국 산천에 홀로 남으셨어도 눈물을 가슴 깊이 감추신 어머님이시였다.

단 한 방울만 가지고도 능히 아드님들의 가슴을 천만 갈래로 찢어 놓을 수 있는 어머님의 눈물, 아끼고 감추고 억눌러 오시던 그 많고 많은 눈물을 오직 조국을 위하여서만, 오직 혁명을 위하여만 아낌없이, 하염없이 흘려주시는 강반석 어머님이시였다.

그러기에 강반석 어머님께서는 장도에 오르시는 아드님을 위해서 10리나 20리나 그보다 더 멀리까지라도 바래주실 것이였지만 굳이 그렇게 하시지 않으셨다.

그러기에 어머님께서는 다시 만날 그날을 기약키 어려운 준엄한 원정으로 떠나셔야 하셨던 사령관 동지께서 차마 발이 떨어지지 않으셔서 집둘레를 돌고 도실 때 그처럼 눈물 한 방울 없이 준절하게 길을 재촉하셨던 것이다.

사령관 동지께서는 어머님의 그 엄한 말씀에서 조선을 위한, 혁명을 위한 조선의 아들딸들을 위한 크나큰 사랑과 한없이 숭고한 뜻을 가슴 뜨겁게 느끼셨기 때문에 마지막 리별이 될지 모를 그 걸음을 힘있게 떼실 수 있으셨다.

사령관 동지께서는 아우님들의 사랑을 또한 목 메이게 느끼시였다.

철주 동지께서는 한 달째 공청사업 때문에 외지에 나가 집에 없으셨다.

막내 아우님은 그 좁은 등으로 어머님의 로고를 더시기 위하여 물지게와 나무지게를 메여 날랐고 멀리 통신련락을 갔다가도 홀로 계시는 어머님을 위하여 한

밤중을 마다않고 집에 돌아오군 하셨다.

사령관 동지께서는 두 아우님들이 한 달째 잡아 말린 한 접시 산천어에 깃든 살뜰한 사랑에서 크고 뜨거운 것을 느끼셨다.

사령관 동지께서는 앞질러 나와 언덕 우에서 손을 흔들어 바래주는 막내 동생의 간절한 소원을 가슴 무겁게 느끼시며 남만을 향하여 험하고 머나먼 싸움의 길에 오르시였다.

장편소설 《1932년》은 이렇게 소사하집 장면에서 사령관 동지와 강반석 어머님 그리고 아우님들의 형상들을 통하여 조국의 광복과 인민의 행복을 위하여 모든 것을 바치시는 혁명적 가정의 높은 뜻과 혁명적 신념, 크나큰 사랑과 혁명을 위한 끝없는 헌신성이 무엇이였는가를 감명 깊게 보여주었다. 그러면서 남만원정으로 떠나시는 사령관 동지의 불패의 힘의 밑바닥에는 바로 강반석 어머님의 위대한 사랑이 영원한 샘으로 간직되여 있다는 것을 뚜렷이 부각하였다.

작품은 다음으로 백두산 지구의 험한 로정을 돌파하는 원정의 첫 단계를 보여주는 행군 장면으로 넘어간다.

장편소설은 여기에서 로동자, 농민 출신의 대원들이 원정의 시련을 통하여 어떻게 단련되며 특히 로동자, 농민 출신의 대원들에게 기울이시는 사령관 동지의 어버이 사랑과 사상교양이 학대와 억압 속에서 억눌렸던 그들 대원들의 재능과 힘을 어떻게 틔워주며 그들을 어떻게 새형의 공산주의적 혁명가로 키워내는가를 다양한 생활을 통하여 흥미 있게 그리였다. 장편소설 《1932년》은 다음으로 하늘 아래 첫 동네인 천상데기 장면을 통하여 일제의 략탈과 만행 속에서 신음하는 인민들에게 조선인민혁명군의 위용을 보여줌으로써 소생의 힘과 조국광복의 신념을 안겨주며 광활한 압록강 지구에 혁명의 씨앗을 뿌리려는 원정의 중요한 과제의 하나가 어떻게 실현되는가를 극적으로 그리였다.

장편소설은 천상데기 장면에 이어 작품의 기본 줄기로부터 떠나서 리철군이가 가서 사업하는 연평 지구 장면으로 넘어간다.

이 곁가지선은 바로 압록강 지구에로의 조선인민혁명군의 원정이 추구하는 전략적 목적의 정당성과 그의 위대한 생활력을 확증하는 것으로서 철저하게 기본 갈선을 예술적으로 부각하는데 복종되고 있다.

그리하여 이 장면은 사령관 동지께서 이끄시는 안도의 주력부대가 일제의 주목을 딴 곳에 유인함으로써 그동안에 각지에 파견된 공작원들이 사령관 동지의 가르치심대로 유격대를 어떻게 내오며 혁명 근거지를 어떻게 꾸리는가를 집중적으로 보여주고 있다.

작품은 통화 장면에서 원정의 중요한 목적의 하나였던 반일부대 특히 독립군 부대와의 사업을 집중적으로 보여준다.

사령관 동지께서는 독립군과의 사업을 상층과 하층으로 나누어 그의 실정에 맞게 조직하시였으며 독립군의 영향 하에 있는 지역에 혁명의 씨앗을 뿌리기 위한 사업으로 여러 개의 정치공작조를 두어 수십 리 근방에 내보내시였고 독립군 사령인 호림과의 사업을 집적 담당하시였다.

사령관 동지께서는 호림의 인격을 존중해 주시면서 너그러운 아량으로 그를 포섭하시고 탁월한 사상과 정연한 론리로 인내성 있게 해설 설복하심으로써 그에게 커다란 충격을 안겨주시고 그의 가슴에 정신적 갱생의 불길을 지펴주시였다. 작품은 사령관 동지의 혁명적 영향으로 일어난 호림의 심각한 정신적 변화를 진실하게 추구하면서 독립군 하층 속에서 일어난 변화를 또한 형상적으로 그리였다.

그것은 유격대원들의 도움으로 죽음의 고비에서 구원되는 독립군 대원에 대한 이야기와 조선인민혁명군 대원들의 발랄하고 당당한 정치사상적 풍모에서 강력한 영향을 받는 독립군들의 유격대 환영 모임 이야기에서 인상 깊게 그려졌다.

통화 지방의 인민들 속에 뿌려진 혁명의 씨앗이 어떻게 은을 나타내는 가에 대해서는 완고한 독고 로인의 발전에서 뚜렷이 찾아볼 수 있다.

그이께서 내놓으신 독립군과의 사업 방침이 추구하는 목적은 독립군을 무너뜨려 흡수하자는 것이 아니고 오히려 독립군들을 옳은 방향으로 이끌어 그 대오를 강화하여 손잡고 일제를 반대하여 싸우자는 것이였다. 그러니만큼 유격대 입대를 탄원하는 많은 독립군들에게 손잡을 후일을 기약하고 유격대는 통화에서의 사업을 성과적으로 끝마치고 다음 목적지로 떠난다.

장편소설 《1932년》은 원정의 다음 로정인 류하 지방에서의 사업을 집중적으로 그리고 있다.

덕산골 장면은 적들의 피해를 받은 지역에 다시 소생의 힘을 불어넣어 조직을 복구하고 광범한 군중 속에 승리의 신심을 안겨주어 반일구국투쟁에로 세차게 불러 일으킨 남만원정의 의의를 감동적으로 보여주는 사상적으로 심오하고 예술적으로 빛나는 장면의 하나이다.

이 지방은 사령관 동지께서 길림에서 활동하시던 시기에 벌써 농촌 혁명화를 위하여 반제청년동맹원인 오상권을 파견하신 곳이다.

그러나 오상권은 놈들의 손에 희생되여 이 세상에 없었다.

젊고 싱싱하고 생활에 대한 의욕으로 끓어 넘치던 혁명적 랑만가인 오상권은 수령님의 가르치심대로 덕산골 일대에 혁명조직을 내오고 광범한 군중을 혁명화하였고 카륜회의 방침을 받들고 무기를 마련하는 등 무장투쟁의 준비 사업을 하다가 불행하게도 비밀이 탈로되여 놈들의 손에 체포되였다. 맨발로 눈길을 걸어 군중 앞에 나선 그는 놈들이 공개적으로 투항하면 살려준다고 하였지만 고향 사람들을 조국광복의 길로 부르는 불같은 열변을 토하고 마지막으로 사령관 동지 만세를 부르면서 장렬한 최후를 마쳤다.

작품은 길림 시기의 오랜 대원을 잃으신 크나큰 슬픔을 사업에 대한 불같은 혁명적 정열로 누르시는 그이의 숭고한 모습을 커다란 사상적 충격을 안겨 주는 예술적 형상으로 그리고 있다.

오상권의 부모들을 극진히 위로하시는 사령관 동지께서는 자신의 아픔과 슬픔을 달랠 길 없으시였다. 그이께서는 찬 이슬 내리는 산등에 오르시여 전우가 그 밑에서 희생된 미루나무를 바라보시며 쓸어보시기도 하시고 묵묵히 고개 숙이시여 거니기도 하시면서 밤을 밝히시였다. 참으로 큰 슬픔을 안으시고도 울 수조차 없으신 그이의 아픈 마음, 희생된 전우에 대한 끝없는 그리움을 삭일 수 없으시여 영원한 리별을 그처럼 남몰래 안타까와하시는 그이의 숭고한 동지애를 그린 그 새벽 장면은 북받쳐 오르는 감격의 눈물을 자아내며 오래오래 생각케 하는 예술적 여운을 안겨준다.

작품은 사령관 동지의 한없이 숭고한 어버이 사랑과 끝없이 숭고한 혁명적 동지애를 깊이 있게 그리였을 뿐만 아니라 그이에 대한 혁명전사들의 붉은 충성심을 또한 진실하게 형상화하였다.

수령님을 모시고 그이의 몸 가까이에서 사업하는 한흥수의 숨은 충성은 작품에서 일관하게 강조되고 있지만 특히 전우의 피가 스민 미루나무 밑에서 밤을 새시는 사령관 동지를 지키기 위하여 누구도 모르게 분지 나무 밑에 숨어서 온 밤을 새우는 그의 모습에서 깊이 있게 나타난다. 밤이든 낮이든 그림자와 같이 그이를 모시고 지키는 한흥수의 남모르는 걸음걸음에는 공산주의 리념과 혁명에 대한, 조국과 인민에 대한 그리고 전우에 대한 그의 뜨겁고 웅숭깊은 세계가 깔려있다. 그것은 바로 위대한 수령님을 목숨으로 옹호 보위해야만 공산주의 리념의 승리를 가져올 수 있으며 수령님께 충성 다 하는 것이 조국과 인민 그리고 생사고락을 같이 하는 전우들에 대한 뜨거운 사랑의 최고 표현으로 된다는 크나큰 자각이였다.

사령관 동지께서는 혁명전사들의 고귀한 희생과 그에 대한 크나큰 슬픔을 영원히 살아 숨쉬는 힘으로 전환시키시기 위하여 혁명사업 전반을 더욱 정력적으로 밀고 나가시였다. 그리하여 각 지구에서 혁명은 더욱 튼튼히 자리잡았으며 류하 일대에 혁명의 기운이 다시금 뒤설레이기 시작하였으며 100여 명의 신입대원들이 들어옴으로써 유격대오는 더욱 확대 강화되었다.

사령관 동지께서 이끄신 주력부대는 남만원정을 성과적으로 끝마치고 류하를 떠나 몽강을 거쳐 량강에 돌아왔다. 장편소설은 계속하여 유격대가 확대 강화되고 근거지가 형성되는 데 겁을 집어먹고 《토벌》에 미쳐 날뛰는 일제의 간도파견대를 맞받아 놈들을 호되게 족치는 항일유격대의 전투행위를 쏙새골에서의 다양한 생활을 통하여 박력 있게 보여주었다.

작품은 쏙새골전투를 통하여 사령관 동지의 정세 판단의 탁월성과 천재적 령군술을 보여주면서 전투 일면에 치우치지 않고 유격대와 혁명군중들의 다양한 생활을 그리면서 그이의 탁월한 령도력과 높은 덕성을 두드러지게 부각하였고 그이의 혁명적 영향 하에 자라나는 유격대원들과 혁명군중들의 성격 발전 면모를 뚜렷이 보여주었다.

장편소설은 쏙새골전투 장면에 이어 호림의 운명선을 보여주며 공작원으로 파견된 박흥덕과 차기용의 선을 보여주는 데로 넘어간다.

작품은 여기에서 남만원정에서의 독립군의 운명선을 보여주며 공작원으로 파견된 방흥덕과 차기용의 선을 보여주는 데로 넘어간다.

작품은 여기에서 남만원정에서의 독립군과의 사업이 가져온 생활력을 형상적으로 보여주고 있으며 전국적 범위로 퍼져가는 사령관 동지의 탁원한 령도의 비상한 견인력과 남만원정을 통하여 정치사상적으로 성장한 대원들의 힘을 보여준다.

장편소설은 위대한 수령님을 모시고 주체적인 무장투쟁에 나선 조선 인민의 혁명적 긍지와 불굴의 기상을 다양하게 보여주면서 다시 량강의 사령부 장면으로 돌아온다.

작품은 이 량강회의 장면에서 하기원정의 총화를 지으시고 동기원정방침을 제시하시는 사령관 동지의 형상을 빛나게 그림으로써 그이의 비상한 과학적 통찰력과 예견성, 그리고 완강한 혁명적 전개력을 힘있게 부각하였다.

장편소설 《1932년》은 다음으로 또 다시 소사하 장면을 보여주고 있다.

여기서 작품은 조선의 어머니 강반석 녀사의 숭고한 림종 장면과 이미 달반 전에 세상을 떠나가신 어머님에 대한 사령관 동지의 절절한 체험세계에 대한 심오한 묘사를 통하여 조선혁명을 끊임없는 앙양에로 추동하는 영원한 힘의 원천이 무엇인가를 형상적으로 깊이 해명하였다.

어머님의 림종은 너무도 숭고하였고 너무도 절박하였으며 크나큰 소망을 이루지 못하고 가셨기에 너무도 비통한 희생이였다. 어머님께서는 자리에서 일지 못하시고 며칠씩 곡기를 놓으시고도 병문안 오는 사람들에게 일일이 혁명사업에 대하여 문의하시였고 또 사람을 부려 과업을 주시는 등 혁명을 위하여 생명의 마지막 순간까지 자신의 모든 힘을 다 바치시였다.

조국과 인민을 위하여 이렇게 마지막 힘까지 다 바치신 어머님께서는 드디여 림종을 앞두고 일생동안 고이 길러 오신 머리태를 자르시여 새로 하나 장만한 아드님의 신발에 까시였다.

어머님께서는 혁명의 길이 아무리 멀고 험하다 하더라도 끝까지 걸어야 하실 아드님에 대한 간절한 소망과 뜨거운 사랑을 그처럼 한 생의 고난 속에도 고이 길러 오신 머리태에 담아 아드님께 전하시자는 것이였다.

가시덤불길을 헤쳐오신 한 생을 더듬으시는 어머님의 혁명 로정의 마디마디에 깊이깊이 아로새겨진 사연은 고난에 찬 것이였으나 한없이 아름다운 것이였으며 영원히 잊을 수 없는 숭고한 것이였다.

그 모든 회상은 아드님과 김형직 선생님, 시부모님과 만경대 고향집에 대한 살뜰한 사랑으로 충만된 절박한 것이였으며 조국광복과 녀성 해방, 그의 공산주의적 미래를 실현해 줄 아드님에 대한 기대로 충만된 간절한 것이였다.

마지막 순간을 의식한 어머님은 막내 아드님더러 이제 커서 무얼 하겠는가고 물으시였다.

어린 아드님의 대답은 형님과 함께 유격대 하다가 고향 가 농사짓겠다는 것이였으며 어머님을 모시고 모두 함께 가자는 것이였다. 막내 아드님의 기특한 대답을 들으신 어머니께서는 마지막 눈물을 보이시지 말자고 애쓰시였다. 어머님도 나어린 막내 아드님은 어머님의 손목을 한 번 쥐여보고 나서 어머님 가슴에 그 통통한 볼을 갖다 대었다. 눈을 내려감으신 어머니께서는 이때 가슴 우에 흘러 떨어지는 막내 아드님의 뜨거운 것을 감각하시면서 젖먹이 때처럼 팔을 드시여 포근히 안아주시였다.

《엄마!》

서로 힘껏 웨치시건만 목이 꽉 잠겨들어 말이 나가지 않으셨다. 부르면 부를수록 더욱 더 그리운 정이 솟아오르는 그 이름이였으며 혁명과 련결된 가장 소중하고 가장 살뜰한 이름이였다.

그 포옹이 마지막이라는 것을 그 부름이 마지막이라는 것을 서로 모를 수만 있었다면 얼마나 좋았겠는가.

어린 가슴을 놀래우지 않으시려고 막내 아드님을 밖으로 내보내시고는 약사발을 들고 들어온 봉래 아주머니의 손을 잡으시고 마지막 유언을 하시였다.

《…내가 죽은 후에 우리 아들 성주가 오거든 내가 대하듯 해주시우. 일제가 조선 땅에 남아있고 조선이 독립 못된 채 오거든 내 무덤을 파가지도 못하게 해주시우. 그렇지만… 성주는 싸우다 도중에서 돌아서지는 않을 거야요… 조선이 독립되는 그 날에… 우리 평양 만경대에 꼭 가보시우, 참 좋은 곳이라우…》

1932년 7월 31일, 조선의 어머니이신 강반석 녀사께서는 이 크나큰 기대를 남기시고 조용히 가시였다.

40평생을 하루와 같이 험난한 가시덤불길을 헤쳐오시면서 온갖 풍랑고초를 다 겪으신 혁명의 어머님께서는 그렇게도 바라시던 조국의 광복을 보지 못하신 채 가셨다.

어머님의 고난에 찬 그러나 영광으로 빛나는 한생의 절절한 호소를 가슴 깊이 새기고 또 새기신 사령관 동지께서는 의지가지없이 된 두 아우님을 두고 집을 떠나 원정의 길에 오르셔야 했다.

두 아우님과의 리별은 사람으로서는 넘기 어려운 또 하나의 아픔과 슬픔의 절정이였다.

그리하여 그이께서는 언 두부 한 모에다 마실 줄도 모르는 술 한 잔을 부어놓고 유격대에 받아달라고 찾아온 철주 동지와 마주 앉으시였다.

막내 동생의 이야기를 내놓으셔도 철주 동지는 물러서지 않으셨다.

리해 겨울 두만강 지구에 쏟아질 그 대부분의 적탄을 주력부대에 집중시켜 근거지에서의 희생을 적게 하고 인민을 보호하며 유격대를 강화시켜야 하는 것만큼, 이 한겨울을 어떻게 이기는가 하는 것이 조선혁명의 전도를 좌우하는 갈림길로 되는 것만큼 참으로 가렬하고 준엄한 시련을 눈앞에 두고 있었다.

그것보다도 어머님이 일으켜 세우신 모든 혁명조직들을 이어받아 꽃 피워야 할 크나큰 위업이 있는 것만큼 그 일 때문에 철주 동지를 메두셔야 하셨다.

이 이야기에 이르자 철주 아우님은 더는 말을 못하고 머리를 수그리셨다.

그러나 두 동생들을 떼 두고 떠나셔야 할 그이의 아픔은 너무도 감당하기 어려운 것이였다.

그 때 동구 밖까지 따라오던 막내 동생 생각이 불현듯 떠오르시였다.

두 아우님은 형님을 배웅하느라고 자꾸 따라 나오셨다.

형님의 심정을 리해하고 있는 철주 아우님은 다리목에 이르자 고개를 숙여 인사하고 떨어지셨다. 그러나 막내 아우님은 철주 형님이 불러도 그냥 따라만 가셨다. 동구 밖에 이르신 그이께서는 그만 들어가라는 말씀을 차마 하실 수 없으시였다.

그이께서 앞서 가는 막내 아우님을 바라보시며 어떻게 두고 가나 생각하시니 막막하기만 하셨다.

그런데 막내 아우님이 문득 멎어서시더니 꾸벅 고개를 숙여 인사하시는 것이였다.

형님을 내놓으시는 막내 아우님의 형상이 안겨주는 아픔은 더 크고 벅찬 것이였다.

막내 아우님은 조끼 주머니를 들추더니 두 알의 군 감자알을 형님께 내드리셨다.

형님이 오시면 드린다고 산천어 새끼를 낚아다 말리고 어머님께서 힘들어하신다고 작은 손으로 매일 나무를 꺾어오던 막내 아우님이시였다. 그렇지만 이 기막힌 리별을 앞두고 군 감자알을 내놓을 줄은 차마 모르신 사령관 동지시였다.

차라리 가지 말라 발버둥치며 울었던들 그이의 가슴이 그다지도 찢기지 않으셨을 것이였다.

막내 아우님에 대한 회상에서 깨여나신 그이께서는 가슴이 뭉클하고 눈시울이 뜨끔하는 순간 탁자에 놓인 술잔을 들어 마시시였다.

그이께서는 인간으로서는 넘어설 수 없는 아픔의 극을 이기시고 동기원정의 길에 오르시였다.

작품은 조선혁명의 앞길을 열어놓은 1932년의 원정이 그처럼 가슴 아픈 어머님의 회생과 아우님들과의 리별이 치룬 너무도 값비싼 대가와 그리고 그 아픔과 슬픔의 절정을 혁명의 절정으로 바꾸신 그이의 불굴의 의지에 의해서만 승리로 아로새겨지게 되었다는 것을 깊이 있게 형상화하였다.

장편소설 《1932년》은 다음으로 조선의 어머님이신 강반석 어머님께서 돌아가셨다는 비보를 그 지방 공작원을 통하여 전해들은 전 대오의 정신적 충격과 친히 머슴까지 사시면서 요충지대인 푸르허를 단시일 내에 혁명화하신 사령관 동지의 형상을 빛나게 형상화한 푸르허 장면에 이어 로야령 봉우리에 오른 엄혹한 행군장면을 보여준다.

작품은 여기에서 동남쪽으로 유격대 주력부대를 죽기내기로 따라오던 관동군의 적정이 없어지다 삐라를 뿌려가면서 적을 다시 유인하시는 사령관 동지의 형상을 감명 깊게 그리였으며 그동안 몰라보게 성장한 최철성이, 세걸이, 영숙이 등 대원들의 선을 집중적으로 그리면서 그들의 성장 속에서 한없는 기쁨과 보람을 느끼시는 혁명의 위대한 스승으로서의 사령관 동지의 고귀한 풍모를 뚜렷이 부각하였다.

장편소설은 드디여 준엄한 동기원정의 절정이며 소설의 사상미학적 절정이기도 한 로흑산 장면을 심각하게 형상화함으로써 《1932년》의 주제적 과제를 빛나게 해결하는 마지막 대목에로 넘어간다.

각 지구의 유격대와 근거지 사업을 강화하기 위하여 그동안 단련되고 장성한 주력부대 대원들을 모두 파견하시고 18명의 오랜 핵심대원만 남기신 사령관 동지께서는 적을 달고 로흑산 오지에 들어서시였다.

사령부의 행적을 찾은 적들은 총력량을 기울이여 2중 3중으로 사령부를 포위하였다. 적의 모든 힘을 주력부대에 쏠리게 한 것은 바라던 바였다. 그러나 적들을 모두 이끌어다가 로흑산 오지에 내치고 사령부가 빠져서 왕청 지구에 자리 잡고 조선혁명의 전반을 한 손에 틀어쥐고 사업해야 했던 만큼 이 포위망을 뚫고 나가는 것은 조선혁명의 양양한 전도가 열리느냐 그렇지 않으면 조선혁명이 여기까지 와서 죽느냐 하는 생사를 가르는 준엄한 결전이였다.

천지는 눈보라 속에 묻혔고 2중 3중으로 친 적들의 포위망은 시시각각으로 되어드는데 빠져나갈 자그마한 짬새도 없다. 깊은 산 중에 한 로인이 왜놈 세상을 등지고 외롭게 사는 한 채의 집이 있었다. 그 집 웃방에서는 화전, 길림, 오가자, 카륜 시기부터 그 이를 모시고 싸워온 오랜 18명 대원들이 혁명의 홍망을 건 이 엄혹한 사태를 두고 심각한 토의를 하고 있었다.

토의는 한홍수의 주간 밑에 포위망의 한 고리를 치고 사령관 동지께서 나가실 길을 여는 데 모두 한 목숨을 기꺼이 바치는 결사대를 붓기로 락착되였다.

작품은 이 비장한 토의 장면을 통하여 조선 공산주의자들의 계급적 자각의 최고 표현과 그의 성격적 미의 극치를 감명 깊게 형상화하였다.

부엌 아궁 앞에서 홀로 신발을 말리고 계시던 사령관 동지께서는 조선의 앞길을 두고, 하나 같이 귀중한 18명 대원의 운명을 두고, 만경대로부터 여기까지 와 닿은 조선혁명의 로정을 두고 생각이 많고 많으시였다.

림종을 앞둔 어머님께서 물려주신 신 한 켤레를 두고 생각하시는 그이의 생각은 처절하면서도 커다란 고무적 힘을 낳았다.

나라를 빼앗겼고 왜놈들에게 식구들을 다 잃고 그리고 아들마저 언제 다시 돌아올지 알 수 없는 길을 떠나보내시고 이국땅에서 홀로 눈을 감으실 때 어머님께서는 무엇을 생각하셨을가?

(어머니!)

어머님의 소원대로 나라를 꼭 찾고야 말겠다는 크나큰 충격이 치밀으셨다.

수령님을 마지막으로 모시고 눈길을 걷는 감회에 젖은 한홍수는 결사대를 무은 자기들—대원들의 의사를 말씀 올렸다가 사령관 동지의 노염을 크게 샀다.

동무들을 이 골짜기에다 묻고 누구와 조선혁명을 하라는가시며 가슴 아파하시는 사령관 동지의 뜨거운 사랑에 목이 메인 한홍수는 와락 그이의 가슴에 얼굴을 묻고 쓰러졌다.

수령님과 전사의 포옹, 하나로 고동치는 맥박, 전사를 자신보다 더 아끼시는 수령님, 수령님을 목숨으로 보위하는 전사의 감격적인 긍지, 여기에 이 난국을 타개하는 힘의 원천이 있었으며 이 작품의 사상예술적 감흥의 절정이 있다.

이처럼 작품은 수령님의 숭고한 혁명적 동지애와 공산주의적 의리를 격동적으로 그리였으며 항일혁명투사들의 정신적 위용의 정수인 수령님을 목숨으로 옹호보위하는 높은 충실성을 높은 예술적 경지에서 시화하였다.

사령관 동지께서는 탐구에 탐구를 거듭하시다가 드디여 돌파구를 찾아내시였다.

포위망에 든 조선군대의 운명을 두고 소리 없는 초불이 제 몸을 태우듯 가슴을 태우던 마령감은 18명 대원들의 휴식터를 알선해 나섰고 절벽을 뚫고 나가는 길잡이를 스스로 감당하여 나섰다.

화개동 골짜기에 있는 사냥막으로 가는 길까지 안내하고 집으로 돌아선 마 령감은 놈들의 손에 잡혀 총살당하면서도 민족의 태양이신 장군님을 만나 뵈온 무상의 기쁨을 안고 장렬한 최후를 마쳤다.

작품은 이처럼 나무가 뿌리를 내리고 풀이 돋는 곳이라면 어데나 갈 수 있고 또 살아갈 수 있으며 싸울 수 있다는 항일투사들의 불굴의 힘의 원천이 바로 위대한 수령님에 대한 충성심으로 일관된 그들의 유일사상체계에 있으며 그처럼 아름답고 숭고한 마 령감의 정신적 미가 바로 위대한 수령님을 모신 기쁨과 자각에 있다는 것을 극적으로 깊이 있게 밝혔다.

사냥막에서 몸을 추세우며 군정학습을 진행해 온 불패의 대오는 그 해의 마지막 날을 맞이하였다.

조선 인민의 민족해방투쟁에서 이 해를 어떻게 특징지을 수 있을 것인가? 항일무장투쟁을 가일층 발전시키기 위해서 당면하게는 무엇을 해야 할 것인가?

해방 지구—근거지를 앞으로 어떻게 더 강화하며 보위할 것인가? 이런 문제들을 두고 많은 토론들이 진행되였다.

그 날 저녁 사령관 동지께서는 오늘로 토론을 결속 짓고 1933년을 맞이하자고 하셨다.

그이의 결론은 1932년에 대한 서사시적 화폭의 주제를 결속 짓는 맺음시로 격동적으로 울리였다.

조선 인민은 1932년부터 침략자를 타도하기 위한 혁명군대인 조선인민혁명군을 가지게 되었고 혁명전쟁을 시작하였으며 그로 인하여 력사는 새로운 고비에 들어서게 되었다.

조선인민혁명군은 벌써 싹이 아니라 한 돌기 년륜을 감아놓은 나무로 되었다. 땅 속 깊이 뿌리를 내리고 가지를 뻗었다. 폭풍과 눈보라는 계속 불 것이지만 이미 대지를 힘있게 움켜잡은 뿌리는 끄떡 않고 그루를 떠받들고 있다.

때가 되었다. 지체하지 말고 새해에는 근거지로 들어가야 한다. 1932년은 바로 이것을 키우고 이것을 가져왔다.

회의를 끝마치시고 숲 속 멀리까지 걸어오신 그이께서는 회오리바람에 신고하는 나뭇가지를 보시다가 문득 아버님께서 지어 부르신 《남산의 푸른 소나무》의 시 구절이 떠오르시였다.

나무는 엄혹한 시련 속에서 거목을 이룰 한 둘기의 년륜을 마련하고 있다.

그렇다! 년륜은 바로 이런 추운 겨울에 생기는 법이다. 이것이 없이야 무슨 나무라고 할 수 있겠는가?

1932년은 바야흐로 조국과 혁명과 그리고 이 나무에, 그리고 또 모든 것에 한 돌기의 굵직한 선을 돌려 감으면서 흘러가고 있다.

엄혹한 시련 속에서 한 돌기 감긴 1932년의 년륜은 이 모든 업적으로 하여 주체적인 민족해방투쟁의 시원을 열어 놓은 위대한 세계사적 전환의 해로 아로새겨졌다.

장편소설은 이처럼 1932년의 년륜은 손에다 무장을 들고 자체의 힘으로 제국주의를 때려 엎는 주체적인 무장투쟁의 새 시대를 처음으로 열어놓은 불멸의 력사이라는 것을 형상적으로 깊이 있게 확증하였다.

그리하여 이 작품은 주체적인 반일민족해방투쟁의 새로운 반절 단계를 튼튼히 쌓아 올리신 수령님의 위대한 주체사상과 천재적인 혁명적 령도 예술, 고결한 혁명가적 풍모와 공산주의적 덕성, 혁명적 사업 방법과 인민적 사업 작풍, 불멸의 업적과 풍부한 혁명투쟁경험을 다방면적으로 그린 커다란 서사시적 화폭으로 되었다.

장편소설은 항일무장투쟁의 강화 발전을 위하여 모든 것을 다 바치신 강반석 녀사의 높은 혁명정신과 위대한 어머니 사랑에 대한 빛나는 형상과 조선혁명의 승리를 위하여 그 모든 수난을 나 어리신 몸에 고스란히 받아 안고도 꿋꿋이 서서 혁명조직의 사업과 가사의 중하를 다 맡아 나서신 김철주 동지와 막내 아우님의 높은 혁명적 자각과 불굴의 기상, 끝없는 헌신성에 잊을 수 없는 형상을 부각함으로써 1932년의 불멸의 력사를 창조한 혁명적 가정에 대한 송가로 되었다.

실로 장편소설은 항일유격대의 창건 첫해의 로정을 주체적인 반제민족해방혁명시대를 열어놓은 첫 돌리 년륜의 고난에 찬 그러나 영광으로 빛나는 불멸의 력사로 특징화한 주제의 참신성과 심오성, 그 예술적 실현의 일관성과 충만성으로 하여 참신한 작품으로 되었다.

장편소설 《1932년》은 당시 조선이 처한 대내외적 환경을 다양하고 심오하게 반영하고 당대의 사회력사적 환경의 본질, 민족해방투쟁의 새로운 발전 단계의 합법칙성을 당시대의 다양한 계급과 계층의 전형적 성격들의 폭넓은 화랑을 통하여 밝혀냄으로써 당대의 시대상을 다방면적으로 진실하게 그려낸 혁명적 작품으로 되었다.

특히 빈농 출신의 신대원인 최칠성, 로동자 출신의 신대원인 세길이, 머슴 출신인 박홍덕, 탄광 내기인 차기용 등 로동자, 빈농민-기본 계급 출신의 대원들이 위대한 수령님의 품 속에서 새 세대의 조선의 공산주의자로 자라나는 면모를 개성적으로 뚜렷이, 전형적으로 깊이 있게 그린 것은 이 작품의 특징적인 측면이다.

그리고 작품은 한흥수와 전광식, 리철군의 형상에서 보는 바와 같이 초기 혁명활동시기부터 위대한 수령님을 모시고 싸워온 오랜 대원들의 유일사상체계를 빛나게 형상화하였다.

작품은 자기의 사상주제적 과제와 중요 등장인물들의 형상을 서사시적 화폭으로 실현함에 있어서 사령관 동지의 형상을 보여주는 기본선을 리철군의 선, 박홍덕과 차기용의 선, 최칠성과 세결이 선, 호림과 안동학의 선 등 다양한 곁가지 선과의 통일적인 련관 속에서 그림으로써 립체적인 예술적 장편소설로 되었다.

특히 작품은 1932년의 원정 로정을 년대기적으로 반영하면서도 그 머나먼 로정에 대한 기록으로 늘어놓지 않고 10여 개의 중요 장면을 집중적으로 설정하고 다양한 생활로 충만시키고 집약적인 예술적 분석을 가하는 사실주의적인 묘사 원칙을 관철시킨 것으로 하여 1932년에 대한 예술적인 화폭으로 되었다.

그리고 빈번한 충돌과 전투를 피하고도 일제의 기반 하에서 신음하는 한 처녀애의 아픔과 한 가족의 희생으로부터 시작하여 온 조선과 온 누리의 고통과 슬픔에 이르기까지 그 모든 것을 한 가슴에 받아 안으시고 통감하시는 사령관 동지의 내면적 체험을 줄기차게 그림으로써 내면적 극성이 강한 작품으로 되었다.

혁명의 폭풍우가 휘몰아치는 시대의 거류 속에서 살며 혁명하는 다양한 사람들에 대한 심리 분석의 지성적 예리성과 철학적 심오성, 다양한 묘사 대상에 대한 주정적인 시화와 정론적 분석의 예리성으로 하여 작품은 지성도가 높고 사상미학적 감흥이 강한 것으로 특징적이다.

이 모든 것으로 하여 작품은 위대한 수령님의 탁월한 령도에 의하여 주체적인 반제민족해방혁명의 새 시대가 열려진 시원의 해로 솟아오른 1932년의 불멸의 력사에 대한 사상예술적으로 충만된, 현대적 충격을 갖춘 혁명적 대작으로 되었다.

혁명의 위대한 수령 김일성 동지께서는 다음과 같이 교시하시였다.

《혁명전통 교양을 심도 있게 하는 것은 삶들을 혁명화하고 유일사상체계를 세우는 데서 가장 중요한 작용을 합니다. 우리가 유일사상체계를 세우는 것은 결국 혁명을 잘 하기 위한 것입니다.》(《혁명과 건설에 관한 위대한 수령 김일성 동지의 교시》, 14페지)

장편소설은 1932년의 불멸의 력사에 수놓아진 우리 당의 혁명 전통을 서사시적 화폭으로 심도 있게 반영함으로써 사람들을 혁명화하고 당의 유일사상체계를 튼튼히 세우는 데서 커다란 인식교양적 작용을 노는 혁명적 교과서로서 널리 애독될 것이다.

—『조선문학』 1972년 8·9호

4. 개작 상황

1972년판과 1973년판은 인물, 사건, 행갈이까지 동일하다. 1972년판과 1989년 판의 가장 큰 변화는 동일 인물의 표기가 실명으로 바뀐다는 것과, 작품 후반부에서 서술 순서와 묘사의 변화가 눈에 띈다는 것이다. 13장 내용의 변화가 가장 두드러진다.

장	1972	1989
1	"철남이 맏형 리철군" "금성 장군" 권만성 "올해 37세의 안동학은"(28) "량강에서"(29) 한홍수 최기갑	리철군→리광 금성 장군→김일성 장군 권만성→한홍권 "올해 37살의 안동학은"(26) "량강구에서"(27) 한홍수→차광수 최기갑→최진동(28)

2	"거닐으시면서"(55)	1장에서 최진동으로 등장했던 동일인물이 최기갑으로 표시되었다가(38), 다시 최진동으로 표시되는 등(41)의 오류가 보인다. "거닐으시면서"→"거닐면서"(52)
3	항일유격대	항일유격대→반일인민유격대(91)
4	김창덕 "영주야, 떨어질라"(114) "영주도 또한"(118) "독립군 두령 주호림"	김창덕→김정룡(105) "영주야, 떨어질라"→"애야, 떨어질라"(110) "영주도 또한"→"막내도 또한"(114) (철주의 동생 '영주'가 개정판에서는 '애', '막내'로 불린다.) 주호림→량세봉
8	오상권 "오상권의 아버지 오필수" 덕권이 "오상권의 육촌동생 오인권"	오상권→최창걸(371) "최창걸의 아버지 최필수"(376) 덕걸이(376) 육촌동생 오인권→최상걸(408)
9	·	개작 사항 없음
10	·	개작 사항 없음
11	"않으셨을 것이였다."	"않았을 것이였다."(574)
12	"구국군 유사령" 한인강 * 홍영감네 떡메를 치는 김일성의 서툰 솜씨와 이를 설명하는 한인강의 전언 (625~628). "맨앞에 목청이 높은 북청집 아주머니와 그와 한짝이 되는"(639)	"구국군 우 사령"(575) →오정혁(600) * 초판본보다 많은 부분이 생략되어 있으며, 표현도 바뀌었다. "방앗간집 령감네"→"보위단장 안윤재놈네"로 바뀌었다(607~609). →"맨앞에 손녀를 안은 상범이 어머니와 목청이 높은"(620)
13	최칠성과 김일성의 대화(648~652) 최칠성과 엄 동무의 다리 밑 만남(672) * 초판본 13장의 후반부(677)가 개작본 14장 도입부로 옮겨 갔다(683).	내용 전개의 순서가 바뀌어 있다. 초판본에는 최칠성과 김일성의 대화가 맨 앞에 배치되어 있으나, 개작본에는 차광수와의 대화 이후에 서술되어 있다(629~638). 최칠성과 엄 동무의 만남에 대한 서술이 상세하게 보충되어 있다(657~658). 차광수의 죽음에 대한 안타까움과 회한 장면이 삽입되어 있다(663~682).
14	·	초판본 13장의 후반부(677)가 개작본 14장 도입부로 옮겨 왔다(683).

—작성 : 이승윤

『근거지의 봄』

1. 세부 사항

제목	총서 '불멸의 력사'7 『근거지의 봄』		출간 권수	7
작가 및 창작단	조선작가동맹중앙위원회 4·15문학창작단 / 개작본 리종렬			
발표 연도 (수상 연도)	발표 연도	1981	발표 지면 (수상명·집)	문학예술종합출판사
	개작 연도	1989		
스토리 주제	종파사대주의자들의 좌경적인 '쏘베트'노선을 물리치고 인민혁명정부노선에 따라 유격 근거지를 창설하는 김일성 장군의 영도력과 일제의 침략에 맞서 유격 근거지를 지켜낸 김일성 장군의 지도력.			
키워드1/ 테마	간도(왕청)의 유격 근거지 창설과 두만강 국경 일대(온성 일대)의 반유격구 설립, 좌경적 편향주의에 대한 사상 투쟁, 구국군과의 분열을 책동하는 일제의 음모에 맞서 구국군과 항일연합전선을 결성, 일제 토벌대에 맞서 왕청의 유격 근거지를 방위하는 전투의 승리.			
키워드2/ 구성	8장			
키워드3/ 시점	복합 시점－전지적 작가 시점과 1인칭 주인공 시점(김일성에 한하여 주체존대법 쓰임)			
키워드4/ 시간	1933~1934년			
키워드5/ 장소	간도(왕청), 두만강 국경 일대(온성).			
키워드6/ 소재	유격 근거지와 반유격구, '쏘베트'노선 대 인민혁명정부노선의 대립, 토지개혁을 비롯한 제반 민주주의적 개혁, 왕재산회의, 일제의 토벌 작전.			
키워드7/ 인물(직업)	화요파, 엠엘파, 교원, 구국군, 농민, 유격대, 반일 자위대, 관동군, 현당 군사책 및 서기와 강사, 부녀회, 순사, 탄광노동자.			

2. 줄거리 소개

1장

현옥심이라는 여교원이 쏘베트 회장인 리재명의 안내로 학교를 열기 위해 마촌으로 들어온다. 하지만 현당 서기 권일균과 현당 조직책 송해일은 이러한 리재명의 의견에 반대를 표시한다. 또한 유격대원이 되고자 하는 김창억이 조혼했다는 이유를 들어 권일균과 송해일은 참군을 부결하는 결정을 내려 김창억을 좌절시킨다. 김일성의 공작원인 최진동은 이들의 좌경적 편향주의에 반발하지만, 이 현실을 고칠 힘이 없자 김일성 장군의 방문을 절실하게 고대한다.

2장

최진동의 바람대로 김일성 장군이 유격대의 지휘관들과 함께 마촌에 온다. 김일성은 마촌과 쌍암촌 등 왕청 지역에 유격 근거지를 창설하기 위해 지금까지 쏘베트노선의 좌경적 편향주의를 비판하고 인민정부혁명노선을 제창하며 토지개혁과 같은 제반 민주주의적 개혁을 선도한다. 이에 따라 김창억은 유격대에 들어가게 되고, 김창억의 아버지 김진세는 토지개혁준비위원장이 되어 김일성을 돕는다.

3장

일제는 배후에서 자신들을 괴롭히는 조선공산당을 소탕하기 위해 간도 토벌작전에 돌입한다. 여기에 파견된 파쇼적 청년장교들의 비밀단체인 사꾸라까이의 일원이었던 사또와 특무부 요원인 구니모도가 만나게 된다. 천황은 특사를 보내 간도 토벌작전의 성공을 독려한다. 반면 김일성 장군은 반유격구 건설을 위해 온성 지구 지하혁명조직들과 정치공작원들을 모아 왕재산회의를 주재하고 이들을 격려한 후, 친히 부대를 이끌고 국경 일대를 방문하고 반유격구 건설에 박차를 가한다.

4장

권일균과 송해일은 김일성에게 과오를 지적당한 이후 서로 소원해진다. 쏘베트노선에 반발하여 근거지를 이탈했던 마종삼 노인은 김일성의 영도 하에 마촌이 달라졌다는 얘기를 듣고, 그의 아들 마동호에게로 되돌아온다. 김일성은 마종삼을 너그럽게 용서하고, 그의 아들인 마동호가 유격대원이라는 점을 감안하여 1등전의 땅을 나누어준다. 토지개혁과 함께 마을의 분위기는 그 어느 때보다 활기차고 분주해진다.

5장

국제당의 파견원인 류현민이 마촌을 찾아온다. 종파주의자들로부터 유격 근거지를 중상한 '통보 자료'를 받고 그 실태를 조사하기 위해 온 류현민은 보름 이상 마을에 머물면서 유격 근거지의 현실을 목격한다. 류현민은 김일성 장군이 제시한 주체적인 혁명노선의 정당성과 그 거대한 생활력을 깊이 인식한 보고문을 작성한다. 또한 유격대원이 되고 싶어하는 김창억을 위해 남편 곁을 떠나 시댁에 갔던 윤보금은 장군의 뜻에 따라 마촌의 시댁으로 돌아와 혁명사업에 힘쓴다.

6장

류현민의 보고서를 읽은 권일균이 이를 박두칠에게 알려주고, 박두칠은 격론 끝에 류현민을 사살한다. 김일성 장군은 전체 유격지에 인민혁명정부가 수립되고 민주주의적 개혁이 성공적으로 수행된 것을 축하하며 큰 체육대회를 연다. 하지만 구국군에서 공작을 펼치던 리학산을 비롯한 10여 명의 유격대원이 모략에 의해 무참히 사살되었다는 소문이 퍼지면서 마을 분위기는 가라앉는다.

7장

김일성 장군은 위험을 무릅쓰고 라자구의 오의성 부대를 찾아가 담판하고 구국군 부대와 연합하여 동녕현성 진공 전투를 승리로 이끈다. 일제는 동녕현성 전투에 크게 당황하여 대규모 토벌작전을 전개한다.

8장

김 장군은 소왕청 근거지에 대한 일제의 대대적인 토벌에 맞서서 숱한 어려움 속에서도, 근거지를 굳건히 방위한다. 이듬해 봄에 봄철 농사를 돕기 위해 몸소 들판에 나와 씨뿌리기를 하는 김일성 장군의 모습과 근거지의 봄을 안고 조국으로 가리라는 유격대원들과 인민들의 투쟁에 찬 결의가 묘사된다.

3. 북한의 소개와 평가

| 사전(년감) 자료 |

장편소설. 총서 《불멸의 력사》 중의 한 권이다. 1981년 리종렬 창작.

위대한 수령 김일성 동지께서는 다음과 같이 교시하시였다.

《공고한 유격 근거지가 있어야 강대한 적의 포위 속에서도 무장대오를 부단히 확대 강화하면서 장기간의 유격전을 전개할 수 있으며 또한 적들의 무차별적인 학살만행으로부터 혁명대중을 보호할 수 있습니다.》(《김일성저작집》 1권, 34페지)

소설은 1933년 초부터 이듬해 봄까지를 시대적 배경으로 하여 유격 근거지에서의 인민혁명정부수립과 여러 가지 민주주의적 개혁의 실시, 유격구 보위를 위한 투쟁에 대한 서사시적 화폭을 통하여 우리 혁명주권의 력사적 뿌리를 마련하시고 항일혁명투쟁을 승리에로 이끄신 위대한 수령님의 혁명업적을 높은 예술적 경지에서 형상한 기념비적 대작이다. 소설의 첫 부분에서는 종파사대주의자들의 좌경적인 《쏘베트》로선으로 인하여 동요와 혼란이 생긴 근거지 창설 초기의 복잡한 환경과 정세를 보여주고 있다. 유격대 입대자들을 현지에서 심의하기 위하여 마촌에 온 현당서기 권재균은 조혼했다는 리유로 김창억을 부결해버렸으며 근거지에 학교를 세우려는 계획도 반대하고 토지의 《공동소유》와 《공동경작》을 내려 먹이는 등 좌경적인 《쏘베트》로선을 강요한다. 종파사대주의자들의 책동으로 유격 근거지가 어수선해지고 있던 때 위대한 수령 김일성 동지께서 마촌에 오시여 근거지 일을 바로잡아 주신다. 위대한 수령님께서는 근거지 형편을 료해하신 데 기초하시여 《쏘베트》 관계자들의 회의를 소집하시고 좌경적인 《쏘베트》로선의 부당성을 낱낱이 발가놓으시였으며 《쏘베트》를 인민혁명정부로 개편하시고 토지개혁을 비롯한 제반 민주주의 개혁을 실시하기 위한 투쟁을 정력적으로 령도하신다. 그리하여 좌경적인 《쏘베트》 시책으로 하여 벌어졌던 엄중한 사태들이 수습되며 유격대 입대를 그처럼 바라던 김창억은 비로소 자기 소원을 성취하고 그의 아버지 김진세 로인도 토지개혁준비위원회 위원으로 선거된다. 유격 근거지가 점차 강화되자 일제놈들의 발악이 더욱 심해진다. 위대한 수령님께서는 조성된 정세에 대처하여 두만강 국경 일대에 반유격구를 형성할 데 대한 탁월한 방침을 제시하시고 몸소 부대를 거느리시고 온성 지구에로 진출하시여 지하혁명조직 책임자들과 정치공작원들의 회의를 소집하시고 온성 일대를 반유격구로 꾸릴 데 대하여서와 이를 위하여 유격대가 국경 연안 일대에서 전투활동을 더욱 강력히 전개하며 국내혁명조직들이 광범한 군중을 결속하고 혁명화할 데 대하여 교시하신다. 왕재산회의 이후 위대한 수령님께서는 국경 연안 일대에서 활동을 강화하시는 한편 황갈촌, 동림촌, 십리평 등지에 나가시여 토지개혁준비사업을 현지에서 지도하신다. 좌경적 시책으로 근거지를 떠났던 마종삼 로인은 근거지에서 농민들에게 땅을 나누어 준다는 소문을 듣고 다시 마촌으로 돌아온다. 이러한 때에 종파분자들로부터 유격 근거지를 시비중상한 《통보자료》를 받은 국제당 파견원 류현민이가 유격 근거지로 온다. 류현민은 보름 이상 위대한 수령님과 함께 지내면서 유격 근거지의 현실을 목격하고 위대한 수령님께서 제시하신 주체적인 혁명로선의 정당성과 그 거대한 생활력을 깊이 인식하게 되자 근거지에서 받은 인상들을 적은 보고문을 작성한다. 보고문의 매장에는 위대한 수령님에 대한 류현민의 다함없는 존경과 흠모의 정이 어리여 있었다. 국제당에 무기명 서한을 보낸 자들은 제놈들의 음흉한 속심이 드러나게 되자 류현민을 살해한다. 이를 계기로 유격 근거지에 숨어있던 종파분자들이 청산되며 근거지에서는 새로운 변화들이 일어난다. 위대한 수령님의 구체적인 지도 밑에 인민혁명정부는 정치, 경제, 문화의 모든 부문에서 민주주의적 개혁들을 실시하며 근거지 인민들은 더욱더 활기를 띤다. 위대한 수령님께서는 전체 유격 근거지들에 인민혁명정부가 수립되고 민주주의 개혁들이 승리적으로 수행되는 것을 경축하여 큰 체육대회를 열도록 하신다. 그 후 라자구의 구국군부대에서 공작하던 리광 중대장을 비롯한 10여 명의 유격대원들이 구국군들에 의해 무참히 학살당하였다는 소식을 들으신 위대한 수령님께서는 아픈 심정을 누르시고 구국군부대와의 항일련합전선을 실현하시기 위하여 라자구의 오의성 부대를 찾으시여 담판하시며 구국군부대와 련합하여 동녕현성진공전투를 승리적으로 벌리도록 하신다. 당황한 적들이 소왕청 근거지에 대한 《토벌》을 시도하였지만 근거지는 굳건히 방위된다. 소설은 이듬해 봄에 봄철 농사를 도우시기 위하여 몸소 들판에 나오시여 씨뿌리기를 하시는 위대한 수령님의 숭엄한 모습을 감명 깊게 그리면서 피어린 투쟁으로 쟁취한 근거지의 봄을 안고 조국으로 가리라는 유격대원들과 인민들의 투쟁결의로 끝맺고 있다. 이처럼 장편소설은 위대한 수령님께서 제시하신 인민혁명정부로선의 정당성과 거대한 생활력을 유격 근거지에서의 생활과 유격 근거지 방위를 위한 투쟁에 대한 서사시적 화폭을 통하여 예술적으로 확증하였으며 근거지의 봄이 사람들에게 기쁨을 주고 새 생활을 안겨주는 영원한 행복의 봄으로 된다는 것을 형상적으로 밝히였다. 유격 근거지에 혁명의 새봄을 안아 오시고 항일무장투쟁을 중심으로 한 전반적 조선혁명을 새로운 높은 단계에로 발전시키신 위대한 수령님의 영광 찬란한 혁명력사와 불멸의 혁명업적, 경애하는 수령님께서 제시하신 주체적인 혁명로선의 정당성과 생활력을 일관하게 보여주면서 소설은 어버이 수령님께서 유격 근거지 인민들과 유격대원들에게 돌려주시는 뜨거운 사랑과 배려를 감명 깊게 형상하였다. 장편소설에서는 위대한 수령님의 따사로운 손길 아래 불굴의 혁명투사로 자라나는 김창억, 최진동, 장대설, 리광, 마동호, 박경룡, 오판단 등 유격대원들과 인민혁명정부 일군 리재명, 부녀회장 림성실, 김창억의 안해 윤보금, 아동단학교 교원인 박현숙 등 유격 근거지 인민들의 전형적 형상도 훌륭히 창조하였다. 특히 소설에서는 국제당 파견원인 류현민의 형상을 통하여 경애하는 수령 김일성 동지의 위대성과 인민적인 풍모를 집중적으로 보여주고 있다. 소설에서는 이밖에도 종파의 구렁텅이에서 헤매다가 위대한 수령님의 따뜻한 손길 아래서 자기 잘못을 뼈저리게 느끼고 삶의 참된 길을 되찾은 정문혁, 구국군 사령인 오의성과 사 려장, 초 려장 등의 성격이 개성적으로 그려졌다. 소설은 유격 근거지생활을 생동하게 그려내면서 여기에 실재한 력사적 사실들과 사건들, 전투들을 적절히 배합하여 당시 시대상을 폭넓고 진실하게 재현하였다.

—『문학예술사전』(상), 과학백과사전종합출판사, 1988.

| 평론 자료 |

조선의 영원한 봄을 마련하여 주신 위대한 수령님의 불멸의 업적에 대한 빛나는 서사시적 화폭

–총서 《불멸의 력사》 중 장편소설 《근거지의 봄》에 대하여

고철훈

얼마 전에 4·15 문학창작단에서 세상에 내놓은 총서 《불멸의 력사》 중 장편소설 《근거지의 봄》은 우리 인민의 심장마다에 거대한 반향을 불러일으키고 있다. 그것은 장편소설이 항일혁명투쟁의 간고하고 준엄한 시기였던 두만강 연안 유격

근거지에서의 위대한 수령님의 혁명활동을 서사시적 화폭으로 펼쳐 보여주면서 우리 혁명주권의 력사적 뿌리를 마련하시고 조국 삼천리에 영원한 봄을 꽃피워 주신 경애하는 수령 김일성 동지의 위대한 풍모와 불멸의 업적을 사상예술적으로 빛나게 형상하였기 때문이다.

장편소설 《근거지의 봄》은 1938년 초부터 이듬해 봄까지를 시대적 배경으로 하면서 위대한 수령님의 현명한 령도 밑에 조직 진행된 유격 근거지－해방 지구에서의 혁명 정권 수립과 여러 가지 민주주의 개혁의 실시, 반유격구 창설과 반제공동전선을 실현하기 위한 투쟁, 유격 근거지 방어전투의 거대한 승리를 대서사시적 화폭으로 펼쳐 보여주고 있다.

장편소설은 그가 담고 있는 의의 있는 사회력사적 화폭과 심오한 사상주제적 내용, 작품 전반에 차고 넘치는 풍만한 생활 정서로 하여 혁명소설의 위력을 또다시 빛내인 자랑찬 성과작이며 걸출한 대작이다.

장편소설 《근거지의 봄》이 위대한 수령님의 영광 찬란한 혁명력사의 일단을 훌륭한 예술적 화폭으로 형상한 걸출한 대작으로 완성될 수 있은 것은 수령형상작품 창작을 문학예술의 첫째가는 과업으로 제기한 영광스러운 당중앙의 독창적인 문예 방침과 현명한 지도가 있었기 때문이다.

근거지의 봄!

겨울이 가면 봄이 오고 봄이 바뀌여 여름이 되는 것은 자연의 리치건만 1933년의 봄은 얼마나 곡절 많은 사연을 안고 소왕청 근거지로 찾아들었던가. 만물이 소생하는 계절이라지만 좌경 조페르 바람이 모질게 불어 움트려던 사람들의 마음마저 시들어버린 것이 마촌의 봄이었다.

바로 이처럼 음산한 봄날에 장군님께서는 근거지에 찾아오시여 좌경적인 쏘베트로선을 뒤집어엎고 독창적인 인민혁명정부로선을 내놓으시여 인민들을 참된 혁명 주권의 진정한 주인으로 되게 하여 주시였으며 인간의 참된 존엄을 지닐 수 있게 하여 주시였다. 또한 근거지 방위를 위한 인민 전쟁을 승리로 결속지으심으로써 이듬해의 경사로운 봄을 맞게 하여 주시였다.

위대한 장군님의 강철의 의지, 장군님의 탁월한 전법에 의해 마련된 이 봄은 단순한 자연의 봄이 아니였다.

하기에 작품에 등장하는 국제공산당 파견원 유현민은 자기 느낌을 다음과 같이 썼다.

《청년 장군!

청춘처럼, 봄처럼 아르답고, 순결하고, 생동하고 강의한 령도자!

그의 모습과 이 봄은 하나의 조화로 어울려져 나로 하여금 심각한 시정에 자꾸 잠겨들게 한다. 나에게는 근거지의 이 봄이 자연의 봄으로만 느껴지지 않는다. 조선혁명과 세계혁명에 새 기원을 활짝 꽃 피운 혁명의 화창한 봄으로 느껴진다.》

이러한 느낌은 결코 류현민 한 사람에게 한한 것이 아니였다. 어제날 종파의 구렁텅이에서 헤매다가 참된 삶의 길, 투쟁의 길을 되찾은 정문혁은 승리한 봄날에 자기의 격동된 감정을 즉흥시에 담아 다음과 같이 노래하고 있다.

……
수양버들 가지들 흐느적이는 밑에서
봄에 취한 가냘픈 시인
온 심혼을 담아 웨치고 싶노라
우리에게 태양이 있어 이 봄이 왔다고
이 봄에 태양이 더 고맙다고

진리의 태양
사랑의 태양
위대한 리성의 태양이여!!

아,
이 봄을 안고 조국으로 가자
이 봄을 조국 삼천리에 활짝 꽃피우자…

그렇다. 근거지의 봄이야말로 조선혁명과 세계혁명에 새 기운을 활짝 꽃 피운 혁명의 화창한 봄이였으며 조국의 미래를 상징하는 희망의 봄이였다.

위대한 수령님의 현명한 령도, 그이의 두리에 뭉친 강철 같은 통일단결, 피로써 쟁취한 새 세상, 새 제도를 끝까지 지키려는 철석같은 신념.

이 불패의 위력이 마련된 근거지의 봄이 있어 우리 조국의 영원한 봄, 인류의 화창한 봄이 꽃펴날 수 있었다는 것을 형상적으로 보여주려는 바로 여기에 작품의 사상적 알맹이가 있다.

장편소설은 두만강 연안 유격 근거지에서의 위대한 수령님의 혁명활동과 그 시기 력사적 사실에서 골라잡은 이 사상적 알맹이를 똑바로 틀어쥐고 형상을 한 곬으로 깊이 파고들어갔기에 혁명소설의 력사문헌적인 의의와 예술적 가치를 확고히 담보하고 작품의 철학성을 보장할 수 있었다.

장편소설의 중심에는 주체의 혁명로선을 제시하시고 탁월한 군사전법과 세련된 령도로 조선혁명과 세계혁명의 앞길을 개척해 나가시는 위대한 정치적 수령이시며 인간에 대한 사랑, 인민대중을 위한 헌신적 복무와 희생을 최대의 행복으로 받아들이시는 인민의 자애로운 어버이이신 경애하는 수령 김일성 동지의 위대한 풍모가 빛나게 형상되고 있다.

소설은 무엇보다도 주체의 철학적 신념을 확고히 지니시고 주체적인 혁명로선을 빛나게 실현해 나가시는 경애하는 사령관 동지의 위대한 풍모를 감동 깊게 형상하고 있다.

장군님께서는 이미 카륜회의와 명월구회의에서 내놓으신 주체적인 인민정권건설로선에서 유격구에 어떤 정권을 세울 것인가 하는 것을 구체적으로 밝히시였다.

위대한 수령 김일성 동지께서는 다음과 같이 교시하시였다.

《조선의 공산주의자들은 우리나라 혁명발전의 합법칙적 요구로부터 출발하여 그리고 민족적 및 계급적 모순과 사회경제적 조건을 과학적으로 분석한 데 기초하여 앞으로 세워야 할 정권은 로동계급이 령도하는 로농동맹에 기초하고 광범한 반일력량의 통일전선에 의거한 인민혁명정부로 되어야 한다는 로선을 내놓았습니다.》(《김일성 저작선집》 제5권, 188페지)

위대한 수령님께서 제시하신 인민혁명정부로선이야말로 근거지에서의 정권 문제와 토지 문제, 농민 문제 등을 빛나게 해결할 수 있는 길을 밝힌 가장 정당한 로선이였다.

그러나 좌경기회주의자들과 종파사대주의자들은 좌경적인 쏘베트로선을 고집하면서 근거지 인민들 속에 커다란 불안과 혼란을 조성하였다.

소설에서 보여주고 있는 바와 같이 현당에 틀고 앉은 권일균이나 송해일과 같은 좌경분자들은 《공동소유》, 《공동경작》, 《공동분배》를 떠벌이면서 뙈기밭까지 내놓으라고 강요하였으며 열혈청년인 김창억의 입대 청원을 조혼을 했다는 한 가지 구실로 부결 놓는다. 하여 마을의 공기는 전에 없이 뒤숭숭해졌다.

마종삼 로인은 피땀 들여 일군 200평의 뙈기밭을 공동경작에 내놓기가 싫어 근거지에서 달아나는가하면 그의 아들 마동호가 억울한 루명을 쓰고 혁명감옥에 갇히우고 창억의 처 윤보금은 자기와 결혼한 것 때문에 유격대에 입대 못하는 남편을 생각하여 남몰래 탈가한다.

쏘베트 시책을 바로 잡는가 못 잡는가 하는 것은 근거지를 혁명의 책원지로 꾸리는가 못 꾸리는가 하는 문제와 직접 관련되는 매우 중대한 문제였다.

바로 이러한 때에 위대한 장군님께서 마촌에 오시였다.

소설은 근거지에 조성된 엄중한 사태를 수습하시는 장군님의 정력적인 활동을 보여주면서 좌경종파분자들과의 로선투쟁의 근본 바탕에는 혁명과 인민대중에 대한 관점 문제가 첨예하게 놓여있다는 것을 형상적으로 밝히고 있다.

장군님께서는 이 세상에서 가장 귀중한 것은 인간이며 제일 강력한 힘을 가지고 있는 것도 인간이기 때문에 인민대중의 힘에 의거하여 혁명투쟁을 전개하면 반드시 승리한다고 보신다. 바로 이것이 장군님의 인격에 체현된 확고부동한 철학적 신념이였다.

장군님께서는 인민대중의 의사를 존중하시기에 마촌에 당도하시자 인민들 속에 들어가시여 새끼를 함께 꼬시며 마을의 좌상인 김진세 로인을 만나시는가 하면 쌍암촌의 지유복 농민과도 만나시여 허물없이 이야기를 나누신다.

그러나 종파분자들은 혹심한 주관주의에 사로잡혀 몇몇 사람의 의지면 못 해낼 일이 없을 것 같이 여기고 인민들의 리익, 인민들의 념원, 인민들의 감정과 생활풍습까지도 무시하면서 좌경적인 쏘베트로선을 휘둘렀다.

바로 여기에 종파분자들의 근본적인 오류가 있는 것이다.

(인민들의 요구가 혁명의 구호로 웨쳐지며 혁명이 참되게 인민대중을 위한 것으로 되게 한다면 혁명은 몇몇 사람의 것이 아니라 인민대중 자신의 일로 될 것이다. 그런데 여기에서는 도대체 어떤 사태가 벌어졌는가?)

고요 속에 묻힌 밤, 마을길을 홀로 걸으시는 장군님의 생각은 깊으시였다.

장군님께서는 종파분자들이 범한 좌경적 오류를 인민대중 자신이 스스로 깨닫도록 하시기 위해 쏘베트 관계자들의 모임을 열어 광범한 군중들과 함께 론전을 벌리도록 하시며 인민들에게 그 이름부터가 생소한 쏘베트를 전체 인민의 의사를 대표할 수 있는 정권 형태인 인민혁명정부로 개편하신다.

그리고 인민들의 세기적 숙망인 토지개혁을 비롯한 여러 가지 민주주의 개혁들을 실시하도록 하신다.

혁명이 승리할 수 있는 비결은 그 어떤 허황한 쏘베트로선 같은데 있는 것이 아니라 인민들을 제 혈육 이상으로 사랑하고 그들을 위해 헌신 분투하는 데 있다는 장군님의 말씀.

소설은 종파사대주의자들을 반대하는 치렬한 로선투쟁 장면을 통하여 혁명과 인민대중에 대한 주체적인 관점에 확고히 서시여 인민혁명정부로선을 관철해 나가시는 경애하는 사령관 동지의 탁월한 풍모를 빛나게 형상하였다.

주체의 철학적 신념을 확고히 지니시고 혁명을 줄기차게 밀고 가시는 위대한 장군님의 풍모는 반유격구 형성을 위한 국내에로의 진출과 근거지 방위를 위한 전인민적 전쟁을 통하여서도 잘 보여주고 있다.

1933년 3월 장군님께서 령솔하신 유격대의 온성 지구에로의 진출과 력사적인 왕재산회의, 경원군 류다섬에서의 정치활동 등은 모두가 조선혁명을 조선 사람 자신이 책임지고 수행하기 위한 주체적 립장에서 벌리신 사업이지 결코 종파분자들이 시비하는 것처럼 1국 1당제 원칙을 위반하는 민족주의적 경향이 아니였다. 장군님께서 온성 지구에로 진출하시여 광범한 지역에 반유격구를 형성하시였기에 유격 근거지는 일제의 그 어떤 군사적 공세와 경제적 봉쇄에도 끄떡하지 않는 튼튼한 전투기지, 후방기지로 꾸릴 수 있었다.

유격 근거지 방위를 위한 전쟁에서 빛나는 승리를 이룩할 수 있은 것도 장군님께서 인민대중의 무궁무진한 힘에 의거하시여 근거지에 전 인민적 방위 체계를 수립하시였기 때문이며 장군님의 령활한 주체적 기법이 있었기 때문이다.

근거지 방위를 위한 가렬한 전쟁을 앞둔 어느 날 군량을 모아 장군님을 찾아온 쌍암촌의 지유복 회장과 농민들, 석전으로 유격대를 돕겠다고 그 묘술까지 내놓은 김진세, 마종삼 농민들.

장군님께서는 이러한 인민들의 무궁무진한 힘과 지혜가 근거지의 방위력에 가산 되여야 한다고 보신다.

(…왜놈들은 우리보다 총과 대포를 더 많이 가지고 있지만 우리는 사람들을… 사람들을 더 많이 가지고 있다. 우리는 인민대중을 가지고 있다!)

소설은 인민대중에 대한 크나큰 믿음과 그 믿음에 기초하여 세우신 집중과 분산, 매복과 습격, 직 배후교란작전 등 장군님의 령활한 주체적 전법이 있었기에 근거지 방위를 위한 인민전쟁을 빛나는 승리로 결속 지을 수 있었다는 것을 가렬처절한 근거 지방의 전투에 대한 폭넓은 묘사와 함께 깊이 있게 보여주고 있다.

이와 같이 장편소설은 혁명은 인민을 위한 사업이며 인민 자신의 사업이고 인민대중이야말로 이 세상에서 가장 힘있는 존재라는 주체적인 관점에 확고히 서시여 유격 근거지를 혁명의 책원지로, 튼튼한 보루로 꾸려나가시는 경애하는 사령관 동지의 위대한 풍모를 감명 깊은 예술적 형상으로 보여주고 있다.

소설에서는 다음으로 세계혁명의 전략적 과업을 명철하게 제시하시고 실천적 모범으로 국제공산주의운동을 승리적으로 이끌어 나가시는 경애하는 사령관동지의 위대한 풍모를 감명 깊게 형상하고 있다.

소설은 주로 이것을 국제공산당 파견원 류현민과의 관계에서 그리고 오의성 부대와의 련합전선을 실현하는 장면을 통하여 잘 보여주고 있다.

류현민이 모스크바에서 하바롭스크까지, 하바롭스크에서 할빈, 할빈에서 소왕청 유격 근거지까지 불원천리하고 장군님을 찾아 뵈온 중요 목적의 하나는 국제공산주의운동 앞에 조성된 엄중한 난국을 뚫고 나갈 방책을 가르침받기 위해서였다.

당시 국제 정세로 말하면 매우 긴장하였다. 국제공산주의운동 앞에는 파시즘의 대두를 막고 세계대전의 참화에서 인류를 구원하기 위한 새로운 전략과 전술을 세울 절박한 과제가 나서고 있었다.

이 과제를 빛나게 해결하실 분은 위대한 장군님밖에 없으시였다.

장군님께서는 파시즘의 발광적인 발악에 대처하여 모든 나라 공산주의자들이 각계각층 각파의 정치력량들과 인민대중을 파시즘을 반대하는 하나의 반파쑈전선에 묶어세울 데 대한 방침을 제기하신다. 이 방침이야말로 국제 파시즘을 타파하기 위한 세계혁명의 전략을 제시한 탁월한 방침이다.

장군님께서는 천리혜안의 통찰력으로 국제정치 정세를 예리하게 분석 평가하시고 세계혁명의 전략을 밝히시였을 뿐 아니라 조선혁명의 실천적 모범으로 세계혁명을 승리적으로 이끄시였다.

《…우리는 조선혁명을 세계혁명의 한 고리로 보고 있으며 자기 나라 혁명을 잘 하는 것이 곧 세계혁명에 이바지하는 것이라 생각합니다. 이것은 타협할 수 없는 우리의 신념입니다.》

장군님의 이 말씀에는 자기 나라 혁명에 충실하는 것으로써 세계혁명에 이바지하는 주체적 립장이 확고히 반영되여 있다.

실제로 장군님께서 독창적으로 내놓으신 인민혁명정부로선은 전 세계 식민지 반식민지 나라들의 혁명운동에 새 정권 수립의 길을 환히 밝혀 주었으며 유격 근거지에서의 반일통일전선로선의 실현은 국제 파시즘을 반대하는 전략과 전술 문제의 생동한 모범으로 되었다.

특히 오의성 부대와의 련합전선의 실현은 항일무장투쟁을 더욱 확대 발전시킬 수 있게 하였을 뿐 아니라 국제적으로는 반제공동전선의 선구자적 모범을 보여준 것으로써 그 의의가 대단히 큰 것이였다.

반일공동전선을 실현하기 위하여 장군님께서 진행하신 오의성과의 담판과 동녕현성전투에 대한 심오하고도 폭넓은 예술적 화폭들은 혁명 앞에 닥친 엄중한 위기를 타개하시기 위하여서는 일신의 위험도 서슴지 않으시는 경애하는 수령님의 한없이 고결한 혁명가적 풍모와 크나큰 도량과 포옹력을 감동 깊은 형상으로 부각하고 있으며 세계혁명을 승리의 한 길로 령도해 나가시는 위대한 장군님의 탁월한 풍모를 빛나게 형상하고 있다.

소설에서는 위대한 수령님의 고결한 인간애와 숭고한 혁명적 의리도 감동적으로 그리였다.

인간에 대한 뜨거운 사랑과 인민대중에 대한 헌신적 복무의 정신은 장군님께서 지니신 가장 고결한 인민적 성품이다. 장군님께서 그처럼 짧은 기간에 수백만 민중을 쟁취할 수 있는 비결의 하나는 바로 인민대중에 대한 다함없는 사랑에 있다.

김진세 로인의 일가만 하여도 파탄될 지경에 이른 가정이 장군님의 은덕으로 다시 화목을 이룩하게 되었고 김진세 로인은 물론 아들 창억이와 며느리인 보금이가 모두 장군님의 은정 깊은 사랑과 믿음 속에서 새 인간으로 소생되여 혁명가로 자라게 되었다.

그 뿐이 아니다. 장군님의 사랑은 쏘베트로선에 불만을 품고 근거지에서 달아났던 마종삼 농민과 일본 놈의 통치 밑에서 면장을 하면서도 민족적 량심을 버리지 않은 박수원 면장에게도 돌려지며 구국군 부대에 공작조로 파견된 리학산의 처 박차녀에게도 지어는 구국군 두령인 오의성과 사려장 초려장들에게도 돌려지는 것이다.

소설은 장군님의 고결한 인간세계를 특히 그이께서 지니신 혁명적 륜리관을 통하여 감명 깊게 보여주고 있다.

장군님께서는 녀성이나 애정 문제를 혁명과 갈라놓고 보는 것 자체를 반대하신다. 그이께서는 참된 인간성이 안받침된 사상과 의지만이 어떤 풍랑 속에서도 변절과 동요를 모르고 만난을 이겨나갈 수 있다고 보신다.

하기에 중대 정치 지도원 최진동이 부녀회장 림성실과 약혼한 사이임에도 불구하고 혁명만을 생각하면서 의도적으로 그를 멀리 대하려 하는 것을 알아차리시고는 어느 일요일 날에 그들더러 약혼사진을 찍어오라고 십리평에 보내시기도 하신다.

장군님께서는 바로 이러한 분이시였기에 최진통이 국내공작에 나갔다가 장렬하게 희생되였을 때에는 배낭 속 깊이 간수했던 그 사진을 꺼내놓고 비분을 금치 못하시는 것이였다.

희생된 전사에 대한 그이의 사랑은 결코 최진통에게만 한한 것이 아니였다. 혁명의 간고한 길에서 자기의 한 목숨을 기꺼이 바친 서정민, 리학산, 장대설, 류현민 이들에게 돌려지는 영원한 사랑을 통하여 소설은 장군님께서 지니신 혁명적 의리를 가슴 뜨겁게 보여주고 있다.

장군님의 소탈하신 인간적인 풍모와 그이께서 지니신 혁명적 륜리관은 국제공산당 파견원 류현민과의 관계를 통하여 집중적으로 그려지고 있다.

어느 날 장군님께서는 녀성의 미덕 중에서 어떤 것이 제일 귀중하다고 생각하는 가라는 류현민의 물음에 다음과 같이 대답하신다.

《잊혀지지 않는 어머님 모습 때문인지… 나한테는 헌신성… 헌신성이 녀성의 미덕 중에서 가장 귀중한 것으로 생각됩니다…》

갖은 고생을 다 하시면서도 묵묵히 참아가시며 아버님의 혁명사업을 뒷받침하여주신 존경하는 어머님, 어머님의 모습을 통하여 이 세상 모든 녀성들의 수고와 미덕에 대하여 알게 되었다는 장군님의 이 말씀은 얼마나 뜻이 깊은 것인가.

장군님께서는 녀성에 대한 견해뿐 아니라 새로운 륜리에 기초한 사랑에 대해서도 스스럼없이 이야기해 주신다.

류현민은 장군님의 사상을 파악하고 그에 공명하면서 동시에 이처럼 스스럼없고 소탈하신 그이의 인격에 감화되여 장군님을 우러러 따른 것이다.

리별의 그 날에는 친히 자신께서 말을 타시고 바래워주시는 것만으로도 모자라 근거지를 떠나기 아쉬워하는 류현민의 심정을 헤아리시여 이틀 동안이나 함께 즐거운 시간을 지내신 다음에야 떠나보내시는 장군님.

그리고 류현민이 종파 놈에게 사살되였다는 뜻밖의 비보를 들으시고는 못내 애석해 하시며 비상용 양초 한 곽을 꺼내시고 장례를 될수록 조선식으로 우리 풍습대로 할 데 대하여 당부하시는 어버이 장군님.

류현민에게 들려주시는 어버이 장군님의 크나큰 사랑과 배려말로 하늘땅에 비길 수 없는 은정 깊은 것이였다.

류현민은 근거지 생활을 통하여 장군님의 위대성과 고결한 인간적 풍모를 실제 눈으로 보고 심장으로 체험하였기에 국제공산당원 동국에 가서 할 고문 초안에 다음과 같이 썼다.

《…그는 탁월한 혁명가, 정치가, 군사가이며 천재적인 예술가이다.

인간에 대한 사랑, 인민대중에 대한 헌신적 복무 정신을 중추로 하여 탁월한 리성과 다감한 감성, 철저한 원칙성과 적에 대한 비타협성, 대해 같은 포용력, 강철의 의지와 비범한 예지… 이 모든 훌륭한 자질들이 결합되여 령도자로서의 그의 인격의 총체를 이루고 있다.

그는 조선의 피 어린 력사와 인민대중이 낸 유일무이한 걸출한 령도자이다.
동지들, 놀라지 말라!
만민이 흠모하며 따르는 김일성 동지는 올해 22세의 청년 장군이다…》

류현민의 이 절절한 토로야말로 위대한 수령님에 대한 다함없는 충성의 찬가였으며 그이의 탁월한 풍모를 례찬한 심장의 웨침이였다.

장편소설은 이와 같이 주체의 혁명로선을 제시하시고 조선혁명과 세계혁명을 현명하게 이끌어 나가시며 인간을 한없이 사랑하고 귀중히 여기시는 위대한 수령님의 고결한 풍모를 감명 깊이 그려내였다. 바로 여기에 장편소설 《근거지의 봄》이 거둔 가장 큰 사상예술적 성과가 있다.

장편소설 《근거지의 봄》에는 위대한 수령님의 불멸의 형상과 함께 일편단심 수령님만을 믿고 따르며 수령님을 높이 받들어 모시고 나가는 유격대원들과 인민들의 티없이 깨끗한 충성심을 감동 깊이 그려내였다.

소설에는 지난날 종파분자들의 좌경적 책동으로 하여 유격대에도 들어가지 못하고 있다가 장군님의 크나큰 믿음과 사랑 속에서 유격대원으로 그이의 충직한 혁명전사로 자라나는 김창억의 형상과 함께 장군님에 대한 신념화된 충실성을 가슴 깊이 간직한 유격대 지휘관들인 최진동, 리학산, 서정민 등의 형상이 빛나게 그려져 있다.

작품은 김창억의 성격형상을 통하여 평범한 조선청년들의 혁명적 세계관 형성과정을 깊이 있게 보여주었다면 유격대 지휘관들의 형상을 통하여 일편단심 수령님께 충성 다하기 위하여서는 어떻게 살며 싸워 나가야 하는가를 생동한 모범으로 보여주고 있다.

소설에는 이밖에도 근거지 방위를 위한 어려운 전화의 나날 놈들에게 체포되면서까지도 장군님께 식량을 구해 보내는 김진세 로인이며 장군님의 로고를 조금이라도 덜어드리기 위해 온갖 지성을 다하는 지유복, 한설봉 등 마을 로인들과 부녀회장 림성실, 장군님의 품을 찾아 유격 근거지에까지 들어와서 아동단 학교 교원으로 일하는 현옥심, 지난날 배우지 못한 탓으로 종파분자들에게 롱락당하였다가 장군님의 령도 밑에 전변된 근거지의 새 현실을 통하여 비로소 혁명의 참뜻을 깨닫고 인민혁명정부를 목숨 바쳐 지켜내는 왕청유격대 중대장 장대설 등의 형상이 각이한 개성으로 생동하게 그려져 있다.

특히 종파사대주의자들과 휩쓸려 다니다가 자기 잘못을 진심으로 깨닫고 혁명의 한 길을 꿋꿋이 걸어 나가는 현당강사 정문혁이며 장군님의 넓으신 도량과 사랑에 의해 혁명이 품에 안기게 되는 면장 박수원의 형상은 매우 인상적이다.

소설은 위대한 수령님께 끝없이 충실한 혁명전사들과 마을 인민들의 각이한 형상들을 통하여 위대한 수령님에 대한 충실성을 혁명적 신념과 의리로 간직한 인간들의 성격 장성 과정과 고결한 사상정신세계를 훌륭하게 형상하고 있다.

장편소설 《근거지의 봄》은 구성조직을 빈틈없이 짜고 들고 묘사를 감동적으로 함으로써 소설의 형상 수준을 최상의 경지에 끌어올리였다.

소설의 인간관계 설정에서는 위대한 장군님의 형상을 주선으로 하고 여기에 김창억, 최진동, 리학산, 박수호 등 여러 인물선들을 맞물려 장군님의 위대성과 그이의 고결한 인품을 밝혀내는 데 이바지하고 있으며 특히 장군님과 연고관계가 있는 실재한 력사적 인물들을 등장시켜 주선에 철저히 복종시킴으로써 위대한 수령님의 혁명활동을 생동한 생활 화폭 속에서 잘 보여주고 있다. 소설에서 볼 수 있는 바와 같이 리학산, 류현민, 현옥심, 정문혁, 박수원, 류현민을 사살한 훈충현 조직책 박두칠, 오의성과 그의 개인 서기 진소명 그리고 서려장과 초려장 등은 모두가 실재한 력사적 인물들에 기초하고 있으며 소설은 이러한 인물선들을 사령관동지의 형상선과 유기적으로 결합시킴으로써 소설의 생활 화폭을 력사문헌적 의의가 있게 진실하게 펼쳐 보여주고 있다.

이 소설의 이야기 줄거리 조직에서 특징적인 것은 소왕청 유격 근거지 생활을 위주로 그리면서 매개장들에서 그 당시의 벌어진 의의 있는 사변들을 사건 발전의 일관한 흐름을 타고 론리성 있게 잘 보여주고 있는 것이다.

소설의 사건은 작품의 소재적 특성으로 하여 상대적으로 비교적 고착된 장소에서 벌어지고 있다. 소설에서는 좌경종파분자들을 반대하는 치렬한 로선투쟁과 인민혁명정부의 수립, 력사적인 왕재산회의와 반유격구의 형성, 유격 근거지에서의 재반 민주주의 개혁의 실시, 반제공동전선의 실현과, 근거지 방위를 위한 투쟁 등을 기둥으로 하여 매 장들을 구성하고 있으며 매개 장들이 사건 발전의 일관한 흐름을 타고 흥미 있게 전개되는 것은 복잡한 생활의 흐름을 간결한 형상의 흐름으로 집약하고 통일시키고 있기 때문이다.

장편소설의 높은 형상성은 소박하고 생동한 묘사와 생활 세부의 진실한 탐구에 의해서도 보장되고 있다.

헤여졌던 창억이와 보금이의 생활적인 상봉 장면에 대한 세부 묘사, 지나간 력사적 사실을 그대로 한 폭의 그림으로 펼쳐 놓은 듯한 오의성 사령과의 담판 장면에 대한 묘사와 동녕현성 진공전투, 소왕청 근거지 방어전투에 대한 폭넓은 정경 묘사, 국제당 파견원 류현민의 격조 높은 토로, 특히 토지개혁을 실시한 근거지에서 밭갈이를 하시고 놈들의 《토벌공세》를 짓부신 승리의 봄날에는 손수 씨앗을 뿌려 나가시는 위대한 수령님의 숭고한 모습에 대한 빛나는 묘사는 매우 의의가 큰 것이다. 그것은 바로 전인미답의 혁명의 황무지를 독창적인 사상의 보습으로 갈아엎으시며 혁명의 씨앗들을 더 넓게 더 깊게 뿌려 나가시는 위대한 수령님의 숭엄한 모습을 감동 깊은 화폭으로 잘 펼쳐 보여주고 있기 때문이다.

총서 《불멸의 력사》 중 장편소설 《근거지의 봄》은 작품이 거둔 특출한 사상예술적 성과로 하여 주체문학의 찬란한 년대기 우에 빛나는 자리를 차지하며 온 사회의 주체사상화 위업에 힘있게 이바지하는 참된 생활의 교과서로 되고 있다.

장편소설은 위대한 수령님의 영광 찬란한 혁명력사를 더욱 깊이 학습하며 당원들과 근로자들을 수령님께 끝없이 충직한 주체형의 공산주의 혁명가로 키우는 데서 커다란 의의를 가질 것이다.

—『조선문학』 1982년 7호.

4. 개작 상황

장	1981	1989
1	마촌에 학교를 열기 위해 온 여교원이 찾아오는데 그녀의 이름은 현옥심이다.	여교원의 이름이 현옥심에서 박현숙으로 바뀐다.
2	김일성 장군을 보위하는 유격대 지휘관들은 한영권 중대장, 박재훈 중대장, 리윤재 소대장이다. 김일성 장군의 전령병은 박경룡이다.	한영권 중대장은 한흥권 중대장으로, 박재훈 중대장은 박훈 중대장으로 바뀌고, 리윤재 대신 전광식 중대장이 새로 등장한다. 이들은 장군님을 따라 살아남은 18대오의 지휘원들이라는 소개가 덧붙여진다. 전령병 박경룡이 변인철로 바뀐다.
4	구국군의 조선 공산당 공작원은 리학산이고 리학산의 편지를 김일성 장군에게 전하러 온 그의 아내 이름은 박차녀이다.	리학산이 리광으로 바뀌고 그의 아내 역시 박차녀에서 공숙녀로 바뀐다.
7	구국군 오의성 대장의 개인 비서는 진소명이다.	진소명이 진한정으로 바뀐다.

— 작성 : 공임순

총서 '불멸의 력사' 해제

08

『혈로』

1. 세부 사항

제목	총서 '불멸의 력사' 8『혈로』		출간 권수	8
작가 및 창작단	박유학 / 조선작가동맹중앙위원회 4・15문학창작단			
발표 연도 (수상 연도)	발표 연도	1988	발표 지면 (수상명·집)	문예출판사
	개작 연도			
스토리 주제	항일유격대의 활동을 결집하는 김일성 장군의 탁월성			
키워드1/ 테마	김일성 부대와 항일유격대의 북만원정, 김일성이 이끄는 원정부대가 토벌대와 벌이는 전투, 유격 근거지에서의 생활.			
키워드2/ 구성	총 11장			
키워드3/ 시점	전지적 작가 시점			
키워드4/ 시간	1934년 겨울~1936년 여름			
키워드5/ 장소	북만주, 동만주.			
키워드6/ 소재	김일성 부대, 송명준 부대, 왕청유격대, 동만유격대, 한홍권 부대, 왕이산 부대, 민생단, 남호두회의, 다홍왜회의.			
키워드7/ 인물(직업)	송혜정(유격대원), 리유천(유격대원), 백하일(친일분자), 주보중(유격대장), 핫또리 대좌(일본군 장교), 강진옥(유격대원), 한홍권(유격대장), 왕이산(유격대장), 김청해(유격대원), 차일진(유격대원), 백송로, 김창억, 위중민.			

2. 줄거리 소개

1장

'민생단' 사건에서 김일성 장군의 구원을 받은 적 있는 송혜정은 피복과 식량공작을 마치고 왕청유격대로 돌아온다. 송혜정의 애인인 리유천 또한 소부대를 이끌고 적의 후방을 공격하다 근거지로 돌아와 송혜정과 해후한다. 당시 김일성은 국경까지 세력을 확장하기 위해 북만을 공략하고 있었다. 리유천과 송혜정은 식량 운반 책임을 맡고 길을 떠나게 된다. 반면 일제는 김일성의 동만유격대가 북만으로 진출하는 것을 막기 위해 핫또리 대좌를 북만으로 파견한다. 가짜 혁명가 노릇을 하고 있는 친일분자 백하일도 리유천의 식량 운반을 방해할 계획을 세운다.

2장

김일성 장군은 유격대를 독려하며 행군을 강행한다. 그러던 중 한밤중 유격대의 검문을 피해 상해로 향하던 백송로와 그의 딸 현경이 유격대의 검문에 걸려 김일성 장군 앞에 오게 된다. 김 장군은 부녀의 마음이 놓이길 바라나 유격대를 불편해하는 모습에 섭섭해 하면서도 그들을 돌려보내준다. 그들은 주보중 밀영으로 가는 중 새로운 밀영터를 발견하고 그곳에 밀영을 짓는다. 그리고 주보중에게 급히 밀영을 옮길 것을 제안한다. 이에 주보중은 라자구의 '반일부대련합판사체'에서부터 높이 평가했던 김일성의 제안을 받아들여 밀영을 떠나 김일성이 마련한 새로운 밀영으로 옮기게 된다. 반일전선으로 모든 반일부대를 결집시키지 못하는 상황에서 주보중과 김일성은 서로의 우정을 확인하며 가열찬 투쟁을 결의한다.

3장

토벌대가 나타나고 한홍권 부대는 적의 대부대를 통과시킨 대신 작은 수송대를 쳐 적들을 교란시키는 작전을 펼친다. 반일부대였던 왕이산 부대의 병사들이 모여 사는 부락에서 한 병사의 혼인잔치를 유격대가 돕는다. 유격대에 감화된 왕이산 부대는 유격대와 결속을 다지게 된다. 핫또리 대좌는 유격대가 은신하고 있는 부락에 이르기도 전에 집중사격을 당해 부대의 거의 전부를 잃고 도주한다.

4장

백하일의 음모로 식량수송대가 토벌대에게 타격을 입는다. 이를 빌미로 백하일은 리유천과 송혜정을 민생단으로 몰고 가려 한다. 그러던 중 일제 특무의 비밀문건을 허건 현당서기가 발견하게 되고 이 사실이 백하일에게 전해지자 백하일은 리한상을 적의 연락원으로 지목하여 그를 체포한다. 그리고 부대 내 밀정으로 리유천을 지목한다. 이를 계기로 근거지에서는 민생단과 관련한 논쟁이 들끓는다.

5장

토벌대와의 결전에서 부상을 당한 강진옥은 격전 속에 애인 한홍권에게 자신이 걸림돌이 되고 있다고 느껴 종적을 감춘다. 한홍권 부대가 김일성 부대와 만나 강진옥이 사라진 사실을 알게 되고 김일성 장군은 김택근 소부대에게 강진옥을 찾도록 명령한다. 김일성 장군은 부대를 독려하며 행군을 계속한다.

6장

백송로와 그의 딸 현경이 부상당한 진옥을 구하여 간호하게 된다. 간호를 받으며 진옥은 현경에게 유격대에 대한 이야기를 해준다. 현경은 상해에서 독립운동을 하길 바라지만 백송로는 이를 탐탁지 않게 여긴다. 하지만 유격대가 액목현 땅까지 토벌대를 유인하여 뒤를 쳐서 후방을 전멸시키고 자위단까지 항복하게 만든다. 이에 핫또리는 토벌대를 증파한다. 마을에 쏟아지는 부상병을 통해 진옥의 말이 사실임을 알게 된 백송로와 현경은 유격대를 새롭게 인식한다.

7장

유격대 덕에 평온한 주보중의 밀영에 왕이산이 온다. 비적행위로 주보중 부대에 의해 무장해제된 전력과 김일성에 의해 혁명가로 새롭게 각성한 이야기를 나누며 주보중과 왕이산은 서로 화해한다. 이틀 후, 김일성 부대가 도착하면서 모든 부대가 연합하여 토벌대를 전멸시킨다. 북만 원정을 성공한 김일성 부대는 일부만을 남겨두고 동만으로 돌아간다.

8장

허건을 숙청하고 리유천을 잡아들인 백하일은 송혜정의 사진을 경찰에 유포시킨다. 이를 계기로 근거지 내부가 분열되고 혼란이 가중되던 중, 적들의 공세가 시작되고 그 틈을 타 리유천은 감옥에서 탈출한다. 리유천은 김일성을 만나러 길을 떠나고 길을 가던 중 숯구이막에서 부상당한 혜정을 만난다. 그는 자신이 적구에서 싸움을 완수하지 못한 탓으로 지금과도 같은 상황이 벌어졌다며 자책하고 걸음을 돌려 적구로 향한다.

9장

김창억을 통해 동만의 위기를 알게 된 김일성은 충격과 근심 속에서 결국 그동안의 과로에 못 이겨 실신한다. 뒤에서 적의 추격은 거세지고 장군이 정신을 차려 전열을 가다듬다가도 토벌대의 공세는 끈덕지게 이어져 유격대는 위기를 맞는다. 정신을 잃은 김일성 장군을 보위하기 위해 김청해와 차일진은 나팔소리로 적을 유인하다가 전사한다. 유격대는 쫓기던 중 한 노인의 도움으로 목재소 주인을 납치하여 인질 삼아 적의 경계를 뚫고 탈출에 성공한다. 그리고 조택주 노인의 도움으로 김일성 장군은 병에서 회복된다.

10장

근거지로 돌아온 후 김일성은 위중민의 방문을 받고 송명준의 보고를 통해서 그동안 근거지에서 벌어진 사건을 알게 된다. 위중민은 조선 공산주의자 내 민생단과 관련한 상황을 파악하기 위해 조사를 벌이고 김일성과 논의한다. 반면, 일제는 다시 요영구로 돌아온 김일성 부대를 치기 위해 총공격을 준비한다. 최춘국을 만나지 못한 채 적구에서 홀로 유격 활동하던 리유천이 이 사실을 알게 되고 죽을 각오로 이 사실을 전하고자 근거지로 돌아온다. 숙반에 붙잡힌 리유천을 만나게 된 김일성은 리유천을 자신이 보장하고 리유천 같은 희생자를 만들지 않기 위해 다홍왜회의에 참가한다. 다홍왜회의에서 김일성은 조선 공산주의자의 민족주의에 대한 비판과 반민생단 투쟁에 대한 자신의 의견을 관철시킨다. 리유천으로부터 혜정의 위치를 파악하고 김택근 소부대는 혜정을 찾아온다. 그 과정에서 백하일이 밀정 노릇을 한 것이 밝혀지고 결국 백하일은 송혜정의 총에 맞아 죽음을 맞는다. 백하일의 음모로 다홍왜회의에서 돌아오던 김일성 장군은 적의 습격을 당하게 되는데 그 과정에서 적을 유인하던 리유천이 전사한다.

11장

혜정의 아우 혜옥이 유격대원이 되고, 진옥이 현경과 함께 부대로 돌아온다. 그 동안 피신해있던 리호검 노인 역시 혜정과 상봉하고 김일성 부대로 돌아온다. 위중민은 민생단에 대한 김일성의 의견을 지지한다는 국제당의 입장을 김일성에게 전달하고 김일성은 조선의 혁명과 국제주의 노선이 모순된 것이 아님을 역설한다. 김일성 부대는 부대를 다시 재편하여 대부분을 만주에 남겨두고 송명준 부대와 함께 국경으로 진출할 것을 결심한다.

3. 북한의 소개와 평가

| 사전(년감) 자료 |

장편소설, 1988년 박유학 창작. 총서 《불멸의 력사》 중에서 항일무장투쟁시기편에 속하는 작품의 하나이다. 소설은 위대한 수령 김일성 동지께서 원정부대를 거느리시고 1차 북만원정을 떠나신 1934년 가을부터 1936년 2월 력사적인 남호두회의가 있은 전후 시기까지를 시대적 배경으로 하고 있다. 소설은 력사상 류례없이 간고한 북만원정을 승리에로 이끄시는 한편 다홍왜회의와 요영구회의에서 배타주의자들과 종파사대주의자들의 책동을 짓부시고 조선혁명을 위기에서 구원하시였으며 남호두에서 항일무장투쟁을 중심으로 한 전반적 조선혁명을 일대 앙양에로 이끌기 위한 전략적 방침을 내놓으시여 조국진군의 길을 열어놓으신 위대한 수령 김일성 동지의 탁월한 령도를 감명 깊게 형상하고 있다. 소설은 모두 11개 장으로 구성되여 있다. 작품은 유격대원인 송혜정이 반년 남짓한 기간 적구인 무수평 일대에 나가 식량과 피복 공작을 마치고 왕청 유격 근거지로 돌아오는 것으로부터 시작된다. 송혜정이 근거지에 도착하였을 때는 이미 장군님께서 원정부대를 거느리시고 북만으로 떠나가신 뒤였다. 아동국장 박현숙은 혜정에게 위대한 장군님께서 떠나시면서 혜정 동무가 지방공작에 나가 식량을 많이 보내는 통에 올해는 별로 쌀 걱정을 모르고 살았다고 하시면서 혜정 동무가 오거든 그새 고생하며 마련하여 놓은 식량을 제때에 실어 들여다 인민들에게 나누어주라고 하셨다는 것을 전달한다. 한편 왕청현 숙반공작위원회에 기여들어 판을 치고 돌아가는 투항변절자 백하일은 연길헌병대장 가또 중좌의 련락원을 통하여 장군님께서 북만에 가계신 사이에 근거지를 내부로부터 와해할 데 대한 특별명령을 전달받는다. 소설의 다음 부분에서는 위대한 장군님께서 이끄시는 북만원정부대의 행군장면이 펼쳐진다. 열흘 전에 동만 땅을 떠난 북만원정부대는 횡도하자에서 군중정치사업을 활발히 벌리며 달려드는 《토벌대》놈들을 무리로 쓸어 눕히고 나서 북만 땅에 유격대를 조직해놓은 다음 반일부대인 주보중의 밀영을 찾아 이도하자 방향으로 행군을 다그친다. 위대한 장군님께서는 주보중의 밀영이 이미 적들에게 로출되였다는 것을 아시고 주보중의 밀영을 찾아가기에 앞서 로흑산의 험지에 귀틀집 서너 채를 지어놓게 하시고 새로 꾸려놓은 밀영으로 주보증이 옮겨 앉아 병 치료를 하도록 하시며 자신께서는 려로의 피로도 푸시지 않으시고 또다시 적을 달고 남호두 방향으로 행군을 다그치신다. 작품에서는 북만원정 과정에 위대한 장군님께서 북만의 이름 있는 독립운동자인 백송로를 만나시여 귀중한 교시를 주시며 반일부대인 왕이산 부대의 한 병사가 지주에게 진 빚 때문에 성례를 치르지 못하고 약혼녀를 지주 첩으로 빼앗기게 되었다는 것을 아시고 유격대와 함께 온 부락이 떨쳐나 그들의 잔치를 차려주게 하신 이야기, 부하 몇 명이 군률을 어기고 인민들의 재산을 털어간 것으로 해서 인민들에게서 비적대장이라는 비난을 받게 된 반일부대 부대장인 왕이산이 자기 이름을 버리고 왕청수로 활동한다는 것을 아시고 직접 그를 만나시여 인민에게서 수치를 들쓴 이름을 인민에게 참답게 복무한 혁명가의 이름으로 빛내야 한다고 고무해 주신 이야기 등 감동적인 화폭들을 보여주고 있다. 소설의 다음 부분에서는 일제의 모략에 의하여 반《민생단》투쟁이 극좌적으로 벌어지고 있던 요영구 유격 근거지의 참혹한 사태를 펼쳐 보여주고 있다. 백하일의 책동으로 유격대의 식량수송대는 적 《토벌대》의 기습을 받아 식량 전부를 빼앗기게 되며 송혜정과 리유천 등은 《민생단》으로 몰려 탄압을 받는다. 또한 백하일은 적들이 근거지로 밀려들었을 때 방어자들을 무모한 총공격에로 내몰아 근거지를 위험에 처하게 한다. 소설의 다음 부분에서는 위대한 장군님께서 원정부대를 이끄시고 로야령을 넘어 동만 땅으로 행군을 다그쳐나가시는 장면이 펼쳐진다. 북만원정의 간고한 나날 원정대의 크고 작은 모든 일을 한가슴에 안으시고 말할 수 없는 긴장한 투쟁을 이어오신 위대한 장군님께서는 그 막심한 로고의 후과로 촉한에 드시여 몸져누우신다. 소설에서는 한흥권 중대장 등 원정대원들이 상상을 초월하는 혹한과 수적으로 대비조차 안 되는 적들과의 치렬한 격전 속에서도 어버이 장군님의 안녕에 닥쳐온 위험을 막기 위하여 모진 시련과 만난을 뚫고 나가는 눈물겨운 이야기며 조택주 로인에 의해 구원을 받는 이야기들을 력사적 사실 그대로 실감 있게 펼쳐 보이고 있다. 또한 소설에서는 북만원정에서 돌아오신 위대한 장군님께서 쇠약해지신 몸을 추세울 사이도 없이 반《민생단》투쟁의 엄중한 후과를 가시는 투쟁에 나서시는 데 대하여, 결과 송혜정, 리유천 등이 다시 혁명대오에 서게 되며 리유천은 그후 장군님께서 조직하신 천교령전투에서 영웅적 위훈을 세우고 희생되며 원쑤인 백하일은 송혜정의 총에 맞아 종말을 고하는 데 대하여서도 보여주고 있다. 특히 소설에서는 위대한 장군님께서 력사적인 다홍왜회의에서 좌경기회주의자들과 종파사대주의자들의 반혁명적 책동에 철추를 내리시고 조선혁명의 주체적 립장을 확고히 고수하고 혁명을 위기에서 구원하신 데 대하여, 그 후 요영구회의를 거쳐 력사적인 남호두회의에서 반일민족해방투쟁을 일대 앙양에로 이끌어올리기 위한 전략적 방침을 제시하시고 조국진군의 길에 나서시는데 대하여 감명 깊게 보여준다. 이처럼 장편소설 《혈로》는 력사적인 북만원정 과정에 대한 형상적 화폭을 통하여 끝없는 전투와 행군으로 이어진 북만원정의 피 어린 길을 승리적으로 개척해나갈 수 있었던 힘의 원천은 어디에 있으며 배타주의자들로 인하여 일시 조성되였던 난국을 타개하고 조선혁명을 위기에서 구원하게 된 결정적 요인은 무엇인가 하는 문제를 제기하고 그것은 바로 조국과 민족의 운명을 한몸에 지니신 위대한 수령님의 탁월한 령도에 있다는 것을 예술적으로 힘있게 천명하고 있다. 작품은 무엇보다도 주체의 혁명적 기치를 높이 드시고 조선혁명의 진로를 환히 밝혀주시는 위대한 사상리론가이시며 뛰여난 군사전략가이시며 만민의 자애로운 어버이이신 경애하는 수령님의 풍모를 감동 깊게 보여주었다. 작품은 또한 항일혈전의 나날에 위대한 장군님께 끝없이 충성 다하는 조선 공산주의자들의 전형도 훌륭히 창조하였다. 북만원정의 나날에 촉한에 드신 장군님을 목숨으로 옹호 보위하기 위하여 결사전을 벌리는 한흥권, 조왈남 등 유격대원들과 장군님께서 주신 명령을 한 치의 드팀도 없이 무조건 철저히 관철해 나가며 그 길에서 목숨도 기꺼이 바치는 리유천, 장군님께서 주신 지방공작임무를 훌륭히 수행하고 돌아오는 송혜정, 위대한 장군님을 한없이 신뢰하고 우러러 받들며 오직 장군님의 안녕만을 바라는 시패린즈 수림속의 김 로인, 다왜즈골 안의 조택주 로인과 그 일가 등의 형상은 그들이야말로 위대한 장군님을 보위하는 길이 조선혁명을 구원하며 우리 민족을 구원하는 길이라는 것을 깊이 깨닫고 있는 전체 우리 인민의 한결같은 충성심을 그대로 체현한 소박하고 진실한 조선 인민의 전형적 성격의 소유자들이라는 것을 잘 보여주고 있다. 장편소설 《혈로》는 전투와 행군으로 이어진 북만원정 과정을 주선으로 끌고 나가면서 근거지 인민들의 생활을 교차시켜 이야기 줄거리를 엮어 나감으로써 구성의 생동성과 립체성을 보장하고 있다. 위대한 수령님께서 조직 령도하신 항일혁명투쟁 가운데서 북만원정 과정과 유격 근거지 생활을 폭넓고 깊이 있게 반영한 장편소설 《혈로》는 그의 높은 사상예술성으로 하여 혁명적 대작으로서의 뚜렷한 자리를 차지하고 있다.

—『문학예술사전』(하), 과학백과사전종합출판사, 1993.

4. 개작 상황

개작 상황 없음.

—작성 : 채호석

09

『백두산 기슭』

1. 세부 사항

<table>
<tr><td>제목</td><td colspan="3">총서 '불멸의 력사'9 『백두산 기슭』</td><td>출간 권수</td><td>9</td></tr>
<tr><td>작가 및 창작단</td><td colspan="5">최학수 · 현승걸 / 조선작가동맹중앙위원회 4 · 15문학창작단</td></tr>
<tr><td rowspan="2">발표 연도
(수상 연도)</td><td>발표 연도</td><td>1978</td><td rowspan="2">발표 지면
(수상명 · 집)</td><td colspan="2" rowspan="2">문예출판사</td></tr>
<tr><td>개작 연도</td><td>1989, 1990</td></tr>
<tr><td>스토리
주제</td><td colspan="5">조국광복회 창립대회(1936년 5월 5일)까지의 지난한 과정</td></tr>
<tr><td>키워드1/ 테마</td><td colspan="5">백두산 기슭에서의 조국광복회 창립대회 개최, 민생단 관련 문제 해결(문건 소각), 조선인민혁명군의 외연 확대.</td></tr>
<tr><td>키워드2/ 구성</td><td colspan="5">총 12장(454면)</td></tr>
<tr><td>키워드3/ 시점</td><td colspan="5">전지적 작가 시점(중간 부분에 권학식의 일기장 내용 수록)</td></tr>
<tr><td>키워드4/ 시간</td><td colspan="5">1936년 3월~1936년 5월 5일</td></tr>
<tr><td>키워드5/ 장소</td><td colspan="5">남호두, 미혼진, 마안산, 동강.</td></tr>
<tr><td>키워드6/ 소재</td><td colspan="5">남호두회의 회상, 반민생단 투쟁, 조선인민혁명군 확대, 조국광복회 창립.</td></tr>
<tr><td>키워드7/ 인물(직업)</td><td colspan="5">리경준(유격대원), 최선금(리경준의 아내), 장기령(기관총수), 한남실(아동단 책임자), 윤칠녀(작식대원), 권학식(출판소 책임자), 강세호(연대장), 리북철(경위중대장), 박문필(무송시 사진관 주인), 차동범(연대장), 주봉길(전령병).</td></tr>
</table>

2. 줄거리 소개

1장(전체 6절)

금성 장군의 부대가 왕청 부대와 함께 미혼진 밀영에서 백두산 기슭으로 향한다. 전령병 주봉길의 실수로 잃었던 말을 금성 장군이 되찾아준다. 민생단으로 몰린 장기령, 리경준과 최선금 부부(어린 자녀 명일 · 명숙), 윤칠녀 등이 장군의 사령부를 찾아 남호두로 향한다. 리경준 등의 일행은 길잡이 늙은이를 만나 무송 쪽으로 향하게 된다. 글방 선생인 권학식이 조선인민혁명군 유격대원인 강세호를 만나 금성 장군에 대한 이야기를 나눈다. 권학식의 과거를 전지적 시점으로 요약한 내용이 기술되고, 곧 이어 권학식은 금성 장군과 관련된 전설을 확인하고 싶은 호기심으로 강세호를 따라 나선다.

2장(전체 3절)

금성 장군은 봄이 오는 소리를 들으며 내일이 전령병 주봉길의 생일임을 상기한다. 장군은 남호두회의의 결정을 회상하다가 강세호와 권학식을 만난다. 권학식은 장군에게 며칠간이라도 유격대를 따라다니게 해달라고 부탁한다.

3장(전체 5절)

장기령은 보초를 서면서 오만복과 함께 민생단에 연루되었다는 누명을 썼던 일과 아동단 지도원 한남실을 회상하던 중 일본군들의 습격을 받는다. 한남실이 적 통치구역에 죽어도 가기 싫다는 아동단원들을 데리고 장군을 만나기 위해 떠나온다. 권학식은 장군의 대오가 너무 적음에 의구심을 갖다가 장군과 과거의 공산주의운동이 지닌 문제점과 한계에 대해 대화를 나누며 각성한다. 권학식은 하루 묵을 숙영지를 알뜰하게 꾸리는 인민혁명군 대원들의 모습에 감탄하고, 유격대원들은 주봉길의 생일을 챙겨주는 장군의 세심함에 감동한다.

4장(전체 3절)

최선금이 날알을 구하려다 일본군에게 총상을 입고 쓰러진다. 권학식은 주봉길의 생일을 기억하는 장군의 세심한 배려와 소년장수 전설에 감명을 받는다. 아동단 지도원 한남실은 아이들에게 줄 식량을 위해 쌀 동냥에 나선다

5장(전체 4절)

권학식은 미혼진에 도착한 뒤 열병에 걸린 50여 명의 유격대원들을 찾아간 장군의 일화를 기록하며 역사의 기록자가 되겠다고 다짐한다. 권학식은 강세호에게 유격대원이 되고자 하는 결심을 털어놓는다. 조국광복회에 대한 결의를 다지는 장군 앞에서 권학식은 유격대원이 되겠다고 약속한다. 권학식은 15명이라는 소규모 인원으로 조직된 장군의 행렬이 백두산 기슭까지 행군하려는 것을 보며 불안감에 젖어든다.

6장(전체 3절)

최선금은 장기령과 여성 문제에 대해 논의한다. 금성 장군 일행은 행군을 멈추고 왕청 근거지 여성대원들의 흔적을 찾는다. 사령부를 찾아 헤매던 리경준 일행은 사악한 정치주임을 만나 민생단원으로 오인받는다.

7장(전체 7절)

장군 일행은 푸르허와 대사하의 합수목어방에서 토벌대의 습격을 물리친다. 금성 장군은 마안산에서 한남실을 만나 민족배타주의자들의 문제를 파악하고 민생단 혐의자들을 연대 귀틀집으로 데려오라고 지시한다. 금성 장군은 아동단원들을 보고 애처로움에 눈물을 흘린다. 금성 장군은 정치주임을 보고 격노하면서 민생단 혐의자들의 문건을 가져오라고 지시한다. 리북철 중대장과 문룡이 민생단 혐의자들을 찾으러 떠난다. 장군은 강반석이 준 돈 20원으로 아이들 옷을 해 입히려고 계획한다. 한편 무송 지구로 일본군이 몰려들고 금성 장군이 무송 지구로 나왔다는 호외가 뿌려진다. 강세호 중대장은 20원 어치 천을 끊고 돌아오는 길에 반일부대 병사들과 맞닥뜨렸다가 유유히 돌아온다.

8장(전체 6절)

금성 장군은 병원 책임자 김장도와 함께 여성 병실에서 최선금을 만나 민생단일 리가 없다고 강조한다. 금성 장군은 민생단 문건을 살펴보고 과거에 민생단 끄나풀로 오인받았던 김소년, 허동무 등과 고명창의 경우를 떠올린다. 금성 장군은 림강 마이허에서 데려온 100여 명의 민생단 협의자들을 만나 민생단 협의가 무효임을 선포하고 문서를 불태운다. 금성 장군은 기분전환을 위해 민생단 협의를 벗은 사람들과 사냥을 한다. 금성 장군은 아이들 옷을 만들고 무기와 탄알의 확보를 위해 소규모 전투를 계획한다. 두 연대장인 강세호와 차동범이 만나 장군을 잘 모실 것을 결의한다.

9장(전체 4절)

장기령은 아이들 옷을 해 입히려는 한남실을 멀리서 바라보며 연정을 품는다. 금성 장군은 리경준에게 옛 동창인 박문필의 '금강사진관'을 찾아가 조국광복회의 창건 준비를 위한 지하 정치공작 활동을 벌일 것을 당부한다. 최선금과 리경준은 금성 장군이 자신들의 자녀 명일이와 명숙이의 옷을 먼저 해 입힌 것에 감사해 한다. 리경준은 박문필을 찾아가 금성의 편지를 보여주고, 박문필은 금성과의 인연을 떠올리면서 지하조직을 확대할 것을 상의한다.

10장(전체 4절)

금성 장군은 인민혁명군 사령부 업무와 조국광복회 창건 준비로 바쁜 나날을 보낸다. 장군은 유격대원들을 이끌고 마안산을 떠나 만강 방향으로 가면서 남강 마을의 미야께 부대 놈들을 쳐버리겠다고 결심한다. 금성 장군은 사령부 친솔부대를 이끌고 300명 규모의 미야께 부대를 물리칠 전투계획을 논의한다. 장군의 계획에 따라 미야께 부대를 소탕하고 장기령과 강세호가 활약한다. 장군의 부대가 남강마을 주민들의 열렬한 환영을 받으며 입성하고, 금성 장군이 마을 주민들에게 조선혁명의 당위성을 연설한다.

11장(전체 4절)

리경준은 무송 시내 금강사진관에서 사진사로 일하게 된다. 장기령은 리경준에게 박문필을 데리고 4월 말까지 동강 밀영으로 가 조국광복회 창립대회에 참석하도록 지시한다. 박문필은 소학교 교사 조직원을 만났다가 체포되어 고등계 주임인 털보에게 고문을 받으며 금성 장군과의 관계를 심문당한다. 박문필은 아버지와 아내의 면회를 통하여 조직이 무사함을 확인한다. 무사히 풀려난 박문필과 함께 동강 밀영으로 향하던 리경준이 미행하던 적들로부터 총상을 입고 사망한다.

12장(전체 4절)

동강 밀영에 완연한 봄이 오고 차동범과 한남실은 연대장으로부터 장기령의 소식을 듣는다. 장기령은 한남실에게 함께 장군을 모시고 있어서 외롭지 않다고 고백한다. 금성 장군은 아동 단원인 조경수, 문순녀, 천응남을 조선인민혁명군으로 받아들인다고 선포한다. 금성 장군은 박문필을 만나 리경준의 사망 소식을 듣고 경준의 딸 명숙이를 보며 눈물을 흘린다. 5월 초하루부터 귀틀집에서는 엄숙한 침묵 속에 권학식의 발의로 5월 5일 조국광복회 창립대회가 개최된다.

3. 북한의 소개와 평가

| 사전(년감) 자료 |

장편소설. 1978년 현승걸, 최학수 창작. 총서 《불멸의 력사》 중의 한 권이다. 《백두산 기슭》은 조선혁명발전에서 새로운 전환의 계기를 열어놓은 력사적인 남호두회의 직후인 1936년 3월 초부터 1936년 5월 동강회의까지를 시대적 배경으로 하여 위대한 수령 김일성 동지께서 이끄신 조선인민혁명군부대의 남호두로부터 백두산 기슭에로의 진군 로정을 기본 줄거리로 하고 있다. 12개의 장으로 구성된 소설은 위대한 장군님께서 남호두회의 방침을 관철하기 위하여 조선인민혁명군의 소부대를 거느리시고 백두산 기슭을 향하여 진군길에 나서신 장면으로부터 시작된다. 천고의 밀림을 헤쳐 나가는 간고한 행군길에서 위대한 장군님께서는 항일무장대오의 확대강화를 위하여 각 부대에 파견하신 친위전사들을 그리신다. 위대한 장군님께서는 각지에 나가 활동하던 지휘관들과 대원들을 미혼진으로 부르신다. 그리하여 많은 사람들이 위대한 장군님을 찾아 떠난다. 그런데 근거지의 해산 후 뒤처리를 하느라고 왕청에 남았던 리경준은 억울하게도 민족배타주의자들과 종파사대주의자들로부터 《민생단》이라는 루명을 쓰게 된다. 그는 적 통치구역으로 내려가라는 놈들의 강요를 물리치고 안해와 어린 아들딸을 데리고 위대한 장군님의 품을 찾아 떠난다. 그는 도중에 《민생단》으로 몰려 정처 없이 떠돌아다니는 유격대원 윤칠녀와 장기령을 만난다. 오로지 위대한 장군님께서만이 자기들의 마음을 알아주실 수 있다고 믿는 그들은 목숨이 지는 한이 있더라도 기어이 사령부를 찾을 한마음으로 험하고 어려운 길을 걷고 또 걷는다. 다른 한편 위대한 장군님의 부르심을 받고 사령부를 향해 달려오던 강세호는 어느 한 산간마을에서 권학식이라는 간이학교 선생을 만나게 된다. 권학식은 한때 유혹적인 사회운동 소용돌이 속에 말려들어 갔다가 종파쟁이들의 행동에서 환멸을 느낀 후 세상과 등지고 사는 사람이었다. 위대한 장군님을 꼭 만나 뵙고 싶은 간절한 마음을 안고 강세호 일행을 따라나선 권학식은 끝내 그 소원을 이루며 조선인민혁명군 대원이 된다. 소설은 또한 근거지가 해산된 후 집단부락에 내려가지 않겠다는 10여 명의 아동단원들을 데리고 위대한 장군님을 찾아 행군하는 아동단 책임자 한남실의 모습도 감명 깊게 보여주고 있다. 소설은 다음 부분에서 위대한 수령 김일성 동지께서 지니고 계시는 고매한 공산주의적 덕성과 혁명적 전개력, 탁월한 령군술을 생활적인 화폭들을 통하여 감동적으로 펼쳐 보여주고 있다. 위대한 장군님께서는 천리혜안의 빛나는 예지를 지니시고 눈이 녹기 전에 씨하의 진펄을 지나도록 하신다. 그리고 그 어려운 행군길에서 꼬마 전령병 주봉길의 생일상까지 차려주시며 미혼진에 도착하시여서는 그곳 밀영의 병원을 찾으시여 열병을 앓고 있는 환자들의 이마를 짚어보시며 친어버이 심정으로 따뜻이 보살펴주신다. 미혼진회의에서 조선인민혁명군을 개편하신 위대한 장군님께서는 단 15명의 인원만 데리시고 마안산 밀영을 향해 다시금 행군길에 나서신다. 위대한 장군님께서는 불의에 맞다든 적의 대부대를 역포위하시여 위기를 타개하시기도 하시며 쌀쌀한 찬바람이 이는 한밤중까지 조국광복회의 강령 초안을 쓰시고 혁명연극《한 자위단원의 운명》대본도 준비하신다. 간고한 행군 끝에 마안산에 도착하신 위대한 장군님께서는 100여 명의 대원들과 리경준의 일행, 한남실이 인솔한 아동단원들이《민생단》련루자의 루명을 쓰고 갖은 고초를 다 겪고 있는 것을 보시게 된다. 험악한 사태를 한눈에 헤아려보신 위대한 장군님께서는 아이들을 돌보지 않고 헐벗고 굶주리게 한 정치주임을 엄하게 추궁하시고 강반석 어머님의 뜨거운 온정이 담긴 귀중한 돈 20원을 내놓으시며 아이들에게 새 옷을 해 입히도록 하신다. 뿐만 아니라 위대한 장군님께서는《민생단》혐의자들을 만나보시고 결연히 그들의 문서 보따리를 불태우시며 그들 모두에게 크나큰 믿음을 안겨주신다. 그 후 리경준은 무송 지구로 지하공작임무를 받고 떠나며 윤칠녀는 사령부 작식대원으로, 장기령은 사령부 기관총수로 된다. 위대한 장군님께서는 새로 편성하신 부대가 항일무장투쟁뿐 아니라 전반적 조선혁명을 이끌어 나가야 할 정치적, 조직적 골간으로서의 중대한 사명을 원만히 수행하도록 하시기 위하여 사령부에 비서처를 꾸리시였으며 출판소를 내오시고 그 책임자로 권학식을 임명하신다. 조선혁명을 계속 앙양에로 이끌 튼튼한 토대를 마련하신 위대한 장군님께서는 적극적인 군사공세로 넘어가면서 다시금 국경 지대로 진출하기 위해 부대를 동강 방향으로 행군하도록 하신다. 마안산으로부터 동강에 이르는 간고한 행군길에서 전민족적인 통일전선조직인 조국광복회 창립선언과 강령, 규약을 완성하신 위대한 장군님께서는 1936년 5월 초에 동강에 이르시여 군정간부회의를 소집하시고 조국광복회 창립을 선포하신다. 작품은 회의 참가자들이 전체 조선 인민의 한결같은 마음을 담아 위대한 수령 김일성 동지를 조국광복회 회장으로 높이 추대하는 력사적인 장면을 보여주는 것으로 끝난다. 소설은 남호두로부터 동강에 이르는 조선인민혁명군의 백두산 기슭에로의 진군이 가지는 의의와 그 생활력을 뚜렷이 밝혀내고 있다. 소설에서는 조선인민혁명군이 백두산 기슭에 이르러 불패의 대무력으로 자라나 조선혁명의 새로운 혁명적 전환기를 맞이하게 된 것은 조선혁명은 조선사람 자신이 책임지고 수행하여야 한다는 확고한 혁명적 신념을 지니시고 탁월한 사상과 전략전술로 조선혁명이 나아갈 앞길을 휘황히 밝혀주시였으며 몸소 진두에서 이끄신 위대한 수령님의 현명한 령도가 있었기 때문이라는 것을 예술적으로 깊이 있게 밝히였다. 장편소설 《백두산 기슭》에서는 력사적인 남호두회의와 동강회의, 미혼진회의, 북부 국경 지대에로의 진출과 조국광복회 창립 등 우리나라 공산주의운동과 민족해방투쟁에서 본질적 의의를 가지는 위대한 력사적 사변들을 폭넓게 재현하면서 위대한 수령님께서 지니신 비범한 예지와 위대한 령도력, 경애하는 수령님께서 이룩하신 불멸의 혁명업적을 웅대한 서사시적 화폭 속에서 깊이 있게 그려내였다. 이와 함께 장편소설에서는 가장 숭고한 공산주의적 인간애를 지니시고 준엄한 시련의 시기에도 언제나 조선인민혁명군 대원들과 인민들을 뜨거운 사랑의 한품에 안아주시고 사람들을 참된 삶의 길, 보람찬 투쟁의 길로 손잡아 이끌어주시는 위대한 수령님의 고매한 공산주의적 덕성과 인민적 사업작풍을 감명 깊게 형상하였다. 위대한 수령님께서 지니신 인간에 대한 뜨거운 사랑의 정신과 고매한 공산주의적 덕성은 강세호, 리경준, 윤칠녀를 비롯한 유격대원들과 아동단원들, 《민생단》 혐의자들과의 관계를 통하여 구체적으로 감명 깊게 형상화되였다. 장편소설에서는 또한 위대한 수령님의 현명한 령도와 따뜻한 보살피심 속에서 조선혁명의 믿음직한 주력군으로 자라나는 다양한 인물들의 성격을 생동하게 그려내였다. 작품에서 련대장 강세호, 중대장 리북철, 정치공작원 리경준 등 인물들의 형상은 위대한 수령님의 령도를 충성으로 받들고 조국의 광복을 위하여 자신의 모든 것을 다 바쳐 싸운 항일혁명투사들의 전형적인 성격을 체현하고있다. 소설은 남호두로부터 동강에 이르기까지 위대한 수령님의 혁명활동로정을 따라 이야기 줄거리를 전개시키면서 강세호, 리경준, 한남실 등이 어버이 수령님의 품을 찾아 백두산 기슭으로 찾아오는 모습을 구체적으로 감명 깊게 그려냄으로써 각계각층 인민들이 경애하는 수령님의 령도 밑에 하나의 혁명대오로 결속되는 과정, 주체의 혁명력량의 장성과정을 예술적으로 깊이 있게 일반화하였다. 소설에서는 《대통령감》 권학식의 체험세계를 다양한 수법으로 감명 깊게 그려냄으로써 경애하는 수령님의 위대성을 격조 높이 칭송하고 정론적 기백과 정서성이 흘러넘치게 한 형상적 특성을 보여주었다. 장편소설은 력사적으로 실재한 사실들과 사건들, 인물들에 기초하고 있으며 사상주제적 과제를 실현하는 데서 뜻깊고 인상적인 생활세부들을 생동하게 그려내였다. 장편소설 《백두산 기슭》은 위대한 수령님의 영광 찬란한 혁명력사와 불멸의 혁명업적, 고매한 풍모를 형상하는 데서 새로운 경지를 개척한 훌륭한 작품이다.

—『문학예술사전』(중), 과학백과사전종합출판사, 1991.

| 평론 자료 |

총서 《불멸의 력사》 중에서 장편소설 《백두산 기슭》에 대하여

조선작가동맹중앙위원회

최근 작가동맹중앙위원회 4·15문학창작단에서 내놓은 총서 《불멸의 력사》 중에서 장편소설 《백두산 기슭》은 광범한 인민들 속에서 커다란 반향을 불러일으키고 있으며 비상한 감화력을 가지고 사람들의 심장을 끝없이 격동시키고 있다.

장편소설 《백두산 기슭》은 영생불멸의 주체사상의 혁명적 기치를 높이 추켜드시고 풍상고초를 헤치시여 간고하고도 시련 많은 조선혁명을 새로운 일대 앙양에로 이끌어 올리신 위대한 수령 김일성 동지의 빛나는 혁명업적을 불멸의 예술적 화폭 속에 아로새겨놓은 대기념비적 걸작이다.

작품은 높은 사상예술적 성과로 하여 온 사회의 주체사상화에 힘있게 이바지하는 혁명의 참된 교과서로 되고 있다.

①

장편소설 《백두산 기슭》은 만대를 두고 길이 전할 위대한 수령 김일성 동지의 영광 찬란한 혁명력사와 빛나는 혁명업적을 력사적 사실에 기초하여 그대로 진실하게 형상함으로써 내용이 명백하고 사람들에게 깊은 감동을 주고 있다.

장편소설 《백두산 기슭》은 영광스러운 항일무장투쟁사에서 가장 간고하고도 의의 깊은 력사적 시기였던 남호두회의 직후인 1936년 3월 초부터 1936년 5월 동강회의까지를 시대적 배경으로 하고 있다.

이 시기는 국내적으로나 국제적으로나 혁명력량과 반혁명력량과의 투쟁이 가장 날카롭게 벌어지고 있던 시기였다.

날로 횡포해지고 있던 국제 파시즘은 혁명력량을 가혹하게 탄압하는 한편 로골적으로 침략전쟁을 도발하는 데로 나아갔으며 만주를 강점한 일제는 대륙침략전쟁을 확대하려고 광분하면서 조선 인민에 대한 파쑈적 폭압과 식민지적 략탈을 그 어느 때보다도 강화하였다.

이러한 때 종파사대주의자들과 좌경기회주의자들이 저지른 반《민생단》투쟁에서의 좌경적 후과로 우리 혁명은 엄중한 곤난을 겪고 있었다.

혁명 앞에 가로 놓인 이 모든 난국을 타개하고 조선혁명을 조선 사람 자신의 힘으로 수행하는가 못하는가 하는 것은 이 시기에 이르러 우리 혁명의 운명과 관련되는 사활적이고도 절박한 문제였다.

바로 이 엄혹한 력사적 시기에 혁명의 위대한 수령 김일성 동지께서는 1936년 2월 남호두에서 력사적인 조선인민혁명군 군정간부회의를 소집하시고 조선혁명운동에서 주체를 전면적으로 확립하여 항일무장투쟁을 중심으로 한 전반적 조선혁명을 새로운 일대 앙양에로 불러일으키기 위한 탁월한 전략적 방침을 제시하시였다.

위대한 수령 김일성 동지께서는 다음과 같이 교시하시였다.

《조선혁명의 주인은 바로 조선 공산주의자들입니다. 오늘 우리 인민의 반일민족해방투쟁을 강화하는가 못하는가 하는 것은 전적으로 우리에게 달려있습니다.

우리들은 조선혁명 앞에 지닌 자기의 책임을 깊이 인식하고 조선혁명에 전심전력하여 우리나라 반일민족해방투쟁을 더욱 높은 단계에로 발전시켜야 하겠습니다.》(《조선로동당 건설에 대하여》 1권, 24페지)

위대한 수령 김일성 동지께서는 조선혁명 발전에서 일대 새로운 전환의 계기를 열어놓은 력사적인 남호두회의 방침을 관철하기 위하여 반일민족해방투쟁의 주력을 이루고 있는 항일무장대오를 확대 강화하며 전체 인민의 반일혁명력량을 하나로 굳게 묶어세우실 원대한 구상을 펼치시며 몸소 간고하고도 험난한 백두산 기슭에로의 진군을 조직령도하시였다.

장편소설 《백두산 기슭》은 위대한 수령 김일성 동지의 영광 찬란한 혁명력사에서 가장 빛나는 한 페지를 장식하고 있는 이 뜻 깊은 시기의 생활을 통하여 조선혁명은 조선 사람 자신이 책임지고 수행하여야 한다는 주체의 혁명적 기치를 높이 드시고 전반적 조선혁명을 새로운 일대 앙양에로 불러일으키신 수령님의 불멸의 혁명업적을 격조 높이 노래하고 있다.

장편소설 《백두산 기슭》이 눈물 없이는 읽을 수 없는 커다란 감화력을 가지고 사람들을 끝없는 격동의 세계에로 이끌어가는 것은 위대한 수령 김일성 동지의 영광 찬란한 혁명력사에 실재하였던 그 위대하고 거창한 력사적 사변들과 감동적인 이야기들을 그대로 진실하게 형상화하였기 때문이다.

장편소설은 위대한 수령 김일성 동지께서 조선인민혁명군의 소부대를 거느리시고 백두산 기슭을 향하여 진군의 길에 오르신 장면으로부터 시작된다.

위대한 수령님께서는 미혼진과 마안산을 거치시여 친위전사들을 각 부대에 파견하시여 조선인민혁명군 주력부대를 튼튼히 꾸리시였으며 좌경기회주의자들의 책동에 의하여 《민생단》의 루명을 쓰고 산지사방에 흩어졌던 혁명전사들과 아동단원들, 곡절과 수난 속에서 헤매던 사람들을 어버이의 크나큰 한 품에 안으시여 혁명대오에 하나로 굳게 묶어세우신다.

장편소설은 1936년 3월 미혼진에서의 조선인민혁명군 간부회의와 1936년 5월 력사적인 동강회의, 위대한 수령님께서 간고한 행군 길에서 몸소 조국광복회 10대 강령을 한 자 한 자 다듬어나가시는 뜻 깊은 장면을 비롯하여 백두산 기슭에로의 진군 로정에 있었던 력사적 사변들을 장엄한 화폭 속에 생동하게 담고 있으며 수령님께서 《민생단》 문서 보따리를 불태워버리신 극적인 화폭, 헐벗고 굶주린 마안산의 아동단원들을 위하여 강반석 어머님께서 주신 귀중한 돈 20원으로 새 옷을 해 입이시는 위대한 사랑의 이야기 등 력사적 사실들을 생활적으로 감명 깊게 보여주고 있다.

위대한 수령 김일성 동지께서 령활한 주체의 전법을 쓰시여 적의 대부대를 격멸해 버리신 유명한 푸르허전투와 남강마을전투도 소설의 생동한 화폭 속에 빛나게 옮겨졌다.

장편소설은 이 모든 감명 깊은 예술적 화폭들을 통하여 바다로 흘러드는 거세찬 강물과도 같이 위대한 태양을 우러르는 이 나라의 모든 마음과 량심들이 위대한 수령님의 두리에 한마음 한 뜻으로 뭉침으로써 남호두를 떠난 소부대는 수백 수천을 헤아리는 필승불패의 거대한 혁명력량으로 자라났다는 것을 생활적으로 진실하게 보여주고 있다.

②

장편소설은 비범한 예지와 강철의 의지, 혁명위업에 대한 끝없는 헌신성과 크나큰 포옹력으로 혁명 앞에 가로놓인 엄혹한 난국을 한 몸으로 헤치시고 간고하고도 시련 많은 조선혁명을 주체의 한 길 우에 높이 올려 세워주신 경애하는 수령 김일성 동지의 위대하고 그지없이 소박하신 풍모를 가장 폭넓고 깊이 있게 그리고 매우 친근하게 감명 깊게 형상하고 있다.

남호두로부터 동강에 이르는 력사적 로정은 위대한 수령 김일성 동지께서 비범한 예지와 탁월한 전략전술로 걸음마다 앞을 막아나서는 준엄한 시련과 난관을 짓부셔버리시고 빛나는 승리에로 아로새겨오신 영광의 길이였으며 인간에 대한 크나큰 믿음으로 수놓아오신 숭고한 사랑의 로정이였다.

장편소설은 무엇보다도 조선혁명은 조선 사람 자신이 책임지고 수행하여야 한다는 확고한 주체적 신념 밑에 탁월한 사상과 전략전술로 조선혁명이 나아갈 앞길을 훤히 밝혀주시고 몸소 진두에서 간고한 조선혁명을 새로운 일대 앙양에로 이끌어주신 경애하는 수령 김일성 동지의 위대성을 깊이 있게 형상하고 있다.

위대한 수령님께서는 그이의 품을 찾아온 강세호에게 전체 조선 인민의 반일혁명력량을 반일민족통일전선에 굳게 묶어세우며 조선인민혁명군을 더욱 확대 강화함으로써 혁명의 주체적 력량을 튼튼히 꾸리고 조선혁명을 새로운 일대 앙양에로 이끌어 올릴 데 대한 력사적인 남호두회의 방침을 밝혀주신다.

위대한 수령님께서는 남호두회의 방침을 관철하시기 위하여 자신께서는 소부대를 이끄시고 그 준엄한 혁명의 앞길을 헤쳐 나가시면서 조선혁명의 발전을 위하여 일찍부터 친히 키우시고 이끌어 오신 귀중한 친위전사들을 인민혁명군의 각 부대에 지휘성원으로 파견하시여 항일무장대오의 확대 강화를 마련하시며 씨하의 진펄을 이겨내는 어려운 행군길과 원쑤들과의 치렬한 결전 속에서, 미혼진과 마안산에서 주력부대의 핵심들을 한 사람 한 사람 키워 나가신다.

위대한 수령님께서는 또한 전민족적인 반일민족통일전선을 실현하시기 위하여 리경준을 비롯한 우수한 혁명전사들을 각 지방에 정치공작원으로 파견하시여 조국광복회 창건 준비 사업을 정력적으로 이끌어 나가신다.

경애하는 수령 김일성 동지의 현명한 령도와 불면불휴의 활동과 혁명위업에 대한 끝없는 헌신성으로 하여 피 어린 투쟁의 길에서 조선인민혁명군 소부대는 백두산 기슭에 이르러 무적의 대주력부대로 자라났으며 2천만 겨레는 반일민족통일전선의 위대한 기치 밑에 하나의 강대한 혁명력량을 이루게 되였다.

장편소설은 력사적인 1936년 5월 5일, 위대한 수령 김일성 동지께서 조국광복회의 창립을 만천하에 엄숙히 선포하시고 영생불멸의 주체사상을 구현한 조선혁명의 위대한 강령인 조국광복회 10대 강령을 발표하시는 장엄한 화폭을 통하여 조선혁명을 힘있게 전진시켜 나갈 불패의 혁명력량이 튼튼히 꾸려졌음을 예술적으로 깊이 있게 보여주고 있다.

조국광복회의 창립은 실로 위대한 수령 김일성 동지께서 제시하신 주체적인 혁명로선과 반일민족통일전선사상의 빛나는 승리였으며 수령님께서 조국광복의 기치 밑에 전체 반일애국력량을 단합시키기 위하여 바치신 끝없는 로고의 고귀한 결실이였다.

그러기에 위대한 수령님께서 조국광복회의 강령을 발표하시는 력사의 그 순간 《대통령감》 권학식은 이 불멸의 업적에 새겨진 수령님의 고귀한 로고와 심혈을 눈물겹게 돌이켜보면서 자기의 다함없는 흠모의 정을 마음 속 깊이 이야기한다.

(태양에는 두 가지 속성이 있다. 빛과 열이다. 금성 장군님께서도 두 가지 성품을 지니고 계시니 즉 빛나는 예지와 뜨거운 사랑이다!

그이께서 지니신 빛나는 예지, 그것은 곧 태양의 빛이다.

그이께서 지니신 뜨거운 사랑, 그것은 곧 태양의 별이다.

그 광휘로운 빛과 따사로운 별을 한 몸에 지니신 그이는 인간세계의 찬란하고 위대한 태양이시다!)

그는 회의 참가자들과 전체 조선 인민의 다함없는 흠모와 신뢰의 마음을 담아 혁명의 위대한 수령 김일성 동지를 조국광복회 회장으로 높이 추대하는 것이다.

장편소설 《백두산 기슭》은 또한 위대한 수령 김일성 동지께서 우리 인민과 혁명전사들에게 베풀어주시는 끝없는 믿음과 사랑에 대한 송가이다.

장편소설은 주체의 철학적 신념에 기초한 혁명동지와 인간에 대한 끝없는 믿음과 사랑, 끝없이 뜨거운 포옹력과 숭고한 혁명적 의리로 전체 인민을 하나의 주체적인 혁명대오에 묶어세우시는 위대한 수령님의 한없이 고매한 풍모를 생활적으로 감명 깊게 형상하고 있다.

이 위대한 사랑의 철학을 깊이 있게 밝히고 위대한 수령님의 풍모를 견줄 데 없는 높이에서 형상한 바로 여기에 장편소설 《백두산 기슭》이 사상예술적으로 완벽한 혁명적 대작으로 되게 한 기본요인이 있다.

장편소설 《백두산 기슭》은 인간의 귀중함을 온 몸에 체현한 혁명의 수령이 혁명전사와 인간에게 줄 수 있는 가장 숭고한 사랑과 믿음에 대한 장엄한 찬가이다.

위대한 수령 김일성 동지께서는 다음과 같이 교시하시였다.

《사람이 모든 것의 주인이며 모든 것을 결정한다는 것이 주체사상의 기초입니다. 자연과 사회를 개조하는 것도 사람을 위한 것이며 또 사람이 하는 일입니다.

세상에서 가장 귀중한 것은 사람이며 가장 힘있는 존재도 사람입니다.》(《김일성 저작선집》 6권, 277페지)

위대한 수령 김일성 동지께서 체현하고 계시는 드팀 없는 신념, 그것은 사람을 세상에서 가장 귀중하고 가장 힘있는 존재로 보는 주체의 철학적 원리에 기초한 인간애의 철학이며 인간 신뢰의 철학이며 철저한 혁명적 의리의 철학이다.

모든 혁명투쟁은 인간의 자주성을 옹호하기 위한 투쟁이며 계급해방·민족해방·인간해방을 위한 투쟁이다.

혁명동지와 인간에 대한 참다운 사랑과 믿음을 떠나서는 혁명을 수행할 수 없다.

장편소설은 위대한 수령 김일성 동지의 혁명전사들과 인간에 대한 이 숭고한 사랑과 크나큰 믿음으로 하여 혁명의 우여곡절 속에서 시련을 겪고 있던 사람들, 수난 속에 갈 길 몰라 헤매던 사람들, 각이한 운명을 가진 사람들이 어떻게 하나의 강대한 혁명대오 속에 합류되는가를 심오하고 진실하게 밝혀내고 있다.

위대한 수령님께서 마안산에 이르시였을 때 그이의 손길을 애타게 기다리고 있은 것은 뜻밖에도 종파사대주의자들의 좌경적 망동에 의하여 억울한 루명을 쓰고 온갖 고초를 다 겪고 있는 《민생단》 혐의자들의 처참한 모습이였다.

《민생단》 혐의자들의 문서를 보시는 경애하는 수령님의 심중은 몹시도 괴로우시였다.

사랑하는 전사들의 정상이 그 얼마나 가슴 아프시였으면 언제 한 번 피워보신 적 없으신 담배까지 찾으시겠는가.

온 벽을 그림자로 가득 채우신 채 말씀도 없이 움직이실 줄 모르시는 장군님의 침통하신 영상을 뵈옵는 경위중대장의 가슴은 못 견디게 옥죄였다.

장군님께서 그리도 가슴 아프신 것은 종파사대주의자들의 책동으로 험악해진 형편 때문만이 아니였다.

장군님의 가슴을 그렇게도 괴로우시게 한 것은 그 《민생단》 혐의자들 속에 그이께서 몸소 키워 오신 사랑하는 전사들—병기창에서 작탄을 만드느라 다섯 손가락이 몽드라진 고명창, 전투 속에서도 끓는 가마를 이어 나르느라 머리칼이 성기여진 윤칠녀 어머니, 유격대의 유명한 기관총 사수 장기령, 자신께서 입으신 군복까지 지어준 알뜰한 재봉대원 최선금의 이름까지 끼워있는 것이였다.

그리고 그 문서장들에는 그들 자신이 자기를 《민생단》으로 인정한다는 《자백서》까지 붙어있었던 것이다.

참으로 믿기에는 너무도 가슴 아픈 현실이였고 믿지 않기에는 너무도 엄연한 현실이였다.

인간의 의지와 신념으로 해결하기에는 너무도 어려운 엄혹한 현실이였다.

이것은 오직 가장 걸출하고 비범한 의지와 신념에 의해서만 해결될 수 있었으니 이 의지와 신념이 바로 장군님께서 지니고 계시는 혁명전사와 인간에 대한 끝없는 믿음과 사랑이였다.

장군님께서는 결연히 그 저주로운 《민생단》 문서 보따리에 불을 지르시면서 엄숙히 선포하신다.

《동무들을 오늘 누가 〈민생단〉이고 누가 〈민생단〉이 아니라고 결론하기는 곤난합니다. 왜냐면 그것을 누구도 증명할 수 없기 때문입니다. 그러나 내가 동무들에게 오늘 선포할 것은 지금 이 자리에는 〈민생단〉은 한 명도 없다는 사실입니다. 그것은 동무들 자신이 다 〈민생단〉이 아니라고 하기 때문입니다. 나는 동무들의 말을 믿습니다…》

위대한 수령님의 이 뜨거운 말씀은 인간의 운명을 책임진 공산주의자는 가장 어렵고 복잡한 때일수록 그들의 진심을 믿어야 한다는 것을 가르쳐주는 생동한 교과서로 된다.

이 장엄한 화폭은 혁명하는 사람들에 대한 위대한 사랑과 신뢰의 최고의 표현, 최고의 상징으로 영원히 력사에 기록될 것이다.

인류는 오랜 력사를 두고 시대를 이어가며 인간의 사랑과 믿음을 노래하고 찬미해왔어도 이처럼 위대하고 숭고하며 이처럼 끝이 없고 철저한 신뢰와 믿음을 알지 못한다.

그것은 참으로 인간의 귀중함을 심장 깊이 간직하고 만 사람의 운명을 한 가슴에 받아 안을 천품을 체현하고 계시는 가장 걸출하고 위대한 수령만이 지닐 수 있는 신뢰이며 믿음이다.

장군님의 이 위대한 사랑의 손길은 좌경기회주의자들에 의하여 터무니없는 《민생단》의 루명을 쓰고 헐벗고 굶주리고 있던 마안산 아동단원들에게도 뜨겁게 미치고 있다.

혁명의 미래를 위하여 돌려주신 이 크나큰 사랑과 배려는 희생된 혁명동지들에 대한 가장 철저한 혁명적 의리와 뜨겁게 잇닿아 있었다.

장군님께서는 이불도 없이 랭방에서 앓고 있는 아이들에게 자신의 솜 외투를 벗으시여 덮어주신다. 전령병은 한 벌 밖에 없는 그이의 외투 대신에 모포를 덮어주려 하였으나 병들어 누워 있고 추위에 떨고 있는 아이들을 두고는 백 벌의 외투를 입으신다고 해도 더워질 수 없는 장군님의 아프신 마음이시였다.

혁명의 미래를 떠메고 나갈 이 귀중한 아이들에게까지 《민생단》의 루명을 씌워 이 지경을 만들어 놓은 좌경기회주의자들의 천추에 용납 못할 죄악을 두고 의분을 참지 못해하시는 장군님의 안광에는 노한 번개불이 번쩍이였다.

위대한 수령님께서는 밀영 책임자에게 엄하게 말씀하시였다.

《…조금이라도 인간다운 데가 있고 혁명가다운 데가 있는 사람이라면 아이들을 저렇게 만들진 않았을 것이요. 조금이라도 혁명가다운 의리를 가진 사람이라면 우리와 한 길에서 손잡고 싸우다가 희생된 혁명전우들의 유자녀들을 저렇게 내버려두지 않았을 것이요…》

이 얼마나 숭고한 혁명적 의리로 하여 가슴 뜨겁게 하는 말씀이신가!

혁명동지에 대한 이렇듯 뜨거운 사랑과 의리를 한 가슴에 안으셨기에 2천만의 운명을 한 몸에 지니신 위대한 수령님께서는 자신의 안녕은 돌보심 없이 열병으로 고통 받는 환자들을 위하여 귀틀집 병원문을 서슴없이 들어서시였으며 그렇듯 혁명적 의리를 귀중히 여기시는 수령님이시기에 그이께서는 사랑하는 한 전사의 죽음을 두고 그렇게도 가슴 아파하시는 것이다.

시련의 언덕을 넘고 헤치며 장군님의 품을 찾아온 전사, 부르시면 언제나 첫 마디에 달려오군 하던 사랑하는 전사가 이제라도 부르시면 금시 눈앞에 나타날 듯 싶어 그이께서는 마음속으로 리경준의 이름을 애타게 부르시였다.

하건만 떠나간 전사는 대답이 없고 그럴수록 전사를 생각하시는 장군님의 슬프심은 금할 길이 없으시였다.

(저렇게 회의장도 거의 다 돼가고 동무가 앉을 자리까지 저기 마련됐는데… 동무는 어디 있소? 그렇게도 애써 조국광복회 창건 사업을 준비해온 동무가 창립대회를 열게 된 이 기쁜 때에 십여 리 밖에 안 되는 데까지 와서 못 들어오고 거기 누워있단 말이요? 내가 그렇게 기다렸는데 밀영 문턱 밑에까지 와서 누워있는 법이 어디 있소? 내가 기어이 오라구 했구 동무도 꼭 오겠다구 약속해놓고 못 오다니?…)

장군님께서는 슬프신 마음을 진정할 길이 없으시여 경준 동무가 마지막으로 나를 찾더라는 데 그 동무가 못 보더라도 그의 곁에 가보자고 하시는 것이다.

위대한 수령님의 심중 깊이에서 일어나고 있는 누를 길 없는 격정을 그대로 진실하게 펼쳐 보여주는 이 격동적인 장면들이야말로 눈물 없이는, 감격 없이는 읽을 수 없는 가장 숭엄한 화폭들이다.

떠나간 전사에 대한 위대한 수령님의 혁명적 의리는 경준의 아들딸들을 앞에 두고 아버지를 잃은 너희들을 위해서도 기어이 나라를 찾아 돌려주시겠다고 심중에 깊이 다지시는 말씀에서 그리고 경준이가 앉아야 할 조국광복회 창립대회의 뜻 깊은 그 자리에 그의 안해 최선금을 앉혀주시는 데서 더욱 뜨겁게 흘러넘치고 있다.

이처럼 인간에 대한 철석같은 믿음과 불보다 뜨거운 사랑을 지니셨기에 위대한 수령님께서는 어지러운 세파에 말려들어가 탁류 속에 오염된 《대통령감》과 같은 곡절 많은 사람에게까지도 서슴없이 믿음을 주시고 혁명가라는 값 높은 삶을 안겨주실 수 있었던 것이다.

장군님께서는 그이의 높으신 인품 앞에 정중히 머리를 숙이고 자신을 스스로 기회주의자라고 말씀 올리는 《대통령감》에게 진리를 찾자고 모대기는 것은 기회주의가 아니라고 하시며 오히려 그를 의로운 뜻을 품고 진리를 탐색하는 사람이라고 크나큰 믿음을 베풀어주시는 것이다.

이와 같이 장편소설 《백두산 기슭》은 세상에서 사람을 가장 귀중히 여기시고 혁명전사와 인간에 대한 가장 숭고한 사랑과 믿음을 뜨겁게 체현하시고 계시는 위대한 수령 김일성 동지의 품이 있어 이 나라의 모든 사람들은 시련과 고비를 넘고 우여곡절을 헤치며 혁명의 한 길에 떨쳐나설 수 있었다는 것을 힘있게 확증해주고 있다.

참으로 장편소설 《백두산 기슭》은 탁월한 사상과 전략전술, 인간에 대한 사랑과 믿음을 가장 숭고한 높이에서 체현하고 계시는 위대한 수령 김일성 동지에 대한 영원한 송가로 우리 인민의 심장 속에 길이 남아있을 것이다.

③

장편소설 《백두산 기슭》은 또한 경애하는 수령 김일성 동지의 위대한 사랑의 해발이 어떻게 이 땅 우에 충성의 별두리들을 낳게 하였는가를 아름답게 펼쳐 보이는 열렬한 충성의 서사시이다.

사람들은 민족의 구성이시며 한없이 자애로운 어버이이신 장군님께 모든 운명을 의탁하고 그이를 한없이 흠모하여 눈 덮인 밀림과 진펄을 헤치고 굶주림과 일제의 총검을 뚫고 사령부로 모여들었다.

장편소설 《백두산 기슭》은 경애하는 수령님의 어버이 품을 찾아 모진 시련을 이겨내며 그이께서 계시는 사령부로 모여드는 사람들의 다양한 모습을 통하여 오로지 위대하신 수령님을 민족의 태양으로 우러러 모시고 끝까지 믿고 따르려는 우리 인민의 다함없는 흠모와 신뢰의 감정을 감동 깊이 형상하고 있다.

종파사대주의자들과 좌경기회주의자들에 의하여 억울하게도 《민생단》의 루명을 쓴 리경준과 최선금, 장기령과 윤칠녀 일행, 유격 근거지를 해산할 때 적 통치구역으로 내려가라는 《지시》를 받고도 사령부가 찾아 떠나는 아동단 지도원 한남실과 그가 이끄는 나어린 아동단원들, 그들은 죽음도 두려워할 줄 모르는 편승의 의지를 가지고 한사코 남호두로, 마안산으로 걷고 또 걸었다.

오직 장군님의 품에 안김으로써만 자신의 정치적 생명도 삶의 보람도 꽃필 수 있다는 철석같은 신념을 간직하였기에 리경준의 일행은 그처럼 어렵고 험한 길을 마다 않고 장군님을 찾아 떠나는 것이다. 아이들도 장군님 곁으로 꼭 데리고 가야 한다는 절절한 심정을 안고 어린 아들딸들을 이끌고 험준한 산길을 떠나는 것이다.

이러한 그들이기에 최선금은 장군님을 만나 뵙고 인사를 드리는 날 명숙의 머리에 드려주려고 그 험난한 길을 걸으면서도 분홍색 댕기를 배낭 속 깊이 소중히 간직하는 것이다.

오로지 장군님만을 믿고 따르며 그 품에 안기려는 열렬한 지향은 아동단원들의 간고한 생활 장면에서도 눈물겹게 그려지고 있다.

종파사대주의자들은 원쑤놈들에게 부모를 잃은 어린 아이들을 적구로 내려가라고 내몰았다.

그러나 어린 아동단원들은 자기들의 선생인 한남실에게 《우리는 장군님한테 갈래요. 적 통치구역에는 죽어도 안 갈래요!》라고 웨치면서 발을 구르며 따라 나선다.

하기에 위대한 태양을 따르는 이 맑고 깨끗한 어린 마음들은 장설이 덮인 밀림 속에서 풀뿌리를 캐여 먹으면서도 장군님의 품에 안길 그 날만을 믿고 그리며 걷고 또 걸었던 것이다.

열흘 후이면 장군님의 품에 안기게 된다는 아동단 지도원의 말을 듣고 응남이는 배낭 뒤 주머니에 열 개의 솔방울을 따 넣고 하루가 지나면 솔방울 한 개씩을 우등불에 던져 넣는다.

이 맑고 뜨거운 마음의 꽃은 마안산에서 장군님을 만나 뵙던 그 날 순녀가 지성 담아 그이께 만들어드린 소박한 종이 꽃다발에도 곱게 피여 있다.

소설에 그려진 이 감명 깊은 장면들은 지난날 천대받고 멸시당하며 살아오다가 장군님께서 펼쳐주신 새 세상, 유격 근거지에서 장군님의 크나큰 사랑을 받으며 비로소 참다운 인간의 존엄과 행복을 찾은 생활의 체험을 통하여 그들의 심장 속 가장 깊은 곳에 뿌리내려진 신념이며 의지라는 것을 가슴 뜨겁게 보여준다.

그것은 실로 그 어떤 힘으로도 지울 수 없고 무엇으로 써도 꺾을 수 없는 가장 힘있고 뿌리 깊은 감정인 것이다.

위대한 태양을 우러러 따르는 해바라기들 속에는 꿈속에서도 그리던 위대한 수령님을 만나 뵙고 한평생을 그이 곁에서 충성을 다해 받들어 모시려고 결심 다지는 《대통령감》의 뜻 깊은 모습도 보이며 수령님의 은혜로운 해발을 받아 안고 혁명의 한 길에 절연히 떨쳐나서는 량심적인 지성인 박문필의 깨끗한 형상도 뚜렷이 엿보인다.

장편소설은 이와 같이 수령님의 품을 그리는 이 나라의 모든 남녀로소들, 서로 다른 생활경로를 걸어온 사람들의 절절하고도 심각한 내면세계를 진실하게 펼쳐 보이면서 위대한 수령 김일성 동지를 끝없이 믿고 따르며 다함없이 흠모하는 것은 이 나라 모든 사람들의 한결같은 마음이며 그 어떤 역경 속에서도 변할 수도, 흔들릴 수도 없는 확고한 신념이며 의지라는 것을 빛나게 확증하고 있다.

장편소설 《백두산 기슭》은 또한 위대한 수령님에 대한 조선인민혁명군 대원들의 불타는 충성심을 가장 높은 경지에서 생활적으로 감명 깊게 펼쳐 보이고 있다.

련대장 강세호, 경위중대장 리북철, 정치공작원 리경준은 장군님의 위대한 사랑의 품 속에서 고귀한 정치적 생명을 받아 안고 그이의 친위전사로, 혁명의 믿음직한 지휘성원으로 자라났다.

하기에 그들의 온 몸을 불태우는 것은 장군님의 이 크나큰 은덕에 충성으로 보답하려는 뜨거운 충성심이였다.

어떻게 하면 위대한 수령님의 안녕을 더 잘 지키고 그이를 더 잘 받들어 모실 수 있겠는가, 어떻게 하면 수령님의 심려를 천만 분의 일이라도 덜어드리겠는가를 언제 어디서나 생각하고 또 생각하는 련대장 강세호와 경위중대원들의 형상은 혁명의 한 길에 몸 바쳐 나선 사람들의 위대한 수령님께 어떻게 충성 다해야 하는가를 생활을 통하여 가르쳐주는 산 본보기로 된다.

강세호 련대장은 오매에도 그리던 장군님의 소식을 받고는 그이를 몸 가까이에서 더 잘 받들어 모시려는 뜨거운 충성의 한마음을 안고 채 회복되지도 못한 몸으로 수백 리 머나먼 길을 달려온다.

하기에 그는 위대하신 장군님의 안녕을 호위해드려야 할 호위인원이 너무도 적은 것을 두고 그리고 경위중대가 그이의 군복 예비 한 벌조차 가지고 있지 못한 것을 두고 그렇게도 가슴 아파하는 것이다.

강세호 련대장은 경위중대장에게 이깔나무로 우등불을 피워 장군님의 군복에 불티가 앉게 한 사소한 하나의 실수를 두고서도 장군님을 몸 가까이서 받들어 모시는 경위대원들은 모든 사업에서 최고의 중대성을 기해야 한다고 깨우쳐주며 여기에서는 조그마한 실수나 과오도 가장 큰 엄중성을 띠는 죄악으로 된다는 것을 준절하게 타이른다.

강세호는 리복철에게 말한다.

《조선혁명의 대앙양기를 앞둔 지금 사령관 동지의 안녕을 지키는 문제가 얼마나 중요한가 하는 것은 동무도 잘 알 거요. 그건 동무의 심정이자 내 심정이고 우리 모든 조선 사람들의 심정이란 말이요.》

이 얼마나 사람들의 가슴을 울리는 혁명가의 숭고한 정신세계인가.

강세호를 비롯한 인민혁명군 대원들의 이 숭고하고 웅심 깊은 정신세계는 위대한 수령님을 모시고 있는 것을 최고의 영예, 최대의 행복으로 여기고 있는 혁명전사들이 경애하는 수령님을 어떻게 정치사상적으로, 목숨으로 옹호 보위하여야 하는가를 생동하게 보여준다.

참으로 장편소설은 위대한 수령 김일성 동지를 떠나서는 우리 혁명의 승리도 우리 인민의 행복도 생각할 수 없다는 철석같은 신념을 안겨주며 경애하는 수령님의 안녕을 지키기 위하여 모든 것을 다 바치는 끝없는 충성심으로 사람들의 심장을 세차기 울려주고 있다.

장편소설은 조선인민혁명군 대원들이 지니고 있는 위대한 수령 김일성 동지에 대한 불타는 충성심을 그이의 명령지시에 대한 절대성, 무조건성의 정신을 통하여서도 감명 깊게 보여주고 있다.

장편소설은 위대한 수령님께서 주신 임무를 받고 무송 지구에 나가 정치공작을 수행하는 리경준의 투쟁을 통하여 그것을 잘 보여주고 있다.

그는 박문필이 뜻하지 않게 체포되여 조직이 위험에 처하고 공작임무수행에 시련이 닥쳐왔을 때에도 불굴의 투지와 능숙한 방법으로 조직을 구출하여 박문필이 무사히 석방되게 한다.

위대한 수령님께서 주신 명령지시에 대한 리경준의 절대성, 무조건성의 정신은 특히 그이께서 박문필을 무송 지구 대표로 조국광복회 창립대회에 참가시킬 데 대하여 주신 지시를 목숨 바쳐 끝까지 관철하는 데서 감명 깊게 그려지고 있다.

오로지 위대한 수령님의 안녕을 바라며 눈을 감는 그의 영웅적인 희생 장면은 참다운 혁명가는 수령님의 명령지시를 어떻게 집행하여야 하는가를 산 모범으로 가르쳐 주고 있다.

이렇듯 장군님께서 친히 이끄시고 남호두를 떠나신 소부대는 수백 수척의 풍랑 사나운 천리수해를 헤치며 백두산 기슭에 와 닿았다.

이제 조국 땅 기슭에 닻을 내린 이 강대한 혁명대오는 민족의 태양이신 위대한 수령님을 따라 주체의 기치를 더욱 높이 추켜들고 삼천리 조국강산을 향해 조국 광복의 위업을 완성하기 위한 총진군을 개시할 것이다.

총서 《불멸의 력사》 중에서 장편소설 《백두산 기슭》은 주체문학의 찬란한 력사 우에 가장 귀중한 공헌을 하였으며 온 사회의 주체사상화에 힘있게 이바지하는 참된 생활의 교과서로 되고 있다.

장편소설 《백두산 기슭》은 무엇보다도 전체 당원들과 근로자들, 인민군 군인들과 사로청원들에게 위대한 수령 김일성 동지를 모시고 혁명하는 크나큰 민족적 긍지와 혁명적 자부심을 가슴 뜨겁게 안겨준다.

장편소설 《백두산 기슭》은 또한 당원들과 근로자들로 하여금 위대한 수령 김일성 동지께 끝없이 충직하였던 조선인민혁명군 대원들처럼 티 없이 맑고 깨끗한 충성심을 간직하고 수령님을 정치사상적으로, 목숨으로 옹호 보위하며 수령님의 교시를 한 치의 드팀도 없이 무조건 철저히 관철하도록 힘있게 이끌어주고 있다.

참으로 장편소설 《백두산 기슭》은 그 높은 사상예술성으로 하여 위대한 수령 김일성 동지께서 공화국 창건 30돐 기념 중앙경축대회에서 하신 력사적인 보고를 높이 받들고 제2차 7개년 계획 수행에 일떠선 우리 인민의 투쟁을 힘있게 고무할 것이다.

—『조선문학』 1978년 11호.

4. 개작 상황

구분	1978년판	1989년판	1990년판
저자	조선작가동맹중앙위원회 4·15 문학창작단	현승걸·최학수	현승걸·최학수
출판사	문예출판사	평양출판사	문예출판사
발행부수	20만 부 발행		2만 부 발행

표제	장편소설 불멸의 력사 백두산 기슭	총서 '불멸의 력사'9 장편소설 백두산 기슭	총서 '불멸의 력사'9 장편소설 백두산 기슭
특이사항	제목 뒤, 본문 제1장 바로 앞에 김일성 사진과 "조국광복회 10대 강령을 작성하시는 위대한 수령 김일성 동지"라고 쓰인 면.	해당 면 없음.	해당 면 없음.
본문에서 변경된 내용	"숫볼사하는"(10)	"숙볼사하는"(10)	"숙볼사하는"(12)
	"금성 장군님"(17)	"김일성 장군님"(16)	"김일성 장군님"(18)
	"윤칠녀"(17)	"장철구"(16)	"장철구"(18)
	"대국배타주의자"(51)	"기회주의자"(51)	"기회주의자"(53)
	"권학식"(32)	"권학식"(31)	"리동백"(34)
	"씨하"(58)	"씨하"(58)	"사하"(60)
	"혁명연극 《한 자위단원의 운명》의 대본"(224)	"혁명연극 《한 자위단원의 운명》의 대본"(222)	"원고"(226)

— 작성 : 오태호

『압록강』

1. 세부 사항

<table>
<tr><td>제목</td><td colspan="3">총서 '불멸의 력사'10『압록강』</td><td>출간 권수</td><td>10</td></tr>
<tr><td>작가 및 창작단</td><td colspan="5">최학수 / 조선작가동맹중앙위원회 4·15문학창작단</td></tr>
<tr><td rowspan="2">발표 연도
(수상 연도)</td><td>발표 연도</td><td>1983</td><td rowspan="2">발표 지면
(수상명·집)</td><td rowspan="2" colspan="2">문예출판사</td></tr>
<tr><td>개작 연도</td><td>1992</td></tr>
<tr><td>스토리
주제</td><td colspan="5">백두산 밀영지 건설과 보천보전투 승리(1937년 6월 4일)</td></tr>
<tr><td>키워드1/ 테마</td><td colspan="5">백두산 밀영지의 건설과 각종 전투, 조국광복회의 조직 확대, 보천보전투, 국내 진공작전.</td></tr>
<tr><td>키워드2/ 구성</td><td colspan="5">10장</td></tr>
<tr><td>키워드3/ 시점</td><td colspan="5">전지적 작가 시점(10장에 '대통령감' 리동백의 압록일기 수록)</td></tr>
<tr><td>키워드4/ 시간</td><td colspan="5">1936년 8월~1937년 6월 15일</td></tr>
<tr><td>키워드5/ 장소</td><td colspan="5">백두산 밀영(곰의골 밀영), 보천보.</td></tr>
<tr><td>키워드6/ 소재</td><td colspan="5">보천보전투, 백두산 밀영.</td></tr>
<tr><td>키워드7/ 인물(직업)</td><td colspan="5">권영벽(선전과장), 김주현(군수관), 리제순(장백 지구 조국광복회원, 신흥촌 촌장), 박달(갑산공작위원회 책임자), 박인진(천도교 도정, 조국광복회원), 김정보(지양개의 유지), 곽두섭(2연대 중대장), 조분옥(여대원, 곽두섭의 약혼녀), 라명희(처녀 소대장), 장철구(작식대원), 강세호(7연대장), 최현(연대장), 대통령감(출판소 책임자), 리동학(별동대 대장), 리창선(유격대원, 김빠이).</td></tr>
</table>

2. 줄거리 소개

1장(총 7절)

1936년 만주 땅에 가을이 일찍 찾아든다. 환갑이 지난, 만주 최고통치자인 우에다 겡기찌 대장은 2천여 명의 공산군이 무송현성을 습격했다는 급보를 받고, 관동군 헌병대 사령관 도죠 히데끼에게 전화를 걸어 사실을 확인한다. 우에다는 도죠 히데끼와 관동군 참모장 이다가끼 세이시로, 만주국 군정부 최고고문 사사끼 소장 등과 모여 대책을 논의한다. 이후 이 전투가 김일성공산군을 주축으로 반만항일구국을 표방하는 만순부대와 점산호 부대, 문명군부대들이 참가한 전투였음이 드러난다. 전투는 김일성의 연합부대가 8월 17일 동산포대를 장악하는 것으로 시작되었고 그들은 이미 그 전날(16일 일요일) 밤 10시 경 무송으로부터 12킬로미터 떨어진 송수진을 속공으로 점령하였다. 현성에 있던 만주국군 장병들은 스스로 투항하거나 무기를 버리고 도주하였고 만주군 대대장인 왕가는 패배 이후 용맹함을 잃는다. 공산군은 4월 말경에 만강에서, 6월에 시난차에서도 천하무적의 기세로 전투를 치렀으며 민생단 혐의자들 또한 김일성의 품 안에서 살아나 세력을 결집하고 있었다.

김일성 장군은 백두산 서남쪽 압록강 기슭으로 근거지를 옮겨가고 있었다. 1936년 8월 27일 만강부락에서 출발한 주력부대는 행군을 계속한다. 행군 사흘째 되던 날(8월 29일) 휴식처에서 김일성은 26년 전 망국의 날을 떠올리며 광복의 맹세를 다진다. 8월 30일 김일성은 김주현 동무네가 보아둔 백두산 밀영 후보지에 대해 묻는다(개작본에서는 내용이 다름). 김일성군은 백두산에 나왔다는 것을 조국인민들에게 알리기 위해 깃발을 들고 나팔을 불며 위풍당당하게 행군한다.

제2연대가 사령부를 찾아 백두산 쪽으로 행군을 계속한다. 오중흡 소대장과 중대장 곽두섭, 중대 정치 지도원 권영벽 등은 사령부가 주력부대를 이끌고 장백 쪽으로 나갔다는 소식을 전해 듣고 백두산 쪽으로 행군을 계속한다.

추석날이었던 1936년 9월 30일 조선인민혁명군 주력부대가 곰의골에 들어와 첫 숙영을 하던 밤에 장백 땅에는 첫눈이 내렸다(개작본에는 추석 사흘 전으로 나옴). 천막에서 깊은 잠을 잔 김일성은 눈무지를 보며 백두산다운 대접이라고 생각한다. 눈꽃의 장엄함과 화려함에 감탄한 김일성은 새 밀영지를 황홀하게 바라본다. 곰의골 밀영지를 돌아보던 김일성은 선발대로 밀영지를 택한 김주현을 치하한다(개작본에는 김일성이 밀영지를 선택한 것으로 나옴). 그리고는 새 밀영지를 꾸리는 사업을 토의하며 각자의 역할을 분담한다.

2연대는 산림경찰대를 총 하나 쏘지 않고 불시에 야습한다. 만강을 떠나 백두산 원시림 지대에 들어선지 달반이 지나면서 김일성에 대한 그리움이 깊어간다. 곽두섭은 분옥에 대한 회상에 젖어든다. 2년 전(1934년), 동만 유격구들이 해산되고 처창즈 유격구가 어려운 시련을 겪던 때, 처창즈 무기 수리소가 폭발하면서 다친 곽두섭을 간호대원이자 작식대원인 조분옥이 구해내어 화상 치료를 해준다. 발도 낫고 화상도 나은 곽두섭은 조분옥에게 청혼을 한다. 하지만 조분옥은 병원에서 가위가 없어진 탓에 민생단 혐의를 받고 있다며 만일 두섭이 자신과 결혼하면 마찬가지로 혐의를 받을 것이라며 청혼을 거부한다. 두섭은 일부러 민생단 혐의를 받을 만한 죄를 지어서라도 분옥과 함께 지내고자 한다. 둘은 비밀리에 약혼하고 군복의 놋단추 하나를 바꿔 달지만 서로를 모른 체 하고 지내기로 한다.

2장(총 5절)

천도교 도정 박인진은 지양개골 세력가이자 유지인 김정보를 만나러 떠난다. 하지만 김정보를 공산군이 붙잡아 간 사실을 전해 듣는다. 월동 물자를 공작하기 위해 김주현은 몇몇 지주 집에 경제모연공작조를 파견한다. 김주현은 김정보를 설득하기 위해 노력하지만 김정보는 무도한 비적놈들이라며 거부한다. 강세호는 김일성이 전투를 나간 사이 귀틀집을 지어놓는다. 리동학은 김일성에게 화전부락 마을 촌장인 리제순이 만남을 청한다고 이야기한다. 갑산공작위원회 책임자 박달은 반일조직을 묶고 지하조직 유경험자를 찾아 나선다. 박달은 덕삼으로부터 조선 공산군 이야기를 듣고, 곧이어 김일성을 만나고 왔다는 리제순의 이야기를 들으며 김일성에 대한 기대감이 더욱 커진다.

3장(총 6절)

2연대 사람들은 대통령감을 만나 사령부 밀영이 근처에 있음을 전해 듣는다. 백두산 밀영에 도착한 2연대는 김일성 앞에 도열한다. 명절날처럼 흥성거리며 진수성찬을 맛본다. 권영벽은 김일성을 만나 적후 지하공작사업을 나갈 것을 명 받고 리제순에게 강의할 것을 지시받는다. 김일성은 최현 부대로부터 통신원이 왔다는 이야기를 듣는다. 마의하 샘물골에 사는 윤 노인은 올해 춘삼월 귀한 식솔 한 사람을 얻었다. 아랫도리가 온통 피로 얼룩졌던 단발머리 여자는 왼쪽 장딴지에 관통상을 입은 조분옥이었다. 조분옥은 치료를 받으면서 아이들에게 혁명가요를 가르친다. 그러던 어느 날 조분옥은 유격대를 찾아 떠나겠다면서 길을 나선다. 분옥은 다리를 절뚝거리면서 4중대가 있던 마안산 삼포 밀영을 찾아가던 중 마안산 숲 속에서 밤을 샌다.

권영벽은 리제순에게 지하사업을 강의해준다. 신임장을 써달라는 리제순의 부탁에 김일성은 흔쾌히 신임장을 써준다. 장백산 줄기의 홍두산 골짜기에서 최성필과 만강의 생활은 단조롭게 이어진다. 만강은 '조국광복회 창립 선언'과 '조국광복회 10대 강령'을 김정보에게 내준다. 영세한 양반가문의 서자로 태어나 우국지사임을 자처하는 김정보는 김일성을 만나게 해달라고 이야기한다.

4장(총 12절)

사령부 선전과장의 중책을 맡은 권영벽을 배웅하면서 김일성은 공작시에 유념할 임무를 강조한다. 마안산에서 샘물골로 돌아와 생활하던 분옥에게 최현 부대의 조선인민혁명군이 찾아온다. 권영벽은 술에 취한 리창선을 만나 선전물을 내보인다. 신흥촌 뒷산에서 조선인민혁명군 사령부 대표이며 정치공작원인 권영벽의 사회로 조국광복회 장백현 20도구 신흥촌지회를 뭇는 모임이 벌어진다.

천도교 청년당에 관계했다는 리창선이 백두산 밀영으로 찾아와, 김빠이라는 별명이 붙는다. 천도교 도정 박인진은 현 참사관이자 현 헌병대장인 에구찌의 면담 요청을 받는다. 에구찌는 최린처럼 일제의 끄나풀이 되어달라고 박인진에게 강요한다. 박인진은 에구찌의 청을 거절한 뒤 실의에 빠져 있다가 공산군에게 소를 보낸 박 노인의 이야기를 듣는다. 청수 앞에서 주문을 외던 박인진은 리창선이 공산군에 들어갔다는 이야기를 들으며 안타까워한다. 김일성은 곽두섭에게 소를 임자에게 돌려주도록 명령한다. 신입대원이 김주현에게 자신이 밀정이었다고 자백한다. 김주현은 독약과 조막도끼를 김일성에게 보여주며 사태의 심각성을 깨닫는다. 김일성은 소를 돌려주고 온 곽두섭을 만나 치하하고 병원에 옷을 가져다줄 것을 지시한다.

밀정의 자백 사건이 있기 전, 10월 29일 오후 새로 제7대 조선총독이 된 육군대장 미나미 지로가 탄 특별열차가 국경을 넘고 있었다. 도문회담에서 미나미 총독과 우에다 사령관은 조선인민혁명군을 소탕하기 위한 구체적인 협의에 들어갔다. 곽두섭은 재봉한 옷들을 들고 간 병원에서 조분옥을 만난다. 두섭은 분옥을 만나게 된 것이 장군의 은덕임을 알고 목이 메인다. 김일성은 11월 3일 『동아일보』와 『조선일보』 석간에 실린 '도문회담' 내용을 들며 적들의 준동이 심각함을 확인한다. 곽두섭은 국내 진공작전을 앞당겨 실행하자고 제안한다. 리동학은 기민하게 움직이면서 적들의 배후타격을 배합하면 좋을 것이라고 이야기한다. 김일성은 적들의 동기토벌공세에 맞설 것을 결의하고, 11월 12일 라남 19사단 소속 함흥 74연대 일본군 패거리들과 전투를 벌여 승리를 거둔다.

5장(총 4절)

박달은 갑산공작위원회에 비상모임 소식을 전달한다. 권영벽은 박달을 만나 김일성의 친서를 전한다. 사령부 군수관 김주현은 장철구 아주머니를 사령부 작식대원의 직무에서 해임하고 후방 병원에서 환자들의 식사를 보장하라고 지시한다. 장철구는 장군의 수저를 내놓고 후방 병원으로 길을 떠난다. 곽두섭 중대장은 행군 도중 바위짬에서 담배를 피워 문다. 이튿날 김일성이 곽두섭을 불러 과오를 지적하자, 곽두섭은 담배를 끊겠다고 맹세한다. 김일성은 분옥과의 결혼 날짜를 정하라고 권한다. 눈보라를 헤치고 후방 병원을 향하던 장철구는 남편을 잃고 아들을 잃었던 과거를 회상하며 민생단 혐의를 받았던 시절을 떠올린다.

6장(총 5절)

김일성은 사령부에 온 권영벽으로부터 그동안의 사업을 전해 듣는다. 그리고 마씨 노인의 딸과 혼사가 무산된 리창선이 김빠이로 불리며 유격대 생활을 하고 있음을 전해준다. 김주현으로부터 전리품 상황을 보고 받은 김일성은 전리품을 표창으로 수여하자고 이야기한다. 장철구 아주머니에게 옷을 해주려는 김일성에게 김주현은 장철구를 후방 병원으로 보냈다고 이야기한다. 김주현은 김일성으로부터 호된 질책을 받고 흐느낀다. 김일성은 후방 밀영지를 돌아보고 홍두산 초막의 김정보와 병원의 조분옥을 만날 겸 밀영지를 떠난다. 권영벽은 명희로부터 곽두섭이 행군 중에 담배를 피웠다는 말을 듣고 두섭을 비판한다. 김일성이 장철구를 만나러 가다가 쓰러져 있던 김주현을 만난다. 병원에 도착한 김일성은 장철구를 만나 위로한다. 병원 사람들에게 김일성이 방문한 날은 희한한 명절이 되었다. 성필이와 만강이 있는 초막에 후방부 운반대장이 나타난다. 김정보를 만난 김일성은 조선의 독립에 대한 지론을 펼치고 김정보는 김일성에게 감화되어 큰 절을 올린다.

7장(총 5절)

박인진은 박 노인네 소가 돌아온 모습을 본다. 유격대원이 된 리창선이 박인진을 찾아와 결혼 잔치를 치를 것을 말한다. 권영벽(본명 창욱이)은 친형 상욱과 여러 해 만에 마주치고 자기 집으로 가게 된다. 아버지가 위중하다는 말에 집으로 향하던 권영벽은 어머니의 곡성을 듣는다. 아버지가 돌아가신 이튿날 순사들이 들이닥쳐 권영벽의 집을 불태운다. 그 현장을 원한 속에 지켜본 권영벽은 조국광복회 회원들에게 편지를 전하기 위해 슬픔을 이겨낸다. 권영벽은 리제순을 접선한 뒤 신흥촌지회의 분회원 네 명을 만난다. 박인진은 김정보를 만나 김일성을 만나고 온 이야기를 전해 들으며 현자가 된 김정보의 모습을 부러운 눈으로 쳐다본다. 박인진은 마 노인네 집에서 조선인민혁명군 대표 권영벽을 만난다. 그 자리에서 김일성의 친서를 받은 박인진은 만나고 싶다는 회답편지를 적어보낸다. 박인진은 백두산 밀영에 들어와 김일성을 만나고 최수운 대선사를 만나는 것 같은 느낌을 받는다. 박인진은 청수를 놓고 김일성을 하늘님처럼 모셔야 한다고 기도한다. 이어 박인진은 천도교 청년당원 백만 명을 김일성의 휘하에 내세우도록 노력하겠다고 맹세한다. 결혼을 하고 밀영에 온 리창선은 권영벽의 아버지가 적들에게 두 번 죽음을 당했다며 통곡한다. 김일성이 동지의 원한을 풀어주자며 징벌대를 편성하도록 지시한다.

8장(총 3절)

권영벽의 안내로 김일성을 만난 박달은 『3・1월간』 잡지를 읽어본다. 박달은 조선혁명의 전위대인 당에 대해서 김일성에게 묻고 김일성은 국제당의 비준보다 스스로 당을 만들면 되는 것이라고 밝힌다. 1937년 새해가 밝아 김일성은 라명희에게 권영벽과 부부로 가장하여 적후 공작 임무를 수행하도록 지시한다. 라명희와 권영벽(김수남이라는 품팔이꾼으로 위장)은 압록강가 17도구 토점리 동산장대 배가골로 내려간다. 1월 12일, 13일 적 토벌부대를 무찌른 김일성은 1월 23일 16도구 문암동 샘물터 근방에서 일만혼성부대를 물리친 뒤 홍두산 기지로 들어온다. 김일성은 음력 설 무렵 횡산으로 가 병상의 환자들과 자리를 같이 한 뒤 토벌책을 토의한다. 김일성은 김정보와 마 노인을 만나고 가죽장화를 선물 받는다. 설 축배를 들던 중 총소리가 울린다. 15명의 유격대원이 4, 5백 명의 토벌대와 맞닥뜨리게 된 것이다. 리창선과 권영벽의 도움으로 토벌대를 물리친다. 김일성은 홍두산전투 후 도천리전투와 리명수전투로 적을 파멸로 몰아넣고, 3월 초에 주력부대를 이끌고 무송으로 향한다.

9장(총 6절)

3월 하순이 되어 백두산 원시림 지대에도 봄이 온다. 곽두섭과 분옥은 약혼 1주년을 맞는다. 잣송이를 따던 두섭은 총성을 듣고 급히 초막에 돌아온다. 초막에 불이 붙고 신아바이가 빼또칼에 찔려 죽어 있고 만강이 학살된 채로 골짜기 밑에서 발견되고 분옥이가 사라진다. 며칠 동안 눈과 잣과 강냉이로 연명하던 두섭은 600벌의 새 군복을 제작하기 위해 미리 나온 오중흡 중대장과 부대원을 만난다.

국내 진공작전을 결심한 김일성 부대는 1937년 초봄의 서강군정간부회의 후 동강의 밀림 속에서 맹렬한 군정훈련을 마치고, 5월 중순 백두산 밀영으로 나온다. 오중흡은 고상한 은회색 코트를 지어 김일성에게 조국 원정 때 입어달라고 요청한다. 오중흡으로부터 분옥이가 실종된 이야기를 들은 김일성은 권영벽에게 분옥에 대해 알아보라고 지시한다.

4월 초에 서강을 떠난 최현 부대는 5월 초부터 강력한 보조타격을 개시한다. 5월 21일에는 류삼손 소대가 포태리 벌목작업의 현장주임 가와시마를 붙잡아 그의 고용주인 혜산의 다가세에게 5월 중으로 3천원의 현금을 봉정하라는 편지를 보낸 후 백두의 깊은 원시림 속으로 스며든다. 보천보 시가지 약도를 그려온 박달은 권영벽을 따라와 김일성을 만난다. 신문자료를 통해 최현 부대가 어려움에 빠진 것을 안 김일성은 국내진공을 예정보다 앞당기고자 한다. 박달은 부대원들의 사격훈련을 보면서 감탄한다. 권영벽은 도강 준비를 하던 김일성에게 오늘 새벽에 분옥이 희생되었음을 알린다. 분옥의 얼굴은 조국 땅 쪽으로 돌리고 손에는 단추를 틀어쥐고 있었다고 전한다. 김일성은 장백뒤산에 있던 시신을 옮겨다놓은 봉분으로 곽두섭을 데리고 간다. 김일성과 권영벽, 오중흡, 리동학, 장철구 등이 분옥이의 무덤 앞에서 묵념하고 혁명위업을 달성할 것을 다짐한다.

10장(총 4절)

은회색 봄 외투 차림으로 대원들 앞에 선 김일성은 나지막한 음성으로 출발을 명한다. 부대는 강변 산골 마을을 지나 숙영 준비를 한다. 곽두섭은 분옥의 무덤에 얹기 위해 담배쌈지에 조국의 흙을 한 줌 떠 담는다. 보천보는 일제의 침략의 교두보이자 약탈과 탄압의 본거지였다. 각각의 임무대로 점차 전투태세를 갖추고 공격개시 시각을 기다린다. 1937년 6월 4일의 봄 밤, 김일성은 밤 열시가 되자 공격신호로 총성을 울린다. 보천보의 거리가 불타오르면서 하나의 거대한 횃불이 된다. 면사무소가 불타고, 유인물을 뿌리면서 포고문을 거리에 붙인다. 김일성은 동포들 앞에서 조선인민혁명군임을 알리고 연설을 한다. 6월 5일 토요일, 미나미 총독은 미쯔바시 경무국장으로부터 선전포고를 전해 듣고 김일성 군대가 경찰서와 관공서를 습격하고 보천보 거리를 불바다로 만들어 버렸다는 보고를 받는다. 그리고는 이소사끼 사무관으로부터 '1937년 6월 1일 조선인민혁명군 사령관 김일성'의 포고문을 전해 듣는다.

백두산 밀영으로 돌아온 김일성은 경축대회를 갖는다. 연환대회가 있은 17일 뒤 압록강변의 간삼봉에서는 항일혁명전쟁 사상 최대 규모의 전투가 벌어지고, 김일성은 이 전투를 승리로 이끌며 새로운 투쟁의 길에 오른다.

3. 북한의 소개와 평가

| 사전(년감) 자료 |

장편소설. 1983년 최학수 창작. 총서 《불멸의 력사》 중의 한 권이다. 위대한 수령 김일성 동지께서 1936년 2월 남호두회의에서 제시하신 방침에 따라 진행된 백두산 근거지 창설을 위한 투쟁과 조국광복회 조직을 확대 강화하기 위한 투쟁 그리고 력사적인 보천보전투 등 위대한 력사적 사건들을 기본 줄거리로 하면서 경애하는 수령님의 영광 찬란한 혁명력사와 불멸의 혁명업적, 고매한 풍모를 깊이 있게 형상한 작품이다. 소설은 무송현성전투를 빛나게 결속하신 사령관 동지께서 조국 광복의 웅대한 구상을 무르익히시며 백두산 근거지에로 진출하시는 장면으로부터 시작된다. 백두산 근거지에 도착하신 사령관 동지께서는 7련대장 강세호, 경위중대장 리동학, 사령부 군수관 김주현을 부르시여 조선인민혁명군 주력부대를 더욱 강화하는 한편 근거지를 중심으로 적극적인 군사활동을 벌리며 광범한 대중 속에 조국광복회 조직을 급속히 확대 발전시킬 데 대한 과업을 주신다. 그들의 활동에 의하여 얼마 후 사령부에는 장백현 신흥촌의 리제순과 마동희가 찾아온다. 한편 북만에서 활동하던 권영벽, 오중흡, 곽두섭을 비롯한 2련대 성원들까지 도착하여 백두산 근거지는 더욱 흥성거린다. 그 후 권영벽은 사령관 동지의 지시에 의하여 리제순과 함께 조국광복회 갑산공작위원회에 파견되여 혁명의 길을 찾아 모대기던 박달과 련계를 맺게 된다. 오매에도 그리던 민족의 태양이신 사령관 동지의 넓은 품에 안기게 된 박달은 조국 광복을 위한 성전에 한 몸 바쳐 싸우리라 굳게 결의한다. 사령관 동지께서는 유격대 중대장 곽두섭을 비롯한 혁명전사 한 사람 한 사람을 극진히 아끼시고 사랑하시며 혁명가로 키워주신다. 사령관 동지께서는 《민생단》 혐의에서 벗어난 조분옥과 《비밀약혼》을 한 곽두섭이 분옥의 소식을 몰라 남모르게 고민하고 있다는 것까지 헤아려 보시고 사령부 작식대원 장철구를 통하여 그의 행처를 알아보도록 하시며 최현 부대에 그를 찾을 데 대한 과업을 주신다. 사령관 동지의 크나큰 사랑과 보살피심에 의하여 부대와 헤여져 온갖 고생을 다하면서 유격대를 찾아 헤매던 조분옥은 곽두섭이와 만나게 되며 홍두산 후방 밀영에서 허약해진 몸을 추세우게 된다. 사령관 동지께서는 또한 장백과 국내의 일부 지역에서까지 일정한 영향력을 가지고 있던 천도교 도정 박인진과 김정보도 조국 광복의 성스러운 길에 나서도록 이끌어주신다. 《도문회담》 이후 놈들의 발악이 더욱 우심해지고 사령부에까지 밀정이 기여드는 엄중한 사태가 벌어지게 되자 김주현은 사령관 동지의 신변안전을 위한다는 리유로 그이께서 원정을 떠나신 사이에 한때 《민생단》 혐의를 받은 일이 있었던 장철구를 먼 후방병원으로 떠나보낸다. 사령관 동지께서는 이미 백지로 선포하신 《민생단》의 낡은 문서를 또다시 들추어 사람들을 혁명대오에서 떼여버릴 뻔한 김주현을 엄하게 타이르시고 그 밤으로 장철구를 만나시기 위하여 후방병원으로 찾아가신다. 혁명전사들에 대한 사령관 동지의 육친적인 사랑은 사람들에게 큰 충격을 안겨준다. 사령관 동지께 심려를 끼쳐드린 잘못으로 하여 김주현은 자신을 랭혹하게 비판한다. 곽두섭 역시 원정기간 사령관 동지께서 인솔하신 대오에서 행군하면서 규률을 어기고 담배를 피운 자유주의적 행동에 대하여 심각히 뉘우친다. 임무수행 도중 아버지가 돌아가셨다는 뜻밖의 소식을 듣고 집에 들렸던 권영벽은 시체가 안치된 집을 불살라버리는 일제군경 놈들의 만행을 목격하면서도 혁명임무를 생각하며 꿋꿋이 이겨낸다. 후방병원에 남아서 환자들을 간호하던 조분옥도 원쑤놈들의 습격을 받아 체포되지만 사령부의 비밀을 끝까지 지켜 장렬한 최후를 마친다. 한편 사령관 동지의 국내진공작전 방침을 관철하기 위한 유격대원들의 피 어린 투쟁에 의하여 백두산 근거지가 튼튼히 꾸려지며 드디여 조국진군의 그 날이 다가온다. 경애하는 사령관 동지께서는 1937년 6월 조선인민혁명군의 주력부대를 몸소 거느리시고 보천보에로 진격하신다. 밤 10시, 사령관 동지께서 울리신 한 방의 총소리를 신호로 하여 부대는 일제히 전투에 진입한다. 항일유격대의 불의의 공격에 적들은 완전히 넋을 잃고 경찰관 주재소의 경관놈들은 순식간에 녹아나며 산림보호구, 소방회관, 우편국 등 적 기관에서는 삼단같은 불길이 솟구쳐 오른다. 짓밟히고 천대받던 인민들은 거리에 뛰쳐나와 《김일성 장군 만세!》, 《조선 독립 만세!》를 소리높이 부르며 감격의 눈물을 흘린다. 소설은 백전백승의 강철의 령장이시며 전설적 영웅이신 경애하는 김일성 장군님께서 보천보 인민들 앞에서 조국 광복을 위하여 억세게 싸워나갈 것을 호소하시는 력사적인 연설을 하시는 장면을 보여주는 것으로 끝난다. 장편소설 《압록강》은 위대한 수령 김일성 동지의 영광 찬란한 혁명력사에서 중요한 자리를 차지하는 백두산 서남부에서의 군사정치활동, 전국적 범위에서의 반일민족통일전선운동과 당창건준비사업을 정력적으로 벌리신 내용을 폭넓게 형상함으로써 항일무장투쟁을 중심으로 한 전반적 조선혁명운동을 일대 앙양에로 조직 령도하신 수령님의 불멸의 영상을 빛나게 창조하였다. 소설은 탁월한 군사사상과 림기응변하고 천변만화하는 독창적인 유격전술과 전법으로 언제나 주도권을 튼튼히 틀어쥐시고 력량상 우세한 적들에게 끊임없이 심대한 타격을 가하시여 적들의 대규모 《동기토벌》작전을 짓부시고 항일무장투쟁을 승리의 한길로 현명하게 이끄신 위대한 수령님의 혁명적 풍모를 빛나게 형상하였다. 소설에는 또한 혁명전사들과 인민들에 대한 한없이 뜨거운 사랑을 지니신 경애하는 수령님의 고매한 풍모가 감동적으로 그려져 있다. 장철구에게 돌려주신 사랑에 대한 이야기, 곽두섭과 조분옥의 사랑을 다시 찾아주신 이야기, 소사건 등을 비롯하여 다양한 사건과 풍부한 생활에 대한 묘사를 통하여 혁명전사들과 인민들에게 뜨거운 사랑과 은정을 베푸시는 인민의 자애로운 어버이이신 경애하는 수령님의 고매한 덕성을 빛나게 형상하였다. 소설은 또한 권영벽을 비롯한 조선인민혁명군 지휘원들과 장철구, 곽두섭, 조분옥 등 인물들의 형상을 통하여 위대한 수령님을 높이 우러러 모시는 것을 자기의 첫째가는 본분으로 여기며 수령님에 대한 충실성을 제일생명으로, 고귀한 의리로 간직한 혁명전사들의 숭고한 정신세계를 진실하게 그려내였다. 장편소설은 실재한 사건들을 취급하면서도 그것들을 단순히 기록한 것이 아니라 사상적 알맹이가 있는 문학적인 이야기로 전환시켜 흥미있게 그려내였으며 이야기 줄거리, 사건, 인간관계 등 모든 형상요소들을 위대한 수령님의 혁명적 풍모를 부각시키는 데 복종시켰다.

—『문학예술사전』(하), 과학백과사전종합출판사, 1993.

| 평론 자료 |

광복의 메아리 힘있게 울려 퍼지는 영웅서사시적 화폭

윤기덕

총서 《불멸의 력사》 중 장편소설 《압록강》은 오늘 인민들 속에서 커다란 반향을 불러일으키고 있다.

장편소설 《압록강》은 경애하는 수령님의 위대한 풍모를 따라 배우려고 열망하고 있는 우리 인민과 세계혁명적 인민들에게 있어서 또 하나의 귀중한 사상정신적 량식으로 되고 있으며 당의 유일사상 교양과 혁명 교양의 참다운 교과서로 되고 있다.

장편소설 《압록강》은 모두 10개 장으로 이루어져 있다. 1장으로부터 8장까지는 조국광복회 창건 직후인 1936년 8월 말로부터 무송현 서강회의가 있기 전까지의 백두산 밀영을 중심으로 하는 위대한 수령님의 혁명활동을 그리고 있으며 9장부터 10장까지는 서강회의로부터 1937년 6월 4일 보천보전투를 거쳐 6월 13일 장백현 지양개의 덕삼촌 수림에서 있은 국내진공작전 승리를 경축하는 군민련환대회까지를 그리고 있다.

장편소설 《압록강》은 위대한 수령 김일성 동지께서 제시하신 남호두회의 방침에 따라 백두산 밀영을 창설하는 투쟁, 백두산 밀영에 의거하여 조선인민혁명군 부대를 튼튼히 꾸리고 당 조직과 반일민족통일전선망을 장백 지구와 국내 깊이에로 확대하는 투쟁, 무장투쟁을 국내에서 전개하기 위한 투쟁을 통하여 위대한 수령님께서 민족재생의 서광을 안아 오시는 빛나는 화폭을 펼쳐 보이고 있다.

력사적인 보천보전투를 정점으로 하여 빛나는 화폭을 펼치고 있는 장편소설 《압록강》은 영영 기울어져가는 조국과 민족의 운명이 누구에 의하여 재생의 서광이 열리고 구원되는가 하는 문제를 제기하고 위대한 수령님의 숭고한 형상을 통하여 이에 예술적 해답을 주고 있다.

장편소설 《압록강》이 안고 있는 이러한 사상주제적 과제는 이 소설의 창조적 과제일 뿐 아니라 실지로 당시 우리나라의 력사가 제기하고 있는 가장 심각하고 근본적인 문제이다.

다 아는 바와 같이 1937년을 전후한 시기의 우리나라 안팎의 정세는 매우 엄혹하였다.

조선을 강점한 일제는 뒤이어 만주를 점령하였으며 바야흐로 중국 관내에로 침략을 확대해 나가고 있었다. 이러한 조건에서의 조선 인민의 의병투쟁, 독립군 운동도 더는 지탱해내지 못하게 되었으며 초기 공산주의운동자들도 다시는 일어나지 못하였다.

애국자로 자처하던 민족주의운동자들과 혁명가로 행세하던 초기 공산주의자들은 일제의 주구로 전락되거나 시정배로 굴러 떨어졌으며 기껏해서 은둔생활을 하는 형편이였다. 이와 같은 사실은 소설에서 김정보와 안 선생, 림 선생, 책방 주인 등의 형상을 통하여 잘 그려져 있다.

뜻이 있고 애국심 있는 각계각층 인민들은 가슴을 치며 조선은 영영 세계지도에서 빛을 잃고 조선민족은 영원히 망국노가 되고 말 것인가 하고 통탄하였다.

이러한 정황을 그린 장편소설 《압록강》은 위대한 수령 김일성 동지의 불멸의 형상을 화폭의 중심에 정중히 모시고 수령님께서 계시어 조선은 살아있으며 수령님의 령도 밑에 조선 민족은 반드시 독립한다는 위대한 사상을 밝혀주고 있다.

바로 여기에 이 소설의 생명력이 있으며 사상적 핵이 있다.

장편소설에서 위대한 수령님의 불멸의 형상은 조국과 민족의 운명을 한 몸에 지니신 절세의 애국자의 형상이며 민족적 및 계급적 압박을 청산하고 자주적인 새 사회를 건설하기 위하여 만난을 헤쳐나가시는 견결한 혁명가의 형상이며 탁월한 전략과 신묘한 전술로 일제의 로장과 백만대군을 격멸하는 강철의 령장의 형상이며 인간의 자주성을 위하여 모든 것을 바치시며 동지와 인민을 가장 사랑하시는 위대한 인간의 형상이며 인민을 위한 새 철학을 창조하신 위대한 사상가의 형상이다.

장편소설은 위대한 수령님의 이와 같은 형상을 구현하기 위하여 독특한 생활분야를 탐구하였으며 그를 통하여 로동계급의 정치적 수령으로서의 풍모를 풍만하게 그리고 있다.

다시 말하여 자주적인 당 건설 방침의 구현과 주체적인 민족통일전선 방침의 구현, 사랑과 충성으로 특징지어지는 혁명적 동지애의 구현으로 위대한 수령님의 형상을 보다 다양하고 풍부하게 폭넓고 깊이 있게 창조하여 조선혁명 전반을 유일적으로 령도하시는 정치적 수령의 형상을 진실하고 특색 있게 창조할 수 있었다.

장편소설에서 로동계급의 정치적 수령으로서의 위대한 수령님의 불멸의 형상은 무엇보다도 주체적인 당 건설 방침을 제시하시고 실현해 나가시는 과정을 통하여 생동하게 그려지고 있다.

위대한 수령님께서는 주체적인 당 건설 원칙으로부터 출발하시여 기층 당 조직을 먼저 내오고 그것을 확대 강화하는 방법으로 당을 창건하며 당 창건 준비 사업을 반일투쟁과 밀접히 결부하여 진행하는 방침을 제시하시고 1937년을 전후한 시기에 이를 힘있게 관철해 나가시였다.

바로 이와 같은 력사적 사실이 위대한 수령님의 형상을 통하여 장편소설에는 진실하게 그려져 있다.

친애하는 지도자 김정일 동지께서는 다음과 같이 지적하시였다.

《김일성 동지께서는 남호두회의 방침에 따라 조선인민혁명군 부대 안의 각급

당 조직들을 튼튼히 꾸리는 한편 국내와 만주 일대의 조선인 거주 지역들에 당 조직을 더욱 확대하도록 하시였으며 그에 대한 지도를 강화하기 위하여 국내 당 공작위원회와 장백현 당 위원회, 동만당 공작위원회를 내오시였다. 이리하여 만주의 넓은 지역과 우리나라 북부 국경 일대에 당 조직이 급속히 확대되고 당 조직 지도체계가 정연하게 서게 되였다.》(《조선로동당은 영광스러운 《ㅌ.ㄷ》의 전통을 계승한 주체형의 혁명적 당이다.》, 7페지)

친애하는 지도자 동지께서는 위대한 수령님께서 제시하신 주체적인 당 건설 방침이 남호두회의 이후 우리나라에서 어떻게 구현되었는가를 밝혀 주시였다.

장편소설은 바로 이것을 위대한 수령님의 형상을 통하여 그리고 권영벽, 라명희, 리제순, 박달 등의 형상선을 리용하여 예술적으로 확인하였으며 위대한 수령님께서 제시하신 주체적인 당 건설 방침의 정당성을 힘있게 확증하였다.

우리는 이 소설에서 처음으로 위대한 수령님의 현명한 령도에 의하여 전국적 범위에서 당 조직들이 확대되여 나가는 과정을 볼 수 있으며 조선인민혁명군 당 위원회로부터 지방 당 조직에 이르기까지 통일적인 당 조직 지도체계가 확립되여 가는 과정을 생동하게 보게 된다.

이것은 위대한 수령님께서 독창적으로 제시하신 주체적인 당 건설 방침의 정당성과 생활력에 대한 예술적인 확인으로 된다. 다 아는 바와 같이 위대한 수령님께서 제기하신 당 건설 방침은 로동계급의 당 건설 력사에서 처음 보는 주체적인 당 건설 방침, 다시 말하여 자주적인 당 건설 방침이다.

장편소설은 위대한 수령님의 령도 밑에 투쟁을 벌려 나간 권영벽, 라명희, 리제순, 박달 등의 형상을 통하여 기층 당 조직을 먼저 내오고 점차 그것을 확대하고 강화하는 방법으로 당을 건설해 나가며 당 창건을 위한 준비 사업이 철저히 반일 투쟁과 밀접히 결부되고 투쟁 속에서 핵심들을 키워 나가는 방법으로 진행되는 과정을 생동하게 그리였다.

이렇게 함으로써 대중 속에 깊이 뿌리박은 생활력 있는 당 조직이 전국적 판도에서 성장해가고 투쟁 속에서 검열되고 단련된 혁명가들로 당 조직이 꾸려져 마침내 위대한 수령님의 혁명사상을 유일한 지도사상으로 삼고 위대한 수령님의 유일적 령도에 끝없이 충직한 새형의 당, 주체형의 당 창건이 어떻게 준비되여 갔는가를 진실하게 보여주었다.

이것은 당 창건을 위한 준비 사업이 위대한 수령님의 형상을 통하여 우리나라 문학예술에서 처음으로 깊이 있게 그려졌다는 점에서와 그리고 로동계급의 정치적 수령으로서의 위대한 수령님의 형상이 새로운 측면에서 더욱 풍부하게 그려진 것으로 하여 큰 의의를 가지며 또한 독자들은 위대한 수령님의 혁명력사로 교양하는 데서 훌륭한 교과서로 되게 한다.

장편소설이 위대한 수령님의 불멸의 형상 창조에서 거둔 성과는 또한 반일민족통일전선 방침을 빛나게 실현해 나가시는 위대한 수령님의 형상을 통하여 인민의 수령, 탁월한 령도의 예술가로서의 풍모를 감명 깊게 형상한 데 있다.

위대한 수령님께서는 당시 주체적인 혁명력량을 튼튼히 꾸리시기 위하여 당 조직을 확대 강화하는 한편 당의 령도 밑에 여러 가지 외곽단체들을 조직하시였으며 특히 반일민족통일전선체인 조국광복회를 내오시고 대중을 당의 두리에 튼튼히 묶어 세우시였다. 이와 같은 력사적 사실이 장편소설에 생동하고 진실하게 반영되어 있다.

친애하는 지도자 김정일 동지께서는 다음과 같이 지적하시였다.

《1938년 5월 조국광복회의 창건은 로동자, 농민을 비롯하여 각계각층의 인민대중을 위대한 수령 김일성 동지의 두리에 튼튼히 결속시키며 당의 대중적 지반을 강화하는 데서 력사적 의의를 가지는 사변이였다.》(《조선로동당은 영광스러운 《ㅌ.ㄷ》의 전통을 계승한 주체형의 혁명적 당이다》, 8페지)

다 아는 바와 같이 장편소설 《백두산 기슭》에서 조국광복회 창건이 선포되는 내용이 형상되고 그것으로 소설이 마감지어졌다면 이 소설에서는 창건된 조국광복회를 장백현과 국내 깊이에까지 어떻게 확대 강화해 나가는가 하는 그 과정이 그려져 있다.

소설에서는 무엇보다도 조국광복회에 대한 당의 령도가 어떻게 확고히 보장되였는가 하는 것을 감동적으로 그리고 있다.

장백현 신흥촌에 조국광복회조직을 내오기 위하여 리제순을 위대한 수령님의 혁명사상과 주체적인 지하투쟁 방법으로 무장시키는 데서 그것을 잘 찾아볼 수 있다. 또한 조국광복회 조직을 내오는 날에는 권영벽 동지를 직접 파견하는 데서도 그리고 국내에 조국광복회 조직을 내오기 위하여 박달 동지를 교양하여 당에 입당시키고 그를 통하여 조국광복회 조직에 대한 당의 령도를 실현해 나가는 데서도 잘 볼 수 있다.

특히 소설에서는 근로인민대중은 물론 민족적 량심과 애국심이 조금이라도 남아있는 사람이라면 누구를 막론하고 교양하여 반일구국의 길로 나서게 하는 과정을 진실하게 그림으로써 위대한 수령님께서 제시하신 반일민족통일전선 방침의 정당성과 위대한 생활력을 생동하게 보여주었다.

과거에는 독립군의 두령이였으며 지금은 지주나 다름없는 지방유지인 김정보와 공산주의를 적대시하던 천도교 도정 박인진이 교양 개조되는 과정에 대한 묘사는 그것을 잘 말해주고 있다.

유격대원들인 최성필과 《만강》 동무는 물론 유격대의 월동물자 공작대 책임자인 김주현의 설복에도 이가 들지 않던 김정보가 위대한 수령님의 가르치심을 받고서는 자기 잘못을 깊이 뉘우친다.

《…과시 천재라 일러야 할 위인이시다!!》

이렇게 마음속으로 탄복한 김정보는 청년 장군 김일성 동지시야말로 열화 같은 애국충정과 불굴의 의지와 비범한 지략을 지닌 절세의 애국자이시며 희세의 영재이시며 출중한 령수라는 것을 온 넋과 심장으로 체험하고 낭군님을 받들어 애국의 길에 나설 것을 다짐하게 된다.

천도교 도정 박인진의 형상 또한 독특한 형상이며 의의 깊은 성격형상이다.

소설에서 보는 바와 같이 권영벽, 리제순, 박달도 처음에는 위대한 수령님께서 도정 박인진을 가까이 하시는 것을 매우 놀라와 한다.

그러나 위대한 수령님께서는 강대한 일제를 반대하여 조국의 독립을 성취하기 위하여서는 민족적 량심이 조금이라도 있는 사람이라면 그가 누구임을 불문하고 각성시키고 구국전선에 단결시켜야 한다는 방침을 내놓으시였다.

박인진은 박 로인의 소사건, 리창선의 입대, 김정보의 사상적 변화에서 느끼는 바가 많았는데 직접 장군님을 뵙고는 완전히 새 사람이 된다. 그는 마침내 장군님의 덕망과 풍모에서 자기가 한 생을 믿고 있는 《하느님》이 다름 아닌 장군님이시라는 것을 깨닫는다. 특히 그가 장군님께 무엇을 숭상하며 믿는 것이 계신가고 물었을 때 신은 믿지 않으나 숭상하는 것이 신이라면 《…나의 신, 나의 하느님은 인민입니다》라고 장군님께서 대답하시자 완전히 탄복한다.

그리하여 박인진은 마침내 장군님을 《하느님》처럼 모시고 따르며 자기가 관할하는 8개의 종리원의 동덕들은 물론 전국의 수백만 동학도들을 다 장군님을 모시도록 하겠다는 굳은 맹세를 다지게 된다.

이렇게 하여 소설에서는 당의 령도 밑에 조국광복 희망이 리제순을 통하여 장백현과 동북 일대에, 박달을 통하여 북부 조선 일대에, 박인진을 통하여 령북과 서울, 평양 등지로 확대되여 나가며 조선혁명 전반을 위대한 수령님께서 유일적으로 조직령도하시는 과정이 폭넓고 깊이 있게 형상되고 있다.

장편소설에서 위대한 수령님의 숭고한 풍모는 또한 그이께서 지니신 혁명적 동지애와 의리에서 가장 감명 깊게 형상되고 있다.

그것은 무장대오 안에서의 사상의지적 통일단결의 혁명적 본질과 혁명승리의 요인을 밝히기 위한 중요한 형상 과제였다.

친애하는 지도자 김정일 동지께서는 다음과 같이 지적하시였다.

《당시 조선혁명에서 주류를 이룬 것은 무장투쟁이였으며 당의 령도에서 기본은 무장투쟁을 승리에로 이끄는 것이였다.》(《조선로동당은 영광스러운 《ㅌ.ㄷ》의 전통을 계승한 주체형의 혁명적 당이다.》, 9페지)

당시 조선혁명에서 주류를 이루는 것이 무장투쟁이였던 만큼 혁명의 주체적 력량을 강화하는 데서 가장 중요한 것은 무장대오의 사상의 지적 단결을 강화하는 것이다.

소설은 정당하게도 이 문제를 중심에 놓고 이외의 모든 문제를 여기에 복종시켜 잘 그리였다.

소설은 무장대오의 사상의지적 단결을 조건 지은 근본요인이 혁명전사들에 대한 위대한 수령님의 불보다 뜨거운 사랑이였다는 것을 깊이 있게 보여주고 있다.

위대한 수령님께서는 종파사대주의 분자들에 의하여 이루어지지 못한 곽두섭과 조분옥의 사랑을 가꾸어주시고 꽃피워주시기 위하여 혁명의 폭풍우 속에서도 가지가지의 은정을 다 베풀어주고 계신다.

력사적인 보천보전투를 눈앞에 둔 시각 조분옥은 적에게 무참히 학살되였다. 장군님께서는 이 비통한 소식에 접하여 슬픔을 이기지 못하시며 말씀하신다.

《그 동안… 분옥 동무가 적들 속에서 홀로 지내며 얼마나 우리를 그리워했겠소? 가봅시다. 지금 혼자 외로이 누워있다는데 두섭 동무랑 같이 가서 잠간만이라도 동무해줍시다.》

조국진군을 눈앞에 둔 력사적인 시각에 장군님께서 보살피시여야 할 일인들 얼마나 많으시련만 혁명동지를 위한 사업은 언제나 첫 자리에 놓으시고 모든 것을 뒤로 미루시는 장군님!

정녕 이 사랑, 이 은정은 그 어떤 역경 속에서도 배반할 수 없고 한 목숨 바친다 해도 더럽힐 수 없는 위대한 사랑이며 은정인 것이다.

우리는 이러한 사랑을 소설에서 장철구에게 베푸시는 장군님의 뜨거운 은정과 신임에서 더욱 깊이 있게 볼 수 있다.

장철구는 남편을 따라 혁명에 나선 녀성 혁명가이다. 그러나 종파사대주의자들에 의하여 남편을 잃었을 뿐 아니라 아들도 잃었으며 자기도 《민생단》의 루명을 쓰게 되였다.

그런데 장군님께서 오시여 《민생단》 문서 보따리를 다 불살라버리고 자기들의 깨끗한 량심을 믿어주시였으며 다시 혁명의 길에 내세워주시였다. 재생의 기쁨을 안겨주신 장군님께서는 다음날에는 사령부의 작식대원이라는 중임까지 맡겨 주시였다.

이때 장철구는 세계의 10억이 넘는 녀성들 가운데서 자기가 가장 중하고도 영광스러운 혁명임무를 맡았다고 생각하였으며 장군님을 위해서라면 머리를 잘라 신을 삼아드리며 한 목숨 바친들 아까울 것이 없을 것이라고 생각하였다.

그러나 생활에는 곡절도 없지 않았다.

적의 밀정 사건으로 하여 사령부의 안전이 걱정된 군수관은 장군님께서 적구로 나가신 사이에 장철구를 후방 병원으로 보내고 만다.

이때 적구에 나가시였던 장군님께서는 사령부로 돌아오시여 그간의 사업보고를 받으시고 장철구에게 새 군복을 지어주라고 천을 내놓으신다. 군수관은 가슴이 철러덩 내려앉았다.

자기는 그를 믿을 수 없는 사람으로 여기고 내쫓았는데 장군님께서는 더 두터운 믿음으로 표시하여 전투의 어려운 조건에서도 옷감까지 구해오신 것이다.

모든 사연을 아시게 된 장군님께서는 가슴이 아프시였다.

《철구 아주머니는 우리밖엔 믿고 의지할 데 없는 외로운 사람이요… 가장 믿고 의지하고 사랑했던 사람에게서 배척당하는 마음의 고통은 가장 저주하던 인간에게서 받는 죽음보다 더 무서운 법이요…》

심오한 철학이 담겨진 장군님의 이 말씀은 그대로 인간송가이며 혁명동지에 대한 가장 큰 믿음을 표시한 명언이시다.

오직 혁명동지를 자신의 생명과도 같이 귀중히 여기시는 장군님께서만이 하실 수 있는 신념의 말씀이시다.

군수관은 오열을 터뜨리며 자책하였으나 장군님께서는 그보다 더 무서운 고통 속에 잠겨 계시였다.

《주현 동무, 동무는 지금 우리가 무엇을 위해서 가장 큰 정력과 노력을 기울이고 있는가를 잊은 것 같소. 우리는 지금 다문 한 사람이라도 더 혁명을 하자는 사람, 혁명을 해야 할 사람을 얻어내고 만들어서 우리의 혁명대렬을 확대 강화하기 위해 애쓰고 있소… 그런데 동무는 편견에 사로잡혀 우리 대렬에서 혁명을 해오던 사람까지 떼여내고 있으니 어떻게 되겠소? 나는 많은 물을 채우자구 애써 동을 막고 있는데 동무는 한쪽으로 솔금솔금 동을 허물어 이미 채워뒀던 물까지 흘려버리게 하는 셈이요?…》

군수관은 혁명의 주체적 원리가 담겨진 장군님의 말씀을 들으며 자책으로 피 같은 눈물을 쏟았고 그이의 위대성을 다시금 심장으로 통감하였다.

장군님께서는 괴로움에 모대길 장철구를 생각하시여 그 길로 그에게로 떠나시였다. 그러면서 생각하시였다.

(혁명은 무엇 때문에 필요했으며 무엇 때문에 시작한 것인가? 바로 인간들에게서 온갖 고통을 없애기 위해서가 아니였던가?… 그러한 혁명가들이 같이 혁명해오는 사람에게 오히려 없던 고통을 들씌우고 안겨주고서도 과연 마음 편할 수 있단 말인가?)

이렇듯 장군님께서는 한 전사의 마음의 고통을 혁명의 운명과 결부시키시며 인류를 영원히 격동시키는 위대한 사랑으로 그들의 자주성을 지켜주시고 키워주시는 것이다.

혁명동지에 대한 장군님의 이 사랑, 이것은 동지애를 한갖 의무로만이 아니라 온 심장으로 체현하고 계신 그러한 위대한 인간, 위대한 혁명가에게만 고유한 것이다.

이렇게 소설은 그 어려운 조건에서도 항일유격대원들이 오직 장군님의 품만을 그리워하는 까닭이 무엇이며 시련이 겹칠수록 장군님의 두리에 철석같이 뭉쳐서 굳세여진 까닭이 무엇이며 항일혁명대오의 불패의 통일단결의 비결과 정신력이 무엇인가를 장군님의 사랑을 통하여 진실하게 보여주었다. 실로 장군님의 사랑은 항일유격대원들을 불굴의 투사로 키우는 성장의 젖줄기이며 위대한 힘의 원천이며 통일단결의 원동력이고 적은 력량으로도 강적을 타승할 수 있게 한 승리의 근본열쇠이다.

소설은 이렇게 사랑과 보답, 신임과 충성을 진실하게 그림으로써 항일혁명의 영웅서사시적 화폭을 감동적으로 그릴 수 있었다.

장편소설《압록강》은 이에 기초하여 위대한 수령님께서 력사적인 보천보전투를 조직 진행하시는 빛나는 화폭을 펼쳐 보이고 있다.

보천보전투! 이것이야말로 위대한 수령님께서 제시하신 남호두회의 방침의 정당성과 그의 빛나는 구현이며, 조선 사람은 죽지 않고 살아있다는 생동한 증거이며 위대한 수령님의 령도를 받는 조선 인민은 일제를 타도하고 반드시 승리한다는 것을 온 세계에 선포한 장엄한 선언으로 된다.

이렇게 하여 장편소설은 보천보전투로써 작품에 제기하였던 사상주제적 과제를 빛나게 해결하였으며 시대의 본질을 투철하게 천명하고 절세의 애국자, 민족의 태양으로서의 위대한 수령님의 숭고한 형상을 새로운 경지에서 창조할 수 있었다.

장편소설 《압록강》은 작품의 중심에 위대한 수령님의 형상을 정중히 모시면서 또한 장군님의 형상을 부각하는 충성의 별들도 잘 형상하고 있다.

권영벽, 리동학, 김주현, 오중흡, 곽두섭, 라명희 등 조선인민혁명군의 핵심들과 장군님의 품에서 소생하는 조분옥, 장철구, 장군님의 손길 따라 혁명의 길을 참되게 걷게 되는 리제순, 박달, 혁명 밖에 놓여있다가 장군님의 품에 안겨 참다운 애국자로 소생하는 김정보, 박인진, 애국의 거창한 흐름에서 자기의 참된 삶을 살아가는 마동희, 리창선, 곱단 등이 그러한 형상들이다.

수령형상작품에서 수령형상과 함께 혁명전사들의 충실성을 잘 그리는 것은 중요한 요구의 하나이다.

그것은 위대한 수령님의 혁명력사가 혁명적 동지애의 력사이며 또한 그것이 수령형상을 진실하고 격조 높이 창조하고 작품의 교양적 의의를 높이기 위한 필수적인 요구로 되기 때문이다.

장편소설 《압록강》에서 권영벽의 형상은 총명하고 의지적이면서 드팀 없는 혁명전사로, 충성의 귀감으로 잘 그려지고 있다.

장군님께서 계시는 주력부대를 찾아 헤매였으나 찾을 길 없게 된 제2련대는 지칠 대로 지치였다. 이때 곽두섭이는 일제의 《토벌대》를 쳐서 총성을 냄으로써 주력부대를 쉽게 찾을 수 있으리라는 방도를 제기한다.

이때 권영벽은 《아니, 정신 있소?》라고 하며 놀란다.

《우리는 사령부의 위치를 노출시켜도 안 되구 장군님께서 계시는 데서 그 어떤 소란도 일으킬 수 없소. …사령부가 가까운 이 백두산 지구에서는 우리 멋대로 할 수 없소. 적을 치면 혹시 사령부를 헐히 찾게 될 수도 있겠지. 그러나 사령부에서 우리를 찾자고 움직이게 한다면 사령부에서는 그만큼 고생할거요. 우리가 더 배를 곯고 우리가 더 고생하더라도 우리는 사령부가 위험에 처하지 말도록 해야 하고 사령부가 고생하지 않도록 해야 하질 않겠소?…》

자신이 몇 곱절 더 고생하고 지어 생명을 내놓는다 하더라도 사령부의 안전을 지켜야 한다고 생각하는 신념에 찬 권영벽의 이 목소리는 많은 것을 생각하게 하고 사람들로 하여금 깊이 머리 숙이게 한다.

만 번에 단 한 번의 경우라도 철저히 장군님의 안전만은 목숨으로 지켜야 한다는 혁명전사의 드팀 없이 깨끗한 충성심이 참으로 마디마디에 절절하게 어려있다.

하기에 험한 길을 걸어 사령부를 찾아온 그 달음에 장군님께서 주시는 과업을 영광으로 생각하고 정확히 집행하는 그였으며 김주현이 장군님의 뜻을 어기고 장철구를 후방 병원으로 마음대로 보낸 처사와 곽두섭이 야간행군 때 담배를 피워 부대의 안전을 위태롭게 한 데 대하여 제일 격분하고 호된 비판을 하는 것도 그였다.

권영벽의 충실성은 피치 못할 사정으로 돌아가신 아버지를 영결하는 순간에 있은 충격적인 사실에서 가장 뚜렷이 표현되였다.

일제의 야수적 만행으로 하여 불타는 아버지의 령구 앞에서 권영벽은 품 속에 있는 권총자루를 몇 번이고 움켜잡았으나 장군님께서 주신 혁명임무를 생각하며 이발을 악물고 주먹을 부르쥔 채 눈물도 통곡도 없이 바위돌 마냥 서있었다. 가슴 속에는 원한이 서리고 심장 속에서는 아버지의 피가 증오로 끓어 번지고 품 속에서는 만탄창한 권총이 들어있었지만 그는 이 시각 백 놈의 원쑤와도 자기를 바꿔서는 안 된다는 것을 깊이 자각하고 있는 것이다.

장군님께 끝없이 충직한 권영벽은 임무를 끝내고 밀영으로 돌아와 사업보고는 다 하였지만 이 사실만은 장군님께 말씀드리지 않았다. 왜냐하면 장군님께 걱정을 끼쳐드려서는 안 된다고 생각했기 때문이다.

우리는 여기서 참다운 충실성의 귀감을 보게 된다.

장군님에 대한 충성심은 오중흡, 조분옥, 장철구 등 모든 혁명전사들에게도 고유한 성격적 특성으로 되고 있다.

소설은 이 밖에도 박 로인, 마 로인, 윤 로인 등의 형상을 통하여 장군님만을 받들어 모시고 광복의 그 날을 학수고대하는 우리 인민의 숭고하고 아름다운 감정을 깊이 있게 일반화시켰다.

소설은 위대한 수령님께서 조직 진행하신 1937년을 전후한 시기의 혁명력사를 있은 그대로 진실하게 보여주면서도 그것을 일관하게 정서적으로 펼쳐 보이기 위하여 곽두섭, 조분옥 선을 위대한 수령님의 혁명활동과의 유기적 관계 속에서 처음부터 마감까지 일관하게 끌고 나갔다.

이것은 력사적 사실과 예술적 진실성 문제를 능란하게 해결한 좋은 경험으로 된다.

이처럼 장편소설 《압록강》은 위대한 수령님께서 남호두회의 이후 항일무장투쟁을 승리에로 이끄시여 조선 인민들에게 조국광복의 서광을 안겨주신 력사적 사실을 높은 사상예술적 수준에서 형상함으로써 오늘 주체위업의 완성을 위한 우리 인민들의 장엄한 투쟁을 힘있게 고무하고 있다.

—『조선문학』 1984년 5호.

4. 개작 상황

항목	1983년판	1992년판
표제	총서 《불멸의 력사》 중 장편소설 압록강	총서 《불멸의 력사》 10 장편소설 압록강
저자	4・15문학창작단	최학수
출판사	문예출판사	문학예술종합출판사
특이사항	"보천보전투를 지휘하시는 위대한 수령 김일성 동지"(사진 밑 설명)	해당 내용 없음.
본문에서 변경된 내용	해당 내용 없음.	백두산으로 최종 행군길에 오른 내용이 추가된다(15~16면).
	"대통령감"	"리동백"(17면)
	해당 내용 없음.	"동강회의 후 전사한 리북철의 후임으로"(18면)
	"강세호며"	삭제(31면)
	해당 내용 없음.	33~34면 내용이 추가된다(적들을 답새기며 압록강을 건너는 내용).
	"추석날이었던 9월 30일 폭설이 내린다."(37면)	"추석날을 아흐레나 앞두고 있던 9월 21일 폭설이 내린다."(41면)
	"귀틀집"(37면)	"천막"(42면)
	"햇눈 덮인 천리수해 우로 둥실 아침해가 솟구쳐 오른다. 장쾌한 백두산 해돋이가 시작되였다."(45면)	"햇눈 덮인 장수봉(오늘날의 정일봉) 마루가 불현듯 금백색 빛을 뿌린다. 해돋이바위 우로 장쾌한 아침해가 솟기 시작한 것이다."(50면)
	밀영지 선택 묘사가 산만하게 이어진다(45~54면).	김일성의 중심적 역할 강조한 묘사로 확대하고 현재적 개연성을 가미했다(50~62면).
	해당 내용 없음.	"간밤에 잠자리로 삼았던 천막 옆의 한 껍질 벗긴 나무 옆에서는 〈대통령감〉이 금방 자기가 써놓은 구호를 감정해보고 있었다." / "항일승리, 을사년의 국치를 잊지 말자."(62면)
	적진으로 나가 타격하고 사흘 만에 돌아왔다는 내용만 간략히 기술되어 있다(96~97면).	백두산정 대탁온천에 세상을 등지고 사는 노인을 김일성이 감화해서 대탁밀영의 연락소 책임자로 만든다(104~105면). 추석날(9월 30일) 밀영으로 돌아온 김일성, 10월 4일 이도강 적들을 타격하고 돌아온다(106~107면). 사령부 귀틀집에 대한 묘사가 확대된다.

	리동학의 '보따지' 별명의 유래와 성격을 묘사한다(102~103면).	삭제(리동학의 대사 간소화)
	리제순과 박달의 만남 장면이 묘사된다(121~128면).	김일성을 만난 리제순의 대화 묘사 부분이 간소화된다(128~135면).
	"장백산"	"백두산"(192면)
	해당 내용 없음.	"겨울 추위에도 얼 줄 모르는 소백수 물소리가 유정스러웠다."(217면)

—작성 : 오태호

『위대한 사랑』

1. 세부 사항

<table>
<tr><td>제목</td><td colspan="3">총서 '불멸의 력사'11 『위대한 사랑』</td><td>출간 권수</td><td>11</td></tr>
<tr><td>작가 및 창작단</td><td colspan="5">최창학 / 조선작가동맹중앙위원회 4 · 15문학창작단</td></tr>
<tr><td rowspan="2">발표 연도
(수상 연도)</td><td>발표 연도</td><td>1987</td><td rowspan="2">발표 지면
(수상명 · 집)</td><td rowspan="2" colspan="2">문예출판사</td></tr>
<tr><td>개작 연도</td><td>1991</td></tr>
<tr><td>스토리
주제</td><td colspan="5">중일전쟁 발발 직후를 시대적 배경으로 하여 김일성의 소년병들에 대한 사랑을 그린 작품</td></tr>
<tr><td>키워드1/ 테마</td><td colspan="5">조선인민혁명군 주력부대의 진군 상황, 소년중대 결성, 지하공작원의 활동, 관동군과 조선인민혁명군 간의 전투.</td></tr>
<tr><td>키워드2/ 구성</td><td colspan="5">7장 34절</td></tr>
<tr><td>키워드3/ 시점</td><td colspan="5">복합 시점–전지적 작가 시점과 1인칭 주인공 시점(김일성에 한하여 주체존대법 쓰임)</td></tr>
<tr><td>키워드4/ 시간</td><td colspan="5">1937년 여름</td></tr>
<tr><td>키워드5/ 장소</td><td colspan="5">서간도 소덕수, 로야령 일대, 12도구.</td></tr>
<tr><td>키워드6/ 소재</td><td colspan="5">조선인민혁명군주력부대</td></tr>
<tr><td>키워드7/ 인물(직업)</td><td colspan="5">항일유격대원, 소년유격대원, 지하공작원, 관동군, 농민, 양조업자, 밀정, 일공노동자, 일본 특무.</td></tr>
</table>

2. 줄거리 소개

1장(총 7절)

1937년 여름, 조선인민혁명군 주력부대는 서간도 로야령을 넘어 소덕수 일대를 향해 진군 중이다. 김일성 장군은 7연대 소대장 리성묵을 묻은 이도강 기슭을 바라보며 회상에 잠긴다. 김 장군은 12도구에 있는 큰아버지 집을 찾아 떠났다는 리성묵의 남매를 찾기로 결심한다.

유격대가 도착한 소덕수 부근 수림 속에는 이미 7연대 오중흡 중대와 후방 밀영 여대원 송순이 대기하고 있다. 경위중대 기관총 소대장 강민은 후방 밀영 책임자 서진국 소대장의 편지를 갖고 온 송순과 만나 밀영 보안에 관해 논의한다.

숙영지를 떠난 강민이 도착한 12도구 장마당에서는 일본군의 '군중집회'가 열리고 있다. 강민은 '협화회' 이사로 신분을 위장 중인 지하공작원 윤석찬을 만나 리성묵의 남매 소식을 묻는다.

장사꾼 행색으로 위장한 강민은 양조업을 하는 리성묵의 형, 리인묵을 찾아가 아이들의 소식을 은밀히 떠본다. 김일성 장군이 아이들을 찾는다는 말을 들은 리인묵은 조카들이 집을 나가게 된 경위를 떠올리며 괴로워하지만 자세한 이야기를 하지 않는다.

백바위골 아지트에서 12도구 지하공작원 박덕산을 만나 장군의 편지를 전한 강민은 밀영으로 돌아온다. 강민은 권학식, 리제순, 박달 등 지하조직 책임자들을 소개받은 후 김일성 장군에게 리인묵과 만난 이야기를 보고한다.

준오는 동생 순애를 데리고 도로 공사장 일공노동으로 간신히 연명하며 아버지 리성묵을 찾아 떠도는 중이다. 새벽부터 날품팔이를 나갔다 쓰러진 준오를 동네 아이들이 구한다. 준오와 순애는 토벌에 가족을 잃고 유격대를 찾아 산속을 헤매던 아이들과 어울려 령동마을로 내려간다. 령동마을은 관동군 지구 '토벌' 사령부 우미야마 부대에 의해 토벌당하고 이 와중에 준오의 친구들도 죽는다.

2장(총 3절)

토벌을 마치고 돌아와 신문기자 고바야시와 대화를 나누던 우미야마에게 김일성 공산군을 완전 소탕하라는 우에다 사령관의 지시문이 도착한다. 잠시 후 이찌가와 연대가 김일성 공산군의 공격을 받고 300여 명의 사상자를 냈다는 연락과 김일성 부대가 소년들을 보호한다는 소식을 받은 우미야마는 이에 대해 고바야시와 의견을 나눈다.

강민은 김 장군이 최현 부대 연락원에게 전략을 하달하는 곳으로 준오와 순애를 데려온다. 준오에게 그간의 이야기와 토벌대의 만행을 들은 김 장군은 희생된 대원과 그 가족을 크게 걱정한다.

정성 어린 수술과 간호에도 불구하고 순애는 숨을 거둔다. 김일성 장군은 순애를 묻으며 죽은 리성묵과의 만남을 회상한 후 밀영에 있는 소년들을 데려오도록 명한다.

3장(총 4절)

인수를 비롯한 백여 명의 아이들이 숙영지에 도착한다. 김 장군은 혁명가 유자녀, 토벌대에게 가족을 잃은 아이들에게서 기구한 사연을 듣는다.

김 장군이 강민에게서 기관총소대장을 면직시키고 아이들을 유격대원으로 키울 임무를 맡긴다. 이 조치를 책벌로 해석한 강민은 괴로워한다. 그는 연대에서 가장 어린 대원인 봉석, 인수를 비롯한 소년들과 유격대 생활에 대한 대화를 나눈다.

김일성 장군은 아이들의 기분을 북돋아주기 위해 씨름판을 벌인다. 아이들은 씨름 경기를 하면서 가까워지나, 저녁식사 중 봉석과 인수는 음식을 두고 날카롭게 대립한다.

숙영지는 한밤중 갑자기 사라진 인수를 찾기 위해 분주해진다. 진대통에 숨은 인수를 찾아 따뜻하게 보듬어 주는 김일성 장군을 보며 강민은 아이들 돌보는 일의 중요성을 깨닫는다.

4장(총 7절)

식량공작 중에 부상당한 김흥삼 소대장을 실어온 유격대가 숙영지에 도착한다. 김일성 장군은 하강구 지하조직과 박덕산을 통해 바닥난 식량을 조달하기로 결정한다.

식량조달을 위해 12도구에 도착한 강민, 로상권, 송순 등은 토벌대가 본보기로 양민을 학살하는 장면을 목격하고 분노한다. 대원들은 윤석찬의 집에서 12도구의 정황과 리인묵의 소식을 듣고, 식량과 아이들의 신발 조달 문제를 논의한다. 그 날 새벽, 박덕산이 조달한 신발과 식량을 보며 대원들은 감격한다.

매둥지를 털러 간 아이들의 실수로 숙영지가 발각되자 유격대는 가와자끼 부대의 추격을 피해 진펄을 건넌다. 오륙백여 명의 추격대를 피하는 와중에 김주현 연대장이 부상을 입는다.

아이들 실수로 숙영지가 발각되자 위기감을 느낀 강민과 로상권이 아이들을 고동하에 데려갈 궁리를 하며 김주현 연대장과 의논하는 중에 김일성 장군이 온다. 김일성은 아버지가 학교를 세우고 아이들을 교육시키던 일을 회상하며 혁명의 가장 중요한 일은 아이들을 돌보는 일이라 말한다.

김 장군은 서툴지만 간절함이 담긴 아이들의 글을 읽고 유격대에 입대하려는 결의의 진정성을 짐작한다. 김 장군은 지휘관들에게 아이들의 결의문을 보여주며 소년중대를 조직하도록 지시한다. 김주현 이하 지휘관들은 군복과 총을 마련하여 소년중대의 외양을 갖추는 데 최선을 다한다.

5장(총 7절)

새벽부터 연대가 강행군을 시작하자 소년중대 1소대장 봉석은 소대원들을 몰아세운다. 힘들어하는 소년군의 모습을 보며 김일성 장군은 봉석을 타이른다. 한편 절구를 만들어주기 위해 간직해온 피나무 토막을 송순이 장작감으로 패버리자 강민은 허탈감에 빠진다.

탄환 세 발을 잃어버려 당황한 인수는 임기응변으로 상황을 모면한 후, 남의 인삼밭에서 인삼을 캐먹고 배탈이 난다. 부대는 로상권의 과거 이야기를 들으며 고된 행군을 이어간다. 인수를 앞장 세워 삼밭을 찾은 김 장군은 삼밭 훼손의 경위를 적은 편지와 인삼값을 놓고 돌아온다. 김 장군은 아이들에게 고향에서의 성장 과정을 들려주고 「압록강의 노래」를 부르며 아이들과 정을 나눈다. 소년대원들의 잠자리를 보살핀 후 밖으로 나온 강민은 열심히 절구를 만들고 있는 송순을 보고 절구에 얽힌 오해를 풀며 담소를 나눈다.

연대는 관동군 부대 공격에 소년중대를 참여시키기로 한다. 전투 전날 작식터에서 강민과 만난 송순은 강민의 목날개를 달아주고, 강민은 아침 준비를 도우며 초조하게 전투시간을 기다린다. 유격대는 적의 중대가 통과하는 길목에서 매복 공격을 감행한다. 준오를 포함한 소년중대는 첫 전투를 훌륭하게 치러낸다.

김일성 장군은 첫 전투에서 규율을 어기고 먼저 총을 발사한 준오에게 책벌을 내리기로 결정하나 아버지의 죽음을 이미 알고 있는 그를 측은히 여긴다. 그는 준오를 걱정하는 소대원들에게 혁명과 가족의 연관성을 설명한다.

6장(총 8절)

토벌대 사령부 우미야마의 연회에 초대된 윤석찬은 고바야시를 만나 대화를 나눈다. 연회 중 김일성 부대가 아이들을 데리고 다닌다는 소식이 전해지고 이에 의견이 분분하자 윤석찬은 다급해진다. 우미야마와 고바야시는 윤석찬의 풍모를 보고 큰 기대를 품으며 리인묵을 허수아비로 내세울 임무를 준다.

9월 중순, 출전을 앞둔 김일성 장군은 사령부 경위중대장 리달경에게 소년중대를 위한 추석 준비를 맡긴다. 공책과 찹쌀을 마련해 돌아오던 로상권은 적의 숙영지를 발견하고 급히 걸음을 떼다 부상을 입고 돌아와 결국 사망한다. 망원초소에서 사방을 둘러보던 리달경은 적이 숙영지를 포위하고 있음에 놀란다. 김일성 장군은 리인묵을 선전의 허수아비로 만들려 한다는 박덕산의 편지를 읽고 부대 이동에 앞서 리인묵을 데려와 사실을 확인하도록 지시한다. 윤석찬은 리인묵을 방문하나 결국 진실을 확인하지 못한다. 자포자기한 리인묵은 하시모도 서장의 연회가 열린 민영달의 집에서 만취한 상태이다. 민영달의 머슴이었던 덕만을 대동하고 민영달의 집을 습격한 강민 일행은 리인묵을 체포한다. 김일성 장군은 숙영지에 끌려온 리인묵과 대화를 나눈 후 그가 일본의 앞잡이가 아님을 확인한다. 준오와 만난 리인묵은 반성과 회한의 눈물을 흘린다.

김일성 주력부대를 치기 위해 급히 출동, 숙영지를 공격한 우미야마 부대는 이를 알고 매복 중인 혁명군 부대에 거꾸로 기습을 당한다. 혼란에 빠진 일본군이 서로를 적으로 착각하고 싸우는 와중에 준오는 고바야시를 생포한다. 일본군이 괴멸 상태에서 퇴각하자 김일성 장군은 추석을 지내기 위해 떡을 만들도록 지시한다. 적의 포위를 돌파한 부대는 9월의 자연 풍경에서 혁명의 씨앗 뿌리기와 결실을 느끼며 사색에 젖는다.

7장(총 3절)

연대에서는 부대장과 리인묵을 환영하는 사격 경기가 열린다. 긴장해 실수를 연발하던 준오는 김일성 장군의 격려에 힘을 얻어 연속 명중시키고 좋은 점수를 얻는다. 송순과 강민은 유격대 생활을 통해 부쩍 성장한 자신들의 모습을 돌아보며 꿈과 희망을 나눈다. 리인묵은 일본군의 탄압을 우려해 자신의 가족을 12도구로 이사시켰다는 말을 듣고 섬세한 마음씀에 감격한다. 강민과 최춘국 려단장은 김일성의 사상과 지략의 탁월함을 놀라움과 두려움으로 표현한 고바야시의 수첩을 읽는다. 각 부대 부대장들은 주력부대의 성원들을 선발하여 배치받는다. 최춘국은 30여 명의 소년중대원, 정치위원으로 선임된 강민을 자신의 부대에 맞이하기로 결정한다. 김 장군은 전우와 그 가족, 희생된 동지, 혁명의 력사를 추억하며 밤을 보낸다. 이튿날 각 부대장, 파견되는 주력부대 성원들, 소년중대원들은 김 장군에게 출발보고를 올리고 희망찬 혁명의 길을 떠난다.

3. 북한의 소개와 평가

| 사전(년감) 자료 |

장편소설. 1987년 최창학 창작. 총서 《불멸의 력사》 중의 한 권이다. 소설은 일제침략자들이 중일전쟁을 발발한 직후의 급변하는 군사정치적 환경을 시대적 배경으로 하여 위대한 수령 김일성 동지께서 적배후교란작전을 더욱 과감히 벌려 중일전쟁을 《속결》하려는 일제의 전략적 기도를 파탄시킬 데 대한 방침을 제시하시고 그 관철을 위한 투쟁을 진공적으로 벌려 나가시는 어려운 정황 속에서도 나어린 소년들을 혁명의 미래로 억세게 키워 나가신 력사적인 사실을 감명 깊게 그리고 있다. 7개 장으로 구성된 소설은 위대한 장군님께서 주력부대를 친솔하시고 장백의 수림 속을 지나시다가 그 전해 가을 이도강 부근 전투에서 희생된 7련대 소대장이였던 리성묵의 자식들인 준오 남매가 멀지 않은 곳에 있다는 것을 상기하시고 경위중대 기관총 소대장 강민을 그곳에 보내시는 장면으로부터 시작된다. 사령관 동지의 명령을 받은 강민이가 12도구에 있는 준오의 큰아버지 리인묵의 집에 찾아갔을 때는 이미 그들 남매가 집을 뛰쳐나간 뒤였고 누구도 오누이의 행처를 알지 못하고 있었다. 한편 큰아버지네 집에서 나와 아버지를 찾아 방랑하던 준오는 유격대를 찾아 같이 다니던 동무들을 놈들의 《토벌》에 다 잃고 적탄에 부상당한 누이동생과 함께 사령부 정찰조원들에 의하여 구원된다. 그러나 연독이 온몸에 퍼져 사경에 처한 준오의 누이동생 순애는 끝내 소생하지 못한다. 이미 전부터 후방 밀영에 있는 100여 명의 아이들을 더 가까이로 데려올 생각을 하시던 위대한 장군님께서는 비통한 마음을 억제하지 못하시며 지휘관들에게 어린이들을 사령부로 전부 데려오게 하시며 항일전의 불길 속에서 그 애들을 훌륭한 혁명가로 키우시기 위해 몸소 소년중대를 무으실 결심을 내리신다. 어버이 장군님의 사랑 속에서 소년 중대원들은 혁명적인 세계관을 세우고 군사적 단련을 쌓으며 점차 나어린 혁명가로 성장한다. 한편 사령관 동지께서 지도하신 강력한 타격전으로 후방이 마비되여 대륙침략전쟁을 《속결》하려던 일제 대본영의 전략이 좌절상태에 빠지자 놈들은 극도로 당황하여 중일전선에 파견하려던 무력을 조만 국경 일대에 집결하며 조선인민혁명군을 《소탕》하려고 더욱 발광한다. 특히 제놈들의 특무들로부터 조선인민혁명군 주력부대가 나어린 소년들을 데리고 다닌다는 정보를 받은 관동군 현지 《토벌》사령부 우미야마 사령관 놈은 혁명군 사령부에 짐이 실려 있는 이 기회를 놓치지 말아야 한다고 하면서 수많은 특무들을 풀어 주력부대의 행방을 탐지한다. 그리하여 사령관 동지를 모신 조선인민혁명군 주력부대는 적들의 포위 속에 들게 된다. 그러나 백전백승의 강철의 령장이신 위대한 장군님께서는 누구도 예상치 못한 전법으로 적들의 대포위 속에 태연히 틀고 앉으시여 수많은 적들을 끌어다 일대 소탕전을 벌리신다. 이 전투에서 준오를 비롯한 소년중대원들도 용감하게 싸워 위훈을 세운다. 지휘관들은 적들에게 큰 타격을 준 후에는 부대가 적의 포위진을 빠져나갈 줄만 알았다. 하지만 위대한 장군님께서는 이제 부대가 포위망을 뚫고 나가면 강행군을 해야하므로 소년 중대원들이 길가에서 추석을 맞을 수 있다고 하시면서 인민들이 사령부에 보내온 찹쌀로 떡을 쳐서 추석을 쇠게 하신 다음 령활한 전법으로 적의 포위망을 뚫고 나가도록 하신다. 그 후 위대한 장군님께서는 조선인민혁명군 산하 각 부대장들을 부르시여 그들이 사령부의 방침을 받들고 대륙침략전쟁을 《속결》하려던 일제 침략자들에게 강력한 배후타격을 가하여 놈들의 전략적 기도를 파탄시키고 조국광복을 위한 무장투쟁에서 거대한 정치군사적 승리를 이룩한 데 대하여 총화하신다. 작품은 회의에 왔던 각 부대장들의 청원에 따라 소년 중대원들이 주력부대의 생신한 기상을 안고 사령부 산하 여러 부대를 향해 출발하는 것으로 끝난다. 이처럼 장편소설 《위대한 사랑》은 혁명전사들에 대한 숭고한 혁명적 의리와 혁명의 미래에 대한 원대한 구상을 지니시고 항일무장투쟁의 가렬한 불길 속에서 혁명의 후비대들을 한품에 안아 참된 혁명가로 키워주시는 경애하는 수령님의 한없이 위대한 사랑을 감동 깊은 예술적 화폭으로 펼쳐 보이고 있다. 값비싼 피의 대가를 치러야 하고 아까운 희생을 동반해야 하는 간고하고도 장구한 혁명의 길에서 미래를 키우는 사업은 혁명의 운명과 관련되는 중요한 문제이므로 위대한 수령님께서는 부대가 아이들 때문에 큰 곤난을 겪게 되고 엄중한 위기에 처하게 되였다는 것을 너무도 잘 알고 계시면서도 동서고금의 그 어느 나라 군사술어에도 없는 소년중대를 조직할 데 대한 방안을 내놓으시고 소년 중대원들을 항일의 혈전장에서 혁명의 대를 이어갈 참된 혁명가로 키워 나가시는 것이다. 소설은 이와 함께 위대한 장군님과 소년들의 관계를 통하여 사랑과 의리로 결합된 위대한 힘을 펼쳐 보이고 있다. 민족의 위대한 태양이신 장군님의 뜨거운 사랑이 있었기에 생사의 기로에서 헤매이던 준오가 장군님의 품에 안겨 아버지의 뒤를 이을 혁명가로 자라날 수 있었으며 덕만이, 광호, 인수 등 모든 소년들이 혁명의 대를 이어 나가며 참된 삶을 누릴 수 있었다. 또한 소설은 소년들의 신념화된 충실성과 혁명적 의리가 어떻게 발현되고 있는가를 감동적으로 그림으로써 그 어떤 힘으로도 깨뜨릴 수 없는 수령과 전사들 사이의 불패의 통일단결을 형상적으로 밝히고 있다. 소년 중대원들은 실지 생활체험을 통하여 위대한 장군님을 충성으로 보위해야 한다는 굳은 신념을 간직하였기에 부대가 적들의 사면포위를 뚫고나갈 때 그 누구의 신호도 명령도 없었지만 소년중대 전원이 그대로 방탄벽이 되여 장군님을 두 겹 세 겹으로 에워싸는 것이다. 이밖에도 소설에서는 언제나 경애하는 수령님을 몸 가까이 모시고 투쟁하는 크나큰 영예와 긍지를 안고 사령관 동지의 명령지시에 끝없이 충실한 7련대장 김주현, 기관총 소대장 강민, 식량도감 로상권, 경위중대장 리달경, 지하공작원 윤석찬 등 항일혁명투사들의 불굴의 형상도 훌륭하게 창조하였다. 소설은 실재한 력사적 사실에 기초하여 인물들의 성격을 창조하고 사건을 펼쳐 나감으로써 항일무장투쟁의 영웅적 현실을 폭넓고 깊이 있게 그리였으며 생동하고 치밀한 묘사를 통하여 높은 형상성을 실현하였다.

—『문학예술사전』(하), 과학백과사전종합출판사, 1993.

4. 개작 상황

1987년 초판과 1991년 2판 사이에 세부적인 변화는 없으나 문단 서술을 고치거나 없는 내용을 삽입한 경우가 있다. 또한 등장인물 중 권학식이 리동백으로 바뀐다.

장	절	1987년 초판	1991년 2판
1	1	"급변하는 정세와 관련하여 조선인민혁명군 사령관이신 김일성 장군님께서는 혁명군 산하 각 부대 지휘관들을 초수탄으로 부르시였다. 초수탄에서 군정간부회의를 열고 새로운 정세에 대처할 방침을 제시하실 구상이였다. 일본군이 중국 관내로 진격한다는 소식을 듣고 인민들이 몹시 불안해한다는 보고가 련일 사령부에 들어오고 있는	"조성된 정세는 난관을 주동적으로 뚫고나가며 조선혁명의 주체를 철저히 세울 것을 요구하고 있었다. 이리하여 조선인민혁명군 사령관이신 김일성 장군님께서는 혁명의 중요방략을 제시하실 때마다 자신께서 친히 거처하시는 백두산 밀영으로 주력부대 지휘성원들을 부르시였다. 그이께서는 이제 백두산 밀영으로 가시여 조선인민혁명군 주력부대 지휘성원

		것만큼 초수탄으로 가는 길에 주민부락이 많은 소덕수 일대에서 대중정치사업도 크게 벌리실 계획이였다."(6면 24줄~30줄)	회의를 소집하고《7·7사변》에 대처하여 조선 공산주의자들이 견지해야 할 원칙적 립장과 당면과업을 제시하실 생각이시였다."(6면 18줄~25줄, 서술 내용이 초판과 다름)
	5	"사령부 비서처 권학식"(이후 모든 곳에서 권학식. 49~53면)	"사령부 비서처 리동백"(이후 모든 곳에서 리동백. 47~51면)
2	2	"그이께서는 이제 주력부대를 거느리고 초수탄을 거쳐 장백-림강현계로 가서 래달 10일경에 조선인민혁명군 지휘원 및 병사대회를 소집하실 계획이였다. 예정대로 우선 래달 초하루부터는 만강 상류에 있는 초수탄에서 군정간부회의를 열고 새로운 정세에 대처하여 압록강과 두만강 일대를 비롯한 광활한 지역에서 적의 배후교란작전을 더욱 크게 벌리여 반일민족통일전선을 가일층 확대 강화할 데 대한 전략전술방침을 내놓고 지휘원병사대회에서는 그 방침 관철을 위한 자세한 과업을 제시하실 구상이였다."(97면 13줄~21줄)	"그이께서는 급변하는 새로운 정세에 대처하기 위해 우선 백두산 밀영으로 가시여 주력부대 지휘성원회의를 하신 다음 래달 10일경에는 조선인민혁명군 지휘원 및 병사대회를 소집하실 예정이였다."(93면 1줄~4줄, 서술 내용이 초판과 다름)
5	2	"부대는 속히 장백-림강현계로 가야 했다. 장군님께서는 이제 며칠 안 남은 8월 12일경에 그곳에서 조선인민혁명군 지휘원 및 병사대회를 소집하고 초수탄회의 방침을 관철하기 위한 자세한 대책을 세워주실 계획이였다."(302면 20줄~23줄)	"부대는 속히 장백-림강현계로 가야 했다.(초판과 달리 문단 나뉨) 장군님께서는 지난 7월 중순에 백두산 밀영에서 조선인민혁명군 주력부대 지휘성원들의 회의를 소집하시였다. 회의에서 장군님께서는 중일전쟁 발발과 관련하여 조선 공산주의자들앞에 나서는 과업을 밝혀주시였다. 그후 7월 하순에 백두산 밀영을 떠나신 장군님께서는 8월초 초수탄에서 조선인민혁명군 군정간부회의를 소집하시였다. 그이께서는 회의에서 이미 앞서 있은 주력부대 지휘성원들의 회의를 통해 친히 자신께서 밝혀주신 대로 새로운 정세에 대처하여 압록강과 두만강 일대를 비롯한 광활한 지역에서 적의 배후타격전을 맹렬히 벌리며 반일민족통일전선을 가일층 강화할 데 대한 전략전술적 방침을 제시하시였다. 장군님께서는 이제 장백, 림강현계로 가시여서는 조선인민혁명군 지휘원 및 병사대회를 소집하고 그 방침을 관철하기 위한 구체적인 대책을 세워주실 계획이였다."(288면 2줄~15줄 초판의 서술 내용과 다르며 없는 내용 두 문단 첨가)
7	3	"5천년 력사에서 우리 민족은 비로소 진정한 아버지를 찾았다(3행 정도의 여백을 둔 후 다음 내용이 시작됨). 이튿날 아침."(522면 10줄~14줄)	"5천년 력사에서 우리 민족은 비로소 진정한 아버지를 찾았다(여백 없이 바로 다음 행에 내용이 시작됨). 이튿날 아침."(500면 19줄~21줄)

— 작성 : 박선영

『잊지 못할 겨울』

1. 세부 사항

<table>
<tr><td>제목</td><td colspan="3">총서 '불멸의 력사'12 『잊지 못할 겨울』</td><td>출간 권수</td><td>12</td></tr>
<tr><td>작가 및 창작단</td><td colspan="5">진재환 / 조선작가동맹중앙위원회 4·15문학창작단</td></tr>
<tr><td rowspan="2">발표 연도
(수상 연도)</td><td>발표 연도</td><td>1984</td><td rowspan="2">발표 지면
(수상명·집)</td><td colspan="2" rowspan="2">문예출판사</td></tr>
<tr><td>개작 연도</td><td></td></tr>
<tr><td>스토리
주제</td><td colspan="5">조선인민혁명군 창설과 북만 원정, 동기군정학습을 통한 사상적 군사적 혁명 역량 강화.</td></tr>
<tr><td>키워드1/ 테마</td><td colspan="5">조선인민혁명군 창설, 불섬(마당거우)에서의 동기군정학습, 혜산사건, 토벌대, 정안툰전투.</td></tr>
<tr><td>키워드2/ 구성</td><td colspan="5">총 4편. 각 편은 13~16장으로 구성되어 있음.</td></tr>
<tr><td>키워드3/ 시점</td><td colspan="5">복합 시점-전지적 작가 시점과 1인칭 주인공 시점(김일성에 한하여 주체존대법 사용)</td></tr>
<tr><td>키워드4/ 시간</td><td colspan="5">1937년 가을~1938년 봄</td></tr>
<tr><td>키워드5/ 장소</td><td colspan="5">몽강, 집안 등의 남만 일대, 장백현, 무송, 불섬 등의 동북 만주 일대, 5호 밀영, 백두산 밀영, 평양, 혜산 등.</td></tr>
<tr><td>키워드6/ 소재</td><td colspan="5">조선인민혁명군, 불섬, 동기군정학습.</td></tr>
<tr><td>키워드7/ 인물(직업)</td><td colspan="5">조선인민혁명군, 작식대원, 변절자, 정탐꾼, 밀정, 관동군 토벌대, 국내 지하혁명조직원.</td></tr>
</table>

2. 줄거리 소개

제1편(총 13장)

백두산 5호 밀영 사령부의 김일성 장군과 속속 집결하는 조선인민혁명군 부대원들. 관동군은 '집단부락 포고령'을 발동하고 김일성은 조직원들이 집단부락에 들어가 혁명조직을 건설하도록 지시한다. 한편, 특수작전을 시도하는 관동군 특무대 오끼 중좌가 변절자 박차석을 대동하고 통화, 무송 일대를 돌아다닌다. 국내에 파견된 김주현 소부대가 중평광산에 주둔한 왜병을 습격한 군사행동으로 추격을 당하자 사령부에서는 김주현에게 복귀명령을 내린다. 김주현 소부대는 사령부에 무사히 귀환하고 마동희는 유격대에 들어온 동생 마국화와 상봉한다. 김주현은 사령부 회의에서 비판받고 연대장에서 철직되어 마선제의 중대 작식대원으로 배치된다. 한편, 권영벽은 장백현 사업을 위해 국내로 밀파되고 오중흡은 마당거우 불섬에서의 장기 숙영 준비를 위해 5호 밀영을 떠난다. 김일성 장군은 국내외 정세를 요해한 뒤 인민혁명군에게 군정학습을 준비하도록 지시하는 한편 「조선 공산주의자들의 임무」를 집필한다.

제2편(총 16장)

관동군 사령부는 항일연군부대의 활동 지구 및 그에 대한 정보보고 회의에서 함남 삼수군 금광을 습격한 것이 김일성 휘하의 소부대임을 알게 된다. 이에 관동군 사령부는 김일성 부대를 토벌하기 위해 백두산 지구에 포위봉쇄선을 구축할 계획을 세운다. 한편 정두철은 압강루 신식 여관에서 변절자 박차석을 만나고, 그가 변절한 회의주의자임을 확인한다. 정두철은 마을로 돌아와 수리바위굴에서 접선한 통신원 조복례에게서 '집단부락 포고령'에 대한 비밀지시를 전달받고 장백현 일대에서 조직 일로 뛰어다니는 권영벽에게 박차석의 변절을 보고한다. 권영벽은 정두철에게 적구인 집단부락에 들어가 조직을 확보하고 유사시 철길부설 공사장의 노동자로 활동하라고 지시한다.

5호 밀영을 떠나 행군하던 도중, 김윤화는 아들 종철을 후미진 산골에 사는 어느 할머니에게 맡기고 떠난다. 일본 군대는 항일연군부대를 섬멸할 목적으로 '장춘포위작전'을 벌인다. 김주현은 행군 도중 병에 걸리지만 칡뿌리를 씹어 삼키면서 병마와 싸우고 작식대원 임무를 충실히 수행하면서 행군대오를 따른다.

신정촌에 나타난 오끼는 참의군 서리를 지낸 선우제를 밀정으로 삼는다. 박차석은 평양으로 가서 만경대 할머니 리보익 여사를 승용차에 태워 신정촌 압강루 여관으로 온다. 정두철은 신정촌으로 가서 여관을 탐문하기 위해 박차석을 만난다. 정두철은 박차석에게서 리보익 여사가 그곳에 끌려와 백두산 주변을 돌며 유격대를 유인하는 볼모가 되었음을 알고 이 사실을 권영벽에게 보고한다. 오중흡 부대는 선두에서 송화강 지류에 있는 불섬에 도착하여, 「조선 공산주의자들의 임무」가 게재된 대내신문 『서광』을 가지고 와서 사령부에 보고한다. 김일성은 불섬에서 대원들과 지휘원들에게 군정학습의 필요성을 역설한다. 밀림 속에서 오랜 휴식과 함께 즐거운 분위기가 마련된다. 박철산은 강제연행한 조모의 소식을 사령관에게 보고하지만, 사령관은 그에 대한 일체의 언급 없이 군정학습을 지시한다. 대원들은 일본 특무의 볼모가 된 조모에 대한 소식에 분개하지만 김 장군은 필요한 장기 군정학습 계획을 그대로 실행에 옮긴다.

제3편(총 12장)

불섬 밀영에 당도한 김 장군은 망원초를 배치하고 사령부 귀틀집, 병사실 등을 마련한 오중흡중대를 치하한다. 사령관은 권영벽이 선발해 파견한 김명국에게는 출판 사업과 강사의 임무를 부여한다. 또한 사령관은 김주현에게 글자를 배우도록 하고 마동희를 국내 백암 지구 공작원으로 파견한다. 김주현은 훌륭한 요리사로 성장하는 한편 식자반에 들어가 글자를 익힌다. 마동희가 국내로 파견되기 전날, 김주현은 김일성의 지시로 국수를 만들어 마동희와 마국화를 대접한다. 기관총수 안희창은 마국화의 권고에 감화되어 글을 배우고 사상적으로 성장한다. 김 장군은 식사와 병사실의 위생 상태를 점검하면서 만족해한다. 식량 운반을 위해 밀영을 떠난 김주현 일행은 숙영지 주변에 접근한 족제비 사냥군 렴형로를 숙영지로 데려와서 김일성 조모에 대한 소식을 듣고 이를 오중흡에게 알리지만 사령관은 군사행동보다 군정학습의 중요성을 강조한다. 박철산은 밀영 복귀 후 '혜산사건'으로 인해 혁명조직이 검거되었다는 소식을 사령관에게 보고한다. 한편, 불섬으로 속속 입대하는 신입대원들을 위한 환영 모임이 열려 인민혁명군의 정치사상적 강화와 단결을 도모한다. 사령관은 입대한 사람들 중에 복례의 동생 복남이를 알아보고 그를 보듬으며 김윤화의 아들 종철이의 소재를 안타까워한다. 불섬에서 양력설을 지낸 뒤 장군은 정안툰전투를 승리로 이끌고 많은 무기와 식량, 천을 노획하여 밀영으로 옮긴다. 정안툰에서 노획한 천으로 재봉대에서는 인민들에 보낼 설빔을 짓는다. 윤화는 맡겨둔 아들 종철을 찾아나서지만 만나지 못한 채 권영벽의 체포 소식을 듣고 절망한다. 구류장에 갇힌 권영벽은 조직 책임자인 자신을 보호하려는 동지들의 뜻에 감격하고, 정안툰전투 승리 소식에 '만세'를 부르며 김 장군에 대한 충성을 맹세한다.

제4편(총 16장)

마동희의 아버지 호룡 영감은 마을 면장으로 진흥회 이사를 지낸 안주사의 대상을 앞두고 백암, 리원, 함흥 일대에서 온 손님들을 맞으며 아들 마동희의 비밀공작을 돕는다. 일본인 주재소장과 구장, 산림간수를 따돌리고 반일청년회를 조직한 마동희는, 주대순과 함께 사령부에서 파견한 일꾼들을 만난다. 마동희는 조국광복회 지방조직 대표들과 함께 「조선 공산주의자들의 임무」를 요해하며 조직투쟁의 방도를 토의한다. 주대순은 마동희의 조직정형과 활동을 보고하러 샘골 정두철에게로 향한다. 사령부에서는 족제비 사냥군 렴형로가 선우제의 편지를 가지고 와서 김 사령관을 접견한다. 렴형로는 사령관을 만나자 양심의 가책 때문에 선우제가 변절한 사실과 자신이 밀정임을 실토하고, 이를통해 사령부에서는 불섬을 포위, 습격하려는 적의 내막을 알아차린다. 사령관은 렴형로를 통해 선우제에게 편지를 써서 적을 교란하는 한편, 군정학습을 예정대로 추진한다.

작식대원과 식량운반의 임무를 훌륭하게 수행한 김주현은 안희창과 함께 백두산 기슭의 철길 부설 공사장에 파견된다. 김주현은 그곳에서 공사장 서무를 맡고 있는 정두철과 접선하고, 정두철에게서 장백현 지하조직의 정형을 보고받는다. 사상적으로 성장한 안희창은 철길 공사인부들을 모아놓고 혁명의 필요성과 김 장군의 「조국광복 10대 강령」을 연설한다. 정두철은 연락원에게서 마동희가 변절자의 밀고로 체포되었다는 소식을 전달 받는다. 감옥에 갇힌 마동희는 일본 경찰의 가석방 회유를 물리치고 감옥에서 어머니와 면회한다. 김주현과 안희창은 철길부설 공사장을 떠나 압록강 기슭에 도착하여 샘골마을 연락소를 찾아온 마동희의 모친 장길부를 만난다. 김주현과 안희창은 장길부에게서 심포부락은 경찰이 파놓은 함정이라는 사실을 전해 듣는 한편, 마동희의 권총을 유품으로 건네받는다. 오끼 일행은 박차석과 선우제, 족제비 사냥

꾼에게 매달려 심리전을 펼치고자 혜산경찰서로 가지만 마동희는 혀를 깨물어 조직의 비밀을 지키며 죽음을 택한다. 한편, 김주현과 안희창은 백암 지구에서 특무의 밀정 재선과 선우제를 처단하고 사령부로 복귀한다. 마동희의 죽음을 전해들은 김 장군은 재봉대 병실의 마국화를 찾아 위로한다. 김주현과 안희창은 사령부에 돌아와 마동희의 유품인 권총을 김 장군에게 전달한다. 「최후통첩문」을 들고 나타난 박차석은 조모를 인질로 삼아 김 장군을 육군대장으로 모실 의향이 있으며 조선인 자치 문제로 진지하게 토론하겠다고 회유한다. 김 장군은 관동군의 회유를 물리치고 박차석을 돌려보낸 뒤 2계단 군정훈련 강령을 끝내도록 박차를 가하는 한편, 춘기작전을 검토한다.

토벌대가 불섬 건너편 강을 건너기 시작하자 사령관은 포위망을 뚫고 몽강 일대에 쏠려 있는 적의 동태를 따돌리면서 장백, 림강을 비롯한 압록강 연안의 국경 일대를 타격할 것을 계획한다. 마침내, 사령관은 불섬 방어전투를 시작하여 토벌대의 포위망을 뚫고 마당거우 밀영지를 벗어나 백두산으로 향하는 춘기작전을 전개한다. 이 과정에서 인민혁명군 대원들은 불섬에서 벌인 군정학습이 얼마나 중요한 체험이었는지를 깨닫는다. 인민혁명군은 가재수와 구가점을 공격하고 적의 군사거점인 12도구를 공격하여 적에게 심대한 타격을 안겨주고 고력보자 밀영으로 철수한다. 불섬 공방전에서 자신의 특무공작이 실패로 돌아갔음을 확인한 오끼는, 회유에 답한 김 장군이 4월에 회신을 주겠노라는 것이 불섬 포위공격전에서 벗어나 춘기작전을 전개하고자 함임을 뒤늦게 알고 치를 떤다. 한편 박차석은 오끼의 특무공작이 실패로 돌아가자 리보익 여사를 평양으로 돌려보내고 자신은 관동군 사령부 관사에서 변소 치우는 일로 연명하며 절망의 나날을 보낸다. 김윤화는 김 장군의 배려로 종철과 재회하고 마국화는 의젓하게 성장한 안희창을 연모하며, 김주현은 다시 7연대장으로 복직하게 된다.

3. 북한의 소개와 평가

| 사전(년감) 자료 |

장편소설. 1984년 진재환 창작. 총서 《불멸의 력사》 중의 한 권이다. 1937년 가을부터 1938년 봄까지를 시대적 배경으로 하여 위대한 수령 김일성 동지께서 적극적인 군사작전을 벌리시는 한편 조성된 정세에 대처하여 불후의 고전적 로작 《조선공산주의자들의 임무》를 집필하시고 불섬(마당거우)군정학습을 벌리시여 주체의 사상체계를 확고히 세우시며 1938년 춘기작전을 승리에로 령도하심으로써 난국에 처하였던 조선혁명을 일대 앙양에로 불러일으키신 불멸의 업적을 서사시적 화폭으로 훌륭히 형상한 작품이다. 《7·7사변》이 일어난 후 조선인민혁명군 지휘원 및 병사대회의 방침에 따라 부대 이끌고 맹렬한 군사작전을 벌리시던 위대한 수령님께서 1937년 가을 어느 날 장백-림강현계에 자리 잡고 있는 5호 밀영에 도착하신다. 밀영에 도착하신 장군님께서는 국내공작 중에 있는 련대장 김주현의 안해 김윤화를 비롯한 후방 밀영 성원들을 만나시여 따뜻한 사랑을 베푸신다. 오매에도 그리던 장군님을 맞이한 밀영은 기쁨으로 흥성거린다. 이때 장백현 당조직 책임자 권영벽은 일제 놈들이 《집단부락화》를 실시하려고 책동한다는 것과 소부대로서 국내공작을 진행하던 김주현이 금광을 들이치고 금을 빼앗았으나 적들의 추격 속에 들었다는 것을 장군님께 보고한다. 장군님께서는 집단부락을 틀고 앉을 주동적인 방침을 제시하시고 위험에 처한 김주현 부대를 즉시 소환하도록 지시하신다. 김주현은 분산적으로 활동하는 국내 공산주의자들에게 통일적인 방침을 제시하여줄 데 대한 사령부의 명령을 집행하지 못한 과오로 련대장직에서 철직되여 작전대원으로 배치된다. 장군님께서는 조성된 정세와 관련하여 장기군정학습을 벌릴 것을 계획하시고 밀영 건설을 위하여 비밀리에 불섬에 오중흡 중대를 파견하시는 한편 《조선공산주의자들의 임무》를 집필하신다. 한편 일제침략군 관동군사령부에서는 《열하원정》로선에 따르는 《장춘작전》에 조선인민혁명군의 참가여부를 두고 론쟁을 벌리던 끝에 조선인민혁명군 사령부에 대한 《특수작전》을 벌릴 것을 모의한다. 놈들은 조선혁명군 성원으로 김형권 동지의 소조에 망라되여 국내공작을 하다가 체포되여 변절한 박차석을 데리고 만경대 조모님 리보익 녀사를 련행하여 차에 태우고 백두산 주변을 돌아친다. 그러나 리보익녀사께서는 드놀지 않는 신념과 굳은 지조, 도고한 위풍으로 일제와 그 주구들을 위압하고 전률케 하신다. 이 무렵 장군님으로부터 과업을 받고 떠나갔던 오중흡 중대가 임무를 성과적으로 수행하고 사령관 동지를 맞이한다. 임무를 훌륭히 수행한 오중흡을 치하하신 장군님께서는 전군이 군정학습에 들어갈 것을 명령하시고 부대를 비밀리에 불섬으로 행군하도록 하신다. 장군님께서는 백두산 기슭의 지하혁명조직들을 적들의 탄압으로부터 보호하기 위해 련대정치위원 박철산과 조선인민혁명군 대원 마동희를 파견하시는 한편 군정학습을 진행하도록 하신다. 장기적인 군정학습과정을 통하여 자기의 과오가 단순한 규률위반이 아니라 우리 혁명의 근본원칙에 어긋나는 행동이라는 것을 깊이 깨닫게 된 김주현은 몹시 괴로운 나날을 보낸다. 장군님께서는 김주현을 만나시여 우리 혁명이 걸어온 피 어린 로정에 대해서와 조성된 정세에 대처한 공산주의자들의 임무에 대하여 가르쳐주시고 신심을 안겨주신다. 장군님께서는 권영벽으로부터 만경대 할머님에 대한 소식이 들어있는 비상통신을 받으신다. 박철산, 오중흡, 오대룡들이 조모님에 대한 일제 놈들의 련행을 전체 인민혁명군 대원들과 온 겨레에 대한 모독으로 생각하고 복수전에 나서려고 몸부림칠 때 장군님께서는 일신의 아프심과 괴로우심을 참으시면서 할머님을 련행한 왜놈들과 그 주구들을 복수하자는 전사들의 제기를 만류하시고 군정학습과 1938년의 춘기공세준비사업을 드팀없이 밀고 나가신다. 군정학습이 거의 끝나갈 무렵 장군님께서는 춘기작전지역을 정찰하며 지하혁명조직들의 활동정형을 알아보시기 위하여 김주현을 백두산에 파견하신다. 임무를 훌륭히 수행하고 돌아온 김주현의 보고를 들으신 장군님께서는 조직을 튼튼히 지켜내고 체포된 권영벽의 혁명에 대한 충실성과 사령부의 안전을 지켜 혀를 끊고 희생된 마동희의 혁명적 신념에 대하여 높이 평가하시면서 그들의 죽음에 대하여 비통해하신다. 이때 김주현에 의하여 처단된 변절자 선우제를 통하여 조선인민혁명군의 위치를 알아낸 적들은 불섬을 겹겹이 포위한다. 그러나 장군님의 령활한 전술에 의하여 포위망은 부서지고 조선인민혁명군은 1938년의 춘기공세를 벌린다. 결과 적들의 특수작전은 여지없이 부서진다. 겨울의 시련을 이겨내신 조모님께서는 따뜻한 봄날 만경대로 돌아가시게 된다. 작품은 력사적 사실에 대한 진실한 형상을 통하여 위대한 수령님의 령도의 현명성과 고매한 덕성을 깊이 있고 격조 높이 형상하였다. 작품은 확고한 혁명적 신념과 강의한 의지, 천리혜안의 예지로 조선인민혁명군 병사, 지휘원들을 정치군사적으로 튼튼히 무장시켜 일제에게 섬멸적 타격을 주고 혁명의 준엄한 난국을 타개하신 경애하는 수령님의 위대한 풍모를 감명 깊게 형상하였다. 소설은 특히 정안툰공격전투의 승리를 통하여 위대한 수령님의 탁월한 전략 전술과 령활한 전법에 대하여 감동적으로 보여주었으며 마당거우 밀영의 군정학습이 가지는 의의를 예술적으로 확증하였다. 작품에서는 여러 인물선들이 위대한 수령님의 숭고한 풍모와 령도의 현명성을 예술적으로 부각시키는 데 복종되고 있다. 작품에서 김주현의 선은 위대한 수령님의 령도선을 뚜렷이 부각시키는 데서 중요한 몫을 담당하고 있다. 작품에서는 국내공작 과정에 과오를 범한 김주현이 소설의 마감 부분에서 복직되여 7련대 련대장으로 임명되게 되는 이야기를 통하여 주인공의 성격장성 과정을 보여주었을 뿐 아니라 불섬에서의 군정학습의 정치군사적 의의를 힘있게 확증하였다. 소설은 이밖에 권영벽, 마동희, 박철산, 김윤화, 안희창 등 개성적인 인물형상을 통하여 위대한 수령님께서 지니신 숭고한 혁명적 의리와 고매한 덕성을 감명 깊게 형상하였으며 그이의 확고부동한 혁명적 신념과 강의한 의지, 능숙한 조직력과 혁명적 전개력, 혁명적 사업 방법과 인민적 사업작풍, 높은 령도예술을 감동적으로 그려내였다. 작품에는 적들의 그 어떤 회유기만과 가혹한 탄압에도 굴하지 않고 혁명적 지조를 견결하게 고수하신 조모님의 숭고한 풍모가 빛나게 형상되여 있다. 장편소설은 위대한 수령님의 숭고한 풍모를 부각하는 데 기본을 두면서 혁명적 신념을 부단히 세워 나가는 인물들과 혁명의 배신자, 변절자로 전락된 인물들의 형상을 보여주는 다양한 선들을 유기적으로 교차시킴으로써 립체적인 화폭을 창조하였다. 작품은 높은 사상예술성으로 하여 사람들을 혁명적으로 교양하는 데 이바지하고 있다.

—『문학예술사전』(하), 과학백과사전종합출판사, 1993.

| 평론 자료 |

위대한 수령님의 령도의 현명성과 고매한 덕성에 대한 깊이 있고 격조 높은 형상

–총서 《불멸의 력사》 중 장편소설 《잊지 못할 겨울》에 대하여

박연경

최근 4·15문학창작단에서 창작한 총서 《불멸의 력사》 중 장편소설 《잊지 못할 겨울》은 지금 많은 독자들의 사랑 속에서 널리 읽히우고 있다.

장편소설은 위대한 수령님께서 조직 령도하신 항일무장투쟁과 그 당시의 생활을 통하여 그이께서 지니신 탁월한 령도력과 고매한 공산주의적 인간애, 숭고한 혁명적 의리를 감명 깊게 펼쳐 보여주고 있다.

장편소설은 1937년 가을부터 1938년의 봄까지의 시기를 력사적 배경으로 하고 있다.

이 시기 우리 혁명과 인민 앞에는 엄혹한 시련과 난관이 가로 놓이게 되었다.

일제는 중일전쟁을 일으킨 이후 우리 인민에 대한 군사파쑈통치를 그 어느 때보다도 강화하였다.

그리하여 우리 인민은 생사존망의 갈림길에 놓이게 되였으며 조선혁명과 조선공산주의운동은 일대 시련에 부닥치게 되었다.

이 준엄한 민족 수난의 시기에 온갖 혁명의 배신자들은 일제 침략자들과 로골적으로 결탁하는 길로 굴러 떨어지고 있었으며 좌경모험주의자들은 주관주의에 사로 잡혀 《열하원정》을 강요함으로써 반일민족해방운동 전반에 막대한 해독을 끼쳤으며 조선인민혁명군의 군사정치활동에 커다란 장애를 조성하고 있었다.

조선 공산주의자들에게 혁명 앞에 가로놓인 이 난국을 주동적으로 타개하고 조선혁명을 새로운 앙양에로 이끌어 나가야 할 력사적 과제가 나서고 있었다.

이러한 력사적 시기를 배경으로 하고 있는 장편소설 《잊지 못할 겨울》은 위대한 수령님의 불멸의 형상을 화폭의 중심에 정중히 모시고 수령님의 령도의 현명성과 고매한 덕성을 깊이 있고 격조 높게 형상하고 있다.

친애하는 지도자 김정일 동지께서는 다음과 같이 지적하시였다.

《수령님의 령도의 현명성과 고매한 덕성을 깊이 있고 격조 높게 형상하는 것은 우리 문학예술작품 창작에서 첫째가는 원칙적 요구입니다.》

위대한 수령님의 령도의 현명성과 고매한 덕성을 깊이 있고 격조 높게 형상하는 것은 우리의 모든 문학예술작품 창작에 나서는 첫째가는 원칙적 요구로 된다.

특히 위대한 수령님의 영광 찬란한 혁명력사를 전면적으로 반영하는 혁명문학 총서인 총서《불멸의 력사》중에서 장편소설《고난의 행군》에 대하여 중의 장편소설들의 창작에서는 이 원칙적 요구가 가장 첨예하고 심중한 사상미학적 과제로 전면에 나선다.

장편소설《잊지 못할 겨울》이 위대한 수령님의 고매한 풍모를 높은 사상예술적 경지에서 형상함으로써 력사문헌적 의의와 형상의 철학적 심오성을 체현한 불멸의 화폭으로 수놓아질 수 있는 것은 무엇보다도 위대한 수령님의 령도의 현명성과 고매한 덕성을 작품의 주제와 성격에 맞게 진실하게 형상한 데 있다.

장편소설《잊지 못할 겨울》은 위대한 장군님께서 심어주신 혁명적 신념이란 무엇이며 주체의 혁명적 신념을 심장에 새기고 드팀 없는 투쟁의 한 길에서 살며 싸워나가기 위해서는 어떻게 해야 하는가 하는 심각한 사회정치적 문제성을 제기하고 위대한 장군님의 혁명사상을 신념으로 간직하고 그이의 령도 따라 나아갈 때 조선혁명은 반드시 승리한다는 혁명의 진리를 형상적으로 깊이 있게 밝혀내고 있다.

작품은 드놀지 않는 확고한 혁명적 신념과 강의한 의지, 천리혜안의 예지로 조선인민혁명군 병사, 지휘원들을 정치사상적으로 튼튼히 무장시켜 일제에게 섬멸적 타격을 주고 혁명의 준엄한 난국을 타개하시는 경애하는 수령님의 위대한 풍모를 감명 깊게 형상하였다.

일제 백만 대군의 포위 속에서 그것도 근 반년 동안에 걸친 장기적인 군정학습을 조직하여 전군을 정치군사적으로 튼튼히 무장시키는 불섬에서의 생활, 그것은 사람들의 상상을 초월하는 대담무쌍한 계획이였으며 그만큼 준엄한 시련을 이겨나가지 않으면 안 되였다.

《혁명하는 사람에게 있어서 학습은 첫째가는 의무이다!》

이 혁명적 구호에는 빛나는 예지로 조선혁명의 먼 앞날을 내다보시며 전사들을 정치군사적으로 튼튼히 키우시려는 어버이 수령님의 원대한 뜻이 담겨져 있다.

소설은 조선 공산주의운동 발전의 본질과 그 추동력을 깊이 있게 밝혀내면서 조선혁명을 오직 승리의 한 길로 곧바로 이끌어 오신 위대한 수령님의 령도의 현명성을 깊이 있게 그려내고 있다.

당시 파쑈도배들은 국제적 규모에서 결탁을 강화하고 침략을 조직화하였으며 일제는《7·7사변》이후 특히 장백 일대와 국경 연안의 우리 혁명조직에 대하여 전례 없이 악랄하게 탄압하고 있었다. 이러한 복잡다단한 정세에서 조선혁명은 준엄한 난관에 부닥치게 되였다. 과연 무엇부터 어떻게 해야할지 갈피를 잡을 수 없는 형편에서 위대한 장군님께서는 조선인민혁명군 대원들을 어떤 역경에서도 드놀지 않는 확고한 혁명적 신념을 간직한 주체의 혁명가로 키우시려고 결심하시였다.

그리하여 위대한 장군님께서는 심오한 사상과 빛나는 예지, 깊은 철학적 사색으로 몸소 불후의 고전적 로작 《조선 공산주의자들의 임무》를 집필하시고 그것으로 대원들을 교양하신다.

소설은 당시에 조성된 우리 혁명의 준엄한 난국을 타개하기 위한 위대한 장군님의 주체적인 로선과 방침을 명백히 밝히고 있으며 그 형상 과정에 위대한 수령님께서 이룩하신 불멸의 업적과 그것이 항일혁명투쟁 발전에서 가지는 의의를 예술적으로 설득력있게 해명하고 있다.

소설은 정안툰 공격전투의 승리를 통하여 백전백승의 강철의 령장이시며 전설적 영웅이신 위대한 장군님의 탁월한 전략전술과 령활한 전법에 대하여 감동적으로 보여주었을 뿐 아니라 장군님께서 마련해 주신 마당거우 밀영에서의 군정학습이 가지는 의의를 예술적으로 확증함으로써 위대한 장군님의 령도의 현명성을 깊이 있게 그려 보이고 있다.

소설에서는 위대한 장군님께서 군정학습 기간 모든 지휘원들과 대원들이 부대 관리를 알뜰이 하며 규률과 생활질서를 철저히 세우고 후방사업을 개선 강화하도록 세심한 지도를 주신 데 대하여 감명 깊게 형상하고 있다.

이 생활 화폭은 위대한 수령님식 사업 방법을 형상적으로 재현한 것으로 하여 커다란 교양적 의의와 감화력을 가지며 나아가서 마당거우 밀영의 군정학습이 가지는 의의를 부각시키는 데 힘있게 이바지하고 있다는 데 그 형상적 특징이 있다.

위대한 장군님께서는 몸소 오중흡 동지의 4중대를 지도하시여 본보기를 창조하시고 그를 전 부대에 일반화하신다.

캄캄한 밤에도 병실 주변을 마음 놓고 다닐 수 있도록 새하얀 붓나무가지로 만든 가름대, 강낭쌀이모록이 담긴 나무독, 부엌 구석에 놓여있는 발방아, 하나부터 열까지 모두가 알뜰하고 깐지게 꾸려진 부대 살림살이였다.

위대한 장군님께서는 대원들의 무기와 군복 그리고 리발과 목욕 등 개체 위생 상태에 이르기까지 세심히 알아보시고 보살펴주신다.

보기만 해도 한 번 들어가 앉아보고 싶도록 잘 꾸려진 병실, 중대원들이 추운데서 순찰근무나 보초근무를 서고 돌아와서 따뜻한 돌을 가슴에 안을 수 있게 돌화로 둘레에 놓은 둥글납작한 돌들에 이르기까지 병실의 안팎을 일일이 다 들러 보신 장군님께서는 무척 만족해하신다.

위대한 장군님께서는 밀영학습 기간 모든 대원들이 과학적인 세계관을 세우는 동시에 깐지고 알뜰한 살림살이 솜씨를 갖추도록 대원들을 친어버이 사랑으로 보살펴주시였으며 오중흡 중대의 살림살이를 따라 배우도록 따뜻이 일깨워주신다.

이 때 대원들은 장군님께서 할머님 때문에 침식을 잊고 계신다는 것을 알고 있었다. 그러나 그이께서 어떤 일이 있어도 끄떡없이 장기 군정학습을 끝까지 진행할 강철의 결심을 품고 계신다는 것과 장군님의 가슴 아프심을 덜어드리기 위해서는 그이의 희망과 념원대로 군정학습을 성과적으로 보장하는 것밖에 달리는 길이 없다는 것을 그들은 더욱 더 똑똑히 깨달았다.

소설에서는 이와 같이 위대한 장군님께서 제시하신 군정학습을 조직할 데 대한 방침의 내용과 그 정당성, 생활력, 의의 등을 실재한 력사적 사실에 기초하여 깊이 있게 보여줌으로써 1937년 겨울, 잊지 못할 겨울이 위대한 수령님의 영광 찬란한 혁명력사에서 차지하는 위치와 불멸의 의의를 힘있게 밝혀내고 있다.

장편소설 《잊지 못할 겨울》은 또한 어버이 수령님께서 지니신 고매한 덕성과 숭고한 혁명적 의리를 감명 깊게 형상하였다.

어버이 수령님께서 지니신 고매한 덕성과 공산주의적 인간애는 김주현의 생활에 대한 보살피심에서 특히 깊이 있게 구현되고 있다.

김주현이가 과오를 범한 후 작식대원으로 일하고 있을 때에도 망망대해에서 룡을 낚아야 할 장수가 실개울에서 미꾸라지나 잡고 있는 것 같이 생각되시여 원칙적인 비판과 뜨거운 사랑을 안겨주시는 어버이 수령님께서는 광솔불을 켜놓고 밤을 지새우며 공부하는 주현이를 념려하시여 사령부에서 써야 할 몇 대의 초마저 그에게 돌려주시는 것이다.

어버이 수령님께서 지니신 숭고한 혁명적 신념과 고매한 공산주의적 덕성은 존경하는 조모님에 대한 가슴 아픈 소식을 들으시고도 조국과 인민에 대한 크나큰 사랑을 위하여 조모님을 구출하기 위한 전투를 벌릴 것을 그처럼 절절하게 소망하는 대원들의 제의를 만류하시는 데서 격동적으로 그려졌다.

참으로 위대한 혁명가, 위대한 인간의 가장 위대한 사상정신적 풍모를 펼쳐 보인 감동적인 생활 화폭을 통하여 모든 것을 혁명위업에 고스란히 바치시는 위대한 수령님의 인민을 위한 헌신적 복무의 영광스러운 력사를 가슴 뜨겁게 느끼게 된다.

조모님을 구출하기 위하여 일제 침략군 놈들과 기어코 전투를 벌림으로써 조선

인민혁명군의 위신과 명예를 끝까지 고수하겠다고 그렇게도 간절하게, 그렇게도 절절하게 소망하는 오중흡, 오대룡, 박철산 등 지휘원들에게 동무들이 일의 경중을 갈라보고 제발 그러지를 말라고 안타깝게 호소하시는 위대한 장군님의 숭고한 심중세계를 그린 대목은 작품에서 가장 격동적인 화폭으로 된다.

일제 침략자에 대한 분노와 보복의 일념에 리성을 잊어버리다싶이 한 세대원의 절절한 표정을 헤아리시는 장군님께서는 아무리 인정이 후더워도 그 눈물 속에 혁명의 리익을 용해시킬 수는 없다고 굳게 마음 다지신다.

장군님께서는 이 전투를 하지 못하는 리유가 많지만 그 중에서도 가장 근본적인 리유는 이 전투로써 조선의 모든 할머니들과 어머니들, 안해들과 아이들이 원한을 다 풀고 그들 모두를 구원하지 못하기 때문이라고 하시며 마당거우 불섬 쪽을 향하여 전 대오가 지체 없이 행군하도록 단호한 명령을 내리신다.

우리 겨레의 심정으로 말하면 장군님의 조모님을 구출해내는 것보다 더 중요한 일이 없을 것 같지만 장군님께서는 그 누구보다 가장 가슴 아픔을 겪으시면서도 혁명의 요구에만 충실할 것을 모든 전사들에게 엄격하게 요구하시고 마당거우에로 행군할 것을 명령하시였다.

천 년 묵은 거목처럼 억척스럽게 서 있는 오중흡, 오대룡, 박철산 그들 세 사나이의 눈에서는 눈물이 소리 없이 샘솟아 비바람에 트고 갈라진 볼을 타고 내리더니 마침내 그 찝찔한 소금기가 무쇠 같은 심장에까지 배여드는지 큰 가슴들을 움켜 안는 것이였다.

어버이 장군님께서 지니신 고매한 덕성은 정안툰 곤경전투의 돌파조 책임을 지고 나간 김주현이 적을 향하여 날아가는 보복의 불줄기를 지켜보며 한 순간 생각에 잠기는 절절한 그의 내면세계에 굴절되여 더욱 가슴 뜨겁게 안겨온다.

(권영벽 동무, 이 총소리를 무심히 듣지 마오. 만경대 할머님 대문에는 순시도 행군길을 멈추지 못하게 하시던 우리 장군님께서 동무가 체포된 소식을 들으시자 동무더러 들으라구 높이 울리신 총소리요!)

복잡다단하고 준엄한 혈전의 포화 속에서도 나어린 종철이를 어느 후방 밀영에 두는 것이 낫지 떼놓고 마음고생을 못하겠다시며 애지중지 살뜰하게 보살피시는 어버이 장군님.

장군님께서 지니신 숭고한 혁명적 의리와 공산주의적 인간애는 마국화에게 돌려주신 뜨거운 은정에서도 그대로 표현되고 있다.

마동희가 혁명적 절개를 지켜 끝까지 싸우다가 장렬하게 희생된 후였다.

어떤 경우든지 혁명의 절개를 지켜 장렬하게 희생된 전사의 소식을 그 혈육에게 자신께서 직접 전해야 한다는 쓰라린 의무를 느끼고 계시는 장군님께서는 슬픔에 눈물지을 나어린 국화에게 어떻게 위로할 것인가를 생각하고 또 생각하시는 것이다.

장군님 앞에 눈물을 보이지 않으려고 무등 애를 쓰는 국화에게 그이께서는 조용히 말씀하신다.

《국화 동무, 그러나 참아야지. 우리 억센 마음으로 슬픔을 이기고 오빠 대신 혁명을 더 잘하자구. 나는 오빠 대신 국화를 누이동생으로 생각하고 어머니를 내 어머니로 삼고 국화는 나를 친오빠로 생각하고 슬픔과 고통을 함께 나누며 혁명이 승리하는 날까지 억세게 싸워 나가자구.》

어버이 장군님의 이처럼 크나큰 사랑의 품이 있기에 국화는 가슴 터지는 슬픔을 박차고 억세게 자라나는 것이다.

국화는 오히려 자기 때문에 가슴 아파하시는 장군님을 위로해드리느라고 애쓰면서 오빠 대신 왜놈들을 족치고 해방된 인민들 앞에 나가서 갑순이의 노래를 부르겠다고 마음 다지는 것이다.

장편소설은 이처럼 경애하는 수령님의 위대성과 숭고한 인간적 풍모를 가장 폭넓고 깊이 있게, 가장 친근하고 감명 깊게 생활적으로 형상하였다.

장편소설에 등장하는 많은 긍정인물들은 모두 다 위대한 장군님의 령도의 현명성과 숭고한 덕성을 깊이 있고 격조 높게 형상하는 데 이바지되면서 동시에 뚜렷한 형상의 몫을 가지고 있다.

김주현을 비롯한 조선인민혁명군 대원들을 각이한 개성적 특성을 가진 발랄한 형상들이면서 위대한 장군님에 대한 다함없는 흠모와 불타는 충성심으로 하여 공통적인 성격적 특질을 체현하고 있다.

김주현이 혁명이 맡겨준 작식대원의 임무를 자각하고 칡뿌리를 씹어 삼키며 병마와 싸우면서 대오를 따라가는 모습은 얼마나 가슴 뜨겁게 안겨 오는가. 기어이 과오를 씻고 장군님의 품 속에서 정치적 생명을 영원히 빛내이려는 주체형의 혁명가의 고결한 넋이 사람들을 그토록 감동시키는 것이다.

조직의 비밀을 루설하지 않으려고 혀를 끊고 최후의 순간까지 싸우다가 붉은 피를 손가락에 묻혀 일제는 망한다! 혁명만세! 라고 시뻘건 글발을 새기고 뜻 깊은 미소를 보이며 간 마동희!

땅이 솟구치게 튼튼히 뿌리를 박은 나무기둥처럼 근본이 뒤흔들리지 않고 옥중

고초를 겪으면서도 변색을 모르는 소나무처럼 꿋꿋이 싸우는 권영벽! 이들은 모두 위대한 장군님께서 심어주신 주체의 신념을 가슴 깊이 새기고 언제나 혁명의 한길을 가는 충성의 전위들이다.

실로 태양의 빛을 받아 반짝이는 별무리와도 같은 충성의 전위들의 형상은 작품 전반에 흠모의 선이 일관되게 하면서 위대한 장군님의 령도의 현명성과 고매한 덕성을 깊이 있게 그려내는 데 한결같이 이바지하고 있다.

위대한 장군님께서 주신 편지를 언제나 몸에 소중히 품고 다니며 학습에 열중하여 문명하고 유식한 능력 있는 대원으로 성장한 안희창의 형상은 매우 인상적이다.

두메산골에서 부대기를 파먹던 가난한 빈농의 아들인 희창은 자동차나 기차를 만나면 너무나 신기해서 시간 가는 줄을 몰랐다.

입대 초기 전투 때 경찰서 바람벽에 걸려있는 체경에 자기의 모습이 비치자 딴 사람이 맞받아 나오는 줄 알고 사격을 들이대던 희창이였다.

그러한 그가 이제는 책도 읽고 편지도 쓸 수 있게 되었고 훌륭한 유격대원으로 자라났다.

위대한 장군님께서는 안희창이나 김주현의 경우만 보시여도 군정학습에 들어선 후 대원들의 급격한 성장과 변화를 가늠하실 수 있었다.

장편소설은 이처럼 어버이 수령님께서 지니신 고매한 공산주의적 덕성과 숭고한 혁명적 의리를 그대로 진실하게 그려내고 있으며 위대한 수령님에 대한 우리 인민과 혁명전사들의 불타는 충성심을 깊이 있게 형상하였다.

장편소설 《잊지 못할 겨울》은 예술적 형상의 일련의 문제들도 잘 해결하고 있다.

작품은 구성의 대를 바로 세우기 위하여 인간관계를 옳게 설정하였을 뿐 아니라 이야기 줄거리가 꽉 째이게 하여 위대한 수령님의 령도선을 작품 전반에 일관시키고 있다.

소설은 위대한 수령님의 고귀한 투쟁사적과 불멸의 업적을 그대로 작품의 이야기 줄거리로 반영하면서 사건 전개도 마당거우 밀영의 군정학습을 축으로 하여 1937년 겨울의 실재한 력사적 사실의 의의가 명백히 드러나도록 하였다.

소설은 력사적 사실에 기초한다고 하여 1937년 가을부터 1938년 봄까지의 혁명사적을 평균적으로 골고루 라렬, 점철, 복사하거나 떠옮기는 식으로 사실을 전달한 것이 아니라 작품의 종자에 맞게 구성조직을 하여 작품의 철학적 심오성과 예술적 감화력을 보장하였다.

소설은 조선 인민과 조선인민혁명군은 위대한 수령님께서 심어주신 주체의 혁명적 신념을 확고히 간직하고 투쟁할 때에만 조선혁명의 승리를 이룩할 수 있다는 작품의 핵을 쥐고 1937년 말부터 1938년 초까지의 혁명 로정을 그렸기 때문에 불섬 군정학습을 축으로 하여 복잡다단한 당시의 국제정세와 국내형편 그리고 투쟁의 불길 속에서 날로 성장 강화되는 조선인민혁명군의 위력을 하나의 예술적 화폭에로 통일시킬 수 있었다.

소설에서는 생활 일화와 세부를 비롯한 줄거리 밖의 형상요소들이 구성조직에 잘 맞물려져서 위대한 수령님의 령도의 현명성과 높은 덕성을 깊이 있게 형상하는 데 한결같이 복종되고 있다.

문학에서 인간과 그의 생활을 구체적으로 보여주려면 생활을 세부화하여 그려야 한다.

특히 거대한 력사적 사건과 사실을 예술적 화폭으로 재현할 때일수록 생활을 세부화하여 그려야 생활을 통째로 라렬하거나 사건 본위로 생활을 그리거나 생활의 결과만을 제시하는 것과 같은 편향을 극복할 수 있게 한다.

장편소설에는 언제나 생동하게 기억되며 강렬한 사상정서적 충격을 불러일으키는 빛나는 세부들이 많다.

안희창이 언제나 몸에 소중히 보관하고 있는 편지, 마동희가 좋아하는 국수 이야기, 이른 봄날 차거운 물속의 가재… 등이 그것이다.

그 중에서도 국수 이야기는 빛을 뿌리는 생활 세부의 하나이다.

이 인상적인 세부는 마동희를 국내에로 파견하시면서 그가 좋아하는 국수를 마련하시여 많이 들도록 권하시며 그를 떠나보내는 것을 못내 서운해 하시면서도 기쁘게만 해주시려고 마음 쓰시는 어버이 장군님의 한없이 인자하고 친근하신 심중세계를 은근한 정서적 빛갈 속에 깊이 있게 보여주고 있다.

더욱이 이 국수에 대한 생활 세부는 마동희를 유격대에 보내면서 그의 어머니가 보약을 먹여 보내지 못해서 속을 앓던 이야기와의 대조를 이루면서 친어버이 사랑으로 대원들을 살뜰하게 보살피시는 위대한 장군님의 고매한 풍모를 진실하게 형상하는 데 바쳐지고 있다.

국수와 관련한 세부는 또한 투쟁 속에서 억세게 자라나는 안희창, 마국화들의 참다운 혁명적 동지애를 밝은 색조로 인상 깊게 그려내며 작품에 민족적 정서와 정취가 그윽하게 풍기도록 하였다.

장편소설에 주어진 자연 묘사는 숭엄하고도 아름다운 자연에 대한 예술적 화폭일 뿐 아니라 작품의 주제사상적 지향을 심화시키고 통일시키는 데 이바지하고 있다.

《이 깊은 숲 속 한 복판에는 밑둥이 잘리워 넘어져있는 한 그루의 나무가 있었다.
다섯 아름이나 될 그런 대부등이 어째서 밑둥을 잘리우고 몸을 뻴 수 없이 빽빽한 수림 속에 어떻게 누울 자리를 얻어냈는지는 누구도 쉽게 알아맞힐 수 없었다.
그리하여 호기심이 많고 숲에 대해 조예가 깊은 김주현이도 그럴사한 까닭을 생각해 낼 수 없었다.》

이것은 위대한 장군님께서 김주현에게 혁명가는 학습을 해야 한다고 하시면서 겨우내 학습을 잘하고 나서 다시 한 번 우리의 혁명의 일대 앙양을 불러일으키자고 간곡하게 일깨워주시는 정황에 주어진 자연 묘사이다.

이 자연 묘사가 펼쳐준 화폭은 백두밀림의 태고연하고 신비로운 풍경에 대한 예술적 화폭일 뿐 아니라 김주현의 성격발전 과정을 상징적으로 표현하고 있다는 데 의의가 있다.

우리 혁명은 근본 원칙을 옳게 구현할 립장과 자세를 굳건히 가지지 못했던 까닭에 과오를 범했던 김주현이 자기 잘못을 깊이 깨닫기 위해서는 학습을 해야 하는 것이다.

《밑둥이 잘리워 넘어져 있는 한 그루의 나무》에 비유된 김주현은 어차피 남달리 학습에 열중하여 지심 깊이 뿌리를 내리고 아지를 뻗치고 잎을 설레이는 거목으로 자라나야 할 것이였다.

소설의 맨 마지막에 주어진 생신한 이른 봄날에 대한 정경 묘사는 불섬에서의 군정학습을 통하여 정치사상적으로, 군사기술적으로 더욱 튼튼히 준비된 조선인민혁명군 주력부대는 위대한 장군님의 친솔 하에 백두산 서남부 일대와 압록강 연안으로 진출하여 적극적인 군사정치활동을 벌리게 되였다는 것을 힘있게 밝히면서 잊지 못할 겨울의 불멸의 자욱을 격조 높이 칭송하는 데 이바지하고 있다.

소설에는 또한 시대의 본질과 인간생활의 특징, 혁명의 원래를 생동하고 간결하게 표현한 생활적이고 철학적인 대사들이 많다.

특히 소설의 대사들은 조선인민혁명군 대원들의 풍부한 생활체험이 안받침되여 있으며 그들 자신이 심장으로 파악한 생활과 투쟁의 진리를 표현하고 있는 명대사들이다.

위대한 수령님의 숭고한 형상을 화폭의 중심에 높이 모시고 등장하는 긍정인물들-조선인민혁명군 대원들과 혁명적 인민들의 대사는 하나같이 혁명하는 시대와 사회적 특징을 반영한 말들이며 말마디마다에 위대한 수령님을 높이 모시고 혁명하는 자부심과 긍지, 어버이 수령님께 일편단심 충성 다하려는 확고부동한 신념과 의지가 깃들어있다.

장편소설은 이처럼 예술적 형상화의 측면에서도 좋은 경험을 주면서 작품의 사상적 내용을 깊이 있고 명백하게 전개하였으며 생활을 진실하게 보여주었다.

총서 《불멸의 력사》 중 장편소설 《잊지 못할 겨울》은 작품이 체현한 높은 사상예술성으로 하여 위대한 수령님께서 개척하신 주체의 혁명위업을 대를 이어 끝까지 완성하려는 우리 인민의 투쟁을 힘있게 고무할 것이며 당의 유일사상교양의 위력한 무기로 될 것이다.

—『조선문학』 1985년 8호.

4. 개작 상황

개작 상황 없음.

—작성 : 유임하

『고난의 행군』

1. 세부 사항

<table>
<tr><td>제목</td><td colspan="3">총서 '불멸의 력사'13 『고난의 행군』</td><td>출간 권수</td><td>13</td></tr>
<tr><td>작가 및 창작단</td><td colspan="5">석윤기 / 조선작가동맹중앙위원회 4·15문학창작단</td></tr>
<tr><td rowspan="2">발표 연도
(수상 연도)</td><td>발표 연도</td><td>1976</td><td rowspan="2">발표 지면
(수상명·집)</td><td colspan="2" rowspan="2">문예출판사</td></tr>
<tr><td>개작 연도</td><td>1991</td></tr>
<tr><td>스토리
주제</td><td colspan="5">일본군의 동기대작전과 100여 일의 '고난의 행군'에서 드러난 김일성의 전략과 전술</td></tr>
<tr><td>키워드1/ 테마</td><td colspan="5">남패자회의 결정, 인텔리의 나약성, 경위대원들의 사상 투쟁, 고난의 행군.</td></tr>
<tr><td>키워드2/ 구성</td><td colspan="5">4편</td></tr>
<tr><td>키워드3/ 시점</td><td colspan="5">복합 시점－전지적 작가 시점과 1인칭 주인공 시점(김일성에 한하여 주체존대법 쓰임. 개작본에서는 김정숙도 주체존대로 바뀜)</td></tr>
<tr><td>키워드4/ 시간</td><td colspan="5">1938년 말 남패자회의 직전~1939년 봄</td></tr>
<tr><td>키워드5/ 장소</td><td colspan="5">몽강, 남패자, 림강, 샘골, 백바위골, 장백지대, 13도구, 7도구부후물치기, 상강구.</td></tr>
<tr><td>키워드6/ 소재</td><td colspan="5">민생단, 남패자회의, 북대정자 군정간부회의, 독소금, 후방물자, 얼어 죽은 멧돼지, 강냉이 이삭, 설풍, 재봉대, 사령부.</td></tr>
<tr><td>키워드7/ 인물(직업)</td><td colspan="5">머슴, 밀정, 첩보원, 유격대 학습강사, 정치지도원, 대장간 주인, 물레방앗간 주인, 농민, 군인(연대장, 소대원, 대좌, 소좌, 중좌, 대위, 중위, 상사, 이등병, 소령, 참모장, 여단장, 사령관, 참모부장, 전령병), 사장, 가수, 군의관, 독립군, 재봉대원, 작식대원, 조국광복회원, 소금상.</td></tr>
</table>

2. 줄거리 소개

1편(총 17절)

박인섭은 유격대에 입대하기 위해 장경수의 안내를 받아 정순에게 인계된다. 정순은 인섭을 데리고 사령부로 들어간다. 렴정호를 만나 안충렬 연대에 금성의 동창생이 나타났다는 소식을 듣게 되고, 사령부 가까이에서 나는 총소리에 불안감을 느낀다. 최성택은 금성에게 여단병력과의 전투를 보고하고 금성은 열하원정에서 마안철교를 탈취했던 주영찬이 부대원 몰살에 대한 책임감 때문에 괴로워하자 그를 격려한다.

경위중대 숙영지로 나온 금성은 부대원들의 군복을 새로 짓도록 명령한다. 군복 제작에 대한 긴급명령이 떨어지자 경위대 숙영지는 재봉투쟁으로 바쁘게 돌아간다. 금숙은 7연대로 나간 한태혁이 무사히 돌아오자 안도한다. 금성은 눈 위에 난 발자국을 보고 안충렬이 온 것을 알게 되고, 그를 찾다가 그가 재봉대에 구한 옷감을 몰래 넘겨주는 것을 목격한다. 금성은 최성택, 안충렬을 만나 그들에게 변절한 박종학을 만나게 할 결심을 한다. 금성은 10년 만에 일제의 앞잡이가 된 박종학과 만난다. 박종학(리종락)을 유격대에 잠입시킨 하시모도는 유격대에서 박종학이 쓴 편지를 전달받는다. 기꾸지 고사부로는 하시모도의 저택에서 무명가수 요시에를 만나게 되고 그녀에게 호감을 느낀다. 하시모도는 박종학이 보낸 편지를 믿지 않는다.

남패자에서 회의가 열리고 회의에서 열하투쟁에 참여했던 주영찬이 공개비판을 받는다. 기꾸찌는 요시에가 밀정으로 이용되는 것에 분노하고 만영리 사장의 정부가 된 그녀를 단념한다. 회의를 끝낸 후 금성은 7연대에 머물며 오락회를 감상한다. 사령부로 돌아오는 길에 김일성은 한태혁에게 성급한 성격을 고치면 좋은 공작원이 될 수 있다고 충고한다. 태혁은 강지성의 질문에 답하다 지식인의 소극성에 대해 의문을 갖는다. 지성은 그것을 해명해주고 대원들은 진옥의 실종으로 심란해하는 그를 안타깝게 바라본다. 조직을 찾아 헤매던 진옥은 총에 맞고 쓰러진 허정학을 데리고 민가에 내려왔다가 체포되어 고문을 당한다. 일본 경찰은 정학이 죽자 진옥을 석방하고, 진옥은 정학의 집이 있는 구룡리로 향하다 부녀회원인 정학의 어머니를 만나 문건이 있는 장소를 알려준다. 금성은 남패자회의 결정에 따라 부대를 재편성하여 소부대로 전환한다. 박종학은 부대가 흩어지기 전에 총살당하고 금성은 최성택 때문에 발길이 떨어지지 않는다. 남패자를 떠나기 전 금성은 경찰서에 경고문을 붙인다.

2편(총 22절)

정찰 임무를 맡은 한태혁은 임무 수행 뒤 정황을 보고한다. 눈 속에서 휴식을 취한 2연대는 일본군과 전투를 벌여 야마시다 연대를 섬멸한다. 일본군을 따돌리고 백두산 지대로 향하는 조선인민군은 눈 속에서 생사의 기로에 놓인다. 정지성은 자신을 되돌아보며 고난의 행군을 극복한다. 부상당한 기꾸찌는 요시에가 밀정 진백란으로 변신해 활동하는 것을 알고 제국주의에 환멸을 느끼면서도 요시에를 취한다. 기꾸찌는 본국행을 거절하고 금성을 쫓기 위해 밀림으로 돌아간다. 류지옥은 백바위골에서 모리와 마주치고 모리는 진옥의 신원조회를 의뢰한다. 리성림은 눈 속에서 지성과 못지않은 자신과의 싸움을 벌인다. 정순(김정숙)은 낙오된 후남을 찾으러 갔다가 눈 속에서 성림을 발견한다. 마침 태혁이 정순을 도우러 오고 후남을 발견하려 본대로 돌아가려는 순간 일본군의 습격을 받으나 사령부의 엄호로 무사히 구출된다.

금성은 염분 부족으로 앞이 보이지 않는 채옥이 빨래하러 가는 것을 우등불 앞으로 데려오고, 옆에서 기관총을 조립하던 한태혁의 가정사를 듣게 된다. 소금 문제가 제기되고 정지성은 금성의 반대에도 불구하고 소금 보급 공작을 자원한다. 유성촌 집으로 간 지성은 아버지로부터 최성택이 전사했다는 소식을 듣게 되고, 정귀하는 아들이 금성 부대에 있다는 말에 그간의 노여움을 푼다. 하시모도는 도쿄의 특사가 들이닥치자 기분이 상한다. 그는 모리로부터 최성택이 전사했다는 소식과 유성촌에 소금 매상고가 올랐다는 전화를 받고 기분이 풀린다. 하시모도는 군의관을 동원해 소금에 비소를 넣는다. 한태혁은 최성택의 전사 소식에 침울해지고, 정지성의 아버지는 동갑내기인 주종섭과 함께 소금을 나른다. 안충렬은 뒤를 따르는 일본군과 전투를 벌인다. 정귀하와 주종섭 노인은 눈길에서 소금을 지고 오다 금성 부대에 구출된다. 금성은 『삼천리』와 『신동아』를 읽으며 소금을 지키기 위해 적을 유인하러 간 정지성과 한태혁을 기다려 따뜻하게 맞이한다. 작식대원들은 아침준비를 하며 최성택의 죽음에 대해 이야기한다. 정순은 금성의 은수저로 콩을 졸이다 소금에 독이 들어 있음을 알게 되고, 식사를 중단할 것을 보고한다. 비소에 중독된 대원들이 배탈이 나자 대원들은 정귀하와 주종섭을 의심한다. 주종섭은 자신이 한 짓이라고 거짓말을 하지만 금성은 믿지 않는다. 일본군의 습격이 시작되고 총탄이 빗발치는 가운데 금성은 소금에 얽힌 내막을 밝혀낸다. 금성의 연설이 끝난 후 전투가 시작되고 하시모도의 계획은 수포로 돌아간다. 하시모도는 계획이 실패하고 천여 명의 사상자가 나자 기분이 상해 요시에를 냉대하고 혼자 도쿄로 돌아간다.

3편(총 20절)

금성이 부대를 다시 소규모 부대로 재편성하자 안충렬은 자신이 사령부의 뒤에 출발하여 보위하겠다는 뜻을 굽히지 않는다. 재봉대원인 금숙은 사령부 기관총부대에 배속된 한태혁과 헤어지면서 다시 만날 때 자신이 만든 담배쌈지를 주겠다고 약속한다. 금성 부대가 무사히 밀림으로 들어가고 안충렬은 그들을 보위하기 위해 최선을 다한다.

사령부의 식량이 떨어지자 상철은 미숫가루를 금성에게 가져온다. 금성은 소년병들이 굶으면서도 자신에게 미숫가루를 가져온 것을 보고 가슴 아파한다. 금성은 정순이 챙겨준 미숫가루를 대원들과 함께 마신다. 금성은 상철이 2년 전에도 자신이 준 옥수수를 먹지 않고 남겨 뒀다가 식량이 떨어지자 자신에게 가져왔다는 이야기를 해주면서 소년병들에게 상철은 더 이상 철없는 소년이 아님을 알려준다.

박인섭은 허기와 추위에 지쳐 눈 속에 쓰러져 자포자기한다. 그러나 태혁의 말과 금성과의 일을 회상하며 다시 몸을 일으켜 걷던 도중 얼어 죽은 멧돼지를 발견한다. 한태혁은 그 사실을 보고하고 부대원들은 멧돼지 찾기에 나선다. 박인섭은 근처에서 밀영까지 발견한다. 밀가루와 감자를 발견한 부대원들은 만두를 빚어 만둣국을 해먹고 축구를 즐긴다.

하시모도는 도쿄에서 질책을 당하고 돌아온다. 금성 부대를 찾을 수 없어 고민하던 하시모도는 모리가 회수해온 금성의 이름이 적힌 권총을 보고 흉계를 꾸민다. 안충렬 부대는 일본군이 금성 부대를 쫓지 못하도록 대규모의 습격조를 조직하여 타격을 가한다. 휴가를 나온 기꾸지는 취락정에서 술을 마시며 진백란을 찾는다. 백바위골 주민들은 물레방앗간에 모여 앉아 금성의 위훈과 함께 그가 죽었다는 소문에 대해 이야기한다. 장기덕은 류창표와 백바위골 주민들에게 잘 보이기 위해 금성이 죽었다는 소문이 사실이 아니라 일본군이 유포한 거짓 소문이라는 것을 흘린다. 진옥은 신호를 살피기 위해 백바위 위에 갔다가 한태혁을 만난다. 태혁은 그곳에서 샘골의 조복순이 죽었다는 사실을 알게된다.

금성은 학습하기를 싫어하는 상철의 동태를 묻고 조복순의 어린 딸을 곽병철이 키우고 있다는 보고를 받는다. 금성은 한태혁을 곽병철의 집에 공작조로 파견한다. 곽병철의 집에서 순애를 만난 태혁은 아이들에게 과자를 전해주고 고구마로 요기를 시킨 후 돌아온다. 곽병철은 금성을 만난다.

진옥은 공작조로 내려온 정지성과 상봉하게 되고 두 사람은 사랑을 확인한다. 진옥은 강기덕에 의해 체포되고 지성은 그녀를 구하려 한다. 진옥의 체포소식에 사령부가 노출되었다는 것을 직감한 금성은 부대의 이동을 준비시키는 한편 최성택의 조카인 최명호를 주영찬 부대로 다시 보낸다.

일본군은 가까이서 금성 부대가 이동하자 당황한다. 금성 부대는 뒤쫓는 토벌대와 전투를 벌여 물리친다.

4편(총 16절)

조직의 노출로 백바위골에서 락수동으로 옮겨간 곽병철네는 토벌을 맞게 되고 태혁은 아이들을 구출해서 도망치다 쓰러진다. 청송 밀영에 주둔 중인 정순과 재봉대원들은 렴정호가 천을 구해 군복을 짓겠다는 것을 반대하자 반발한다. 정숙은 후남을 위해 곰을 잡지만 이로 인해 사상투쟁이 벌어진다. 한태혁이 돌아오지 않자 금성은 정지성과 박인섭을 파견하여 정황을 파악하도록 한다.

골짜기에서 정신을 차린 태혁은 아이들을 데리고 사령부로 향하다가 눈 속에 쓰러져 정신을 잃는다. 철봉과 순애는 자신들의 체온으로 태혁을 보호한다. 이들 일행은 정지성과 박인섭에게 발견되어 구출된다. 사령부로 돌아온 태혁은 눈 속에서 숨을 거둔다. 그의 영결식과 장례 후 금성 부대는 작전을 위해 이동한다. 13도구 경찰서에 투옥된 진옥은 장기덕에 의해 모진 고문을 받지만 일본군으로 변장을 하고 들어온 정지성에 의해 구출된다. 금성 부대는 진옥이 구출되자 경찰서를 습격한다. 주민들은 금성 부대에 원호물자를 내어준다. 금성 부대가 13도구를 습격했다는 소식이 전해지자 안충렬은 혼마 부대를 기습한다.

청송 밀영의 정순은 사상투쟁 후 렴정호에 의해 재봉대원들과 함께 감금된다. 렴정호는 리성림을 고문해 민생단이라는 허위 자백서를 받아낸다. 후원물자를 싣고 온 정지성은 그 사태를 보고 분노한다. 사건의 전말을 들은 금성은 렴정호에 대한 체포령을 내린다. 봄이 오고 금성 부대에 흩어졌던 연대가 소환된다. 재봉대가 돌아오고 오락회가 벌어지자 금숙은 혼자 나물을 뜯으러 나가고 그것을 본 금성이 따라가 함께 나물을 뜯으면서 대화를 나눈다. 금숙은 자신을 걱정하는 금성에게 해방이 되면 한태혁이 구출해온 아이들을 자신이 키울 수 있게 해달라고 요청한다.

군정간부회의에서는 렴정호를 처단하기로 결정한다. 춘기대반격이 시작되고 취락정에서 술을 마시다 도망친 모리는 진옥의 손에 죽음을 당한다. 토벌 실패로 하시모도는 기꾸찌의 유해와 함께 본국으로 소환된다. 봄이 오고 27세의 생일을 맞은 금성은 그를 찾아온 진옥의 할아버지와 만난다.

3. 북한의 소개와 평가

| 사전(년감) 자료 |

장편소설. 총서《불멸의 력사》 중의 한 권이다. 1976년 석윤기 창작. 장편소설은 1938년 말부터 1939년 봄까지를 시대적 배경으로 하여 위대한 수령 김일성 동지께서 조선인민혁명군 주력부대를 친솔하시고 남패자를 떠나 압록강 연안 국경지대에 이르는 고난의 행군을 승리적으로 조직 령도하신 전 과정을 서사시적인 화폭에 담고 있다. 모두 4개의 편으로 구성되여 있는 소설은 력사적인 남패자회의 소집전야의 긴장한 정황을 보여주는 것으로부터 시작된다. 일제의 관동군사령부는 수만 명의 대병력으로 조선인민혁명군이 집결한 남패자 일대를 겹겹이 포위하게 하고 적들의 주구 박종학 놈을 그 무슨《교섭》의 미명하에 들여보낸다. 적들의 잔꾀를 간파하신 위대한 사령관 동지께서는 주구 놈을 잡아두고 시간을 얻도록 하신 다음 남패자회의를 여유 있게 진행하신다. 회의가 성과적으로 끝나고 조선인민혁명군이 포위를 벗어났을 때에야 적들은 기묘한 전술에 속았다는 것을 알고 뒤따라 추격해온다. 하시모도 놈을 비롯한 관동군 우두머리들은《동기대토벌》의 주되는 목표를 조선인민혁명군 사령부를 포위 공격하는 데 두고 수십만의 대군을 내몬다. 전후좌우에서 진드기처럼 달려드는 적들을 물리치면서 키를 넘는 생눈길과 사나운 눈보라를 헤쳐가야 하는 조선인민혁명군의 앞길에는 수많은 난관이 가로놓인다. 게다가 식량과 소금마저 떨어져 행군은 갈수록 간고해진다. 이 엄혹한 시련 속에서도 위대한 사령관 동지께서는 탁월한 령군술과 유격전술로써 언제나 대원들을 승리에로 이끄시며 그들에게 필승의 신념과 만난을 극복해 나갈 수 있는 힘을 안겨주신다. 위대한 사령관 동지께서는 절박한 소금 문제의 해결을 위하여 기관총수 한태혁과 비서처의 정지성을 적 통치구역에 파견하신다. 그들은 부대가 7도구치기에 이르렀을 때 소금을 구해 가지고 돌아온다. 그런데 그 소금을 먹고 일부 대원들이 중독되여 쓰러지자 모두들 소금을 지고 온 로인을 의심한다. 그러나 위대한 사령관 동지께서는 소금에 독약을 친 일제의 교묘한 술책을 꿰뚫어 보신다. 이 위급한 때를 타서 악착같이 덤벼드는 적들의 공격을 좌절시키신 위대한 사령관 동지께서는 조성된 군사적 난국을 타개하시기 위하여 부대를 3개 방향으로 분산하여 활동하게 하신다. 그리하여 7련대와 8련대가 적의 기본력량을 달고 포위를 빠져나가며 불요불굴의 공산주의혁명투사 김정숙 동지께서는 부상자와 허약자들을 책임지시고 청봉 밀영으로 떠나가신다. 위대한 사령관 동지께서는 경위중대와 기관총소대를 이끄시고 령활한 유격전술로써 장백-림강 일대의 적들에게 심대한 타격을 가하신다. 위대한 사령관 동지께서 조국진군의 길을 진두에서 개척해 나가시던 이 간고한 시기에 김정숙 동지께서는 사령관 동지의 혁명사상을 옹호하여 배신자 렴정호 놈과 비타협적인 투쟁을 벌리시며 안충렬, 리철범, 배정식 등 지휘관들은 혁명의 사령부를 목숨으로 보위하면서 남패자회의 결정을 철저히 관철해 나간다. 또다시 조국 땅에 광복의 홰불을 올리기 위하여 혈로를 헤쳐 온 영광의 대오 앞에 승리의 새봄이 다가온다. 1939년 4월 북대정자에서 조선인민혁명군간부회의를 소집하신 위대한 사령관 동지께서는 고난의 행군의 빛나는 승리를 총화하시고 춘기대반격전을 벌려나갈 새로운 방침을 제시하신다. 소설은 다시 대부대로 편성된 조선인민혁명군 주력부대가 위대한 사령관 동지의 지휘 밑에 국경 연안의 수많은 적 군사요충지들을 들이치고 압록강을 건너 그립던 조국 땅에 들어서는 것으로 끝난다.

위대한 수령 김일성 동지께서는 다음과 같이 교시하시였다.

《고난의 행군 과정은 원쑤들의 그 어떤 발악적 공세도 자기 힘을 믿고 인민대중에게 의거하여 동지적으로 굳게 뭉쳐 싸워 나가는 인민혁명군의 승리적 전진을 멈춰 세울 수 없다는 것을 다시 한 번 뚜렷이 보여주었습니다.》(《김일성저작집》 1권, 191페지)

장편소설은 원쑤들의 발악적인 공세를 짓부시고 류례없이 간고하였던 고난의 행군에서 승리할 수 있은 힘의 원천은 백전백승의 강철의 령장이신 위대한 수령 김일성 동지의 현명한 령도와 경애하는 수령님의 두리에 사상의지적으로 굳게 뭉친 혁명대오의 강철같은 통일단결과 자기 힘을 믿는 조선인민혁명군의 주체적 신념에 있다는 것을 형상적으로 보여주고 있다. 소설은 항일무장투쟁시기의 가장 준엄하고 간고한 행군이였던 고난의 행군을 위대한 승리에로 이끄신 혁명의 영재이시며 전설적 영웅이신 경애하는 사령관 동지의 위대성과 탁월한 전략전술, 령도의 현명성과 고매한 공산주의적 덕성을 감명 깊게 형상하면서 그 어떤 준엄한 시련이 닥쳐와도 위대한 수령 김일성 동지의 현명한 령도를 받는 한 반드시 승리한다는 것을 뚜렷이 확증하였다. 또한 소설은 위대한 수령님의 안녕과 신변호위를 위해 온갖 정성과 심혈을 다 기울이신 불요불굴의 공산주의혁명투사 김정숙 동지와 최성택, 안충렬, 리철범, 주영찬, 홍치도, 정지성, 한태혁, 장경수 등 주체형의 공산주의혁명가들의 개성적 성격을 생동하게 그리였다. 소설은 그 사상적 내용의 심오성과 예술적 형상의 풍부성, 생동성으로 하여 혁명적 대작으로서의 뚜렷한 자리를 차지하고 있다.

―『문학예술사전』(상), 과학백과사전종합출판사, 1988.

| 평론 자료 |

위대한 수령님의 력사적인 고난의 행군을 서사시적으로 재현한 기념비적 화폭

－총서 《불멸의 력사》 중에서 장편소설 《고난의 행군》에 대하여

오늘 전체 근로자들은 위대한 수령 김일성 동지의 가르치심을 높이 받들고 영광스러운 당중앙이 제시한 《생산도 학습도 생활도 항일유격대식으로!》라는 전투적 구호를 빛나게 구현해 나감으로써 혁명과 건설의 모든 분야에서 새로운 전환을 이룩하고 있다.

우리 인민은 위대한 주체사상을 창시하시고 그 광휘로운 빛발로 우리 혁명을 오직 승리의 한 길로 이끌어 오신 어버이 수령님께서 일찌이 14살 어리신 나이에 혁명의 길에 나서신 그때로부터 오늘에 이르는 기나긴 세월 험난한 혁명의 가시밭길과 만고풍상을 헤치시며 쌓아 올리신 영광 찬란한 혁명업적과 만대에 길이 전할 불멸의 로고를 가슴 깊이 되새기면서 충성의 열정을 더욱 뜨겁게 불태우고 있다.

이러한 시기에 조선작가동맹중앙위원회 4·15문학창작단에서는 위대한 수령님의 혁명력사 가운데서 가장 뜻 깊은 시기의 하나인 고난의 행군시기의 력사를 서사시적으로 반영한 혁명적 대작을 세상에 내놓았다. 그리하여 장편소설 《고난의 행군》은 광범한 근로자들과 청소년들 속에서 커다란 반향을 불러일으키면서 널리 애독되고 있다.

장편소설은 그가 담고 있는 폭넓은 시대상과 예술적으로 실현된 심오한 사상주제적 내용으로 하여 력사적인 고난의 행군에 대한 커다란 예술적 기념비로 되었다.

아세아 대륙을 제패하기 위하여 중일전쟁을 도발한 일제는 중국 대륙을 일거에

점령할 야망 밑에 조선에 대한 식민지 파쑈체제를 그 어느 때보다 강화하고 조선혁명에 대한 탄압에 피눈이 되어 날뛰였다. 그러나 위대한 수령님께서 령솔하시는 조선인민혁명군은 일제의 배후에서 놈들에게 심대한 타격을 가하면서 조선혁명 전반을 날을 따라 고조에로 이끌고 계셨다.

이러한 때 혁명 앞에 뜻하지 않은 난국이 조성되여 조선혁명은 일대 시련에 맞다들리게 되었다. 그것은 주관주의에 사로잡힌 좌경모험주의자들이 《열하원정》을 강요함으로써 항일련군에 씻을 수 없는 손실을 입히고 조선혁명에 엄중한 후과를 미치게 하였기 때문이다.

항일무장투쟁을 중심으로 한 조선민족해방투쟁의 급속한 앙양에 극도로 질겁한 일제는 이 기회를 계기로 조선인민혁명군만 《소멸》하면 동북에서의 공산군을 완전히 없애고 조선혁명을 교살함으로써 대륙제패의 공고한 후방을 마련할 수 있다고 타산하고는 조선인민혁명군에 대한 대대적인 《토벌》공세를 취하는 한편 장백일대와 국내의 혁명조직들에 대한 일대검거를 감행하였다.

혁명의 위대한 수령 김일성 동지께서는 조성된 정세를 과학적으로 통찰하시고 혁명을 위기에서 구원하는 조치를 지체 없이 취하시였다. 위대한 수령님께서는 1938년 11월에 력사적인 남패자회의를 소집하시고 혁명 앞에 가로놓인 난국을 주동적으로 타개하고 주체의 기치 밑에 조선혁명을 다시금 앙양에로 이끌어 올리기 위한 탁월한 전략전술적 방침을 제시하시였을 뿐 아니라 몸소 그 주체적 방침을 관철하는 100여 일에 걸치는 고난의 행군을 조직하시고 승리에로 이끄심으로써 항일무장투쟁을 위기에서 구원하시여 조국진군의 길을 열어놓으시는 위대한 승리를 이룩하시였다.

장편소설 《고난의 행군》은 위대한 수령 김일성 동지의 이 준엄하고 영광으로 빛나는 혁명적 로정을 진실하게 재현한 서사시적 화폭이다.

장편소설은 유명한 력사적인 고난의 행군 과정에 대한 진실한 예술적 화폭을 통하여 력사가 일찍이 그 류례를 알지 못하는 그 준엄하고 간고한 고난의 행군이 가지는 불멸의 의의와 그 승리의 요인을 생활적으로 밝히는 데 자기의 사상주제적 과제를 두고 있다.

항일무장투쟁의 전 로정이 다 그러하였지만 고난의 행군 시기처럼 간고하고 준엄한 시련의 시기가 없었으며 그 고난은 사람의 상상을 초월하는 것이였으며 사람으로서는 감당하기 어려운 미증유의 것이였다. 위대한 수령님의 령도 밑에 조선인민혁명군은 이 고난과 시련을 이겨냄으로써 일제에게 심대한 군사정치적 타격을 주고 인민들을 신심 드높이 혁명투쟁에 더욱 힘차게 불러일으킬 수 있었으며 전반적인 조선혁명의 승리를 비상히 촉진할 수 있었다. 이 고난의 행군의 위대한 승리가 없이는 조국광복의 성취도, 오늘의 우리 인민의 행복도 생각할 수 없으며 앞날의 조선혁명의 종국적 승리도 생각할 수 없는 것이다. 실로 고난의 행군의 력사적 승리는 항일무장투쟁과 그를 중심으로 한 조선민족해방투쟁의 명맥이 끊어지는가 아니면 이어져 더욱 거세차게 발전하는가 하는 생사존망의 일대 시련기를 이겨내고 주체위업의 필승불패성을 과시한 세계사적 사변이였다.

이처럼 거대한 력사적 의의를 가진 고난의 행군의 력사적인 승리는 오직 혁명의 영재이시며 백전백승의 강철의 령장이시며 절세의 애국자이시며 전설적 영웅이신 혁명의 위대한 수령 김일성 동지의 영생불멸의 주체사상과 주체적인 방침, 천재적인 전략전술과 비범한 령군술, 백절불굴의 혁명정신과 숭고한 공산주의적 덕성에 의해서만 이룩할 수 있었다.

경애하는 수령 김일성 동지께서는 다음과 같이 교시하시였다.

《조선의 공산주의자들은 항일무장투쟁을 통하여 자기 운명의 주인은 자기 자신이며 자기 운명을 개척하는 힘도 자기 자신에게 있다는 신념을 더욱 굳건히 하였습니다. 또한 항일무장투쟁 과정에 조선의 공산주의자들은 모든 문제를 자기 인민의 리익과 자기 나라의 실정에 맞게 자체의 힘으로 풀어나가는 것이 혁명투쟁에서 견지하여야 할 가장 옳은 립장과 태도라는 철석 같은 신념을 가지게 되었습니다.》

항일혁명투사들은 위대한 수령님의 가르치심대로 혁명의 주인된 높은 자각과 신념을 깊이 간직하고 백절불굴의 정신으로 싸워 주체적 립장과 태도를 확고히 견지하였기 때문에 일제의 그처럼 삼엄한 총검의 숲을 헤치고 조국진군의 길을 열 수 있었다.

작품은 조선인민혁명군 부대 대원들이 아무리 뛰여나고 강하다고 해도 사람들인 것만큼 인민과의 련계를 끊고 먹지도 쉬지도 자지도 못하게 하여 사람으로서의 생존 조건을 완전히 박탈한다면 《멸망》할 것이라고 타산하고 대대적인 《토벌》을 감행해 나선 일제 침략군의 야수적인 형상에 대치하여 자주성을 생명으로 하는 사람이기에, 바로 위대한 수령님의 품 속에서 조선혁명의 주인된 권리와 의무를 높이 자각한 주체형의 인간으로 자라났기 때문에 그처럼 간고한 난관과 시련을 이기고 승리할 수 있었던 조선인민혁명군의 백절불굴의 형상을 개성적으로 다양하게 그려 보이고 있다.

작품은 고난과 시련이 중첩되면 될수록 더욱 아름답고 힘있는 주체형의 불패의 인간으로 장성되여 초인간적인 영웅주의를 발휘하는 조선인민혁명군의 형상과 그에 대조하여 고난과 시련에 빠져들어 갈수록 더욱 타락하고 야수화되며 마침내 인간적 면모의 편린마저 잃어버리고 마는 일제 군경의 형상을 통하여 주체사상의 철학적 원리–사람이 모든 것의 주인이며 모든 것을 결정한다는 위대한 진리를 생활적으로 심오하게 밝히고 있다.

장편소설《고난의 행군》은 이상과 같은 사상주제적 과제를 형상적으로 실현하기 위하여 다음과 같은 4개의 편으로 작품을 구성하고 있다.

제1편은 력사적인 남패자회의에서 혁명 앞에 조성된 중중첩첩한 난국을 타개하고 주체의 기치 밑에 항일무장투쟁을 일대 앙양에로 이끌어 올리며 적들의 대규모적인《토벌》을 짓부시면서 조국진군의 길을 열어나갈 데 대한 전략적 방침을 제시하시고 몸소 그 혁명적 방침을 관철하시기 위하여 몽강 숲을 겹겹이 둘러친 일제 침략군의 포위진을 돌파하시고 조선인민혁명군을 이끄시여 력사적인 고난의 행군에 오르시는 혁명의 영재이신 사령관 동지의 찬연한 형상을 깊이 있게 그려 보이고 있다.

제2편은 관동군을 비롯한 모든 병력을 다 투입하여 대부대로 검질기게 달라붙는《장거리 추격전》에《요점 배치》전술을 배합함으로써 촌보를 가려 디딜 수 없게 전 산야를 뒤덮은 일제 침략군의 발악적인《토벌》공세와 100년래의 혹한과 무서운 기아로 하여 걸음을 옮길 수 없는 고난과 시련을 이기고 대부대를 조국진군의 한 길로 이끄시여 장백의 7도구치기까지 승리적으로 진출하시는 백전백승의 강철의 령장이신 사령관 동지의 형상을 행군 과정의 간고한 생활을 통하여 고난의 행군의 간고성과 준엄성을 집약적으로 재현하면서 독소금의 중독성과 일제 침략군의 포위공격으로 하여 위기에 처한 전 부대를 한 몸으로 구원하시는 혁명의 위대한 수령이신 경애하는 사령관 동지의 형상을 뚜렷이 부각하고 있다.

제3편은 이처럼 고난의 행군의 첫 단계의 시련을 형상적으로 진실하게 재현하였다면 제3편은 적들의 집중된 력량을 분산 소멸하기 위하여 고난의 행군을 둘째 단계라고 할 수 있는 조선인민혁명군의 장백 지구 진출과 가재수 일대에서의 정치군사활동을 탁월하게 이끄시는 어버이 사령관 동지의 형상을 우여곡절로 충만된 극적인 생활을 통하여 감격적으로 그려 보이고 있다.

작품은 여기에서 집중된 적들의 력량을 분산시켜 산 속 깊이 끌어들이신 다음에 부대를 야산 지대로 이끄시고는 가재수 백바위골 일대에서 파괴된 혁명조직들을 복구하고 인민들을 반일투쟁에로 불러일으키는 지하정치공작을 활발하게 조직 전개하시는 사령관 동지의 현명한 령도와 비상한 혁명적 전개력을 대원들과 인민들과의 다양한 극적 관계를 통하여 생활적으로 진실하게 그리고 있다. 또한 작품은 대원들과 인민들에게 기울이시는 어버이 사령관 동지의 숭고한 덕성을 한 홉의 미숫가루와 한 자루의 구운 강냉이에 대한 감동적인 이야기를 비롯하여 다양한 생활적인 이야기를 통하여 감격적으로 그려 보이면서 적들이 감행하는 발악적인 《토벌》과 검거선풍을 이기고 불굴의 기상을 떨치며 영웅적 위훈을 발휘하는 유격대원들과 조직원들의 힘의 원천이 어버이 사령관 동지의 높은 정치적 신임과 한없이 따사로운 공산주의적 사랑에 있다는 것을 형상적으로 깊이 밝히고 있다. 그리고 작품은 뒤에 달린 적을 빙빙 끌고 다니다가 앞에 나타난 적과 싸움을 붙여놓고 옆으로 슬쩍 빠져나간 부후물 등판의 전투와 불의에 맞다 들린 앞뒤 적들의 포위로 하여 사령부가 위기에 처한 비장한 시각에 아군의 실정을 모르는 앞의 적을 냅다 치고 빠짐으로써 적들끼리 싸우게 하신 장백−림강 사이의 대도로 우에서의 전투를 통하여 강철의 령장이신 사령관 동지의 불굴의 의지와 천재적인 령군술을 박력 있게 그려 보이고 있다.

제4편은 일제 침략군에게 섬멸적인 타격을 가하여 놈들의 《토벌》 전략을 산산이 짓부셔버리며 적들이 분산된 조건에서 전 부대를 사령부에로 부르는, 고난의 행군의 절정이라고 말할 수 있는 13도구 습격전투를 대승리에로 이끄심으로써 고난의 행군의 새 국면을 열어 놓으시였을 뿐 아니라 북대정자에서 고난의 행군을 승리적으로 총화하시고 전 부대를 춘기대반격전으로, 조국 진군에로 이끄시여 조국의 진달래가 반겨 맞아주는 압록강 가의 구시산에 올라 조선 땅을 눈 앞에 바라보시는 혁명의 영재이시며 탁월한 군사전략가이신 어버이 사령관 동지의 형상을 격동적으로 그려 보이고 있다. 작품은 이 마지막 편을 통하여 력사적인 고난의 행군을 승리로 종결짓고 전취한 상봉−자나 깨나 그리던 조국 땅을 바라보는 조선인민혁명군의 이름할 수 없는 심장의 충격, 어버이 사령관 동지의 품에 다시 안긴 7련대와 8련대의 대원들과 정순 동지를 비롯한 청봉 밀영에 갔던 녀대원들의 감격, 그리고 민족의 태양이신 김일성 장군님을 만나 뵙는 류 로인을 비롯한 장백 인민들의 끝없는 영광, 정지성과 그의 애인 류진옥의 상봉 등 혁명의 길에서만 이룩할 수 있고 맛볼 수 있는 여러 극적인 상봉을 사상예술적으로 여운 있게 보여줌으로써 반만년 조선 인민의 력사에서 처음으로 맞이한 민족의 구성이시며 인민의 태양이신 어버이 사령관 동지를 모신 조선 인민의 끝없는 행복과 신심을 가슴 벅차게 안겨주며 혁명하는 사람들의 참된 삶의 보람을 가슴 뿌듯이 맛보게 한다.

장편소설은 불멸의 주체사상을 창시하시고 그 혁명적 기치 밑에 반제민족해방투쟁이 승리하는 새 시대, 주체시대를 열어 놓으신 혁명의 영재이시며 위대한 사상리론가이시며 백전백승의 강철의 령장이시며 전설적 영웅이시며 절세의 애국자이신 경애하는 수령 김일성 동지의 형상을 준엄하고 간고한 고난의 행군 로정의 다양한 극적인 생활을 통하여 폭넓고 깊이 그려냄으로써 력사적인 고난의 행군의 승리의 요인과 그 불멸의 의의를 형상적으로 뚜렷이 밝히고 있다.

작품은 혁명 앞에 조성된 정세와 난국을 과학적으로 통찰하시고 주동적으로 혁명의 진로를 열어 나가시는 혁명의 영재로서의 사령관 동지의 천재적 예지와 비범한 통찰력, 위대한 령도력을 다양한 국면에서 극적으로 힘있게 그려 보이고 있다.

그것은 우선 작품의 첫 부분에 그려진 력사적인 남패자회의 장면에서 뚜렷이 찾아볼 수 있다.

《열하원정》으로 심대한 손실을 입은 항일련군의 적지 않은 사람들은 일제의 반동공세 앞에서 갈 길을 찾지 못하고 헤매이고 있었다. 그들은 패배주의에 사로잡힌 나머지 더는 무장투쟁을 하기 곤난하며 혁명을 계속하자면 총을 놓고 지하투쟁부터 다시 시작하던가 아니면 적들의 동기《대토벌》을 피해 숨어 겨울을 날 생각을 하고 있었다. 일제는 이 기회를 놓치지 않고 20만 대군을 풀어 대대적인 동기《대토벌》을 감행하여 나섰으며 혁명조직들에 대한 대검거 선풍을 일으켰다.

이 모든 정세로 하여 혁명 앞에는 조성된 엄중한 난국을 어떻게 타개하고 항일무장투쟁의 앞길을 열어나갈 것인가 하는 엄숙한 물음이 제기되고 있었다.

혁명의 영재이시며 위대한 수령이신 사령관 동지께서 이 절박한 요구를 천재적 예지로 통찰하시고 력사적인 남패자회의를 소집하시였다.

적들은 력사적인 남패자회의가 열리는 몽강 숲에 《토벌》 무력을 새까맣게 밀어넣고 2중 3중의 포위진을 형성하는 한편 놈들의 앞잡이로 전락한 추악한 변절자 박종학을 들이밀어 이른바 《귀순공작》을 벌리고 소식을 기다리고 있었다.

적들이 욱실거리는 포위진 속에서 회의를 하게 된 조건을 두고 사령부의 안녕을 우려하는 조선인민혁명군 지휘관들은 깊은 시름을 금치 못하며 비장한 각오를 가지고 초조한 가운데 어버이 사령관 동지만 지켜보고 있었다.

사람들의 머리를 바로잡지 않는다면 적들의 대대적인 공세와, 제 정신을 잃어버리고 갈팡질팡하는 사람들의 편향으로 혁명은 헤여나올 길 없는 위험에 빠진다는 것을 천재적으로 간파하신 사령관 동지께서는 무엇보다 먼저 사람들의 사상을 바로잡으며 혁명의 앞길을 열어줌으로써 사람들에게 신심을 안겨주는 회의를 가질 단호한 결심을 내리신다. 그이께서는 어디에서 하든 시급히 가져야 할 회의이고 또 적들은 비단 여기뿐 아니라 《토벌대》로 온 산야를 다 뒤덮고 있으며 어디든 따라와서 포위진을 형성할 것이라는 것을 비상한 통찰력으로 헤아리시였으며 회의하는 기간 놈들이 달려들지 못하도록 눌러놓는 비범한 묘책까지 생각해 내시였다.

어버이 장군님께서는 일제가 파견한 주구 박종학이를 잡아두고 그 놈으로 하여금 먼 백두산 쪽에 가 있는 사령부와 련계를 맺을 때까지 기다리게 하는 편지를 상전에게 띄우게 하시고는 력사적인 회의를 무사히 치르어 나가시였다. 어버이 사령관 동지께서는 복잡한 국제 국내 정세와 《열하원정》의 무모성과 엄중한 후과에 대하여 예리하게 지적하시고 주견을 잃어버린 사람들의 심장에 주체적 립장을 튼튼히 심어주며 조성된 난국을 타개하고 주체의 기치 밑에 혁명을 다시금 고조에로 이끌어 올려 조국진군의 길을 열어 나가는 위대한 전략적 방침을 밝히시였을 뿐 아니라 일련의 군사적 대책까지 면밀히 다 취하시고 회의를 성과적으로 끝마치시였다.

소설은 이렇게 엄혹한 정세 속에서 피동에 빠지지 않고 주동을 틀어쥐시며 중중첩첩한 난국을 타개하고 혁명을 구원하시는 위대한 사령관 동지의 형상을 통하여 혁명의 영재, 위대한 수령으로서의 그이의 비상한 통찰력과 천재적 예지, 탁월한 령도력을 무게 있는 예술적 화폭으로 펼쳐 보이고 있다.

소설은 또한 7도구치기에 이르러 적들이 대부대를 집중하여 공세를 강화하는 정세에 대처하여 전 부대를 3개 방면으로 나누어 분산 활동함으로써 적들의 력량을 소멸할 데 대한 새로운 전략전술적 방침을 때를 놓치지 않고 강구하시는 장면과 특히 소금 사건으로 위험에 처한 전 부대를 구원하시는 사령관 동지의 비범한 통찰력과 위대한 령도력을 극적으로 박력 있게 그려 보이고 있다.

7도구치기에 이른 부대는 기관총수 한태혁과 비서처의 정지성이가 구사일생으로 구해온 소금을 먹고 중독에 걸려 일대 위기를 겪게 된다. 사전에 그 피해를 방지한 경위중대를 제외하고는 7련대와 8련대는 거의나 중독에 걸려 전투력을 잃게 되는 엄중한 사태가 빚어지자 대원들은 원통하고 분한 나머지 소금을 지고 온 두 로인을 의심하게 되며 주종섭 로인을 결박하고 따지고 드는 것이였다. 지휘 간부들도 뜻하지 않은 엄중한 사태로 하여 빚어진 위험 앞에서 억이 막히여 사태를 수습할 경황도 없었으며 물결치는 대원들의 분노를 누를 길 없었다. 그처럼 패기만만하고 락천적인 한태혁과 평소부터 과묵하던 정지성은 졸지에 허울만 남은 사람처럼 되여 묵묵히 처분만 기다리고 있었다. 자기들이 지고 온 소금이 혁명 앞에 빚어놓은 너무도 무섭고 상상조차 할 수 없는 엄중한 후과를 본 주종섭 로인은 죽음으로라도 얼마간의 죄를 씻기 위하여 독을 자기가 쳤다고《자백》해 나섰다. 그리하여 대원들은 이 범죄자들을 당장 처단할 기세였다.

이 모든 사태를 보고받으신 어버이 사령관 동지께서는 현장에 나오시였다. 그런데 전초선에서 적들이 몰려든다는 급보가 또 날아들어왔다. 그 순간 모든 대원들이 어버이 사령관 동지를 우러러 그이의 두리에 말없이 모여든다. 순간을 지체할 수 없는 엄중한 시각에 목전에 닥친 위기를 감각 못하시는 듯 사령관 동지께서는 대원들의 얼굴을 이윽히 바라보시며 깊은 사색에 잠기시였다. 비상한 통찰력과 천재적 예지로 모든 사태를 분석 종합하신 어버이 사령관 동지께서는 소금에 독을 친 것은 주종섭 로인이 아니라 일제의 간계가 틀림없다는 확신을 가지신다. 그이께서는 혁명을 위하여 사선을 넘어 소금을 지고 온 로인들의 붉은 마음을 무엇보다 굳게 믿으시는 것이였으며 너무도 엄중한 사태 앞에서 그지없이 미안하고 송구하고 또 같이 온 정 로인과 두 유격대원에게 책임이 돌아갈 것이 두려워 차라리 자기가 혼자 책임을 받아 안고 사태를 수습해 보려는 주종섭 로인의 심중을 속속들이 읽으신 것이였다. 경애하는 사령관 동지께서는 무거운 침묵을 깨뜨리시며 성실한 아들을 키워서 우리 혁명에 보낸 아버지의 마음을 나는 누구의 보증 없이도 믿는다시며 만일 주 로인이 나쁜 마음을 먹었다면 독소금을 유격대원에게 내주기만 하였어도 되였을 것이라고 소금 사건의 진상을 한마디 말씀으로 다 밝혀놓으신다. 그리하여 엄숙한 분위기는 더욱 더 깊이 가라앉았으며 숨소리 하나 들리지 않았다.

어버이 사령관 동지께서는 손수 주 로인을 묶은 바줄을 풀어주시면서 아무리 형편이 어려워도 로인님은 우리 혁명군을 믿어야 하며 우리는 또 아버님들 같은 인민들을 믿고 사랑해야 하며 이런 믿음과 사랑이 있기 때문에 우리는 어려운 고난 속에서도 혁명의 승리를 내다보는 것이라고 말씀하시였다. 풀려난 주 로인은 어린애와 같이 어깨를 들먹거리며 울음을 터뜨렸고 위대한 사령관 동지의 비범한 통찰력과 천재적 예지, 인민에 대한 끝없는 사랑에 감격하고 목이 메인 대원들은 뜨거운 눈물을 흘리였다. 마침내 감격의 눈물은 심장에서 터져 나오는《우리 장군님 만세!》로 변하였으며 전 대오는 다시 하늘을 찌를 듯한 사기로 끓어 번졌다.

경애하는 사령관 동지께서는 앙양된 대원들을 이끄시여 혁명의 사령부가 조선혁명과 그 주력부대를 보위하는 전투의 진두에 몸소 서 나가신다.

작품은 이렇게 소금 사건에 대한 묘사를 통하여 혁명의 영재이시며 위대한 수령으로서의 경애하는 사령관 동지의 천재적 예지와 비범한 통찰력을 극적으로 예리하게 부각하였으며 언제나 인민을 굳게 믿으시고 끝까지 인민을 위하시는 인민의 태양으로서의 그이의 탁월한 풍모와 위대한 령도력을 격동적인 극적 체험으로 받아 안게 한다.

소설은 이밖에도 적들의 력량이 분산된 조건에서 놈들의 《토벌》 거점인 13도구를 들이침으로써 놈들의 동기《대토벌》 작전에 섬멸적인 타격을 주며 분산 이동한 주력부대를 다시 집중함으로써 고난의 행군을 결속 짓고 대반격전으로 넘어갈 새 국면을 열어놓는 13도구 진공전투를 위대한 승리에로 이끄신 경애하는 사령관 동지의 형상과 북대정자회의에서 고난의 행군의 승리를 총화 지으시고 전 부대를 춘기 대반격전으로, 조국진군으로 이끄신 사령관 동지의 형상을 통하여 혁명의 영재로서의 그이의 비범한 예지와 세련된 령도를 극적으로 박력 있게 그려 보이고 있다.

소설은 고난의 행군을 위대한 승리에로 이끄신 전설적 영웅이시며 백전백승의 강철의 령장이신 경애하는 사령관 동지의 탁월한 령군술을 빛나게 그려 보이고 있다.

일제 침략군의 필사적인 공세에다 메돼지도 먹을 게 없어서 독 열매를 먹고 얼어 죽는 사나운 추위와 무서운 기아가 겹치는 그처럼 간고하고 준엄한 행군길에서 적을 쳐 이긴다는 것은 하나의 위대한 기적이다. 그러나 조선인민혁명군은 승리하였다. 그 빛나는 승리는 오직 백전백승의 강철의 령장이시며 탁월한 군사전략가이시며 전설적 영웅이신 위대한 사령관 동지의 신출귀몰한 유격전술과 천변만화의 전법에 의하여 이루어진 것이다.

장편소설은 위대한 사령관 동지의 령군술의 령활성과 독창성, 그 무궁무진한 생활력을 극적으로 그림으로써 고난의 행군의 승리를 그처럼 진실하게 재현할 수 있었다. 작품은 이것을 고난의 행군 과정에서도 생사존망을 결정하는 가장 어려운 고비마다에서 아주 극적으로 박력 있게 그려 보이고 있다.

몽강 남패자의 숲을 몇 겹으로 둘러친 일제 침략군의 배치정형을 샅샅이 료해하신 경애하는 사령관 동지께서는 그에 대처하여 주력부대의 방어진을 로출시키게 하시고는 이미 차지한 계선과 전지를 모두 허위 진지로 유지하면서 적들의 이목을 거기에 집중시켜 놓으시였으며 그런 연후에 기본력량을 은밀하고 신속하게 이동시켜 적들의 포위환을 뚫는 기습전을 벌리게 하시였다. 작품에서 보는 바와 같이 적들과 대치하고 있는 최전방 경계초소인 7련대의 초소들에서는 매일 밤 우등불을 피워놓고 오락회가 벌어졌으며 적들은 명령만 떨어지면 이 초소들을 일격에 점령할 만단의 준비를 갖추고 호시탐탐 기회만 노리고 있었다. 그리하여 전투가 시작되자 적들은 미친 듯이 돌격하여 진지를 점령하는 것이였다. 그러나 거기에는 유격대란 그림자조차 찾아볼 수 없었다. 적들은 유격대가 후퇴한 줄만 알고 계속 종심 깊이 진격하였으나 유격대원들은 간 곳 없고 숙영한 흔적만 있었으며 일제의 패망상을 상징하듯 일제의 개는 누구든 이렇게 처단된다는 경고장 한 장이 가슴 우에 놓인 하나의 시체가 락엽무지 우에 쓰려져 있을 뿐이였다. 그것은 일제의 주구 박종학의 주검이였다.

적들의 주공이 이렇게 헛물을 켜고 있는 사이에 이미 다른 데 진을 치고 있던 조선인민혁명군은 적들이 예상하지 못한 계선을 기습하여 포위진을 뚫고 빠져나갔다. 적들은 그때에야 감쪽같이 속은 줄 알았다.

작품은 또한 우에서 이미 이야기 한 집중과 분산의 전술로 적들의 발악적인 공세를 통쾌하게 물리친 7도구치기전투와 13도구치기전투에서 보는 바와 같이 경애하는 사령관 동지의 령활무쌍한 유격전술에 의하여 갈피를 잡지 못하여 이리저리 끌려다니다가 몰살당하기만 하는 적들의 패망상을 진실하게 그려 보이고 있다.

부후물등판에서의 전투를 통해서도 이것을 극적으로 통쾌하게 그려 보이고 있다.

부대가 부후물등판에서 이동하고 있을 대 적들이 뒤따른 다는 것을 보고받으신 경애하는 사령관 동지께서는 목재판에서 입대한 신입대원 박인섭이로 하여금 통나무 몇 대를 찍게 하시고는 부대를 산기슭을 끼고 돌게 하시는 것이였으며 그렇게 산기슭을 한 바퀴 돌자 이미 내놓은 발자국 자리에서 들어서게 하시는 것이였다. 적들은 유격대가 낸 자욱을 졸졸 따라오다나니 자기들이 한 번 지나친 곳을 다시 돈다는 것도 모르고 그냥 따라오기만 하였다. 때마침 안쪽에서 새로운 적 한 패거리가 또 나타났다. 그 때를 타시어 경애하는 사령관 동지께서는 메고 오던 통나무를 놓고 부대를 감쪽같이 산 속으로 빠져들어가게 하시였다. 유격대가 숲 속으로 다 사라진 다음 걸쳐놓았던 통나무를 치워버리니 유격대는 간 곳 없이 사라지고 발자국은 그냥 산기슭을 끼고 돌았다. 뒤따르던 적들은 부지런히 쫓아오다가 마주 오는 저희 놈들과 부딪치여 냅다 불질을 해대는 것이였다. 상대도 유격대를 찾아다니던 《토벌대》인지라 결사적으로 달라붙는 것이였다.

작품은 장백－림강대도로 부근 락수동어방에서 앞뒤로 달린 적들끼리 싸움을 붙여놓고 밀림으로 들어감으로써 경위중대장마저 인제는 마지막이라고 생각되던 포위 속에서 든 부대를 구원한 그 비장하고도 영웅적인 전투를 통하여 위대한 사령관 동지의 탁월한 령군술과 불굴의 의지를 더욱 감격적으로 그려 보이고 있다.

이와 같이 작품은 유격대의 지휘관들조차 가망 없다고 생각되던 위급한 국면을 아군의 통쾌한 승리로 역전시키시고 적들에게 섬멸적인 타격을 가하시는 위대한 사령관 동지의 독창적인 령군술과 유격전술이 신출귀몰한 경지에 이르렀기 때문에 인민들은 어버이 장군님을 백두산의 정기를 타고나신 전설적 령장으로서 축지법을 쓴다고 우러러 칭송해 마지않았고 적들조차 병법에 없는 초인적인 전법과 전술을 자유자재로 구사하는 천재적 력장으로 내심 감탄하지 않을 수 없었다는 것을 생활적으로 진실하게 그려 보이고 있다.

장편소설은 고난의 행군의 진두에 서시여 혁명의 험난한 앞길을 헤쳐나서심으로써 조선인민혁명군을 승리에로 이끄신 혁명의 위대한 수령이신 경애하는 사령관 동지의 이신작칙의 혁명적 기풍을 감명 깊게 그리고 있다.

소설은 적들과 직접 대치한 일선 경계초서까지 몸소 돌아보시고 대책을 취하시며 대원들에 대한 정치사업을 진행하시는 위대한 사령관 동지의 혁명적 군중 관점과 이신작칙의 전통적 기풍을 서두에서부터 생활적으로 재현하고 있다.

복잡하고 첨예한 혁명의 운명 문제를 토론하는 력사적인 남패자회의를 하시는 기간에도 위대한 사령관 동지께서는 전방초소의 대원들 속에 친히 들어가시여 그들의 오락회까지 참가하시며 70~80리 밤길을 걸으시면서까지도 기관총수인 한태혁과 친근하게 담화도 하시며 몸소 정치사업을 진행하신다. 그 수많은 대원들의 자라온 과정과 우단점을 훼하니 다 알고 계시였기에 사령관 동지께서는 어느 때든지 짬과 기회만 있으시면 대원들에 대한 육친의 정이 넘치는 정치사업, 산 사람과의 사업을 하실 수 있으시였다.

락천적이고 패기만만한 한태혁의 발랄하고 막힌 데 없이 무엇이나 잘하는 강의한 성품과 뛰어난 재능을 아끼고 사랑하시면서도 괄괄하고 활달한 나머지 기분을 절제할 줄 모르며 지하정치공작을 잘할 줄 모르는 약점을 깨우쳐주고 유능한 정치일군의 자질을 키워주시기 위하여 어버이 사령관 동지께서는 지금 진행하고 있는 남패자회의에 대한 소감부터 묻기 시작하시여 사령관 동지의 말씀을 잘 알아듣지 못하는 사람이 회의 참가자들 속에 있다는 것을 놀랍게 생각하는 태혁의 질문을 포착하시고는 담화를 생활적으로 발전시켜 나가신다. 경애하는 사령관 동지께서는 155절짜리 《세계혁명가》를 광복된 조국에 가서 인민들 앞에서 하루밤 도맡아 하고 세계혁명에로 사람들을 불러일으킬 앞날에 대하여 생각해보았는가고 미래에 대한 그의 불타는 지향을 북돋아주시며 나중에는 사령관과 한태혁 사이에도 의견이 완전히 일치한다고 말하기 어렵지 않는가고 물으시며 동무는 지하정치공작을 그다지 대수롭지 않게 생각하지만 자신께서는 그와는 반대로 대단히 중요시한다는 것을 말씀하신다.

그리하여 한태혁은 어버이 사령관 동지의 높은 뜻을 받들지 못한 자기를 놀라움을 가지고 돌이켜보게 되며 어떤 일이 있어도 훌륭한 지하공작원의 자질을 키우겠다는 절박한 심정을 어버이 사령관 동지께 말씀 올리며 후일 가재수 일대에서의 정치공작 과정에서 보는 바와 같이 경애하는 사령관 동지의 말씀을 빛나게 구현해 나가는 유능한 정치공작원으로 자라난다.

고난의 행군은 처음부터 사람으로서는 넘기 어려운 준엄하고 엄혹한 시련의 련속이였다. 평지가 평균 해발 1000메터를 넘는 룡강산맥의 대밀림 자체가 후날 기상학자와 력사가들이 100년래의 대강설이라고 놀라와한 그 력사의 눈 속에 파묻혀 마치 흙벽 속에 묻힌 산 자와 같이 형체를 감추고 있었다. 고난의 행군은 바로 이런 눈 속에서 적의 수십만 대군과 싸우는 전투의 련속이였다. 적들은 하늘에 비행기를 띄우고 앞뒤로 달려드는 것이였다. 여기에 령하 30~40도를 헤아리는 혹한이 무서운 눈보라를 들씌우면서 사람들을 얼음덩어리로 만들려고 덤벼드는 것이였으며 그런 속에 식량마저 떨어져 구할 길 없는 엄혹한 시련이 겹치였다.

소설은 이 엄혹한 고난의 행군의 매 걸음이 오직 혁명의 위대한 수령이신 경애하는 사령관 동지의 이신작칙의 모범과 불면불휴의 자기희생적인 로고로 열려져 나간다는 것을 생활적으로 진실하게 재현하였다

소설은 전 부대가 적을 뒤에 달고 꼬박 사흘을 자지 못하고 내내 행군하다가 단 10분간의 휴식을 하는 짬 시간에 조차 쉬시지 않으시고 적정을 살피시며 지형을 돌아보시는 위대한 사령관 동지의 불면불휴의 로고에 의해서 500메터의 뒤에 달린 적을 눈 깜짝할 사이에 녹여내고 유유히 행군할 수 있었다는 것을 가슴 뜨겁게 그려 보이고 있는가 하면 행군이 얼마나 간고하였던지 사람이 죽는 것보다 더한 고통을 주는 그런 정황에서조차 대오의 맨 앞으로부터 맨 뒤에까지 무시로 왔다갔다 하시면서 매 전사들에게 고무적인 힘을 주시는 어버이 사령관 동지의 이신작칙의 모범과 한없는 로고를 감격의 눈물이 없이는 읽을 수 없게 그려 보이고 있다.

파란 많은 혁명의 길을 헤매이다가 어버이 사령관 동지의 품에 안긴 인테리 출신의 대원인 정지성은 인간이 당할 수 있는 최악의 조건을 훨씬 넘어선 죽는다는 것보다 더 견디기 어려운 고통에 시달리다가 눈구뎅이에 넘어졌다. 그는 앞으로 10분 아니 5분도 더 채워내지 못하고 어차피 넘어질 바에야 하고 자포자기하는 순간에 누가 자기를 부축해 일궈 세우며 떠밀어주는 것을 느꼈다.

《조금만 참으시오. 저 언덕만 넘어서면 됩니다. 적들은 10리 이상이나 떨어졌습

니다. 언덕 우에 가서 쉽시다.》 이러한 말소리에 돌아다보니 어버이 사령관 동지께서 외투자락에 소년대원 재영을 꼭 싸서 끼여 안으시고 한쪽 손으로 자기의 배낭을 밀어주시는 것이였다. 아까 7련대 전령병인 꼬마대원 지상철이가 왔을 때 그에게 구운 강냉이 한 자루를 억지로 떼맡기시며 그 꼬마가 껴안고 가시는 것을 보았는데 어느새 또 뒤쪽에서 꼬마대원 재영이를 끼여 안고 오시다 자기를 이처럼 밀어주시는 위대한 사령관 동지이셨다.

(사령관 동지인들 얼마나 고달프시랴!)

정지성이는 위대한 사령관 동지의 헤아릴 수 없는 자기희생적인 로고와 뜨거운 사랑에 목이 메여 눈물을 흘리면서 입을 악물고 발을 힘있게 내짚었다.

작품은 이처럼 전 대오를 진두에서 이끄시며 조선혁명 전반을 살피시는 그 어려운 중하를 한 몸에 지니시고도 행군대오의 모든 시중을 다 드시며 녀대원들에게 불사신의 힘을 주시는 어버이 사령관 동지의 감격적이고도 숭고한 형상을 다양한 계기에서 생활적으로 펼쳐 보이고 있다.

소설은 한 몸도 건사하기 힘든 그 험한 행군길에서 한 때의 안식을 맛보는 숙영의 밤에도 밤이 깊도록 동상을 입었거나 쓰러진 대원들을 구완하시며 미음도 손수 떠넣어주시고 몸도 주물러주시며 상처를 처치해주시는 등 가지가지의 시중을 다 들어주시는가 하면 전 대오가 위기에 처한 순간에는 몸소 기관총을 잡으시고 적들에게 무리죽음을 안기고 대원들을 영웅적 위훈에로 불러일으키시는 위대한 사령관 동지의 형상을 감격적으로 그려 보이고 있다.

혁명의 위대한 수령 김일성 동지께서는 일신의 피로와 로고는 돌보시지 않으시고 자신께서 창시하신 주체사상과 그 구현인 혁명적 군중관점으로부터 출발하시여 언제나 이신작칙의 모범으로 전 대오를 승리에로 이끄시였다. 장편소설은 고난의 행군의 매 고비가 어버이 사령관 동지의 이름할 수 없는 자기희생적인 로고와 끝없는 헌신성의 력사로서 위대한 사령관 동지의 혁명적 군중관점에 바탕을 둔 이신작칙의 모범에 의해서만 승리할 수 있었다는 것을 생활적으로 뚜렷이 그려 보임으로써 고난의 행군을 그처럼 진실하게 재현할 수 있었다.

장편소설은 혁명의 위대한 수령이신 어버이 사령관 동지의 혁명전사들에 대한 친 혈육의 정보다 더 뜨겁고 더 지극하고 그 끝을 모르는 공산주의적 사랑과 혁명적 의리를 높은 사상예술적 경지에서 감동적으로 그려 보이고 있다.

소설은 《열하원정》에 참가한 탓으로 많은 중대원을 잃고 번민하는 유격대 중대장 주영찬을 한 품에 안아 소생시켜주시는 사령관 동지의 어버이 사랑을 가슴 뜨겁게 안겨준다. 소설의 첫머리에 등장하는 주영찬의 형상은 《열하원정》의 무모성과 후과가 얼마나 심각한 것인가를 집중적으로 체현하고 있는 인물형상이다. 항일련군에 배속되였던 그는 헌신적으로 싸우고 구사일생으로 살아남았으나 중대원을 잃은 자책과 추궁으로 하여 무서운 번민에 빠져 헤여나지 못하고 있었다.

불타는 넋은 어느 광야에 쥐여 뿌리고 가랑잎처럼 허울만 남아가지고 길길이 자란 억새밭을 정신없이 헤매이는 이름난 중대장을 여겨보신 어버이 사령관 동지께서는 죄 아닌 《죄》를 짓고 번민하는 그의 마음의 상처를 깊이 헤아리시고 소생의 힘을 안겨주신다. 무모하게도 마인구 철교를 점령하라는 명령을 받고 밤낮 달린 끝에 말들은 다 쓰러졌어도 전 중대를 이끌어 알몸으로 그 철교를 점령하고 3일간이나 지탱한 중대장에게는 사실 아무러한 과오도 없는 것이다. 경애하는 사령관 동지께서는 《열하원정》을 주견 없이 받아 문 항일련군의 책임간부들의 명령이 혁명전사들의 붉은 피를 얼마나 헛되이 흘리게 하였으며 목숨도 서슴없이 바친 이름 없는 전사들의 혁명에 대한 끝없는 충실성을 얼마나 값없는 것으로 짓밟아버리는가를 깊이 헤아리시고 그 누구보다도 가슴 아파하시며 마음의 상처 때문에 자기 몸의 험한 상처의 아픔도 감각 못하는 주영찬의 성한 데 없는 몸을 뜨거운 손길로 쓰다듬어주신다. 그이께서는 《과오》는 《과오》고 넋 잃은 사람처럼 정신없이 헤매는 방법으로는 과오를 씻을 수 없다고 깨우쳐주시며 신념을 가지라고 뜨거운 사랑을 부어주시며 높은 신임을 베풀어 주신다.

경애하는 사령관 동지께서는 남패자회의에서 《열하원정》의 무모성과 무서운 후과에 대하여 지적하시면서 주영찬의 죄 아닌 《죄》를 벗겨주시고는 그를 다시 경위련대의 지휘관으로 파견하실 뿐 아니라 후일 경위련대장 최성택이 전사한 다음에는 경위련대장으로까지 임명해주신다.

작품은 주영찬 중대장의 인간적인 소생, 정치적 생명의 소생을 두고 그것이 위대한 정치적 수령을 모신 혁명전사만이 누릴 수 있는 크나큰 행복이며 영광이라는 것을 가슴 벅차게 느끼게 한다. 주영찬의 운명선은 어버이 수령님의 위대한 주체사상과 그에 기초한 그 높이를 가늠할 수 없는 공산주의적 인간애에 의해서만 전사들의 혁명을 위한 높은 지향과 불타는 열정이 그처럼 꽃으로 피여나고 열매를 맺는다는 것을 웅변으로 말해준다.

사람을 가장 힘있고 가장 아름다운 참된 인간으로 높이 이끌어주는 위대한 주체사상을 창시하시고 그 높이와 크기를 가늠할 수 없는 공산주의적 인간애로 수많은 혁명전사들을 한 품에 안아 키워주시는 경애하는 사령관 동지의 어버이 사랑이 언제나 전사들의 눈이 미치지 못하는 곳에서 신성한 대기와 같이 전사들에게 힘을 주며 몸을 덥혀주는 체온과 같이 사람들의 몸을 뜨겁게 휩싸고 있다는 것을 장편소설은 형상적으로 깊이 있게 그려 보인다.

혁명전사 한 사람 한 사람에게 기울이시는 어버이 사령관 동지의 숭고한 사랑은 참으로 뜨겁고 한량없는 것이다. 그 사랑이 진심으로 북받쳐올라 기울이고 기울이시여도 늘 못다한 것만 같은 아쉬움으로 하여 가슴 아픔까지 느끼시는 어버이 사령관 동지이시다. 어버이 사령관 동지께서 다시 편성된 항일련군부대를 보호하는 어려운 싸움의 길에 애지중지 키워 온 지휘관 최성택을 경위련대장으로 떠나보내시는 리별 장면에서 소설은 이것을 절절한 체험으로 안겨준다.

어버이 사령관 동지께서는 멀리 보이지 않을 때까지 배웅하시고도 다하지 못한 사랑의 아쉬움으로 하여 련락병더러 최성택을 다시 부르게 하시고는 자신께서 차신 권총을 그에게 선물로 주시고야 헤여지실 수 있으시였다. 어버이 사령관 동지께서는 몸소 제일 간고하고 위험한 고난의 길을 헤쳐 나가시면서도 멀리 떠나보낸 전사의 앞길을 심려하시며 그 때 몽강 숲에서 최성택과 헤여지실 때 그의 조카라도 데리고 오시지 못한 것을 두고, 그리고 그의 옷에 솜을 더 두텁게 두도록 이르지 못한 것을 두고 후회하시며 그의 거취를 알아보시기 위하여 그 어려운 행군길에서 사람까지 띄우신다. 최성택 련대장은 언제나 어버이 사령관 동지의 명령, 지시, 위대한 혁명사상과 가르치심을 받들기 위하여 선물 받은 그 귀중한 총을 쏘고 쏘면서 위대한 사령관 동지의 작풍대로 이신작칙의 모범으로 사선을 헤쳐나아갔다. 그는 어버이 사령관 동지의 명령대로 항일련군부대를 보호하기 위하여 칡뿌리를 캐먹으면서 희생적으로 싸우다가 적들의 포위 속에 들게 되면서 마침내 전사들을 구원하기 위해서 적들의 총탄을 한 몸에 유인하고 장렬한 최후를 마친다. 소설은 이 뜻하지 않은 비보를 도저히 현실로 받아들일 수 없으시여 먼 곳으로 사람을 띄우시며 늘 마음 한 구석에 삭일 수 없는 크나큰 비분을 안고 고난의 걸음걸음을 소리 없는 가슴 속의 눈물로 메꾸어 나가시는 어버이 사령관 동지의 형상을 심금을 울리게 그려 보인다.

최성택에게 번마다 힘든 과업만 주셨고 참 해준 것이 없으신 것만 같이 여기시며 그가 남기고 간 권총을 쓸어 보시는 어버이 사령관 동지께서는 그에게 조국을 안겨주시지 못한 것을 제일 한스럽게 생각하신다. 이렇게 되여 어버이 사령관 동지의 가슴에는 꿈결에도 잊을 수 없는 전사의 모습이 영원히 지울 수 없는 아픔이 되여 못박히였으며 다하지 못한 사랑의 아쉬움으로 하여 늘 아픔을 주는 가슴 속의 별이 또 하나 늘어났다. 소설은 못으로 박힌 가슴 속의 별을 안으시고 희생된 전사에게 영생하는 별을 주시기 위하여 주체의 기치를 더욱 높이 드시고 혁명의 길을 그 진두에서 더욱 억세게 헤쳐나가시는 숭고한 사령관 동지의 혁명적 의리를 감격적인 눈물로 받아 안게 한다.

장편소설은 또한 대원들에 대한 사령관 동지의 숭고한 어버이 사랑을 소금공작 나간 한태혁과 정지성이를 밤을 밝혀가며 기다리시는 장면에서 더욱 절절하게 그려 보이는가 하면 그처럼 애지중지 키우며 아끼고 사랑하시던 한태혁을 잃으신 어버이 사령관 동지의 이름할 수 없는 아픔의 극과 비분의 절정을 극적으로 그려 보이고 있다.

적들은 다시 복구되여 활기를 띠기 시작한 백바위골 지구를 소위 유격대를 포위 소멸하는 《무목지대》로 만들기 위하여 불의의 검거와 《토벌》을 감행하였다. 이 위급하고 처참한 사태를 수습하기 위하여 한태혁은 불사신과 같이 싸워 조직의 피해를 막고 불 속에 든 성실하고 열렬한 조직원인 곽병철의 집에서 그의 아들 철봉이와 유자녀인 순애를 구원하다가 겨드랑이에 치명적인 관통상을 받는다. 그는 어버이 사령관 동지께서 그처럼 아끼고 사랑하시는 두 아이를 사령관 동지의 품에 안기게 하려고 자기 털모자와 옷과 신발을 벗어서 그 애들을 감싸주고는 령하 40도의 강추위에 맨머리 맨발로 피를 흘리며 눈길을 나아가는 초인간적인 영웅성을 발휘하며 온몸의 피를 다 흘리고 장렬하게 숨을 거둔다.

돌아오지 않는 한태혁을 기다리시다 못해 정지성이와 다른 한 대원을 불러 백바위골로 급히 띄우시고 초조한 한 초 한 초를 불길한 예감을 가라앉히시며 남의 눈에 띄이지 않게 조용히 기다리시는 사령관 동지이시였는데 아니나다를가 이름할 수 없는 크나큰 비극을 받아 안으셔야 했다. 담가에 실려온 태혁의 가슴을 헤치시고 심장의 맥박을 찾으시는 어버이 사령관 동지께서는 하염없이 내리는 눈꽃이 몇 개 몸에 떨어져 녹아내리는 데서 그 전날의 그처럼 팽배하고 활력에 넘치던 정열의 여운을 느끼셔야 할 뿐 영원한 침묵을 읽으셔야 했다. 그처럼 사랑스럽고 그처럼 힘을 안겨주던 불굴의 전사 한태혁은 영영 심장의 고동을 멈추고 한 손에는 지하공작의 길에서 먹으라고 보짐 속에 넣어주신 강냉이 한 이삭만 쥐여있을 뿐이였다. 그 강냉이 한 자루는 어버이 사령관 동지의 가슴을 너무도 아프게 찌르는 것이였다. 그 한 자루의 구운 강냉이는 어버이 사령관 동지께서 다시 7련대 꼬마대원에게 들려주셨던 것이다. 그 강냉이 한 이삭은 또 다시 전령병 재영이의 손에 들어와서 어버이 사령관 동지께 올리였는데 사령관 동지께서 어려운 지하공작에 나간 한태혁을 생각하시여 몰래 보짐 속에 찔러주신 것이였다. 보짐 속에 든 강냉이 한 이삭을 받아 안고 경애하는 사령관 동지의 어버이 사랑에 뜨거운 눈물을 삼키면서 먹지 않고 간수해오다가 죽는 마지막 순간에 은정의 숨결을 느끼련 듯 그 강냉이를 손에 쥐고 죽어서도 진정할 줄 모르는 열정과 대담한 웃음을 입가에 남기고 간 한태혁이였다. 그와의 마지막 영결을 위하여 눈 내리는 묘지 앞에 홀로 서신 어버이 사령관 동지께서는 마지막 리별의 시각에 태혁의 이름을 외우시는 것이였다. 여기 이름 모를 산정에다 그처럼 애지중지 키워오시던 전사를 묻고 조국 땅을 밟으실 때의 그 아픔이 어버이 사령관 동지의 가슴에 못으로 박히는 것이였다. 문득 웃으며 155절 짜리 《세계혁명가》를 신이 나서 불러제끼는 한태혁의 모습이 또 하나의 영원한 가슴 속의 별이 되여 어버이 사령관 동지의 가슴에 새겨지는 것이였다. 그 별은 슬프실 때나 기쁘실 때나 언제나 마음속에서 떠날 줄 모르고 영원한 아픔을 줄 것이였으며 그 아픔을 느끼시면서 혁명전사의 삶에 영원한 빛을 주시는 주체의 혁명위업을 더욱 다그치실 것이였다. 일제의 최후섬멸로써 그 고귀한 희생의 값을 받아낼 불같은 비분을 안으신 어버이 사령관 동지께서는 보복의 전투에 나가시면서야 태혁의 무덤에서 물러서실 수 있으시였다.

13도구전투에서 대승리를 거두시고 북대정자에 이르시는 경애하는 사령관 동지께서는 고난의 행군의 위대한 승리로써 새봄을 맞으시며 그 모든 승리한 전사들을 한 품에 안으시는 끝없는 기쁨을 느끼시면서도 눈물에 젖어야 하셨다. 그 승리와 상봉의 오락회장에서 태혁의 155절 짜리 《세계혁명가》를 들으실 수 없었고 태혁을 대신한 재영의 《세계혁명가》가 그만 못하지 않았지만 더욱 가슴 아픈 눈물을 자아내는 것이였다! 더욱이 흥겨운 오락회마당에서 숲 속으로 남몰래 빠져나가는 금숙이를 보신 어버이 사령관 동지께서는 참으로 태혁을 잃은 그 아름다운 처녀의 가슴 속의 상처를 어루만져줄 말이 없으셨다. 진정 태혁의 희생은 금숙에게 있어 다시 보상할 수 없는 손실이였으며 영원히 아물지 않을 상처였다. 그러나 금숙에게는 한태혁의 념원을 풀어주실 어버이 사령관 동지께서 계시지만 사령관 동지께서는 태혁을 잃은 상처에다가 금숙이를 볼 때마다 느끼셔야 할 애처로움까지 영원히 아물지 않을 상처로 가슴에 지니셔야 했던 것이다.

장편소설은 매 대원들에게 기울이신 어버이 사령관 동지의 이처럼 뜨겁고 웅심깊고 살틀하고 진정에 넘친, 한없이 숭고하고 아름다운 주체형의 공산주의적 인간애야말로 력사에 다시 없었던 간고하고 준엄한 고난의 행군을 이기게 한 초인적 힘의 원천이였다는 것을 깊이 있는 생활적인 화폭을 통하여 감동적으로 그려 보이고 있다. 그것은 세상에 널리 알려진 유명한 한 홉의 미숫가루에 깃든 어버이 사령관 동지의 위대한 사랑에 대한 예술적 형상에서 더욱 감명 깊게 읽을 수 있다.

부대가 부후물등판에서 뒤에 달린 적들을 끌고 다니면서 싸우던 때의 이야기이다. 신입대원 박인섭은 지치고 허기지다 못해 차차 마음이 약해지면서 나중에는 자포자기 지경에 빠져들어가며 행군대렬을 따라가지 못하고 눈 속에 물앉고 만다. 호랑이같이 날파람스럽고 탄력 있는 태혁이조차 너무 허기져서 눈앞이 가물가물할 지경이니 신입대원인 인섭의 고통이란 이루 말할 수 없을 정도였다. 자기를 내버리고 가라는 인섭이를 설복하다 못해 한태혁은 배은망덕한 사람이라고 성을 와락 내고는 앞선 대렬을 따라가는 것이였다. 한계를 넘는 육체적 고통에만 시달리고 모든 사고가 정지상태에 빠진 인섭이였지만 배은망덕한 사람이라는 태혁의 말에 정신이 번쩍 드는 것이였다.

힘을 놓은 나른한 감각에 인제 영영 죽는다는 것도 잊고 있던 그였지만 자신께서는 대원들이 올린 한 홉도 되나마나 한 미숫가루마저 드시지 않고, 자는 자기를 깨워 어린 대원들과 꼭 같이 나누어 주시던 경애하는 사령관 동지의 어버이 사랑에 배은망덕한다고 생각하니 죽어도 못 잊을 그 크나큰 은덕을 더럽힐 수 없었다. 자기가 찍어낸 통나무 몇 대가 어버이 사령관 동지의 신묘한 전술에 의하여 앞뒤에 달린 적들끼리 싸우게 한 그 통쾌하던 전투의 무기로 되였던 보람으로 하여 자기 삶의 가치를 처음 가슴 벅차게 느껴보던 부후물등판과 더불어 잠잘 수 없었던 그날 밤의 숙영지 광경이 선히 떠오르는 것이였다.

…숙영지 우등불가에 전령병 재영이가 얼마간의 미숫가루를 들고 와서 조심스럽게 어버이 사령관 동지께 드리였다. 사령관 동지께서는 대뜸 전에 상철이가 가져왔던 그 미숫가루라는 것을 알아차리시였다. 그 미숫가루는 전령병 상철이가 들고 와서 이것은 사령관 동지의 몫이라고 거짓말을 했다가 재영의 배낭에서 나온 부대의 마지막 식량이라는 것이 드러난 래력이 깃들어 있었다. 어버이 사령관 동지께서는 그 한 홉도 훨씬 못 되는 미숫가루에서 그 어떤 최악의 조건에서 그 어떤 강적도 타승할 수 있는 크나큰 힘을 읽으시였으며 칼로 가슴을 에이는 아픔을 느끼시였다.

고개를 깊이 수그린 나어린 정령병 상철이의 머리를 정답게 쓸어주시며 가지고 가서 1소대 영남이랑 나누어 먹으라고 이르시고는 급히 자리를 피해가신 사령관 동지이셨다. 그런데 지금은 그 미숫가루를 재영이가 다시 들고 온 것이다.

짐짓 모르시는 듯 어버이 사령관 동지께서는 반가와하시며 동무들을 부르라고 하시였다. 불리워 온 대원들은 저마끔 다 먼저 먹었다는 것이다. 어버이 사령관 동지께서는 눈시울이 뜨거워지시는 충격을 감추시며 더 없는가 물으시며 전달장 강봉수의 배낭과 상철이의 배낭을 찬찬히 뒤져보시고는 재영이의 배낭을 출판물 갈피까지 자세히 뒤져보시는 것이였다. 아니나다를가 신문갈피에서 미숫가루 주머니가 나왔다. 그 주머니는 아주 낯익은 것으로 전에 정순 동지가 사령부의 식량을 보관해두던 것이였다. 그리고 배낭 밑에서는 정순 동지가 늘 닦아서 알른알른한 사령관 동지의 식기며 은수저가 나왔다. 그러니 그 미숫가루는 정순 동지가 철봉 밀영으로 떠나면서 재영이에게 맡기고 간 것이였다.

정순 동지가 부탁하고 간 미숫가루를 요긴한 때 한 줌씩 내고는 자기의 시장기를 감추는 어린 대원들의 숭고한 넋의 몸부림을 생각하시니 사령관 동지께서는 정말 잡수시지 않고도 속이 무룩한 것을 느끼시였다. 어버이 사령관 동지께서는 가까이에서 자는 동무들을 다 부르라고 하시였다.

누워있는 대원들은 아무리 흔들어도 누구 하나 깨여나지 않았다. 그들은 어버이 사령관 동지와 어린 전령병 사이에 오고 간 사연을 다 듣고 뜨거운 눈물을 삼키며 큰 잠에 든 체 하는 것이였다. 그러자 이번에는 어버이 사령관 동지께서 친히 깨우러 오셨다. 어버이 사령관 동지의 손에 이끌리여 하는 수 없이 우등불가에 온 인섭은 종이 숟가락까지 쥐여주시며 나누어주시는 미숫가루를 넘길 수 없어서 뜨거운 눈물만 삼키였다.

위대한 사령관 동지의 친부모의 사랑보다 더 뜨거운 공산주의적 인간애와 혁명적 동지애가 깃들어 있는 미숫가루는 모두 합쳐 한 홉 되나마나 한 것이고 그것마저 여러 사람 몫으로 나눈 한 입도 차지 못하는 것이지만 이 세상의 그 어떤 것보다 귀중하고 풍만한 량식이였다. 이 세상의 그 어떤 진수성찬인들 여기에 감히 견줄 수도 없는 것이며 사람들에게 그처럼 크나큰 힘을 안겨줄 수는 없는 것이였다.

거기에는 부모의 사랑, 형제간의 사랑, 친우간의 사랑보다 더 뜨겁고 더 지극하고 더 값 높고 더 숭고한 혁명적 동지애—사람을 사람으로 되게 하는 자주권을 지니게 하며 사람을 존엄 있고 힘있는 사회적 존재로 높이 이끌어주는 위대한 주체사상에 바탕을 둔 공산주의적 인간애의 최고 구현자이신 어버이 사령관 동지의 혁명전사들에 대한 한없이 아름답고 숭고한 혁명적 의리가 깃들어 있는 것이다. 인섭이와 대원들은 육체적 고통이 아무리 크다 한들 그 위대한 어버이 사랑과 그 고귀한 은정만은 더럽힐 수가 없었으며 눈에 흙이 들어간 들 잊을 수 없는 것이였다.

그리하여 인섭이는 사람을 사람으로 되게 하는 사고와 리성을 회복하고 다시 일어섰다.

고난의 행군이 그처럼 간고하고 준엄한 시련의 련속이고 사람으로서는 이겨내기 어려운 최악의 경우를 멀리 벗어난 상상도 할 수 없는 고통을 주었지만 조선인민혁명군의 어린 대원들과 신입대원들마저 그 모든 곤난을 이겨내게 한 초인간적인 힘은 이 한 홉의 미숫가루에, 그 한 자루의 구운 강냉이에 깃들어있는 위대한 사령관 동지의 어버이 사랑, 혁명적 동지애에 있는 것이였다.

장편소설은 바로 고난의 행군이 이처럼 어버이 수령님의 혁명전사들에 대한 그 높이와 끝을 가늠할 수 없는 주체형의 공산주의적 인간애, 혁명적 동지애로 수놓아진 불멸의 력사임을 진실하게 확인함으로써 고난의 행군을 력사적인 승리에로 이끄신 위대한 수령님의 숭고한 업적을 대를 이어 길이 전할 찬연한 예술적 기념비로 되었다.

작품은 난국과 시련이 중첩한 조선혁명의 앞길을 몸소 열어 나가시는 고난의 행군과정을 통하여 자신께서 창시하신 위대한 주체사상을 더욱 심화시켜 나가시는 사상의 천재, 혁명의 영재이신 경애하는 사령관 동지의 형상을 심오하게 그려보이고 있다.

소설은 작품의 첫 부분에서 적들과 대치하고 있는 대원들의 약동하는 정신적 기상을 가슴 흐뭇이 느끼시고 조선혁명이 곡절 많은 길을 걸어왔고 앞길엔 아무리 험난한 난국이 가로막힌다 하더라도 조선혁명의 주인된 자각으로 하여 하늘의 별처럼 아름다운 빛을 뿌리는 혁명전사들이 있는 한 반드시 승리할 것이라는 신심에 넘치시여 이 엄혹한 적들의 반동공세 앞에서 인간의 존엄과 힘의 위대성을 보여주어야 한다고 생각하시는 위대한 사령관 동지의 사상적 충격과 철학적 사색을 감명 깊게 그리고 있다. 작품은 커다란 사상적 감동을 안겨주는 이 심오한 화폭을 통하여 자주성을 생명으로 하는 인간을 가장 귀중하고 가장 힘있는 존재로 보신 사상의 천재이신 위대한 사령관 동지의 철학적 신념이 어떻게 깊어지는가 하는 그 일단을 생활적으로 재현하고 있다.

작품은 이런 화폭에 대치하여 원쑤들이 조선인민혁명군이라 하더라도 인간이기 때문에 일정한 생존 조건 하에서만 생을 유지할 수 있지 넉넉한 20만 정도의 대군을 풀어 튼튼한 포위를 형성하고 일체 외계와의 련계를 끊은 다음 먹지도 쉬지도 자지도 못하게 한다면 더는 살아남을 수 없게 될 것이라는 타산 밑에 동기《토벌》작전을 세우고 발악적으로 공세를 취하고 있다는 것을 뚜렷한 형상으로 보여주고 있다. 그리하여 주체사상의 철학적 원리에 대한 위대한 수령님의 철학적 사색이 형상적으로 더욱 뚜렷이 생활적으로 부각되였다.

다음으로 작품은 남패자를 떠난 지 한 달 가까이 되는 사이에 그 무서운 난관과 시련을 이겨낸 대원들의 고생에 대해서, 그것을 초인적인 힘으로 이기고 조국진군의 혈로를 헤쳐 장백 지구에 들어선 미증유의 영웅성에 대하여 생각하시면서 그 힘이 과연 어디에서 온 것인가를 깊이 숙고하시는 위대한 사령관 동지의 형상을 감동적으로 그려 보이고 있다. 후남 아주머니나 정지성이가 마지막 육체의 예비를 깡그리 짜내며 과학으로써는 이미 설명할 수 없는 힘을 발휘하고 있는 것은 남의 힘에 의해서가 아니라 바로 자기 힘으로 수난당하는 조국을 해방하기 위해서이다. 적의 대대적인《토벌》작전에 대처하여 국내와 국경 지대에서 더욱 대규모적인 포위와 매복, 류례없이 엄혹한 시련을 헤치고 조국에 진출할 때 거기에서 기다리는 것은 과연 무엇인가? 그것은 지원이나 안식을 약속하는 후방이 아니라 더욱 강화된 적의 요새와 피의 접전이다. 실로 조선인민혁명군의 이 간고한 행군을 고무하는 것은 시련의 저 끝에 있을 안식이 아니라 더욱 큰 시련이면서 더욱 큰 의무인 계급의 자주권, 겨레의 자주권을 찾으려는 높은 사명감이다. 그것은 사람이 자주권 없이는 살아도 죽은 목숨이라는 자기 운명의 주인된 높은 자각과 신념이 주는 초인간적인 힘이다. 그러나 걸은 길보다 가야 할 앞길은 아직 아득하다. 추위도 더 사나운 절기가 앞에 가로놓여 있었고 백두산 지구와 국경이 가까워질수록 적의 력량 배치는 더욱 조밀해지고 그 간악성은 훨씬 더해질 것이다. 어디에 삼천만 겨레의 운명을 건지고 오천년 력사의 금자탑을 뻗칠 힘이 있는 것인가? 과연 조선인민혁명군에게 그 크나큰 사명을 감당할 힘이 남아있는 것인가?

이와 같이 홀로 깊은 사색에 잠기신 위대한 사령관 동지께서는 대원들의 고달픈 숨소리, 가위눌린 잠꼬대 소리, 도리풍 속에서 울려오는 신음소리를 하나하나 가려들으시며 숙영지를 천천히 걸으시면서 조선혁명이 한 몸에 실리는 무게를 다시금 가슴 뜨겁게 느끼신다.

장편소설은 이처럼 주체의 혁명위업을 개척하시고 한 몸으로 그 승리의 길을 열어 나가셔야 할 시대와 인민 앞에 지니신 숭고한 사명감을 다시금 가슴 깊이 새겨 나가시는 어버이 사령관 동지의 혁명에 대한 끝없는 충실성과 인민의 자주권을 위한 한없는 헌신성을 절절하게 그려 보이는가 하면 또한 혁명의 주인된 대원들의 자각이 낳은 무한한 힘에서 고난의 행군을 끝까지 이겨낼 무진장한 힘의 예비를 찾으시고 더욱 신심을 굳게 가지시는 위대한 사령관 동지의 형상을 생활적으로 심오하게 그려 보이고 있다.

숙영의 밤 염분탈락증으로 밤눈이 어두워진 채옥이와 함께 우등불가에 앉으시여 숨 가쁜 침묵을 지키고 계시던 어버이 사령관 동지께서는 가까이에 있는 다른 우등불가에서 도란도란 흘러나오는 한태혁의 이야기를 들으신다. 밤 숙영 시간이면 기관총 분해결합법을 배우는 정지성은 남보다 더 많이 뛰여다니면서도 전혀 힘들어하는 것 같지 않아하는 한태혁에게 아버지의 장사피를 물려받아 그런가 고 묻는 것이였다. 세상에 장사피가 어디에 있는 것인가, 또 설사 있다 한들 이런 판에 맥을 쓸 수 있겠는가 하면서 나도 힘들어 어떤 때는 차라리 주저앉아 꼬꾸라지고 싶은 때가 있지만 세상에는 이보다 몇 갑절 더 힘드는 일도 있다고 한태혁은 대답하는 것이였다. 태혁은 사람으로 견딜 수 없는 것이 계급적 착취와 억압이며 민족적 압박과 멸시이며 혁명은 그것을 없애는 투쟁이기 때문에 난관과 시련이 아무리 어렵다 하더라도 참는다면서 지주놈 때문에 꽃 같은 누이와 어머니를 떼우고 열두 살 어린 나이에 어린 누이동생과 함께 병신이 된 아버지를 부축해 다니며 문전걸식하다가 굶어 죽은 아버지를 추운 겨울날에 산에다 묻던 피멍이 든 무서운 비극을 이야기하는 것이였다. 그는 그러던 자기 오누이가 혁명의 품에 안기여 처음으로 사람 대접을 받아보고 미래를 안고 살게 되였으며 근거지에 혁명정권을 세워주시고 천대받고 착취받던 사람을 위한 새 세상을 찾는 길을 가르쳐주신 분이 바로 어버이 사령관 동지이시라고 말하면서 내가 찾은 이 주인된 삶을 모든 조선 인민과 함께 나누기 위하여 손에다 총을 쥐고 싸우는 데 고난이 아무리 크다 한들 참지 못하겠는가고 절절하게 호소하는 것이였다.

피눈물로 얼룩진 한태혁의 인생행로를 눈 앞에 그려보시는 어버이 사령관 동지께서는 이름할 수 없는 충격에 사로잡히신다.

얼마나 포악한 세상인가, 태혁의 말과 같이 저 어두운 밤, 깜박거리는 등불 아래 우리 겨레의 얼마나 많은 순이(태혁의 누이)들이 다가오는 불행 앞에 눈물짓고 있는 것인가, 얼마나 많은 필네(태혁의 누이동생)들이 일제와 지주, 자본가의 아가리 앞에 연약한 알몸을 드러내고 있는 것인가, 얼마나 많은 태혁의 아버지 같은 장사들이 헛되이 자기 힘을 원쑤를 위해 빨리우고 헐벗고 굶주려 죽어가고 있는 것인가, 가야 한다. 조선인민혁명군은 기어코 조국으로 가야 한다. 비록 앞을 막아나서는 시련과 난관이 산 같고 바다 같다 한들 한태혁이가, 정지성이가, 김재영이가 불행에 우는 우리 겨레를 구원하고 변주사 같은 무리들에게 보복하는 이 행군을 마다할 것인가, 한태혁이가 강한 것은 아버지로부터 장사피를 물려받은 거기에 있지 않다. 우리의 모든 혁명전사들이 강철처럼 굳센 것은 자주사상에 눈떴기 때문이며 이미 인간, 계급, 민족의 주인된 자각을 높이 간직하였기 때문이다.

소설은 이처럼 목숨은 버리여도 자주권을 버릴 수 없다는 한태혁의 심장의 목소리에서 크나큰 충격을 느끼시고 주체의 혁명위업이 필승불패이라는 신념을 더욱 굳게 다지시며 이 동기행군 자체가 사람이 모든 것의 주인이며 모든 것을 결정한다는 인간에 대한 우리의 관점을 검토하는 과정으로 볼 수 있다고 생각하시는 사상의 천재이시며 혁명의 영재이신 경애하는 사령관 동지의 형상을 심각한 극적 체험으로 그려 보이고 있다. 소설을 또한 그 구차한 살림에 자기 아이가 오롱조롱 여덟이나 되지만 혁명에 한 목숨 바치고 희생된 조복순 아주머니의 외로운 어린 딸을 데려다 기르는 백바위골 지구의 지하조직원 곽병철에게서 크나큰 감명을 받으시고 힘을 얻으시는 어버이 사령관 동지의 감격적인 체험세계를 가슴 뜨겁게 안겨준다.

장편소설은 이상에서 본 바와 같이 위대한 주체사상으로 무장한 대원들과 인민들에게서 힘을 얻으시고 주체의 혁명위업에 대한 신념을 더욱 두터이 하신 데 기초하시여 주체사상을 더욱 심화발전시켜 나가시는 어버이 사령관 동지의 형상을 극적 체험으로 펼쳐 보이면서 혁명의 위대한 수령이신 경애하는 사령관 동지의 비상한 감화력과 령도적 역할을 생활적으로 깊이 그려 보이고 있다. 그것은 소금사건을 통하여 위대한 사령관 동지의 혁명사상의 끝 모를 높이와 깊이를 다시 한 번 체험한 정지성의 사상적 충격에 대한 묘사에서 뚜렷이 찾아볼 수 있다.

(인간은 위대하다. 그러나 하나하나의 인간이 나타낼 수 있는 능력의 한계는 그를 령도하는 사상의 높이에 의해서 규정되는 것이다. 그런데 우리 인민을 이끄시는 금성 동지의 혁명사상의 높이는 측량할 길이 없으며 따라서 장차 우리 인민이 발휘할 기적은 그 한계를 내다볼 수 없는 것이다.)

적들의 간계로 하여 정치적 생명을 잃게된 기막힌 비극의 나락에서 구원된 정지성이가 체험하는 이 내면적 독백은 수천년 력사에서 처음으로 맞이한 민족의 구성이시며 혁명의 영재이신 경애하는 김일성 장군님을 혁명의 위대한 수령으로 모시고 혁명하는 조선인민혁명군의 매 대원이 체험을 통하여 터득한 위대한 진리이다. 바로 어버이 수령님의 위대한 주체사상과 그에 기초한 필승불패의 신념, 숭고한 인간애의 무한한 감화력으로 하여 그 엄혹하고 준엄한 고난의 행군 과정을 통하여 조선인민혁명군 매 대원은 그처럼 불패의 인간으로 높이 승화될 수 있었다.

소설은 고난의 행군을 이기고 모든 전선의 싸움에서 승리하고 상봉하는 전사들의 눈물겨운 상봉 광경을 하나하나 지켜보시며 그처럼 사납고 모질던 기나긴 겨울이 가고 봄을 맞은 산야에 꽃은 피여나고 새가 우짖지만 죽음의 시련을 헤쳐 온 저 투박한 사나이들이 해여진 군복짬으로 삐어져 나온 살과 살을 맞대고 그러안은 저 상봉에 비길 아름다움을 제 아무리 풍만하고 광대무변한 자연인들 만들어 낼 수 있을 것인가, 소설은 여기서 진정으로 아름다운 것은 인간에 의해서만 창조될 수 있다는 이름할 수 없는 격정에 잠기시는 어버이 사령관 동지의 형상을 철학적으로 깊이 그려 보이고 있다.

소설의 마지막 부분에 그려진 어버이 수령님의 격동적인 철학적 사색에서 보는 바와 같이 100만 년의 인류 력사에 혹한과 기아와 고난에 대한 인간의 쓰라린 기억이 어찌 적다고 할 수 있으랴만 그러나 1938년 겨울부터 1939년 초봄에 이르는 넉 달 동안 조선인민혁명군이 겪은 시련은 그 고난 자체가 어려웠던 그것보다도 그 것이 가장 위대한 인간정신의 발현 과정이였으며 우주의 온갖 요인에 비한 인간의 제1차성과 그 찬란한 승리의 과정이였다는 그것으로 하여 특출한 것이다.

장편소설은 고난의 행군과정을 통하여 심화발전되는 주체사상의 철학적 원리와 혁명적 본질, 그 기본 요구의 정당성과 위대한 생활력을 조선인민혁명군의 장성강화와 군사정치활동의 승리로써 뚜렷이 확증하고 있을 뿐 아니라 일제의 동기《대토벌》의 전략적 목적의 파탄과 패배상, 일제군벌 우두머리 놈들과 침략군의 야수화, 퇴폐화, 인간적 파멸 과정에 대한 진실한 예술적 화폭을 통하여 힘있게 확증하고 있다. 력사적인 고난의 행군 과정을 통하여 조선인민혁명군의 주체위업의 필승불패성을 일제 침략《토벌》군의 파멸상과 대비적으로 보여주고 있는 작품의 대조적인 구성은 1930년대 말기의 시대상을 정치 · 경제 · 문화의 모든 방면에 걸쳐 다방면적으로 진실하게 재현한 서사시적인 축도로 되고 있을 뿐 아니라 사람은 사람이라 이름할 때 자주권을 똑같이 가지고 났으며 자주권 없이는 살아도 죽은 목숨이니 버리여도 자주권을 버릴 수 없다는 인간에 대한 조선인민혁명군의 고도로 목적의식화된 철학의 진리성과 아름다움을 예술적으로 빛나게 구현한 서사시적 화폭으로 되고 있다.

이상에서 본 바와 같이 장편소설은 생사존망의 위기에 처한 혁명의 앞길을 열어나가는 그처럼 책임적인 조선인민혁명군의 고난의 행군을 력사적인 승리에로 이끄신 혁명의 위대한 수령 김일성 동지의 불멸의 업적을 다면적으로 깊이 그려 보임으로써 당대의 공산주의운동의 합법칙성을 서사시적으로 진실하게 재현한 혁명적 대작으로 되였다.

장편소설《고난의 행군》은 우리 독자들에게 혁명 앞에 뜻하지 않은 난국이 겹싸이여 항일무장투쟁을 계속 발전시켜나갈 수 있는가 없는가 하는 준엄하고 복잡한 문제가 제기된 일대 시련의 시기에 주체의 기치를 더욱 높이 드시고 조국진군의 길을 몸소 열어 나가심으로써 항일무장투쟁을 중심으로 한 조선혁명을 다시금 고조에로 이끌어 올리신 위대한 수령님의 고난의 행군 로정을 감회 깊이 되새기게 하며 력사가 알지 못하는 그 고난의 행군을 위대한 승리에로 이끄신 어버이 수령님의 위대한 주체사상, 탁월한 령도력과 비범한 령군술, 천재적인 통찰력과 빛나는 예지, 고상한 혁명가적 풍모와 높은 공산주의적 덕성, 인민들과 혁명전사들에 대한 뜨거운 어버이 사랑을 감동적으로 체득하게 하며 어버이 수령님에 대한 우리의 다함없는 흠모의 정과 끝없는 충성심을 더욱 뜨겁게 불타오르게 한다. 소설은 항일무장투쟁시기의 가장 준엄하고 간고한 행군이였던 고난의 행군을 위대한 승리에로 이끄신 혁명의 영재이시며 사상의 천재이신 경애하는 사령관 동지의 형상, 백전백승의 강철의 령장이시며 전설적 영웅이신 경애하는 사령관 동지의 형상, 민족의 구성이시며 인민의 태양이신 위대한 사령관 동지의 형상, 주체형의 공산주의적 인간애의 최고구현자이시며 혁명가적 풍모의 최고체현자이신 혁명의 위대한 수령 김일성 동지의 형상을 빛나게 그려냄으로써 위대한 수령님의 영광 찬란한 혁명력사를 더욱 깊이 알게 하며 어버이 수령님을 높이 우러러 모시고 혁명하는 우리 인민의 혁명적 긍지와 자부심을 더욱 높여준다.

장편소설은 또한 항일무장투쟁의 전 과정이 다 그러하였지만 제일 준엄하고 간고했던 고난의 행군을 생활 그대로의 서사시적 화폭으로 진실하게 재현하면서 그 승리의 요인을 폭넓고 깊이 밝혀냄으로써 사람들을 주체의 혁명위업의 필승불패성에 대한 철석같은 신념과 혁명적 락관주의로 튼튼히 무장하게 하며 우리 앞에 그 어떤 난관과 시련이 겹친다 하더라도 위대한 수령님을 높이 우러러 충성 다하기만 하면 승리할 수 있다는 확고한 신념을 더욱 굳게 하여주며 어버이 수령님의 현명한 령도를 받들고 승리한 조선인민혁명군의 경험과 모범을 생활적으로 따라 배우게 한다.

특히 작품은 중중첩첩한 난국과 시련을 헤치시고 조선혁명의 앞길을 자기희생적으로 열어나가신 어버이 수령님의 이루 다 형용할 수 없는 불멸의 업적과 끝없는 헌신적인 로고를 심장 깊이 새겨줌으로써 반세기를 넘는 기나긴 세월의 한때의 휴식도 없이 우리 인민의 행복과 조국의 번영을 위하여 다 바쳐오시는 어버이 수령님에 대한 우리들의 충성의 열정이 더욱 불타오르게 한다.

그리고 작품은 그 어떤 어려운 역경 속에서도 어버이 사령관 동지와 그이의 혁명사상을 목숨으로 옹호 보위한 빛나는 귀감이신 불요불굴의 공산주의투사 김정숙 동지를 비롯한 항일혁명투사들이 발휘한 어버이 수령님에 대한 신념화된 무조건적인 충실성을 빛나게 그려냄으로써 우리들의 심장에 튼튼히 자리 잡은 충성심을 더욱 굳게 하여준다.

장편소설 《고난의 행군》은 조선인민혁명군이 백두밀림에서 싸우던 혁명정신과 불굴의 투지를 높은 사상예술적 경지에서 재현한 빛나는 성과로 하여 우리 전체 근로자들과 청소년들을 우리 당의 유일사상체계와 혁명전통으로 무장시키고 주체형의 맑은 피만이 끓어 넘치는 공산주의 혁명가로 교양하는 데 있어서 위력한 투쟁의 무기로 될 것이다.

—『조선문학』 1976년 10호.

4. 개작 상황

장	1976년판	1991년판
1	1. 내용 없음–개작본에 첨가됨.	1. 자연풍광 묘사가 첨가된다.
	2. 그러면서도 한편으로	2. 해당부분이 삭제된다.
	3. 정순	3. 정숙
	4. 내용 없음	4. 박인섭의 입대 동기가 첨가된다.
	5. 내용 없음	5. 숲의 모습이 묘사된다.
	6. 렴정호	6. 엄광호
	7. 안충렬	7. 중흡
	8. 1군	8. 후방 밀영
	9. 내용 없음	9. 자연풍광 묘사가 첨가된다.
	10. 최성택	10. 최춘국
	11. 금성	11. 김일성
	12. 내용 없음	12. 장고봉 사건이 기술된다.
	13. 리철범	13. 박덕산
	14. 박종학	14. 리경락
	15. 홍치도	15. 강철룡
	16. 박후남	16. 장철구
	17. 없음	17. 최성택의 약력 묘사가 자세해진다.
	18. 리청천 · 김좌진	18. 독립군
	19. 백신한	19. 최창걸
	20. 최춘국에 대한 묘사	20. 최춘국 묘사 부분이 삭제된다.

2	최춘국의 행적	최춘국 관련 부분이 모두 삭제된다.
3	1. 류충제 2. 박덕산의 위훈 3. 최춘국의 행적 4. 주영찬의 행적	1. 류본초 2. 박덕산 위훈 부분이 삭제된다. 3. 최춘국 관련 부분이 삭제된다. 4. 주영찬 관련 부분이 삭제된다.
4	1. 박덕산의 위훈 2. 최춘국의 행적 3. 4월 8일 가재수 전투를 시작으로 4월 12일 구가점 전투	1. 박덕산 위훈 부분이 삭제된다. 2. 최춘국 관련 부분이 삭제된다. 3. 4월 11~12일의 구가점 전투를 시작으로 16일 호동구 전투, 4월 18일 우구자, 로인구 전투가 묘사된다.

— 작성 : 김은정

『두만강 지구』

1. 세부 사항

<table>
<tr><td>제목</td><td colspan="3">총서 '불멸의 력사'14 『두만강 지구』</td><td>출간 권수</td><td>14</td></tr>
<tr><td>작가 및 창작단</td><td colspan="5">석윤기 / 조선작가동맹중앙위원회 4·15문학창작단</td></tr>
<tr><td rowspan="2">발표 연도
(수상 연도)</td><td>발표 연도</td><td>1980</td><td rowspan="2">발표 지면
(수상명·집)</td><td rowspan="2" colspan="2">문예출판사</td></tr>
<tr><td>개작 연도</td><td>1993</td></tr>
<tr><td>스토리
주제</td><td colspan="5">조선인민혁명군의 군사정치활동과 인민에 대한 김일성의 신뢰</td></tr>
<tr><td>키워드1/ 테마</td><td colspan="5">무산지구전투, 고난의 행군, 쏘-일 국경 분쟁.</td></tr>
<tr><td>키워드2/ 구성</td><td colspan="5">3편</td></tr>
<tr><td>키워드3/ 시점</td><td colspan="5">복합 시점-전지적 작가 시점과 1인칭 주인공 시점(김일성에 한하여 주체존대법 쓰임)</td></tr>
<tr><td>키워드4/ 시간</td><td colspan="5">1939년 5월 18일~1939년 초가을 대부대선회투쟁이 시작되기 전</td></tr>
<tr><td>키워드5/ 장소</td><td colspan="5">청봉, 신사동, 휘풍동, 회양동.</td></tr>
<tr><td>키워드6/ 소재</td><td colspan="5">올기강전투, 무산지구전투, 축구 시합, 산천어 낚시, 위장 잠입.</td></tr>
<tr><td>키워드7/ 인물(직업)</td><td colspan="5">조직원, 연락원, 신선대, 지주, 경찰, 관동군, 유랑가수, 밥집 식모, 밀정, 첩보원, 농민, 교원, 조직 책임자, 소작농, 판벌부, 광부, 벌목부, 유격대원.</td></tr>
</table>

2. 줄거리 소개

1장(총 26절)

조선으로 들어온 조선인민혁명군은 청봉에 자리를 잡고 밀영을 만든다. 금성은 숙영지로 돌아와 백두산 숲의 나무에 구호를 새길 것을 명령한다. 정숙은 사람들의 성화에 의해 구호를 쓰게 된다. 금성은 압록강 기슭 쪽으로 몰리는 관동군을 분산시키기 위해 습격을 결심하고, 금숙, 재영, 경수에게 풍산 조직을 복구할 것과 한태혁의 동생 필네를 찾을 것을 지시한다. 차가수 물동을 떠난 정섭, 필네, 윤원구 일행은 신사동의 정섭의 집으로 향한다. 순사 요시다는 갑무경비도로를 확보하기 위해 그곳을 지나던 윤원구와 정섭 일행을 붙잡아 주변의 나무를 치게 한다. 정찰을 나왔던 준삼은 요시다에게 잘 보여 윤원구 일행과 작업을 같이 하게 된다. 그러나 정섭은 요시다에게 알랑거리는 준삼이 마음에 들지 않아 그에게 시비를 건다.

리룡철은 끄나풀인 당나귀와 접선을 하다 리성림에게 쫓기게 되고 다른 방향에서 오던 준삼과 마주쳐 룡철이 죽는다. 유격대로 돌아와 밤잠을 이루지 못하는 성림은 금성에게 정찰에 대한 이야기와 함께 준삼의 활약상을 이야기한다. 윤원구 일행은 정섭의 집에서 묵게 되고 정섭과 필네는 홍역에 걸린 영섭이 죽은 것을 알게 된다. 정섭의 빈집에 묵게 된 윤원구 일행은 노래를 부르다 혁명군에 대해 이야기한다. 윤원구 일행이 정섭의 집을 떠나고 리호철은 마을 청년의 동향을 스즈끼에게 과장되게 보고한다. 돈을 받으러 온 리덕선은 정섭이 필네가 남기고 간 돈을 들고 있자 그것을 빼앗으려다 폭행을 당한다. 그때 그의 아들 리호철과 스즈끼가 오게 되고 할아버지가 폭행당하자 정섭은 그들을 폭행하고 도망친다. 시마끼의 밀정인 호철은 정섭을 잡기 위해 그의 죄과를 부풀리고, 그의 집에 묵었던 윤원구 일행까지 잡아들이려 한다. 국경을 건너려던 윤원구 일행은 뒤따라온 요시다에게 체포된다. 봉식은 도망친 정섭이 돌아올 것을 걱정해 밥과 옷을 가지고 길목에서 그가 나타나길 기다린다. 정섭과 만난 그는 마을 소식을 알려주고 도망갈 것을 권하지만 필네가 밀정에게 잡혀가는 것을 목격한 정섭은 그들의 뒤를 따른다. 정섭의 자수로 풀려난 필네는 정섭의 집으로 가지만 그의 체포 소식을 알리지 못한 채 길을 떠난다.

금성은 갑무경비도로로 행군할 것을 제안한다. 홍치도와 안충렬은 행군을 위해 정찰조를 파견하는 등 만전을 기한다. 행군을 앞두고 금성이 해방 후 삼지연에 휴양소를 만들고 싶다는 소망을 내비추자 전사들은 들뜬다. 행군 이후 금성은 주민들과 만나려 한다. 이에 배정식이 강력하게 반대하지만 결심을 꺾지 못한다. 한편 정섭의 사건을 과장한 리호철은 정섭을 몰래 총살하고 유격대원 혐의를 씌울 계략을 꾸민다. 금성의 신사동 방문으로 주민들은 환호한다. 리호철에게 죽임을 당할 뻔한 정섭은 유격대가 나타나 목숨을 구하고 집으로 돌아가 금성이 자신의 집을 방문한 것을 알게 된다. 대홍단벌에서 7연대가 유인해온 일본군과 전투가 벌어진다. 정섭은 유격대의 등짐을 운반하고 무산전투에 참여하게 된다. 필네는 정섭의 마을에 유격대가 왔었다는 사실을 알게 되고 총소리를 듣고 숲으로 유격대를 찾으러 간다. 유격대를 따라온 민중들이 적에게 노출되자 정숙은 그들이 무사히 피할 수 있도록 엄호한다.

2장(총 18절)

전투 후 군정간부회의가 열리고, 신문에 소련 국경에서 일본군과 소련군이 충돌한 사건에 대한 기사가 나자 유격대원들은 촉각을 곤두세운다. 조진범은 등짐을 진 채 계속 부대의 뒤를 따라오는 정섭을 돌려보내려 하지만 금성은 정섭이 강 노인의 손자라는 사실을 알고 나서 그를 유격대에 입대시킨다. 금성은 산개투쟁의 방침을 결정한다. 유격대는 회양동 마을에 진입한다. 정섭의 솜씨로 마을의 모습이 달라지자 주민들은 유격대에 고마워한다. 그러나 정섭은 자신이 한 일을 숨긴다. 회양동 주민들은 단오를 맞아 금성에게 마을 잔치를 건의한다. 마을에서 운동회를 개최하기로 결정한 후 운동회 종목에 대한 논의가 벌어지고 축구시합을 하기로 한다. 김태규의 활약으로 8연대가 축구 시합에서 우승을 한다.

혼마는 하시모도를 경질한 후 부임한 이사구니에게 모멸감을 느낀다. 주경문은 금성 부대가 축구대회를 열었다는 보고를 받고 경악한다. 금성은 정지성과 류진옥, 장경수를 풍산 지구 공작조로 파견하고 회양동을 떠나 행군한다. 금성 유격대는 대마록구와 현성 쪽에서 진격해온 관동군을 궤멸시킨다.

정섭은 행군에 지쳐 주저앉아 있다가 자신보다 많은 짐을 지고 온 정숙이 도리어 자신을 돕는 것을 보고 스스로의 나약함을 반성한다. 정지성은 열흘 후 회양동에 들어오고 윤원구 일행도 비를 피하기 위해 회양동으로 온다. 필네는 갑성이가 메고 있는 명주 수건을 보고 정섭이가 유격대가 된 것을 알게 된다. 주경문은 숙부의 집에서 유격대의 포로가 되었던 황진국을 만나 심문하는 과정에서 자신이 혼마에게 속은 것을 알게 된다. 그의 심문 장면을 수련이 목격하게 되고 황진국은 그날 밤 탈주한다. 금성은 고열에 시달리는 후남(장철구) 아주머니를 위해 초막을 짓고 정숙에게 뒷일을 부탁한다. 황진국을 몰래 도망시킨 후 주경문의 마차로 집으로 돌아가던 수련은 매복해 있던 김준삼 일행에게 붙잡힌다. 수련은 김준삼을 룡정중학에서 보았던 것을 기억해낸다. 윤원구 일행은 화룡에 도착하고 김인수는 약방에 취직한다. 금성은 수련으로부터 정보를 얻은 준삼의 보고를 받고 전투 준비를 하달하고 잠을 못 이루는 정섭에게 사격 연습을 시킨다. 그리고 습격해 온 관동군을 크게 물리친다(올기강전투).

올기강전투에서 1개 대대가 사상당하고 50명이 포로로 잡히자 사마끼와 혼마는 대책을 세운다. 그 와중에 유인술에 걸려 석인구 경찰서가 습격을 받자 그들은 상부에 병력증강을 요청하기로 합의한다.

3장(총 25절)

성림은 화룡에서 만난 김인식의 연계로 윤원구를 만나고 그의 도움으로 삼선봉 일판에서 광부로 일하게 된다. 그는 자신의 짝패인 김용필에게 금성의 활약상을 이야기해주고 광산의 흐름을 잘 아는 그의 동생 성필과의 연계를 부탁한다. 용필의 소개로 성필과 연계를 맺은 성림은 만주광산에서 조직을 결성한다.

주청문은 락천카페에서 술을 마시다 신선대와 시비가 붙는다. 정지성으로 신분을 위장한 김준삼이 주청문을 도와주며 그들에게 접근한다. 리호철은 사마끼의 지시로 정지성의 뒤를 캐내려 하지만 준삼은 이를 이용해서 오히려 자신을 믿게 만든다. 흥아목재소 사서 조인식으로 위장한 성림은 자신이 자신감을 가지고 사업을 하고 있음을 금성에게 전해달라고 준삼에게 부탁한다. 윤원구는 금촌동 탄광 조직 책임자로 활동하고, 밀정 당나귀가 그의 뒤를 밟는 것을 본 필네는 그 사실을 알릴 방도를 생각한다. 금천동 지구에 조국광복회 조직이 결성되고 성림과 인식은 밀정을 알려준 처녀의 이름을 듣고 그녀가 한태혁의 동생임을 직감한다. 성림은 사령부의 연락책을 맡은 장경수와 접선한다. 장경수는 사령부로 돌아와 집필 중인 금성에게 상황을 보고한다.

정지성의 뒤를 캐던 리호철은 공작을 마치고 돌아가던 류진옥, 장경수와 마주치고, 장경수는 그를 배 위에서 해치운다. 필네는 자신의 집안 내력을 캐묻는 윤원구 때문에 혼란에 빠지고, 청지동에 들어온 유격대의 뒤를 밟다가 숲에서 금숙을 만난다. 유격대원들은 필네가 한태혁의 동생이라는 사실을 알고 반가워하고 금성은 한태혁의 죽음을 전해야 하는 처지에 괴로워한다. 그러나 필네는 오빠의 죽음을 눈치 채고, 오빠의 길을 따르겠다고 금성에게 말한다. 금성은 유격대에서 유행가를 부르는 김인수를 교양하여 지방 조직에 돌려보낸다. 초막에 남은 정숙은 고열에 시달리는 후남 아주머니를 간호하며 몸이 쇠약해져 간다. 장마와 함께 폭풍이 몰아치고, 초막이 붕괴될 위기를 모면한 정숙은 회복기에 들어선 금성 부대를 기다리다가, 약속대로 30일 만에 나타난 금성에게서 리성림이 보낸 선물(주전자 세트)을 받는다. 금성 부대는 악덕지주인 주경무와 주상춘을 사로잡고, 금성은 재봉대에서 바늘을 얻어 산천어 낚시를 시작한다. 소년병들도 낚시에 가담한다. 금성은 산천어가 물리지 않는 까닭이 미끼에 있음을 알게 된다. 낚시는 유격대 전체로 퍼져 전 부대가 고기를 낚는다. 금성은 사로잡은 주씨 형제를 심문하고 주상춘은 살아남기 위해 거래를 시도한다.

주가와의 담화 후 금성에게 옥돌골 조직의 손영백이 찾아온다. 김준삼의 뒤를 캔 시마끼는 준삼을 이용하여 유격대의 근거지를 알아내려 한다. 준삼은 주경문의 집에서 수련과 다시 마주친다. 이와구니는 가와사끼 부대를 연합토벌대로 배속시키고, 혼마와 사마끼는 자신들의 합의에 대해 다시 확인한다. 금성은 주영찬 부대에 찾아가 북대정자회의 결정에 관해 연설한다.

수련이 그를 알아보았다는 사실에 공작조의 거취 문제가 토론되지만 리성림은 공작을 포기할 수 없다고 주장한다. 시마끼는 돌아온 주경무를 소환하고, 겁에 질린 주경무는 유격대에 물품을 보낸 사실과 리성림의 정체를 실토한다. 리성림이 체포되고 금성은 리성림을 구출하기 위해 재봉대에게 동복 제작을 빠른 시일 내에 마치라고 명령한다.

주경문은 수련을 시마끼에게로 데려가 리성림과 대질시키나 수련은 모르는 사람이라고 잡아떼고, 성림은 모진 고문을 당한다. 김준삼과 윤원구는 탄광 화약고 밑에 갇힌 리성림을 구출하기 위해 내부와 경비 등을 정찰하고, 필네는 연설문을 준삼에게 보여준다. 유격대가 삼선동 탄광을 습격하여 성림을 구출하고, 필네는 선전전을 무사히 완수한다. 정숙은 필네의 후견인을 자처하는 금숙으로부터 정섭과 필네의 관계를 듣게 되고, 치료를 위해 밀영에 가 있는 리성림을 걱정한다. 금성은 소년병들과 산천어 잡이를 하고 안충렬은 보급품으로 가져온 조미료와 양념을 정숙에게 건네준다.

3. 북한의 소개와 평가

| 사전(년감) 자료 |

장편소설. 총서 《불멸의 력사》 중의 한 권이다. 1980년 석윤기 창작. 《고난의 행군》이 끝난 1939년 5월부터 이 해 초가을 대부대선회작전이 시작되기 직전까지를 시대적 배경으로 하고 있다. 위대한 수령 김일성 동지께서는 1939년 4월에 북대정자회의에서 《고난의 행군》을 총화하시고 조선혁명을 일대 앙양에로 이끌 새로운 전략전술적 방침을 제시하시였다.

위대한 수령 김일성 동지께서는 력사적인 북대정자회의에서 다음과 같이 교시하시였다.

《우리는 적들에게 숨 돌릴 틈을 주지 말고 적극적인 반격전으로 넘어가 일제침략자들에게 련속 타격을 가하고 조국으로 또다시 진군하여야 합니다.

우리가 적극적인 공세로 국경 일대와 국내에 진격하여 적들의 뒤통수를 호되게 타격하게 되면 그것은 광범한 인민대중을 반일투쟁에로 더욱 힘있게 고무하고 조선혁명을 다시금 앙양에로 이끌어 올리는 데서 커다란 의의를 가지게 될 것입니다.》(《김일성저작집》 1권, 191~192페지)

위대한 수령님께서 제시하신 전략전술적 방침에 따라 조선인민혁명군은 무산지구로 진공하여 백두산 동북부에서 군사정치활동을 활발하게 벌림으로써 일제의 식민통치에 강력한 타격을 주고 인민들에게 승리의 신심을 안겨주었으며 조선혁명은 새로운 발전의 길에 들어서게 되였다. 장편소설은 이 시기 조선혁명을 승리의 한길로 이끄신 경애하는 수령님의 빛나는 혁명활동과 불멸의 혁명업적을 대서사시적 화폭 속에 진실하게 형상하였다. 소설은 3개의 편으로 구성되여 있다. 1편에서는 위대한 수령님께서 조선인민혁명군 주력부대를 이끄시고 또다시 조국 땅에 진군하시여 무산 지구 전투를 승리에로 조직 령도하시는 과정을 형상하고 있다. 소설은 이 부분에서 사령관 동지께서 1939년 5월 18일 조선인민혁명군의 주력부대를 이끄시고 압록강을 건느시여 청봉에 도착하시는 과정을 구체적으로 형상한 데 이어 불요불굴의 혁명투사이신 김정숙 동지께서 청봉 숙영지에서 대원들과 함께 조국 땅을 밟는 기쁨을 안으시고 나무들에 원수 격멸의 힘있는 구호들을 쓰시는 감동적인 장면을 생동하게 그리였다. 또한 적들이 산악 지대와 압록강 연안에서 조선인민혁명군의 종적을 찾아 헤매고 있을 때 일행천리전술로 대낮에 《갑무경비도로》를 보무당당히 행군한 사실과 조선인민혁명군이 벌린 신사동과 신개척 일대에서의 정치군사활동, 대홍단전투에 대하여서도 실감 있게 그리고 있다. 소설의 2편에서는 사령관 동지께서 백두산 동북부의 올기강 기슭 휘풍동과 회양동에서 군사정치활동을 적극 벌리시면서 인민들 속에 혁명의 씨앗을 뿌려가시는 데 대하여 감명 깊게 형상하고 있다. 무산 지구 전투를 끝마치시고 두만강을 건느신 사령관 동지께서는 24일 큰골에서 주력부대의 군정간부회의를 소집하시여 무산 지구 작전의 빛나는 승리를 총화하시고 백두산 동북부 일대에서 적들을 군사적으로 완전히 눌러놓고 혁명조직들을 복구 확대하며 인민들에 대한 정치선전사업을 힘있게 벌릴 데 대한 방침을 제시하신다. 소설에서는 무산 지구 전투 이후 위대한 수령님께서 벌리신 휘풍동, 회양동 일대에서의 군중정치사업과 대마록구전투와 올기강전투를 구체적인 력사적 자료에 의거하여 생동하게 그려내였다. 소설의 3편에서는 위대한 수령님께서 금천동 일대의 광산 지구에서 조국광복회 조직을 복구하시고 새로운 정세에 맞게 적들에게 보다 큰 타격을 가하기 위한 령활한 작전을 벌리시며 무장투쟁의 대중적 지반을 확대 강화해 나가시기 위하여 정력적인 활동을 벌려 나가시는 숭엄한 모습을 형상하고 있다. 장편소설은 무산 지구 전투와 두만강 연안 및 백두산 동북부에서 벌린 조선인민혁명군의 맹렬한 군사정치활동을 기본 줄거리로 하면서 위대한 수령님의 현명한 령도가 있고 인민에 대한 그이의 한없는 믿음과 사랑이 있는 한 조선혁명은 그 어떠한 난국도 뚫고 승승장구한다는 위대한 진리를 철학적으로 깊이 있게 밝혀내였다. 소설에서는 위대한 수령님을 탁월한 전략전술과 전법, 위대한 령군술로 조선혁명을 승리에로 이끌어 나가시는 전설적 영웅으로, 백전백승의 강철의 령장으로 높이 칭송하였다. 장편소설에는 1939년 4월 북대정자회의와 그 후 안도현 큰골에서 있은 주력부대의 군정간부회의를 비롯하여 여러 회의들과 모임들에서 조성된 정세와 혁명발전의 요구에 맞게 조선인민혁명군이 나아갈 길을 뚜렷이 밝히시는 위대한 수령님의 숭엄한 혁명적 풍모를 감명 깊게 그려내였다. 장편소설에서는 또한 천변만화의 령활무쌍한 전법으로 대낮에 놈들이 닦아놓은 《갑무경비도로》로 당당하게 행군하여 놈들을 족친 무산 지구 전투와 그 후에 진행된 대전자전투, 청지동전투, 올기강전투, 금천동습격전투에 대한 구체적인 예술적 화폭을 통하여 위대한 수령님의 탁월한 령군술과 독창적인 주체의 전법을 보여주었다. 또한 작품에서는 조국진군의 나날 신사동 인민들 속에서 벌리신 군중정치사업과 회양동 마을에서 벌리신 정치사업 그리고 각계각층 인민들을 조국광복회 조직과 각종 반일단체에 묶어세우기 위한 투쟁 등을 통하여 주체사상에 기초하시여 조선혁명을 조선 인민자신의 힘으로 이룩하도록 하시기 위하여 주체적 력량을 튼튼히 꾸려 나가시는 경애하는 수령님의 위대한 풍모를 감명 깊게 형상하였으며 전사한 기관총수 한태혁의 누이동생을 찾으시기 위하여 그토록 애쓰신 이야기, 리성림을 굳게 믿으시고 어엿한 혁명가로 이끌어주시는 이야기를 통하여 위대한 수령님께서 지니신 인간에 대한 한없는 믿음과 사랑, 가장 숭고한 혁명적 동지애를 감명 깊게 펼쳐 보이고 있다. 소설에서는 또한 위대한 수령님께 충성 다하는 불요불굴의 혁명투사 김정숙 동지의 숭고한 형상을 빛나게 창조하였다. 소설에서는 이밖에도 언제나 위대한 수령님을 정치사상적으로 목숨으로 옹호 보위하며 경애하는 수령님의 명령지시를 한 치의 드팀도 없이 무조건 끝까지 집행해내는 지휘원들인 리철범과 안충렬, 배정식 그리고 능숙한 지하공작원들인 장경수, 김준삼, 리성림, 정지성, 류진옥 등의 성격들을 생동하게 그려내였다. 이 작품은 장편소설 《고난의 행군》과의 련관속에서 이야기 줄거리가 엮어지고 등장인물들의 호상관계가 맺어지고 있다. 소설은 또한 감동적이고 흥미있는 생활 세부들로써 유격대 생활을 진실하게 다양하고도 풍부하게 그리고 있다. 소설에는 일제침략자들을 호되게 족치는 통쾌한 전투장면이 있는가 하면 청봉 밀영과 삼지연못가에서 조국의 향취를 한몸에 그러안고 감격해 마지않는 유격대원들의 정서적인 생활장면도 있고 회양동 마을에서의 축구경기와 같은 웃음으로 차고넘치는 락천적인 생활장면도 있다. 특히 올기강에서의 낚시질 장면은 정서 그윽하면서도 웅심 깊은 사색의 세계에로 독자들을 이끌어 나가는 감동적인 장면들이다. 장편소설에서는 이러한 생활 세부들이 깊이있게 그려짐으로써 높은 형상성을 보장하고 있다. 이밖에도 작품은 아름다운 조국산천에 대한 묘사, 당대 사회력사적 환경을 해부학적으로 폭넓게 펼쳐보여주는 환경묘사, 유격대원들의 웅심 깊은 내면세계를 깊이 있게 파고든 심리묘사 등 우수한 형상수법들을 보여주고 있다.

—『문학예술사전』(상), 과학백과사전종합출판사, 1988.

| 평론 자료 |

위대한 혁명가, 위대한 인간의 빛나는 형상에 대한 서사시적 화폭

—장편소설 《두만강 지구》에 대하여

김성우

총서 《불멸의 력사》 중에서 장편소설 《두만강 지구》는 1939년 봄과 여름을 시대적 배경으로 하여 경애하는 수령 김일성 동지의 빛나는 형상을 높이 모시고 조선혁명 발전의 본질을 심오히 일반화한 기념비적 대작의 하나이다. 이 소설은 정치로선이 명백하고 사상예술성이 높은 것으로 하여 오늘 당 제6차 대회가 제시한 웅대한 강령을 높이 받들고 온 사회를 주체사상화하기 위한 장엄한 진군길에 나선 우리 인민들을 힘있게 고무하는 투쟁의 무기, 생활의 교과서로 훌륭히 복무하고 있다.

①

주체적 문예리론이 가르치고 있는 바와 같이 우리 문학에서 시급히 해결해야 할 문제의 하나는 작품의 정치사상적 품격과 예술적 가치를 규정하는 철학적 깊이를 보장하는 것이다. 이것은 현시대의 준엄한 계급투쟁과 혁명의 전 과정을 폭넓고 깊이있게 반영함으로써 사람들의 혁명적 세계관을 세우는 데 크게 이바지해야 할 대작 창작에서 특별히 중요한 문제로 나선다.

여기서 무엇보다 중요한 것은 철학적으로 무게있는 종자를 깊이 심은 데 기초하여 제기된 사회적 문제를 예리화하고 시대의 본질과 혁명의 근본 원리를 폭넓게 일반화할 수 있는 심오한 사상을 밝혀내는 것이다.

장편소설 《두만강 지구》가 우리 인민의 심장을 그토록 격동시키는 기념비적 대작으로 될 수 있은 것은 바로 그것이 민족의 태양이시며 절세의 애국자이신 경애하는 수령님의 빛나는 형상을 높이 모시고 조선혁명 발전의 한 시대를 심오히 일반화함으로써 주체사상이 밝혀주는 혁명의 근본 원리를 철학적으로 깊이있게 밝혀냈다는 데 있다.

장편소설 《두만강 지구》는 1930년대 말 적들의 발악적인 군사정치적 공세 앞에서 신념을 잃고 헤매이던 우리 인민들에게 자유와 독립에 대한 혁명적 신념을 안겨주시고 새로운 투쟁에로 불러일으키기 위한 사령관 동지의 정력적인 투쟁을 묘사하고 있다.

소설에 그려진 것처럼 조선인민혁명군이 다시 조국에로 진군하려던 당시 조국의 현실은 실로 암담하였다. 적들은 지난 겨울에 조선인민혁명군이 일시 국경지대를 떠난 틈을 타서 혁명조직을 깡그리 파괴하였으며 혁명군은 산 속에서 다 굶어죽고 얼어죽었다는 요언을 대대적으로 퍼뜨리였다. 그러는 한편 실지 조선인민혁명군을 《소멸》하겠다고 몽강, 림강, 장백 일대에 10여만 대군을 풀어 악착한 《비류식 토벌》을 감행하였으며 나중에는 진드기처럼 물고 늘어져 《장추 작전》을 들이댔다. 조선의 숨결은 폭풍 앞에 놓인 초불처럼 위태로왔다.

적들 가운데는 이미 조선의 숨통을 다 눌러 죽인 것처럼 생각하는 놈들이 적지 않았다. 그러나 그보다 더 큰 문제는 우리 겨레 가운데 많은 사람들이 이제는 조선의 해방과 독립에 대한 희망을 잃어가고 있었다는 사실이였다. 적들은 바로 그것을 위하여 군사적으로나 정치적으로 또는 재정적으로 어떤 수단과 방법도 가리지 않았으며 제 놈들 딴에는 할 수 있는 모든 것을 다 하였다.

만일에 이 사태를 방임해둔다면 그야말로 조선의 숨결은 초불과 같이 꺼지고 마는 것이다.

경애하는 수령 김일성 동지께서는 바로 이러한 실정을 통찰하시고 조국 진군과 백두산 동북부에서의 군사정치활동의 목적을 원쑤들에게 짓눌려 살아가는 인민들에게 조선혁명의 승리에 대한 희망과 혁명적 신념을 주는 데 두시였던 것이다.

경애하는 수령 김일성 동지께서는 다음과 같이 교시하시였다.

《…조국 땅에는 인민들의 원한이 서려 있고 적지 않은 동포들이 조국 광복에 대한 신심을 잃고 절망 속에서 하루하루를 살아가고 있습니다.

조국의 현실은 인민들에게 혁명 승리의 신심을 안겨주고 그들을 반일투쟁에로 불러일으킬 것을 요구하고 있습니다.》(《김일성 저작집》 1권, 197페지)

혁명과 건설의 주인은 인민대중이며 혁명과 건설을 추동하는 힘도 인민대중에게 있다. 불멸의 주체사상에 기초하여 력사의 주체인 인민대중의 힘을 믿고 인민대중을 불러일으킴으로써만 온갖 난국을 이겨내고 혁명의 승리를 이룩해 나갈 수 있다.

바로 이것이 당시 시대가 우리 혁명 앞에 제기한 가장 절박한 요구였으며 이 작품에 묘사된 두만강 지구에서의 군사정치활동의 중요한 목적이였다.

그러므로 작품의 기본 갈등을 이루고 있는 조선인민혁명군과 일제와의 첨예한 대립과 충돌은 단순한 군사작전적 문제가 아니라 력사의 진정한 주인인 인민들에게 신념을 주느냐 못 주느냐 하는 투쟁, 다시 말하여 인민대중이 혁명의 주인으로서의 자기 지위를 똑똑히 자각하고 자기 손으로 자기 해방을 이룩할 수 있다는 신념을 가지고 투쟁에 일떠서도록 깨우쳐주느냐 주지 못하느냐하는 심각한 정치적 문제로 된다.

위대한 수령님께서는 백두산 동북부에서의 군사정치활동을 벌리시기 위한 정치적 방침을 제시하시면서 다음과 같이 말씀하시였다.

《이번에 우리가 조국에 나가서도 느껴지는 것이 많았지만 인민들은 원쑤들에게 짓눌려 힘겹게 살아갑니다. 시련을 이겨내자면 뻗치고 설 신념이 있어야 합니다. 그 신념을 주기 위해 우리 혁명은 더 많은 피를 흘려야 할 것 같습니다. 아무리 좋은 인민이라도 내버려두면 혁명할 생각을 못합니다.》

우리 혁명의 승리는 우리 인민의 힘에 달려 있다. 그러나 그 인민도 그저 내버려두면 혁명할 생각을 못한다. 그들에게 신념을 주어야 한다. 우리 혁명가들은 단순히 적을 치기 위해서만이 아니라 인민에게 신념을 주기 위해서도 더 많은 피를 흘려야 한다.

장편소설의 이러한 주제사상적 내용은 위대한 주체사상이 밝혀주는 혁명의 근본 원리를 심오히 일반화하고 있는 바 바로 여기에 이 작품이 우리 독자들의 심장을 꽉 틀어잡고 숭고한 사상으로 불태워주는 철학적 깊이가 있는 것이다.

바로 이 주제사상적 과제를 해결하기 위하여 장편소설은 인민들에게 혁명적 신념을 안겨주시고 그들을 력사의 주인으로 키우심으로써 돌변하는 정세 속에서도 조선혁명의 불길을 세차게 지펴 가시는 위대한 수령님의 혁명투쟁을 보여주는 기본 줄거리에 수령님께서 안겨주신 굳은 신념으로 무장된 인민들과 유격대원들의 성장과정을 보여주는 생활들을 조화롭게 결합시켜 나갔다.

무엇보다 먼저 소설은 사령관 동지의 빛나는 형상을 통하여 사령관 동지이시야말로 우리 인민에게 자유와 독립에 대한 신념을 안겨주시고 혁명의 참된 주인으로 키워주시는 위대한 수령이시며 자기 인민의 힘을 믿고 그에 의거하여 혁명의 승리를 이룩해나가시는 바로 여기에 경애하는 수령님께서 지니신 위대성이 있다는 것을 보여주고 있다.

소설은 제1편에서 무산 지구 진공전투를 승리에로 조직령도하시는 사령관 동지의 빛나는 모습을 높이 모시고 있다.

위대한 수령님께서 조국 땅에 진군하시여 가장 관심을 돌리신 것은 우리 인민들의 생활이였다.

정찰에서 돌아온 장경수와 리성림이 적정에 대한 자료만 보고하고 길거리에서 만나본 인민들의 정상에 대해서는 별로 중요치 않은 것으로 생각하고 말씀드리지 않았을 때 그이께서는 이제부터 중요치 않다고 하는 것을 말하라고, 나한테는 우리 인민들의 생활에 대해서는 중요하고 중요하지 않은 것이 따로 없다고 뜨겁게 말씀하시는 것이다.

위대한 수령님께서 심려하신 것은 무모하게 날뛰는 수십만의 적이 아니였다.

그이께서 심려하신 것은 억압과 가난 속에 신음하는 인민들의 생활이였고 그들의 가슴 속에서 허물어 져가는 신념이였다. 그러시길래 신사동으로 직접 진출하시는 것을 한사코 막아 나서는 대원들에게 지금 내 소망은 고생에 터갈라진 우리 조국의 어머니, 아버지들의 손등을 내 손으로 한 번 쓸어보고 불쌍한 어린 것들의 머리를 쓰다듬어 주면서 우리 조선 사람들의 앞날이 결코 험하지만 않다는 것을 말해주고 싶은 것뿐이라고 간곡히 말씀하시는 것이다.

어버이 수령님께서 신사동 귀틀집에서 벌리시는 모든 정치사업과 대홍단전투의 그 빛나는 승리는 그대로 희망도 신심도 잃고 원한 속에 시들어가던 우리 인민들의 가슴 속에 자유와 독립에 대한 굳은 신념의 불길을 세차게 지펴 올리는 재생의 홰불이였다.

소설은 제2편에서도 올기강 기슭 휘풍 등과 희양동 일대에서 군사정치활동을 적극 벌리시며 이 일대 인민들 속에서 혁명의 불길이 활활 타오르도록 하시는 경애하는 사령관 동지의 고귀한 형상을 높이 모시고 있다.

사령관 동지께서는 여기서 지휘관들과 정치일군들의 회의를 소집하시고 올해 여름에 급속히 변화 발전하는 정세의 요구에 맞게 우리 혁명을 한 계단 더 높이 끌어올리자면 유격투쟁을 강화하는 한편 광범한 인민들을 혁명의 편에 묶어세우기 위한 군사정치공작을 그 어느 때보다도 활발히 벌려야 한다고 하시면서 지하공작을 강화할 데 대한 구체적인 방침을 제시하시였다.

이 방침에 따라 두만강 지구와 국내 넓은 지역에 사그러져가는 혁명의 불길을 다시 세차게 지피기 위한 수많은 정치공작조들이 파견된다. 정지성과 진옥이가 풍산으로 떠나고 김준삼과 리성림이 태평촌과 금천동 일대로, 장경수가 혜산 일대로 떠난다.

사령관 동지께서는 희양동에서 인민들과 함게 큰 운동회를 벌리시여 인민들에게 크나큰 신심을 안겨주시고 혁명조직을 튼튼히 복구하는 한편 곧 백일평 일대로 진출하신다.

여기에서 통쾌한 매복전투를 조직하시여 장조 부대 200여 명을 일격에 소멸해

버림으로써 여기에 큰 방어진을 구축하여 올기강 일대를 자루목처럼 틀어쥐고 북상하는 조선인민혁명군을 좁은 지역에 봉쇄한 다음 《소멸》하려던 적들의 어리석은 기도를 분쇄해버리신다.

이리하여 두만강 지구의 넓은 지역에 다시금 혁명의 서광이 밝게 비끼고 료원의 불길처럼 혁명이 태동하기 시작하였다.

소설은 제3편에서 경애하는 수령님께서 금천동 일대의 광산 지구에 조국광복회 조직을 복구하시고 일제가 공공연한 쏘련 침략의 길에 나선 새로운 정세에 맞게 적들에게 보다 큰 결정적 타격을 가하시기 위한 령활한 작전을 전개하시는 모습을 보여주고 있다.

위대한 수령님의 령도 밑에 혁명의 불길이 다시 일어나는 데 질겁한 일제는 발악적 공세를 들이댔다.

유격대 공작원의 체포로 청지동 일대의 혁명조직은 위험에 처하게 되였으며 대《토벌》전을 기도하는 적들의 흉계에 의하여 사령부 자체의 안전에는 엄중한 위기가 조성되였다.

그러나 사령관 동지께서는 우리 인민을 믿으시고 철수 준비를 다 갖춘 사령부의 숙영지를 다시 제자리에 전개하도록 하시며 대담하게 화룡 지구에 먼저 진공하여 적의 심장부에 칼을 박고 혁명의 장엄한 대하를 마련하실 웅대한 작전 계획을 세우신다.

소설은 청지동전투의 빛나는 승리로 절정을 이루면서 급류가 굽이치는 올기강 기슭에 낚시대를 드리우시고 명상에 잠기시여 앉아 계시는 사령관 동지의 숭엄한 모습을 보여주는 것으로 끝을 맺고 있다.

《온 세계가 전쟁 속에 휘말려들어 피를 흘리며 아우성치고 사람마다 제 갈 길을 잃고 남의 눈치를 살피며 갈팡질팡하는 이 동란의 때에 혁명하겠다는 인민들의 소박한 결의 하나를 믿으시고 사나운 력사의 난바다 우에 억세게 노를 박아 나가시는 조선혁명의 위대한 령도자 김일성 동지께서는 지구의 동서남북이 제아무리 소란스러워도 끄떡 동하지 않으시고 낚시대는 흐름에 맡겨두신 채 력사의 진정한 요인으로서의 인민의 힘을 키워나가실 위대한 구상을 무르익히고 계시였다.》

소설의 끝을 장식하는 이 구절들은 장편소설이 제기한 뜻 깊은 문제에 대한 심오한 철학적 해명을 담고 있다.

위대한 수령님께서는 자기 인민의 힘을 믿고 그들의 가슴 속에 끊임없이 신념의 불길을 지펴주시며 력사의 진정한 주인으로 키워 나가심으로써 조선혁명을 빛나는 승리에로 이끌어오실 수 있었다.

바로 여기에 경애하는 수령님께서 지니신 위대성의 근본 비결이 있으며 소설이 영원히 생명력을 잃지 않는 투쟁과 생활의 교과서로 될 수 있은 첫째 근거가 있다.

다음으로 소설은 위대한 수령님의 믿음과 사랑 속에 성장해가는 유격대원들과 인민들의 운명선을 통하여 위대한 수령님께서 안겨주신 주체의 신념을 지닌 인민의 불패의 힘에 관한 사상을 더욱 철학적으로 심화하여 보여주고 있다.

인민은 혁명의 주인이지만 그들은 저절로 자기 운명을 자기 손으로 개척해나가는 혁명력량으로 되는 것은 아니다. 그들에게 주인으로서의 권리를 깨우쳐주고 일어나 싸우면 자기 손으로 해방을 달성할 수 있다는 신념을 북돋아줄 탁월한 수령의 령도가 있어야 한다. 그들을 강철의 혁명가로, 자기 운명의 주인으로 키워준 힘은 바로 인간에 대한 위대한 수령님의 믿음과 사랑이였다. 이러한 주체의 철학적 진리는 한필네와 강정섭, 리성림과 류진옥 등의 운명선을 통하여 감명 깊게 밝혀지고 있다.

혁명의 길에서 쓰러진 한태혁의 누이동생 필네를 기어이 찾아오라고 그토록 심려를 기울이시는 사령관 동지의 숭고한 덕성 앞에서 유격대원들은 《조선혁명이 사령관 동지의 인간애 대한 위대한 사랑으로부터 시작되였다.》는 생각이 다시는 드놀지 않을 확신에로 승화되는 것을 스스로 느끼며 크나큰 감동에 사로잡히는 것이다.

혁명이란 결국 무엇이겠는가. 인간에 대한 사랑으로부터 인간의 존엄과 권리를 지키기 위하여 인간을 짓밟는 원쑤를 맞받아 벌리는 투쟁이 아니겠는가. 그렇기 때문에 또한 혁명은 인간에 대한 믿음이 없이는 할 수 없다. 위대한 수령님께서 첫 걸음마를 떼여주신 조선혁명은 인간에 대한 그이의 뜨거운 사랑과 억센 믿음에 기초하여 승승장구의 한 길을 걸어왔으며 또 이 길에서만 더욱 커다란 승리를 이룩할 수 있는 것이다. 한필네와 성림의 성장은 이 진리를 웅변으로 확증하여 준다.

《고난의 행군》 시기 청봉 밀영에서 반혁명분자 렴정호의 강박에 못이겨 혁명의 길에서 일시 곡절을 겪은 적이 있었던 리성림은 사령관 동지의 손길 아래 미더운 혁명가로 정치공작원으로 자라났다.

리성림에게 지하공작 임무를 주어 금천동에 내려보내는 것이 좋겠다는 안을 잡았을 때 일부 사람들은 그를 믿을만한 담보가 없다고 제기하였다. 이 때 위대한 수령님께서는 단호히 말씀하신다.

《그 어떤 검열도 소용이 없습니다. 그에게는 여전히 믿지 못할 구석이 남아 있게 될 것입니다. 이러한 관점에 선다면 우리 혁명은 승리하기 어렵습니다. 왜냐하면 우리는 우리 혁명을 오직 사람을 믿고 시작했기 때문입니다. 사실에 있어서 사람들은 여태까지 이 세상으로부터 그 어떤 담보도 받지 못했습니다. 그러나 우리 혁명은 사람들에게 든든한 담보를 주자는 것입니다. 그것은 신임입니다. 리성림 동무에게는 든든한 담보가 있습니다. 그것은 리성림 동무에 대한 우리 혁명의 신임입니다.》

이 감명 깊은 말씀 속에는 우리 인민들을 혁명의 주인으로 불패의 력량으로 키워주신 것이 바로 인간에 대한 위대한 수령님의 크나큰 믿음이였다는 것, 우리 인민이 심장 속에 간직한 신념이란 위대한 수령님께서 우리를 믿어주신다는 그 하나의 확신이라는 심오한 사상이 보석처럼 빛을 뿌리고 있다.

그러기에 리성림은 사령부의 위치를 알아내기 위하여 무서운 고문으로 위협하는 원쑤 앞에서 자기가 지난날 렴정호한테서 고문받으면서 손바닥에 뚫려졌던 구멍 자국을 내보이며 이렇게 자랑차게 말할 수 있었다.

《나에게 신념이 두텁지 못할 때 그것은 참을 수 없는 고통을 주었다. 신념이 없고 보니 진실이 없고 이 세상에 고귀한 것이 없었다. 그러나 일단 신념이 가슴깊이 자리잡고 보면 손바닥에 구멍이 뚫리는 것이 아니라 심장에 구멍이 뚫려도 두렵지 않다.》

그리고 스스로 고문실로 앞장서 걸어가는 것이다.

이처럼 소설은 수령님께서 안겨주신 사랑과 믿음에 의해 평범하고 소박한 인민들이 어떻게 불굴의 투사로, 혁명의 참된 주인으로 성장하는가를 보여주면서 혁명의 강력한 추동력을 이루는 인간의 신념에 관한 철학을 참으로 심오히 천명해주고 있다.

장편소설은 주제사상을 철학적으로 심화하고 생활의 새로운 탐구, 깊이 있는 분석적인 세부 묘사와 언어 구사를 통하여 심오한 사상을 밝혀냄으로써 당시 혁명발전의 본질을 폭넓게 일반화하고 작품의 철학적 깊이를 최고의 높이에서 보장할 수 있었다.

②

혁명전통 주제의 대작 창작에서 중요한 문제의 하나는 정치사상생활과 인간생활을 밀접히 결부하여 그림으로써 혁명가들의 정치성과 인간성을 유기적인 통일 속에서 보여주는 것이다.

경애하는 수령 김일성 동지께서는 다음과 같이 교시하시였다.

《지난 기간에 만든 혁명전통 주제의 작품들을 보면 주로 퉁탕거리면서 전투하는 것, 적의 무기를 빼앗는 것, 깊은 눈길을 헤치면서 행군하는 것과 같은 장면들뿐이고 주인공들의 다양한 생활을 그린 것이 적습니다. 문학예술작품을 그렇게 만들어서는 안 됩니다.》(《김일성 저작선집》 7권, 166페지)

생활을 여러모로 폭넓고 깊이 있게 반영하는 것은 혁명적 대작 창작의 기본 요구의 하나이다. 여기에서도 가장 중요한 원칙적 문제는 정치사상생활과 인간생활을 밀접히 결부하여 그리는 것이다.

장편소설 《두만강 지구》는 바로 이 문제를 원만히 해결함으로써 위대한 혁명가들의 빛나는 형상을 훌륭히 창조할 수 있었다.

정치생활과 인간생활을 다 같이 묘사하면서 인간들의 성격을 진실하게 창조하자면 먼저 정치사상생활과 인간생활의 호상관계, 그것을 밀접히 결부하여 묘사할 데 대한 문제의 본질을 똑바로 리해하여야 한다.

사람들은 사회적 존재로서 나서부터 죽을 때까지 일생동안 사회생활을 하게 된다. 사람들 사이에 맺어지는 모든 인간관계는 민족과 계급의 리해관계를 놓고 맺어지는 정치적 관계와 더불어 하나의 인간으로서 인간에 대한 사랑에 기초하여 맺어지는 인정적 관계를 동시에 가지게 된다. 결과 사회생활의 그 어느 분야에나 정치는 깃들게 되며 인간생활은 정치사상생활과 더불어 이루어지고 존재하게 된다. 정치생활을 떠난 인간생활이란 있을 수 없으며 인간생활을 떠난 순수한 정치생활이란 있을 수 없다.

사람들의 정치생활과 인간생활을 밀접히 결부하여 그릴 데 대한 주체적 문예리론의 본질은 정치생활과 인간생활이 따로 있어서 정치사상생활을 기본으로 그리면서 거기에 다양한 인간생활을 끼워 넣는 식으로 그려나갈 데 대한 문제인 것이 아니라 정치사상생활이자 곧 인간생활이고 인간생활이자 곧 정치생활로 되게 유기적으로 통일시켜 묘사할 데 대한 문제로 되는 것이다.

전투나 행군을 그리면서도 그 속에서 인간들의 생활을 그려야 하며 다양한 인간생활을 그리면서도 그 속에서 정치생활을 그려야 한다. 그래야 인물들의 정치성과 인간성이 다 같이 풍부하게 살아나면서 작품의 사상성과 예술성의 결합을 보장할 수 있다.

장편소설 《두만강 지구》는 경애하는 수령님의 불멸의 형상을 창조함에 있어서 위대한 사상가, 탁월한 작전가로서의 빛나는 모습을 형상함과 동시에 한없이 숭고하고 아름다운 인간적 풍모도 섬세한 필치로 잘 그려나가고 있다. 그리하여 우리는 사령관 동지의 형상에서 위대한 혁명가, 위대한 인간의 모습을 함께 우러러보여 무한한 감동을 받게 되는 것이다.

작품의 첫 부분에 묘사된 청봉 밀영에서의 장면은 그 훌륭한 실례로 된다.

청봉산마루에서 그처럼 아름다운 조국의 모습을 바라보시는 사령관 동지의 가슴속에는 꿈결에도 못 잊을 사연들이 구름처럼 엇갈려 떠오른다.

조국의 품은, 그 품에 이르는 길은 실로 피눈물에 얼룩져 있다. 그 길 우에 갈대 설렁거리는 소사하 뒤산에는 어머님의 봉분이 생겨나고 철주의 순직한 넋은 황막한 광야에 뿌려졌다. 삼촌도 철창의 이슬로 사라졌다.

그리하여 만경대 고향집에는 할아버님, 할머님만이 굽으신 허리로 다가오는 이 봄에 씨붙임을 하시며 아득히 이곳—국경의 숲까지 뻗은 우불구불한 길을 하염없이 바라보실 것이다. 언제면 우리 증손이가 아버지, 어머니와 온 조선의 한을 풀고 돌아올 것인가고… 앙상하신 그 어깨 우에 모든 시련과 슬픔의 짐을 감당하시면서 터갈라진 가슴들에 무엇이 남아있을 것인가, 봄을 맞이하여 조국산천은 이렇게 새움이 돋고 향기로운 풋내가 떠돌며 신록으로 단장해가는 데 할아버님, 할머님께서 힘겹게 밀고가시는 가대기날 아래에는 남리의 척박한 먼지발이 매운 재가 되여 그 슬픔과 분노에 터갈린 가슴들에 또다시 뿌려질 것이 아닌가.

사령관 동지께서는 으스러지게 주먹을 틀어쥐시였다…

조국 땅에 첫 발을 들여놓으신 사령관 동지의 뜨거운 내면세계에 대한 이 감명깊은 묘사는 자신의 일가 분들에 대한 그이의 애틋한 정을 조국에 대한 열렬한 사랑의 감정에로 승화시키면서 위대한 인간의 고결한 정신세계를 위대한 애국자의 숭엄한 사상감정으로 안겨오게 한다.

소설은 일제의 100만 대군을 한손에 거머쥐시고 쥐락펴락하시는 사령관 동지의 불멸의 형상을 힘있는 필치로 보여주면서도 언제나 그이의 가슴 속에 굽이치는 인간에 대한 뜨거운 사랑과 인민의 아들로서의 검소하시고 소탈하신 풍모를 진실하게 보여주었다.

신사동 강 로인의 집에 찾아오시는 걸음으로 처져 내린 추녀를 올려다보신 장군님께서 실그러진 구새통을 바로 세우시며 《굴뚝이 이렇게 넘어져서야 불이 들겠습니까. 이런 귀틀집이란 겉바람이 심한데 구들이라도 뜨뜻해야지》라고 말씀하실 때 우리는 한 민족의 수령이라기보다 한 가정의 친어버이를 뵈옵는 듯한 친근한 느낌을 받게 된다.

희양동에서 마을 사람들과 함께 축구 경기를 벌렸을 때 저마다 자기 편이 이기게 하려고 어린애같이 기가 나서 돌아가는 대원들을 바라보시며 흐뭇이 웃으시는 모습이라든가, 중병에 걸린 한 녀대원을 깊은 숲 속에 남겨 두어야 하는 안타까움을 안으시고 손수 전령병들을 데리시고 초막을 지우시는 모습, 그리고 올기강 기슭 백일평에서 써늘한 밤이슬을 맞으며 피곤히 잠든 대원들을 돌아보실 때 밤이슬을 가리울 한 장의 모포가 없어서 골고루 덮어주지 못하시는 것을 가슴 아파하시는 모습들은 혁명전사들과 우리 인민들을 한 품에 안아 자애롭게 보살펴주시는 그이의 숭고한 덕성과 더불어 더없이 다정한 인간적 풍모를 그대로 보여준다.

그 가운데서도 올기강 기슭에서의 낚시질 장면은 가장 빛나는 화폭의 하나이다. 나어린 전령병들인 재영이와 상철이가 어찌나 소란을 피우는지 고기가 잘 물리지 않자 슬그머니 자리를 옮기시고 미끼를 바꾸어보시는 사령관 동지, 큰 고기가 달린 충격이 팔굽을 툭 치자 금시 긴장되시여 실수 없이 기슭으로 낚아 올리시느라고 왼심을 쓰시는 사령관 동지, 그이의 낚시에 걸린 큰 고기를 제가 먼저 건져 올리겠다고 앞을 다투어 물에 뛰여들었다가는 선손을 빼앗긴 분함 때문에 토라진 꼬마들을 바라보시며 껄껄 웃으시는 사령관 동지…

밀림 속에 펼쳐진 이 아름다운 인간생활의 화폭은 사령관 동지의 고결하신 성품을 인상 깊게 아로새기고 있다.

사령관 동지의 빛나는 형상에 바쳐진 무수한 인간생활의 화폭들은 단순한 인간생활로만 그려진 것이 아니다. 조선혁명의 위대한 수령이신 사령관 동지께서는 왜놈의 행패에 시달린 몸을 일으키지 못하는 강 로인을 손수 부축하여 일으켜 세워주시고 원쑤놈들이 살판 치는 무시무시한 한복판에서 대낮에 큰 운동회를 조직하시며 적들의 공격을 예견하여 바싹 긴장된 부하들의 마음을 눅쳐주시기 위하여 태연자약하게 낚시대를 드시고 강기슭 풀밭에 앉으시여 명상을 즐기시는 이 모든 것이 곧 정치사업이시고 혁명투쟁이시였다. 혁명은 사람이 하는 것이고 따라서 가장 아름다운 인간의 본성을 끊임없이 계발하고 소중히 꽃피워 주는 것이 다름 아닌 혁명사업으로 된다는 사령관 동지의 신념에 관한 투철한 파악은 소설의 창작가들로 하여금 위대한 수령님의 형상에 바쳐진 인간생활의 모든 화폭들을 곧 숭고한 정치사상생활의 화폭으로 묘사하여 보여줄 수 있게 하였던 것이다.

장편소설 《두만강 지구》는 사령관 동지의 불멸의 형상만이 아니라 불요불굴의 공산주의 혁명투사이신 김정숙 동지의 존귀하신 형상을 비롯하여 안충렬, 리철범, 배정식, 박인섭, 김준삼, 장경수 등 혁명가들의 형상을 창조함에 있어서도 정치사상 생활을 인간생활과 밀접히 결부하여 그릴 데 대한 창작적 원칙을 지켜나가고 있다.

그 가운데서도 가장 빛나는 자리를 차지하는 것은 존경하는 김정숙 동지의 고귀한 형상이다.

소설에서는 존경하는 김정숙 동지께서 지니신 사령관 동지에 대한 티없이 맑고 깨끗한 충실성을 숭고한 높이에서 보여주고 있다.

김정숙 동지에게 있어서 사령관 동지를 끝없이 우러러 흠모하고 그이의 안녕을 목숨으로 지키며 최대의 정성을 다하여 받들어 모시는 것은 움직일 수 없는 생활의 신조였고 최상의 보람과 행복이였다. 소설은 주옥같이 다듬어진 묘사를 통하여 주체형의 공산주의 혁명가가 지녀야 할 정치사상적 풍모의 최고절정을 이루는 김정숙 동지의 아름다운 충성의 한마음을 감명 깊게 수놓고 있다.

그립던 조국의 삼지 연못가에서 천천히 거닐으시고 계시는 장군님의 모습을 바라보시며 끝없이 숭엄한 감동에 휩싸이시는 김정숙 동지의 형상에 대한 묘사가 있다.

김정숙 동지께서는 일구월심 장군님을 기다리는 우리 인민의 간절한 마음을 담아 그이께 아름다운 꽃다발을 엮어 올리고 싶으시여 탐스럽게 피여난 가지들을 골라 진달래꽃을 꺾으시였다.

김정숙 동지께서 사령관 동지께 삼가 올린 붉고 붉은 조국의 진달래! 거기에는 어버이 장군님을 민족의 태양으로 모시고 영원히 충성 다하려는 그이의 불타는 결의와 간절한 념원이 어려 있었다.

그러기에 김정숙 동지께서는 사령관 동지의 식사를 더 잘 지어드리기 위하여 온갖 정성을 다 기울이시며 사령관 동지의 심려를 덜어드리기 위하여 천고의 밀림 속에 자진하여 떨어져 병에 앓고 있는 한 녀대원을 헌신적으로 간호하는 것이다.

또한 김정숙 동지께서 사령부의 주전자가 투박하다고 내내 걱정하시다가 지방공작을 나가는 동무들에게 부탁하여 품위 있게 세공한 좋은 양은 주전자와 잔을 구해오시는 장면도 감동적이다. 사령관 동지께 떠드리는 물이라면 첫 새벽에 제일 선참으로, 또 가장 정갈한 샘물을 떠올리시고 싶고 사령관 동지의 손길이 닿으실 물건이라면 하나의 주전자라도 한 점의 티가 없기를 바라시는 그 순결한 마음은 김정숙 동지께서만이 지니실 수 있었던 고귀한 충성심에서 우러나온 것이였다.

소설은 김정숙 동지께서 지니신 조국과 인민에 대한 열렬한 사랑, 혁명적 동지애도 감명 깊게 묘사하여 보여주고 있다.

조국 땅에 들어선 첫 날 조국의 아름드리 나무를 부여안으시고 핑그르르 맴돌

기도 하시고 고개를 들어 하늘을 바라보시며 소리 없이 기쁨의 눈물을 머금으시는 그 모습과 함께 조국을 리별하실 때는 후미진 곳에 홀로 숨으시여 풀밭을 어루더듬으시며 석별의 눈물을 떨구시는 모습은 조국에 대한 혁명적 사랑의 아름다운 화폭이 되여 우리 가슴에 안기여 온다.

《얼마나 그리워하던 땅일가, 우리 조국은 얼마나 좋아! 그래서 이 땅을 위하여 모든 것을 다 바치고도 우리는 이 땅에 안기니 이렇게… 이렇게 눈물이 나도록 기쁜 게 아니겠어.》

김정숙 동지께서는 동지들을 그처럼 뜨거운 열정으로 사랑하시였는 바 천고의 밀림 속 모진 태풍 속에서 천신만고 무릅쓰시고 혁명동지를 구원하시기 위하여 투쟁하시는 눈물겨운 모습과 애인을 잃고 가슴에 상처를 입은 금숙이를 친언니의 심정으로 다심하게 보살피시는 모습 등은 그이께서 지니신 고결한 성품을 더욱 빛내여 준다.

소설에서는 김정숙 동지의 혁명가적 품성을 보여주는 이러한 정치사상생활의 화폭들을 철저하게 그이께서 지니신 아름다운 인간미를 밝혀주는 인간생활로 전환시켜 보여주었다.

혁명가의 정치성과 인간성은 언제나 함께 표현된다. 정치성은 사회적 범위로 확대된 인간성이며 그의 최고표현이다. 인간성은 혁명가들의 지닌 정치성의 기초로서 그들이 어떻게 되여 그렇듯 열렬한 혁명가로, 투사로 자라날 수 있었는가를 밝혀준다.

조국 땅에 들어선 크나큰 감격 속에서 김정숙 동지의 마음속에 찾아든 것은 샘솟는 환희만이 아니였다. 고향 오산덕마루에 백살구꽃이 활짝 피여 그 꽃 속에서 어머니며 오빠며 동생이 이제야 왔는가고 손 저어 부를 것만 같으시였다. 《어머니, 전 장군님을 모시고 어머니가 그렇게 보고 싶어 하던 조국에 왔어요.》

김정숙 동지께서는 어머니가 누워 계시는 아득한 부암의 하늘가를 향하여 마음속으로 속삭이시였다. 눈에는 함빡 눈물이 어리였고 떨리는 입귀에는 웃음이 피여 있었다. 평생 소원이 이룩된 듯한 벅찬 감정이였다. 동시에 가슴에 이는 듯한 충격이기도 하였다.

그렇다. 그 모진 시련 속에서도 드놀지 않는 무쇠 같은 혁명가들의 가슴 속에도 애달픈 추억은 있고 가슴 에이는 눈물도 있다. 그들도 부모가 있고 형제가 있고 애인이 있으며 남모르는 꿈도, 소원도 있으며 버리기 아쉬운 소중한 것이 있다. 바로 이러한 뜨거운 인간성을 가슴 깊이 간직하고 있었기에 혁명에 바친 그들의 희생이 그렇듯 눈물겨웁고 값 높은 것이 아니겠는가!

삼지 연못가에서 해방된 조국의 래일을 그리시며 그 날을 생각하실 때마다 가슴 아픈 희생도, 겪은 고생도 하나 아깝지 않고 앞으로 닥칠 어떤 시련도 두렵지 않다고 말씀하시면서도 김정숙 동지께서는 문득 달려오는 발자국 소리에 놀라 눈길을 드시는 순간 나팔을 메고 달려오는 신호수 상철이를 그만 기송이로 헛보시고 심장이 뚝 멎는 듯한 충격을 받으시기도 하시는 것이다.

장편소설은 이렇듯 철저히 정치사상생활과 인간생활을 결합시켜 혁명가의 정치성과 인간성을 다 같이 풍부히 그려냄으로써 사람들의 기억 속에 영원히 아로새겨질 불멸의 형상을 창조해낼 수 있었다.

*　　*　　*

이상에서 본 바와 같이 총서 《불멸의 력사》 중에서 장편소설 《두만강 지구》는 주제사상의 심오한 철학성과 성격형상의 진실성으로 하여 공산주의 인간학의 높은 사상예술적 경지를 개척한 기념비적 대작으로 될 수 있었다.

소설은 온 사회를 주체사상화하기 위한 장엄한 투쟁에 떨쳐나선 우리 인민들을 영원한 충성의 한 길로 고무하면서 위대한 수령님을 길이 모시고 주체의 혁명 위업을 끝까지 완성해 나가도록 힘있게 이끌어줄 것이다.

—『조선문학』 1981년 5호.

4. 개작 상황

장	절	1980	1993
1	1	조선으로 들어온 조선인민혁명군은 청봉에 밀영을 만든다.	금성은 김성주로, 안충렬은 오중흡으로, 홍치도는 강철룡으로 수정된다. 최성택 이름이 삭제된다.
	2	금성은 숙영지로 돌아와 백두산 숲의 나무에 구호를 새기도록 지시한다.	배정식은 오백룡으로, 리철범은 박덕산으로 수정된다.

	4	금성은 압록강 기슭 쪽으로 몰리는 관동군을 분산시키기 위해 습격을 결심하고, 금숙, 재영, 경수에게 풍산 조직의 복구를 지시하고 한태혁의 동생 필네를 찾을 것을 지시한다.	단어 수정 : '능개비' → '는개비'로 수정된다.
	7	정찰을 나온 준삼은 요시다에게 잘보여 윤원구 일행과 작업을 같이하게 된다. 그러나 정섭은 요시다에게 알랑거리는 준삼이 마음에 들지 않아 그에게 시비를 건다.	렴정호 → 엄광호로 수정된다.
	8	리룡철은 끄나풀인 당나귀와 접선을 하다 리성림에게 쫓기게 되고 다른 방향에서 오던 준삼과 마주쳐 룡철이 죽는다.	당나귀 → 하늘소로 수정된다.
	19	홍치도와 안충렬은 갑무경비도로 행군을 위해 정찰조를 파견한다. 행군을 앞두고 금성은 해방 후 삼지연에 휴양소를 만들고 싶다는 소망을 내 비추자 전사들은 들뜬다.	후남 → 철구로 수정된다.
2	1	전투 후 군정간부회의가 열리고 소련 국경에서 일본군과 소련군이 충돌한 사건에 대한 신문 기사에 유격대원들은 촉각을 곤두세운다. 조진범은 등짐을 진 채 계속 부대의 뒤를 따라오는 정섭을 돌려보내려 하지만 안 금성은 그를 유격대에 입대시킨다.	주통사 → 유통사로 수정된다.
	7	혼마는 하시모도의 경질 후 새로 부임한 이사구니에게 모멸감을 느낀다.	주경문 → 유경문으로 수정된다.
3	19	금성은 주영찬 부대에 찾아가 북대정자회의 결정에 관해 연설을 한다.	최성택 관련부분이 삭제된다.

— 작성 : 김은정

15 『준엄한 전구』

1. 세부 사항

<table>
<tr><td>제목</td><td colspan="3">총서 '불멸의 력사'15 『준엄한 전구』</td><td>출간 권수</td><td>15</td></tr>
<tr><td>작가 및 창작단</td><td colspan="5">김병훈 / 조선작가동맹중앙위원회 4・15문학창작단</td></tr>
<tr><td rowspan="2">발표 연도
(수상 연도)</td><td>발표 연도</td><td>1981</td><td rowspan="2">발표 지면
(수상명・집)</td><td rowspan="2" colspan="2">문예출판사</td></tr>
<tr><td>개작 연도</td><td>1990, 1999</td></tr>
<tr><td>스토리
주제</td><td colspan="5">혁명적 동지애와 고난 극복의 정신</td></tr>
<tr><td>키워드1/ 테마</td><td colspan="5">대부대선회작전, 돈화원정, 혁명적 동지애, 고난 극복.</td></tr>
<tr><td>키워드2/ 구성</td><td colspan="5">10개 장, 53개 절.</td></tr>
<tr><td>키워드3/ 시점</td><td colspan="5">복합 시점－전지적 작가 시점과 1인칭 주인공 시점(김일성에 한하여 주체존대법 쓰임)</td></tr>
<tr><td>키워드4/ 시간</td><td colspan="5">1939년 여름~1940년 봄</td></tr>
<tr><td>키워드5/ 장소</td><td colspan="5">화룡현, 백두산 동북부, 용정, 안도, 돈화, 해란강, 백석탄 밀영, 륙과송, 대마록구, 홍기하.</td></tr>
<tr><td>키워드6/ 소재</td><td colspan="5">대부대선회작전, 돈화원정, 륙과송전투, 홍기하전투.</td></tr>
<tr><td>키워드7/ 인물(직업)</td><td colspan="5">유격대원, 재봉대, 일본군.</td></tr>
</table>

2. 줄거리 소개

1장(총 9절)

1939년 가을 저녁 배정식(오백룡)은 연길, 룡정 지구에서 지하공작 중인 오비서에게 노자끼 소장의 지휘 아래 적 병력이 조선인민혁명군이 있는 백두산 동북부로 집결하고 있다는 소식을 전해 듣는다. 배정식은 한시 바삐 사령부에 보고하기 위해 소부대를 이끌고 길을 나선다. 토벌을 위한 일대 정비를 마친 노자끼는 휘하의 장교들에게 눈이 내리는 한 달 후까지 공산군을 봉쇄하는 1단계 작전을 마칠 것을 지시한다.

올기강 막치기 골짜기에 위치한 사령부에 도착한 배정식은 자신이 전해 들은 소식을 김일성에게 보고한다. 그러나 김일성은 이러한 소식을 접하고도 조금도 올기강을 떠날 의향이 없는 듯 각처에서 활동하는 부대들과 지방 조직을 지도한다. 배정식은 8연대와 독립대대의 여러 중대장을 만나 현재 상황을 공유한다. 이에 김일성은 급박한 정세한 정세도 정세이지만 이럴수록 대원들을 잘 돌보아야 하며, 가장 중요한 것은 사람들의 혁명신념과 의지임을 역설한다. 김일성은 배정식에게 오비서를 만나 추석 전에 사령부에 돌아올 것과, 의약품을 구해 돌아오겠다는 이야기를 전달해주길 부탁한다. 또한 김일성은 배정식에게 돌아오는 길에 임시병원에 들려 성림의 병세와 오중훈(오중흡) 연대장을 잘 진정시켜 주도록 당부한다.

오중훈은 리성림을 문병하러 임시병원을 방문했다가 지난 전투에 입은 손바닥의 상처를 치료받게 되어 한동안 병원에 머물러 있는 중이다. 임시병원에서 춘옥 동무의 맑은 웃음소리를 들은 오중훈은 5년 전 헤어진 아내와 아들을 떠올린다. 오중훈은 문병 온 배정식을 통해 자신의 부상을 치료받게 하려는 김일성의 의중을 알게되고 완치될 때까지 이곳에 머물겠노라고 대답한다. 그러나 배정식으로부터 적들의 토벌작전 계획으로 사령부가 위기에 놓여있음을 전해들은 오중훈은 임시병원을 떠나 사령부로 돌아간다. 김일성은 오중훈의 무모한 행동을 꾸짖는다. 오중훈은 7연대 4중대를 이끌고 황산령에 위치한 집단부락을 습격한다. 해동하 기슭 숙영지에 당도한 오중훈은 노획물자 중 식료품 더미는 따로 모아 담고, 무기들은 땅에 파묻어 후일을 대비하게 한다.

입대하면서부터 기관총수가 되기를 바랬던 장호는 남모르게 기관총 한 자루를 노획하여 부사수가 될 기회를 노린다. 장호는 사령부에서 자신보다 1년 먼저 유격대에 입대한 순녀와 상봉하게 된다.

2장(총 9절)

사령부에서는 추석 명절 차비와 공세를 대비한 준비가 한창이다. 오비서는 '동남부치안숙정특별공작' 계획의 실체를 김일성에게 보고한다. 김일성은 험난한 적의 공세를 앞두고 추석 명절을 준비했으나 명절 물자가 부족하였다. 이때 한용수 중대가 명절 물자를 가득 싣고 사령부에 도착한다. 김일성과 배정식은 그제서야 사령부로 서둘러 복귀한 오중훈의 속마음을 알게 된다. 최장호는 사령부에 도착해 순녀를 만난다. 순녀는 장호에게 최장호의 이름이 쓰여진 학습장과 『군인상식』이라는 책을 선물한다.

어느 날 최인관은 부상자를 치료해 줄 것을 사정하는 혁명군 대원의 부탁을 받고 서둘러 임시병원으로 향한다. 부상자인 리성림의 상태는 수술조차 불가능할 정도로 심각했다. 이에 김일성은 자신들의 군의관에게 수술을 맡길 터이니 최인관은 옆에서 지켜만 보라고 말한다. 수술 채비를 마치고, 군의관이 수술을 시작하려던 찰나 최인관은 군의관의 칼을 빼앗아 직접 수술을 진행한다. 기적과도 같이 수술은 성공적으로 이루어진다. 그렇게 계속 임시병원에 머물게 된 최인관은 자신이 언제까지 이곳에 머물러야 하는가 걱정한다. 그는 김일성에게 자신의 사연을 적은 편지를 보내기로 한다. 리성림의 병세는 날로 호전되어 간다. 성림은 처음에는 최인관을 좋지 않게 생각했으나 임시병원에서 같이 머무는 동안에 사이가 좋아지게 된다. 어느 날, 임시병원에 김일성이 찾아온다. 김일성은 안도현 3도구 근방으로 임시병원을 옮길 것을 명하고 임시병원을 떠난다. 최인관은 김일성이 리성림에게 쏟는 정성을 보며 분명 성림이 매우 중요한 위치에 있을 것이라 짐작한다. 이후 최인관은 리성림이 평대원이라는 것을 알게 되고 평대원에게조차 지극한 관심을 기울이는 김일성에게 탄복하며, 언제 임시병원을 떠날 수 있게 될까만 생각했던 이기심을 깊이 반성한다.

김일성은 전군에게 백두산 동북부를 이동하여 유격전을 펼칠 것을 명령한다. 그리고 사령부를 3도구 밀영으로 이동한다. 유격대가 백두산 동북부에서 활발한 유격전을 벌이고 있다는 사실을 접한 노자끼는 자신의 쳐놓은 덫에 이들이 걸려들었다고 확신하며 기뻐했고, 더 많은 군대를 집결시킨다. 김일성은 노자끼 사령부의 새로운 움직임을 접하고 마치 이렇게 되기를 기다렸다는 듯이 더 맹렬한 유격전을 펼치도록 지시한다. 그리고 경위중대와 기관총소대만을 이끌고 한양구와 백석탄 지역을 돌아보기 위해 길을 나선다.

량강구에 도착한 김일성은 어머니 생각에 빠져든다. 저녁 무렵, 숙영지를 차린 김일성은 토벌대가 산적해있는 위험한 상황에도 불구하고 대안에 와있는 지방 인민들을 만나기 위해 길을 나선다. 대안에서는 식량공작이 이루어지고 있다. 그간 월동 준비를 위해 식량공작에 만전을 기하던 김일성이었지만 이처럼 직접 나서는 사례는 없었다. 추석을 전후하여 김일성의 가장 큰 관심사는 식량공작과 장백산 줄기 대원시림 답사이다.

김일성은 량강구에서 과거 자신의 어머니와 친하게 지내던 칠성 어머니를 만난다. 칠성이는 반일청년회 회장으로 큰 역할을 담당하고 있고, 칠성이 어머니도 하촌 부녀회장으로 반일활동을 하고 있었으며, 딸 복순이는 유격대에서 활동하고자 했다. 김일성은 훗날 복순이를 유격대에 들이겠노라 약속한다. 그리고 식량공작을 원활히 진행하기 위해 경위중대를 남겨두고 기관총 소대장 홍치도 이하 십여 명의 대원을 거느린 채 한양구와 백석탄으로 떠난다.

노자끼는 유격대의 근황을 통해 자신의 작전이 잘 먹혀들어가고 있다고 판단하여 유격대를 더 압박하고자 한다. 대흥안령의 제1계단 훈련총화로서 한 주일 동안 강행군 작전을 펼친 부대를 찾아간 노자끼는 그들의 강행군 결과와 준비상태에 크게 만족한다. 노자끼는 2단계 작전을 지시하고 그전에 부대들을 치하하는 술자리를 마련한다.

3장(총 4절)

오중훈은 회군하라는 통보를 받고 사령부로 돌아온다. 그러나 약속된 기일이 지나도 김일성은 돌아오지 않는다. 김정숙은 김일성이 언제 돌아와도 따뜻한 밥을 대접할 수 있도록 차비를 하고 기다린다. 한편, 최장호는 학습을 게을리 했다는 이유로 비판받는다. 그는 순녀가 선물한 수첩을 뜯어 담배를 말아 피운 사실을 안 순녀에게 원망까지 듣게 되어 괴로워한다.

오중훈은 리철범으로부터 노자끼의 정보를 듣게 된다. 그리고 김일성이 진출한 방면에서 토벌대가 공산군을 맞닥뜨려 전투가 벌어졌다는 소식을 듣고, 김일성의 안위가 걱정되어 급하게 부대를 이끌고 량강구 방면으로 떠난다. 토벌대가 3도백하에서 도강 준비를 하는 사령부를 공격하려 한다. 이에 오중훈 부대가 사령관부대를 보호하기 위해 적들에게 공격을 가한다. 뒤이어 김일성 부대의 공격도 이어졌다. 김일성이 도하

준비를 하는 척하며 적들을 일망타진하기 위해 매복공격을 했던 것이다. 오중훈·김일성 부대는 기습공격으로 적들을 일망타진한다. 한양구로 진출했던 김일성은 연군 간부들 사이에 정세에 대한 판단이 엇갈려 이들의 편향을 일깨워주느라 며칠간 지체하였고, 다시 량강구에 들리어 식량 저장 형편을 둘러보느라 제때 사령부에 당도하지 못했던 것이다. 한편, 선불리 공산군을 공격하였다가 일망타진당한 우에스기 부대의 소식을 들은 노자끼는 격분한다. 사령부에 당도한 김일성은 전군을 모아놓고 돈화원정에 대한 명령을 전달하여 밀영은 행군을 준비한다. 리성림은 노약자들과 함께 후방 밀영으로 이동한다.

임시병원을 정리하고 집으로 돌아가던 최인관은 김일성과의 약속대로 리성림을 완쾌시키지 못한 죄책감과 김일성을 만나고 돌아가야 한다는 생각에 조경춘과 사령부로 발길을 돌린다. 자신을 찾아온 최인관을 만난 김일성은 돌격작전에 임박하여 작전을 완수한 후 그를 돌려보내기로 결정한다. 새벽 4시에 이르러 적들의 숙영지를 향한 기습공격이 이루어지고, 그 틈을 타 나머지 부대는 행군을 시작한다.

4장(총 5절)

후방 밀영에서 회복 중인 리성림에게 남만부대 장국산과 여대원 옥매가 찾아온다. 국산은 성림에게 일본과 소련의 외교통상 내용이 담긴 기사를 보여준다. 성림은 이것이 일본이 궁지에서 헤어나오려는 움직임일 뿐 승세를 의미하지 않는다고 판단한다. 남만부대 중대장과 대원 10여명은 사령부와의 연계를 위해 다시 길을 떠난다. 김응수는 성림에게 후방 밀영을 맡기고 식량공작을 위해 떠난다.

돈화원정길은 혹독하여 대원들은 지쳐 병들어가고 식량 또한 바닥난다. 잠시 행군을 멈추고 주변을 살피던 김일성은 7연대 1중대가 식량과 탄약을 가지고 기다리고 있을 한청령을 발견한다. 다시금 희망을 얻은 원정대는 한청령으로의 행군을 재개한다. 한청령에서 원정대를 가다듬은 김일성은 대륙채벌공사로 대규모의 인부들이 운집한 륙과송 진공작전을 지시한다. 한편, 정찰을 위해 거리에 나섰다가 일전에 스친 유랑민 우덕근과 재회한다. 우덕근은 부인과 딸이 죽고, 남은 아이를 키울 수 없어 누군가에게 주려고 나선 길이었다. 오중훈은 장호에게 진공작전 때 우덕근을 만나 반드시 데려 오도록 지시한다.

륙과송 진공작전이 시작되어 교전이 벌어진다. 김일성은 선전대와 함께 노동자 숙소에 들어가 선동을 하려던 찰나, 오중훈이 적들에게 불의의 습격을 받고 중상을 입었다는 소식을 듣는다.

륙과송 진공작전은 성공했으나, 중상을 입은 오중훈은 세상을 떠난다. 원정군은 복수의 함성을 드높이며 륙과송과 인접한 협신자로 진격한다.

5장(총 3절)

두 차례 진공전으로 노동자 200여 명을 얻은 원정부대는 곧 남하행군한다. 한편, 오중훈을 잃은 김일성은 끼니도 제대로 잇지 못한 채 실의에 빠지고 대원들도 근심에 빠진다. 이때 오중훈의 전령병이었던 영남이 김정숙에게 쇠고기 통조림과 오이 통조림 한 개와 찹쌀을 내민다. 일전에 김일성에게 떡국을 지어주기 위해 오중훈이 영남에게 챙겨두라고 이른 찹쌀이었다.

오중훈을 그리워하며 산책을 나선 김일성은 우연히 늦도록 생각에 잠긴 최인관을 만난다. 최인관은 어찌어찌하여 돈화원정까지 따라왔지만 병원 일 걱정과 아들의 혼사일이 다가오고 있어 고민에 빠져 있다. 최인관은 오중훈을 잃고 상심에 빠진 김일성과 이야기를 나누다가 그의 사상과 신념 그리고 고결한 인품을 헤아리기에는 자신이 너무나 보잘 것

없는 존재임을 절감한다.

사령부대에서는 양력 설 명절을 맞아 휴식을 취하며, 신입대원 환영 및 새해를 축하하는 연예 공연이 펼쳐진다. 새로 입대한 대원 중에는 유랑민이었던 우덕근도 포함되어 있었다. 이튿날 아침 부대는 다시 행군을 시작한다.

6장(총 8절)

후방 밀영을 위해 식량공작을 나선 김응수가 전사한다. 그가 구해온 식량은 보름 남짓 견딜 정도로 부족한 양이다. 후방 밀영을 둘러싼 적 토벌대는 수도 없이 삐라를 뿌려 김일성군이 토벌되었다는 거짓 정보를 흘린다. 흉흉한 분위기에 휩싸인 후방 밀영의 대원들은 크게 동요한다. 응수와 함께 식량공작을 나섰다가 부상을 입은 경칠을 살리기 위해 성림은 직접 수술을 맡는다.

남만군부대를 따라 들어온 옥매는 후방 밀영이 위기에 빠지자 국산에게 자신이 첩자임을 밝힌다. 그리고 헌병대 인증을 받은 통행증을 가지고 도망치자고 제안하지만 국산은 거절한다. 경칠의 수술을 마친 성림은 후방 밀영의 동요를 비판하고 대원들은 반성한다.

백석탄에 사령부가 자리 잡는다. 김일성은 정치지도원 신길남을 통해 군정지도훈련을 지시한다. 김일성은 군정훈련을 앞두고 분주한 4중대를 방문한다. 김일성은 문맹자가 다수인 상황에서 강도 높은 군정훈련이 무리가 아닐까 생각했으나 의욕에 넘친 4중대의 모습을 보고 흡족해한다. 한편, 최인관은 다음날 집으로 돌아가려 했으나 한 달간 더 머물러 환자를 돌보기로 마음 먹는다. 최인관네 집은 그가 없어진 후 풍비박산이 난다. 그나마 인관이 살아있다는 믿음으로 지탱해온 가족들이었으나, 토벌대로부터 유격대에 의해 인관이 죽음을 당했다는 소식을 듣고 절망한다. 영남이 최인관의 집에 인관의 안부를 전한다.

일본에서는 연이어 내각이 무너진다. 아베는 국회유지대의원의 불신임안을 받고 해임된다. 두 차례의 유격대 진공작전에서 참패한 노자끼는 원정대의 돈화 방면 진출이 유인책인지 모르고 추격하다가 허탕만 친다. 역전의 방책을 모색하던 노자끼에게 마에다는 김일성 부대의 행적을 미루어 백두산, 두만강 연안을 주목해야 한다는 의견을 제시받고 각 성 헌병대장들과 경찰국장 및 특수공작반장들을 소집한다.

7장(총 6절)

사령부 밀영에서 정치, 군사 이론에 대한 집체적인 문답과 토론을 주고받으며 중대, 소대별로 경쟁하는 1기 총화가 진행된다. 장태성은 1기 총화로 학습하기 분주한 4중대 대원들에게 학습문제를 혁명가 곡조에 맞춰 외우는 방법을 일러준다. 1기 군정훈련에서 4중대가 큰 성과를 거두었고 한 달이 지나자 1기 군정훈련의 전 과정이 마무리된다. 최인관은 후방 밀영의 사정이 어렵다는 이야기를 전해 듣고 그곳으로 가 환자를 돌보겠다고 자청한다. 1기 군정훈련의 성과여부를 검열하는 마지막 군사훈련과 이에 대한 시상식이 진행된다.

김일성은 후방 밀영으로 떠나는 최인관과 식사를 한다. 김정숙은 전에 영남이 전해준 찹쌀과 통조림을 담아 정성스러운 식사를 준비한다. 그리고 칠성 어머니의 딸, 복순이의 입대 소식이 전해진다.

최인관을 따라 후방 밀영에 가게 된 순녀는 빨래하던 중 두레박을 물결에 놓치고, 이를 장호가 건져주며 화해를 청한다. 한편, 김일성은 리철범에게 세 가지 임무를 지시한다. 첫째, 오중훈이 묻어둔 무기와 탄약을 수송해올 것, 둘째, 노자끼 연합사령부의 동태를 파악하는 것, 셋째, 복순이를 입대시키기 위해 사령부 밀영으로 데려오는 것이다.

8장(총 4절)

노자끼와 마에다는 공산군 토벌을 위해 정예부대를 편성하여 출정식을 갖는다. 일본군에 의해 남만 방면 군에 잠입했던 옥매는 소대장과 식량공작을 나왔다가 체포된다. 정예로 구성된 토벌대는 백두산 동북부 일대를 휘저으며 초토살육작전을 수행한다.

장국산의 변절로 후방 밀영이 위기에 빠진다. 성림과 춘옥이 적을 저지하는 사이 인관은 후방 밀영의 대원들을 데리고 칠성령으로 피신한다. 한편, 노자끼는 량강구 일대의 특수공작반으로부터 무송현 백석탄 골짜기에 김일성 장군 주력부대가 밀영을 차리고 있다는 소식을 전해 듣고 아마노부대를 급파한다.

리철범은 김일성의 지시에 따라 량강구 지방조직과 접촉하러 가는 도중 토벌대에 의해 살해당한 머리 없는 시체들을 발견한다. 아사다 부대에 의해 마을 사람들이 살육당한 것이다. 복순, 칠성, 칠성의 부인은 모두 살해당하고 칠성 어머니와 손자만이 살아남는다.

리철범으로부터 량강구 지역에서 일어난 적의 만행을 접한 김일성은 군정훈련을 마무리하고 지체 없이 두만강 연안으로 진격해 나갈 것을 지시한다. 부대가 행군을 시작할 때 적 토벌대가 공격한다. 7, 8연대가 각각 양총구와 대장강에서 진공할 것을 명령하고 사령부와 4도백하에서 합류하는 작전이 결정된다. 후방 밀영에는 3월 3도구 구밀영에 도착하라는 지시가 전달된다.

9장(총 8절)

성림과 춘옥은 적의 공세 속에서 부상을 입는다. 성림은 중상을 입은 춘옥을 데리고 칠성령으로 향한다.

10여일 후 김일성 부대는 4도구백하에서 다시 결집하여 며칠간 머무른다. 몇일 후 후방 밀영 대원들을 데리러 갔던 최관섭소대가 돌아오지만 최인관, 성림, 춘옥은 보이지 않는다. 김일성은 그들의 행방을 찾기 위해 조경춘 소대장을 파견한다.

춘옥의 병세가 심해지고 성림은 식량을 찾기 위해 길을 나섰다가 천금과 같은 잣송이를 구하게 된다. 한편 최인관은 칠성자에 약을 구하러 나왔다가 적에게 체포되어 물매질을 당한다. 그는 간도와 북선 일대에 순회강연을 해준다면 죄를 묻지 않겠다는 약속을 받고 나흘 만에 풀려난다. 도저히 강연을 할 수 없었던 인관은 강연원고를 불살라버린다. 행군대열은 안도－화룡현경의 장백산 줄기 마지막 대원시림을 돌파한다.

조선인민혁명군 주력부대는 3월 10일 저녁 대마록구 근방 수림에 당도한다. 정찰을 마친 김영남은 김일성에게 적들의 동태와 흉흉해진 대마록구의 민심을 보고하고 최인관이 다시 체포되었음 또한 보고한다. 한편, 조경춘 부대는 춘옥과 성림을 구출하여 돌아온다. 김일성은 대마록구 진공명령을 내린다. 최인관은 경찰서장에게 협박당하면서도 끝까지 뜻을 굽히지 않고, 자신이 조선인민혁명군의 군의관이라 외친다. 그때 조선인민혁명군부대가 대마록구로 진공해온다. 최인관은 영남에게 구출된다. 부대는 목재회사 창고에 가득 쌓인 물품들을 인민들에게 나누어준다. 부대는 정치공작과 수색, 물자 운반 준비를 마치고 철수한다. 최인관은 더 이상 대마록구에 머물 수 없게 되자 가족과 헤어져 부대를 따라나선다. 부대는 행군을 시작하여 서남쪽으로 방향을 꺾어 다시 장백산줄기 밀림 속으로 들어간다.

10장(총 3절)

조선인민혁명군 주력부대는 장백산 줄기의 깊은 골짜기에 숙영한다.

얼마 후 이곳까지 노자끼의 토벌대가 밀어닥치자 김일성은 그들을 섬멸하고 두만강 연안으로, 조국으로 진군할 명령을 내린다. 부대는 주야행군으로 남으로 행군한다.

칠성 어머니와 마을 사람들은 마에다부대의 방패막으로 끌려가고 칠성 어머니를 포함한 부녀자는 풀려난다. 칠성 어머니의 사위는 이 소식을 전하기 위해 탈출하여 혁명군을 찾아간다.

홍기하 전투에서 조선인민혁명군은 적에게 막대한 피해를 입히며 큰 승리를 거둔다. 적장 이와이와 마에다가 목숨을 잃는다. 혁명군을 찾아 나선 칠성 어머니와 사위는 부대를 발견하고 김일성과 조우한다. 노자끼는 홍기하 참패 소식을 듣고 현장으로 달려가서 참혹한 패배의 흔적만 접한다. 같은 날 김일성은 국내로 정치공작대를 파견하고, 전군을 이끌고 장백산 줄기 밀림으로 행군한다.

3. 북한의 소개와 평가

| 사전(년감) 자료 |

장편소설. 1981년 김병훈 창작. 총서《불멸의 력사》중의 한 권이다. 장편소설《준엄한 전구》는 위대한 수령 김일성 동지의 영광 찬란한 혁명력사에서 가장 간고하고도 의의 있는 한 시기였던 1939년 여름부터 1940년 봄까지를 시대적 배경으로 하여 위대한 수령님께서 벌리신 대부대선회작전의 거대한 승리를 대서사시적 화폭으로 펼쳐 보이고 있다. 소설은 모두 10개 장 53개 절로 구성되여 있다. 소설의 첫 부분에서는 급변하는 정세에 대처하여 새로운 전략전술적 방침을 구상하시고 그 실현을 위한 준비사업을 몸소 령도해 나가시는 위대한 수령님의 정력적인 활동을 보여주고 있다. 소설은 적들의 동태와 혁명조직들의 형편을 료해할 임무를 받고 며칠째 화룡현성 부근에 나와 있던 경위중대장 배정식이 해란강가 마을의 혁명조직에서 오비서의 급보를 받는 것으로부터 시작된다. 그 급보란 지금 적들의 기동이 바로 조선인민혁명군의 전구인 백두산 동북부에로 집중되고 있다는 것이였다. 놈들의 대무력집단들이 명월구에서 안도 방향에로, 연길 룡정에서 화룡 방면에로 또 통화를 거쳐 장백과 무송 방면에서로 사태처럼 쓸어들기 시작하였다는 위급한 정황이 사령부에 보고된다. 위대한 수령 김일성 동지께서는 배정식을 비롯하여 사처에서 보내오는 급보를 받으시였으나 올기강을 뜨실 의향이 조금도 없으신 듯 부대들과 지방조직들을 여유작작하게 지도하신다. 조급성을 느낀 배정식은 사령관 동지께 사령부를 옮길 것을 말씀드렸으나 위대한 장군님께서는 웃으시며 걱정 말라고 하신다. 사령관 동지께서는 위급한 정세에도 끄떡하지 않으시고 부상당한 성림의 치료를 걱정해주시며 추석 명절을 크게 쇨 대담한 계획도 내놓으시면서 배정식을 손을 다친 7련대장 오중훈이 가 있는 림시병원에로 문병을 보내신다. 림시병원에서 7련대장을 만난 배정식은 자기의 심중을 토로하던 끝에 사령관 동지께서 추석 날자를 세여보시더라는 말까지 한다. 오중훈 련대장은 사령관 동지의 깊은 뜻을 받들어 그 달음으로 병원을 뛰쳐나와 놈들을 치고 많은 무기와 추석을 지낼 물자를 해결한다. 소설은 다음 부분에서 위대한 수령 김일성 동지께서 지니신 가장 높은 인간성과 숭고한 혁명적 동지애, 고매한 덕성을 감동적인 화폭으로 펼쳐 보이고 있다. 위대한 장군님께서는 약품을 가지고 림시병원을 친히 찾으시여 한 사람 한 사람 따뜻이 보살펴주시며 적들의 삼엄한 경계망을 뚫고 몸소 량강구 인민들을 만나주시고 이끌어주신다. 위대한 장군님께서는 특히 그들 속에서 강반석 어머님과 이웃에 살던 칠성이 어머니를 알아보시고 매우 반가워하신다. 소설의 다음 부분에서는 위대한 수령님의 원대한 작전적 방침에 따라 진행되는 대부대선회작전의 빛나는 승리를 보여주고 있다. 위대한 수령 김일성 동지의 독창적인 대부대선회작전 방침에 따라 설정된 첫 비밀로정은 돈화원정이였다. 위대한 장군님께서는 갖은 시련을 이겨내며 전진해 나가는 불사신의 대오를 이끄시고 간고한 원정길을 헤쳐 가신다. 원정부대는 장설에 덮인 간고한 행군길을 이어가며 수많은 시련과 역경을 뚫고 나가면서 륙과송전투를 벌린다. 이 전투에서 오중훈 련대장은 치명적인 중상을 입고 장렬하게 전사한다. 백두산 동북부 지역에서 조선인민혁명군을 압살하려던 적의 기도를 파탄시키고 이 지역에 집결하였던 수십만의 놈들의 병력을 북만의 광활한 지역에 끌어다 던진 위대한 장군님께서는 백석탄 밀영에 이르시여 설 명절을 지내신다. 위대한 사령관 동지께서는 백석탄 밀영에서 군정훈련을 강화하도록 하신 다음 대부대선회작전의 마지막 로정인 두만강반에로 진군하시여 대마록구를 치고 홍기하 골짜기에서 악명 높은 마에다 부대를 격멸 소탕하신다. 소설은 일제의 《토벌공세》를 여지없이 분쇄하신 위대한 장군님께서 국내외 각지에로 진출하는 소부대와 소부대공작조 정치공작원들을 바래우신 후 새로운 승리를 위하여 부대를 거느리시고 다시 밀림을 향하여 행군하시는 장면에서 끝난다. 장편소설 《준엄한 전구》는 이처럼 대부대선회작전의 력사적 로정을 작품의 줄거리로 하면서 적들의 《대토벌》작전이 악랄하게 감행되던 그처럼 간고한 시기에 조선인민혁명군이 준엄한 시련을 뚫고 빛나는 승리를 이룩할 수 있게 된 것은 위대한 군사전략가이시며 백전백승의 강철의 령장이신 경애하는 수령 김일성 동지의 탁월한 전략전술과 령도의 현명성, 숭고한 풍모에 있다는 것을 힘있게 확인하고있다. 작품에서는 또한 희생된 오중훈과의 영결장면을 비롯한 여러 장면들을 통하여 위대한 수령님의 숭고한 인간적 풍모와 전사에 대한 뜨거운 사랑을 절절하게 보여주고 있다. 작품에서는 혁명전사들과 인민들에 대한 위대한 수령님의 육친적 사랑과 의리를 감동적으로 보여주면서 바로 위대한 수령님의 이 뜨거운 사랑의 품이 있었기에 유격대원들과 인민들, 곡절많은 생활을 거친 사람들이 다 경애하는 수령님을 충성으로 높이 모시고 그렇듯 준엄한 시련을 뚫고 승리를 이룩할 수 있었다는 것을 형상적으로 깊이 있게 밝히고 있다. 작품에서는 위대한 수령님에 대한 혁명전사들의 끝없는 충성심을 빛나게 형상하고 있다. 소설에서는 먼저 대부대선회작전의 그 준엄한 나날에 위대한 수령님을 충성으로 받들어 모시는 김정숙 동지의 숭고한 풍모를 감동적인 화폭으로 펼쳐 보이고 있다. 소설은 이밖에 언제나 사령부의 안전을 첫자리에 놓고 생각하며 위대한 수령님의 작전적 구상과 방침을 한치의 드팀도 없이 관철해 나가는 오중훈, 한때 혁명 앞에 엄중한 과오를 범했으나 자기를 믿어주시고 따뜻이 보살펴주시는 어버이 수령님의 그 신임과 사랑에 보답하려는 일념 밑에 부상을 입은 몸으로 눈 덮인 험한 령을 기여 넘으며 사령부를 찾아가는 리성림, 위대한 수령님의 고결한 인품과 뜨거운 인간애에 감화되여 자진하여 공산주의자들과 운명을 같이하는 어제날의 유산자인 의사 최인관, 적들의 《토벌》 만행으로 일가친척들을 다 잃었으나 오직 경애하는 수령님만을 믿고 유격대 원호에 헌신하는 칠성 어머니 등 개성적인 인물 형상들을 통하여 경애하는 수령님을 충성으로 모시는 혁명전사들의 자세와 립장, 수령님의 명령지시에 대한 절대성, 무조건성의 정신 그리고 혁명적 동지애와 곤난 극복의 정신 등을 감명 깊게 보여주고 있다. 소설은 또한 다양하고 풍부한 생활을 폭넓고 깊이 있게 보여줌으로써 대부대선회작전의 준엄한 현실을 참다운 산 예술적 화폭으로 펼쳐주고 있다. 특히 작품에서 생활에 대한 구체적이고 깊이있는 묘사는 인물들의 사상감정을 진실하게 드러내며 작품의 주제사상을 밝히는 데 훌륭히 이바지하고 있다.

—『문학예술사전』(중), 과학백과사전종합출판사, 1991.

| 평론 자료 |

총서 《불멸의 력사》 중 장편소설 《준엄한 전구》에 대하여

최언경

최근 4·15문학창작단에서는 총서 《불멸의 력사》 중 장편소설 《준엄한 전구》를 창작하여 세상에 내놓았다.

장편소설 《준엄한 전구》는 위대한 수령 김일성 동지의 영광 찬란한 혁명력사를 반영한 총서 《불멸의 력사》 중에서 자기의 독자적인 자리를 차지한다.

그것은 장편소설이 항일혁명투쟁의 가장 간고하고 준엄한 한 시기였던 1939년 하반기부터 1940년 3월까지의 력사적 시기를 반영하면서 이 시기 독창적인 대부대선회작전 방침을 내놓으시고 그 구현을 위한 투쟁을 현명하게 이끌어 나가시는 경애하는 수령 김일성 동지의 위대한 풍모와 불멸의 업적을 형상하는 독자적인 사상주제적 과제를 내세우고 있기 때문이다.

소설은 또한 일찍이 항일혁명투쟁 력사에 있어본 적 없는 20만 대적을 한 해 겨울에 격파하고 조선혁명의 새로운 앙양을 마련한 대부대선회작전의 력사적 승리는 오로지 어버이 수령님께서 체현하고 계시는 혁명전사들에 대한 위대한 사랑과 크나큰 믿음, 숭고한 혁명적 의리에 의해서만 이룩될 수 있었다는 것을 자기의 고유한 형상론리를 가지고 독창적으로 형상하고 있다.

①

총서 《불멸의 력사》 중 장편소설 《준엄한 전구》는 위대한 수령님의 영광 찬란한 혁명력사에서 가장 간고하고도 의의있는 한 시기였든 1939년 하반년부터 1940년 3월까지를 시대적 배경으로 하고 있다. 이 시기의 정세는 참으로 엄혹하였다.

조선인민혁명군의 무산 지구 진출과 백두산 동북부 지대에서의 적극적인 정치군사 활동에 극도로 당황망조한 일제는 1939년 9월 길림에 《토벌사령부》를 설치하고 방대한 무력을 동원하여 조선인민혁명군에 대한 대포위작전과 《장거리 추격전》을 악랄하게 감행해 나섰다.

위대한 수령 김일성 동지께서는 적들의 이러한 책동에 대처하여 1939년 10월 안도현 량강구에서 군정간부회의를 여시고 새로운 작전적 방침을 내놓으시였다.

위대한 수령 김일성 동지께서는 다음과 같이 교시하시였다.

《유격활동에서 대부대 활동과 소부대 활동의 배합은 병력의 집중과 분산으로 적을 약화시키고 적에게 결정적 타격을 가할 수 있게 하는 전술적 원칙의 하나입니다.》(《김일성 저작집》 1권, 187페지)

위대한 수령님께서는 조성된 정세에 대처하여 주도권을 계속 틀어쥐고 적의 대병력을 격파할 수 있는 대부대선회작전 방침을 내놓으시였다.

위대한 수령님께서 내놓으신 대부대선회작전 방침은 조선인민혁명군이 대부대로 미리 설정된 비밀 로정을 따라 넓은 지역을 선회하면서 적들이 미처 생각지 못한 곳에 나타나 불의에 적을 치고 감쪽같이 사라지며 적들이 따라오면 다른 곳에 옮겨가 또 다시 족쳐대는 탁월한 방침이다.

이 방침은 당시 조성된 정세에 대처하여 주도권을 계속 틀어쥐고 적을 성과적으로 타격할 수 있게 하는 령활한 방침이며 조선인민혁명군의 력량을 시켜나갈 수 있게 하는 적극적인 방침이다.

위대한 수령님의 이 탁월한 전략전술적 방침과 그의 구현을 승리에로 이끈 천재적인 령군술에 의하여 조선인민혁명군은 적들의 《토벌》 공세와 파쑈일제에게 심대한 정치군사적 타격을 주고 조선혁명을 새로운 앙양에로 이끌어 올릴 수 있었다.

장편소설 《준엄한 전구》는 바로 1939년~1940년 한 해 겨울 위대한 수령님께서 벌리신 대부대선회작전의 거대한 승리를 대서사시적 화폭으로 펼쳐 보이고 있다.

소설은 이 장엄한 력사적 시기에 탁월한 대부대선회작전 방침을 내놓으시고 그 구현을 위한 투쟁을 현명하게 이끄심으로써 조선혁명의 새로운 앙양기를 마련하신 경애하는 수령 김일성 동지의 불멸의 업적을 이야기하는 것을 사상주제적 과제로 내세우고 있으며 어버이 수령님께서 체현하신 숭고한 혁명적 동지애야말로 이 거대한 승리를 마련한 힘의 원천이며 결정적 요인이였다는 것을 의의 깊게 밝혀내고 있다.

장편소설 《준엄한 전구》는 탁월한 군사전략가이시며 백전백승의 강철의 령장으로서의 경애하는 수령 김일성 동지의 위대한 풍모를 폭넓게 그리고 생동하고 진실하게 형상하고 있다. 여기에 바로 소설의 가장 중요한 사상예술적 성과가 있다.

소설은 총 10장 53개 절로 구성되여 있으며 위대한 수령님께서 조직령도하신 대부대선회작전의 력사적 행적에 따라 이야기를 펼쳐나가면서 대부대선회작전의 승리야말로 경애하는 수령님의 비범한 예지와 천리혜안의 안광, 그 어떤 강적 앞에서도 끄떡하지 않는 크나큰 담력과 혁명에 대한 끝없는 헌신성의 고귀한 산물이였다는 것을 힘있게 확증하고 있다.

소설은 3장까지의 앞부분에서 급변하는 정세에 대처하여 새로운 전략적 전술방침을 구상하시고 그 실현을 위한 준비 사업을 몸소 령도해 나가시는 경애하는 수령님의 탁월하고 정력적인 활동을 펼쳐 보이고 있다.

소설은 우선 비범한 예지와 탁월한 안광으로 천리앞길과 적의 흉계를 헤갈라 보시고 여유작작하게 새로운 작전적 방침을 구상하시여 그 어떤 역경도 순경으로 전환시키며 주도권을 쥐고 나가시는 경애하는 수령님의 위대성을 감동적으로 형상하고 있다.

경위중대장 배정식이 가져온 정세 자료는 참으로 놀라운 것이였다.

일제는 길림에 관동군 직할로 《련합토벌 사령부》를 설치하고 준동을 시작한 데 이어 중장비를 갖춘 관동군, 위만군의 정규사단과 려단급 대무력들을 백두산 동북부에로 물밀듯이 들여 밀고 있었다.

1939년 9월 초에는 《련합토벌 사령관》 노자끼가 작성한 《토벌》 작전 계획이 관동군 참모본부회의에서 《동남부 치안 숙정 특별공작》이라는 정식명칭으로 채택되였다.

이러한 정세에 대처하여 조선인민혁명군 지휘원들은 물론 경위중대장 배정식까지 긴장되지 않을 수 없었다.

그러나 사령관 동지께서는 계시는 올기강 밀영은 백두산 동북부를 에워싸고 벌어지고 있는 이러한 소동과는 인연이 없는 딴 세상처럼 변함이 없었다.

위대한 수령님께서는 이 모든 정세 보고를 신중하게 들으시기는 하시였으나 조금도 올기강을 뜨실 의향이 없으신 듯 의연히 나드는 지휘관들과 련락원들을 통하여 각처에서 활동하고 있는 부대들과 지방조직들을 여유작작하게 지도하고 계시였다.

위대한 수령님께서는 천리혜안의 비범한 예지와 선견지명으로 이미 놈들의 흉계와 책동을 속속들이 꿰뚫어보고 계시였으며 그리하여 적의 이 대규모적 공세를 격파해버릴 원대한 구상을 무르익히고 계시였던 것이였다.

소설은 또한 위대한 수령님께서 내놓으신 대부대선회작전은 그이께서 지니신 크나큰 담력에 의하여서만 마련될 수 있었다는 것을 인상 깊은 화폭으로 펼쳐 보이고 있다.

위대한 수령님께서는 일제가 20만 명의 방대한 병력을 들이밀어 집요한 추격작전을 벌림으로써 10년간에 걸치는 공산군과의 전쟁을 끝장내겠다고 피눈이 되여 날뛸 때 《20만이라? 그쯤 되겠지. 그러니 겨우 막을 올린 셈이로구만》라고 혼자 말씀처럼 한 마디 하시였을 뿐이다. 그러시고는 곧 조선인민혁명군 지휘원들을 부르시였으며 지휘관들의 긴장된 얼굴들을 유심히 들여다보시고는 긴박한 정세에 대해서는 생각지 않으시는 듯 웃으시며 추석 명절을 잘 쇨 데 대하여 말씀하시고 손수 짜신 명절 계획을 내놓으시는 것이다. 그것은 실로 례년에 보기 드문 호화로운 명절 계획이였다. 너무도 뜻밖이여서 모두가 놀랐다. 이것은 참으로 적의 백만대군도 한 손 안에 쥐락펴락하고 적의 기도를 손금 보듯 하는 그런 위대한 심장만이 지닐 수 있는 담력인 것이다.

소설은 이처럼 위대한 수령님의 여유작작하고 대담무쌍한 구상에 의하여 대부대선회작전이라고 불리우는 세상이 아직 알지 못하는 새 유격전술이 마련되여갔다는 것을 감명 깊게 펼쳐 보여준다.

소설은 또한 혁명에 대한 끝없는 헌신성을 지니시고 몸소 한 몸으로 난국을 헤치시며 새로운 작전적 방침의 승리를 마련해 나가시는 위대한 수령님의 로고와 정력적 활동에 대하여 감동적으로 형상하고 있다.

위대한 수령님께서는 올 겨울 대결작전의 승패를 좌우하는 기본 고리의 하나를 예비물자의 조성에서 보시고 전군이 백두산 동북부 전역으로 유동하면서 맹렬한 타격전을 벌려 적을 제압하고 무기와 탄약, 식량을 로획하여 저장하시게 하였다.

그리고 사령관 동지 자신께서는 3도구 밀영에 사령부를 정하시고 잠도 휴식도 잊으시고 정력적인 활동을 벌리시는 한편 예비물자 준비 사업으로 친히 현지에서 료해하고 지도하시기 위하여 몸소 몇 명 안 되는 경위중대원을 이끄시고 적들이 욱실거리는 량강구 대안에까지 나가시는 것이다.

이처럼 일찍이 항일전쟁 력사에 그 전례를 모르는 적 20만 대군과의 대결작전에서 적의 발악적 공세를 격파하고 혁명의 새로운 앙양을 가져올 사령관 동지의 심원한 대부대선회작전은 그이의 비범한 예지와 철석의 담력, 끝없는 로고와 헌신성에 의하여 구상되고 준비된 것이였다.

위대한 수령님께서는 이러한 기초 우에 3도구 밀영에서 조선인민혁명군 지휘관들의 회의를 소집하시였으며 천리 아득한 북만 땅인 돈화에로의 원정을 명령하시였다.

마침내 력사적인 대부대선회작전이 개시된 것이다.

장편소설 《준엄한 전구》는 제4장에서부터 전면적으로 펼쳐지는 대부대선회작전에 대한 거창한 화폭을 통하여 비범한 예지와 강철의 의지, 탁월한 전법과 지략으로 혁명 앞에 가로놓인 천만 가지 난국을 한 몸으로 헤치시며 력사적인 대부대선회작전을 승리에로 조직령도해 나가시는 경애하는 수령님의 위대한 풍모를 그 력사적 행정에 따라 감동적으로 형상하고 있다.

위대한 수령 김일성 동지의 독창적인 대부대선회작전 방침에 따라 설정된 첫 비밀 로정은 돈화원정이였다.

돈화원정, 그것은 참으로 인간의 상상을 초월하는 간고한 원정이였다.

돈화에로의 길은 그 걸음걸음이 앞뒤에서, 좌우에서, 때로는 머리 우에서 달려드는 적과의 혈투의 길이였으며 군용지도의 숲의 키가 백 자 가까운 것으로 표시된 천험의 대원시림을 뚫고 가야 하는 험난한 길이였다.

한 달 가까이 걷는 동안 식량이 떨어졌고, 쫄라병, 측한, 동상이 사람들의 생명을 간단없이 위협하였다…

초인간적 의지로 이 모든 시련을 이기며 전진해 나가는 불사신의 대오, 항일대전의 영웅들의 대오의 맨 앞장에 조선인민혁명군 사령관이신 위대한 수령님께서 몸소 서 계시였다.

그이께서는 이처럼 리해 겨울 광막한 동북만주의 산과 들을 누비며 수천수만리로 뻗어나갈 대부대선회작전의 간고한 로정의 굽이굽이마다에 몸소 한 치 또 한 치 드팀 없는 승리의 주추돌을 쌓아 올리시는 것이다.

소설은 이 험난한 돈화원정의 길에서 특히 대부대선회작전의 첫 돌파구를 열어놓은 륙과송전투 장면을 빛나는 화폭으로 형상하였다.

위대한 수령님께 끝없이 충직한 친위전사 오중흡의 희생적 투쟁으로 마련된 륙과송전투의 승리는 실로 적 20만 대군과의 대결 작전에서 주도권을 틀어쥐며 조선인민혁명군을 확대 강화하시려는 사령관 동지의 작전적 방침을 관철하는 데서 실로 거대한 의의를 가지였다.

이와 같이 소설은 전대미문의 간고성을 띤 돈화원정의 승리는 위대한 수령님께서 지니신 초인간적 의지와 비범한 예지에 의하여 마련된 빛나는 결실이였다는 것을 힘있게 확인하고 있다.

소설은 위대한 수령님께서 펼쳐 나가시는 대부대선회작전의 력사적 행적에 따라 돈화원정으로부터 백석탄 밀영에서의 동기군정학습에 대한 형상에로 그 화폭을 옮기고 있다.

절 20만 대군이 2중 3중의 포위망을 늘이고 있는 그러한 어마어마한 정황에서 40일 간이나 군정학습을 벌린다는 것은 실로 상상을 초월하는 현실이 아닐 수 없었다.

그러나 백전백승의 강철의 령장 김일성 동지께서는 전군을 오중흡 련대장의 복수전에로 불러일으켜 40일간의 동기군정학습을 승리적으로 결속하시였으며 무쇠힘으로 자라는 강대한 대오를 이끄시고 두만강반에로, 조국에로의 진격의 길을 떠나시는 것이다.

소설은 이 력사적인 진군 길에서 있은 대마록구전투와 홍기하전투를 생동한 화폭으로 펼쳐 보이고 있다.

홍기하전투는 대부대선회작전의 마지막 로정으로서 6개월간에 걸치는 일제의 발광적인 《토벌작전》의 마지막 숨통을 끊어버린 크나큰 승리의 작전이였다.

이리하여 위대한 수령님께서 조직령도하신 력사적인 대부대선회적전은 적의 20

만 대군의 대포위작전과 놈들의 《동남부 치안 숙정 특별공작》과 《동남부 토벌작전》을 분쇄하고 빛나는 승리로 결속되였다.

장편소설 《준엄한 전구》는 일찌기 항일전쟁사에 그 전례를 모르는 일제의 20만 대군을 한 해 겨울에 완전히 격멸하고 위대한 승리를 이룩한 력사적인 대부대선회작전에 대한 거창한 화폭을 통하여 위대한 수령님의 탁월한 군사예술의 독창성과 그 불패의 생활력을 예술적으로 힘있게 확증하였으며 그것은 또한 수령님의 탁월한 군사전략과 천재적인 유격전술의 빛나는 결실이라는 것을 생동한 화폭으로 감명 깊게 보여주었다.

소설은 또한 위대한 수령님께서 친히 조직령도하신 력사적인 대부대선회작전에 대한 거창한 화폭을 통하여 일제의 파쑈적 폭압과 《토벌》 공세가 절정에 이른 그 엄혹한 시련의 시기에 조선혁명은 오직 경애하는 수령님의 탁월한 령도와 끝없는 헌신성, 로고에 의하여 새로운 앙양을 맞이할 수 있었다는 것을 웅변적으로 확증하고 있다.

②

총서 《불멸의 력사》 중 장편소설 《준엄한 전구》는 일찍이 항일전쟁사에 있어본 적 없는 20만 대적을 한해 겨울에 격파해버린 력사적인 대부대선회작전의 승리는 오직 혁명전사들에 대한 어버이 수령님의 위대한 사랑과 믿음, 뜨거운 혁명적 의리에 의하여서만 이룩될 수 있었다는 것을 인간학의 높은 경지에서 감동적으로 형상하고 있다.

여기에 작품이 이룩한 또 하나의 사상예술적 성과가 있는 것이다.

일찍이 온 겨레와 민족이 일제의 쇠사슬에 묶이어 몸부림치던 그 암담한 비운의 시기 10대의 어린 가슴에 조국광복의 원대한 뜻을 안으시고 혁명의 길에 거연히 나서시여 류례 없는 험난하고 곡절 많은 조선혁명의 길을 한 몸으로 헤쳐오신 경애하는 수령님의 영광찬란한 혁명력사는 그대로 인민에 대한 크나큰 믿음과 불같은 사랑으로 수놓아진 가장 위대한 인간의 력사이다.

위대한 사상과 령도, 이것은 오직 인간에 대한 뜨거운 사랑과 결합될 때 만 사람의 심장을 틀어잡을 수 있으며 그 어떤 준엄하고 엄혹한 시련 속에서도 인민대중을 불러일으켜 거대한 승리를 이룩할 수 있다.

수령은 인민을 믿고 보살피며 인민은 수령을 친어버이로 높이 우러러 모시고 따르는 여기에 백전백승하는 조선혁명의 힘의 원천이 있으며 언제나 승승장구하며 영원히 륭성번영하는 조국과 민족의 찬란한 미래가 있다.

장편소설 《준엄한 전구》는 가장 위대한 인간, 위대한 수령에 대한 영생의 송가이며 위대한 수령만이 지닐 수 있는 인간에 대한 숭고한 사랑과 의리, 크나큰 신뢰와 믿음에 대한 불멸의 서사시이다.

장편소설 《준엄한 전구》는 어버이 수령님께서 지니신 위대한 인간애를 오중훈, 배정식, 리철범, 최장호 등 조선인민혁명군 대원들과의 인간관계 속에서 극적으로 감명 깊게 형상하고 있다.

소설은 특히 의의 깊게 그려진 오중훈, 리성림, 최인관 등의 형상을 통하여 어버이 수령님의 위대한 사랑이 어떻게 그들의 운명과 뗄 수 없이 련결되여 있는가를 깊이 있게 펼쳐 보이고 있다.

소설은 위대한 수령님께서 리성림에게 베푸시는 사랑을 통하여 그이께서 체현하고 계시는 인간에 대한 믿음이 얼마나 크고 숭고한 것인가를 감명 깊게 형상하고 있다.

주체의 철학적 신념에 토대한 인간에 대한 드팀 없고 변심 없는 신뢰와 믿음은 참된 인간애, 혁명적 동지애의 기초로 된다.

사람의 마음을 믿지 못하고서는 인간을 사랑할 수도 그를 위해 헌신할 수도 없으며 사람의 힘을 믿지 못하고서는 그 힘에 의거할 수도 그 힘을 불러일으킬 수도 없다.

사람의 량심과 힘을 믿고 그들을 혁명에로 불러일으킨다면 세상에 못해낼 일이 없고 두려울 것이 없다는 철석의 신념, 이것이 바로 간고하고 험난한 조선혁명의 초행길을 헤쳐가던 때로부터 위대한 수령님께서 체현하신 확고한 의지이고 신념이였다.

인간을 믿기란 쉬운 일이 아니다.

만 사람의 운명을 한 어깨에 걸머질 수 있는 그런 위대한 심장만이 그 누구도 믿기 어려워하는 그런 역경 속에서도 변심 없이, 드팀 없이 인간을 끝까지 믿을 수 있다.

그러한 믿음은 또한 참으로 위대한 것이여서 그 어떤 역경 속에서도 변하지 않고 꺾이지 않는 의리, 믿음에는 믿음으로 보답하는 고결한 혁명적 의리를 낳는다.

사람이 모든 것의 주인이며 모든 것을 결정한다는 위대한 철학, 영생불멸의 주체사상의 창시자이신 경애하는 수령 김일성 동지께서만이 그러한 위대한 믿음을 체현하실 수 있는 것이다.

어버이 수령님의 이 위대한 믿음이 있기에 한 때 엄중한 과오를 범하였던 성림이 고문의 형틀에 매워서는 혁명가의 생명인 절개를 지켜냈고 치명상을 입고 쓰러져서는 육신에 덮쳐드는 죽음을 이겨낼 수 있었다.

참으로 성림에게 기울이신 위대한 수령님의 사랑은 다함이 없으시였다.

그가 치명상을 입고 쓰러졌을 때에는 꼭 다시 일어서야 할 남다른 사연이 있는 귀중한 사람이라 하시며 꼭 땅을 디디고 일어서게 해야 한다고 하시고 그의 건강이 좋아져갈 때에는 그가 다시 총을 잡게 해주어야 한다고 심려하시는 어버이 수령님이시다.

그리하여 이러한 현실에 접한 최인관은 한 사람의 운명을 위하여서는 너무도 엄청나게 큰 정성이고 사랑이라고 생각하였으며 한 생 처음으로 참된 인정과 사랑의 세찬 밀물이 가슴에 밀려드는 것을 체험하였다.

실로 어버이 수령님께서 지니신 혁명전우에 대한 뜨거운 믿음, 그것은 간고하고도 시련에 찬 조선혁명을 승리와 영광에로 이끈 힘의 원천이며 요인이였다.

혁명전사들에게 베푸시는 어버이 수령님의 이 뜨거운 사랑은 50평생 인정에 메마르고 의리에 거칠어지고 도리에 어두워졌던 곡절 많은 운명의 주인공 최인관의 가슴에도 따사로이 비쳐지고 있다.

소설은 새 인간으로 탄생하는 최인관의 극적 운명을 통하여 어버이 수령님께서 지니신 위대한 인간애의 또 한 측면인 크나큰 포용력에 대하여 감명 깊게 보여주고 있다.

령도자라고 하여 누구나 다 위대한 풍모를 스스로 갖추게 되는 것은 아니며 뜨거운 포용력을 지닐 수 있는 것이 아니다.

크나큰 포용력, 그것은 오직 사람들의 심장을 매혹시킬 수 있는 비범한 예지와 안광, 스스로 이끌리게 하는 끝없는 믿음과 뜨거운 인간애, 사람의 허물보다 량심을 믿고 죄 많은 어제 날보다 새로 결심하고 나선 앞길을 열어주고 믿어주는 그런 한량없는 아량과 도량을 한 몸에 체현한 그런 위대한 수령만이 지닐 수 있다.

바로 위대한 수령 김일성 동지이시야말로 그런 끝없이 큰 포용력을 지니시고 만 사람을 한 가슴에 안아 혁명의 한 길에 세워주시는 가장 위대한 분이시다.

의의 깊은 최인관의 운명이 바로 그것을 생동하게 실증해준다.

한평생을 악덕과 무법, 포악과 잔인, 온갖 비인간적인 것이 판을 치고 온갖 인간적인 것을 무참이 짓밟아버리는 세상을 보며 살아온 그였다.

위대한 수령님께서는 곡절 많은 운명의 주인공인 최인관을 크나큰 사랑의 한

품에 안아 참된 삶의 길로 이끌어주시고 혁명가로 키워 주시였으며 그를 혁명동지로 불러 주시였다.

그리하여 50평생 머리는 종교에 마비되고 육신은 유산자의 생활에 관습되였으며 공산주의에 대하여 의혹과 불신을 로골적으로 풍기던 늙은 의사인 최인관이 공산주의자들과 함께 반년 가까이 수천 리 간고한 원정의 길을 걸어온 것이다. 경애하는 사령관 동지께서는 이러한 최인관을 보실 적마다 만일 혁명이 정의와 진리를 구현하기만 한다면 량심과 의리를 가질 만 사람을 불러일으킬 수 있으며 그런 까닭으로 하여 혁명은 멀지 않은 앞날에 수천만 대중을 묶어 세워 승리의 결정적 국면을 열어제낄 수 있으시라는 신념을 더욱 굳게 하실 수 있으시였다. 실로 사령관 동지께 있어서 최인관은 리성림이와 더불어 간고한 이 해의 인간의 슬기와 잠재력에 대한 자신의 신념을 재삼 확인하여준 잊으실 수 없는 사람이였다.

참으로 어버이 수령님께서 지니신 숭고한 인간애는 이처럼 한없는 도량과 아량, 크나큰 포용력을 낳았다.

억지로 끌어당길 수 없는 것이 사람의 마음이며 스스로 이끌리면 떨어질 수 없는 것이 또한 사람의 마음이다.

함께 있으면 힘과 믿음과 삶의 보람을 안겨주고 헤여지면 못 견디게 그리워지는 품, 그러한 위대한 심장만이 크나큰 포용력으로 만 사람의 마음을 하나로 뭉치게 할 수 있다.

어버이 장군님을 몸 가까이 모신 길지 않은 반년 동안 최인관은 한 가슴에 받아안 기에는 너무도 벅찬 그 위대한 모든 것을 가슴이 터지게 체험하고 통감하였다. 실로 반년 간의 혁명의 원정길은 위대한 태양의 품 속에서 새 인간이 나서 자란 뜻 깊은 로정이기도 하였다.

혁명전사들에게 베푸시는 어버이 장군님의 위대한 사랑은 언제나 몸 가까이 거느리고 계시는 친위전사들에 대한 사랑, 혁명적 동지애에서 가장 숭고한 경지에로 승화되고 있다.

오중훈, 배정식, 리철범 등 친위전사들에 대하여 돌려주시는 위대한 수령님의 사랑은 정녕 잊을래야 잊을 수 없고 뗄래야 뗄 수 없는 친 혈육의 정보다도 더 뜨겁고 귀중한 친어버이 사랑이였다.

소설에는 위대한 수령님께 끝없이 충직한 참된 혁명전사 오중훈에게 베푸신 어버이 사랑이야말로 혁명적 동지애의 최고의 정화이며 가장 빛나는 귀감으로 된다는 것을 참으로 감명 깊게 형상하고 있다.

가장 어려우시고 힘겨우실 때면 먼저 찾으시게 되는 사랑하는 전사였고 그가 데리고 간 대원들이라면 그가 어디에 가 있건 직접 자신께서 거느리고 계신 부대와 다름이 없이 마음이 놓이시였다.

친위전사에 대한 어버이 수령님의 사랑이 이처럼 크고 한량없는 것이기에 오중훈의 죽음은 그이께 있어서 너무도 참기 어려운 것이였다. 소설은 눈물 없이는 읽을 수 없는 이 극적인 화폭을 통하여 위대한 수령님께서 지니신 혁명적 동지애의 헤아릴 길 없는 크기와 뜨거움에 대하여 의의 깊게 보여주고 있다.

사랑하는 전사의 비보에 접하신 어버이 수령님의 가슴 아프심은 이루 다 헤아릴 수가 없었다. 그 아프심이 얼마나 크시였으면 그이께서 추도의 말씀조차 따로 하시지 못하는 것이겠는가.

장군님께서는 조용히 자신의 외투를 벗으시여 오중훈의 몸 우에 덮어주시였다. 죽은 사람이 추운 줄을 알리 있으랴만 가셔도 자신의 뜨거운 정을 느끼게 하시려는 것이리라. 그리고 장군님께서는 오중훈의 군복 팔소매를 더듬으시여 지난 초겨울 3도백하 기슭 전투에서 탄환에 터진 자리를 찾아보시였다.

오래도록 그의 곁을 떠나지 못하시고 손으로 오중훈의 무덤을 어루만지시다가 사령관 동지께서는 다음과 같이 말씀 하시였다.

《무심하오 중훈이, 너무 무심하단 말이요. 우리가 함께 총을 잡고 걸어온 길이 십만 리도 넘고 이십만 리도 더 될 텐데 그 험한 길을 이날 이때까지 함께 걸어오다가 어찌 이렇게 불쑥… 우리를 남겨두고 동무 혼자 가는 법이 있단 말이오!…》

오중훈의 전사가 가져다 드린 마음의 상처는 너무도 큰 것이여서 어버이 수령님께서는 그 후 오랫동안 식음을 전폐하다싶이 하시였으며 잠을 이루시지 못하시고 뜬 눈으로 지새우군 하시였다.

그러나 강철의 의지를 지니신 위대한 수령님께서는 이 아프신 마음의 상처를 투쟁으로 전환시키시였다.

협신자전투로 돈화 땅을 발칵 뒤집어 놓으신 사령관 동지께서는 전체 대원들을 오중훈 련대장의 복수전에로, 동기군정학습에로 불러 일으키시였다.

사랑하는 전사에게 영생하는 생을 안겨주시려는 어버이 수령님의 뜨거우신 사랑에는 끝이 없으시였다.

학습을 잘 하지 못하여 오중훈에게 애를 먹이던 최장호가 동기군정학습에서 모범을 보였을 때에는 그가 알았으면 얼마나 기뻐하겠는가고 떠나간 전사를 잊지 못해 하시며 동기군정학습을 마치고 새로운 전투에 들어갈 때에는 예비물자 보관 장소를 적어놓은 오중훈의 수첩을 꺼내주시는 어버이 수령님의 가슴에는 육신은 갔어도 살아있는 그 정신, 그 공적은 함께 또 다시 오중훈을 자라난 부대의 전렬 속에 세워주시려는 헤아릴 수 없이 뜨거운 념원과 사랑이 굽이쳐 흐르고 있는 것이다.

어버이 수령님의 이 위대한 사랑과 믿음 속에서 성장한 혁명전사이기에 오중훈은 생의 마지막 순간까지 그처럼 사령관 동지께 끝없이 충성 다하였던 것이다.

태양의 따사로운 빛발이 세상만물을 키워내듯이 어버이 수령님의 이 위대한 사랑의 품은 영원히 태양을 우러러 따르는 수천수만의 충성의 별무리들을 낳아 키운다.

받아 안은 사랑과 믿음에 충성으로 보답하는 것을 인간의 마땅한 도리로, 수령을 모신 혁명전사의 응당한 의리로 여기는 것이 조선의 공산주의자들이다.

오중훈이도 그러한 사람들 중의 하나였다.

위대한 수령님께 끝없이 충직한 참된 혁명전사였던 오중흡 동지를 원형으로 하고 있는 오중훈의 형상은 소설에서 수령님께 영원히 충직한 주체형의 공산주의자의 빛나는 전형으로 훌륭히 그려졌다.

홑잠뱅이바람에 떨어진 짚신을 신고 조선인민혁명군에 입대한 오중훈은 어버이 장군님의 품 속에서 처음으로 혁명을 깨우쳤고 유격대의 분대장으로, 소대장, 정치지도원을 거쳐 중대장으로 그리고 사령관 동지를 가장 몸 가까이에서 받들어 모시는 친위전사, 련대장으로 자라났다.

그리하여 그의 육신도 정신도 그가 가진 모든 것은 어버이 장군님을 떠나서 존재할 수 없었다. 그에게 있어 어버이 수령님께 충성 다하는 것은 그의 생활의 전부이고 목적이였다.

참으로 그는 충성의 화신이였다.

오중훈에게 있어서 위대한 수령님의 명령지시를 무조건 철저히 관철하는 것은 목숨보다도 더 귀중한 것이였다.

그러한 것은 그가 무기와 탄약, 식량 등 전투예비물자를 마련할 데 대한 사령관 동지의 명령을 드팀 없이 집행해 나가는 데서 감명 깊게 그려지고 있다.

그가 사령관 동지의 명령대로 예비물자를 마련하여 지정된 장소에 파묻을 때였다. 언제나 기관총에 눈독을 들여온 최장호가 기관총 한 정을 자기에게 줄 것을 간청해 나선 것이다. 그의 심정을 모를 오중훈이 아니였다.

그러나 이 무기들이 어떻게 쓰일지, 사령관 동지의 원대한 구상 속에 이 무기들이 어떤 자리를 차지하고 있는지 아직은 알 길이 없어도 그이께서 그처럼 큰 의의를 부여하시고 련대에 맡겨주신 임무이니 한 치도 드틸 수 없다고 그는 생각하는 것이다.

사령관 동지의 명령을 집행하는 오중훈의 자세와 립장에는 실로 한 치의 드팀도 없었다. 그는 사령관 동지의 명령대로 예비물자를 마련할 뿐 아니라 그이의 구상대로 그 예비물자들이 제때에 원만히 쓰일 수 있도록 하기 위하여 자기 수첩에 예비물자를 보관한 장소를 적고 략도까지 그려 넣는 것이다.

소설에서 오중훈의 이 수첩에 대한 세부는 참으로 의의 깊게 그려졌다.

오중훈은 혁명전사는 사령관 동지께서 주신 명령을 집행할 뿐 아니라 명령하시고 지시하시기 전에 그이께서 의도하시고 심려하시는 문제를 미리 알고 그 심려를 덜어드리기 위하여 할 수 있는 모든 것을 다해야 한다고 생각하였다. 이것은 그의 확고한 신조였다.

사령관 동지께서는 추석물자를 마련할 과업을 그에게 주시지 않았다. 다만 배정식이 그를 만나러 림시병원에 갔을 때 무슨 말 끝에 사령관 동지께서 달을 보시다가 오늘이 음력으로 며칠인가고 물으신 일이 있다는 이야기를 하였을 뿐이였다. 그런데 그는 적과의 전투를 여러 차례나 벌려 푸짐한 추석물자를 마련하였으며 이리하여 추석을 앞두고 대원들을 생각하시여 심려하고 계시는 어버이 수령님께 기쁨을 드린 것이다.

사령관 동지께서는《그 동무는 원래 그런 사람이지…》라고 조용히 말씀하시였다. 이 한 마디의 말씀 속에 천 마디 만 마디 깊은 뜻이 담겨져 있는 것이다.

그는 정녕 그런 사람이였다.

사령관 동지께서는 동기군정학습에 대한 원대한 구상을 무르익히시면서 오중훈에게 과정안을 잡아보라고 말씀하시였다.

그러나 올해와 같이 어려운 때에 어떻게 군정학습에 소용되는 그 방대한 제강들을 사령관 동지께서 손수 다 만드시기를 바라고만 있겠는가고 생각한 그는 그이의 품 속에서 자라온 자신의 체험을 연구하고 탐구하여 체계를 잡아 자신이 제강을 썼던 것이다. 실로 그는 간고한 행군이 계속되는 가운데 남 다 자는 그 짧은 휴식의 한 때 한 때에도 쉬지 않고 얼어드는 만년필을 입김으로 불어가며 한 자 한 자 정성을 기울여 쓰고 또 썼다.

숨이 지는 마지막 순간 그가 사령관 동지께 전해달라고 손으로 더듬은 전투가방 속에는 미처 그가 다 끝맺지 못한 이 제강이 씌여 있는 보풀이 인 학습장이 있었던 것이다.

오중훈의 모든 사색과 행동은 어떻게 하면 위대한 수령님을 더 잘 위해 모시고 그이의 안녕을 보위하겠는가하는 오직 하나의 생각으로 일관되여 있었다.

3도구 밀영에서 원정을 떠나는 날 밤 오중훈 련대장은 련락병인 영남이에게 보꾸레미를 쥐여주었다.

그때 그는 이렇게 말하였다.

《이걸 배낭 속에 깊이 건사해둬라. 올 겨울 음력 설, 양력 설은 다 어느 행군길에서 쇨지, 어느 전투마당에서 지낼 지 알 수가 없다. 그렇게 되면 설날 아침에 하다못해 장군님께 밥이라도 한 끼 대접해야 할 게 아니냐? 작년 백날행군 때 설날 아침 밥 한 그릇 지어 대접하지 못한 게 내 일생 한이 될 것 같다.》

꾸레미 속에는 소고기 통졸임과 오이 통졸임 그리고 한 되박 가량의 하얀 찹쌀이 가득 차 있었다.

이처럼 뜨거운 오중훈의 정성이 깃든 이 음식들은 그가 전사한 다음 어버이 수령님께서 최인관과의 작별을 나누시려고 마련하신 식사 때에 김정숙 동지께서 그이께 대접해 드리였다.

어버이 장군님께서는 떠나간 전사가 남기고 간 잊지 못할 동지의 사랑을 가슴 뜨거이 느끼시며 감회도 깊으신 듯 세상에 동지의 정보다 더 큰 정이 어디 있겠는가고 최인관에게 뜻 깊은 말씀을 하시였다.

오중훈은 바로 이처럼 맑고 깨끗하며 이처럼 뜨겁고 드팀 없는 충성의 한 마음을 안고 언제 어디서나 조선혁명의 심장이시며 뇌수이신 경애하는 수령 김일성 동지를 목숨으로 옹호 보위해 나섰다.

위대한 수령님께서 예비물자 준비정형을 료해하시기 위하여 몸소 위험한 량강구 내안으로 나가셨다는 것을 알게 되였을 때에도 오중훈은 앉아서 기다리고만 있을 수 없었다.

그는 끝내 4중대를 이끌고 그이께서 계시리라고 생각되는 량강구 방면으로 마중하러 떠나갔다.

그 후 사령관 동지께서 지체되신 경위를 대충 알게 된 오중훈은 3면 매복에 조우 하시였던 그 위험한 시간을 되새겨보며 후둑후둑 불안하게 뛰는 가슴을 진정할 수 없어했다.

참으로 오중훈은 위대한 수령님께 자신의 한 생을 바쳐 끝없이 충성 다한 혁명 전사의 참된 귀감이였다.

실로 수령은 인민을 믿고 사랑하며 인민은 또한 수령을 끝없이 따르고 충성 다

하는 여기에 필승불패하는 조선혁명의 힘의 원천이 있다.

우리는 이 위대한 힘으로 발톱까지 무장한 간악한 일제를 타승하고 조국을 광복하였으며 현대 제국주의의 아성인 미제가 내리막길을 걷는 시초를 열어놓았다.

우리는 이 위대한 힘으로 재더미만 남은 폐허 우에 강대하고 존엄있는 주체의 조국을 일떠세웠으며 오직 이 위대한 힘으로 영광스러운 주체의 혁명위업의 대를 이어 끝까지 빛나게 완성해 나갈 것이다.

온 사회를 주체사상화하는 성스러운 혁명위업에 복무하는 우리의 혁명적 문학예술은 마땅히 이 위대한 힘을 예술적으로 힘있게 확인하여야 한다.

총서 《불멸의 력사》 중 장편소설 《준엄한 전구》는 경애하는 수령님의 영광 찬란한 혁명력사와 수령님의 위대한 사상과 덕성을 따라 배우며 당원들과 근로자들은 수령님께 끝없이 충성 다하는 참다운 주체형의 공산주의자로 키워 나가는데 훌륭히 이바지할 것이다.

—『조선문학』 1982년 1호.

4. 개작 상황

『준엄한 전구』는 1990년, 1999년 두 번 개작되었다. 여기에서는 1999년 마지막 개작판본의 내용 변화만 제시하였다. 1990년, 1999년판은 동일한 개작 내용이 다수이다. 인명을 제외하고 문장이 첨가되거나 삭제된 곳은 총 75곳이다.

장	절	1981년판	1999년판
1	1	배정식	오백룡
	4	오중훈	오중흡
	7	"사령관 동지께서는 궁금한 빛이시였다."	해당부분이 삭제된다.
		리철범	박덕산
		"그 물으심에 배정식은 활기를 띠며 대답하였다."	해당부분이 삭제된다.
		"영문을 알 수 없으신 듯"	해당부분이 삭제된다.

		"어리둥절한 표정이였다."	해당부분이 삭제된다.
		"한참 웃으신 그이께서는 말씀하시였다."	해당부분이 삭제된다.
	9	"누데기같은 적삼 안자락에서 빨간 열매가 좌르르 쏟아져내렸다."	해당부분이 삭제된다.
	1	"그이께서도 치받쳐오르는 정을 참기 어려우셨다."	해당부분이 삭제된다.
2	1	"배정식이 웬일인지 몹시 심각한 표정으로 서있었다."	해당부분이 삭제된다.
	5	리성림의 수술 장면이 묘사된다.	리성림 수술 장면 중 일부가 삭제된다.
	6	김일성이 어머니를 떠올리는 장면이 서술된다.	김일성이 어머니를 떠올리는 장면이 삭제된다.
	7	"십 년 전"	"팔 년 전"
3	1	"《토벌대》"	"《토벌》대"
	3	"우스개처럼 하시는 말씀이였으나 눈에는 다감다정한 빛이 어리였다."	해당부분이 삭제된다.
	4	"사령관 동지께서는 적진을 살피는 오중훈의 얼굴을 잠시 살피시였다. 구체적인 전투조직을 짜주실 작정이시였으나 그만두시였다. 그이께서는 오중훈의 표정에서 벌써 모든 타산이 선 것을 감득하셨기 때문이다. 다만 차후 행동방향만 주시기로 하셨다."	해당부분이 삭제된다.
		"진달래 피는 기슭에서 광복의 날을 안고 다시 돌아오라 눈물로 바래주던 겨레의 모습이 그 하늘가에 있었다. 그리고 (…중략…)"	해당부분이 삭제된다.
4	2	"문철이 뒤를 따랐다."	해당부분이 삭제된다.
		"《문철이》 그이께서 뒤를 돌아보시며 말씀하셨다. 《내려가서 철범 동무한테 행군명령을 전달하라구.》"	"《문철이, 내려가서 철범 동무한테 행군명령을 전달하라구.》"
		리철범	박덕산
		"정기 넘치시는 눈으로 대원들을 둘러보시며"	해당부분이 삭제된다.
		"오중훈은 웃으며 영남을 쳐다보았다."	해당부분이 삭제된다.
5	1	"《언니, 여기 것두 이제는 다 말랐어요.》 우등불 가까이에 주런이 널어놓은 발싸개천들을 주무르던 순녀는 김정숙 동지를 건너다보며 말하였다. 《그럼 좀 거둬줘요.》 김정숙 동지께서는 미소를 지으며 고개를 끄덕이시였다."	해당부분이 삭제된다.

	2	"건너다보셨다."	"살피시었다."
6	1	"《련합토벌부대》"	"《련합〈토벌〉부대》"
	2	"국산은 가벼운 한숨을 짓더니 대답하였다."	해당부분이 삭제된다.
	4	"그이께서는 놀라움과 호기심에 번쩍이는 시선들을 천천히 둘러보시였다."	해당부분이 삭제된다.
	8	"협신자"	"쟈신즈"
7	3	"사령관동지께서는 놀라신 듯 건너다보신다."	해당부분이 삭제된다.
	4	"골짜기가 떠나갈 듯한 환호 속에 사령관동지께서 상품을 주시였다."	해당부분이 삭제된다.
	5	"그는 양력설 전날 밤 영남이 이 꾸레미를 가져왔을 때 대접을 해야 잡숫지도 않을 것이고 오히려 더 가슴만 아프게 해드린다면서 배낭 속 깊이 싸넣으며 한숨을 짓던 김정숙 동지의 모습이 떠오르는 모양으로 한참이나 의아쩍게 바라보기만 하다가 한마디 하였다."	해당부분이 삭제된다.
8	3	철범이 동네 상황을 듣고 격분하는 장면이 서술된다.	철범이 동네 상황을 듣고 격분하는 장면881자가 삭제된다.
9	2	"조경춘 소대장은 침착하게 대답하였다."	해당부분이 삭제된다.
	8	"사령관동지께서는 최인관을 바라보시며 미소를 지으시더니 계속하시였다."	해당부분이 삭제된다.
10	1	"《동무들아 들리느냐, 구원을 부르짖는 가련한 동포들의 목소리!》"	해당부분이 삭제된다.

— 작성 : 김은정

총서 '불멸의 력사' 해제

16

『붉은 산줄기』

1. 세부 사항

<table>
<tr><td>제목</td><td colspan="3">총서 '불멸의 력사'16 『붉은 산줄기』</td><td>출간 권수</td><td>16</td></tr>
<tr><td>작가 및 창작단</td><td colspan="5">리종렬</td></tr>
<tr><td rowspan="2">발표 연도
(수상 연도)</td><td>발표 연도</td><td>2000</td><td rowspan="2">발표 지면
(수상명 · 집)</td><td colspan="2" rowspan="2">문학예술종합출판사</td></tr>
<tr><td>개작 연도</td><td></td></tr>
<tr><td>스토리
주제</td><td colspan="5">1939년 가을부터 1940년 여름까지를 시대배경으로 항일무장투쟁의 시련을 인민에 대한 믿음으로 극복해가는 김일성의 풍모. 특히 소만국경 중립조약을 체결한 소련 지도부의 동향. 일부 지휘관들이 동요하고 변절과 타락의 길로 빠져드는 현실과 대비되는 참된 혁명가의 자세와 태도.</td></tr>
<tr><td>키워드1/ 테마</td><td colspan="5">일제와 조선인민혁명군의 대결, 소련 지도부와 일제의 중립조약 체결, 일부 지휘관들의 동요, 끝까지 혁명의 위업을 달성하고자 하는 참된 혁명전사와 타락과 변절의 혁명가와의 대비, 혁명가의 혁명적 신념과 양심의 완벽한 구현체로서의 김일성과 충직한 혁명전사들의 모습.</td></tr>
<tr><td>키워드2/ 구성</td><td colspan="5">총 7장 (종장 〈42년이 지나〉 포함)</td></tr>
<tr><td>키워드3/ 시점</td><td colspan="5">복합 시점－전지적 작가 시점과 1인칭 주인공 시점(김일성에 한하여 주체존대법 쓰임)</td></tr>
<tr><td>키워드4/ 시간</td><td colspan="5">1939~1940년</td></tr>
<tr><td>키워드5/ 장소</td><td colspan="5">화라즈, 륙과송, 쟈신즈, 동패자, 무송, 장백, 백두산(서남부와 동북부), 두만강.</td></tr>
<tr><td>키워드6/ 소재</td><td colspan="5">돈화원정, 일제의 대토벌 작전, 조국광복회, 륙과송 전투, 소일 중립조약 체결, 혁명가의 양심.</td></tr>
<tr><td>키워드7/ 인물(직업)</td><td colspan="5">관동군(중위 및 사령관), 항일연군, 조선인민혁명군, 사령관, 참모장, 유격대 대원.</td></tr>
</table>

2. 줄거리 소개

제1장

경위중대원 최성배는 관동군 중위를 포로로 잡았다가 그가 도망치자 권총으로 사살한다. 김일성은 군량을 확보하러 떠난 오백룡이 한 달이 지나도록 아무 소식이 없자 참모장 민경식을 보내어 상황을 알아보도록 명령한다. 김일성의 명령에 따라 군량을 확보하기 위해 화라즈 분지에 온 오백룡과 그 부대원들은 일제의 거듭되는 소탕작전으로 식량 확보에 어려움을 겪고 있던 중, 민경식이 부상을 입고 쓰러진 것을 발견하고는 부대로 데려온다. 화라즈 분지의 식량공작 정형을 점검하려던 민경식과 경위중대 최성배가 적의 공격을 받아 민경식이 치명상을 입자 최성배는 그가 죽은 것으로 판단, 혼자 길을 떠났던 것이다. 민경식은 만족할 만한 분량의 식량이 모이지 않은 사실에 불만을 표시하고 식량 확보에 진력한다.

한편 민경식의 고향 동료인 권영벽(권수남)은 조국광복회 사건으로 옥고를 치른다. 그는 조국광복회의 국내조직에 그 피해를 주지 않기 위해 온갖 고문과 협박에도 불구하고 결코 입을 열지 않는다.

제2장

일제의 파상적인 공세로 어려움에 처한 상황에서도 김일성은 지도력을 발휘하여 적의 포위망을 뚫고 식량이 확보된 화라즈 밀영으로 향한다. 하지만 의심스러운 포수 엄항섭을 민경식이 놓아준 뒤 화라즈 밀영은 토벌대의 공격을 받고 그동안 비축해둔 식량마저 화재로 잃고 만다.

민경식은 이 사태의 책임을 박수호 탓으로 돌리고 그를 '민생단'의 잔여 분자로 몰아간다.

한편 김정숙은 여대원들을 이끌고 밀영의 식량저장소로 가서 누렇게 된 쌀알들을 빈틈없이 골라내는 열성을 발휘한다. 연미숙은 연인 최성배의 전사 소식을 듣자 크게 상심하여 쓰러진다.

제3장

빨치산에만 발생하는 쫄라병이 부대원들에게서 발병하자 김일성은 이를 우려하는 한편 부대원들을 격려한다. 소일간의 합힌골 사건 이후 소련과 일본의 관계가 완화되리라는 소식을 항일연군 소속의 호대걸과 류진이 와서 전하자 민경식은 동요와 혼란에 빠진다. 반면 김일성은 소일 간에 중립조약이 체결된다 해도 그것은 일시적일 뿐이며 지속적인 항일투쟁이 중요하다는 점을 재차 강조하고 돈화원정을 추진한다.

무산아재 리철금과 김정숙은 정성을 다해 연미숙을 보살핀다. 돈화원정에서 제외된 박수호는 민경식의 처사에 의문을 제기하고, 오중흡은 김일성에게 청해 박수호를 원정대에 참여시킨다.

제4장

토벌대의 계속된 공격에 원정대가 포위되자 민경식은 역량을 보존하기 위해 총퇴각을 주장하지만 오중흡은 포위망을 뚫고 김일성의 뜻을 관철시킨다. 민경식은 식량을 구하러 가던 길에 권영벽의 어머니와 손자를 우연히 마주치게 되고, 이 일을 전해들은 김일성은 김정숙을 통해 솜옷과 모포를 권영벽의 어머니에게 전한다. 한편 륙과송의 목재소를 공격하던 김일성 부대는 전투에서 오중흡을 잃는다. 김일성은 민경식을 따로 불러 국내조직과 연계하기 쉽도록 백두산 서남부에 밀영을 짓고 대원들을 훈련시키도록 지시한다.

제5장

권영벽은 심한 고문으로 고통받는 고순일을 위해 자신의 머리카락을 팔아 사식을 먹인다. 한편 민경식은 행상군으로 변장한 모리다를 다시 만난다. 한명찬은 행상군을 쉽게 놓아준 민경식을 의심한다. 연미숙은 민경식이 그를 범하려 하자 위험을 모면하고, 한명찬은 변해버린 연미숙에게 심상치 않은 일이 일어났음을 눈치챈다.

제6장

밀영 사람들은 원정대가 돌아오자 생기를 되찾는다. 하지만, 참모장 민경식이 문정금과 함께 일제에 투항했다는 소식에 모두 격분한다. 신경으로 끌려간 연미숙은 민경식을 피하려다가 호텔에서 뛰어내려 자살한다. 김일성은 무장투쟁을 더욱 강화하는 차원에서 학습토론과 정찰조 파견 등 적극적인 활동을 벌인다.

한편 이께우찌 대좌는 민경식에게 권영벽을 전향시키도록 주문한다. 모리다를 포함한 이들 세 사람은 해산형무소에 도착해 권영벽을 설득하기 시작한다. 혁명군이 모두 와해되었다는 소식을 들은 권영벽은 절망하지만, 끝까지 혁명의 정신을 지키라고 민경식의 변절을 질타한다.

노조에 소장이 이끄는 토벌사령부는 백두산 동북부 홍기하에서 20만의 대병력을 동원해 대규모 토벌작전을 벌인다. 김일성은 안전한 곳으로 피신하라는 지휘관들의 요청을 물리치고 대원들과 함께 결사적으로 싸워 큰 승리를 거둔다. 특히 민경식을 앞세운 적의 공격은 부대원들의 전투력을 더욱 배가시켜 오백룡과 박수호는 사력을 다해 적을 물리친다. 이 과정에서 박수호는 전사한다.

한편 민경식의 전령병으로 그를 존경하고 따르던 마영복은 그의 변절에 분노하여 그를 암살하는 데 가담하였다가 전사한다. 권영벽은 다시 감옥에 들어온 고순일을 통해 김일성 혁명군의 돈화원정 소식을 듣고 감격한다. 1945년 3월 10일에 마침내 권영벽은 처형된다.

제7장 42년이 지나(종장)

42년 뒤 김일성은 당 역사 연구원 및 오진우와 함께 민경식의 근황에 대해 이야기를 나눈다. 민경식이 만하낌이라는 거류민이 되어 떠돌다가 그의 딸을 찾아가지만 딸이 그의 아버지를 거부한 이야기며, 민경식의 딸이 호텔로 찾아와 고국을 방문할 수 있는지를 물었다는 이야기 등이 그것이다. 그 이튿날 김일성은 혁명열사릉을 찾아 그곳에 안장된 혁명전사들을 떠올리며 진정한 혁명가의 자세와 정당한 심판관으로서 역사의 의미를 되새긴다.

3. 북한의 소개와 평가

| 사전(년감) 자료 |

소설(리종렬 작)은 1939년 가을부터 1940년대 전반기를 시대적 배경으로 하고 위대한 수령 김일성 동지께서 이 시기 벌리신 항일의 혈전 속에서 마련된 우리 혁명의 혁명적 신념과 의지의 전통을 감명 깊게 형상하고 있다.

근 10년 간에 걸치는 조선인민혁명군과의 대결에서 쓰디쓴 참패를 맛 본 일제는 수십 만에 달하는 관동군을 비롯한 《토벌》 력량을 총동원하여 《토벌》 공세를 강화하는 한편 조국광복회 조직들을 모조리 파괴해 버리기 위해 《혜산사건》으로 체포된 혁명가들과 애국자들에 대한 온갖 야수적인 고문과 회유 기만을 다 한다.

또한 사대주의자들을 비롯한 일부 사람들은 국내 정세의 변화를 두고 동요하면서 무장투쟁을 중지하고 지하로 들어가 혁명 력량을 보존할 것을 주장한다.

혁명 앞에 어려운 난관과 시련이 닥쳐 온 이때 위대한 수령님께서는 전반적 조선혁명을 다시금 일대 앙양에로 이끌어 올리시기 위하여 량강구회의를 여시고 대부대선회작전을 벌릴 데 대한 작전적 구상을 펼치시며 그 실현에로 항일무장대오를 이끄신다.

위대한 수령님께서는 탁월하고도 령활한 전술로 적들의 《토벌》 기도를 짓부셔 버리시면서 간고한 돈화원정을 승리적으로 단행하시고 뒤이어 쟈신즈, 륙과송 등지에서 일제에게 커다란 타격을 가하며 홍기하전투에서 혁혁한 전과를 이룩하신다.

그리하여 《혜산사건》으로 크게 손실을 입고 위축되여 있던 국내 혁명 력량은 크나큰 고무와 신심을 받게 되며 또다시 반일항전에 일떠서게 된다.

이 나날 위대한 수령님께서는 유격대원들이 그 어떤 모진 고난과 시련도 이겨내는 강의한 혁명적 신념과 의지를 지니고 싸워나가도록 이끌어 주신다.

소설은 적들에게 체포되여 온갖 야수적인 고문을 당하면서도 사령부의 안전을 위해 혁명적 지조를 지켜 가는 권영벽과 혁명 승리에 대한 확고한 신심이 없이 적들의 발악적인 공세 앞에서 비관에 빠져 사령부의 로선을 홍정하려 들며 사상적으로 변질되여 적들에게 투항 변절하는 참모장 민경식의 대조되는 인물 형상을 통하여 혁명가가 지녀야 할 신념과 량심에 대하여 해명을 주고 있다.

소설은 40여 년의 세월이 지난 후 주작봉의 혁명렬사릉에 오르신 위대한 수령님께서 먼저 간 전우들을 회고하시는 장면을 보여주면서 백두산에서 시작된 혁명적 신념과 의지의 전통이 있음으로 하여 주체혁명위업은 억년 드놀지 않고 이어져 빛나게 수행되리라는 혁명의 철리를 깊이 있게 강조하고 있다.

—『조선중앙년감』, 조선중앙통신사, 2001.

| 평론 자료 |

영원하라 신념과 량심의 붉은 산줄기여

리금희

새 세기가 밝아 왔다.

한 많은 사연으로 엮어진 20세기를 바래우며 21세기의 여명이 온 누리를 붉게 물들인다.

환희로 부푸는 가슴을 들먹이며 새 세기의 언덕에 올라선 이 시각 우리는 피와 땀으로 톺아 온 험산준령을 감회 깊이 돌이켜본다.

무슨 힘으로 우리는 상상을 초월하는 20세기의 그 험로역경을 뚫고 왔는가. 과연 무슨 힘으로 폭풍 치듯 휩쓸어드는 그 고난 속에서 혁명가의 존엄과 영예를 끝까지 지켜냈는가.

총서 《불멸의 력사》 중 장편소설 《붉은 산줄기》(리종렬 작)는 여기에 똑똑히 대답해주고 있다. 그것은 심장 깊이 간직된 혁명적 신념과 량심의 힘으로 승리한 것이라고, 혁명적 신념과 량심이야말로 간고한 시련의 폭풍우 속에서 혁명가와 배신자를 가르는 기본 징표이라고.

위대한 령도자 김정일 동지께서는 다음과 같이 지적하시였다.

《혁명적 신념과 량심은 혁명가와 배신자를 가르는 기본징표입니다.》

장편소설 《붉은 산줄기》는 조선혁명의 년대기에 가장 엄혹한 나날 중의 하나로 새겨진 주체28(1938)년 가을부터 1940년대 전반기까지 이 시기를 시대적 배경으로 하고 있다.

기근과 질병, 모진 자연의 횡포, 계속되는 고된 행군과 치열한 전투… 항일의 혈전에서 너무도 범상한 것으로 되여버린 이 모든 난관은 제쳐놓고라도 이 시기 조선혁명 앞에는 그 생존 자체를 위협하는 준엄한 시련이 닥쳐왔다.

《혜산사건》의 여파로 수많은 혁명가들이 체포투옥되며 국내에 핏줄기처럼 뻗어있던 조국광복회 조직들이 파괴된 것이었다.

엎친 데 덮친 격으로 국제정세에서도 파격적인 변화가 일어났다. 파쑈 도이췰란드와 불가침조약을 체결함으로써 세계를 아연케 하였던 쏘련이 이제는 일본과도 우호적인 관계를 맺으려고 하였던 것이다.

사실 이것은 일제와 피의 격전을 벌이고 있던 조중 두 나라 혁명가들에게 커다란 충격을 주었다.

사회주의 성새로, 유일한 희망의 등대로 우러르던 그 쏘련이 제국주의와 타협하는 길로 나가고 있다, 변증법이 가르치는 바와 같이 환경 변화에 적응하지 못하는 생명체는 죽어야 한다, 쏘련을 옹호해야 한다는 세계 공산주의자들의 국제주의적 의무에 비추어 보아도 우리는 쏘련 지도부의 의도를 존중하여 군사행동을 중지해야 한다, 일체 무장투쟁을 중지하고 지하로 들어가자, 력량을 보존하자, 사대주의자들, 패배주의자들의 열띤 목소리들이 이렇게 처처에서 아우성치듯 터져 나온다.

작품은 악조건으로 충만된 이런 력사적 환경을 진실하게 펼쳐 보이면서 고난의 세파를 헤가르고 조선혁명을 일대 앙양기에로 이끌어 올린 열혈의 투사들, 혁명가들의 투쟁 모습을 감명 깊게 보여주고 있다.

무엇보다도 소설은 조선혁명의 진두에 서시여 력사의 모진 시련과 난관을 과감히 뚫고 나가시는 위대한 수령 김일성 동지의 불멸의 형상을 훌륭히 창조하고 있다.

위대한 수령님께서는 쏘일 간에 있게 될 그 어떤 평화협상이란 두 열강의 당면 리해관계의 공통성으로부터 벌리는 협상일 것이다. 정의가 없는 순리해관계에 의한 협상이니 그것은 공고하지 못하고 오래가지 못하며 리해관계가 달라지면 즉시 깨어지고 만다고 하시며 국제당이 우리에게 무슨 무장투쟁의 중지니 뭐니 하는 노선들을 내려 먹이고 있는데 우리 혁명군은 누가 뭐라고 하든 인민대중의 지지성원 속에 자신의 사상과 신념에 따라 선택한 무장투쟁의 길에서 한 걸음도 물러 설 수 없다, 이것이 곧 쏘련을 옹호해야 할 국제주의적 의무에도 부합되는 것이라고 힘주어 말씀하신다.

력사적 사변의 모든 진상을 예리하게 통찰하시고 이렇듯 조선혁명의 주체적 노선을 계속 확고히 틀어쥐신 수령님께서는 《력량 보존》이 아니라 도처에서 일제에게 불벼락을 안기는 눈부신 군사정치활동을 맹렬히 조직지휘하신다.

그리하여 혁명의 퇴조기를 운운하던 목소리들이 움츠러들고 목단령과 륙과송, 홍기하와 삼수평, 양초구와 대황구 등 혁명군의 발길이 가닿는 국내외 곳곳마다에서 일제의 정예무력을 족쳐대는 승리의 총성이 힘차게 울려 퍼진다.

작품은 천재적인 예지와 영활무쌍한 지략으로 백전백승하시는 탁월한 군사전략가로서의 풍모뿐 아니라 항상 전사들에게 뜨거운 사랑과 믿음을 안겨주시는 어버이 수령님의 한없이 고결한 동지애의 세계도 감동 깊게 형상하고 있다.

위대한 수령님께서는 감옥에서 시달리는 혁명전사의 가족들이 의지할 데 없어 유랑 걸식한다는 보고를 받으시고 너무도 가슴이 아프시어 그들에게 자신의 모포까지 보내주시며 원수놈들이 권영벽의 가짜 전향서를 내돌릴 때엔 자신께서는 그를 끝까지 믿는다고 크나큰 믿음을 안겨 주기도 하신다.

애인을 잃고 한 여대원이 괴로움 속에 모대길 때 친히 그를 찾으시어 힘과 용기를 북돋아 주시고 밤새 꺼질 줄 모르는 사령부의 불빛 때문에 대원들이 잠 못 들가봐 불 없는 어두운 천막 안에서 구상을 무르익히시는 장면들 또한 그이께서 지니신 무한한 동지애, 사려 깊은 인정미의 숭고한 화폭으로 눈시울 뜨겁게 펼쳐진다.

작품은 이처럼 그 어떤 복잡하고 간고한 환경 속에서도 인민대중과 동지들에 대한 확고한 사랑과 믿음에 기초하여 비범한 예지와 령군술로 우리 혁명을 오직 승리의 한 길로만 이끌어 가시는 어버이 수령님의 위대성을 감동 깊게 형상함으로써 그이이시야말로 우리들 모두가 가장 순결한 혁명적 신념과 량심으로 끝없이 믿고 따라야 할 위대한 분이심을 예술적으로 힘있게 강조하고 있다.

혁명전사들에게 있어서 수령에 대한 충실성, 혁명의 수뇌부에 대한 충실성은 혁명적 신념과 량심의 최고 표현이다.

소설은 화폭의 중심에 위대한 수령님을 모시고 그이의 위대성을 잘 형상하였을 뿐 아니라 모진 폭풍이 몰아친대도 오직 그이와 생사고락을 같이하며 그이의 두리에서 변함없이 반짝이는 충성의 별들, 혁명전사들의 모습도 빛나게 형상하고 있다.

언제나 수령님의 의도를 민감하게 받아들이시고 그이의 신변안전을 목숨으로 지켜나가시며 그이께서 지니신 사랑 그대로 동지들을 무한히 아끼고 위하시는 위대한 공산주의 혁명투사 김정숙 동지의 불멸의 형상, 사령부의 명령지시라면 자그마한 드팀도 없이 물불을 가리지 않고 기어이 관철하며 티 없이 맑고 깨끗한 량심으로 혁명의 수뇌부를 옹위해 가는 오중흡 7련대장의 투쟁 모습, 중세기적인 고문과 악형, 무서운 고독 속에서도 장군님께 다진 맹세를 지켜 조직의 비밀을 끝까지 고수하는 권영벽 동지의 불굴의 형상 등은 자기 수령을 모시고 받드는 혁명전사의 자세가 어떠해야 하는가를 실감 있게 보여주는 산 화폭으로 빛나게 부각되고 있다.

장편소설 《붉은 산줄기》는 위대한 수령님을 중심으로 하여 시련과 난관을 억세게 뚫고 나가는 혁명가, 투사들의 형상과 함께 혁명의 배신자, 변절자의 몰골 또한 두드러지게 형상하고 있다.

그러한 인물로 설정되고 있는 것이 조선인민혁명군 주력부대의 참모장이였던 민경식의 형상이다.

민경식은 중학시절부터 혁명열에 불타 혁명을 위해 자기를 《헌신》하던 《투사》였다.

훤칠한 키에 얼굴 모습이 준수한 그가 유창한 언변으로 사회주의 10월 혁명이요, 중국 무산혁명이요, 선행 고전가들이요, 노동계급의 수령들이요 하며 열변을 토할 때면 선망으로 불타는 대중의 눈길이 그에게로 모아지곤 하였으며 주력부대의 참모장으로 임명되였을 때에도 전투의 나날 속에 기민한 야간습격과 매복전, 대담무쌍한 유인전으로 왜군을 무리로 쓸어 눕혀 혁혁한 전과를 올리며 싸움마다에서 실로 놀라운 군사적 수완을 발휘함으로써 사람들의 탄복을 자아내곤 하였다.

그러던 그가 변절의 시궁창에 굴러 떨어진다.

한별만을 위해 싸우겠다고 맹세 다지고 근 10년 동안이나 혁명을 해왔으며 참모장이라는 중임까지 지고 장군님의 각별한 신임을 받던 그가 혁명의 사령부를 해치는 《결사대》에 앞장서는 추악한 왜놈의 주구로 전락된다. 한때 정의와 진리의 위업이라고 믿었던 혁명의 길을 버리고 함께 싸워 온 수많은 동지들과 대원들을 버리고 변절투항하여서는 자기의 오랜 친구인 권영벽의 혁명적 지조를 꺾어보려고 비열한 귀순공작 놀음까지 벌인다.

이론 수준도 쟁쟁하고 투쟁 경력과 직위, 군사적 지휘 능력과 재능도 뛰어났던 민경식, 이런 그가 어째서 혁명으로부터 반혁명에로, 정의로부터 불의에로 변절하여 혁명가로부터 배신자로 타락하게 되였는가.

작품은 그가 변절의 나락으로 굴러 떨어지기까지의 사상적 부패 과정, 정신도덕적 파멸 과정을 깊이 있게 그려 보이고 있다.

혁명바람에 실려 《혁명》의 길에 나선 민경식에게 있어서 애당초 혁명이란 무언가를 얻는 것이었다.

참된 자유와 권리를 찾고 진정한 행복을 얻기 위한 것, 이것이 바로 혁명에 대한 그 나름의 주장이었다.

그러나 그가 말하는 자유와 권리, 행복이란 자주성을 무참히 유린당하는 수천만 겨레의 자유와 권리, 행복이 아니라 자신의 자유와 권리, 행복이였다. 때문에 자기가 무언가를 얻지 못하는 혁명은 그의 피를 끓게 할 수 없었으며 항일전이 승리한다 해도 자기가 그 승리를 맛볼 수 없고 승리 후의 영광과 행복을 누릴 수 없다면 그런 혁명은 아무런 인연도 없었고 허무하기까지 생각되는 것이었다.

이렇게 혁명에 대한 견해 자체가 이기적인 그에게 있어서 혁명적 신념과 량심이란 자기의 이익과 시게에 따라 흔들리는 서푼짜리에 불과한 것으로 되며 시련이 겹쌓이는 속에 쏘일 간의 《눈석이》라는 국제정세의 변화까지 도래하자 드디어 완전히 줴버리는 지경에까지 이르게 된다.

자기가 살아남아서 낙을 볼지 못 볼지 이것도 암담한데 그 혁명이 이제는 승리의 가능성마저 묘연해 보인다. 뚜렷이 보이는 것은 일본의 경제력, 군사력, 일제 침략군의 일시적 승리뿐이여서 사령부의 모든 방침들에 의혹만 짙어가며 우울과 비관, 동요, 패배의식이 뇌를 좀거기 시작한다.

그는 날을 따라 비감에 잠겨 술을 마시게 되며 원쑤놈들에게 애인을 잃고 눈물이 채 마르지도 않은 여대원을 농락하려고까지 드는 패덕한으로 썩어간다.

하다면 변절자 민경식은 혁명적 신념과 량심을 헌신짝 팽개치듯 하며 그리도 바라던 자유와 권리, 그리도 얻고자 하던 행복을 찾았는가.

그는 스스로 개가 되여 빌붙었던 상전에게서 버림을 받아 멀리 이국에서 이국으로 떠돌아다니는 신세가 되며 자기 친자식에게서마저 버림을 받고 사회로부터도 냉대를 받아 좀도적으로 연명하다 생을 마친다.

혁명을 버리고 동지들을 배반하고 개인의 영달과 향락만을 추구하던 그가 변절의 대가로 얻은 것이란 결국 치욕과 냉대, 더러운 파멸뿐이였다.

작품은 이와 같이 민경식의 변절 과정과 그의 말로를 깊이 있게 보여주면서 혁명 승리에 대한 신심, 혁명의 수뇌부에 대한 신념이 부족하고 그 신념의 기둥을 드팀 없이 받쳐주는 량심의 지지대가 파괴된 인간은 변절과 파멸의 길밖에 갈수 없다는 진리를 뚜렷이 새겨주고 있다.

소설에서는 한 변절자의 운명을 통하여 보다 심각한 교훈을 주기 위하여 한명찬과 마영복과 같이 무턱대고 그에게 맹종맹동하다가 뉘우치는 인물들의 형상도 설정함으로써 아부와 아첨은 혁명 간부에 대한 존경이 아니라 모독이며 사람을 잘못 보고 따르면 혁명에 엄청난 손실을 줄 수 있다는 사상도 강조하여 주고 있다.

혁명적 신념과 량심에 대한 문제를 기본 문제로 제기하고 각이한 인물들의 형상을 통해 여기에 심오한 해명을 주고 있는 작품은 자기의 주제사상적 특성에 맞게 그 구성을 합리적으로 조직하고 있다.

작품에서 기본 인물들은 크게 혁명가들의 집단, 변절자의 형상으로 갈라지며 두 형상선이 자기의 곬을 따라 병행적으로 흐르고 있다. 즉 처음부터 마지막까지 두 부류의 인물선을 나란히 맞세워 극적인 대조를 이루게 함으로써 이 속에서 혁명가와 배신자를 가르는 혁명적 신념과 량심 문제가 자연스럽게 제기되고 해명되도록 하고 있다.

권영벽과 민경식과의 관계가 그 대표적인 예로 된다.

이들은 어제날 눈물겨운 고학의 길도 함께 걸었고 놈들의 검거선풍을 피해 아슬아슬한 지하활동도 함께 하였으며 오직 한별만을 따르자고 맹세도 함께 다졌던 막역한 친구들이였다. 그러나 혁명 앞에 준엄한 난국이 조성되자 두 인물은 서로 다른 운명의 길을 걷게 된다. 혁명이란 자기를 바치는 것이라고 생각하는 권영벽이 외부와의 모든 련계가 끊어진 절대고독 속에서도 굴함 없이 지조를 지킨다면 혁명을 무언가를 얻는 것이라고 여기는 민경식은 장군님의 가장 가까이에서 중요한 직책을 맡고 싸우지만 원수 앞에 투항하고 마는 것이다.

두 인물의 혁명관 자체를 대조되게 보여주고 두 인물이 처한 구체적인 정황을 대조되게 설정한 데 기초하여 작품에서는 이렇듯 한 인물을 혁명적 신념과 량심을 지켜 영생하는 투사로, 다른 인물은 신념이 흔들리고 량심에 좀이 쓸어 비참한 말로를 고하는 변절자로 대조되게 형상하고 있다.

이 작품의 구성조직에서 또한 주목되는 것은 변절자 민경식에게 중요한 초점을 두고 그 형상에 적지 않은 지면을 주고 있는 것이다.

작가의 관심은 긍정인물 이상으로 부정인물인 민경식의 형상에 집중되어 그의 일거일동을 하나하나 파헤쳐 보이고 있다. 이것 역시 변절자의 형상을 통해 흘러나오는 심각한 교훈으로부터 혁명적 신념과 량심에 관한 문제를 예리하게 제기하고 심오하게 해명하려는 작품의 고유한 생리에 부합된다고 할 수 있다.

혁명의 배신자인 부정인물선이 주체사상적 내용 해명에서 중요한 몫을 안고 보다 강조되어 형상된 데 총서 계열의 다른 작품들과 구별되는 이 작품의 특징이 있다고 보아진다.

* * *

혁명의 길에서 고난과 시련은 인간의 진가, 혁명가의 진가를 검증한다.

평화롭고 순탄하던 나날엔 다 몰랐던 인간의 진면모를 그 밑바닥까지 속속들이 투영해주며 추호의 에누리도 없이 무자비하게 진짜와 가짜를 가른다.

참과 거짓을 가르는 이 고난과 시련은 과연 언제부터 시작되어 언제까지 계속되는 것인가.

우리는 그 계선을 알지 못한다.

항일의 투사들이 겪었던 그 고난을 50년대에도 겪었고 90년대에도 우리 온몸으로 체험하지 않았던가.

혁명이 시작되어 그것이 계속되는 이상 고난과 시련은 과거에도 있었고 오늘에도 있으며 내일에도 있을 것이다.

그러나 우리는 이것만은 알고 있다.

고난과 시련의 그 언덕들에서 언제나 참된 혁명가와 배신자들이 갈라져 나가며 혁명적 신념과 량심이 그 시금석으로 된다는 것을.

잠시 뒤돌아보자.

우리가 헤쳐 온 90년대의 《고난의 행군》, 강행군의 날과 달들을.

식량난과 거듭되는 자연재해, 제국주의 고립압살 책동과 사회주의 진영의 붕괴, 때를 같이하여 대오에서 꼬리를 사린 혁명의 배신자들… 뼈를 깎고 살을 에이는 듯한 그 최악의 역경 속에서 우리는 아득히 흘러간 30, 40년대를 방불히 보는 듯하다. 혁명적 신념과 량심이야말로 고난과 시련의 소용돌이 속에서 혁명가가 진정한 혁명가로 남게 하고 인간이 참된 인간으로 남게 하는 기본징표임을 심장으로 절감하였다.

장편소설 《붉은 산줄기》를 쓴 작가도 이 진리가 가슴 사무치게 마쳐왔기에 총서 《불멸의 력사》의 항일혁명편 창작이 끝난 것으로 여겼던 사람들의 예상을 초월하여 30~40년대의 그 이야기를 다시 펼쳐 놓았으리라. 그리고 90년대를 연상케 하는 그때의 이야기로 오늘의 넋들을 다시 한 번 깨우쳐 주려 했으리라.

우리는 작품에서 보고 있다.

장구한 조선혁명의 력사적 로정 위에는 민경식과 같이 배신의 길로 굴러 떨어진 변절자들도 있었지만 오중흡, 권영벽, 리제순, 박달, 오백룡, 박덕산과 같이 혁명의 사령부를 따라 굶어 죽고 얼어 죽고 피 흘리며 쓰러지면서도 혈전의 천만리 길을 억척스럽게 걸어온 신념과 량심의 화신들이 천만 산악의 련봉을 이루고 있음을.

그 신념과 량심의 련봉은 오늘날 후대들에게 이어지며 붉은 산줄기로 뻗어 내리고 있다.

혁명이 계속되고 투쟁이 계속되는 한 신념과 량심의 이 붉은 산줄기는 영원히 거창하게 뻗어 내려야 하리라. 세기와 세기를 이어가며 주체혁명 위업의 종국적 승리를 향하여 곧바로!

—『조선문학』 2001년 1호.

4. 개작 상황

개작 상황 없음.

— 작성 : 공임순

총서 '불멸의 력사' 해제

17

『천지』

1. 세부 사항

제목	총서 '불멸의 력사'17 『천지』		출간 권수	17
작가 및 창작단	허춘식			
발표 연도 (수상 연도)	발표 연도	2000	발표 지면 (수상명·집)	문학예술종합출판사
	개작 연도			
스토리 주제	1940년 8월 소할바령회의 직후 소부대 작전과 백두산 진군 과정			
키워드1/ 테마	소할바령회의, 백두산 진군.			
키워드2/ 구성	5장			
키워드3/ 시점	전지적 작가 시점			
키워드4/ 시간	1940년 8월~1941년 초			
키워드5/ 장소	돈화, 간도, 서울, 하바롭스크, 백두산.			
키워드6/ 소재	소부대 작전, 조·중·소 3군 대표연합회의, 일소중립조약, 독일의 소련 침공, 동계토벌 작전, 만주 향토시찰단, 개척민 후원회, 백두산 진군 과정.			
키워드7/ 인물(직업)	유격대원, 지하조직원, 청년의용대 대원, 중국혁명가, 국제당 성원, 간도 운송회사 사장, 조선어학회 간사, 조선총독, 토벌사령관.			

2. 줄거리 소개

1장

김일성은 1940년 8월 소할바령회의에서 대부대 작전에서 소부대 작전으로 이행할 것에 대한 전략적 방침을 제시한다. 김일성은 중국 혁명가 위증민(魏拯民)을 만나서 소부대 활동에 대해서 의견을 나눈다. 국제당 사절 책임자 크리멘은 조선인민혁명군 사령부에 대규모 작전을 하지 말 것과 조선인민혁명군과 동북항일연군의 책임적인 정치일꾼들의 회의에 참석해 달라는 문제를 제의한다. 미나미 총독은 국책을 쇄신하면서 조선의 전면 수탈을 강행하고 있는 때이니만큼 민심을 무마하고 민중의 환심을 사려고 애쓴다. 김일성 유격대(조선인민혁명군)는 소부대, 소조 활동을 전개한다.

2장

유격대원 오백룡은 간도 운송회사 사장인 고형근을 만나며, 박중돈 소조와 오백룡 소부대는 식량공작과 군중공작을 진행한다. 고형근은 '개척민' 부락 후원 활동을 하며, 김일성을 처음으로 만나서 많은 깨달음을 얻는다. 김일성은 조·중·소 3군 대표회의 초청 통지를 받은 후, 행군 도중에 오 노인을 찾아간다. 오 노인은 김일성에게 산삼술을 선사한다.

3장

김일성은 연해 변강 도시 하바롭스크에서 동북항일연군의 지도자 주보중(周保中), 김책, 최석천(최용건)을 만나 담화한다. 조 · 중 · 소 3군 대표 연합회의에서 동북항일연군의 원동군 편입 문제가 논의된다. 김일성은 회의에서 실무적 통합이 아니라 조선인민혁명군과 항일연군의 독자성이 보장되는 통합을 주장한다. 김책은 백운 도사(최풍수)가 백두산 천지에서 치성을 드린 이야기를 한다. 1941년 노조에 토벌대는 동계토벌 작전을 편다.

4장

미나미 총독은 총독부와 조선주둔군 고위 인물의 환송을 받으며 '만주국'을 방문한다. 고형근은 미나미 총독을 만난다. 박중돈 소부대는 공출미 창고 방화사건을 일으킨다. 박중돈은 전투 도중 중상을 입고, 청년의용대 대장 원덕천에게 구조되지만 한 팔을 잃는다. 박중돈은 원덕천을 만날 적마다 마을 형편을 요해하면서 복지향 사람들에게 반일사상을 고취할 방도를 가르치고 비밀조직을 만들 것을 결심한다.

5장

1941년 4월 김일성 부대는 소만국경을 넘어 백두산 전구로 진출하며, 일소중립조약이 체결되며, 1941년 봄 위증민은 병으로 사망하고, 1941년 6월 독일이 소련을 침공한다. 3호 연락소가 노출되자 소대장 지영갑은 변절 도주하며 그 후 고형근의 집에서 마부의 총에 맞고 죽음을 맞는다.

고형근은 만주 '향토시찰단'의 일원으로 국내에 방문한다. 서울 공작원 차석진은 공산주의자 서대석의 포섭 과정에서 밥곽 폭탄으로 죽음을 맞는다. 김일성 유격대는 소만국경을 넘어 간도의 중심지대를 거쳐 백두 밀영에 도착하며, 고형근은 백두산에서 김일성과 재회한다.

3. 북한의 소개와 평가

| 사전(년감) 자료 |

소설(허춘식 작)은 위대한 수령 김일성 동지께서 1940년 8월 소할바령에서 진행된 조선인민혁명군 군정간부회의에서 대부대 활동으로부터 소부대 활동에로 이행할 데 대한 새로운 로선을 제시하시고 조국 광복의 대사변을 준비 있게 맞이하기 위한 투쟁을 현명하게 령도하신 불멸의 혁명업적을 감동 깊게 보여 주고 있다.

소할바령회의 방침에 따라 소부대 소조들을 편성하여 조선과 만주의 광활한 지대에 파견하신 조선인민혁명군 사령관 김일성 동지께서는 한 소부대를 이끄시고 적 토벌대들이 뒤덮여 있는 조선 북부 국경지대와 린접한 간도의 중심지대에 진출하신다.

난관은 중첩되지만 위대한 수령님께서는 혁명을 일대 앙양에로 이끄시려고 삼엄한 경계망을 헤치고 소부대 소조들을 찾아다니시면서 전사들을 고무하고 임무의 수행 방도와 방법들을 세심하게 깨우쳐 주신다.

그이께서는 또한 간도 일대에서의 혁명군 활동에 커다란 저해를 줄 뿐더러 국내공작에도 은연히 난관을 조성하고 있는 시내의 조선인 인사를 반일의 길에 이끌어 주시려고 몸소 어려운 과제를 맡으신다.

대원들과 더불어 초근목피로 끼니를 에우시며 광활한 전선을 지휘하시는 그이를 찾아 원동 지구에서 련락관이 도착한다.

위대한 수령님께서는 일제를 패망시키기 위해 절박하게 제기되는 국제적인 련합을 이룩하시기 위하여 국제당이 주최하는 회의에 참석하기로 용단을 내리신다. 이국의 도시 하바롭스크에서 그이께서는 김책을 비롯한 북만의 전우들과 뜻 깊은 상봉을 하신다.

위대한 수령님께서는 정세의 추이를 폭넓고 예리하게 분석하시면서 공산주의자들의 숭고한 리념을 고취하고 혁명가들의 견실한 자주정신을 각성시켜 3군 련합을 이룩해 가신다.

나라의 광복을 위한 또 하나의 큰일을 한 매듭지으신 그이께서는 위험을 무릅쓰고 또 다시 전구에 진출하시여 새로운 소부대와 공작조들을 각지에 파견하시고 파괴된 지하조직들을 복구하는 등 전민항쟁준비를 다그치신다.

백두산을 향해 혈로를 헤쳐 가시는 그 과정에는 가슴 아픈 희생도, 변절자의 도주도 있으며 국내의 지하조직들에서 보내온 반가운 소식도, 구원을 요청하는 급보도 있다. 작품에는 또한 항일의 녀성 영웅 김정숙 동지, 김책, 안길, 오백룡 등 혁명가들이 등장한다.

소설은 그 어떤 뢰성벽력에도 드놀지 않는 강철의 심장, 천지와도 같은 크고 억센 담력을 지니신 절세의 위인을 수령으로 모시였기에 조국 광복의 대사변이 주동적으로 마련될 수 있었다는 것을 힘있게 강조하였다.

—『조선중앙년감』, 조선중앙통신사, 2002.

| 평론 자료 |

조국 광복의 대사변을 주동적으로 마련하신 위대한 수령님의 불멸의 형상

김려숙

혁명가들에게 있어서 가장 중요한 것은 그 어떤 바람이 불어도 흔들리지 않는 불변의 신념, 혁명을 해도 제 힘을 믿고 하는 자주의 신념을 간직하는 것이다. 혁명적 신념 문제는 본질에 있어서 수령의 사상과 령도에 대한 절대적인 숭배와 믿음이며 수령의 사랑과 믿음에 보답하는 량심과 의리에 관한 문제이다.

총서 《불멸의 력사》 중 장편소설 《천지》(허춘식 작)는 항일혁명투쟁시기로부터 오늘에 이르는 조선혁명의 시련에 찬 로정이 시종일관 신념과 의지를 검증한 피어린 력사이며 주체의 기치, 혁명의 붉은 기를 높이 들고 전진해 온 신념의 강자들의 승리의 력사임을 웅변으로 실증해 주고 있다.

소설은 소할바령회의 직후의 복잡한 정치 정세 속에서 주체의 신념과 백두의 담력으로 조선혁명의 시련을 맞받아 나가며 조국광복의 대사변을 주동적으로 마련해 나가시는 위대한 수령님의 불멸의 혁명업적을 빛나게 형상화함으로서 력사문헌적 의의를 가지는 총서 형식으로서의 사상예술적 풍격을 남김없이 보여주었다.

소설의 가장 중요한 성과는 위대한 수령님께서 력사적인 소할바령회의에서 제시하신 새로운 전략적 로선의 독창성과 정당성, 그 생활력을 자주적인 존엄과 신념의 각도에서 예술적으로 확증하고 있는 것이다.

소설은 대부대 작전으로부터 소부대 작전으로 이행할 데 대한 새로운 방침의 독창성과 정당성은 어디에 있는가 하는 문제를 조국과 민족의 운명적인 문제, 민족자주정신과 자력독립사상에 대한 문제로 내세우고 그것은 대세가 어떻게 변하든 조국광복의 위업은 큰 나라, 외세에 의존해서가 아니라 자체의 힘으로 수행해야 하며 또 할 수 있다는 주체적 신념의 철저한 구현으로 된다는 심오한 사상을 밝히고 있다.

소설의 이러한 사상주제적 과제는 당시 조성된 복잡하고도 간고한 정세를 심각한 극적 환경으로 설정하여 형상적 바탕에 깔고 소부대, 소조 활동 방침을 관철해 나가시는 위대한 수령님의 령도선을 기본으로 하는 작품의 전반 내용을 통하여 해명되고 있다.

소설의 시대적 배경으로 되고 있는 1940년대 초엽으로 말하면 항일혁명투쟁 력사에서도 가장 어렵고 간고한 시련의 시기였다고 말할 수 있다.

소설에서 보여 주고 있는 것처럼 1940년대에 들어서면서 제2차 세계대전은 날로 확대되여 갔으며 전쟁에 휘말려들게 된 세계 여러 나라들은 국가적, 계급적 리해관계에 따라 다양한 움직임을 보여주었다. 극도로 악화된 국제정치 정세에 편승하여 일제는 세계 재분할을 위한 대전에 뛰여들려고 준비하면서 전시 체제화의 명목 밑에 그 병참기지인 조선과 만주에서 전례 없는 파쑈적 폭압과 식민지적 략탈을 강화하였으며 반일무장세력에 대한 대공세와 혁명력량에 대한 탄압에 미쳐 날뛰였다. 교활한 일제는 조선인민혁명군을 《완전 소멸》하기 위하여 지금까지 있어 보지 못한 대규모의 병력을 집중적으로 투입하는 한편 동서 협격의 위기에 처한 쏘련의 리해관계를 자극시켜 만주에서 활동하는 반일무장세력을 쏘만 국경 밖으로 철수시키게끔 쏘련에 외교적 압력을 가하려고 책동한다.

국내외에서 일어나는 충격적인 사건과 사변들, 각종 어용 수단을 통한 정치 정세의 오도와 민심의 혼란, 거기에 대국들의 민족리기주의와 편협성까지 겹쳐 조선혁명의 운명 문제, 조국 광복의 전도 문제는 극도의 심각성을 띠지 않을 수 없었다. 하여 조국 광복에 대한 신심과 희망을 잃은 사람들 속에서 동요와 나약성이 표현되었고 아직도 큰 나라에 기대를 거는 사대주의적 요소도 남아 있었다.

일반적으로 신념 문제는 평화로운 시기나 정세가 안정된 시기, 혁명이 고조되고 앙양되는 시기보다는 투쟁의 간고성, 장기성으로 하여 혁명이 우려곡절을 겪게 될 때 심각하고 예리하게 제기되며 사람들을 검증하는 시금석으로 된다.

첨예하고 복잡한 환경이 조선혁명 앞에 준엄한 시련을 선고할 때 백두의 천출 명장이신 위대한 수령님께서는 조국 광복의 대사변은 눈앞에 다가왔으며 조선 인민 자신의 힘으로 반드시 광복을 이룩하여야 한다는 철석의 신념과 의지를 지니시고 이미 제시한 소할바령회의 방침에 따라 만주와 국내 각지에 소부대, 소조들을 파견하시고 적극적인 반일항전을 준비하기 위한 사업을 주동적으로 밀고 나가신다.

위대한 수령님께서는 몸소 소부대를 이끄시고 전구에 진출하시여 여러 소부대, 소조들과 지하공작원들의 활동 정형을 구체적으로 료해하시고 군중공작도 심각한 전투라고 하시면서 군중공작에서 제기되는 원칙적 문제들로부터 있을 수 있는 여러 가지 정황과 조건들에 이르기까지 구체적이고 세심한 지도를 주신다. 특히 군중공작은 소부대, 소조들의 기본임무로서 각계각층의 군중들을 대상하는 것만큼 혁명의 리익의 견지에서 사람들의 문제를 심중하게 보고 처리할 데 대한 귀중한 가르치심을 주신다.

여기서 문제성 있는 인물들인 간도운송회사 사장 고형근, 조선어학회 간사 리극로, 좌경모험주의자 서대석, 서남차 마을의 촌장과 복지향의 《청년의용대》 대장 원덕천 등과의 사업은 광범한 군중을 반일항전에 묶어 세우기 위한 새로운 전략적 방침을 관철하는 사업이 얼마나 힘겨운 투쟁인가 하는 것을 보여 준다. 왜냐하면 이들과의 사업은 사상에 관한 문제, 신념에 관한 문제, 일제의 모략책동을 발가놓는 문제로서 결국은 새로운 전략적 로선을 관철하는 문제에 귀착하기 때문이다.

위대한 수령님께서는 반일인가 친일인가 하는 것을 기준으로 하여 모든 사람들을 평가하고 민족을 사랑하는 사람이라면 누구나 다 반일전선에 묶어 세워야 한다고 하시면서 몸소 고형근을 만나주신다. 위대한 수령님께서 본의 아니게 일제를 돕는 일을 하고 있는 그를 깨우쳐주시고 그가 반일의 길에 떳떳이 나서며 인민들을 각성시키고 묶어세우는 데서 핵심적 역할을 놀도록 크나큰 믿음을 안겨 주신 것은 비단 그 한 사람의 개인적인 운명 문제에 그치는 것이 아니라 《개척민》들 속에 제 놈들에 대한 환상을 퍼뜨리고 《개척민》과 원주민들 사이에 불화를 조성하여 반일 군중지반을 없애버리려는 일제의 책동을 짓부시고 반일력량을 결속하는데서 중요한 의의를 가진다.

조선의 공산주의자들은 혁명이 승리한 나라의 지휘봉에 따라 움직이는 것이 아니라 자기의 독자성을 가지고 있으며 조선혁명은 조선 인민 자신이 주인이 되여 수행하겠다는 투지와 신념을 엄숙히 선포하신 위대한 수령님께서는 3군회의가 진행되는 나날과 원동 훈련기지에서도 조선인민혁명군을 정치군사적으로 튼튼히 준비시키는 사업을 지도하시는 한편 새로운 방침을 관철하기 위한 구상을 무르익히신다. 또 다시 전구에 진출하시여서는 놈들에게 섬멸적 타격을 가하시는 전투를 벌리시고 새로운 소부대와 공작조들을 각지에 파견하신다.

그들 가운데는 수령님께서 몸소 구해 주신 귀중한 약재를 가지고 위증민에게 떠나는 류경수도 있으며 혁명가 가족을 이주시킬 데 대한 임무를 받고 떠나는 림춘추도 있고 농촌 지구에서의 공작과 함께 적들과의 싸움에서 행방불명된 박중돈의 행처를 찾기 위해 파견되는 공작조들도 있으며 파괴된 연길 시내 지하조직을 복구하고 이어 위험에 처한 서울의 차석진을 돕기 위해 파견되는 리순정이도 있다.

그리하여 전민항쟁의 불길로 세차게 타오를 불씨들이 도처에 뿌려졌다. 조선과 만주, 징용과 징병에 끌려간 조선 사람들이 있는 모든 곳, 지어 조선주둔군 일본군대 안에도 적 기관에도 반일조직이 꾸려지고 여기에 로동자, 농민 지식인 등 각계각층의 애국적 인민들이 망라되였으며 전국적인 범위에서 소부대, 소조들과 지하조직은 위대한 수령님의 사상과 유일적인 령도 밑에 통일적인 활동을 벌리게 되였다.

소설은 작품이 제기한 사상주제적 과제를 새로운 전략적 방침의 실현 과정의 그 어떤 력사적 사건이나 사실에 대한 설명이나 자료 라렬로써가 아니라 극적인 사건과 인간관계, 인간들의 운명선에서의 극적 변화, 다양한 극적 정황과 계기 속에서 생활 그대로 펼쳐 보임으로써 커다란 사상예술적 감화력을 불러일으키고 있다.

소부대 활동 방침이 일제의 대공세 앞에서의 총 퇴각이 아니겠는가 하는 위증민의 우려며 소부대, 소조활동으로 일제와의 대결에서 주도권을 잡는다는 것 자체를 리해하지 못했던 국제당 련락원 크리멘의 의혹, 조·중·쏘 3군 련합회의에서 제기되는 동북항일련군의 원동군 편입 문제, 초기 오백룡 소부대와 박중돈 소조의 식량공작과 군중공작에서의 실패, 유능한 지하공작원인 전명석의 뜻하지 않은 희생과 그로 하여 새 전략사상을 받지 못한 서울 공작원 차석진의 활동에서의 일시적 난관, 조선어학회 간사인 리극로와 간도운송회사 사장인 고형근의 절교, 서대석의 포섭 과정과 차석진의 희생, 3호 련락소의 로출과 지영갑의 변절도주, 지하공작원 차석진과 총독부 경무국 고등과장 미우라와의 관계, 미나미 총독의 만주행각과 간도 《향토시찰단》의 국내 방문 등은 그 어느 것이나 다 극적인 정황과 계기를 조성하면서 궁극에는 소부대, 소조 활동 방침의 성과적 실현 과정을 밝히는 데로 형상의 초점을 집중시키고 있다. 어버이 수령님께서 내놓으신 소부대, 소조 활동 방침의 독창성과 정당성은 이렇게 극적으로 생활적으로 밀착되여 자연스럽게 예술적으로 확증되고 있다.

장편소설 《천지》의 주되는 특성은 새로운 전략적 로선의 빛나는 실현 과정을 형상화하면서 그것은 오로지 위대한 심장과 크나큰 도량을 지니신 우리 수령님께서만이 이룩하실 수 있는 불멸의 업적임을 감명 깊게 보여주고 있는 것이다.

위대한 령도자 김정일 동지께서는 다음과 같이 지적하시였다.

《문학에서는 수령님의 비범한 철학세계를 깊이 있게 그려내야 수령님의 뛰여난 풍모와 업적을 옳게 보여줄 수 있다.》

그 어떤 뢰성벽력에도 드놀지 않는 강철의 심장, 천지와도 같은 크고 억센 담력을 지니시고 조국 광복의 대사변을 주체의 힘으로 마련해 가시는 경애하는 수령님의 위대한 형상세계를 깊이 있게 파고든 데 이 소설이 거둔 사상예술적 성과의 비결이 있다.

소설에서는 우리 수령님께서 지니신 백두의 심장과 담력은 그이의 위대한 철학세계, 인민대중 중심의 독창적인 철학사상에 바탕을 두고 있음을 깊이 있게 보여주고 있다. 그것은 새로운 전략적 로선에 관통되고 있는 일관한 사상이 인민대중의 지향과 념원을 반영하여 혁명의 목적을 세우고 인민대중을 하나로 묶어 세워 광복 위업을 이룩할 데 대한 사상, 위대한 주체사상의 빛나는 구현으로 된다는 것을 형상적으로 보여 준 작품의 전반 내용에서 알 수 있다.

수령님께서는 세계제패를 위한 파쑈국가들의 전쟁에도 놀라지 않으시였고 날을 따라 더 포악해지는 일제의 교활한 술책과 《쏘일중립조약》 체결에도 끄떡하지 않으시였으며 국제당이나 쏘련 측의 요구에도 언제나 조선의 심장으로 대응해 나서시였다.

주체의 신념의 상징인 조선의 심장을 지니시였기에 우리 수령님께서는 일제가 조선인민혁명군을 《완전 소멸》하겠다고 간도에 대《토벌》 력량을 집중시킬 때 그에 맞서 백두산을 중심으로 한 일대에 진출하시며 반일무장부대들이 다 원동으로 들어와야 한다는 대국의 요구가 제기될 때 원동이 아니라 백두산으로 진군하시며 백두산을 타고 앉아 조선혁명을 령도하신다. 그 위대한 심장을 지니시였기에 《혁명의 한 길 노래로 가라!》는 혁명적 락관주의 구호를 제시하시며 소부대, 소조 활동으로 일제와의 대결에서 주도권을 쥘 수 있다는 확고부동한 신심을 천명하신다.

조선인민혁명군의 수가 100만 관동군과 비교도 되지 않을 력량이지만 강적 일제를 타승할 무궁한 힘이 있다는 것을 우리 수령님께서만은 보시였고 그 힘을 키우신다. 수령님께서는 지금 일제가 우리를 완전 소탕하려고 대부대들을 들이미는 형세에서 우리 군사들은 불리한 도전을 피해 조선과 만주의 넓은 천지에 물방울처럼 잦아들었다, 이제 때가 되면 샘줄기가 흘러 개울이 되고 개울이 합쳐 강을 이루듯이 노호하는 항일의 대하를 이루어 원쑤의 아성을 들부실 것이라고 확신에 넘쳐 말씀하신다.

조선혁명과 조선민족을 중심에 놓고 자력으로 조국을 광복하는 것이 바로 우리 수령님의 신념이고 의지이시였다.

에스빠냐 공민전쟁에서 인민전선측의 실패 원인을 국제적 지원이 약한 데서 찾는 국제당 련락원에게 실패의 결정적 원인은 주체적 혁명력량이 약했기 때문이라는 것, 이것은 현 시대 인민혁명에 대한 커다란 력사적 교훈이라는 것을 명철하게 천명하시는 위대한 수령님.

조・중・쏘 3군 련합회의에서 조선과 중국의 혁명군들이 쏘련 원동군에 편입할 데 대한 안을 제기한 쏘련군 대표와 그것을 완강히 거부해 나서는 중국 대표(동북항일 련군)의 상반되는 주장이 나섰을 때 그 실무적 련합의 불합리성을 명백한 론거로 론박하시는 한편 세 나라 공산주의적 무장력들의 련합의 필연성과 련합에서 나서는 원칙적 문제들을 독창적으로, 과학적으로 천명하시는 수령님.

너무나 젊으신 나이에 그토록 높으신 명망을 지니신 위인을 받들어 모신 조선의 창창한 앞날을 축복하며 끝없는 흥분에 휩싸이는 것은 김책이나 주보중만이 아니였다. 국제당 대표도 쏘련군 대표도 경건히 그이를 우러른다. 혁명의 로선적인 문제. 근본적인 문제에서 작은 나라가 대국을 누르고 자구, 자력의 기치를 든다는 것은 아무나 할 수 있는 일이 아니다. 이것은 국제공산주의운동 력사가 확증해주고 있다. 오로지 주체의 신념을 지니신 우리 수령님께서만이 하실 수 있는 대용단이다.

소설에서는 조성된 정세에 대한 예리한 판단, 원동군 편입 안에 슴배여 있는 대국주의, 민족리기주의 냄새에 대한 간파, 군중공작에서 있을 수 있는 모든 정황에 대한 예견과 대책 등 위대한 수령님께서 지니신 과학적 예견성과 선견지명의 탁월한 예지들을 보여주는 생활들을 여러 측면에서 보여주고 있으며 위대한 수령님의 무비의 담력과 필승의 기상을 다양한 각도에서 형상화하였다.

지영갑의 변절도주는 신념이 확고하지 못하고 량심과 의리가 없는 데 있으며 그것은 사대주의에 물젖어 큰 나라만 쳐다보면서 자기 힘을 믿지 않은 데 있다는 것을 명철하게 밝히시고 우리 힘으로 조선혁명을 완수하자는 신념을 굳게 안겨

주시며 항일유격대원들에게 하시는 수령님의 말씀,

《우리 항일유격대는 일제 침략자들을 쳐부시기 위한 전 인민적 항쟁의 앞장에 선 핵심부대인 동시에 우리나라 력사에서 처음으로 자주정신을 지니고 자주적인 힘으로 침략자들을 쳐부수는 자랑스러운 투쟁전통을 창조하는 선구자들이라는 높은 자각과 긍지를 지니고 싸워야 합니다.…》

자기 자신의 힘을 믿어야 한다는 심오한 철리와 그 어떤 간고성 앞에서도 승리를 락관하는 필승의 기상이 력력히 안겨오는 속에 위대한 수령님의 거룩하신 영상을 우러르게 한다.

소설에서는 전출위인이신 우리 수령님의 깊고 넓으신 도량과 다심한 친어버이 사랑을 가슴 뜨겁게 그리고 있다.

위대한 수령님의 따사로운 사랑의 빛발은 먼저 간 오중흡과 그의 동생, 그의 아버지 오 로인에 대한 은정 깊은 사랑과 오백룡 소부대 대원들을 위해 남겨 두신 노루고기 가루 봉지를 비롯하여 조선인민혁명군의 모든 대원들에게 속속들이 미치고 있을 뿐 아니라 일제 놈들의 감언리설에 속히운 사람들, 공산주의에 대한 몰리해를 가진 사람들, 파벌에 가담했던 행세식 맑스주의자들, 애국적 지조를 지켜나간 지식인들과 모든 사람들에게 빠짐없이 비쳐지고 있다.

위대한 수령님의 넓으신 도량과 인간에 대한 지극한 사랑에 의하여 일제의 교활한 술책의 산물인 《개척민》 후원회 회장직까지 겸임하고 동분서주한 고형근이 조국광복회 연길지구 특수회원으로 성장하며 조선말과 글을 지키려는 리극로의 애국적 지조가 값 높이 평가된다.

위대한 수령님의 고매한 인민적 풍모로 하여 적의 밀정으로 처리될 번 했던 이름 없는 촌장도 혁명가의 아버지로 떳떳이 나설 수 있었고 항일유격대원인 촌장의 딸 리순정과 지하공작원 차석진의 사랑도 이어지고 마음 속 고충을 겪던 박중돈이 훌륭한 유격대원으로, 소조 책임자로, 군중공작의 능수가 되며 자기 마을에 식량공작을 나온 박중돈 소조를 적에게 고발했던 《개척민》 마을의 《청년의용대》 대장 원덕천도 일제의 모략에서 벗어나 반일 항전의 믿음직한 역군으로 자라난다.

위대한 수령님의 넓으신 도량과 사랑이 힘은 민족의 테두리를 벗어나 세계 혁명가들과 인민들에게도 뜨겁게 미쳐 있다. 중국의 혁명가 위증민에게 돌려주시는 위대한 수령님의 각별한 사랑과 배려는 그 뚜렷한 실례로 된다.

소설은 이처럼 천출위인이신 경애하는 수령님은 그 기상과 담력, 넓은 도량과 다심한 인정미에서 이 세상 그 누구도 따를 수 없는 위인 중의 위인, 인간 중의 위대한 인간임을 심장 깊이 느끼게 한다.

이로부터 우리는 소설의 갈피갈피마다에서 경애하는 수령님은 일제의 압제 밑에 신음하는 조선 인민이 광복의 그 날을 믿고 살며 싸울 수 있은 유일한 마음의 기둥, 민족의 태양이시며 우리 인민은 위대한 수령을 모신 이 세상에서 가장 행복한 인민, 일찌기 수령 복을 지닌 긍지 높은 인민이라는 것을 절감하게 한다.

그것을 산삼술을 올리는 오 로인과 애양피 외투를 마련한 고형근의 심중에서도 뜨겁게 안겨 오며 나에게는 친부모보다 더 귀중한 김일성 장군님이 계신다고 변절자 앞에서 당당하게 웨치는 한영옥의 모습과 김일성 동지를 충심으로 받도록 보위해야 한다고 한 국제당 대표의 말에서도 뚜렷이 느낄 수 있다.

김일성 장군님을 위대한 수령으로 모신 민족의 영광, 벌써 그 시절에 수령복을 지닌 우리 인민의 긍지와 행복, 위대한 수령님을 충성으로 받들어 모시는 데 겨레의 운명이 있고 민족의 무궁번영이 있다는 심오한 철학을 항일의 그 나날에 심장으로 체득한 우리 인민이다.

이렇듯 절세의 위인을 조선혁명의 수령으로 모시고 그이의 령도를 충성으로 받들어 나갔기에 1940년대 초의 엄혹한 정황에서 새로운 전략적 로선인 소부대 활동 방침이 관철되고 조국광복의 대사변이 주동적으로 마련될 수 있었다. 바로 여기에 장편소설 《천지》의 형상력과 문학사적 의의가 있는 것이다.

장편소설 《천지》가 달성한 성과의 하나는 위대한 공산주의 혁명투사 김정숙 동지의 형상을 인상 깊게 창조한 것이다.

소설에는 김정숙 동지의 형상이 많은 비중을 차지하지 않고 있다. 그렇지만 투철한 혁명적 수령관을 지니시고 위대한 수령님을 견결히 옹호 보위하시며 수령님의 전략과 로선을 철저히 관철해 나가시는 백발백중의 명사수이신 항일의 녀성영웅, 백두산 녀장군의 모습을 몇 개의 장면들을 통하여 감명 깊게 형상하였다.

수령님께서 위험한 전구로 진출하시는 문제와 관련하여 나누신 김책과의 담화, 위대한 수령님께 자신의 머리칼로 신발깔개를 만들어 드리고 솎아낸 머리를 가리우느라 늘 모자를 벗지 않고 다니신 원동 훈련기지에서의 모습, 전구에 진출하시는 길에 탄생일을 맞으시게 되는 수령님께 드려달라고 보관했던 젓갈 한 통을 류경수의 배낭에 넣어주시며 지하공작을 떠나는 리순정에게 구체적인 가르치심도 주시고 변장용 양말까지 알뜰히 손질해 주시는 모습, 백발백중의 명사수의 비결이 원쑤에 대한 증오심이라고 하시는 뜻 깊은 말씀들에서 김정숙 동지의 형상은 숭고한 감정을 불러일으키며 뜻 깊게 묘사되였다.

장편소설 《천지》는 예술적인 수법에서도 개성적 특성을 잘 살리고 있다.

작품의 생리에 맞게 구성의 립체성을 잘 보장한 것은 중요한 측면의 하나이다.

소설은 간도와 조선, 원동 지구 등을 무대로 하여 항일유격대의 새로운 전략적 방침의 실현을 폭넓은 생활로써 보여주면서도 사령관 동지께서 계시는 밀영과 그이의 활동지들을 중심으로 하여 다양한 사건과 인물들의 행동선을 집중시키고 있다. 소설에서 극적인 인간관계는 위대한 수령님을 중심으로 하여 설정되고 수령님의 위대성을 부각하는 데서 뚜렷한 형상적 몫을 안고 있는 인물들을 다양하게 설정하였다. 위대한 공산주의 혁명투사 김정숙 동지의 형상을 모시고 있으며 수령님께 끝없이 충직한 항일혁명투사들인 김책, 최석천, 안길, 류경수, 림춘추, 오백룡 등 지휘관들과 박중돈, 한영옥, 리순정 등 유격대원들, 지하공작원들인 조봉길, 차석진 그리고 운송회사 사장 고형근, 중국 혁명가들인 주보중과 위증민, 국제당 련락원인 크리멘과 국제당 집행 뷰로 성원인 베네그쌘, 쏘련 원동군 대표 류쎈꼬장령 등은 다양한 각도에서 수령님의 위대성을 부각하는데 이바지하고 있다. 특히 김책의 시점에 형상적 의의를 부여하고 그가 체험한 풍수 로인에 대한 이야기를 각이한 정황의 여러 대목에서 반복하여 줌으로써 백두의 담력과 기상을 지니신 수령님에 대한 열화같은 흠모와 존경, 숭배의 사상감정을 격이 높게 형상하였다.

소설의 인물관계는 깊은 연고관계 속에서 복잡하게 얽혀진 것으로 하여 다양한 생활과 인간 성격들, 인물들의 특색 있는 운명선을 창조하게 하였다.

유격대 소대장이였으며 고형근의 처조카인 지영갑이 변절도주한 운명 처리도 심각한 교훈을 줄 수 있게 하였다.

소설에서는 위대한 수령님의 사색의 세계, 내면심리 세계를 깊이 파고든 것을 비롯하여 심리 묘사와 생활 세부 형상, 이미 널리 알려진 사건과 생활에 대한 비반복적인 묘사 등 개성적 특성을 살린 측면들을 많이 찾아 볼 수 있다.

장편소설 《천지》는 위대한 수령님께서 항일혁명투쟁시기에 이룩하신 불멸의 업적을 훌륭히 형상한 작품으로서 당원들과 근로자들로 하여금 대를 이어 누리는 수령복을 심장 깊이 체득하도록 하며 어떤 바람이 불어도 경애하는 김정일 장군님만을 믿고 따르는 혁명적 신념을 지니고 주체의 강성대국 건설에 힘있게 떨쳐나서도록 고무추동할 것이다.

—『조선문학』 2001년 8호.

4. 개작 상황

개작 상황 없음.

—작성 : 남원진

| 해방 후편 |

『개선』

1. 세부 사항

<table>
<tr><td>제목</td><td colspan="3">총서 '불멸의 력사'18 『개선』</td><td>출간 권수</td><td>18</td></tr>
<tr><td>작가 및 창작단</td><td colspan="5">최학수</td></tr>
<tr><td rowspan="2">발표 연도
(수상 연도)</td><td>발표 연도</td><td>2002</td><td rowspan="2">발표 지면
(수상명·집)</td><td colspan="2" rowspan="2">문학예술출판사</td></tr>
<tr><td>개작 연도</td><td></td></tr>
<tr><td>스토리
주제</td><td colspan="5">해방 이후 김일성의 평양 입성기</td></tr>
<tr><td>키워드1/ 테마</td><td colspan="5">김일성 장군의 해방 이후 개선</td></tr>
<tr><td>키워드2/ 구성</td><td colspan="5">총 12장(600면)</td></tr>
<tr><td>키워드3/ 시점</td><td colspan="5">전지적 작가 시점(부록으로 『평양민보』 보도기사 수록)</td></tr>
<tr><td>키워드4/ 시간</td><td colspan="5">1945년 8월 15일~1945년 10월 15일</td></tr>
<tr><td>키워드5/ 장소</td><td colspan="5">하바롭스크, 평양, 서울, 원산.</td></tr>
<tr><td>키워드6/ 소재</td><td colspan="5">조국해방, 해방 직후 좌우 대립.</td></tr>
<tr><td>키워드7/ 인물(직업)</td><td colspan="5">김형록(김일성의 숙부), 김원주(김일성의 사촌동생), 련합동(중국인 취사병), 현준혁(평안남도 공산당위원회 책임비서), 김영환(김일성의 가명), 김제민(김책의 가명), 리주하(원산공산당 책임자), 김용범(현준혁의 후임 책임비서), 리병훈(외과전문병원 원장), 림춘추, 곽두섭, 조만식, 박헌영, 박달 등.</td></tr>
</table>

2. 줄거리 소개

1장(총 3절)

왜인들이 소화 20년이라고 부르던 을유년(1945) 늦은 여름날 정오 무렵, 김일성의 숙부인 김형록이 평양의 신작로를 걷는다. 김형록은 지난봄 아들인 원주가 '조국해방단'이라는 전민무장조직을 조직하고 전민항쟁을 준비하던 중 밀정 윤용찬의 밀고로 체포된 이후 바닷가에서 낚시질과 갈게잡이, 조개주이로 그럭저럭 연명하며 외톨이 생활을 해왔다. 김형록은 방앗간집댁으로부터 평양형무소에 갇힌 아들 원주가 위급한 상태에 빠져 있다는 소식을 듣는다.

김형록은 신작로를 벗어나 오솔길을 걷다가 가네야마 순사와 만난다. 가네야마가 당혹감과 공포와 눈물을 내비치며 김 선생님이라고 부르며 물러가자 의아해한다. 김형록은 만경대를 찾아 부모님과 아내, 방앗간집 아들 김룡운을 만나, 조선이 광복되었다는 이야기를 듣는다. 김룡운은 며칠 뒤에 남리인민위원회 초대위원장으로 선출된다. 광복 당일 늦은 점심을 치른 만경대 산당집에서는 광복의 기쁨에 흠뻑 취해 김일성에 관한 환담을 나눈다.

2장(총 3절)

광복날 아침 김일성은 김책, 안길과 함께 지프차를 타고 아무르 강변 훈련 기지를 떠나 하바롭스크 비행장을 향해 간다. 8월 9일 개전과 더불어 조선인민혁명군 선견대들은 청진 상륙을 앞두고 있다. 김일성은 비행장에서 소련 원동군 총사령관인 와씰렙쓰끼 원수로부터 조선 광복을 축하한다는 전보를 받는다. 김일성은 훈련기지로 되돌아간다. 일본 군국주의자들의 불시적인 항복은 매우 돌발적이고 경이적인 사변이다. 김일성은 8월 16일 아침 하바롭스크 시내로 나가면서 조선인민혁명군 전체 장병들에게 휴식시간을 준다.

위만군 토벌대에서 취사병을 지내던 중국인 대원 련합동은 장백현 이도강 전투 때에 포로가 된 기회를 타서 조선인민혁명군 대오에 눌러앉은 의거자이다. 련합동은 조선에서도 김일성 곁에서 식사를 보장할 뜻을 김책에게 강조한다. 병영 안에는 사람들이 많아지면서 대통령·수상·총리·주석제를 수반으로 하는 국가를 세워야 하는가 하는 문제로 류삼손, 최현, 강건, 안길 등이 옥신각신한다. 김일성이 병영으로 와서 이제 건국을 위한 정치투쟁이 개시되었음을 선언한다. 김일성은 소미 양국 군대가 북과 남에 동시에 진주하게 되었다는 소식을 장병들에게 전하면서, 38선 이북의 북부 조선을 혁명기지화하여 남녘 조국을 해방해야 한다고 강조한다.

3장(총 5절)

8월 14일~15일 양일간 조선총독부 일본인들이 조선인의 이간질을 위해 준비한 활동이 요약된다. 현준혁은 작은아버지의 장례를 치르고 낮잠을 자던 중 아내 김지성에게 일본의 패망 소식을 전해 듣고, 김일성이 다음 날 서울에 입성한다는 소문 또한 듣게 된다. 그의 동생 관혁은 개천의 비밀지하당 소조책임자이다. 제2방송 파장에서는 적기가가 울려 퍼진다. 아내는 현준혁이 평안남도 지구 당 위원회를 책임진 지하당 투사이며 김일성을 떠받들어온 기둥 혁명가의 한 사람임을 알고 있다. 현준혁은 서대문형무소에 갇혀 있는 박달을 만나야 한다는 것을 상기하면서 평양에서 경성으로 향한다. 경의선을 타고 가던 현준혁은 박달을 만나던 때를 회상한다. 박달은 갑산공작위원회를 조선민족해방동맹으로 개편했다는 이야기를 현준혁에게 해주었다. 김일성은 '혜산사건'으로 수백 명의 조직원이 구속되자, 1937년 10월 김정숙으로 하여금 리주연을 만나게 하고 현준혁과 연결을 시켜준 적이 있다. 과거의 일을 현준혁이 회상하며 경성으로 간다.

8월 16일 아침 서울에 도착한 현준혁은 정백을 중심으로 조선공산당을 재건하는 '재경혁명자대회'가 열린다는 소식을 전해 듣는다. 현준혁은 안형준, 현금선과 함께 출옥하는 박달을 마중하러 서대문형무소로 간다. 박달은 권영벽, 리제순 등이 지난 3월 초 사형당한 사실을 안타까워한다. 박달의 집에 들러 한숨을 돌린 현준혁, 박달, 안형준은 김일성이 귀환한다는 경성역으로 향하나, 현준혁은 김일성이 평양을 거치지 않고 서울로 올 까닭이 없다며 저녁 차로 서울을 떠나 평양으로 간다.

4장(총 4절)

제2단계 작전에 참가하기로 되었던 조선인민혁명군 장병들의 귀국 준비 사업은 8월 20일부터 개시된다. 김일성이 장병들을 친솔하고 뱌쯔꼬예 훈련기지를 출발한 것은 9월 5일 아침이다. 개선 일행은 이러저러한 이유로 9월 18일에야 소련 해군 태평양함대에서 제공해 준 귀국함선에 오른다. 김일성은 "민주조선의 건당, 건군, 건국 위업에 전심전력하자"면서 "모든 락은 뒤로!"라는 생활자세를 강조한다. 함선에서 김일성은 9월 분의 신문들을 통해 정세를 읽고 미군이 점령자, 통치자의 입장으로 남조선에 들어서고 소련은 북조선에서 방조자의 입장과 자세를 취하고 있다는 것을 깨닫는다. 또한 일본어로 진행되는 라디오 방송을 통해 서울에서 두 개의 공산당이 난투극을 벌이고 있다는 소식을 듣는다. 성진방송국에서는 민주조선 건국을 위해 노력하자며 행진곡풍 노래가 나온다. 김일성은 평양을 중심으로 건당사업을 전개할 것을 다짐한다. 김일성은 함상에서 박달에게 9월 19일자 편지를 보낸다. 김일성은 장병들에게 소문 없이 빨찌산식으로 입국하자고 이야기한다. 그리고는 자신은 조선인민혁명군 사령부 정치위원 김영환으로 신분을 위장하고, 김책은 김제민 동무로 위장할 것임을 알린다. 원산 앞바다에 도착한 김일성 일행은 발바리 소대장 손기태와 소련측 해군대좌의 마중을 받는다.

5장(총 7절)

귀국한 김일성 부대원들은 동양려관에서 끼니를 해결한다. 김일성은 해군사령부로 가서 쁘로꼬피예브 대좌와 마께또브 위수사령관을 만나고 치스챠꼬브 사령관과 전화 통화를 한다. 김일성은 원산에서는 9월 15일 리주하가 원산 공산당부를 조직하였으며, 황해도 공산당위원회 조직부장 민덕원 등이 한밤중에 피살되고, 9월 2일 대낮에 평안남도 공산당위원회 책임비서 현준혁이 무장괴한에게 암살당했다는 소식을 접한다. 또한 남녘에 뿌려진 하지 중장 명의의 포고문이 으름장임을 알게 된다.

음력 8월 15일이 되어 김일성은 9년 전(1936년) 9월 30일 첫눈 내리던 추석날 밤, 백두산 밀영에 도착한 것을 떠올린다. 김일성은 동지들에게 혁명은 동지를 얻는 사업으로부터 시작된다는 혁명의 철리를 명심할 것을 강조한다.

리주하는 김일성 군대가 원산에 들어왔음을 전해 듣는다. 리주하는 동양여관에서 정치위원 동지를 만나고, 김일성 부대의 귀국을 환영하는 원산시민대회를 가질 것을 제안하나 정치위원은 운동회만 하고 환영대회는 그만두자고 이야기한다. 정치위원은 원산당부 청사에 이르러 "공산당의 기치 아래 프로레타리아트는 단결하라"고 쓴 플랜카드를 가리키며 공산주의의 깃발이 아니라 민주주의의 깃발을 들고 더 많은 힘을 모을 것을 리주하에게 강조한다. 리주하의 집에서 서울에서의 주의자들의 암투를 들은 김일성은 원산적색노조운동을 하던 리주하의 동지들이 장안당과 재건당의 다툼에서 박헌영의 화요파(재건당)쪽으로 기울어지고 있음을 간파하며 걱정한다.

조국에서 처음 맞이하는 아침, 김일성은 박헌영과 려운형이 자신을 만나고 싶어 한다는 이야기를 듣고, 박헌영에게 9월 말이나 10월 초에 평양에서 만나기를 희망한다는 이야기를 리주하에게 전해달라고 말한다. 김일성은 운동회를 하면서 처녀들의 차림새와 구린내를 풍기는 도랑물, 한문으로 된 약국방 간판을 보며 시름에 젖는다. 밥을 못 먹은 아이에게 음식물을 외상으로 주면 보증하겠다는 쪽지를 써서 아이에게 전해준다. 그리고는 운동회를 구경하며 젊은 청년들의 김일성 부대의 전설에 대한 궁금증에 대해 평결을 해준다.

6장(총 7절)

김책과 리을설은 추석 전날 함흥역에 내려 함남도 공산당부를 찾아가고, 도당부 앞 도로를 지나던 함흥 지구 위수사령관 소련군 대좌 쏩친스키 전우를 만나 위수사령부에 머물게 된다. 한편 함북도로 파견되어 간 안길 일행은 청진역에서 대접을 받으며 추석 명절을 쇤다. 안길 일행은 미국제 포드를 밀어주고 도당 선전부장 박우현 집에 가게 된다. 박우현은 이후 조국해방전쟁시기인 1954년 2월 28일 장렬하게 전사했다.

김일성은 추석날인 9월 20일 오후 네시 반 특별열차인 빠시즈호를 타고 원산역을 출발하여 평양으로 향한다. 추석날 저녁을 빈속으로 보낸 일행은 부래산 사람들이 감자를 보내주어 허기를 면한다. 김일성은 마중 나온 치스챠꼬브 사령관과 함께 평양행 열차 안에서 북조선의 정치정세와 평양 형편에 대하여 요해하고 현준혁 피살사건의 경위를 듣는다. 김일성은 9월 22일 열시 경 평양역에 도착하여 오백룡으로부터 간략한 보고를 받은 뒤 슈띄꼬브 대장과 함께 철도호텔로 향한다.

평안남도 공산당위원회 책임비서 김용범은 피살당한 현준혁의 후임이다. 김용범은 아내 박정애와 함께 저녁에 김일성 부대 정치위원 김영환의 방문을 받는다. 김용범은 김일성에게 평안남도 건국준비위원회와 평안남도 공산당위원회 건립 과정부터 이야기한다. 또한 투표 결과 현준혁이 책임비서가 되고, 박헌영 패인 장시우와 현칠종은 시당조직으로 바뀌었음을 보고한다.

9월 2일 김용범은 현준혁이 급서했다는 전화를 받는다. 장례식은 9월 5일 오전 11시 서기산에서 거행된다. 9월 12일 모임에서는 소작제와 토지소유제 문제로 조만식이 자리를 박차고 나간다. 김일성은 김용범에게 광복된 조선을 진정한 민주주의 독립국가 건설의 길로 이끌어 나갈 향도자는 조선 노동계급의 전위대인 공산당에 있으며, 당 창건의 열쇠는 모든 공산주의자들의 단합에 있다고 강조한다. 김용범, 박정애, 박정호는 정치위원이 김일성 장군임을 눈치 챈다. 김일성은 이를 누설하지 말 것과 자신을 정치위원으로 대해줄 것을 당부한다.

7장(총 7절)

김일성은 20년 만에 대동강 숭어국을 맛본다. 김일성은 도당청사를 돌아보고, 최용진과 곽두섭에게 리주연 동무를 찾아가보라고 지시한다.

서울 손님들인 최익한, 리영, 김창렬, 장기욱 등이 리동우의 안내를 받으며 9시 반 경 도당 책임비서실에 들어선다. 리영과 최익한은 장안당의 합법성과 정당성에 대해 이야기하면서 박헌영의 재건당을 비판한다. 김일성은 리활이라는 조선인 비행사를 만나러 간다.

서울 세브란스병원에 입원해 있던 박달은 안형준을 맞이하고, 리주하와 리순금(박헌영이 재건한 공산당 서기국 성원)의 방문을 받는다. 박달은 김일성에게 올리는 편지를 리순금에게 전하기로 한다.

최용진과 곽두섭은 리주연을 만나기 위해 평남 인민정치위원회를 찾아가던 중에 길에서 리주연을 만나 련광정에 올라가 복잡한 정세에 대해 이야기를 나눈다.

곽두섭은 10년 전 자신을 구해주었던 조분옥, 그리고 1943년 봄 자신을 구해주었던 평양 조선인 의사와 간호부 소원정의 일을 떠올린다. 박동섭이란 가명으로 입원한 두섭은 소원정을 보며 조분옥과 쌍둥이 자매처럼 여긴다. 두섭은 리병훈 원장과 그의 아내 하루꼬의 도움을 받는다. 원정은 두섭에게 진달래를 생일선물로 받으며, 자신의 어릴 적 이름이 진달래였다고 말한다.

곽두섭과 최용진은 리주연과 이야기를 마치고 리병훈 외과전문 병원으로 찾아간다. 그러나 이름이 '김영을 내과병원'으로 바뀌어있다. 특등 친일분자로 몰려 갇혀 있는 리병훈을 만난 두섭은 하루꼬가 일본 여자라는 이유로 수용소에 갇힌 일 등 그 동안의 사연을 전해 듣는다.

김일성은 비행사 리활을 만나고, 오백룡에게 철도 사령관감이 될 만한 사람을 물색해보라고 지시한 뒤 곽두섭을 만나 리병훈 원장의 이야기를 듣고 진위를 알아볼 것을 지시한다.

8장(총 4절)

리병훈의 과거를 조망한다. 리병훈은 평양으로 가기 전에 하루꼬의 편지를 받고 고민한다. 1940년 11월 초 리병훈은 간소한 결혼식을 올리고 서울을 떠나 평양으로 향한다. 언니 스예가가 하루꼬를 데려가려고 하자 하루꼬는 대동강에 몸을 던져 자살을 기도한다. 언니가 떠나고 병원 생활을 계속하던 리병훈은 서울의 원동에서 8·15를 맞이한다. 평양에 돌아온 리병훈은 김영을이라는 자가 병원을 자기 소유로 돌려놓았음을 알게 된다. 최용진은 리주연을 찾아갔다가 최승진 치안부장에게 리병훈 원장의 이야기를 하고는 장성무 보안서 부서장을 만나러 간다. 그는 최용진에게 리병훈이 친일분자라고 말한다. 최용진은 소원정을 두섭이 있는 병원으로 보내고 장성무에게 따진다. 소원정은 병원으로 가면서 곽두섭을 떠올린다. 리병훈에게 병원을 빼앗은 김영을도 원정의 청혼자 중의 한 명이다. 병원으로 온 원정은 리병훈과 곽두섭을 만나 울음을 터뜨린다.

김일성은 지휘처를 정할 것을 지시하고, 리병훈 의사의 일이 나쁜 놈들의 협잡놀음이라고 지적하면서 불순이색집단의 정체를 밝혀내야 한다고 지시한다. 김일성은 평양역에서 내린 뒤로 35시간 반 동안 눈도 붙이지 못한 상태이다.

9장(총 4절)

김일성은 다음날 림춘추와 전창철과 곽두섭을 김용범에게로 보낸다. 김일성은 화물자동차 '평북 4032'를 타고 지휘처를 둘러보다가 지나치게 호화주택이라며 사용을 거부한다. 곽두섭은 도당서기 리동우를 따라 시당부로 향한다. 2층에서 하루꼬가 도망쳐 나오고 현칠종이 나온다. 현칠종은 하루꼬가 식모 노릇을 하고 있다고 말한다. 곽두섭은 하루꼬를 풀어줄 것을 당부한다. 곽두섭은 하루꼬를 리병훈이 있는 곳으로 데려다준다. 그곳에서 두섭은 소원정을 만나고, 김영을과 대립한다.

김일성은 리주연과 함께 태평양호텔 3층에 묵고 있는 조만식을 방문한다. 조만식은 김일성에게 김형직과의 인연을 이야기하고, 김일성은 조만식에게 조국광복회의 창립선언과 강령을 보여준다. 1945년 10월 18일 평남인민정치위원회에서는 조만식이 발기한 김일성의 조국개선 환영 연회가 열린다.

10장(총 7절)

림춘추는 조선인민혁명군 사령부에 전화를 설치하면서 평양전화국 가입신청서 가입자란에 '조선인민혁명군 사령부 1호댁'이라고 적어 넣는다. 혜산 땅에 가 있는 류삼손과 김일성은 첫 통화를 한다. 안길, 김책 등과의 통화가 이어지면서 당 창건의 조직적 기초가 확대되어 간다.

곽두섭은 사동탄광을 맡으면서 2년 전에 쓰러진 자신을 입원시켜준 김덕삼을 찾는다. 김덕삼을 김일성 정치부대에 입대시켜 주겠다고 한 두섭은 함께 사동탄광으로 향한다. 곽두섭은 23명의 핵심성원들로 사동탄광에서의 첫 당 조직을 결성하고, 김덕삼 부자는 동시에 입당하여 혁명 동지가 된다. 김덕삼은 1950년 12월 23일 조선노동당 제3차 전원회의가 끝난 날 운전대를 잡고 순직하고, 그의 유골은 50년 가까운 세월이 지난 뒤 신미리 애국열사릉으로 옮겨진다.

박헌영은 권오직, 리관술, 리순금 등 세 사람의 대표단을 평양으로 급파한다. 이들은 혁명군들이 있는 해방산을 향해 간다.

리순금 등은 사령부 정치위원을 만난다. 리순금은 리주하의 편지를 먼저 정치위원에게 보여주고, 박달이 김일성에게 올리는 편지도 전해준다. 김일성은 잠시 자리를 피하더니 박달의 편지를 읽고 나서 기쁜 마음을 전한다. 정치위원은 통강냉이죽을 손님들에게 권한다. 김책(김제민)으로부터 보고 전화가 걸려오고, 김일성은 2층에서 박헌영 특사 일행을 맞이한다. 김일성은 그들에게 우리나라 공산주의운동의 중심지는 평양임을 강변한다.

리병훈은 하루꼬의 이름을 이춘희로 바꿔준다. 두섭은 리순금을 호흡기 질병 환자라고 데려온다. 리병훈은 아내에게 병원을 김일성 군대에 헌납하는 것이 어떠냐고 제안한다.

11장(총 6절)

림춘추는 『선봉』 창간호를 10월 1일에 낼 것을 결의한다. 김책은 오기섭을 행세식 맑스주의자로 간주하며 김일성과 의견대립하고, 여기에 림춘추도 동의한다. 하지만 김일성의 너그러움을 확인한 김책과 림춘추는 결국 장군의 뜻에 따른다. 김일성은 조만식이 조직하려는 북조선민주당의 창립고문으로 김책을 보낸다.

리병훈은 김일성 사령부로 전화를 걸어 군자금으로 2천원을 기부한다. 리병훈은 아내로부터 가네야마(김영을)가 소원정을 붙잡아간 사실을 전해 듣는다. 림춘추는 『선봉』 창간호를 교정하고 전화로 오기섭 등에게 창당회의 소집통지를 한다. 김책은 3호댁까지 사령부 건물을 물색하고, 최용진에게 경위대를 확대 강화할 것을 지시하며, 장군이 탈 새 차를 얻어낸다. 그리고는 그리스도교 신자인 두 명의 타자수, 김찬옥과 오순복을 채용하여 김일성의 원고를 정리하게 한다. 김찬옥은 부관 강상호와 11월 17일에 결혼하고, 이듬해 초여름에 오순복은 장군의 부관 태병렬과 결혼한다. 김책은 소련 사람들이 사리원 땅속에서 파낸 400만원 중 당자금과 군자금으로 250만원을 마련한다.

함경북도 도당선전부장 박우현은 10월 3일 새벽 3시경에 함창순을 깨워 '함북 0921' 목탄차로 청진에서 평양까지 장거리 운행을 떠난다.

곽두섭은 박달을 데려오기 위해 황금옥, 권오직, 리관술과 함께 서울로 향한다. 박달을 데리고 평양으로 향하면서 두섭은 소원정을 떠올린다. 김영을에게 납치당한 소원정은 벙어리 '애배'에게 곽두섭과 리병훈에게 보내는 전보와 편지를 부탁한다. 하지만 그것마저 김영을에게 빼앗긴다. 김영을은 곽두섭이 소원정을 가로챘다면서 조끼를 벗는다.

12장(총 7절)

창당대회준비위원회에서는 10월 5일 평양 숭실학교 교장실에서 예비회의를 가지기로 한다. 김일성의 주도로 모임은 순조롭게 진행되고, 북조선에서 공산당 중앙조직을 내올 것을 결의한 뒤 10월 10일 창당대회를 개최하기로 합의한다.

만경대 산당집에서도 많은 것이 달라졌다. 원주가 감옥에서 풀려나 집에 온다. 김형록이 장군의 소식을 알기 위해 평양으로 향한다. 김일성은 삼촌에게 아직 자신의 존재를 밝히지 말아달라고 당부한다.

10월 9일 김일성은 고향길을 지나면서 집에 들르지 않고 과거를 회상한다. 대신 김좌혁을 집에 보내 나중에 들를 것임을 전하라고 지시한다. 10월 10일 아홉 시에 창당대회가 시작된다. 김일성은 북조선공산당중앙조직위원회를 결성하자고 말한다. 10월 13일 한낮에 김책은 창당대회를 끝마치고 돌아와 기쁘게 술을 청한다.

소원정은 눈을 뜨지 못한 채 누워 있다. 곽두섭은 낚시꾼 영감이 대동강에서 원정을 구해냈음을 알게 되어 리병훈의 병원에서 그녀를 만난다. 리병훈은 차일 10월 14일 오전 10시 평양 모란봉 공설운동장에서 '김일성 장군 환영 평양시 민중대회 개최'라는 유인물을 받아든다. 김일성은 강연회 중 장시우와 현칠종 앞에서 자신이 김일성임을 밝히고 리병훈을 보호한다.

부록

〈부록〉으로 『평양민보』 1945년 10월 15일부 보도기사 발췌 내용이 수록되며 작품이 마감된다. "금수강산을 진감시킨 10만의 환호 / 위대한 애국자 김일성 장군도 참석 / 평양시 민중대회 성황."

3. 북한의 소개와 평가

| 사전(년감) 자료 |

소설 《개선》(최학수 작)은 위대한 수령 김일성 동지께서 주체형의 혁명적 당 창건의 력사적 위업을 이룩하신 불멸의 업적을 보여 주고 있다.

소설은 주체34(1945)년 8월 15일 조국으로 진출하시기 위하여 하바롭스크 비행장에 도착하신 위대한 수령님께서 일본이 예상 외로 빨리 투항했다는 소식을 들으시고 다시 훈련기지에 돌아오시여 광복된 조국 땅에서 수행해야 할 3대 과업을 제시하시는 것으로 시작된다. 당 창건 사업을 최우선적 과제로 제시하신 위대한 수령님께서는 조국 개선의 함선 우에서도 그 실현방도를 모색하신다.

개선대오를 이끄시고 원산에 상륙하신 위대한 수령님께서는 원산 시민들이 마련한 환영 집회에 나가는 것도 마다하시고 김책, 안길을 비롯한 항일투사들을 함남북 일대에 파견하시여 당 창건의 조직적 지반을 튼튼히 다지기 위한 사업으로 분망한 시간을 보내신다.

위대한 수령님께서는 평양에 도착하시여 더욱 복잡하고 어려운 문제들과 맞다들게 되신다.

위대한 수령님께서는 1925년에 창건되였던 공산당을 말아먹은 쓰라린 어제날이 재현되는 것을 보시며 새형의 당은 철저히 기층조직을 꾸리는 것으로부터 시작하여 하나의 통일적인 중앙을 내오는 방법으로 창건해야 하겠다는 결심을 더욱 굳히신다.

위대한 수령님께서는 새로 평남도당 제1비서로 사업하는 김용법을 돕기 위해 림춘추, 전창철을 파견하시며 김일, 최현 등을 다른 지방에 보내신다. 그리고 중요 공장, 기업소들을 현지지도하시는 그 바쁘신 속에서도 기층당 조직들을 꾸리는 사업에 힘을 넣으시여 사동탄광에도 당 소조를 내오도록 이끌어 주신다. 한편 완고한 민족주의자들과 복잡한 군중과의 사업도 폭넓게 벌려 나가시면서 남조선에서 들어온 《개건당》 대표들도 만나시여 당 건설과 관련한 귀중한 가르치심을 주신다.

위대한 수령님께서는 당 창건을 위한 준비 사업을 튼튼히 한 기초 우에서 드디여 주체34(1945)년 10월 10일 력사적인 위 당 창건을 온 세상에 선포하신다.

소설에서는 위대한 수령님께서 조국에 돌아오신 다음 주체형의 혁명정당을 창건하는 력사적 위업을 달성하신 다음에야 만경대 고향집으로 가시는 과정을 력사적 사실 그대로 진실하게 재현함으로써 수령님의 조국개선은 조국광복의 위업을 이룩하신 개선장군의 개선일 뿐 아니라 당 창건 위업을 달성하신 우리 당 창건자의 조국 개선이기도 하다는 것을 예술적으로 확증해주었다.

—『조선중앙년감』, 조선중앙통신사, 2003.

| 평론 자료 |

주체의 당 창건과 더불어 길이 빛날 력사적 화폭

—총서 《불멸의 력사》 중 장편소설 《개선》에 대하여

리창유

최근에 나온 총서 《불멸의 력사》 중 광복 후편 장편소설 《개선》은 광복 직후 당 창건 업적을 이룩하신 어버이 수령님의 위대성을 거대한 화폭 속에 깊이 있고 감명 깊게 형상하여 독자들의 심금을 뜨겁게 울려주고 있는 성과작이다.

작품에서는 광복 후 건국 사업에 착수하기 전에 시급히 해결하여야 할 선차적인 중대사로 당 창건 사업을 현명하게 령도하시여 조국 개선 후 매우 짧은 기간에 력사적인 당 창건 위업을 현명하게 이끌어 오신 수령님의 탁월한 령도 풍모를 감명 깊게 형상하고 있다.

위대한 령도자 김정일 동지께서는 다음과 같이 지적하시였다.

《수령의 혁명력사와 업적에는 수령의 탁월한 사상리론과 현명한 령도, 고매한 인간적 풍모가 집대성되어 있다.》

장편소설 《개선》은 무엇보다 먼저 광복 직후 최우선적 과제로 제기된 우리 당 창건 사업을 중심으로 걸출한 사상 리론가, 탁월한 정치가, 전략가, 령도의 거장으로서의 어버이 수령님의 특출하고 세련된 령도 풍모를 고매한 인간적 풍모와 밀접히 결부시켜 감명 깊게 그려 보이고 있다. 여기에 이 작품이 수령형상 총서 작품으로서의 사상예술적 풍격이 있고 광복 직후 그처럼 복잡하고 어려운 정세 속에서 우리 당 창건 위업을 그처럼 빨리, 순조롭게 빛나게 해결하신 경애하는 수령님의 위대성을 다면적으로 깊이 있고 뜨겁게 형상한 비결이 있다.

조국 개선에 앞서 위대한 수령님께서는 광복된 조국에서 급선무로 강력한 정치부대인 당을 창건하되 이 당은 로동자, 농민, 지식인을 3대 기둥으로 한 근로인민대중의 지반을 기초로 내와야 한다는 것, 세계 제국주의 원흉인 미제가 남조선에 진주하는 조건에서 북반부를 강유력한 혁명적 기지로 건설해야 한다는 것 등을 명철하게 밝혀 주신다.

그러시고는 원산항에 상륙하시였을 때부터 조선인민혁명군《김영환 정치위원》으로 활동하시고 나라의 방방곡곡에 항일유격대원들을 파견하시여 당 창건 사업을 위한 대중적 지반을 꾸리도록 하신다.

한편 광복을 계기로 북남 각지에서 머리를 쳐드는 형형색색의 기회주의자들과 서울을 중심으로《장안당》이니《재건당》이니 하면서 종파 행동을 서슴지 않는 자들은 서로 앞을 다투어 자파세력을 확장하기 위해 날친다. 이러한 와류 속에서 반당 반칙명 분자들의 백색 테러에 의해 이미 광복 전부터 조선인민혁명군 사령부와 련계를 맺고 조직망을 꾸려 왔으며 광복 직후 당 조직을 꾸리면서 경애하는 수령님의 조국 개선을 손꼽아 기다리던 평안남도의 현준혁, 황해도의 민덕원 등 참다운 혁명가들이 백주에 사살된다.

하지만 당 창건 위업을 건국의 선행 공정으로, 광복된 조국에서 제일 선참으로 해결하여야 할 급선무로 여기고 계시던 위대한 수령님께서는 당 창건 사업을 조속히 그리고 순조롭게 진척시켜 나가자면 사회주의 운동자들의 통일 단결이 이룩되여야 한다고 생각하시였고 또 그렇게 될 것을 간절히 바라마지 않으시면서 조국 개선의 길에서 이렇게 말씀하신다.

《이런 형편에서 아무래도 우리는 서울이 아니라 평양에다 건당, 건국 활동의 중심기지를 설정하고 창당 사업도 평양을 중심으로 하여 진행하며 당 활동의 지도부도 평양에 두어야 할 것 같습니다.》

미제 놈들이 서울을 반공 보루로 꾸리려고 획책하는 조건에서 평양에 당 창건 활동의 중심 기지를 정하고 당 창건 사업도 평양을 중심으로 하여 진행할 것을 선언하시는 위대한 수령님의 단호한 결심, 그것은 내외의 정세와 우리 혁명의 주객관적 조건으로 보아 가장 합리적인 방침이였고 우리 혁명을 사수하고 승승장구의 한 길로 이끌어 나갈 수 있는 가장 정당한 당 창건 방침이였다.

위대한 수령님께서는 혁명의 불길 속에서 단련된 항일혁명투사들을 골간으로 이 당 창건 방침을 한 치의 드팀도 없이 힘차게 밀고 나가시였다. 그러면서도 지난 날 제 나름대로 사회주의 운동을 하여 왔다고 자처하는 사람들을 배제하지 않고 당 창건 방침 관철에로 이끄시였다.

참으로 대해와 같이 넓으신 포옹력으로 사회주의 운동을 표방한 기회주의자들까지 포섭하시려는 위대한 수령님의 크나큰 도량은 한 사람이라도 더 많이 우리 혁명대오에 망라시켜 우리 인민 모두를 혁명의 한 길로 이끌어 가시려는 수령님의 참다운 민족애의 숭고한 발현이였다.

정녕 어버이 수령님의 대해 같은 품이 있어 그때까지 《장안당》이니 《재건당》이니 하는 과쟁으로 얼룩진 사람들의 영향 밑에 인생을 헛되게 살아온 사람들도 그릇된 길에서 벗어나 참된 인생의 길을 찾게 되었고 《친일분자》로 락인된 리병훈과 같은 오랜 지식인들도 조국을 위해 떨쳐나설 수 있게 되었던 것이다.

작품에서는 위대한 수령님의 이렇듯 숭고한 애민애족의 력사를 당 창건 위업을 중심으로 한 력사적 사변의 화폭 속에서 뜨겁게 그리고 있다.

작품에서 특히 감명 깊게 형상한 것은 경애하는 수령님께서 지니신 인간적 풍모의 위대성이다.

소설에서는 혁명전사와 인민의 자애로운 어버이로서의 위대한 수령님의 고매한 덕성과 애민애족의 믿음과 사랑을 일관하게 펼쳐 보이고 있다.

조국개선에 앞서 대원들에게 우리가 총을 들고 항일전에 나선 첫 시작부터 오늘에 이르기까지 그 누구한테서 무슨 인사나 치하를 받을 것을 생각하여 싸워 온 것이 아니라고, 또 승리한 다음 조국에 돌아와 피 흘려 싸운 대가로 환영의 꽃다발도 받고 높직한 벼슬자리에 올라 앉아 부귀영화를 누릴 것을 생각하며 싸운 것이 아니라고 그러니 우리가 소문 없이 빨찌산 식으로 슬그머니 입국하자고 말씀하시는 위대한 수령님. 그리운 고향 만경대를 지척에 두시고도 당 창건 사업을 하시기 전에 조부모님을 만나실 수 없다시며 강선제강소로 가시는 길에서조차 고향집을 지척에 바라보시며 차를 돌리시지 않으신 어버이 수령님.

참으로 위대한 수령님께서는 일찌기 이국 땅 소사하에 앓는 어머님을 두시고도 혁명의 길에 오르시였고 광복 후에는 인민들이 식량 고생을 하는데 어떻게 흰 쌀밥을 들겠는가고 하시며 통강냉이죽도 달게 드시였다.

조국 개선의 길에 오르시여서는 함께 오지 못한 전우들 생각에 너무도 가슴 아프시여 뜨거운 눈물을 흘리시였고 헐벗은 아이의 가긍한 정상을 보시고는 내의를 입히도록 하신 수령님.

그 사랑, 그 믿음이 있어 《재건당》을 꾸린다고 날치는 박헌영의 밑에서 오랫동안 시중군처럼 일해 온 리순금이 위대한 수령님 같으신 인민의 령도자는 이 세상 더는 없을 것이라고 감탄해 마지않으면서 인생전환의 길에 올랐고 《친일주구》로 락인받던 오랜 지식인 리병훈이 자기 개인 병원을 군대 병원으로 써달라고 하면서 자기에게 있던 돈까지 고스란히 나라 일에 써달라고 하였던 것이다.

사랑이면 이런 사랑을, 믿음이면 이런 믿음을 그 언제 우리 인민이 받아왔던가. 하기에 우리 수령님의 높은 명망과 권위 앞에서는 한 생을 돈벌이로, 돈을 뿌려 《량심적인》 유지로 소문 높던 민족주의자 조만식이도 머리 숙였고 제노라고 으스대던 형형색색의 기회주의자들도 옴짝달싹하지 못하였던 것이다.

작품에는 박헌영의 충실한 노복이였던 장시우가 리병훈이 위대한 수령님께서 강연하시는 회의장에 들어가려 할 때 무작정 쫓아버리면서 별의별 추태를 다 부리는 장면이 있다.

이때 수령님께서는 이렇게 말씀하신다.

《…우리는 사람들을 쫓고 버리고 때리고 죽이기 위해서 당을 만든 것이 아니라 사람들을 품어주고 보살펴주고 살려주기 위해서 당을 만들었다는 것을 알아야 합니다. 우리는 제국주의와 착취자들을 타도하지만 그 밖의 근로인민대중은 포옹하기 위하여 당을 만들었습니다. 우리 당은 인간 증오의 당이 아니라 인간 사랑의 당입니다. 우리 당의 대중적 지반은 근로인민대중입니다. 이것은 우리 당이 로동자, 농민, 근로 인테리를 3대 기둥으로 삼는다는 것입니다…. 로동자, 농민들만이 아니라 지식인들도 꼭 같이 중신한다는 데 우리 당의 특성이 있습니다. 이런 특성은 장차 우리 당의 상징으로 될 당 마크에도 새겨지게 될 것입니다! 》

정녕 어버이 수령님의 이 가르치심은 우리 당의 성격과 임무를 독창적으로 환히 밝혀준 력사적 선언이였고 인민대중을 배척하고 자파세력 확장에 미쳐 날뛰는 형형색색의 기회주의자, 종파분자들의 그릇된 행위를 호되게 비판한 준엄한 론고장이였다.

작품에서는 위대한 수령님을 우리 인민이 얼마나 마음속으로 그렸으며 광복된 조국을 근로인민대중을 위한 진정한 인민의 나라로 이끌고 나갈 령수로 떠받들고 있었는가 그리고 이 시기에 벌써 수령님의 권위가 얼마나 높았는가 하는 것을 각계각층 인민들의 시점에서 뜨겁고도 진실하게 그려 보이고 있다. 이것은 광복 후 처음으로 맞게 된 추석 명절을 계기로 열린 운동회장에서 전설적 영웅이신 어버이 수령님에 대하여 저저마다 제 아는 껏 자기 주장을 내놓고 갑론을박하는 원산시 군중들의 모습을 형상한 장면이며 수령님께서 광복 직후 개선렬차를 타고 서울에 입성하신다는 풍문을 듣고 10여만 군중이 역전으로 몰려가 온종일 기다리는 장면 등에서 생동하게 반영되고 있다.

서울에서 제노라고 으시대던 사회주의 운동자들과 련계를 맺고 있던 원산 공산당부 책임자 리주하는 사령부 《정치위원》으로부터 경애하는 수령님께서 곧 조국에 개선하신다는 희소식을 듣고 이렇게 말한다.

《김일성 장군의 참여 없이는 건국도 건당도 할 수 없다는 거야 삼척동자들에게도 뻔한 일 아닙니까! 우리 인민의 항일투쟁사에서 최고 업적을 쌓은 민족의 영웅을 모시지 못하고서야 건당이다, 건국이다 해봐야 민중의 인정을 받을 수 없습지요.》

위대한 수령님의 절대적인 권위 앞에서는 광복 당일에 조선건국준비위원회를 결성하고 위원장으로 활약하고 있던 려운형도 진심으로 머리 숙였고 자파세력을 확장하기에 열을 올리던 종파분자 《거두》들도 옴짝달싹 하지 못하며 저들끼리 대표를 평양에 파견하여 《인정》받으려 한다.

작품에서는 각계각층 인민들과 긍부정 인물들의 시점을 통하여 우리 수령님이시야말로 조선 인민이 수천 년 력사에서 처음으로 맞이하고 높이 모신 탁월한 령수이시며 만고에 길이 빛날 전설적 영웅심을 잘 보여 주고 있다.

여기에 이 작품에서 위대한 수령님의 형상을 직접적인 내면세계의 묘사를 위주로 하지 않고 각이한 상대 인물들의 시점과 심리 묘사를 통하여 뜨겁고도 깊이 있게 그려 보인 조건이 있고 작가의 혁신적 안목과 탐구세계의 새로운 몫이 있는 것이다.

장편소설 《개선》에서는 위대한 수령님을 주인공으로 하고 측근 인물들인 여러 명의 항일혁명투사들과 그와 련계되여 당 창건 사업에 발 벗고 나서는 인간들 그리고 각계각층의 《선각자》들을 등장시켜 이들의 생활과 성격을 생동하고 개성이 있게 잘 그리고 있다.

수령형상총서 작품에서 중요인물의 관계와 사건 줄거리를 비롯한 구성의 기본대를 실재한 인물과 력사적 사실에 기초하여 진실하게 품위 있게 펼쳐 보이는 것은 창작 실천상 중요한 요구로 나선다.

이 작품에 등장하는 중요인물들인 김책, 강건, 최현, 안길, 림춘추, 곽두섭 등 항일혁명투사들과 박달, 안형준, 현준혁, 김용범, 리주연 등 지하조직원들, 박우현, 박정호 등 당 창건 사업에 기여한 일군들, 더 나아가 개인 병원 의사 리병훈과 그의 안해인 일본인 녀성 리춘희, 간호원 소원정, 부정인물들인 박헌영, 정백, 장순명, 오기섭, 장시우, 현칠종 뿐 아니라 소설에 얼핏 나오는 타자수 찬옥이와 순복이 등 거의 모든 인물들이 실재한 원형 인물들이다. 또한 당 창건 사업을 위한 회의와 같은 중요한 력사적 사실로부터 광복 직후 백색 테러에 의하여 희생된 현준혁, 민덕원의 죽음과 같은 사건 등도 다 실재한 사실들이다. 지어 매개 긍부정 인물의 경력과 일화들도 기본적으로 사실 자료와 일치한다. 소설이 한두 명도 아닌 수십 명의 인물들과 수많은 사건들을 광복 직후에 있은 그대로 형상으로 재현하면서 중요인물들뿐 아니라 얼핏 등장하는 인물들에 이르기까지 성격을 개성이 있게, 생동하게, 격의 있게 그린 것이 특징적이다.

소설에서는 매개 측근 인물들을 형상함에 있어서 이들 주도적인 성격적 특질인 위대한 수령님에 대한 충실성을 핵으로 하면서도 기질적인 특질들을 잘 부각시켜 성격을 개성화하고 있다.

례컨대 항일혁명투사 김책은 감정에 지배되여 종종 이성을 잃군 하는 감정형의 인간이 아니다. 그는 그 어떤 불의의 정황에도 혁명의 원칙을 끝까지 고수하는 리성형의 인간이다.

곽두섭은 과격하면서도 불같은 사랑을 지닌, 그러면서도 혁명임무 수행에 절대로 사사를 앞세우지 않는 인간이다.

림춘추는 감정형의 인간이다. 그러면서도 그는 항일혁명투쟁의 전 기간 장차 조국이 광복된 후 위대한 수령님의 혁명투쟁사를 저술할 각오 밑에 자료작업과 일기를 쓰는 일을 꾸준히 계속해 온 인내성 있고 착실한 인간이다. 작품에서는 중요인물들의 이러한 기질적 특질을 잘 부각시켜 형상함으로써 성격형상의 생동성과 개성화를 능란히 보장하고 있다.

작품에서 특히 충신의 전형으로 잘 형상한 중요인물들로서는 김책, 곽두섭, 현준혁 등을 들 수 있다.

항일혁명투사 김책은 언제나 사업의 첫 공정으로 위대한 수령님의 신변 보위 사업을 내세운다. 작품에서는 그가 함경남도에 파견되여 사업하다가 당 창립 대회 소집을 결정지어야 할 중대한 시각에 평양으로 올라오자마자 어버이 수령님께서 계시는 사령부 처소를 돌아보고 즉시 다른 곳으로 옮길 것을 강경히 주장한다.

위대한 수령님의 신변호위를 첫째가는 임무로 여기는 김책 동지의 충실성은 얼마나 뜨거운 것인가. 하기에 그는 귀국 직전에 가진 간부회의에서도 위대한 수령님의 안녕을 보좌하기 위한 사업을 중요한 문제로 또 다시 발기하였었다.

그는 당 창립 대회에 오기섭과 같은 행세식 사회주의자, 지방 할거주의자들을 참가시키지 말자고 제기하며 여기에 리문추가 호응해 나선다.

자신의 안녕이나 권위와 관계되는 문제에서는 자신에 대한 특혜나 특전을 절대로 허용하지 않으시는 수령님의 철저한 평민심과 수령님을 더 잘 모시고 싶어 노상 마음을 쓰군 하는 지극한 공경심 때문에 대회소집을 결정할 시각에 수령님과 의사를 달리 하겠는가? 이것은 장차 당 대렬의 순결성을 보장하기 위한 것이고 대중 속에서 당의 영상이 흐려질 것을 우려하는 것 때문이였다.

하지만 김책은 위대한 수령님께서 우리 혁명의 승리를 위하여 혁명대렬의 단결과 통일을 위하여 이러저러한 요인으로 일시 눈이 멀어 자기의 당적, 계급적 전우들을 해친 각양각색의 사회주의 운동자들과도 대담하게 손을 잡아야 혁명대오를 확대할 수 있다고 말씀하시자 그 즉시로 자신을 뉘우친다.

이렇듯 작품에서는 중요상대인물인 김책의 충성심을 혁명적 수련관의 견지에서 격이 높게 형상함으로써 위대한 수령님의 당 창건 위업 수행을 위한 탁월한 령도를 품위 있게 그려내고 있다.

이 작품에서 중요인물 곽두섭의 형상은 주요한 몫을 차지하고 있다. 그는 자기 사업에서 열정적이며 성격상 호탕할 뿐 아니라 사랑에서의 신의를 지킬 줄 아는 열정의 인간, 의리 깊은 인간이다.

일찌기 처창즈 유격 근거지에서 작탄을 만들다가 뜻밖의 폭발사고를 내여 화염에 휩싸인 병기창 안에 정신 잃고 쓰러진 그를 결사적으로 구원한 작식대원 조분옥과의 인연, 그 후의 비밀 약혼, 가슴 아픈 생리별, 백두산 밀영에서의 상봉, 횡산병원 초막에서 함께 키우던 결혼에 대한 희망찬 꿈… 그 다음 보천보전투를 며칠 앞두고 장백현 뒤산에서 희생된 조분옥과의 영결…

이런 남다른 사연을 지닌 그는 광복 전 국내공작조로 나와 평양 비행장을 비롯한 일제의 군사 대상물들에 대한 정찰을 진행하던 중 부상자리가 도져 전혀 움직일 수 없게 되었다.

그러던 그가 사동탄광 로동자로 가장하고 리병훈이 운영하는 개인 병원에 입원하여 치료를 받고 다시금 대오로 돌아간 일이 있었다. 그때 곽두섭은 조분옥이처럼 얼굴 모습이 비슷하게 생긴 간호원 소원정이를 알게 되어 그를 마음속으로 사랑하게 된다.

작품에는 곽두섭이와 소원정의 곡절 많은 애정선이 기본 이야기 줄거리에 합쳐져 도간도간 펼쳐져 있다.

참으로 작품은 이러한 애정선의 흐름을 통하여 독자들의 가슴을 조였다 풀었다하면서 이야기를 극적으로 펼쳐나간다.

중요인물 현준혁은 작품의 시작에 정체 모를 놈의 저격사건으로 희생되는 인물로서 박돌 동지를 통하여 조선인민혁명군 사령부와 직접적으로 련결된 국내 지방당 조직자의 한 사람이다. 그는 어버이 수령님께서 서울에 도착하신다는 소문을 듣고 자식 없는 삼촌 3일제도 안해에게 내맡기고 그곳으로 나간다. 서울에서 형형색색의 사회주의 운동가들이 겨끔내기로 기층당 조직도 없는 당을 내온다고 법석거리는 꼴을 보고 침을 뱉고 돌아선다.

그는 광복 직후인 8월 17일에 이미 꾸려 놓은 기층당 조직에 의거하여 평안남도 공산당 위원회를 조직하고 위대한 수령님의 개선을 기다리는 중이였었다. 이러한 그가 위대한 수령님을 만나 뵙지 못하고 백주에 피살된다.

위대한 수령님께서는 원산에 입성하시자마자 이 가슴 아픈 소식을 들으시고 개선의 기쁨마저 느끼시지 못하신 듯 비분에 잠겨 계신다.

위대한 수령님의 추억 속에 영생하는 혁명전사 현준혁은 작품의 기본선상에서 자주 언급되고 혁명가의 참된 모습으로 나타난다.

이밖에도 작품에서는 목탄차를 타고 당 창건을 위한 대회소집 전에 평양에 가닿느라고 청진에서부터 갖은 고생을 겪으며 달려 온 박우현이며(그는 장순명의 비행을 대회에서 직접 폭로 비판한다.) 사동탄광 당 조직의 첫 성원이었던 김덕삼 등 여러 긍정인물들의 형상이 감명 깊게 형상되고 있다.

이러한 중요인물들, 부차적인 인물들도 작품에서 철저히 원형 그대로의 모습으로 사실자료에 근거하여 감명 깊게 형상됨으로써 소설은 수령형상총서 작품으로서의 력사문헌적 성격을 높은 수준에서 보장할 수 있었고 또 력사에 아직 기록되지 못한 자료들도 많이 삽입하고 인간학적으로 세련시킴으로써 예술적인 감화력을 훨씬 높이고 있다.

여기에 이 작품이 가지는 수령형상총서 작품으로서의 높은 풍격이 있고 작가의 깊은 탐구와 사색의 빛나는 결실이 있다.

장편소설 《개선》은 예술적 풍격에서도 매우 높은 수준에 있는 작품이다.

작품은 불과 한 달도 못되는 짧은 기간에 우리 당 창건 위업을 승리적으로 결속한 이야기를 기본으로 하고 있다.

구성상 측면에서 볼 때 외면의 시간은 이처럼 짧으나 내면의 시간은 길다. 그것은 작품에 우리 당 창건의 력사적 뿌리인 《ㅌ.ㄷ》조직으로부터 시작된 당 창건의 조직사상적 기초를 마련하기 위한 투쟁의 력사가 위대한 수령님의 형상을 통하여 반영되여 있으며 매개 인물의 일생사가 회상의 수법, 작가의 서술과 작중인물의 대화문 등을 통하여 펼쳐져 있기 때문이다. 이러한 것으로 하여 내면의 시간은 결코 짧다고 할 수 없다. 기본 사건, 기본 이야기 선상에 현재에서 과거로, 과거에서 현재로, 현재에서 미래로 이야기는 엇바뀌어 펼쳐지는 식으로, 때로는 현재에 과거가 굴절되여 펼쳐지기도 하고 때로는 현재에 과거가 굴절되여 펼쳐지기도 하고 때로는 매개 인물의 일생사가 현재의 이야기에 보충되려 《소개》되기도 한다. 더욱이나 긍정인물을 비롯한 몇몇 특징적인 인물들에 한하여서는 당 창립 대회 이후 오늘에 이르기까지 기간의 운명사를 간단히 소개하는 식으로 주어진 것도 있다.

작품의 이야기며 매개인물의 형상이 인상적으로 느껴지는 것은 독특하고 생동한 세부 형상이 주어진 데도 있다.

작품에는 곽두섭이와 소원정의 애정선 이외의 또 다른 애정선이 겹놓이지 않고 있다. 이것은 실제상 작품의 전 과정에 예술적 흥미를 보장하기 위한 조건이 매우 힘들게 주어져 있음을 말하여 준다.

하지만 작품에서는 이러한 단점을 세부 형상과 재미있는 일화들을 적극 삽입하는 방법으로 극복하고 있다.

위대한 수령님께서 옷이 없어 경기장에 못 나가는 어린이에게 옷을 입히도록 하시는 세부, 형록 삼촌이 이름 모를 아이의 가긍한 처지를 생각하여 물고기와 미역 등을 나누어 주는 세부 등 작품에 인상 깊은 세부가 많다. 매개 인물의 경력에서 특징적인 것을 취사선택하여 《소개》한 것은 또 얼마나 예술적 흥미를 돋구어 주고 있는가.

이밖에도 작품에 등장인물이 많으나 작가의 서술은 극도로 함축하고 비약하여 이야기를 속도감 있게 펼쳐 보인 것이라든지 심리 묘사, 초상 묘사, 풍물, 자연 묘사도 현대감이 있게, 늘어나지 않게 집약시킨 것 등도 우수한 예술적 기교라고 할 수 있다.

이와 같이 총서 《불멸의 력사》 중 장편소설 《개선》은 높은 사상예술적 수준에서 우리 당 창건 위업에 바쳐진 위대한 수령님의 불멸의 력사를 형상한 것으로 하여 주체문학의 화원에 또 하나의 명작으로 꽃 펴나게 되었다.

—『조선문학』 2002년 10호.

4. 개작 상황

개작 상황 없음.

—작성 : 오태호

『빛나는 아침』

1. 세부 사항

제목	총서 '불멸의 력사'19 『빛나는 아침』		출간 권수	19
작가 및 창작단	권정웅			
발표 연도 (수상 연도)	발표 연도	1988	발표 지면 (수상명 · 집)	문예출판사
	개작 연도			
스토리 주제	해방 직후부터 1946년 9월 김일성종합대학이 창립될 때까지를 시대적 배경으로 하여 김일성이 인재 문제를 중요 과제로 제기하고 도처의 과학자, 기술자들을 적극적으로 포섭하여 혁명일꾼으로 키우는 과정.			
키워드1/ 테마	식민지 조선, 일제의 우민화 정책, 해방, 평양 개선, 미군 주둔, 인텔리, 지식인, 인재양성, 김일성종합대학 건설.			
키워드2/ 구성	12장(종장포함)			
키워드3/ 시점	전지적 작가 시점(김일성에 한하여 주체존대법 쓰임)			
키워드4/ 시간	1945년 8월~1946년 9월			
키워드5/ 장소	서울, 평양, 대동강, 흥남, 해주, 남포, 청진, 강선, 송림, 부산.			
키워드6/ 소재	철도 사업, 대동아전쟁, 기간공업, 김일성종합대학, 공업전문학교, 문맹퇴치운동, 당 창립대회, 로폭파사건(야스가와 사건), 야하다사건, 철도공장 기관구 소요사건, 인재 부족.			
키워드7/ 인물(직업)	철도국장, 경위대원, 금속 전문가, 교수, 레코드 가수, 기관사, 채탄공, 강철 전문가, 용해공, 과학자, 어학자, 작가, 선광기사, 화학기사, 변호사, 경제학자, 물리학자.			

2. 줄거리 소개

1장

1945년 9월. 해방 후 건국의 기획 속에서 과거 전력이 문제되는 인텔리들의 포섭에 대한 문제 제기가 이루어진다. 기간사업의 근간이 되는 철도 사업과 탄광 사업의 급박함 또한 수면 위로 떠오른다. 조만식 주최의 시국 토론회가 개최되고 기독교와 사회주의, 경제지상주의에 대한 갑론을박이 진행된다. 김일성은 평양역 역사를 방문하여 당 조직 재건과 인재 양성의 필요성에 대해서 역설한다.

2장

류경수, 최현, 김일, 조정철, 김책, 안길 등 각 지역에 파견된 정치공작원들의 토론이 이루어진다. 김일성은 문맹 퇴치, 인텔리 포섭, 대학 건설, 당 창립대회에 대한 계획 등을 설명한다. 북의 정책과 공산주의에 편견을 가졌던 강병철은 정치위원(김일성)과의 만남 이후 김일성과의 만남을 더욱 고대하게 된다. 김일성은 자신의 신분을 숨긴 채 강병철을 만난 이후 강선제강소를 방문한다. 최준걸에게 시국에 관한 이야기를 듣고, 양춘만의 포섭과 일제에 의한 악선전의 심각성에 대해 골몰한다.

3장

김일성의 평양 개선에 시민들은 환호한다. 양춘만의 가족들은 김일성의 각별한 관심 아래 행복한 날들을 보내고 있다. 한편 오기섭은 봉건 인텔리와 자산계급의 척결을 주장한다. 의식을 각성한 강병철은 일제 시기 야하다제철에서 일한 전과에 대해 괴로워하며 새 국가 건설에 봉사할 것을 다짐한다.

4장

오기섭은 일제에서 복무한 안동권, 한명구 등을 혁명진지에 들여서는 안 된다며 김책과 논쟁을 벌인다. 한편 박원식과 필남의 연애가 노출된다. 박원식은 서울에서 김일성 장군 환영 준비위원회 위원장 홍명희를 만나 남과 북의 소식을 주고받는다. 양춘만은 박원식과의 만남을 통해 북행을 결심하나 미군정의 회유에 마음이 흔들린다. 결국 북행 도중 다시 남쪽으로 탈출하게 되는데 동행하던 박원식은 다리에 관통상을 입는다.

5장

김일성과 오기섭이 인텔리 포섭에 관한 논쟁을 벌이고, 인간미 없고 인재 문제에 대한 대안도 없는 오기섭의 한계가 드러난다. 박원식의 귀환보고에 대해 김일성은 실패가 아니라며 치하한다. 안동권은 김일성의 교육 사업 구상에 깊은 감동을 받는다. 평양공전의 개소식이 치러지고, 박원식은 김일성과 만경대 할머니 등 모두의 축하 속에 한필남과 결혼식을 올린다.

6장

리연수의 반일감정과 오기섭의 인텔리 정책 때문에 곤경에 빠진 강병철은 자포자기의 심정에 빠진다. 일제 하 야하다 사건의 진상과 로폭파 사건의 누명을 쓴 강병철이 심문 받고, 친일전력에 대한 공산주의자들의 적의는 강병철과 원시범을 궁지에 몰아넣는다.

7장

미군 스파이 민기환은 한명구를 제거하고 안동권 등 북측의 인텔리들을 남쪽으로 끌고 가기 위한 계략을 꾸민다. 평양철도공장에서 쌀 배급문제로 일어난 큰 소동 역시 민기환이 공산당원을 제거하기 위해 꾸민 계략이었다. 하지만 김일성의 등장으로 철도공장노동자들은 자신들의 어리석음을 깨닫고 공산당 지지선언을 하기에 이른다.

8장

민기환의 노회한 설득에 넘어간 양춘만은 공산당의 인텔리 청산에 대한 오해로 가득 차 있었으나 아내와의 만남으로 비로소 김일성의 은혜에 감화된다. 박원식은 쌀 호송 중 평양역에서 민기환의 끄나풀인 '집게자리'의 총탄에 죽음을 맞는다. 양춘만은 박원식의 죽음 앞에서 자신의 과오를 뉘우친다.

9장

김일성은 종합대학창설협의회를 주재한 자리에서 자금 조달과 교원 충원 방법에 대한 지침을 내린다. 강병철이 누명을 쓴 흥남제련소 로폭발 사건에 대한 보고를 들은 후 김일성은 직접 흥남을 방문한다. 강병철은 김일성과의 만남 이후 한 생을 걸어 장군을 위해 혁명전선에 설 것을 다짐한다.

10장

오기섭과 최준걸의 인텔리 포섭에 대한 견해 차이가 서술되고 김일성은 오기섭을 중심으로 한 이른바 분파주의·종파주의를 비판한다. 강병철은 누명을 벗게 되고, 양춘만은 자아비판 후 북행을 결심한다. 한편 원시범은 백추화 집안의 몰락 이후 서울행을 결심한다.

11장

역사적인 토지개혁이 단행된다. 강병철은 흥남제철소를 방문한 김일성에게 충성을 맹세하고, 그의 가족 또한 월북하여 상봉하기에 이른다. 김일성종합대학의 교수 위촉장을 받은 남측 지식인들의 월북이 이어진다.

종장

인재 부족, 자금 부족을 딛고 김일성종합대학의 개교식이 진행된다.

60여 명에 이르는 남조선 지식인들의 월북 장면이 서술된다. 안동권의 인간중심사상을 중심으로 한 두 시간에 이르는 첫 강의가 진행되고 지도위원, 당 간부들이 모여 그간의 노고를 치하하며 축배를 든다.

3. 북한의 소개와 평가

| 사전(년감) 자료 |

소설(권정웅 작)은 조국해방으로부터 1946년 9월까지의 력사적 시기를 시대적 배경으로 하고 그 시기의 위대한 수령님의 혁명업적 가운데서 인테리 전취 문제를 취급하고 있다.

해방 직후 조국 땅 그 어디에서나 민족 간부와 기술 인재들을 절박하게 요구하고 있었다.

위대한 수령님께서는 각 도에 파견된 정치공작원들의 협의회에서 우리 당의 인테리 정책을 구체화한 당면한 과업들을 밝히시고 평양공업전문학교와 종합대학을 창설하기 위한 준비 사업을 밀고 나가시는 한편 조선의 오랜 인테리들을 널리 조사 장악하여 새 조선 건설에 불러일으켜 나가도록 하시였다.

위대한 수령님께서는 오랜 세월 일제의 강권 밑에 짓눌려온 뼈에 사무친 원한으로 하여 부르죠아 정권도 공산주의자들의 정권도 다 부정하고 있는 전기와 야금 계통의 전문가 강병철, 북에 있다가 해방이 되자 가족을 버리고 남조선으로 도망친 강철기사 양춘만 등 정신적으로 방황하고 있는 인테리들을 넓은 품에 안으시여 사랑과 믿음을 주신다.

그리하여 해방 직후의 어려운 조건에서 1년 남짓한 짧은 기간에 김일성종합대학을 내오시고 서울법정학교 학생들을 비롯한 북과 남의 열혈청년들을 대학에 불러주신다.

소설은 위대한 수령님이시야말로 민족 인재 문제 해결의 가장 빛나는 선구자적 모범을 창조하신 영명한 지도자이시며 인간에 대한 믿음과 사랑의 철학으로 복잡한 계층의 사람들도 하나의 사상의지로 튼튼히 묶어 세우신 인민의 걸출한 스승이시라는 것을 보여주고 있다.

—『조선중앙년감』, 조선중앙통신사, 1989.

| 평론 자료 |

광휘로운 주체의 빛발로 건국의 주추돌을 마련한 불멸의 화폭

–장편소설 《빛나는 아침》에 대하여

김려숙

총서 《불멸의 력사》 해방 후편 장편소설 《빛나는 아침》(권정웅 작)은 높은 사상예술성으로 하여 우리 독자들과 내외의 이목을 집중시키고 있는 성과작이다.

위대한 수령님의 불멸의 혁명력사를 총서 형식으로 창작할 데 대한 우리 당의 독창적인 문예 방침을 높이 받들고 이미 항일혁명투쟁시기편 15권이 창작 완성된 데 이어 오늘 해방 후편의 첫 소설이 세상에 나오게 됨으로써 우리 문학은 로동계급의 혁명문학 발전에서 근본으로 되는 수령의 형상 문제를 보다 폭넓고 깊이 있게 해결하는 빛나는 모범을 창조하게 되었으며 수령님의 혁명활동을 문학 작품에 구현하는 데서 또 하나의 새로운 리정표를 새기게 되였다.

소설은 영생불멸의 주체사상의 기치 밑에 조국 광복의 력사적 위업을 성취하신 위대한 수령님께서 해방 직후 복잡다단한 정세 속에서 어떻게 민족 간부 문제를 독창적으로 해결하시여 건당, 건국, 건군의 튼튼한 터전을 마련해 나가시였는가 하는 문제에 심오한 예술적 해답을 줌으로써 오늘과 같이 민족 간부의 대부대를 가지게 된 자주적인 우리 공화국의 자랑찬 력사를 감회 깊이 돌이켜 보게 한다.

해방의 환호성과 더불어 위대한 장군님 만세를 소리 높이 부르며 그이의 령도 따라 새 조선 건설에 떨쳐나섰던 40여 년 전의 그 날을 방불히 그려보는 머리 흰 로세대들, 비록 그 나날에 살아보지는 못했어도 마치 자신이 그때의 모든 것은 다 보고 듣고 체험한 듯이 생각하는 새 세대들, 이들 모두는 하나같이 소설을 통하여 우리 당의 력사, 경애하는 수령님의 영광 찬란한 혁명력사의 갈피갈피에는 인간중심의 위대한 주체사상의 승리가 금문자로 아로새겨져 있고 사랑과 믿음의 최절정을 이루는 경애하는 수령님의 위대한 인간애와 넓은 포옹력이 뜨겁게 굽이 치고 있으며 값비싼 희생과 쓰라린 상실의 아픔이 또한 눈물겹도록 어려 있음을 절절히 느끼게 하는 것이다.

하기에 소설에 심취되면 될수록 우리의 경애하는 수령님이시야말로 이 세상에 한 분 뿐인 위인 중의 위인이시라는 절대적인 신념, 위대한 수령님을 모신 우리 민족은 이 세상에서 가장 위대하고 행복한 민족이라는 높은 긍지와 자부심, 대를 이어 영원히 우리 조선을 수령님의 존함으로 빛나는 주체의 조국으로 빛내여 나가려는 혁명적 의지를 굳게 가지게 된다.

① 주체적인 인재 문제 해결의 정당성에 대한 심오한 철학적 해명

모든 문학예술작품이 다 그러하지만 특히 위대한 수령님의 불멸의 혁명력사를 취급한 혁명적 대작에서 작품의 철학적 깊이를 보장하는 문제는 중요한 요구로 나선다. 작품의 철학적 깊이는 본질에 있어서 사상적 내용의 철학적 심오성을 의미하며 이것은 얼마나 의의 있는 사회적 문제를 제기하고 있는가 또 그것을 얼마나 깊이 있게 일반화하는가 하는 데 달려있다.

장편소설 《빛나는 아침》은 해방 직후 우리 혁명 앞에 나선 근본 문제의 하나인 인재 해결 문제를 작품의 주되는 사상주제적 과제로 하고 왜 이것을 해방 후 모든 사업의 기초에 놓아야 했으며 그 정당성과 생활력은 어디에 있는가 하는 것을 예술적으로 론증함으로써 작품의 철학성을 훌륭히 보장하고 있다.

친애하는 지도자 김정일 동지께서는 다음과 같이 지적하시였다.

《대작에서 내세운 혁명의 기본 문제는 사회의 본질을 드러내는 전형적인 생활을 통하여서만 올바르게 밝혀질 수 있다.》

소설은 갓 해방된 1945년 가을부터 그 이듬해 가을까지를 시대적 배경으로 하여 위대한 장군님께서 해방 직후 부닥치게 되는, 얼핏 보건대는 하나의 현상으로 치부될 수도 있는 식량난, 파괴된 경제의 복구난 등에서 벌써 나라와 민족의 운명, 그 흥망성쇠를 좌우하는 가장 근본적인 문제가 인재 문제이라는 것을 명철하게 꿰뚫어보시고 인재 문제 해결에 관한 독창적인 사상을 제시하시여 새 조국 건설의 튼튼한 기초를 마련하시는 과정을 생활적으로 깊이 있게 일반화하고 있다.

소설에서 보는 것처럼 해방 직후 인민들을 먹여 살리는 문제는 절박한 생활상 요구였다.

그렇다면 공장은 멎고 로동자들은 흩어지고 기술도서는 파지로 팔리고 기관차와 기관사가 없어 쌀을 실어오지 못하는 현실에서 그것을 해결할 방도는 과연 무엇인가. 바로 이 혁명의 근본 문제에 대답을 주신 분은 오직 위대한 장군님이시였다.

장군님께서는 해방 직후의 실태와 우리 혁명 발전의 합법칙적 요구를 과학적으로 통찰하신 데 기초하시여 당을 창건하는 것이 급선무이며 이와 함께 당을 창건하고 정권을 세우고 무력을 건설하고 경제를 부흥시키는 그 밑바탕에 인재 문제를 놓고 인재에 대한 전략을 세워야 한다고 말씀하신다.

각도 파견원들의 회의에서 장군님께서는 천 가지 만 가지로 얽히고 형태와 양상이 각기 다른 그 난관의 밑바닥에는 과연 무엇이 도사리고 있는가를 해부하시면서 인재 문제 해결을 왜 가장 중요한 과업으로 내세우지 않으면 안 되는가에 대하여 이렇게 말씀하신다.

《당을 창건하자고 해도 그 력사적 위업을 감당할만한 인재가 있어야 합니다. 정권을 세우자고 해도 그 임무를 수행할 만한 인재가 있어야 합니다. 인민 무력을 창건하자고 해도 군사를 거느릴 지휘관이 있어야 합니다. 파괴된 경제를 복구해서 인민 생활을 안정시키려고 해도 그것을 맡아 나설 과학자, 기술자, 경영자들이 있어야 합니다. 교육도 문화도 보건도 사정을 다 마찬가지입니다. 그런 즉 한마디로 말하면 우리는 지금 당장 분출을 일으키려고 하는 인재 부족이라는 지진파 우에 올라 앉아있는 셈입니다. 인재! 인재가 모든 것을 결정합니다. 이미 여러 번 말해왔지만 우리는 이제부터 총포성이 울리지 않는 또 하나의 큰 전역을 치르지 않으면 안 됩니다.》

장군님께서 가르치신 바와 같이 건국도상에 가로놓인 난관이 헤아릴 수 없이 많지만 그 원인의 원인은 인재 부족이며 난국 타개의 기본 열쇠도 인재였다. 첫째도 인재, 둘째도 인재, 셋째도 인재였다.

인재가 모든 것을 해결한다. 장군님께서는 사람을 중심에 놓으시고 사람이 모든 것을 결정한다는 주체사상의 심원한 진리로 인재 문제 해결의 위대한 사상을 천명하시였던 것이다.

해방 직후 공화국 북반부의 인테리는 불과 얼마 안 되였다.

위대한 장군님께서는 일제의 식민지 우민화 정책이 낳은 이 가슴 아픈 현실로부터 출발하여 인재를 해결하되 남의 도움이 아니라 자기 사람과 자기 힘을 믿고 자기 자신이 해결할 데 대한 독창적인 방침을 제시하신다. 장군님께서는 식민지 나라 인테리들의 처지와 특성을 분석하시고 그들 모두를 아량 있게 포섭하여 새 조국 건설의 주인으로 내세우며 동시에 근로인민의 새 인테리들을 키울 데 대한 원칙적 문제들을 밝혀주신다.

이처럼 위대한 장군님께서 제시하신 인제 문제에 관한 사상은 혁명의 장래 운명과 당면한 난국의 타개, 건당, 건국, 건군 위업의 실현과 인민생활 안정 등을 동시에 해결할 수 있는 과학적이고 현실적인 유일하고 정당한 방침이며 혁명 위업의 승리에 대한 확고한 신심과 혁명적 락관, 민족의 운명으로부터 구체적인 개인의 운명에 이르기까지 속속들이 헤아리시고 보살피시는 장군님의 고매한 풍모와 현명한 령도의 결실이다. 여기에는 식민지 우민화 정책의 후과로 운명의 혜택에서 멀리 뒤떨어져 있던 우리나라를 문명의 대강국으로 일떠세우시려는 장군님의 숭고한 뜻이 담겨져 있다.

인간들의 운명선과 사건선이 복잡하고 생활 내용이 방대한 장편들에서 사상적 대를 튼튼히 세우고 그에 기초하여 이야기의 기본 줄거리를 줄기차게 전개해 나가는 것은 다양한 사건들과 일화, 세부들을 조화롭게 묶어세워 작품의 기본 문제를 심화시켜 철학적 심오성을 보장하는 데서 중요한 요구라고 말할 수 있다.

장편소설 《빛나는 아침》은 사상적 대가 뚜렷하면서도 단순하지 않고 심오하며 이야기 줄거리가 굴고 곧으면서도 외곬이 아니고 풍부한 생활통로를 가지고 있다. 그리하여 소설에서 다양한 양상을 띤 인간들의 복잡한 운명선과 생활의 흐름들은 일정한 장면과 계기점들 마다에서 자기의 독자적인 의미를 밝혀내면서도 총체적으로는 하나와 같이 인재 문제 해결에 형상의 초점을 맞추고 있는 것이다.

장군님의 높은 뜻을 받들어 나가는 김책의 활동이 인재 문제 해결을 위한 평양공업 전문학교와 김일성종합대학 창설 사업, 오랜 인테리들의 포섭 문제 등을 기본으로 하고 있는 것도, 인생의 분기점에서 곡절을 겪으며 어제날 식민지 인테리의 처지로부터 해방된 새 나라의 귀중한 인재로 전환되는 강병철, 양춘만, 안동권, 최준걸, 한명구 등의 형상도, 어제날 천대 받던 로동자들과 그 자식들인 신창의 박창술이 탄광의 주인으로, 나중에는 김일성종합대학 학생으로, 리창길이 평양공업전문학교 학생으로 되는 그 모든 형상들은 그에 대한 생동한 례증으로 된다.

소설은 불과 몇 달 사이에 그토록 난감하게 여겨졌던 인재 문제가 얼마나 일목료연하게 자기의 줄기찬 궤도를 따라 풀리고 있는가 하는 것을 생활적으로 밝히면서 당 창건, 북조선림시인민위원회 수립, 토지개혁 등 해방 직후의 제반 력사적 사변들을 후광으로 재치 있게 처리하고 있으며 김일성종합대학과 평양공업전문학교 창설 과정, 공장, 기업소들의 복구 과정 등은 인간들의 운명선에 밀착시켜 자연스럽게 펼치고 있다.

그리하여 이 시기의 혁명적 사변들과 사건들은 작품의 배경으로, 등장인물들의 생활적 바탕으로 되면서도 당시의 시대적 정서와 생활지향을 진하게 느낄 수 있게 하며 등장인물들의 성격과 운명선은 혁명적 사변들과 유기적으로 결합되여 생활의 본질과 력사발전의 합법칙성을 체현한 정형적인 형상으로 될 수 있었다.

소설에서는 장군님께서 제시하신 인재 문제 해결의 빛나는 승리를 심각한 계급투쟁과 작중인물들의 운명의 전변을 통하여 예술적으로 확증하고 있다.

소설은 인재 문제, 식민지 인테리 문제는 계급적 원쑤들과 반당종파분자들의 책동, 낡은 인테리에 대한 일부 편협한 태도와 그 인간 자체를 해방하는 문제로서 값비싼 희생과 피의 대가를 치르지 않으면 안 된다는 것을 강조하고 있다. 미제에 의한 국토의 량단, 미군정과 련계된 민기환을 비롯한 반동놈들이 인테리에 뻗치는 촉수, 장군님의 인테리 사상에 감히 도전해 나서려고 책동하는 오기섭과 그에 추종한 홍남제련소 공장장 리연수, 반동놈들과 련결된 조만식이의 심상치 않은 움직임, 이것은 장군님의 인재 문제 해결을 관철하는 길이 심각한 계급투쟁 속에서 진행되였음을 보여주고 있다.

소설은 인재 문제 해결을 계급투쟁 선상에서 보여주기 위하여 몇 개의 대목에 력점을 찍어 감명 깊게 형상화하고 있다.

박원식의 죽음과 로폭파 사고로 인한 강병철의 시련, 오기섭의 책동과 최준걸의 사직, 철도공장에서의 소요, 안동권을 서울대학 학장으로 초청하는 놈들의 편지, 김일성종합대학에서 안동권의 첫 강의와 독약이 든 물고뿌, 급수 모터의 고장과 쌀을 실을 방통의 습격, 이러한 장면과 세부들은 계급적 원쑤들의 책동을 예리하게 드러내고 있다.

박원식의 희생과 관련한 장면 하나만 보더라도 소설은 값비싼 희생에 대한 문제를 밝혀내기 위한 각도에서 생활적인 전재와 감정의 축적들을 깊이 있게 줌으로써 그 형상적 의미를 강조하고 강한 정서적 여운을 주고 있다.

박원식은 장군님께서 그토록 믿고 아끼고 사랑하시는 혁명전사의 한 사람이다.

장군님의 믿음과 사랑을 간직한 박원식은 서울에 가서 양춘만에게 장군님의 말씀을 전달하라는 과업은 수행했지만 그를 데려오지 못한 것을 스스로 자신의 《과오》로 인정하고 혁명 임무를 다하지 못한 자책으로 모대긴다. 하기에 반동놈들의 기습을 물리치고 쌀을 실어오는 어려운 임무를 수행하면서 양춘만이 중화의 삼촌네 집에 있다는 소식을 듣고는 그를 찾아 떠났다가 놈들의 총에 맞아 쓰러지는 것이다.

호방하고 대범한 그의 성격적 특성은 무엇보다 장군님에 대한 충실성에서 빛난다.

그는 30살의 짧은 생애를 값있게 살았다.

장군님께서 말씀하시는 것처럼 박원식이와 같은 혁명투사들에 의해 혁명의 길에는 로동자, 농민, 근로 인테리들이 밟고 건널 수많은 징검돌들이 피로써 빚어졌다.

박원식의 희생을 전후하여 치밀하게 심화되고 전개되는 생활적 내용은 이처럼 인재 문제를 해결할 데 대한 장군님의 방침의 위대한 승리의 밑바탕에는 혁명가들의 고귀한 피와 넋이 깃들어 있음을 보여주고 있다.

소설은 준엄한 피의 바다를 헤쳐 오는 과정에 체득한 혁명의 이 진리를 인간들의 운명이 근본적으로 전환되는 문제와 밀접히 결부시켜 형상화함으로써 작품의 철학적 심오성을 더욱 부각시키고 있다.

장군님께서 제시하신 인재 문제 해결은 나라와 민족의 견지에서 보나 개별적인 인간들의 운명 전환의 문제, 운명 개척에 관한 문제와 잇닿아 있으며 그것은 인간의 사상과 리념을 바꾸는 문제, 통째로 그의 위치를 바꾸는 심각하고도 어려운 문제이다.

위대한 장군님께서는 한 인간의 위치를 옮기는 것을 지구를 통째로 들어 옮기는 데 비길 수 있을 것이라고 말씀하신다.

소설은 인테리들의 운명 전환의 합법칙성을 생활과 성격의 론리에 맞게 그림으로써 그것이 얼마나 어렵고 동시에 얼마나 큰 의의가 있는가 하는 것을 생활적으로 납득시키고 있다.

애국의 열정을 가지고 건국에 한 몸 바쳐 나섰으나 모해와 비난을 이겨내지 못하여 동요하며 자살까지 기도하던 강병철, 공산주의에 대한 악선전에 포로되여 강선에서 서울로, 서울에서 다시 강선으로 돌아오는 길을 너무도 멀리 에돌았고 그 때문에 뼈아픈 후회도 남기지 않으면 안 되였던 양춘만, 권력 앞에 아부하지 않고 도고하며 과학자로서의 《신념》도 있고 민족의 우매성을 가슴 아파 하면서도 개인의 자존심과 인격에 포로 되여 있던 안동권, 이들은 참으로 심각한 우여곡절을 거쳐 자기 자신과 인민을 위한 길, 혁명의 길에 들어설 수 있었다.

이들의 운명 전환에서의 근본적인 전환은 그들이 참다운 인생의 길을 찾게 되었다는 거기에만 의의가 있는 것이 아니라 보다는 더 장군님의 사랑과 믿음을 자양분으로 하여 새롭게 탄생한 인간들이기에 오로지 장군님의 믿음만을 안고 그 믿음 속에 살아갈 드팀 없는 신념을 안고 억년 드놀지 않을 건국의 주춧돌로, 혁명의 대들보로 되었다는 데 있다.

(이 믿음을 안고 나는 한 생 살겠다. 이 지탱점이 있는 한 나는 다시 흔들리지 않을 것이다. 이것이 서 있으면 나도 서 있고 이것이 넘어지면 나도 같이 땅에 꺼꾸러질 것이다. 이것이 나의 모든 것이다. 이 단 하나의 길로 드팀 없이 한 생을 걸어갈 것이다.) 이것은 로를 고의적으로 폭파시켰다는 강병철의 《진술서》를 부정하시고 그에게 변함없는 믿음을 주시는 장군님을 우러러 강병철이 터치는 심장의 웨침이다.

장군님의 믿음 하나면 더 바랄 것이 없다는 것은 비단 강병철이나 양춘만, 안동권, 최준걸 등 인테리들만이 아니다. 이것은 이 나라 모든 인민이 안고 살아야 할 신념이고 참다운 인생관이다.

소설은 위대한 장군님께서 영생불멸의 주체사상, 사람 중심의 위대한 혁명학설로 해방된 이 나라 땅에서 무지와 몽매의 흔적을 영원히 가셔버리고 부강하고 문명한 새 조선을 일떠세우는 세기적 전변의 첫 포성을 장엄하고 은은하게 결단성 있고 용이주도하게 울리신 데 대하여 긍지 높이 형상하고 있다.

② 위대한 수령님의 불멸의 형상 창조에서의 혁신적 성과

친애하는 지도자 김정일 동지께서는 다음과 같이 지적하시었다.

《로동계급의 수령의 형상을 창조하는 것은 사회주의, 공산주의 문학예술 건설에서 나서는 중요한 문제입니다.》

장편소설 《빛나는 아침》은 위대한 사상가, 위대한 정치가, 탁월한 령도자, 자애로운 인민의 어버이로서의 경애하는 수령님의 풍모를 격식화하지 않고 생활적으로 진실하게 형상화함으로써 로동계급의 수령형상 창조에서 빛나는 성과를 거두었다.

소설은 무엇보다도 위대한 장군님의 풍모를 그이께서 지니고 계시는 사랑과 믿음의 철학을 핵으로 하여 격조 높이 형상화하였다.

공산주의적 인간학은 형상 창조에서 그 성격의 기본 핵, 주도적 특성을 똑바로 찾고 그것은 어려 모로 깊이 있게 그려내는 것이 중요한 요구로 된다는 것을 밝히고 있다.

위대한 수령님의 불멸의 형상을 창조하는 작품들에서도 례외 없이 작품의 종자와 생리에 맞는 위대성 형상의 핵을 특색 있게 찾아 쥐여야 그것이 인간학의 요구를 철저히 구현한 성격문학으로 될 수 있는 것이다.

장편소설 《빛나는 아침》은 이런 의미에서 성공적이며 자기의 뚜렷한 몫을 가지고 있다고 말할 수 있다.

소설은 위대한 장군님께서 지니신 이 세상 가장 크나큰 사랑과 믿음을 수령형상의 기본 핵으로 뚜렷이 하고 있으며 그에 기초하여 그이의 사상과 령도의 위대성, 공산주의적 덕성의 위대성을 풍부한 생활로써 다면적으로 밝히고 있다. 바로 여기에 인재 문제에 초점을 둔 이 작품이 그 하나의 문제를 다루면서도 장군님의 위대성을 전면적으로 폭넓게 그리고 철학적으로 깊이 있게 밝힐 수 있은 형상적 비결이 있다고 본다.

혁명은 동지를 얻는 것으로부터 시작된다.

소설은 장군님께서 박원식에게 돌려주시는 한없는 사랑과 배려, 그의 뜻을 잇도록 미망인인 필남이에게 기울이시는 사랑, 김책의 아들을 찾기 위해 마음 쓰시고 혁명가 유자녀들을 다 찾아 그들의 어버이가 되어주시고 이국 땅에 묻힌 동지들을 평양에 옮겨와 그들의 위훈을 수손 만대에 전해주시려는 숭고한 뜻을 불요불굴의 공산주의 혁명투사 김정숙 동지와 함께 나누시는 장면들을 통하여 혁명전사들에게 돌려주시는 그이의 사랑과 혁명적 의리를 뜻 깊게 펼치고 있다.

원래 주체사상은 인간에 대한 사랑과 믿음에 기초하고 그것을 집대성한 최고봉의 사상이라고 말할 수 있다.

장군님께서는 사랑과 믿음을 혁명적 동지애와 의리의 기본관계로, 혁명의 근본리치로 내세우신다.

믿음에는 마음이 따르는 법이다. 장군님의 사랑과 믿음이 그토록 위대한 것은 그것이 생사고락을 같이하는, 운명을 같이하는 사랑과 믿음이라는 데 있으며 그 믿음에 인민의 한마음, 충성의 마음이 따른다는 데 있다.

장군님께서 오기섭의 책동으로 사직하고 광산으로 내려갔다가 다시 자기 위치에서 사업하게 된 최준걸이에게 우리가 서로 믿고 단결하자고 하는 것은 그것이 어떤 치레거리 인사이거나 외교적 언사가 아니며 우리의 의리는 생사고락을 같이하며 살아나가야 한다는 각오로 담보되여야 한다고 하시는 말씀은 최준걸의 충성심의 원천이였다.

소설은 위대한 장군님께서 우리 인민들에게 사랑과 믿음을 주시여 전체 인민의 마음을 움직이고 하나로 합쳐 세상에서 제일 크나큰 인민대중의 힘을 마련하시고 이끌어 나가시는 위대한 분, 위인 중의 위인이시라는 것을 보여주고 있다.

소설의 형상적 화폭들은 참으로 그 누구도 대신할 수 없는 수령의 특출한 지위와 역할, 력사의 창조자로서의 인민대중이 수령과 운명을 같이하고 수령을 중심으로 굳게 뭉칠 때 비로소 하나의 사회정치적 생명체로 될 수 있다는 진리를 새삼스럽게 깊이깊이 새겨보게 한다.

여기서 중요한 측면은 소설의 전반적인 형상체계에서 힘 있는 사람은 힘을 내고, 지식 있는 사람은 지식을 내고, 돈 있는 사람은 돈을 내여 부강한 자주 독립국가를 건설하자고 하시는 장군님의 력사적인 개선 연설의 크나큰 견인력을 잘 형상하고 있는 것이다.

그것은 공장의 주인이 된 로동계급의 혁명적 열의와 성출미운동에 한결같이 참가하는 애국적 농민들의 소행, 흥남으로 달려가는 인테리들의 형상, 평양공업전문학교와 종합대학 창설을 위한 기성회 성원들의 애국지성이 생동한 개성으로, 혹은 시대적 흐름의 기백 있는 묘사를 통하여 힘있게 울려 나오고 있는 데서 볼 수 있다.

위대한 장군님께서 파괴된 우리의 공업을 5년이 아니라 단시일 내에 복구할 수 있다고 확언하시는 것도, 완전히 령의 상태에서 1년 안으로 공업대학 창설을 결심하시는 것도 오로지 인민의 애국심, 그 힘을 믿으시였기 때문이다.

강선 땅을 찾으시였을 때 싸늘하게 식은 강철로를 보시면서도 장군님께서는 해방된 조선의 로동계급, 다시는 노예가 되지 않으려는 그들의 높은 계급적 자각을 굳게 믿으시였으며 반동 놈들의 책동에 속아 철도 공장 로동자들이 소요를 일으켰을 때에도 우리는 산에서 싸우다 왔기 때문에 빈 배낭 밖에 메고 온 것이 없다고 하시면서 나라의 주인된 로동계급의 혁명적 량심에 호소하신다.

가시는 곳마다에서 보시게 되는 파괴의 흔적과 혼잡된 흐름 속에서도 그 밑바탕에서 강하게 소용돌이치는 해방된 인민의 애국열의를 소중히 여기시고 거기에서 힘을 얻으시여 모든 것을 우리 식으로 새롭게 창조해 나가시는 위대한 장군님, 그래서 장군님께서 이끄시는 혁명은 간고하면서도 또한 재미가 난다고 동지들은 말하는 것이다.

장군님께서는 오직 그 인간 자체를 믿는다는 절대적인 담보 하나로써 새 나라의 강철을 위해 손끝에서 피가 나도록 벽돌을 축조했고 대두박을 화독에서 삶아 먹으며 일한 강병철의 그 귀중한 애국의 량심을 높이 사주시고 끝까지 믿어주시며 양춘만이 버리고 달아난 처자에게 육친의 사랑을 베풀어주시고 그에게까지 구원의 손길을 뻗쳐주신다. 그리고 전 제국대학 교수였던 안동권을 김일성종합대학의 교수로 내세워주시고 남조선의 김일성종합대학의 교수로 내세워주시고 남조선의 인테리들에게 자신의 존함을 새긴 위촉장을 보내시여 김일성종합대학 교원으로 불러주신다. 소설은 장군님의 그 사랑과 믿음이 있기에 갈 길 몰라 방황하다가 남으로 나간 원시범이도 반드시 그이의 위대한 품에 안기리라는 확신을 강하게 주고 있다.

소설은 인테리들의 시점과 지성인들의 특성에 맞는 내면 독백을 통하여 장군님을 흠모하고 그이의 위대성에 감복하는 우리 인민의 절절한 사상 감정을 격조 높이 일반화함으로써 사랑과 믿음으로 인민들에게 가장 존엄있는 삶과 인생의 보람을 안겨주시는 장군님의 위대한 풍모를 감동 깊이 형상화하고 있다.

소설은 여기서 강병철, 양춘만, 안동권, 최중걸, 한명구들의 심정을 요소요소에서 적중하게 토로시키면서 그것을 평균주의적으로 라렬하지 않고 강병철의 시점과 내면심리 형상에 많은 비중을 주고 있다. 그것은 위대한 장군님의 형상 창조에서 강병철의 운명선이 중요한 몫을 차지하기 때문이다.

장군님께서 강병철이 기사장으로 일하고 있는 성진제강소를 찾으시여 지금 우리에게는 강철이 천금같이 귀중하지만 강철과 로동자의 생명을 바꿀 수 없다고 하시면서 전기가 흐르는 위험한 로를 없애버리며 그 대신 인명피해를 주지 않는 새 방법을 연구해내도록 크나큰 믿음을 주시였을 때 강병철의 내면 독백, (그렇다! 그이의 가르치심대로 나는 인간을 위한 새 강철을 만들어야 한다. 여직까지 나는 장군님께서 지니신 풍성과 인자함을 다만 나의 과거를 너그럽게 대해주시고 합금로에서 저지른 과오를 아량 있게 용서해 주시는 것으로만 알았다. 그러나 이제 와 보면 만인에게 베풀어지는 그이의 인간에 대한 지극한 사랑, 그 찬란한 해빛의 한 줄기가 나에게도 와 닿았던 것이다.)

이것은 실로 기슭이 없고 구석이 없는, 폭과 깊이에서 끝이 없는 위대한 장군님의 최상의 사랑과 믿음에 대한 열정의 분출이다.

출강의 장쾌한 장면을 보시며 통쾌하게 웃으시는 장군님의 숭엄한 모습을 우러르는 강병철의 심리 묘사, 장군님을 모시고 진행된 김일성종합대학 개교식과 연회에 참가했던 그 흥분을 안고 그 날 저녁 대동강반을 거닐며 남으로 나간 친구 원시범에게 하는 강병철의 내면 독백, 이 모든 것들은 인간을 그토록 사랑하고 인간을 그토록 믿으시는 분 온 겨레를 하나의 초점에로 단합시키는 구심점이며 불가극복의 견인력인 위대한 장군님에 대한 인간적 매혹과 절대적인 숭배의 사상 감정을 터친 심장의 웨침이다.

소설은 이와 함께 위대한 장군님에 대한 남북 겨레의 다함 없는 흠모와 그이께서 지니고 계시는 절대적인 권위를 형상의 여러 계기들에서 진실하게 보여주고 있다.

특히 그것은 홍명희를 위원장으로 하는 김일성 장군 환영 준비위원회가 조직되고 도처에 김일성 장군의 서울 개선을 환영하는 글들이 나붙은 서울 풍경에 대한 묘사와 장군님의 서울 개선을 두 달도, 석 달도 아니 10년이고 20년이고 기다리겠다고 하며 그 심정을 장군님께 전해줄 것을 간절히 부탁하는 홍명희의 말 그리고 평양공설운동장과 평양공업전문학교, 김일성종합대학 개교식에서 울려 퍼지는 김일성 장군 만세의 환호성과 장군님의 만수무강을 삼가 축원하는 연회 장면들에서 잘 찾아 볼 수 있다.

이상에서 보는 바와 같이 소설은 위대한 장군님의 숭고한 형상을 사랑과 믿음의 철학사상으로 관통시킴으로써 그이께서 지니고 계시는 절대적인 권위와 영향력, 탁월한 정치적 수령으로서의 풍모와 위대한 인간만이 지닐 수 있는 소박하고 겸손하며 인간애가 풍부한 인민적 수령으로서의 풍모를 다면적으로 형상하고 있다.

위대한 장군님의 불멸의 형상 창조에서 거둔 중요한 성과는 다음으로 인간관계와 심리 묘사, 세부 형상에 이르기까지 모든 형상요소들을 작품이 제시한 문제 해명에 집중시키고 심화시켜 그 형상적 깊이를 보장하고 있는 것이다.

소설에서 장군님을 중심으로 하여 맺어진 인간관계의 중요한 특성은 방계인물들을 포함하여 모든 인물들이 이렇게나 저렇게나 다 장군님의 인재 문제 해결의 위해단 사상의 실현과 관계되고 장군님의 위대성을 형상하는 데 한결같이 복종되고 있는 것이다.

위대한 장군님의 사업을 보좌하는 김책, 항일혁명투사 박원식, 인테리들인 강병철, 양춘만, 안동권, 최준걸, 한명구, 로동계급들인 박창술, 리윤봉, 최한덕 등 인물들은 장군님과 필연적인 인연 관계로 맺어져 그이의 위대한 풍모를 형상하는 데 충실하게 복무하고 있다.

반당종파분자 오기섭이와 신념 없이 그에 추종하는 공장장 리연수는 장군님께서 극좌적인 사상과 견해에 타격을 주시고 혁명적 원칙을 견결히 고수해 나가시는 숭고한 모습을 형상화하는 데서 자신의 형상적 과제를 맡고 있다.

방계인물들인 미군정의 앞잡이 민기환이와 그 졸개들은 《집게다리》와 방문성은 강병철, 안동권, 양춘만, 원시범 등과 직접 또는 간접적으로 련결되어 있으면서 장군님의 인테리 방침의 승리를 반증하고 있다.

소설은 이러한 인간관계의 심화를 통하여 복잡한 해방 직후의 정치 정세와 풍부하고 다양한 생활들을 펼치면서 장군님의 독창적인 인재 전략 사상의 정당성과 위대한 생활력을 확증하고 있다.

소설에서는 또한 위대한 장군님의 내면심리세계를 격에 맞게 그림으로써 웅심깊고 다정다감한 장군님의 위대한 인간세계를 철학적으로 깊이 있게 그려냈다. 사상, 감정, 의지가 한 데 어울린 인간의 내면심리세계를 떠나서는 산 인간의 개성을 진실하게 형상할 수 없다.

내면심리세계의 묘사는 수령형상 작품 창작에서도 례외로 될 수 없으며 오히려 더 중요한 요구로 나선다고 말할 수 있다. 왜냐하면 인간에게는 누구나 다 복잡한 내면세계가 있지만 특히 인민대중의 최고 뇌수인 로동계급의 수령에게 있어서 그것은 보통 인간이 상상조차 할 수 없는 그렇듯 높은 차원에서의 숭엄한 사상과 활동의 세계이기 때문이다.

그러므로 오늘과 래일을 과학적으로 분석 평가하고 옳은 로선과 정책을 작성하며 그 관철에도 대중을 이끌어 나가는 수령을 진실하고 격이 높게 형상하지 못하게 되며 결국 수령형상은 격식화된 틀에서 벗어날 수 없게 된다.

장편소설 《빛나는 아침》은 해방 직후 인재 문제를 비롯하여 복잡한 문제들에 부닥치는 과정에서 장군님께서 불가피하게 체험하게 되시는 고충과 사색의 심원한 세계를 놓치지 않고 구체적으로 파고들어 진실하게 형상하였다.

평양철도 역장으로 임명한 한명구를 떼라는 요구들이 련속 제기되는데 이어 강병철의 로폭파 사고, 서울에서 박원식이와 함께 오던 양춘만의 도주 등 꼬리를 물고 일어나는 묘한 사태들을 놓고 장군님께서 일손을 잡지 못하시고 방안을 서성거리시는 장면, 장군님께서 평양역에 나가시였을 때 사흘이고 나흘이고 기다렸다가도 우리 기차가 다니니 좋기만 하다고 하는 군중들의 설레이는 모습에서 인민의 기세를 보시며 그 힘을 한 곬으로 모아 대하를 이루실 결심을 마음 속 깊이 다지시는 장면, 여러 차례 강병철과 만나시는 과정에 느끼시는 감정을 묘사한 부분들, 박원식의 희생을 두고 그이께서 체험하시는 쓰라린 심리세계를 묘사한 장면, 열 명 안팎에 있는 인테리들 모두를 믿음성 없어 쓰지 못하겠다고 하는 오기섭의 말에 격분을 금치 못하시는 장면, 양춘만이가 만들어 온 강편을 보시고 너무도 기쁘시어 이것이 우리의 강철이라고 하시며 두 팔을 허공에 들어 올리신 채 호탕하게 웃으시는 장면 등 소설의 여러 장면과 정황, 세부들에서는 장군님의 숭고한 내면심리세계가 다양하게 펼쳐지고 있다.

특히 박원식이를 잃은 슬픔이 아직 가시지 않았는데 양춘만이가 제 발로 찾아왔다는 소식을 들었을 때 응당 기뻐했어야 할 장군님께서 그보다 분노와 슬픔을 앞세우시는 심리세계의 묘사는 정황에 따르는 순간 심리의 포착과 감정의 생활적 전제들을 종시에 드러내는 데서 커다란 형상적 의의를 가지고 있다.

소설에서는 위대한 수령님께서 흘리시는 값 높은 눈물에도 심오한 의미를 부여하여 그이께서 체험하시는 기쁨과 슬픔의 대조되는 내면세계를 깊이 있게 묘사하고 있다.

《원식이, 양춘만이 찾아왔소. 양춘만이.》 이렇게 떠나간 전사를 부르시며 연방 눈물을 흘리시는 장군님, 그런가 하면 공업 전문학교 개교식 때는 이 나라에 문명의 첫 포성을 우리는 감격을 안고 눈물을 흘리시는 장군님, 그 누가 이 눈물의 심오한 의미들을 깊이 깨달을 수 있단 말인가. 소설은 이렇게 사색의 여운을 주고 있다.

소설은 또한 생동하고 의의 있는 세부 형상을 통하여 위대한 장군님의 심리와 인간관계를 심화시키고 있다.

일반적으로 문학작품에서 세부 형상이 주는 매력은 크다.

소설에서 박창술이 허리에 차고 다니는 금고 열대와 박원식이 만들던 놀이감 권총은 작품에 여러 차례 반복되여 나오면서 장군님의 불멸의 형상 창조에 의의 있게 복무하고 있는 인상적인 세부들이다.

놀이감 초안해도 소설에서는 적어도 7번 이상 나오는데 그것은 처음에는 박원식의 성격적 특성을 보여주다가 점차 장군님의 고매한 풍모, 혁명전사들에 대한 숭고한 사랑을 형상화하는 데로 지향되고 심화되고 있다.

여러 차례에 걸쳐 박원식의 미완성품인 나무 권총을 보시며 그를 추억하시는 장군님께서는 전사의 자그마한 뜻도 다 풀어주시려고 생전에 박원식이 아이들과 약속했던 대로 련발 사격 장치를 하여 총을 완성하도록 하시고 그것을 아이들에게 안겨주신다.

소설에서 의의 있게 형상된 세부는 양춘만의 책 세부 형상에서도 찾아볼 수 있다. 놀이감 총 세부는 그 자체가 여러 번 반복되여 나오면서 형상을 심화해나가는 특성을 띠고 있다면 양춘만의 책 세부는 그와는 달리 인간관계와 사건을 맺어주고 심화시키고 생활의 중심을 깊이 있게 파고들게 하는 촉매제와 같은 역할을 수행하고 있다.

사창장 마당에서 팔리던 양춘만의 귀중한 기술도서는 위대한 수령님과 강병철, 양춘만, 김책과 강병철, 양춘만, 강병철과 안동권의 관계를 맺어주고 심화시키는 데서와 사건을 진전시키는 데서 중요한 기능을 수행한다. 이 세부에는 당시 귀중한 기술서적들이 파지로 팔리던 우리나라의 현실이며 애국심을 간직한 인테리들의 모습도 비껴 있고 더욱이 그 책의 주인인 인테리들에 대한 위대한 장군님의 사랑과 배려가 뜨겁게 어려 있다.

위대한 장군님의 불멸의 형상을 강조한 이 소설의 성과를 이야기할 때 우리는 위대한 장군님과 일가 분들과의 관계를 통하여 형상된 혁명적 가정의 전통적인 가풍과 거기에서 흘러나오는 숭고한 인정세계에 대하여 언급하지 않을 수 없다.

장군님께서 고향 만경대에 들리시였을 때 장군님과 할아버님, 할머님, 삼촌 분 사이에 오고 가는 후더운 인정미, 장군님을 받들어 나가시는 일가 분들의 소박하고 꾸밈없는 모습, 가슴 아픈 추억도 있고 눈물겨운 정서도 깃들어 있는 이 장면은 매우 깊은 여운을 남기고 있다.

소설에서 박원식의 결혼식 장면이 그토록 인상 깊고 격정을 불러일으키며 오래 동안 기억에서 사라지지 않는 것도 중요하게는 위대한 장군님과 장군님의 할머님께서 몸소 이 결혼식에 참석하시게 된 뜻 깊은 사연과 련관되여 감명 깊은 정서를 타고 흐르기 때문이다.

소설은 이외에도 위대한 장군님의 불멸의 형상 창조에서 능숙한 언어 구사와 높은 수준의 분석적인 묘사, 독특한 구성의 솜씨들을 보여주고 있다.

위대한 수령님의 숭고한 형상을 창조하는 데서 소설이 거둔 이러한 성과와 귀중한 창작적 경험들은 앞으로 이 주제작품 창작과 우리 문학의 전반적 발전에 커다란 기여로 될 것이다.

장편소설 《빛나는 아침》은 그가 가지는 거대한 예술적 감화력으로 하여 우리 당원들과 근로자들을 주체위업 수행을 위한 혁명의 한 길에서 영웅적으로 살며 투쟁하도록 힘있게 고무추동할 것이며 경애하는 수령님의 품 속에 안겨 살 통일의 그 날을 하루 빨리 앞당기기 위하여 반미 반파쑈 민주화 투쟁을 과감히 벌리고 있는 남조선 청년학생들과 애국적 인민들에게도 커다란 혁명적 영향을 주는 참다운 교과서로, 투쟁의 무기로 될 것이다.

—『조선문학』 1989년 4호.

4. 개작 상황

개작 상황 없음.

— 작성 : 이승윤

총서 '불멸의 력사' 해제

20

『조선의 봄』

1. 세부 사항

제목	총서 '불멸의 력사'20『조선의 봄』		출간 권수	20
작가 및 창작단	천세봉			
발표 연도 (수상 연도)	발표 연도	1991	발표 지면 (수상명·집)	문예출판사
	개작 연도			
스토리 주제	토지개혁의 전말			
키워드1/ 테마	해방, 토지개혁, 종파주의자, 북조선임시정부 위원회, 서도농민회, 토지 국유화, 농조.			
키워드2/ 구성	총 15장 및 후기			
키워드3/ 시점	복합 시점–전지적 작가 시점과 1인칭 주인공 시점(김일성에 한하여 주체존대법 쓰임)			
키워드4/ 시간	1945년 가을~1946년 3월 말			
키워드5/ 장소	황해도 재령벌 신당리와 동흥리, 만경대, 평양.			
키워드6/ 소재	'서도빈농협의회' 창립, 3·1절 집회, 편지, 3·7제 투쟁, 농민궐기대회, 폭탄테러, 토지개혁.			
키워드7/ 인물(직업)	농민, 지주, 당 비서, 군당 비서, 군자치위원회 서무과장, '서도빈농협의회' 의장, 목사, 임시정부 농민부장, 미첩보원, 머슴, 농림부장.			

2. 줄거리 소개

1장

해방 후 땅과 재산을 몰수한다는 소문이 퍼지자 철공소 주인 등 자본가와 지주들은 월남하고 권력의 공백을 틈타 남아있던 지주 서만호는 군수가 되기 위해 음식을 돌리는 등 안간힘을 쓴다. 한편 조만식이 '서도빈농협의회'를 창립했다는 소식에 서가에게 아들과 친구 딸을 머슴과 몸종으로 빼앗긴 조순근은 아들 대복과 서분을 찾기 위해 서가와 친분이 있는 조만식을 찾아 평양성으로 간다.

김일성은 굶주리는 농민들을 돌아보며 가슴 아파하고 양심 있는 민족주의자 송 목사가 종교 문제로 체포되자 그를 석방시킨 후 그가 흔들리고 있음에도 그를 교육계에 복무하도록 배치한다.

2장

조순근은 조만식을 만나 그의 검소함에 탄복하며 '서도농민회'의 세칙에 도장을 찍고 약탕관까지 받아 들고 돌아와 자신의 아들과 서분이 풀려날 수 있다는 기쁨에 들뜬다. 그러나 김일성은 '서도농민회'의 세칙을 분석하여 북조선 임시정부 세칙과의 차이를 밝히고 '서도농민회' 세칙의 기만성을 짚어낸다.

3장

흥묵의 딸을 데리고 도망갔던 창규는 군당 조직부장이 되어 신당리로 돌아오고, 조순근이 조만식을 만나고 온 이야기가 온 마을에 퍼진다. 서만호가 조만식의 '민주당'에서 발령한 소작 세칙 때문에 골머리를 썩고 있을 무렵 미 정보부에 근무하는 아들 서강이 돌아와 조만식의 세칙이 지주를 위한 것임을 알려준다.

4장

공장을 버리고 떠났던 철공소 주인이 돌아오고 김일성은 개량 호미를 주문한다. 마을에서는 3・7제 투쟁이 성공적으로 이루어지고, 조순근은 아들 대복이 풀려나기만을 기다리지만 자신이 가져온 소작 세칙 때문에 3・7제 투쟁의 진행에 있다는 사실을 알게 된다. 서만호는 세칙을 이용해 소작료를 다시 거둬들이고 그 과정에서 조순근은 아들 대복이 다칠까봐 서만호의 달구지꾼들에게 빼앗은 총을 돌려준다.

5장

1946년 새해 북조선 임시정부위원회는 토지개혁에 대한 회의를 하던 도중 토지 국유화를 주장하는 오기섭과 농림부장이 충돌하고, 오기섭은 김일성으로부터 비판을 받는다. 회의에서는 조선의 토지개혁 방법과 시기가 논의된다.

총을 내준 조순근과 서만호의 작인들에게 형 정기수가 폭행을 당하자 소작료를 실어다 준 정기찬은 유사천으로부터 비판을 받고 농조에서 내쫓긴다.

6장

독립군 출신인 강진건은 무지한 농민(조순근, 정기찬 등)들을 의식화시킬 생각에 머리가 아프다. 독립군 때와 마찬가지로 군률을 세워 작인들을 농조에서 내쫓을 것을 묵인했다가 김일성으로부터 '혁명은 사랑'이라는 소리를 듣는다.

목사 송신일은 지주와 농민 사이에 충돌이나 손해가 없는 방식의 토지개혁을 모색하다가 지주인 친우에게 토지 상납을 요구하는 편지를 쓴다.

7장

서만호는 대복을 풀어주는 대신 소작하는 땅을 떼어버리고 항의를 하러 간다. 서만호를 통해 조만식의 이중성을 알게 된 조순근은 절망과 수치심에 고장을 떠나려 이삿짐을 싸지만 창규와 정기수, 홍묵의 만류로 짐을 풀게 되고, 김일성에게 편지를 쓰라는 정기수와 홍묵의 권유에 따라 지난날의 과오를 뉘우치는 혈서를 쓴다.

8장

조순근은 혈서를 품고 김일성을 만나러 가는 길에 김일성의 할아버지 김보현을 만나 김일성 집까지 가게 되고, 유상몰수·유상분배를 한다는 소문을 따지는 김보현이 김일성의 친할아버지라는 사실에 놀란다. 김일성은 혈서로 쓴 조순근의 편지에 충격을 받고, 그것을 간부들에게 돌려보게 한다. 그리고 지주를 두둔하는 송신일을 우화를 통해 교양·설복시킨다.

9장

김일성에게 호미를 선물 받고 돌아온 조순근은 농민궐기대회에 서씨들을 데려가고 연설까지 하게 된다.

10장

일부 지주들이 토지소유권을 포기하는 한편 농민들은 청원서와 진정서를 평양으로 보내고 농민 대표들도 요구를 전하기 위해 평양으로 향한다. 황해도에 현지지도차 나온 김일성은 얼어붙은 강 위에서 노래하며 빨래를 하는 서분을 보게 되고, 그가 조순근이 말한 아이라는 것을 알게 된다. 김일성이 재령강가에 나타났다는 소문이 퍼지자 그를 찾아온 서기 종가 사람들은 서만호의 사주를 받아 지주의 땅을 빼앗지 말라고 사정을 한다. 그러나 김일성은 농민들과의 대화를 통해 그들의 오류를 바로잡아주고, 농민들의 토지에 대한 생각들을 들으며 토지개혁을 농민이 원하는 대로 해야겠다고 결심을 굳힌다. 김일성이 돌아간 후 서달호 외 서씨 농민들이 농조에 가입한다.

11장

조만식은 송신일에게 공산당 정부에서 나올 것을 권고하지만 송신일은 거절하고, 이후 폭탄 테러로 외동딸 숙영을 잃는다. 조만식은 오기섭을 찾아가 동맹을 제휴하지만 극좌경인 그에게 모욕을 당한다. 그는 김일성과의 만남에서 미국의 도움을 받아야 한다고 주장하고, 그로 인해 회의가 결렬된다. 마음이 상한 조만식에게 서강은 미국의 지령이라며 3·1절 집회 참석을 권유한다.

12장

3·1절 행사의 연설 도중 폭탄 테러가 자행되고, 이러한 와중에서도 김일성은 연설을 계속 진행한다. 농민들은 땅을 가질 수 있다는 기쁨에 들끓는다. 강진건과 김책 등은 김일성을 제대로 보위하지 못했다는 죄책감에 자아비판을 한다.

13장

폭탄 테러 소식을 듣고 달려온 리보익 할머니를 안심시킨 후 김일성은 현지지도를 나가고 농민들에게 토지개혁법령을 하나하나 설명한다. 또한 농민위원회의 간부 역시 지식인이 아니라 땅을 잘 아는 농민이 되어야 하는 이유와 지주들을 타도해야하는 이유가 지주의 본성 때문임을 우화를 통해 이해시킨다. 한편 황해도는 좌·우경의 문제로 시끄럽다.

14장

친구의 아버지이자 상전이었던 박병칠이 서만호로부터 땅을 사들였다는 소문에 창규는 그를 설득하러 간다. 그 와중에 그는 박병칠의 지주근성에 분개하고 자신이 당했던 설움을 보복하고자 하는 마음이 들지만 공산주의자의 품성을 되새기며 자신을 다스린다. 한편 동흥리의 지주 송상환은 농민들에 의해 쫓겨난다. 유사천은 여전히 국유화를 외치며 창규 등과 대립하고, 박종관을 서무과에 좌천시키고 박병칠을 청산대상에 포함시킨다. 그 사실을 통보받은 박종관은 자살을 기도한다. 집으로 돌아온 서강은 대복과 서분을 폭행 감금하고 고택과 더불어 농조를 칠 계획을 세운다.

15장

강진건은 현지지도를 나와 유사천을 직위해제하고, 장서방은 서강의 계획을 조순근에게 알린다. 홍묵은 사위를 살리려고 서강 일행을 막다 목숨을 잃고, 서분과 대복을 찾아내라는 지시 아래 농민들은 서만호의 집을 수색하여 그들을 구출한다. 후기 토지개혁이 성공적으로 이루어지고 조순근 일가는 분여받은 땅에 푯말을 박으며 새날을 다짐한다.

3. 북한의 소개와 평가

| 사전(년감) 자료 |

소설(천세봉의 유고작품)은 1945년 가을부터 이듬해 봄까지의 시기를 배경으로 하여 력사적인 토지개혁을 승리적으로 이끌어주신 위대한 수령 김일성 동지의 현명한 령도와 고매한 풍모를 감명깊게 형상하였다.

소설은 우리 나라에서의 토지혁명은 곧 인간혁명이라는 심오한 진리를 밝히면서 수천 년 동안 내려온 봉건적 토지소유제도를 청산하고 농민들의 세기적인 숙망을 빛나게 해결하여주신 위대한 수령님의 혁명업적을 철학적으로 심도있게 보여주었다.

토지개혁의 앞길에는 헤아릴 수 없이 복잡하고 어려운 난관들이 겹쌓여 있었다.

서만호 대지주 일당의 도처에서 토지개혁을 반대하여 각종 소요를 일으키고 조만식 일당과 반당종파분자 오기섭이 토지개혁 정책을 정면으로 반대해 나서고 있었다. 이러한 때 우리 일군들과 농민들의 준비 정도와 각성 정도는 그리 높지 못하였다.

위대한 수령님께서는 일군들에게 우리 나라의 토지개혁은 단순히 낡은 토지소유관계를 뒤집어엎는 혁명인 것이 아니라 농민들을 새 조선 농촌의 주인으로 키우기 위한 인간혁명으로 되어야 한다고 가르치시며 농민대중의 자각된 힘을 발동하는 방법으로 토지개혁을 진행할 데 대한 현명한 방침을 제시하신다.

위대한 수령님께서는 조만식의 꾀임에 말려들여 한동안 우여곡절을 겪고 있던 재령나무리벌 신당리의 조순근 농민을 직접 만나주시고 그가 토지개혁의 앞장에 서도록 고무해주시며 어제날의 독립군 출신이였던 강진건 로인과 송신일 목사 등을 주체가 선 일군으로 이끌어주신다.

위대한 수령님께서는 재령나무리벌 신당리와 평안남북도 일대의 여러 농촌들에 나가시여 토지개혁을 요망하는 농민들의 대중적인 청원운동을 령도하시는 한편 믿음직한 일군들을 여러 지방들에 파견하시여 당의 토지개혁정책이 정확히 집행되도록 하신다.

소설은 인간에 대한 사랑을 최상의 높이에서 체현하고 계시는 위대한 수령님의 현명한 령도가 있음으로 하여 우리 나라에서 토지개혁이 빛나게 실현되고 조선의 봄이 마련될 수 있었음을 서사시적 화폭으로 보여주었다.

소설을 실재한 력사적 사실에 충실하면서도 종자가 심오하고 형상체계의 골격이 튼튼한 것으로 하여 높은 사상예술적 경지를 개척한 우수한 작품으로 평가되였다.

—『조선중앙년감』, 조선중앙통신사, 1992.

| 평론 자료 |

총서 《불멸의 력사》 중 장편소설 《조선의 봄》의 사상미학적 특징

윤상현

우리에게 있어서 수령형상 창조사업은 정히 미지의 길을 헤쳐가는 새로운 개척과정이라고 할 수 있다.

세계적으로 로동계급의 수령형상을 창조하기 시작한 지는 퍼그나 되였으니 이 문학의 본질과 위치, 미학원리와 창작원칙 등 적지 않은 문제들이 미해명 과제로 남아있었다. 더우기 총서라는 방대한 장편소설권에 수령의 위대한 력사를 전면적으로 담는 것은 문학사상 누구도 시도해본 적이 없는 력사적인 사업이다.

총서 《불멸의 력사》의 항일혁명투쟁시기편도 새로운 개척이였지만 해방 후편은 해방 후편대로 새로운 창작실천적 문제들을 제기하고 있다. 물론 수령형상 창조의 일반적 원리와 원칙적 요구, 위대한 수령님의 풍모와 업적을 형상하는 기본 문제점들에서는 총서의 해방 전편이나 해방 후편이나 같다고 볼 수 있다. 그러나 사회력사적 발전 단계, 우리 혁명의 환경과 임무, 투쟁 과정이 다르고 위대한 수령님께서 이룩하신 혁명업적의 내용이 다른 두 력사적 시기를 각기 반영하는 조건에서 창작실천상 적지 않은 측면에서 서로 구별되는 특징들을 고려하지 않으면 안된다.

친애하는 지도자 김정일 동지께서는 다음과 같이 지적하시였다.

《우리 인민들이 해방 후에 수령님을 몸 가까이에서 만나 뵈왔고 또 영화문헌학습을 통하여 수령님의 영상을 늘 뵙고 있는 조건에서 항일혁명투쟁시기의 수령님을 형상하는 것과 오늘의 수령님을 형상하는 것은 근본적으로 달라야 합니다. 창작가들은 수령님을 형상함에 있어서 이러한 문제들에 대해 신중한 주의를 돌려야 합니다.》

친애하는 지도자 동지께서는 혁명영화들과 총서의 해방 후편에 속하는 여러 장편소설들의 창작 과정을 지도하시면서 위대한 수령님의 해방 후 혁명력사를 형상하는 데서 나서는 미학실천적 문제들에 구체적인 해명을 주시였다.

친애하는 지도자 동지의 정력적인 지도 밑에 이미 위대한 수령님의 해방 후 혁명력사를 수록한 여러 편의 혁명영화, 장편소설들이 높은 사상예술적 수준에서 창작 완성되었는데 바로 그러한 작품들 중의 하나가 장편소설 《조선의 봄》(천세봉 작)이다.

《조선의 봄》의 사상미학적 특징을 연구하고 일반화하는 것은 앞으로 총서의 해방 후편을 계속 창작하게 될 우리 작가들에게 도움을 주는 의미에서도 그렇고 독자들이 이 소설과 함께 총서의 해방 후편을 보다 깊이 리해하는 데 도움을 주는 의미에서도 의의 있는 일로 될 수 있으리라고 본다.

①

총서 《불멸의 력사》의 항일혁명투쟁시기편은 외래 제국주의 식민지 기반에서 조국과 민족의 자주권을 찾기 위한 식민지 민족해방운동의 세계사적 돌파구가 어떻게 마련되었고 그 운동의 승리의 길은 어디에 있는가를 주체적인 혁명적 수령관의 견지에서 해명하면서 새로운 력사적 시대를 개척하고 로동계급의 혁명위업의 시원을 열어놓는 데서 차지하는 수령의 지위와 역할을 심오히 밝히고 있다. 바로 이런 사상을 바탕에 심고 영생불멸의 주체사상의 창시, 주체시대와 주체혁명위업의 개척, 항일혁명대전의 승리와 조국광복의 실현, 우리 당 창건의 조직사상적 준비, 혁명전통의 창시 등 위대한 수령님께서 항일혁명투쟁시기에 이룩하신 불멸의 업적을 보여주는 데 총서 항일혁명투쟁시기편의 총적 형상 과제가 있다고 할 수 있다.

하다면 외래 제국주의의 식민지 기반에서 해방된 후 인민들이 나아갈 길은 어디에 있는가?

우리의 혁명문학 특히 총서 《불멸의 력사》 해방 후편은 시대와 인류가 절박하게 제기하는 이 사활적인 문제에 예술적 해답을 주게 된다.

총서 《불멸의 력사》 해방 후편 장편소설 《조선의 봄》의 형상적 뭆은 수령의 위대성과 새 사회 건설의 진정한 비결을 토지개혁이라는 거창한 력사적 사변을 통하여 천명하는 데 있다.

사회주의 나라들 치고 토지개혁의 력사를 거치지 않은 나라는 없으며 사회주의를 지향하는 모든 나라들이 토지개혁을 민주주의 혁명단계의 선차적인 혁명과업으로 삼고 있다. 토지개혁은 특히 농민이 인구의 절대다수를 차지하고 농업 생산력의 발전 수준이 낮은 식민지, 반식민지로 있던 나라들에서 농민 문제, 농업 문제를 해결하기 위한 필수적인 과업으로 제기된다. 토지개혁이 중요한 력사적 과업으로 나섰지만 우리나라에서와 같이 짧은 시일 내에 그렇듯 철저하게 수행한 전례는 일찌기 없었다. 당시 우리나라 토지 문제에서 조건이 좋아서 그런 기적이 일어난 것은 결코 아니다.

장편소설 《조선의 봄》은 토지개혁 앞에 조성된 어렵고 복잡한 난국을 작품의 정황으로 제시하고 그 심각한 역경이 어떻게 순경으로 전환되여 일사천리의 속도로 토지개혁이 이루어지는가를 예리하게 추구해 들어가고 있다.

소설에서 보는 바와 같이 공화국 북반부의 토지개혁 문제를 둘러싸고 남조선을 강점한 미국놈들이 본격적으로 음모를 꾸미고 그와 은밀히 내통하고 있는 지주세력이 악랄하게 준동하고 있으며 조만식, 오기섭을 비롯한 온갖 어중이떠중이들이 음으로 양으로 방해책동을 벌리고 있다.

일부 사람들 속에서는 토지개혁 정책 작성을 둘러싸고 《시기상조론》, 《토지국유화론》, 《유상몰수 유상분배》 등 온갖 교조주의적이며 좌우경적인 론조들이 복잡하게 엇갈려 나오고 또 지주와 사이좋게 토지 문제를 풀어야 한다는 의견들이 있는가 하면 농민들의 자각을 불러일으킨 대신 법령만으로 토지개혁을 강행하자는 의견들도 있다. 정황과 과업이 어렵고 복잡한 데 비하여 일군들의 준비 정도와 더욱이 농촌 문제 해결의 당사자인 농민들의 의식 수준이 아직 그리 높지 못한 상태에 있다. 어떤 데서는 3·7제로 받아들인 량곡을 도로 지주 집에 실어다 주는가 하면 어떤 데서는 반동분자들의 꾀임에 넘어가 반동시위까지 벌린다.

하다면 이 모든 난국 속에서도 우리나라 토지개혁이 그렇듯 빠른 시일에 빛나게 수행될 수 있은 비결은 과연 어디에 있는가?

소설은 무엇보다도 경애하는 수령 김일성 동지의 위대한 주체사상의 진리성에서 그 비결을 찾고 있다.

주체사상은 영생불멸의 진리성으로 하여 혁명과 건설의 모든 분야에서 백과전서적인 만능의 위력과 생활력을 나타내게 된다. 소설은 우리나라 토지개혁의 력사도 다름 아닌 주체사상의 위대한 철학적 진리로 하여 세인을 경탄케 하는 눈부신 승리를 이룩할 수 있었다는 것을 형상적으로 확인하고 있다.

위대한 수령님께서는 인간중심의 철학적 리념에 기초하시여 농민대중을 교양하고 각성시켜 그들 자신의 힘으로 지주의 땅을 빼앗아 내도록 현명하게 이끌어주신다. 위대한 수령님께서는 일부 사람들이 북과 남에 통일정부가 서기 전에는 토지개혁을 할 수 없다는 이른바 《시기상조론》을 들고 나왔을 때 농민대중이 현실적으로 토지를 절박하게 요구하고 그들의 무진장한 투쟁력을 발동시키는 조건에서는 지체 없이 토지개혁을 단행해야 하며 또 얼마든지 승리적으로 수행할 수 있다고 강철의 론리로 론박하신다. 일부 사람들이 토지를 국유화해야 한다느니 유상몰수, 유상분배를 해야 한다느니 지주와 함께 부농도 청산이주시켜야 한다느니 하면서 다른 나라의 경험을 교조주의적으로 받아들이려고 할 때에도 그이께서는 토지개혁에서 나서는 모든 문제를 우리나라의 구체적 실정과 우리 인민의 모든 의사와 요구에 맞게 우리 식으로 풀어 나가도록 이끌어주신다.

소설은 이러한 설정과 형상이 위대한 수령님의 형상에서 주선을 이루게 함으로써 우리나라 토지개혁의 승리 과정이란 바로 우리 수령님의 주체적인 철학적 리념의 승리 과정으로 된다는 사상을 뚜렷이 내세우고 있다.

소설은 또한 우리나라 토지혁명의 빛나는 승리의 비결을 경애하는 수령 김일성 동지의 뛰여난 전략적 예지와 령도예술에서 찾고 있다.

작품에서는 당시 농촌의 전형으로 설정된 재령벌에는 발악하는 지주, 지주 편에 붙으려는 부농, 동요하는 중농 그리고 토지개혁에 절대적인 리해관계를 가지고 발벗고 나서는 빈고농 등 각이한 계급과 계층의 복잡한 관계가 펼쳐진다. 나라의 모든 농촌들에서 찾아볼 수 있는 이런 각이한 세력들의 동향을 누구보다 깊이 꿰뚫어보신 위대한 수령님께서는 토지개혁 수행에 결정적으로 유리하게 전환시키신다.

위대한 수령님께서는 토지혁명의 수행단계를 과학적으로 규정하시고 3·7제 투쟁, 토지를 요구하는 대중적인 청원운동, 토지개혁법령발포와 그 법령을 수행하기 위한 투쟁 등 매 단계의 투쟁을 현명하게 이끌어 주신다.

장편소설 《조선의 봄》은 위대한 사상가, 정치가, 전략가로서의 경애하는 수령님의 풍모와 업적을 감명 깊게 보여주었으며 세계의 모든 혁명하는 나라 인민들에게 토지개혁은 물론 사회주의, 공산주의를 건설하는 데서 나서는 그 어떤 어려운 문제도 오직 수령의 위대한 령도와 주체사상이 있으면 해결 못할 일이 없다는 것을 힘있게 실증하고 있다.

②

총서 《불멸의 력사》 항일혁명투쟁시기편은 일정한 력사적 사변을 중심으로 하고 력사적 시기별로 장편소설권들이 설정되였으며 매 력사적 단계를 각기 하나의 장편소설로 형상할 수 있었다. 해방 후편은 일정한 력사적 사변을 중심으로 력사적 시기별로 창작하면서도 하나의 력사적 단계를 포괄 령역과 내용의 방대성으로 하여 하나의 장편소설에 다 담기는 곤난하게 되여 있다.

친애하는 지도자 동지께서는 총서 《불멸의 력사》 창작에서 제기되는 이러한 사정을 구체적으로 료해하시고 총서의 해방 후편은 력사적 단계별로 창작하되 혁명사적의 방대성 정도에 따라 같은 시기를 여러 권의 장편소설로 나누어 그리도록 하시였다.

이 요구를 구현하자면 총서의 해방 후편에서 매 장편소설들이 자기의 고유한 주제 령역을 확고히 고수하여야 하며 작품 호상간의 주제적 구분이 명백하여야 한다. 같은 하나의 시기를 놓고 여러 장편소설들로 형상할 때 만약 주제적으로 뚜렷이 구별되지 않는다면 여러 가지 복잡한 문제가 파생될 수 있고 총서 작품들의 상대적 독자성도 유지하기 어렵게 된다. 주제를 독특하게 뚜렷이 내세우라는 것은 너무나도 당연한 창작의 일반적 요구이지만 총서의 해방 후편인 경우에 그것은 2중적으로 더 강조되고 있다.

장편소설 《조선의 봄》은 자기의 뚜렷한 종자와 주제 령역을 가지고 있다. 이 소설은 우리나라에서의 토지혁명의 력사는 인간혁명의 력사였다는 것을 사상적 알맹이로 하고 있다.

세상에 토지개혁의 력사를 거친 나라는 많아도 그 혁명을 인간해방을 위한 인간혁명과 결부시킨 전례는 없다. 지난 시기에 토지개혁이라면 흔히는 봉건적 토지소유관계를 민주주의적 원칙에서 개조변혁하는 물질경제 분야에서의 혁명으로만 간주되어 왔었다.

토지혁명은 곧 인간혁명이며 반드시 인간해방을 위한 혁명사업을 통해서만이 결정적인 승리를 거둘 수 있다는 것은 오직 우리 수령님께서만이 내놓으실 수 있는 위대한 독창적인 진리이다. 그리고 거기에 바로 우리나라 토지개혁의 본질적 특징이 있는 것이다.

모든 것의 주인은 인간이며 모든 것을 결정하는 힘도 인간에게 있다. 인간들이 요구하지 않고 인간들의 힘이 준비되지 않고서는 어떠한 혁명도 성공할 수 없다. 인간만이 지닐 수 있는 아름답고 숭고한 자주적 본성과 세상만물을 길들이는 영웅적인 창조력이 발동될 때 수천 년 세월 물려온 세습적인 토지소유관계도 뒤집어엎고 모든 농민들이 땅의 주인으로 자기 운명의 진정한 주인으로 될 수 있는 것이다.

소설은 바로 인민대중에게 그런 위대한 힘과 자각을 키워주는 성스러운 인간혁명을 거칠 때만이 토지개혁이라는 경륜적인 천지개벽의 새 력사가 마련될 수 있다는 것을 격조 높이 주장하였다.

문학의 종자란 언제나 새롭고 독특한 것이여야 하며 작가의 개성과 작품의 요구에 따라 임의로 선택할 수 있다. 그런데 총서 《불멸의 력사》의 장편소설들에서는 일반작품을 쓸 때처럼 뜻이 깊은 종자라 하여 아무 종자나 임의로 선택할 수 없다. 총서의 매 장편소설들은 해당 시기의 사변과 업적의 가장 근본적이며 중심적인 내용을 종자로 잡아야만 한다.

총서의 계렬에서 볼 때 매 장편소설들은 수령의 혁명활동의 어느 한 력사적 구간과 사변에 대한 형상화를 책임적으로 담당하게 된다. 어느 한 총서작품이 자기 맡은 력사적 구간과 사변에서 부차적인 문제를 들고 나오거나 비록 본질적인 문제라 해도 해당 사변과 업적의 전모를 대변할 수 있는 가장 중심적인 문제가 아닌 것을 들고 나온다면 총서의 계렬에서 한 단락이 비게 되며 사람들에게 그 력사적 구간과 사변에 대한 전면적인 인식을 주기 어렵게 된다.

이런 의미에서 장편소설 《조선의 봄》이 우리나라 토지개혁의 전모와 가장 근간적인 본질을 명중할 수 있는 종자를 천명한 것은 매우 귀중한 성과로 된다.

소설의 모든 형상은 토지혁명은 곧 인간혁명이라는 심오한 철학적 종자의 천명에로 집중되여 있다.

위대한 수령님의 빛나는 형상을 중심으로 하여 련결되여 있는 긍정인물들 가운데서 가장 기본선으로 되는 것은 농민의 전형인 조순근의 형상선과 그 밖에 중앙기관 간부들의 전형인 강진건과 송신일의 형상선이다. 작품에서는 이 기본 인물선들의 설정과 처리 자체가 철저히 종자의 요구에 기초한 것이다.

조순근은 해방 전에 누구보다도 땅이 없는 설움과 고통을 뼈아프게 체험해왔지만 토지개혁 문제가 론의되는 초기만 해도 지주 서만호와 싸울 생각은 못하고 3·7제로 받아들인 량곡을 도로 실어다 줄 생각을 하거나 지주의 졸개들한테서 빼앗은 총을 도로 넘겨주며 조만식의 꾀임에 넘어가 마을에서 돌림을 받고 정든 고향을 떠날 작정까지 한다. 소설은 바로 이렇듯 각성 없던 농민들이 위대한 수령님의 극진한 보살피심과 자심한 손길에 의하여 점차 농촌 진지의 핵심일군으로, 토지혁명의 주인공으로 성장해 나가는 과정을 진지하게 펼쳐 나가고 있다.

강진건과 송신일은 각기 다른 방향에서 우리 당의 토지개혁정책의 본질을 잘 깨닫지 못하던 사람들로 설정되여 있다.

독립군 출신인 강진건은 이 나라 농민들에 대한 환멸을 가지고 어느 하가에 그 지각없는 촌백성들을 개명시키겠는가고 하면서 토지개혁은 법령과 강제적 방법으로 강행해야 하지 않겠는가고 생각한다. 이와 함께 목사 송신일은 지주에게 예수의 자비를 베풀고 선심을 호소하여 토지를 스스로 내놓게 하는 것이 옳지 않겠는가고 생각한다. 소설은 좌우 량단에서 그릇된 견해를 가지고 있던 이들이 어떻게 되여 우리 수령님의 위대한 사상과 토지개혁 정책에 진실로 공명되여 혹은 진정한 인도주의와 참 인간의 사랑을 깨닫고 애국적인 일군으로, 혹은 누구보다도 농민들을 믿고 사랑하는 일군으로 자라나는가를 깊이 있게 형상하고 있다.

이들뿐이 아니라 력사 밖에 밀려나 암담한 세계를 저주하며 울던 눈물의 후예들인 대복이, 서분이, 무지와 몽매의 보이지 않은 사슬에 얽혀 지주를 같은 종씨로 공대하던 달성 서씨들, 낫 놓고 기윽 자도 모르고 어질게만 살아온 갈촌의 머슴군 박근팔 등이 토지혁명과 더불어 새 인간으로 갱생하며 류랑걸식하던 고용로동자였던 김창규는 어엿한 당 일군으로 성장한다.

장편소설 《조선의 봄》은 바로 《명장에게는 약졸이 없고 근실한 농군에게는 나쁜 땅이 없듯이 위대한 령수에게는 부실한 백성이 없다》는 진리, 토지개혁을 비롯하여 로동계급의 당이 수행하는 모든 혁명사업은 인간개조, 인간혁명을 떠나 승리할 수 없다는 진리를 그렇듯 명백하고 감명 깊게 밝힌 것으로 하여 총서문학의 계렬에서 귀중한 자리를 차지하게 되였다.

③

장편소설 《조선의 봄》은 인간관계의 설정과 해명, 성격과 생활 묘사에서 혁명적 대작의 풍격과 해방 후편 총서문학의 품위를 원만히 갖추고 있다.

무엇보다도 이 소설에는 당대 사회생활의 방대한 령역을 포괄할 수 있는 광폭적이면서도 선이 굵고 무게 있는 인간관계가 설정되여 있다.

작품에는 김보현 할아버님을 비롯한 만경대 일가 분들이 품위 있는 형상으로 모셔져 있고 김책, 강진건, 송신일 등 위대한 수령님을 중심으로 한 인물들의 선이 큼직큼직하게 설정되였으며 하지와 브라운, 엘리오트 등 미제의 현지 음모가들과 조만식, 오기섭 등 정계 인물들이 부정인물 집단을 주도하게끔 구성되여 있다.

여기서 특히 주목하게 되는 것은 부정인물들의 형상적 무게이다. 지주와 농민간의 이른바 《대동단결》을 표방하면서 종당에는 미제에 대한 사대주의적 환상에 빠져 반공반혁명의 나락으로 스스로 굴러 떨어지는 조만식이도 만만치 않은 대상이지만 남조선 주둔 미 사령부의 괴한들과 그와 야합한 지주 일당도 토지개혁 수행에서 간단치 않은 암초로 설정되여 있다.

작품에 강한 반선을 깔고 그 집단과의 첨예한 갈등관계를 깊이 있게 추구함으로 해서 모든 반동세력의 준동 속에서도 토지개혁의 빛나는 승리를 이룩해 나가시는 우리 수령님의 위대성을 보다 격이 있고 무게 있게 부각할 수 있었다.

우로는 정계와 사회계의 주요 인물들, 아래로는 빈고농에 이르기까지 방대한 령역의 계급과 계층의 대변자들로 치밀한 인물관계를 조직함으로써 나라의 중앙에서 벌어지는 각이한 정치세력들의 움직임과 전략적 문제로부터 지방과 각지 농촌들에서 벌어지는 빈고농 · 중농 · 부농 · 지주 등 각이한 층의 동태와 생활정형을 전면적으로 포괄하여 일반화할 수 있었다.

장편소설 《조선의 봄》이 당대 우리나라 사회전반을 표상할 수 있는 폭넓은 인간관계를 설정하고 토지개혁에 대한 위대한 수령님의 령도 과정을 갓 창건된 당을 강화하는 사업, 우당들과의 통일전선 사업, 쏘미공동위원회와 관련된 사업, 인민정권을 세우는 사업 등과의 통일적인 련관 속에서 보여준 것은 좋은 경험을 된다.

장편소설 《조선의 봄》의 사상미학적 특징을 론의할 때 우리는 또한 이 작품에 그지없이 풍만하게 흘러넘치고 있는 생활적인 맛에 대하여 지적하지 않을 수 없다.

장편소설 《조선의 봄》은 정치적 대가 굳건하면서 동시에 풍부하고 섬세한 생활적인 형상으로 엮어진 것으로 특징되고 있다.

작품에는 위대한 수령님의 존귀한 영상과 만경대 일가 분들의 형상 외에 90명 가까운 인물들이 등장하고 있는데 그 가운데서 조순근 농민과 강진건 · 송신일을 비롯한 20여 명의 기본 인물들만 놓고 보더라도 모두가 서로 뚜렷이 구별되는 독특한 성격 생리와 개성을 체현하고 있다.

작품의 기본 인물인 조순근의 형상은 조만식에 대한 환상, 그 환상의 파탄, 그로부터 위대한 장군님에 대한 절대적인 신뢰와 흠모감에로의 전환, 이런 극적인 운명곡절에 따라 인상적인 성격형상의 생리가 이루어진다. 그리고 이 극적인 운명곡절을 통하여 당시 우리 농민들의 가슴 속에 오직 위대한 수령님만 믿고 살아야 한다는 신념이 형성되는 과정과 토지개혁은 곧 인간혁명으로 되여야 한다는 진리를 생동하게 일반화하고 있다.

같은 신당리의 농민인 홍묵의 형상에는 공짜를 좋아하는 인간적인 약점과 해방전에 자기 딸을 데리고 달아난 김창규와의 미묘한 인간감정으로부터 초래되는 흥미 있는 운명곡절의 극이 이루어지고 있다. 자기 사위를 랭대하는 척 하면서도 실로 불같이 사랑하고 개인 리속에 밝은 듯 하면서도 실은 자기의 가장 귀중한 목숨까지 토지혁명에 아낌없이 바친 사람, 여기에 홍묵이의 독특한 인간적 개성이 있다.

홍묵의 형상이 겉과 달리 진속이 청렴한 것으로 특징된다면 조만식의 형상은 겉의 희고 진속이 검은 것으로 특징된다.

조만식이 로회하고 완고하고 고루한 개성을 가졌다면 오기섭은 경솔하고 변덕스럽기 짝이 없는 《하이칼라식》의 인간으로 등장한다. 오기섭은 순간에 극좌로 내달리다가 다른 순간에 극우로 돌변하고 조만식과는 한사코 대결하기도 하는 괴벽한 성격의 소유자이며 그 모든 것의 본바탕에는 선행한 고전 리론에 대한 교조주의와 사대주의, 나아가서 당과 수령에 대한 양봉음위의 타기할 속심이 깔려 있다.

이런 식으로 소설의 주요 인물들이 자기의 독특한 개성과 극적인 운명곡절을 체현하고 있기 때문에 그 매 성격들이 다 유표한 인상으로 독자들의 기억 속에 남아있게 된다.

장편소설 《조선의 봄》은 발표된 지 얼마 되지 않아서 독자들로부터 아주 재미있게 쓴 소설이라는 반영이 들어오고 있다. 현대의 독자들은 아무 소설이나 보고 재미있다고 말하지 않는다. 재미있다는 평가 속에는 여러 가지 심중한 미학상 문제들이 암시되여 있다.

그 종합된 높은 요구 가운데서도 이 소설이 특히는 풍만하고 진실한 생활적인 맛을 짙게 보장하였다는 측면을 강조할 필요가 있다.

이 작품의 짙은 생활감은 농토적인 구수한 맛을 풍기는 묘사 솜씨와 진실하고 섬세한 생활 세부들에 의해 생겨난다고도 볼 수 있다.

위대한 수령님께서 신당리와 강서 지구의 어느 한 농촌 마을을 몸소 찾아가시는 장면과 철공소에 친히 들리시는 장면, 그이께서 조만식을 만나시여 단죄하시는 장면, 조순근 농민이 김보현 할아버님의 도움으로 위대한 수령님의 저택을 찾아가서 수령님을 만나 뵙는 장면, 김창규가 해방 후 처음으로 가시집으로 찾아오는 장면과 홍묵의 최후 장면, 기타 조민식의 기만에 넘어가 속을 앓고 있는 조순근의 심리 세부들은 다 깊은 여운을 주는 기름진 대목들이다.

그러나 이 소설의 소박하고 진실한 생활적인 맛은 인민들 속에 계시는 우리 수령님의 존귀한 영상을 실감 있게 재현한 데 보다 중요한 원인이 있지 않겠는가 생각된다.

인민들 속에 계시는 경애하는 수령님의 형상을 잘 묘사하는 것은 우리 수령님의 위대한 인민적 풍모와 인간성을 보여주는 데서는 물론 수령형상에서 풍만한 생활감을 보장하는 데도 필수적인 것이다.

총서 《불멸의 력사》 해방 후편은 인민들 속에 계시는 우리 수령님의 형상을 창조하는 데서 일련의 특징이 있다.

친애하는 지도자 김정일 동지께서는 다음과 같이 지적하시였다.

《예술영화 〈전환의 해〉에서 수령님을 처음으로 형상하게 되였으면 창작가들이 더 심중하게 연구하여야 할 것이였습니다. 그런데 예술영화 〈전환의 해〉에서는 수령님과 군중과의 관계를 혁명영화 〈조선의 별〉과 비슷하게 형상하였습니다.

예술영화 〈전환의 해〉에서는 수령님의 형상을 혁명영화 〈조선의 별〉에서처럼 하여서는 안 됩니다.》

친애하는 지도자 동지께서는 위대한 수령님의 해방 후 혁명력사의 한 단계를 형상하는 예술영화 《전환의 해》에 대하여 주신 이 말씀은 우리 수령님과 인민들과의 관계는 항일혁명투쟁시기와 다르게 형상하여야 한다는 것을 명백히 밝혀주고 있다.

위대한 수령님께서는 초기혁명활동시기 청년공산주의자들과 함께 싸우시면서 늘 인민들 속에서 군중공작을 진행하시였으며 항일무장투쟁시기에는 항일유격대원들과 함께 풍천로숙하시면서 몸소 손에 총을 잡으시고 전투의 앞장에 나서시기도 하고 친히 군중 속에서 대중정치활동을 벌리기도 하시였다. 총서의 항일혁명투쟁시기편에서는 이러한 생활을 그대로 재현하는 것으로써 인민들과 혁명전사들 속에 계시는 위대한 수령님의 형상을 보여줄 수 있었다.

그러나 총서의 해방 후편에서는 위대한 수령님의 형상과 련결되는 인물들이 지역상 한 곳에 집중되여 있지 않고 전국적인 판도에 펼쳐져 있게 되며 측근에 있는 인물들인 경우에도 자기 부문에서 일하다가 가끔씩 수령님의 접견을 받게 된다. 이런 조건에서 작품에 펼쳐지는 인물선들을 어떻게 수령형상과 련결시키며 그에 따라 수령형상을 어떻게 인간관계의 중심에 일관하게 모시겠는가, 인민들 속에 계시는 수령의 모습을 어떻게 형상하겠는가하는 문제가 제기되지 않을 수 없다.

물론 해방 후 우리나라에 정연한 당 조직선과 국가행정체계가 수립되고 오늘은 전당과 온 사회에 위대한 수령님의 유일적 령도체계가 확립되여 있는 조건에서 혁명과 건설에 대한 수령님의 령도는 조직적인 령도체계를 통하여 실현되고 있다. 이것은 위대한 수령님의 령도활동을 형상하는 데서 총서의 해방 후편이 보여줄 수 있는 중요한 특징의 하나이기도 하다. 해방 후편에서는 작품의 무대를 당중앙위원회와 공화국 정부 간부들과의 관계 속에서 설정하고 위대한 수령님의 혁명활동 모습을 보여줄 때도 많게 되며 수령님께서 당 조직들과 국가행정기관들과 사업하시는 장면들도 많이 펼쳐지게 된다.

또 우리나라 방방곡곡 그 어느 도시, 그 어느 군에 이르기까지 우리 수령님의 현지지도의 발자국이 새겨지지 않은 곳이 없다. 바로 이 현지지도의 자욱과 개별적 사람들에 대한 배려를 형상적으로 깊이 파고들면 인민들 속에 계시는 우리 수령님의 영상을 훌륭히 재현해낼 수 있는 것이다. 주로는 현지지도, 위대한 수령님과 연고자들과의 관계, 이 두 공간을 기본으로 삼는다는 여기에 인민들 속에 계시는 수령님의 형상을 창조하는 데서 항일혁명투쟁시기편과 다른 점이 있다.

장편소설 《조선의 봄》은 이 문제를 수준 있게 해결하였다.

소설은 처음부터 위대한 수령님께서 만경대 일가 분들이 계시는 곳도 몸소 찾아가시고 여러 농촌 지역들을 현지지도 하시면서 농촌과 농민들의 실태를 료해하시고 토지개혁 문제를 토로하시는 모습을 보여주고 있다. 당시 각도에는 정치공작원들이 파견되여 있고 당 조직선들이 뻗어있는 조건에서 위대한 수령님께서 그 체계를 리용하여 아래 실정을 알아보실 수도 있는 것이다. 그럼에도 불구하고 우리 수령님께서는 어찌하여 그 바쁘신 시간에도 굳이 자신께서 친히 현지에 나가시여 농민들과 만나려고 하시는가. 소설은 그 생활적 전제를 두 측면에서 분석적으로 형상하고 있다.

한 전제는 우리 수령님과 인민 사이에 맺어진 뗄래야 뗄 수 없는 운명적 관계, 극치의 인정관계 때문이라는 데 있다.

우리 수령님께서 몸소 만경대를 찾으시고 재령벌이나 강서 일대를 비롯한 각지의 농민들을 찾아가시는 것은 무엇보다도 항시 그들이 마음속으로 그립고 그들을 떠나서는 마음의 안정을 못 느끼시였기 때문이며 그 모든 개별적 사람들의 운명이 모두 우리 수령님께 의탁되여 있었기 때문이다. 특히 조순근 농민과의 관계가 그를 잘 말해준다. 우리 수령님께서는 해방을 맞이한 이 밝은 세상에 조순근이 같이 곡절 많은 인생이 있다는 것이 누구보다 가슴 아프시였으며 또 오직 어버이 수령님께만 운명의 모든 것을 의탁하고 수령님을 떠나서는 한시도 살 수 없어하는 농민들이였기에 그들을 한시도 잊을 수 없어 하신다. 그리하여 그 촉급하신 현지지도의 길에서 일부러 시간을 내시여 친히 조순근이 사는 신당리에 들리시는 것이다.

소설에 묘사된 다른 하나의 생활적 전제는 우리 수령님께서 어렵고 복잡한 문제가 제기될 때마다 그를 푸는 방도를 인민들 속에만 있고 이 세상에서 가장 지혜로운 우리 인민들한테로 가야 그 묘술을 찾아낼 수 있다는 것을 굳게 믿고 계시기 때문이라는 데 있다.

토지개혁을 어떤 원칙에 기초하여 진행하여야 하는가? 이 문제를 놓고 간부들 속에서 여러 가지 각이한 견해가 교차되고 있을 때 우리 수령님께서는 그 문제의 구체적인 해명을 위하여 몸소 여러 지방에 나가시여 농민들을 만나보신다. 그 후 농민들의 대중적 자각을 불러일으킬 불씨가 필요하였을 때도 다름 아닌 댁에 찾아온 조순근 농민을 친히 만나시는 계기를 통하여 그 고리를 풀어나가신다.

소설은 이처럼 위대한 수령님의 현지지도와 개별적 인간들과의 연고관계가 충분한 생활적 전제를 가지고 타당성 있게 형상되여야 하며 특히는 우리 수령님과 인민들 사이의 운명적인 관계에 대한 심오한 예술적 해명이 있어야 한다는 것을 잘 보여주고 있다.

장편소설 《조선의 봄》은 심오한 사상적 내용과 풍만한 예술적 향취로 하여 우리나라 수령형상문학의 귀중한 재보로, 힘있는 혁명의 교과서로 될 것이다.

—『조선문학』 1992년 1호.

4. 개작 상황

개작 상황 없음.

— 작성 : 김은정

총서 '불멸의 력사' 해제

21

『열병광장』

1. 세부 사항

제목	총서 '불멸의 력사'21 『열병광장』		출간 권수	21
작가 및 창작단	정기종			
발표 연도 (수상 연도)	발표 연도	2001	발표 지면 (수상명·집)	문학예술종합출판사
	개작 연도			
스토리 주제	1945년 9월부터 1948년 2월까지의 조선인민군 창설 과정.			
키워드1/ 테마	조선인민군 창설			
키워드2/ 구성	7장(서장+1~5장+종장)			
키워드3/ 시점	전지적 작가 시점			
키워드4/ 시간	1945년 9월~1948년 2월, 1992년 4월			
키워드5/ 장소	아무르강, 평양, 신의주, 중국 동북.			
키워드6/ 소재	평양학원 창설, 평안남도 민주청년단체 결성대회, 신의주 학생 소요, 김일성 장군 환영 신의주 시민대회, 김일성의 단동 방문, 항공대 창설, 수상보안대 창설, 장춘해방투쟁, 조선인민군 열병식			
키워드7/ 인물(직업)	조선 빨치산, 경위대원, 총참모장, 파견원, 기술자, 비행사, 목사, 농민			

2. 줄거리 소개

서장

1945년 9월 아무르강변의 사령부 목조건물의 앞뜰에서 조선 빨치산의 소박한 열병식이 거행된다.

1장

한종삼은 약혼녀 월순이를 찾기 위해 '암파곡마단'을 찾아 나서며, 그 과정에서 경위대원 곽일무와 강계 지구 파견원 최현을 만난다. 한때 친일파로 몰렸던 평천병기공장의 기술자 지웅도는 평양기계제작소를 맡는다. 김일성은 10월 2일 평천리 병기공장 현지지도, 군사정치 간부 육성의 원종장인 평양학원 터전 확장을 위한 지을리 현지지도를 진행하며, 김책은 남포 지구에서 150여 명의 노동자들을 동원하여 전기 공사, 수도 공사를 시작하고, 평양학원을 꾸리는 데 전적으로 투신한다. 김일성은 안길에게 군사정치간부 양성의 모체기지인 평양학원 창설에 힘쓸 것을 지시한다. 김일성은 평양극장에서 평안남도 민주청년단체 결성대회를 마친 후 신의주에서 학생들의 소요가 일어난 사실을 접하게 된다. 한편 중국 동북에서는 11월 15일부터 유혈 내전이 일어난다.

2장

1945년 11월 26일 김일성은 신의주 비행장에 내려 여러 사람들을 만난다. 그는 11월 27일 신의주 환영 시민대회에 참석하여 연설하며, 신의주 학생 소요 문제를 해결한다. 중국공산당 동북인민자치군 제4부 사령관 소경광을 만난 후, 위험에 처한 중국혁명의 결정적 전환을 위해 단동에 방문한다. 김일성은 항공무력대 창설을 위해 신의주 비행장을 현지지도하며, 비행사 리학에게 신의주 항공대를 맡긴다. 동북 지방에 있는 박락권 연대는 고다마의 '꽃나비' 무리를 토벌하며 변절자 제석하를 처단한다. 열병에 쓰러진 박락권 연대장을 처녀 무선수 정희가 구해내고, 박락권은 그녀를 사랑하게 된다.

3장

김정숙은 귀국한 후 경위중대의 학습과 훈련에 여러 가지 가르침을 주며, 평양학원의 학생들의 옷과 신발 문제를 해결한다. 김일성과 김정숙이 참석한 가운데 평양학원 개원식이 열린다. 김일성은 김정숙의 추천으로 최정보에게 수상보안대를 맡기며, 리학을 평양학원 항공과 부과장으로 임명한다. 홍근수 목사는 김일성을 만난 후 서울에 방문하고 돌아온 뒤 살해된다. 김일성은 안길을 불러, 홍 목사의 장례를 잘 치르고 그의 유가족을 잘 돌보도록 지시한다.

4장

북조선공산당 중앙조직위원회에서 토지개혁 문제가 논의되며, 토지개혁 법령이 발표된 후 토지개혁 실시를 돕기 위해 평양학원 학생들이 동원된다. 중국공산당은 위기 국면을 타개하기 위해 진운을 조선에 파견하며, 조선 경내를 통한 대군수송과 10만 정의 무기 지원을 부탁한다.

김일성은 기관단총 제작을 지시한다. 중국 동북의 박락권 부대는 장춘 해방전투에 참가하여 승리하고, 그 과정에서 박락권은 전사한다.

5장

1947년 평양학원 졸업생은 함북도의 회령, 청진, 라남, 평북도의 신의주, 강계, 정주, 평남도의 개천 등지의 보안간부 훈련소에 파견되며, 동해의 북항과 서해의 남포에는 수상보안대가 조직된다. 중국 동북에서 싸우던 강건, 최광, 공정수, 김양춘, 전윤필, 최광 등이 소환되고, 정희와 박락권의 유복자도 평양에 도착하며, 김일성은 박락권의 유복자의 이름을 지어준다. 김일성은 신병으로 고생하는 안길에게 병 치료를 위해 외국으로 떠날 것을 엄명하며, 열병식 훈련장으로 되어 있는 눈 덮인 미림벌에서 안길을 말에 태우고 밤새 걸으며 그를 위로해준다. 안길의 장례식이 거행된 후 평양사격장에서 기관단총의 국가시험사격행사가 성대히 진행된다. 1948년 2월 8일 죽은 안길을 대신하여 새로 임명된 조선인민군 총참모장 강건이 말을 타고 평양역전 광장에서 열병식을 거행한다.

종장

김정일은 1991년 12월 24일 조선인민군 최고사령관으로 추대되며, 1992년 4월 25일 조선인민군 창건 60주년 기념 열병식이 거행된다.

3. 북한의 소개와 평가

| 사전(년감) 자료 |

소설(정기종 작)은 위대한 수령 김일성 동지께서 광복 직후 정규적 혁명무력 건설에 온갖 심혈을 다 바치시는 내용을 력사적 사실 그대로 깊이 있게, 감동적으로 형상하고 있다.

위대한 수령님께서는 광복 직후 지체 없이 당을 창건하고 인민정권을 세우기 위한 사업과 함께 민족의 정규무력을 건설하기 위한 투쟁을 현명하게 조직령도하신다.

위대한 수령님께서는 군사정치간부 양성의 모체기지부터 내오도록 하신다. 평양학원 터전을 잡아 주신 그이께서는 학원 건설과 교육 사업 방향에 대하여 구체적으로 가르쳐 주시였으며 그 후에도 자주 학원을 찾으시여 학생들의 생활을 극진히 보살펴 주신다. 또한 중앙보안간부학교를 비롯한 정규군 건설의 핵심기지들을 련속 꾸려 나가신다.

그러한 나날에 어제날 베잠뱅이였던 농촌 젊은이가 어엿한 공병소대장으로 자라나고 《친일파》로 지탄 받던 병기 기술자가 기사장으로, 곡절 많은 운명의 길을 걸어 온 비행사가 우리나라 첫 정규 비행대의 지휘관으로 성장하며 이름 없던 배군이 해군 건설의 중요한 일익을 맡아 수행하게 된다.

위대한 수령님께서는 중국 인민의 혁명전쟁을 물심량면으로 도와주신다. 겹쌓이는 난관과 시련을 헤치며 정규군 건설의 기틀을 마련하는 나날에 어제날 사대와 교조에 물 젖어 있던 한 군사일군도 혁명군대의 참된 지휘관으로 성장하며 군건설을 《시기상조》라고 떠들던 자들도 움츠러들고 총대를 무서워하고 반대하던 목사까지도 진실로 혁명의 총대가 겨레의 운명이라는 것을 깨닫게 된다.

위대한 수령님의 현명한 령도로 광복 후 2년 밖에 안 되는 짧은 기간에 정규군 건설의 튼튼한 핵심부대가 마련되고 그 대오가 급격히 확대되여 1948년 2월 8일의 열병광장에서는 우리 혁명무력의 정예부대들이 보무당당히 행진하게 된다.

소설은 우리의 혁명무력을 철두철미 위대한 수령님의 군대로 건설하기 위하여 불면불휴의 정력적인 활동을 벌리시는 항일의 녀성영웅 김정숙 동지와 열혈투사들의 투쟁모습을 감명 깊게 형상하고 있다.

소설은 정규적 혁명무력 건설에 바치신 위대한 수령님의 업적을 사상예술적으로 훌륭히 형상함으로써 혁명이자 총대이고 총대이자 겨레의 운명이라는 것을 힘있게 강조하고 있다.

—『조선중앙년감』, 조선중앙통신사, 2002.

| 평론 자료 |

총대철학의 지성이 번뜩이는 선군시대의 력작

−총서 《불멸의 력사》 중 장편소설 《열병광장》에 대하여

김학

선군혁명령도로 빛나는 력사의 새 시대를 노래하며 총대철학의 심오한 진리를 무게 있는 형상으로 밝혀낸 우수한 력사문헌적 수령형상작품이 세상에 나온 것은 참으로 반가운 일이 아닐 수 없다.

총서 《불멸의 력사》 중 장편소설 《열병광장》(정기종)은 총대처럼 사상적 대가 바로 서고 구성 형식이 정교하며 형상적 중량감이 묵직한 것으로 하여 우리 인민군 군인들과 각 계층 근로자들의 관심 속에 책이 보풀이 일도록 널리 읽히우고 있다.

소설은 총체적으로 지성도가 매우 높은 것이 특징이다. 작품의 갈피갈피마다에는 보통의 상식으로써는 상상도 못할 깊고 풍부한 지식의 세계, 끝없이 경탄하며 높이 올려다보는 고상한 미의 세계와 형상기교의 세계가 황홀하게 펼쳐져 있다.

위대한 령도자 김정일 동지께서는 다음과 같이 지적하시였다.

《작가가 높은 지성세계에서 현실을 분석하고 잘 형상한 작품은 사상예술적으로 높은 경지에 오를 수 있고 사람들을 보다 적극적으로 감화시킬 수 있다.》

독자는 무엇보다도 작품에 펼쳐진 새로운 철학세계, 미의 세계에 매혹된다.

문학의 지성세계는 작가에 의하여 발견된 새로운 생활철학의 세계와 아름답고 고상한 미의 세계의 개척에 있다. 생활의 귀중한 진리를 담은 심오하고 독창적인 내용이 밝혀졌을 때 사람들은 비로소 작품의 높은 지성도를 느낄 수 있고 작품에

고상한 미의 세계가 펼쳐져야 형상은 만 사람의 공감을 불러일으킬 수 있다.

우리는 벌써 소설의 첫머리, 서장에서부터 누구도 체험해보지 못한 비범하고 위대한 철학세계에 빠져들게 된다. 그것은 조국광복 직후의 조성된 국제 국내 정세와 우리나라에서의 정규무력건설을 두고 깊은 사색에 잠겨 아무르강 기슭의 숲속을 밤새 걷고 계시는 위대한 수령님의 내면세계에 대한 매혹이다.

알에서 까나온 연어들이 작은 물가를 향해 쉼 없이 돌진해가고 있는 신비스런 자연 본능을 놓고 론쟁을 벌리는 대원들에 대해, 그들이 광복된 조국에서 겪게 될 눈물겨운 상봉과 기쁨만이 아닌 헤아릴 수 없이 많은 고난과 시련, 아픔과 눈물에 대하여 그리고 일제가 항복서에 서명하는 것과 함께 참혹한 제2차 세계대전은 종결되였으나 전쟁의 불티들이 도처에 널려진 채 아직도 끄물끄물 연기를 피우는 조선 반도와 그 주변의 심각한 정세를 놓고 깊은 생각에 잠기신 어버이 수령님.

특히 38도선을 경계로 쏘미 두 대군이 주둔하던 사회주의와 자본주의의 대결장으로 화할 우리나라, 이렇게 되면 우리의 민족 력량도 좌익과 우익, 애국과 매국으로 갈라져 당쟁이 성행하고 종당에는 망국의 피눈물을 또다시 삼키게 될 엄중한 상황에 대하여 우려하시며 조국에 나가면 즉시 당, 국가와 함께 정규무력을 건설할 의지를 굳히시는 어버이 수령님.

계속하여 정규적 혁명무력 건설 과정에 제기될 복잡다단한 시련과 난관을 두고, 여러 나라들에서의 혁명군대조직 전례와 우리나라의 구체적 실정을 두고, 지어 중국혁명에 대한 우리의 지원과 그 의의를 두고, 철두철미 우리 식의 혁명적 무장력 건설 구상을 펼쳐 가시는 위대한 수령님의 비범한 사색의 폭과 깊이에 독자들은 절로 머리를 숙이게 된다.

그러나 그것은 아직 시작에 불과하다.

얼마나 선견지명한 천재적 위인의 예언이고 강인담대한 결심이였던가. 광복된 조국의 현실은 이국의 강기슭에서 우리 수령님께서 예상하신 그대로였다.

총, 누구에게나 총은 관심 밖이였다. 아니 경멸의 대상이였다. 총 한 자루 다룰 줄 몰라 애인을 원쑤들에게 빼기고도 그 큰 주먹으로 눈물만 씻고 다니는 억대우 같은 청년이 있는가 하면 무기 수리만은 죽어도 못하겠다는 기계 기사도 있고 총 멘 사람은 자기 집 대문 안에 들여놓을 수 없다며 딸과 함께 온 경위대원을 문전박대하는 목사도 있다.

보통사람들은 그렇다 치고 《적지 않은 간부》들조차 군 건설 사업을 《시기상조》요 뭐요 하면서 반대해 나선다. 더우기 그들은 쏘련 군대가 진주해 있는 조건에서

군 건설을 서두를 필요가 있는가, 아무런 경제적 밑천도 없이 어떻게 군 건설을 한다고 그러는가, 그 많은 사람들에게 무얼 입히고 먹이겠는가, 돈 한 푼 없이 그 많은 천과 신발, 식량을 어떻게 대겠는가, 공장 하나 돌아가는 게 없는데 총은 어데서 나며 대포와 땅크, 비행기와 함선은 어데서 나는가, 괜히 군 건설이요 뭐요 하면 쏘련 사람들의 비위나 상하게 하지 않겠는가, 헛된 짓이라고 하면서 군 건설을 시비하였다.

당시의 정세는 그야말로 《보통 사람들》이나 《적지 않은 간부》들의 안목으로는 도저히 헤아릴 수 없는 정치 정세였다. 광복된 조국의 현실은 당, 국가 건설과 함께 군 건설을 초미의 문제로 제기하였다.

바로 그러한 때 위대한 수령님께서는 당시 중국 동북에서 일어난 내전, 《중쏘우호동맹조약》에 의해 쏘련 군대가 철수하는 때 남조선을 강점한 미국이 장개석 군대를 로골적으로 지원하고 있는 것으로 하여 벌어질 사태를 명철하게 분석하신다. 그러시면서 지금 일부 사람들이 광복만세만 부르며 미국을 《해방자》, 《원조자》로 춰올리는 것은 매우 위험한 일이라고 하시였다.

또한 수령님께서는 일부 쏘련 사람들까지 우리의 군 건설을 방해해 나섰을 때 그들에게 우리가 손에 무장을 잡고 일제와 결전을 선포할 때도 그렇고 쏘련이 동서 량쪽에서 공격받을 위험에 처했을 때에 《쏘련을 무장으로 옹호하자!》는 구호를 들고 피 흘려 싸운 것이 누구에게 잘 보이거나 그 누구의 비위를 맞추기 위해서가 아니였다고, 우리는 절대 남의 풍에 놀지 않는다, 남의 눈치를 볼 것도 없고 무서워하지도 않는다, 누가 뭐라든 우리는 자기의 신념에 따라 제 할 일을 할 것이라고 준렬히 말씀하시였다.

위대한 수령님께서는 김책 동지에게 이러한 실정을 이야기하시면서 예견했던 것보다 더 많은 애로와 난관이 앞을 막아도 우리는 군 건설 사업을 적극 내밀어야 한다고 하시면서 이렇게 말씀하시였다.

《혁명이자 총이고 군대이자 겨레의 운명입니다. 다시는 이 땅에 수난의 력사가 되풀이되게 해서는 안 됩니다.》

정녕 광복 직후 복잡다단한 정세 속에서 우리 수령님 아니고서는 도저히 내릴 수 없는 대결단이고 배심이고 위력한 총대철학인 것이다.

인적 요인도 경제적 밑천도 없는 우리나라의 실정에서 전적으로 우리 식으로, 우리의 혁명적 무장력 건설에 그 어떤 다른 나라 방식도 섞어서는 안된다는 우리식에 철저히 의거한 총대철학.

혁명이자 총대이고 군대이자 겨레의 운명이라는 우리 수령님의 선언에는 얼마나 심오한 뜻이 깃들어 있는가. 여기에는 계급투쟁의 특수한 폭력수단으로서의 총이 생기고 군대가 태여난 때로부터 현세에 이르는 장구한 총대력사가 함축되여 있고 류례없이 간고하고 특수했던 조선혁명의 피의 경험과 교훈이 집약되여 있다.

소설은 우리 수령님의 총대철학이 얼마나 심오하고 비범하며 확고부동한 군 건설의 지침인가 하는 것을 전형적인 력사적 사실들에 대한 진실한 형상적 화폭으로 감동 깊이 펼쳐 보이고 있다.

당 창건 준비로 그토록 분망하신 때 개선 연설도 하시기 전인 10월 2일 평천리 병기공장에 대한 현지지도, 군사정치 간부 핵심의 원종장인 평양학원 터전 확정을 위한 지을리 현지지도, 새 나라의 항공무력 창설을 위한 신의주 비행장 현지지도, 위험에 처한 중국 혁명의 결정적 전환을 위한 단동 방문, 전국 도처에 설치된 보안간부 훈련소들에 대한 현지지도, 최현의 제2분소 시범전술훈련에 대한 현지지도와 우리나라에서 처음으로 만든 기관단총에 대한 국가시험사격 집행…

그리고 수령님과 김책, 안길, 최현을 비롯한 항일의 전우들, 한종삼, 곽일무, 지웅도, 최정보, 리학, 홍근수, 고윤, 지울리 농가집 주인 내외 등 수많은 각 계층 인간들과의 밀접한 관계는 일찌기 력사가 알지 못하는 전무후무한 우리 총대의 성격과 사명, 군 건설의 원칙과 방도 등 총대철학의 과학성과 진리성, 독창성과 혁명성에 대한 위력한 형상적 해명으로 된다.

특히 위대한 공산주의 혁명투사 김정숙 동지께서 경위대의 실탄사격장에 나오시여 시범사격도 해보시며 총에 대한 귀중한 말씀도 해주시는 장면에서 독자들은 우리 총대의 무게를 다시금 묵직히 감수하게 된다.

《…총이란 쇠붙이가 아니예요. 이 총에도 정신이 있고 감정이 있어요. 말하자면 자기 주인이 얼마나 아껴주고 귀중히 여겨주는가 하는 데 따라 달라진답니다. 총을 벗으로, 더없이 귀중한 혁명동지로 여겨야 해요…》

작품의 철학세계는 미의 세계와의 결합 속에 숭엄한 화폭의 련속으로 더더욱 깊어진다. 여기서 안길과 박락권 등 혁명전우들에 대한 위대한 수령님과 김정숙 동지의 사랑의 세계는 참으로 눈물 없이는 읽을 수 없는 인간 사랑의 숭고한 미의 세계이다.

신병으로 고생하는 안길을 위해 때로는 타일러도 보고 때로는 엄포도 놓으면서 시종 마음 쓰시는 어버이 수령님, 오래동안 헤어져 생사를 알 길 없는 안길의 가족을 끝내 찾아내시여 훌륭한 집까지 마련해주시는 김정숙 어머님.

어버이 수령님께서 점점 더 깊어가는 안길의 병 치료를 위해 외국으로 떠날 것을 엄명하시고도 속이 편치 않으시여 열병식 훈련장으로 되여 있는 눈 덮인 미림벌에서 안길을 말에 태우시고 견마잡이로 밤새 걸으시며 그를 위로해주시는 장면, 그처럼 아끼시던 박락권의 유복자를 만난 것이 그리도 기쁘시여 손수 이름까지 지어주시며 앞날을 축복해주시는 화폭은 정녕 백두산 위인들만이 지닐 수 있는 사랑의 최고 정화이고 숭고한 미의 최절정인 것으로 하여 사람들을 끝없이 매혹시킨다.

결국 작품의 철학세계, 미의 세계에 대한 매혹은 소설의 화폭의 중심에 높이 모신 위대한 수령님의 철학세계, 미의 세계에 대한 매혹이다.

이것은 수령형상작품의 지성도는 작품의 중심에 모신 수령의 위대한 풍모에 대한 폭넓고 깊이 있는 탐구적 형상을 통해서만 확고히 담보될 수 있다는 것을 말해준다. 여기에 수령형상문학을 창조하는 작가의 남다른 영예와 긍지가 있고 피 타는 탐구와 사색이 있다.

장편소설 《열병광장》에는 사람들이 새롭게 알고 받아들일만한 깊고 풍부한 지식이 적지 않게 담겨져 있는 것으로 하여 인식적 의의도 크다.

사람은 작품을 통하여 사상정서적으로 교양받을 뿐 아니라 인간과 사회, 자연에 대하여 모르던 것을 새로 파악하기도 하고 이미 가지고 있던 지식을 더 깊이 다지기도 한다. 지성도가 높은 작품일수록 거기에 새로 배울 것이 많다. 독자들이 이 소설에 매혹되는 또 하나의 리유가 바로 작품을 통해 자기들의 지성세계를 한층 더 높여주기 때문이다.

물론 광복 직후 정규적 혁명무력 건설과 관련해서는 우리가 알고 있는 력사적 사실이다. 하지만 그 세부에 이르기까지 풍만한 생활 체험으로, 한 마디로 말하여 산 숨결로 약동하는 생동한 화폭으로까지 감수하고 있었다고 말하기는 힘들다.

우리는 소설을 통하여 당시 정규무력 건설 과정에 성장 발전하여 온 사람들의 모습과 그들의 성격적 특징에 대하여 더 잘 알게 되며 당시 정규무력 건설이 어떤 복잡다단한 시련과 난관을 뚫고 진행되여 왔는가를 구체적인 산 현실로 인식할 수 있다.

제2차 세계대전의 종결 후 중국과 쏘련 사이에 존재했던 미묘한 국제적 관계, 중국 동북 지방에 조성되였던 심각한 정세와 그를 타개하기 위한 우리 항일투사들의 결사적인 투쟁, 중국 공산당 군대에 대한 우리의 10만 정의 무기 지원과 우리나라 경내를 통한 동북 진출, 박락권 부대에 의한 희생적인 장춘해방작전, 우리의 정규군 건설을 못마땅하게 여기는 일부 쏘련 사람들의 방해, 정규군 골간양성을 위한 조직구성체계와 각 단위의 지휘성원들, 그 지역적 분포 정형…

광복 당시 남조선에 조성된 엄중한 정치 정세와 괴뢰군 창설을 위한 미제의 교활한 책동…

실로 방대한 인식적 자료가 소설에 담겨 있다. 하지만 그것들은 모두 작품의 내용과 뗄 수 없는 필수적 요소로 설정된 것으로 하여 그 효과가 비상히 크다.

작품의 지성세계는 등장인물들의 리지적 성격을 옳게 살려낼 때 더욱 풍부해지는 법이다.

작가는 무엇보다도 소설에서 위대한 수령님의 리지적 품격 형상에 선차적인 관심을 돌리였다.

사실 이 장편소설의 지성도의 무게는 심오한 총대철학을 지니시고 독창적인 주체적 군 건설 사상을 현실로 펼쳐 가시는 위대한 수령님의 위인적 풍모의 무게라고 말할 수 있다.

소설은 어버이 수령님께서 지니신 총대철학을 토지개혁사업에 참가하게 될 한종삼을 비롯한 평양학원 학생들에게 하시는 수령님의 말씀을 통해 더욱 뚜렷이 강조하고 있다. 이날 그이께서는 이 세상 제일 귀중한 것이 총이라고, 총이 없으면 나라도 주권도 없다고, 동무들이 메고 있는 총 우에 나라와 인민의 운명이 실려 있다고, 총이자 동무들이고 동무들이자 총이라는 뜻 깊은 말씀을 하신다.

하기에 우리 수령님께서 남조선의 정세와 주변 나라들의 실태를 선견지명의 천리혜안으로 내다보시고 인적 요인도 물질적 밑천도 없는 우리나라 실정에서 한시바삐 당, 국가 건설과 함께 정규군 건설에 선차적 힘을 넣으시지 않으셨던가.

독창적인 주체적 군 건설 사상을 내놓으시고 군 건설을 철저히 우리 식으로, 언제나 인민을 믿고 그에 의거하여 계속 중단함이 없이 힘있게 다그쳐 나가도록 세심한 가르치심을 주시지 않으셨던가.

나라를 사랑하는 사람이라면 그가 누구든 모두 한 품에 안아 훌륭한 총대로 억세게 키워 주시는 어버이 수령님.

소설은 어버이 수령님께서 곽일무, 한종삼을 비롯한 천대받던 근로인민의 아들딸들 뿐 아니라 친일파로 몰리우던 지웅도 기사나 량심적인 홍 목사의 딸 금옥이와 같은 사람들을 나라와 인민을 지키는 총대로, 혁명의 총대의 무성한 숲을 이루게 하심으로써 광복된 조국 땅에 새 정규 무력을 안아 오신 수령님의 위인적 풍모를 구체적인 생활 화폭으로 품위 있게 펼쳐 보여주고 있다.

소설은 등장하는 각이한 인물들도 높은 지성세계에서 형상함으로써 작품의 지성도를 충분히 보장하고 있다.

작가는 지웅도 기사나 홍근수 목사, 류덕호 원장 등 리지적 성격을 가진 인물들은 물론 우직스럽고 《미련한 촌뜨기》 한종삼, 쩍하면 우락부락하는 《도끼모태》 곽일무 등 긍정인물들을 지성 있게 그려내고 있으며 지어 반동 패거리의 두목 서경팔을 비롯한 부정인물들도 높은 수준에서 형상하고 있다.

총에 대해서, 군대에 대해서, 생명에 대하여 제 딴의 일가견을 가진 지웅도, 홍근수, 류덕호의 형상이 그 나름대로의 지성미를 풍긴다면 총이란 무엇인지, 그것을 어디다 써야 할지도 모르던 한종삼, 곽일무의 성장 과정은 또한 그것대로 작품의 지성도에 무게를 실어주고 있다. 그리고 계급적 본심은 깊숙이 속에 묻어두고 시종 거짓 웃음으로 사람들을 대하는 서경팔의 형상도 얼마나 단수 있는가.

작가는 항일의 맹장들인 최현, 안길의 리지적 측면을 잘 살려냄으로써 투사들의 성격, 인간됨에 대한 인식을 더 깊이 하고 작품의 지성세계에 한결 밝은 빛을 던져 주었다.

쏘련 붉은 군대 출신인 고윤의 교조주의적인 군사 관점과 태도를 두고 그처럼 무섭게 펄펄 뛰며 지어 훈련지도로 내려왔던 그를 쫓아버리기까지 했던 《무지》한 최현, 그가 스스로 위대한 수령님을 찾아뵙고 자기 잘못을 심심히 뉘우치고는 다시 고윤을 찾아가 사과하고 자기 부대로 데려가는 장면, 쾌활하고 락천적이며 익살꾸러기인 안길, 그가 곽일무와 홍금옥의 사랑을 성사시키기 위해 왼심을 쓰는가하면 또 자기를 입원시키려는 류덕호 원장과 《대결》하는 장면은 그가 얼마나 높은 충성과 지성세계, 전사의 삶과 죽음에 대한 철학세계를 간직한 참된 인간인가 하는 것을 잘 보여주고 있다.

소설은 이러한 각이한 인물들을 단순한 개성으로가 아니라 정규군 건설 시대의 특징과 사회의 본질적 면모를 체현한 시대의 전형들로 형상함으로써 작품의 지성도를 한층 높였다.

총을 다루어 본 사람들은 누구나 느껴 본 것이지만 정녕 총처럼 정교한 구조를 가진 물건은 세상에 있을 것 같지 않다. 수십 개나 되는 매 부분품들이 얼마나 기교 있게 서로 맞물려 있는지 약간한 드팀에도 작용하지 않는다. 총이야말로 정교한 《예술작품》이다.

장편소설 《열병광장》은 총의 구조처럼 장, 절의 형상 과제가 명백하고 구성 체계가 정교하게 맞물려 있다. 소설의 지성적 향기는 여기에서도 풍긴다.

소설에는 수많은 력사적 사건과 사실, 인물과 생활, 자연과 정황, 세부와 일화들이 들어있지만 그 모든 것은 다 군 건설이라는 하나의 형상선에 얽혀 들면서 그 력사적 사변 속에 심어진 총대철학을 밝히는 데 이바지하고 있다. 소설의 어느 절이나 어느 인물이나 지어 작은 세부 하나를 들어내도 마치 총대의 어느 부분품을 빠뜨린 것처럼 전반적인 구성이 흐트러지며 장면들의 결합이 이루어질 수 없게 되였다.

비록 있어도 되고 없어도 될 인물들 같지만 작품에서 한종삼과 곽일무와 같은 인간들의 성격형상이 없었다면 소설은 아마 총대의 귀중함과 필요성, 우리 총대의 계급적 사명과 혁명적 성격에 대하여 그토록 생동한 체험과 심오한 철학으로 밝혀내기 힘들었을 것이다.

소설은 50여 년 전의 력사적 사변을 객관적으로 전달하는 데만 그치지 않았다. 시종 오늘의 견지에서 그 거대한 사변이 가지는 의의를 투시하는 방식을 취하고 있다. 이것이 소설의 지성도를 담보하는 구성상 기교이다.

특히 이국의 크지 않은 병영마당에서 조선 빨찌산 대장 김일성 장군님을 모시고 진행한 소박한 열병식으로 서장을 시작한 소설이 위대한 령도자 김정일 최고사령관 동지께서 사열하시는 성대한 열병광장의 장엄한 모습으로 종장을 장식한 구성조직은 우리 식 총대철학의 진리성과 그 거대한 생활력, 어제도 오늘도 래일도 영원히 승승장구할 우리 혁명무력의 불패의 위력에 대한 조형적 확인으로 된다.

소설은 홍 목사의 일기와 전윤필의 속기, 고윤의 사업 기록을 그대로 펼쳐 보이는 형식을 취함으로써 작품의 력사문헌적 특성을 강화하고 함축과 비약도 높은 수준에서 보장하는 기교도 보여주었다.

작품의 지성도는 작가의 지성도이다. 이런 의미에서 독자들은 몇 해 전 총서 《불멸의 향도》 중 장편소설 《력사의 대하》를 창작하여 자기들과 친숙해진 작가가 이번에 또 다시 지성미가 번뜩이는 작품을 창작한 데 대해 깊은 사의를 표한다. 아울러 작가가 자기의 개성적 특기를 더 잘 살려 오늘의 위대한 력사를 안고 노래하는 수령형상작품을 왕성하게 창작해 줄 것을 바라는 바이다.

총대처럼 곧고 정교하고 묵직하며 또 위력한 《열병광장》과 같은 작품을…

—『조선문학』 2001년 12호.

4. 개작 상황

개작 상황 없음.

—작성 : 남원진

22
『삼천리 강산』

1. 세부 사항

<table>
<tr><td>제목</td><td colspan="3">총서 '불멸의 력사'22 『삼천리 강산』</td><td>출간 권수</td><td>22</td></tr>
<tr><td>작가 및 창작단</td><td colspan="5">김수경</td></tr>
<tr><td rowspan="2">발표 연도
(수상 연도)</td><td>발표 연도</td><td>2000</td><td rowspan="2">발표 지면
(수상명·집)</td><td colspan="2" rowspan="2">문학예술종합출판사</td></tr>
<tr><td>개작 연도</td><td></td></tr>
<tr><td>스토리
주제</td><td colspan="5">1947년 7월에서 1948년 9월까지 조선민주주의인민공화국 건설 과정. 해방 직후 좌우합작에 대한 김일성의 영도와 미국의 분열책동을 극복하며 건국사업을 진행하는 과정.</td></tr>
<tr><td>키워드1/ 테마</td><td colspan="5">좌우합작, 인민경제계획, 반미구국전선, 과도입법의원, 민족자주연맹, 남북협상, 통일정부 수립, 조선민주주의인민공화국 건국.</td></tr>
<tr><td>키워드2/ 구성</td><td colspan="5">총 8장(종장 포함)</td></tr>
<tr><td>키워드3/ 시점</td><td colspan="5">전지적 작가 시점(김일성에 한하여 주체존대법 쓰임)</td></tr>
<tr><td>키워드4/ 시간</td><td colspan="5">1947년 7월~1948년 9월</td></tr>
<tr><td>키워드5/ 장소</td><td colspan="5">서울, 평양, 모스크바, 개성, 송악산, 해주, 회령, 청진, 송림, 황주, 38선, 삼청장, 모란봉극장.</td></tr>
<tr><td>키워드6/ 소재</td><td colspan="5">남로당, 소련군 철수, 문맹퇴치 사업, 애국미 헌납 운동, 간선 미화 운동, 정치협상회의, UN, 남북연석회의.</td></tr>
<tr><td>키워드7/ 인물(직업)</td><td colspan="5">대통령 특사, 육군참모총장, 군정청 경찰부장, 의병대, 궤도공, 탄광 지배인, 광산 기사장, 경비대원, 농민, 방직공, 문필가, 작가, 박사, 내각수상, 부수상, 민족보위상, 문화선전상, 도시경영상, 보건상, 산업성부상.</td></tr>
</table>

2. 줄거리 소개

1장

1947년 7월. 성시백과 마동삼이 38선을 넘나들며 남로당의 과오와 미군과 극우 세력의 발광, 단독정부 수립 기도 등 남측의 정세를 보고한다. 김일성은 농촌을 직접 답사하며 과거 봉건세력을 포섭하기 위해 힘쓰는 한편, 소련군의 철수와 민족통일정부 수립의 의지를 다진다.

2장

김일성은 종합대학 건설과 혁명가 유자녀 학원 건설에 많은 관심을 기울이고 있다. 스탈린과의 만남을 통해 소련군 철수의 당위성과 민족통일정부 수립의 당위성을 설명한다. 당중앙의 결정과 현장의 엇박자가 드러나는 가운데 김일성의 현장 답사로 전호준의 누명이 벗겨진다.

3장

성시백과 김규식의 만남, 민족자체역량 강화의 논리와 좌우합작 논리의 대결이 서술된다. 혼란스러운 상황 속에서 갈피를 잡지 못하던 허헌은 김일성과의 만남 이후 좌우합작의 음모를 깨닫게 되고, 김일성에게 혁명을 위해 여생을 바칠 것을 다짐한다.

4장

반미구국전선회의. 허헌과 김규식이 만나지만 회의주의자 김규식에 대해 허헌은 실망과 연민을 느낀다. 유엔의 개입과 남북총선거 계획이 나오고 평양발 소련 철수가 방송된다. 순남은 미군의 자동차에 치어 다리를 상하고, 서울은 반미민중시위가 극렬하게 전개된다. 미군과 경찰의 공장 습격으로 순옥만 살아남고 순남과 순남 어머니가 죽음을 당한다.

5장

종의 딸로 태어나 인민위원회 부위원장까지 된 김모라니의 이력이 서술된다. 문맹퇴치운동과 애국미 상납운동이 전개된다. 김일성은 김모라니를 만나 그의 공을 치하하고 여성 편견에 대한 가르침을 준다. 유엔은 남북공동선거를 제안하고, 김일성은 우선 남북협상을 제안한다. 한편 당중앙의 지침이 현장에 잘 전달되지 않고, 서종현은 인텔리 정책에 대해 회의를 품게 되지만, 김일성이 황주제철소를 직접 방문하여 모든 문제를 해결한다.

6장

성시백은 부산에서 김규식을 만나 민족 자립을 위한 대오에 참석해 줄 것을 종용하지만 결국 유엔 의존 발언만 되풀이하는 김규식에 실망한다. 성시백의 보고를 받은 김일성은 친필 편지를 써서 다시 한 번 김규식을 설득할 것을 지시하는 한편 허헌 북송 계획을 세운다. 김일성의 친필 초청장을 받은 남측의 정치인・학자・문화인・종교인들이 38선을 넘기 시작한다. 한편 김규식을 대통령으로 추대하려는 미군정의 음모가 진행된다. 김규식은 북행을 재촉하는 민심 사이에서 갈등한다.

7장

모란봉 극장에서 열릴 남북연석회의 준비와 개막 모습이 서술된다. 김구와 김규식의 북행 과정에서 김구의 옹졸함과 김규식의 패배주의, 그리고 김일성의 담대함이 대조된다. 김구와 김규식은 만경대, 제철소를 방문하고 김일성과의 면담을 통해 깊은 감화를 받아 정신적 갱생을 경험한다.

종장

1948년 8월 25일 총선거에서 김일성 장군이 최고인민회의 대의원으로 선출된다. 9월 2일 모란봉 극장에서 남북연석 제1차 회의가 열린다. 9월 8일 김일성 장군을 내각수상과 국가수반으로 추대하고 9월 9일 조선민주주의인민공화국을 선포한다. 외세 간섭 없는 부강한 통일 조국에 대한 염원으로 대단원의 막이 내린다.

3. 북한의 소개와 평가

| 사전(년감) 자료 |

소설(김수경 작)은 주체36(1947)년부터 주체37(1948)년 9월까지를 시대적 배경으로 하면서 위대한 수령 김일성 동지의 불멸의 건국 업적을 감동 깊게 보여주고 있다.

광복 후 남조선에 기여든 미제는 북반부까지 병탄하기 위하여 발악한다. 복잡다단한 정치 정세 속에서 위대한 수령님께서는 북과 남, 전체 인민의 총의에 의해 창건되는 민주주의 통일정부를 세우실 결심을 하시며 민족자주리념만이 온 겨레를 단결시킬 수 있다는 것을 내다보시고 북반부에 진주해 있는 쏘련군 부대부터 철수시킨다.

단독선거를 반대하는 남조선의 우익정계인물들도 통일정권수립을 위한 애국력량으로 단합시키시려는 어버이 수령님의 뜻을 받들고 성시백은 그들과의 사업을 능숙하고 인내성 있게 전개해 나간다.

4월 남북련석회의에 참가하기 위하여 38°선을 넘어 온 남조선의 대표들은 민족자주의 리념이 꽃펴나는 북반부의 현실에 감탄을 금치 못해 하며 김규식, 김구 등이 련공의 길로 인생 전환을 하게 된다. 마침내 북과 남에서 통일정부수립을 위한 총선거가 진행되고 조선민주주의인민공화국이 탄생하게 되며 전체 조선 인민의 총의에 의하여 위대한 수령님께서 국가수반으로 높이 추대되신다.

소설은 위대한 수령님께서 창건하신 우리 공화국이야말로 자주적이고 민주주의적인 진정한 인민의 국가라는 것을 깊이 있게 해명해주고 있다.

—『조선중앙년감』, 조선중앙통신사, 2001.

| 평론 자료 |

시대의 높이에서 형상된 민족자주사상

—총서 《불멸의 력사》 중 장편소설 《삼천리 강산》에 대하여

류윤화

예로부터 우리 인민은 하나의 강토에서 하나의 민족으로 살아왔다.

국토가 둘로 갈라지고 민족이 분렬된 것은 우리 민족이 당한 재난 중에서도 가장 큰 재난이다. 삼천리 강산에 광복의 환호성이 울리던 그 나날 위대한 수령님께서 국토가 둘로 갈라지고 민족의 분렬을 막기 위해 바치신 로고를 우리 인민은 영원히 잊어서는 안되며 대를 이어 가면서 길이길이 전해 가야 한다. 삼천리 강산에 첫 공화국 기발이 휘날리던 때로부터 어느덧 반세기가 흘렀다. 그러나 조국 광복 직후 위대한 수령님께서 세워주신 인민의 나라, 민족의 나라 조선민주주의인민공화국이 북과 남, 전체 조선 인민의 한결같은 의사와 념원을 반영한 합법적인 유일한 민족통일정부라는 것은 아무리 세월이 흘러도 지워버릴 수 없고 묻혀 버릴 수도 없으며 없애버릴 수도 없다!

력사는 가르치고 있나니, 위대한 수령 김일성 동지는 사회주의 조선의 시조이시며 우리 조국의 영원한 주석이시라는 이 말의 참다운 의미를.

최근 4·15문학창작단에서 창작된 총서 《불멸의 력사》 중 장편소설 《삼천리 강산》(김수경)은 외세의 간섭을 단호히 물리치시고 북남조선 전체 민족의 대단합을 이룩하시여 삼천리 강산에 하나의 민족통일정부를 세워주신 위대한 수령 김일성 동지의 비범하고 세련된 령도를 빛나는 예술적 형상으로 재현함으로써 어버이 수령님이시야말로 조국과 민족의 운명이시라는 것을 격찬하고 있다.

소설에는 민족분렬의 재난을 막자면 민족 문제를 민족끼리 자주적으로 해결해야 한다는 위대한 수령님의 민족자주사상이 짙게 반영되여 있으며 그 정당성과 생활력이 뚜렷이 강조되여 있다.

위대한 령도자 김정일 동지께서는 다음과 같이 지적하시였다.

《수령을 형상하는 작품에는 경애하는 수령님의 위대한 혁명사상이 깊이 있게 반영되여야 하며 그 진리성과 독창성, 불패의 생활력이 뚜렷이 강조되여야 한다.》

조국은 광복되였으나 우리나라의 정세는 의연히 긴장하였다. 일본군을 무장해

제시킨다고 하면서 남조선을 강점한 미제는 괴뢰단독정부를 구성하고 남조선을 식민지화하여 우리 조국을 영원히 둘로 갈라놓으려고 책동하였다. 민족의 장기 분렬이 눈앞에 닥쳐온 이 엄혹한 사태를 어떻게 수습할 것인가? 삼천리 금수강산에서 하나의 피줄을 이어 받으며 반만 년의 유구한 력사를 창조하여 온 우리 민족이 어찌하여 북과 남으로 갈라져야 한단 말인가?

항일의 혈전만이, 눈보라 만 리를 헤치시며 위대한 수령님께서 찾아주신 우리 조국이 둘로 갈라진다는 것은 상상조차 할 수 없는 일이였다.

우리 민족이 둘로 갈라질 수 있는 엄중한 사태를 분석하신 위대한 수령님께서는 민족 문제를 해결할 수 있는 유일한 사상은 민족자주사상이라는 것을 밝히시고 민족자주의 원칙에서 민족대단결을 이룩하시고 우리 민족의 통일 정부인 조선민주주의인민공화국을 창건하신다.

소설에서 형상되고 있는 위대한 수령님의 민족자주사상이야말로 지난날과 마찬가지로 앞으로도 우리 민족 문제 해결의 기본 사상이다.

오늘 우리나라가 제국주의자들의 군사적 압력과 경제적 봉쇄가 그 어느 때보다도 악랄해지고 몇 해 째 계속되는 자연재해 속에서도 《고난의 행군》을 승리적으로 결속하고 강성대국 건설의 포성을 울리며 21세기에 당당히 들어설 수 있은 것은 위대한 령도자 김정일 장군님께서 민족자주사상으로 우리 인민을 이끄신 령도의 결과이다.

전국적 범위에서 민족의 자주성을 실현하기 위한 조국통일 문제는 철저히 민족자체의 힘으로 풀어 나가야 하며 조국통일의 주인은 우리 민족 자신이며 우리 민족끼리 힘을 합쳐 자주적으로 통일할 것이라는 것을 다시금 온 세상에 선포하였다.

위대한 장군님께서 확고히 견지하신 민족자주사상에 의하여 조국통일의 주체적 력량이 확대 강화되고 있는 오늘의 견지에서 민족의 자주적인 통일정권을 세워주신 력사적 사실에 기초하여 어버이 수령님의 민족자주사상을 시대적 높이에서 형상한 여기에 총서 《불멸의 력사》 중 장편소설 《삼천리 강산》이 가지는 철학적 깊이가 있으며 인민식 교양적 의의가 있다.

위대한 수령님께서 우리 민족의 자주적인 통일정권을 세우시는 과정은 헤아릴 수 없는 난관과 시련을 뚫고 나가야 하는 전인미답의 길이였다. 이 길을 위대한 수령님께서는 언제나 우리 민족을 믿고 민족 자체의 힘에 의거하여 헤쳐 나가시였다.

작품에서는 민족자주사상을 두 계기에서 구체적으로 생동하게 펼쳐 보이면서 어버이 수령님의 위대성을 격조 높이 노래하고 있다.

하나는 위대한 수령님께서 민족의 장기 분렬이 눈앞에 닥쳐왔을 때 쏘련군을 철수시키는 내용이며 다른 하나는 위대한 수령님께서 남조선 단독선거를 합리화하려는 명분을 얻기 위해 유엔에서 통고문을 보내왔을 때 그에 대처하여 북남협상을 내놓으시고 그 실현을 위한 투쟁을 령도하시는 내용이다.

위대한 수령님께 보내온 성시백의 편지에는 웨드마이어가 미군의 영구 강점을 합법화할 수 있는 괴뢰정부를 시급히 만들어 낸 데 대한 트루맨 대통령의 지시와 함께 리승만에 의거해서 단독정부를 조작하라는 마샬 국무장관의 지령을 가지고 서울에 기여들었다는 내용이 적혀 있었다.

남조선에 괴뢰정부가 수립되면 민족 분렬은 심화될 것이며 군사적 대결은 더욱 격화될 것이다. 그렇다면 광복 직후 위대한 수령님께서 우리 당의 총 로선으로 제시하신 건국 위업은 장차 어떻게 될 것인가?

위대한 수령님께서는 미국 놈들이 민족의 분렬을 장기화 할 수 있는 괴뢰단독정부를 세우려고 하는 조건에서 우리는 민족통일정부를 수립해서 민족의 자주권을 행사하여야 하며 그러자면 북남의 전체 민족이 대단합을 이룩해야 한다고 하시면서 이렇게 말씀하시였다.

《우리는 만난을 무릅쓰고 민족대단합을 달성해야 하고 통일정부를 수립해야 합니다. 그렇게 하기 위해서 나는 쏘련군을 철수시켜야 한다는 결론에 도달했습니다.》

순간 김책도 흠칫 놀랐다.

쏘련군을 철수하다니, 그것도 지금 당장…

북변의 장강을 도하하여 조선 땅을 빈번히 침범하는 장개석군, 38연선에서 매일과 같이 벌어지는 놈들의 무장도발과 날로 로골화되고 있는 미제의 무력 증강 책동…

이러한 정황에서 쏘련군을 철수한다면 과연 어떠한 사태가 벌어질지 그 누구도 가늠하기 어려웠다. 하지만 위대한 수령님께서는 미제의 악선전으로 남조선의 적지 않은 사람들이 쏘련군의 존재를 남조선을 강점한 미군처럼 보고 있기 때문에 북조선에 쏘련군을 그대로 두고 남조선 사람들에게 미군을 반대하여 싸우라고 할 수 없는 조건에서 외세를 반대하고 민족자주의 원칙에서 민족대단합을 실현하자면 쏘련군을 철수시켜야 한다고 결심하신 것이다.

하기에 쓰딸린도 쏘련군의 철수를 계기로 남조선에서 미군을 몰아내기 위한 투쟁을 힘있게 벌려 전 조선에 통일적인 인민민주주의 정부를 수립할 것이라는 위대한 수령님의 결심을 적극 지지하면서 동양에 영웅호걸들과 지략가들의 기담을 수록한 책들이 많다는데 김일성 동지의 말을 듣고 있노라니 그 기담을 수록한 책에서 청년 장군이 한 사람 빠져 나와 크레믈린에 찾아 온 것 같다고 감탄을 금치 못한다.

쏘련군을 철수시키는 이야기 부분에서는 외세의 간섭을 철저히 배격해야 자주적인 민족통일정부를 세울 수 있다는 측면에서 민족자주사상을 강조하여 보여 주고 있다면 북남협상을 실현해 나가는 이야기 부분에서는 사상과 정견, 신앙을 초월하여 민족을 더 중시하여야 민족의 대단합을 이룩할 수 있으며 그래야 민족통일정부를 세울 수 있다는 측면에서 민족자주사상을 강조하여 보여주고 있다.

위대한 수령님께서 남북협상을 제기하실 때는 쏘련군 철수를 결심하실 때처럼 정세가 긴박하지 않았지만 문제의 심각성은 그때보다 더하면 더했지 못하지 않았다. 그것은 미제가 유엔까지 동원하여 북조선에서도 《유엔 감시 하의 자유롭고 공정한 선거》를 할 것이며 만일 평양 측이 유엔의 결의를 받아들이지 않는 경우 남조선의 제한된 지역에서 선거를 하겠다고 통고문까지 보내온 것이다.

미제가 유엔을 리용하여 남조선에서 괴뢰정부를 조작하는 경우 남조선 괴뢰정권은 마치도 제 놈들이 조선의 중앙정부인 것처럼 행세를 하게 될 것이며 북조선 인민정권은 지방정권처럼 취급되는 엄중한 사태가 벌어질 수 있었다.

이러한 정세에 대처하여 김책은 외무국에서 성명을 발표하는 것으로 대책을 세우려고 할 때 위대한 수령님께서는 이렇게 말씀하시였다.

《나는 민족자체력량을 편성하기 위한 획기적인 대책을 세울 필요가 있다고 생각합니다. 우리가 주동적인 립장에 서서 남조선만이 아니라 북과 남, 전 민족을 굳게 단합시킬 수 있는 전환적인 대책을 세워야 한다는 것입니다. 그 방도는 남북협상을 하는 것입니다. 남조선 좌익, 중간세력, 김구, 김규식 선생을 선두로 한 우익과 협상을 하자는 것입니다.》

민족을 중시하고 민족의 힘을 믿고 민족끼리 힘을 합쳐 부강조국을 건설하려는 것은 위대한 수령님께서 혁명의 길에 나서신 첫 시기부터 내세우신 신념이고 의지이다.

반공에 대하여 제일 요란스럽게 떠들며 지어 자기의 정치적 목적을 달성해 보려고 북조선에 《정치공작대》라는 테로단까지 무어 침투시켰던 반공보수주의자 김구도 미제가 던져주는 대통령 자리를 넘겨다 보던 사대주의자 김규식도 민족적 량심만은 가지고 있었다.

위대한 수령님께서는 그들이 가지고 있는 정견보다 민족적 량심과 민족애를 더

중시하시고 그들과도 손을 잡고 삼천리 강산에 민족의 자주적인 통일정부를 세우실 대용단을 내리시였던 것이다.

민족의 리익을 첫 자리에 놓고 혁명도 하고 정권도 세워야 하며 그러자면 민족문제 해결에서 제기되는 모든 것은 우리 민족끼리 풀어야 한다는 위대한 수령님의 민족자주사상은 마침내 남조선의 각계각층을 하나의 민족통일정부를 세우기 위한 투쟁에로 불러 일으켰다.

묻노니 겨레여, 삼천리 강산이여, 산수 수려한 평양에 도읍을 정하고 단군이 조선이라는 나라를 세웠던 태고적부터 수수천년 세월이 흘렀으나 우리 민족이 언제 이 땅 우에 인민의 참다운 정권, 민족의 자주적인 정권을 가져본 적이 있었던가.

반만년 력사 우에 처음으로 세워진 인민의 나라, 조선민주주의인민공화국이야말로 위대한 수령님께서 민족자주사상으로 부고가 남의 온 민족을 불러 일으켜 세워주신 진정한 민족의 통일정부이다.

민족자주의 사상으로 온 겨레의 단합을 이룩하시는 위대한 수령님의 불멸의 화폭을 창조하는 데서 백두산의 녀장군 김정숙 동지의 형상은 중요한 의의를 가진다.

항일의 그날처럼 조국이 광복된 후에도 위대한 수령님의 안녕을 지켜 밤을 새우시는 김정숙 동지.

북조선인민위원회가 수립되였을 때는 통일정부수립을 위한 터전이 마련되였다고 그리도 기뻐하시며 대중강연에도 출연하시며 그 얼마나 바쁘신 날을 보내시였던가.

소설에는 김정숙 동지께서 앞으로 태여날 성시백의 아이를 위해서 소박한 선물을 마련하시는 장면이 있다. 어린애의 밝은 웃음처럼 눈부신 빛을 뿌리는 은으로 만든 종발, 애기 은수저… 동그랗게 꽃모양을 세공한 가운데 새겨진 《자립》이라는 아이 이름, 순간 성시백은 항일의 녀성 영웅 김정숙 동지를 우러러 환호를 올렸다.

이것이다, 이것이 우리 민족이 나아갈 길이다. 《자립》, 이 얼마나 뜻 깊은 이름인가.

성시백은 앞으로 태여날 아이의 이름 속에서 우리 민족의 창창한 래일을 보았으며 자립의 길로 나아가는 부강한 조국의 미래를 보았다.

이 장면은 하나의 사업을 조직하고 말을 하여도 오직 위대한 수령님의 사상과 의도를 실현하기 위하여 깊은 사색을 하시는 김정숙 동지의 성격이 두드러지게 형상된 기름진 화폭이며 자립의 길로 나아가는 민족의 통일정부는 반드시 위대한 수령님의 민족자주사상에 의하여 수립된다는 작품의 사상을 힘있게 강조하고 있다.

민족자주의 원칙에서 전민족 대단결로 삼천리 강산에 통일정부를 세우시는 위대한 수령님의 숭고한 형상을 통하여 우리는 우리 민족의 휘황찬란한 래일을 본다.

우리 민족의 자주권을 침해하는 데 대하여서는 추호도 용서하지 않으시는 무적필승의 강철의 령장 김정일 장군님, 위대한 장군님께서 계시여 우리 민족은 민족자주의 원칙에서 삼천리 강산에 기어이 통일의 봄을 안아 오고야 말 것이다.

이것이 장편소설 《삼천리 강산》의 마지막 장을 덮으며 온 세계에 대고 웨치고 싶은 심장의 메아리이다.

위대한 사상은 위대한 실천을 낳는다.

장편소설 《삼천리 강산》은 서로 다른 사상과 정견을 가진 인물들의 개성적인 형상을 통하여 위대한 수령님의 민족자주사상이 어떤 위대한 변혁을 창조하는가를 대동하게 펼쳐 보이면서 민족자주사상의 정당성과 위대한 생활력을 예술적으로 뚜렷이 확인하고 있다.

작품에는 위대한 수령님의 건국사업을 적극 보좌해 드리는 김책, 김일, 서정숙, 정준택 등과 김성란(김모라니), 전호준, 서종현을 비롯한 건국사업에 일떠선 북조선 인민들 그리고 성시백, 허정견, 신앙을 가진 남조선의 각계각층 인물들이 나온다.

작품에 등장한 이 모든 인물들은 제각기 자기 나름의 고유한 성격과 생활을 가지고 민족자주사상에 기초한 전민족 대단결로 통일정부를 수립하는 작품의 기본 이야기 줄거리에 복종하면서도 어버이 수령님의 민족자주사상의 위대한 생활력과 정당성을 보여주는 데 이바지하고 있다.

장편소설은 김책, 허정숙, 정준택을 비롯한 김성란, 전호준, 서종현의 형상을 통하여 위대한 수령님의 민족자주사상의 기치 밑에 건국사업에 한 사람같이 일떠선 북조선 인민들의 투쟁모습을 생동한 화폭으로 펼쳐 보이고 있다.

특히 작품에서 김성란, 전호준, 서종현의 생활과 극적 체험세계를 기본 형상선에 밀착시켜 형상의 심오성을 보장한 것은 작품의 주제사상적 과제의 해명에서뿐 아니라 어버이 수령님께서 지니신 민족자주사상의 위대한 생활력을 힘있게 부각하는 데서도 중요한 의의를 가진다.

김성란, 전호준, 서종현의 형상은 위대한 수령님의 품 속에서 북조선의 평범한 인간들이 어떻게 새로운 인간으로 태여나는가를 예술적으로 깊이 있게 밝혀냄으로써 민족자주사상으로 우리 인민을 이끄시는 어버이 수령님의 탁월한 령도를 부각시켜주고 있다.

김성란은 산간벽지 대령군의 평범한 아낙네였고 전호준은 유선탄광의 청년 지배인이였으며 서종현은 일제 식민지하에서 기술을 배운 지식인이였다.

그러던 그들이 새 조국 건설의 참다운 일군으로 자라날 수 있은 것은 위대한 수령님의 따뜻한 사랑과 보살핌이 있었기 때문이다.

김성란은 쌀이 없이는 건국도 할 수 없다는 구호를 들고 수리화 공사도 벌리며 애국미 헌납운동에도 앞장섰으나 종파분자들은 그에게 공명심이요, 비당적 행위요 하면서 모해한다.

전호준 역시 위대한 수령님의 크나큰 정치적 신임을 받고 북부석탄관리국 국장으로 임명되여 새 조국 건설에 필요한 석탄 생산량을 부쩍 늘일 수 있는 터전을 마련했으나 반쏘반혁명분자로 몰리여 종파만화의 대상으로 되기도 했다.

어버이 수령님께서는 새 조국 건설로 그처럼 바쁘신 속에서도 김일을 현지에 보내여 모해받는 김성란을 구원해주시고 그에게 이름도 지어주셨으며 전호준에게는 황철을 복구할 데 대한 크나큰 믿음을 주시였다.

특히 어버이 수령님께서 쏘련 사람들이 화학섬유 공장에서 기계 설비를 떼내는 것을 반대하였다고 하여 반쏘반혁명분자로 몰리워 기숙자로서의 할 말도 못하고 주접이 든 서종현에게 하시는 말씀은 민족자주사상이 없으면 건국도 할 수 없다는 참으로 깊은 뜻을 담고 있다.

《…기사 동무는 외세에 굴복해서 또 노예살이를 하겠는가, 그렇지 않으면 민족의 자주권을 쟁취하기 위해 싸우겠는가? 기사 동무는 민족적 량심을 저버리지 않은 우리 당이 아끼는 기술자이구 현재는 자립적 민족경제건설을 위해 중요한 초소에서 사업하고 있는 기술일군입니다.》

서종현은 외세가 득세한다면 그 편에 서겠는가, 민족을 버리고 외세에 굴복하겠는가? 경제 건설도 신념이 없으면 못한다는 위대한 수령님의 말씀을 받아 안고서야 혁명을 알고 새로운 인간으로 태여나 위대한 사랑과 믿음 속에 황철 기사장으로 성장하게 된다.

김성란, 전호준, 서종현의 형상은 민족자주사상으로 건국사업을 이끄시는 어버이 수령님의 탁월하고 세련된 령도를 부각시켜줄 뿐 아니라 우리 민족의 힘으로 능히 자주독립국가를 건설할 수 있다는 것을 실물로 보여줌으로써 민족자주사상의 정당성과 위대한 생활력을 뚜렷이 확인하고 있다.

김성란은 쌀로 건국사업을 받드는 농민의 전형이고 전호준은 자립적 민족경제건설로 건국사업을 받드는 로동계급의 전형이며 서종현은 과학과 기술로써 건국

사업을 받드는 지식인의 전형이다.

작품은 세 인물의 형상을 통하여 새 조국 건설에 힘차게 일떠선 우리 인민의 투쟁을 폭넓게 일반화하고 있으며 우리 민족 자체의 힘과 기술로써 능히 자주적이며 자립적인 국가를 건설할 수 있다는 것을 보여준다. 바로 여기에 김성란, 전호준, 서종현의 형상이 가지는 의의가 있다.

작품에 형상된 성시백과 허헌, 김구와 김규식, 조순옥 등 남조선의 각계각층 인물들의 형상은 위대한 수령님의 민족자주사상이야말로 민족의 대단결을 이룩할 수 있게 한 근본요인이며 위대한 수령님께서 계시여 우리 민족이 민족자주의 원칙에서 통일정부를 세울 수 있었다는 것을 예술적으로 확인하고 있다.

사상이 위대하다고 하여 그 정당성과 생활력이 실천에 쉽게 구현될 수 없으며 그것을 오직 탁월하고 세련된 령도에 의해서만 이루어질 수 있다.

이런 의미에서 성시백과 허헌, 김구와 김규식의 형상은 중요한 의의를 가진다.

위대한 수령님께서는 북조선만이 아니라 남조선까지 포함하여 전 조선에 하나의 민족통일국가를 세우시기 위하여 남조선의 좌익, 중간 세력뿐 아니라 우익까지도 포함한 북남협상을 제기하신다.

위대한 수령님께서는 성시백과 허헌을 통하여 외세를 물리치고 민족의 자주권을 지키기 위한 남조선 인민들의 투쟁을 현명하게 령도하여 주시였다.

성시백과 허헌의 노력에 의하여 김구, 김규식은 어버이 수령님의 민족자주사상을 나라를 구원할 대경륜으로 받아들이고 남조선의 각 정당, 사회단체 대표들이 모여 앉아 위대한 수령님께서 호소하신 북남련석회의를 찬성하는 공동성명을 채택하게 된다. 그러나 김규식은 민족자주사상만이 북과 남의 통일적인 정권을 세울 수 있는 사상이라는 것을 알면서 그것이 실현될 수 없는 불가능한 것이라고 생각한다. 그러던 그가 인생의 새로운 길에 들어설 수 있게 한 중요한 계기는 민족자주사상이 활짝 꽃핀 북조선의 현실이였다.

산골의 평범한 아낙네였던 김성란이 군인민위원회 위원장으로 성장하여 북남련석회의 녀성 대표로 참가한 것도 놀라운 일이지만 거창한 황철을 우리 민족 자체의 힘과 기술로써 복구하는 데서 핵심적인 역할을 한 황철 기사장이 다름 아닌 목사의 아들인 서종현이라는 것을 알고는 더욱 더 놀랐다.

하나의 강토에서 하나의 민족으로 살아왔는데 어찌하여 오늘은 북과 남의 현실이 이다지도 달아졌단 말인가.

위대한 수령님의 두리에 뭉쳐 새 조국 건설에 일떠선 북조선의 벅찬 현실, 이것이야 말로 민족자주사상이 가져다 준 위대한 생활력이 아니겠는가.

작품은 김구, 김규식을 비롯한 남조선의 각 계층의 인물들이 민족자주사상이 민족통일정부를 세울 수 있는 기본 사상이라는 것을 진심으로 받아들이는 데서 결정적 요인으로 되는 것은 사상의 위대성과 함께 위대한 수령님의 뜨거운 사랑과 크나큰 믿음이라는 것을 깊이 있게 밝히고 있다.

위대한 수령님께서는 《인민공화국》의 내각총리로 취임하는데 동의했던 오점을 가지고 있는 허헌에게서 민족적 량심을 귀중히 여기는 측면을 내세워주시며 그에게 김구, 김규식을 민족통일전선에 합세하도록 하는 사업을 맡겨주신다.

허헌은 위대한 수령님의 크나큰 믿음을 받아 안고 유엔에서 조선 문제 토의를 앞두고 미군 사령부 앞에서 미군 철거를 위한 대시위를 조직하여 남조선 인민들을 각성시키는 데 크게 기여한다.

김구는 완고한 반공보수주의자이고 김규식은 세계 각국을 편답하면서 강대국의 힘을 빌어 조선독립을 이룩하려는 사대주의 사상이 짙은 사람이다.

그러나 위대한 수령님께서는 민족주의자인 김구에게서는 반미사상을 긍정으로 보시었고 김규식에게서는 나라를 사랑하는 애국의 뜻을 긍정으로 보시고 그들과도 손을 잡고 민족의 대단합을 이룩하신다.

평양에 와서도 북남련석회의를 불순하게 대하는 김규식에게 북남협상이란 사실에 있어서 민족자체의 힘으로 난국을 타개하자는 회합인데 민족자립을 믿지 않으면 무엇 때문에 평양에 왔겠는가고 아량 있게 대하시는 어버이 수령님. 북남련석회의를 통하여 위대한 수령님의 사상과 령도에 매혹되어 련공합작의 길에 들어선 김구가 자기의 인생이 비껴 있는 인장을 내놓았을 때 그 마음이면 된다고 너그럽게 인장을 다시 돌려주시는 어버이 수령님. 참으로 어버이 수령님께서 지니신 도량은 삼천리 강산을 한 품에 안아주시는 크나큰 것이며 어버이 수령님께서 지니신 사상과 믿음은 삼천리 강산에 비치는 해빛과도 같이 따사롭고 뜨거운 것이다.

그 사랑, 그 믿음에 김구, 김규식 뿐 아니라 온 겨레가 매혹되여 어버이 수령님의 두리에 더욱 굳게 뭉쳐 이 땅 우에 민족자주적인 정권을 세울 수 있었다.

장편소설 《삼천리 강산》은 민족자주사상으로 삼천리 강산에 민족의 자주적인 통일정부를 세워주신 어버이 수령님의 숭고한 영상을 훌륭히 형상함으로써 위대한 수령님께서 조국과 민족 앞에 쌓아 올리신 불멸의 업적을 예술적으로 심오하게 일반화하였다.

세월이 흘러 력사는 21세기에 들어섰다.

21세기의 위대한 태양 김정일 장군님께서는 어버이 수령님께서 위대한 생애의 마지막 순간까지 심려하신 조국통일 문제를 우리 민족 자체 힘으로 해결하기 위한 투쟁을 현명하게 령도하고 계신다.

위대한 김정일 장군님께서 계시여 우리 민족은 50여 년 전 삼천리 강산에 어버이 수령님을 높이 모시고 민족의 통일정부를 세웠던 것처럼 위대한 령도자 김정일 동지를 삼천리 강산에 높이 모시고 통일된 강성대국을 기어이 건설하고야 말 것이다.

이것이 총서 《불멸의 력사》 중 장편소설 《삼천리 강산》을 읽으며 시대와 력사 앞에 터치고 싶은 심장의 웨침이다.

—『조선문학』 2001년 7호.

4. 개작 상황

2000년 문학예술종합출판사에서 단행본으로 출간되었고, 『통일문학』 2002년 3호에서 2006년 1호까지 15회에 걸쳐 분재되었다. 내용상의 변개(變改)는 없다.

—작성 : 이승윤

총서 '불멸의 력사' 해제

23

『태양찬가』

1. 세부 사항

<table>
<tr><td>제목</td><td colspan="3">총서 '불멸의 력사'23 『태양찬가』</td><td>출간 권수</td><td>23</td></tr>
<tr><td>작가 및 창작단</td><td colspan="5">남대현</td></tr>
<tr><td rowspan="2">발표 연도
(수상 연도)</td><td>발표 연도</td><td>2005</td><td rowspan="2">발표 지면
(수상명 · 집)</td><td colspan="2" rowspan="2">문학예술출판사</td></tr>
<tr><td>개작 연도</td><td></td></tr>
<tr><td>스토리
주제</td><td colspan="5">재일조선인운동 노선 통합 과정에 나타난 김일성의 영도력과 '재일본조선인총연합회' 결성</td></tr>
<tr><td>키워드1/ 테마</td><td colspan="5">재일본조선인동맹운동, 조국통일민주주의전선의 형성 과정, 재일본조선인총연합회 활동, 민대파들의 민전 점령 획책, 국제공산주의운동.</td></tr>
<tr><td>키워드2/ 구성</td><td colspan="5">총 7장 56절</td></tr>
<tr><td>키워드3/ 시점</td><td colspan="5">전지적 작가 시점(김일성에 한해 주체높임법 사용)</td></tr>
<tr><td>키워드4/ 시간</td><td colspan="5">1948~1955년</td></tr>
<tr><td>키워드5/ 장소</td><td colspan="5">평양, 도쿄.</td></tr>
<tr><td>키워드6/ 소재</td><td colspan="5">재일본조선인총연합회, 재일본조선인운동, 조국통일민주주의전선.</td></tr>
<tr><td>키워드7/ 인물(직업)</td><td colspan="5">재일조선인 대표, 노동조합원, 경위대원, 민족주의자, 무정부주의자.</td></tr>
</table>

2. 줄거리 소개

서장(총 2절)

인민공화국 창건을 공포하는 국경절 행사에 김일성이 조련(재일본조선인동맹) 축하단을 부른다. 동수 일행은 몰래 쪽배를 타고 북으로 향한다. 철도 건설 징용자 시절, 노동조합을 결성하여 체포됐던 동수는 김일성부대의 공작원으로 몰려 고문을 당하며, 장군과의 만남에 대한 희망을 품었으나 실패했었다. 해방 후 조련의 일원으로서 김일성을 만나려 하지만 또 다시 실패하고, 그러던 차에 김일성이 공개서한을 보내 재일동포들의 임무를 지시하고 공화국을 창건한다.

1장(총 10절)

김일성은 재일 조선인 대표자들에 대한 생각에 잠긴다. 마침 경위중대원 최진으로부터 재일 조선인 대표단의 도착 소식을 듣는다.

김일성은 공화국 창건 기념행사 때 자리를 비워두고 기다린다. 김일성은 또한 재일동포들에 대한 책임감 있는 문제 해결을 촉구한다.

동수 일행이 김일성과 만난다. 김 장군이 동포들의 생활상을 묻자 동수는 미군정과 일제의 압제 속에서도 교육 투쟁을 통해 민족 교육의 권리를 지켜낸 사실 등을 상세히 보고한다. 지방 참관을 위해 동수 일행은 평양을 떠난다. 그들은 남북연석회의 조련 대표로 조국에 와서 김일성을 보위하며 영광의 절정에 선 지영에 대한 부러움과 시샘을 느낀다. 지영은 민족주의자이자 무정부주의자인 박룡과 일본 여자 후미꼬의 딸인 영신과 연애를 했었다는 사실을 동수에게 고백한다. 재일조선인운동에 대한 토론을 위해 동수 일행은 김 장군을 만나러 평양으로 돌아온다.

박헌영과 홍명희와의 토론 끝에 김 장군은 〈조국의 두리에 한 사람같이 뭉치자!〉는 것이 재일조선인운동의 총적 방향이며 조련의 주위에 동포들을 결속해야 한다고 강조한다.

김 장군은 조국에 머무르고 싶어 하는 동수의 마음을 이해하면서도 보내야 한다는 사실에 마음 아파하며 일본에 가거든 영신을 찾아보라고 부탁한다. 김 장군은 동수 일행에게 일본에서 중추적 역할을 하라고 부탁한다. 김 장군은 만남을 기약할 수 없다는 것을 안타까워 하지만 동수에게 반드시 다시 만날 것을 약속한다.

2장(총 12절)

동수의 부인 수임은 어렵게 집안을 꾸려 간다. 수임은 남편의 일을 안뒤로 동포들의 권익을 위한 투쟁에 참가한다. 조련 제17차 중앙위원회 개최장에서 동수는 김 장군의 사상을 연설한다. 최태길이 동수에게 민청본부와 지부에 장군님 초상화를 모시게 해달라고 제의한다.

제17차 중앙위원회 개최를 계기로 조련의 산하 단체들은 조국에 직결하기 위한 활발한 활동을 벌인다. 한편 동수는 박룡에게서 만나자는 연락을 받고 요정으로 향한다. 박룡은 제17차 중앙위원회 연설을 듣고 느낀 감회를 풀어놓고, 동수의 손을 놓았던 과거를 후회한다고 고백한다. 그리고 서울로 가서 백범과 함께 일을 해 보겠다고 말한다. 오세호는 원철과 민족 교육의 방향을 놓고 대립하는 동수를 설득하고자 한다. 세호는 동수에게 일본공산당과의 우호적 관계를 역설한다. 반면 동수는 세호와 같은 사람들이 혁명에만 치우쳐 판단을 제대로 하지 못한다고 생각한다며 더욱 조국을 위해 뭉쳐야 한다고 주장한다. 세호 또한 의견을 굽히지 않는다.

조국에서 새로 결성되는 조국통일민주주의전선에 조련이 정식 단체로 가입되고 동수가 중앙위원으로 임명된다. 조총에서는 도쿄 대운동회를 조련의 영광을 드높이며 단합하는 축전으로 치른다.

운동회를 위해 모두가 모인 차에 동수는 그동안의 사업성과를 보고하고자 한다. 윤덕근은 우리 아이들이 일본 아이들과 싸움을 하는 것은 조일 친선을 파괴할 뿐 아니라 우리를 탄압하려는 적들을 도와주는 것일 뿐이라는 것을 아이들에게 가르치라고 지시한다.

현우가 수도원에 숨어 있던 영신을 찾아 동수에게 데려온다. 동수는 지영이 영신을 잊지 못한다는 것을 알린 후 초급학교에서 근무하며 조국을 위해 일할 것을 제의한다.

일본 반동 당국이 조련과 민청에 대한 강제해산령과 핵심일꾼들에 대한 공직 추방령을 내린다. 동수를 포함한 핵심일꾼과 조련 고문으로 있는 김운해도 해당된다. 동수는 일본 법무성과 미군정청을 찾아가 항의해 보지만 실패한다. 일본 반동 당국은 조선 학교들에 대한 강제 폐쇄령을 내린다. 재일동포들과 영신은 투쟁에 나선다. 한편 원철은 동수와 운해가 당직에서 물러났으므로 자신이 일본공산당혁명과 연계하여 재일조선인운동을 펼쳐나갈 계획을 세운다.

추방령을 받은 일꾼들은 향후 방향에 대해 토론한다. 조국으로 가느냐, 지하로 들어가느냐의 기로에서 동수는 일본에 남아 김 장군의 뜻을 수행하기로 결정한다.

3장(총 8절)

한국전쟁 발발 와중에 김 장군은 김운해를 만난다. 그리고 동수의 편지 내용과 재일조선인운동의 복잡한 실태들을 상기한다. 한편 일본에서는 재일조선통일민주전선(민전)이 결성된다. 김운해는 원철 일파가 위시하는 민족대책부가 당이 직접 민전을 지도해야 한다며 재일동포들의 당면 과업을 제시했다고 김 장군에게 보고한다. 김 장군은 당면 과업의 내용을 긍정하지 않는다.

김 장군은 일본에서 고생하는 동수를 떠올리며 민대파들이 민전을 점령하려는 획책에 대해 근심한다. 그리고 김운해를 만나 재일조선인운동에 대한 대책을 취해야겠다고 생각한다.

김 장군은 국제 정세를 보고받는다. 김운해는 민대부가 무장투쟁노선을 민전의 당면 과업으로 내세우며 세호가 책임자로 있는 조방대를 강력한 군사조직으로 개편할 것을 지시하였다고 보고한다. 한편 김 장군은 김운해의 집에 박룡이 와 있다는 보고를 받는다.

박룡은 남조선 현실에 대한 울분과 일신상에 들이닥친 자가당착의 혼란으로 인해 북행을 결심한다. 의지할 데 없는 혈혈단신이자 살아온 길도 다른 박룡과 김운해 두 사람은 함께 살기 시작한다. 김 장군은 김운해와 박룡의 집을 방문한다. 장군의 자애로운 태도에 처분을 기다리던 박룡은 놀라고 장군으로부터 영신의 소식을 듣는다. 그리고 장군은 박룡의 참회를 받아들인다. 남은 생을 조국과 민족을 위해 써달라는 김 장군의 말에 박룡은 감탄한다.

김 장군은 지영을 불러 박룡과의 만남에 대해 묻는다. 김 장군은 박룡을 찾지 않는 지영의 태도를 지적하고, 영신을 언제 볼지 모른다는 이유로 잊으려고만 하며 악한의 딸이라는 것을 감안하는 태도는 바람직한 태도가 아니라고 훈계한다. 지영은 자신의 잘못을 뉘우치고 나갈 방향을 다시 되새긴다.

박룡에게 사과하기 위해 지영은 그의 집을 찾아간다. 박룡은 지영에 대한 행위를 참회하며 지영이에게 자신을 일본으로 보내달라고 한다. 지영은 박룡의 진심에 감탄하며 그 결심에 고마움을 느끼고, 박룡과 함께 일본으로 가는 임무의 적임자가 자신이라고 생각하며 흥분에 젖는다.

4장(총 11절)

민전 제2차 전체대회를 앞두고 원철이 조직한 민대파가 민전 일꾼들의 연합 모임을 개최하는데 여기에 동수가 참석한다. 원철은 민전 강령 1조를 삭제하여 민전을 일본공산당 주위에 결속하여 재일조선인운동을 자기 의도대로 이끌 수 있다는 확신을 가진다. 동수는 삭제를 반대한다. 원철은 조련과는 달리 민전은 광범한 조직들의 통일전선체이므로 조련 때와 같이 나가는 것이야말로 조국 앞에 죄를 짓는 것이라고 말한다.

민대파와 민전 일꾼들의 토론이 벌어진다. 원철은 재일조선인 문제는 스스로 해결해야 하며 일본 반동을 척결하기 위해서는 일본의 프롤레타리아와 함께 일본혁명을 수행해야 한다고 주장한다. 그러나 동수는 그것이 바로 조선이 아닌 일본을 조국으로 여기는 태도라고 반박한다.

동수는 세호를 따로 만나 설득한다. 세호는 미국과 일본의 탄압에 저항하는 것이 무슨 잘못이냐며 따지지만 동수는 그것이 조국을 버리고 일본의 내정에 간섭하는 것이며 그것은 다시 동포들에 대한 탄압이 된다고 설득한다. 세호는 동수를 답답해 한다.

민전 제2차 전체회의에서 민대파들이 강령 제1조에 대한 의제를 상정하여 주요 직책을 민대파들로 구성하고 동수 일행의 참석을 저지한다. 한편 동수는 현우와 영신에게 조국에서 리지영이 왔다는 소식을 전하고 마음의 준비를 끝낸 후 만나도록 지시한다.

동수는 지영에게 조국의 소식을 듣는다. 그리고 지영으로부터 김 장군이 모두들 앞에서 자신을 애국자요, 혁명가로 공표했다는 말을 듣고 감격한다. 그는 지영과 민전 6차 확대중앙위원회에서 다시 강령을 채택하기 위해 힘쓰자고 결의한다.

지영과 영신이 재회한다. 함께 조국으로 가자는 지영의 말에 영신은 김 장군의 은혜에 보답하기 위해서라도 일본에서 동수를 도와 투쟁할 것을 결심한다.

동수는 민전 6차 확대중앙위원회에서 공화국 사수 강령을 채택하기 위한 사전 준비 작업을 한다. 한편 현우로부터 5·1절 행사에 민대파들이 조방대원을 동원시킨다는 보고를 받는다. 동수는 원철을 찾아가 조선청년들을 폭력시위에 내세우면 안 된다고 말한다. 그러나 원철은 국제공산주의운동에서 보편화된 일국일당 원칙을 사수하는 것이 잘못이냐고 반박한다. 그리고 세호가 조방대 시위를 지시한 사실을 듣고 폭동을 막기 위해 세호를 찾는다.

5·1절 기념행사에서 원철이 무장한 경찰들을 헤치고 나가며 시위대를 이끈다. 한편 태길은 세호를 찾으려 하나 잘 되지 않자 조방대 대열 앞에서 설득을 하려다가 경찰들의 총에 맞고 쓰러진다. 경찰과 시위대 간에 유혈참극이 벌어지고 세호는 쓰러진 태길을 발견한다. 5·1절 폭력시위 기사와 함께 조선인 규탄 기사가 신문에 실리고, 동수 일행은 폭력시위를 분석하고 앞으로의 활동 방향을 토론하기 위해 모인다. 동수는 민전 6차 중앙위원회에서 공화국 사수 강령을 채택하는 데 성공한다. 그러나 민대파들은 보복으로 무장투쟁 방침을 더 발악적으로 시행한다. 민전은 일본의 민족해방민주국민정부를 수립하는 데 적극 나서 일본공산당의 요구에 따라 조방대를 유격대와 같은 군사조직으로 개편하기 위한 계획을 세운다. 한편 호일은 가난한 살림에 제대로 끼니를 잇지 못하다가 뜨거운 어묵 국물을 급히 먹고 기도가 막혀 목숨을 잃는다.

5장(총 10절)

김 장군은 김윤에게 재일조선인운동의 시련을 보고받는다. 김 장군은 재일조선인운동을 타개할 방법을 강구하기 위해 홍명희, 김운해, 김윤을 불러 일본혁명을 위한 재일조선인운동 노선을 조선혁명을 위해 복무하는 노선으로 전환하자고 촉구한다. 이를 위해 일본공산당 도꾸다 서기장에게 편지를 쓰기로 결심한다. 김 장군은 주은래 총리로부터 전화를 받는다. 주은래는 림춘호한테 편지를 받은 도꾸다가 모 주석을 찾아갔다는 얘기를 전한다. 주은래와 모 주석의 이야기를 들은 도꾸다는 프롤레타리아 국제주의 입장에서 문제를 보기 때문에 소련당에 문의해야겠다는 입장을 밝혔다고 말한다. 한편 김 장군은 김운해로부터 동수가 영신이를 데리고 조국에 왔다는 소식을 듣는다.

동수는 중국에서 김윤의 소식만을 기다릴 수 없어 직접 조국행을 결정한다. 김 장군은 동수와 만나 모진 고생을 하며 투쟁한 것에 대해 가슴 아파하고 조국에서 함께 일하자고 제의한다. 김 장군은 또한 박룡과 함께 온 영신을 만난다. 영신은 소원 성취를 위해 천 마리의 종이학을 접어 바친다.

림춘호는 스탈린이 국제공산주의운동을 주도할 정치가는 조선의 김일성이며, 김일성의 노선 전환 방침이 일본공산당의 노선을 전환시키는 시발점이 된다고 말했다고 보고한다.

김 장군은 소련과 일본공산당의 지지가 있다 해도 그것이 우리 주장의 승리를 의미하는 것은 아니라고 말한다. 또한 노선 전환을 위해 재일조선인 조직이 자주적이고 애국적인 조직이 되어야 하며 동포들에게 종파들의 책동을 알게 해야 한다는 등의 과업을 제시한다.

결혼식을 앞두고 지영과 영신은 서로의 사랑을 확인함과 동시에 김 장군의 사랑을 새롭게 느끼며 그 의미를 가슴에 새긴다.

김 장군은 재일조선인운동의 노선 전환을 위해 적임자인 동수를 일본으로 보내야 한다는 것을 알면서도 차마 말을 꺼내지 못한다. 동수는 재일조선인운동을 위한 일본행을 자청한다.

종장(총 3절)

1955년 5월 25일 해외교포 조직인 재일본조선인총연합회의 탄생일에 공회당 앞 공지에 모인 군중들 앞에서 연설을 하기 위해 동수는 일꾼과 함께 나타난다. 민전 19차 중앙위원회에서 동수는 재일조선인운동의 전환에 대해 연설하고, 세호는 사람들 앞에서 자신의 과오를 반성한다. 회의에서는 재일조선인운동의 노선을 근본적으로 전환하는 방안이 채택된다. 동수 일행은 일본공산당 본부를 찾아가 노선 전환과 조선인운동에 개입하지 않는다는 다짐을 받아내고, 민전 해산 후 재일본조선인총연합회를 결성한다. 재일본조선인총연합회 탄생일에 환호하는 군중을 보며 동수는 감격과 감회에 젖는다. 그리고 김일성에게 바치는 감사 편지를 낭독한다. 군중들은 만세를 부르며 환호한다.

3. 북한의 소개와 평가

| 평론 자료 |

위대한 수령님을 우러러 태양이라 노래함은…

—총서 《불멸의 력사》 중 장편소설 《태양찬가》에 대하여

최언경

수령형상작품 창작에서 나서는 최대의 과업은 수령의 위대성을 최상의 수준에서 빛나게 형상하는 것이다.

위대한 령도자 김정일 동지께서는 다음과 같이 지적하시였다.

《로동계급의 수령을 형상하는 데서 무엇보다 중요한 것은 수령의 위대성을 잘 그리는 것이다.》

수령형상작품에 대한 론의에서도 마땅히 수령의 위대성 형상에서 그 어떤 새로운 특색 있는 기여를 하였는가가 기본으로 되여야 할 것이다.

이런 의미에서 볼 때 총서 《불멸의 력사》 중 장편소설 《태양찬가》(남대현 작)는 일련의 귀중한 경험을 보여준다고 생각한다.

재일조선인운동사에 대한 진실한 서사시적 화폭

총서 《불멸의 력사》 중 장편소설 《태양찬가》는 재일조선인운동사, 해외교포운동에 대한 위대한 수령님의 빛나는 령도력사와 그 불멸의 업적을 서사시적 화폭으로 폭넓고 진실하게 펼쳐 보이고 있다.

재일조선인운동사에서 중요한 의의를 가지는 옹근 하나의 력사적 시기를 서사시적 화폭으로 보여주기는 수령형상문학 력사에서 처음으로 되는 뜻 깊은 일이다.

수령형상창조에서 중요한 의의를 가지는 새로운 생활분야를 새롭게 개척했다는 바로 여기에 소설이 가지는 가장 큰 헌신적 의의가 있다.

세계 현대문학사를 둘러보아도 한 민족의 해외교포운동사를 이처럼 폭넓게 반영한 작품은 아마도 없는 듯싶다.

이것은 진정 력사상 처음으로 주체의 해외교포운동사상을 창시하시고 뜨거운

동포애의 정으로 해외교포들을 사랑의 한 품에 안아 당당한 공화국의 해외공민으로 내세워 주신 민족의 위대한 태양 김일성 동지를 수령으로 모신 내 나라, 내 조국 문학에서만 창조될 수 있는 긍지로운 력사적 사변이다.

장편소설 《태양찬가》는 해방 후부터 조국해방전쟁시기까지, 구체적으로는 공화국 창건으로부터 주체44(1955)년 5월 25일 첫 주체형의 해외교포조직인 재일본조선인총련합회(총련)가 창립되기까지의 력사를 실재한 사실 그대로 진실하게 반영하고 있다.

소설에는 실재한 사건들은 물론 수령님의 형상을 중심으로 하는 주요인물인 한덕수로부터 윤덕곤, 현우, 김운해, 리계백, 리진규, 김훈, 리심철 그리고 박룡, 로재호, 원철 등 력사에 실재한 원형인물들이 그대로 등장하고 있다. 허구의 인물이란 리지영과 박영신 뿐이라고 할 수 있다.

이것은 실재한 력사적 사실을 그대로 진실하게 반영하려는 작가의 창작 의도에 기인한 것이라고 보아야 할 것이다.

전마선이나 다름없는 쪽배, 자그마한 어선에 몸을 싣고 풍랑 사나운 현해탄의 거세찬 파도를 헤치며 조국으로 찾아온 한덕수 일행을 얼마나 벅찬 영광이 기다리고 있었던가.

그 길은 진정 한덕수에게 있어서 오매불망 기다리고 기다리던 열망의 길이였다.

10여 년 전 단나추도 공사장에서 일하다가 경찰에게 체포되였을 때 위대한 장군님을 따라 손에 무장을 잡으리라 간도로 향했던 길, 그리고 해방된 이듬해 봄에는 갓 태여난 조련이 나아갈 앞날에 대한 기르치심을 받고저 결심을 굳혔던 그 길이였다.

그런데 지금 그는 공화국 창건 재일본조선인 축하단으로 친히 불러주신 어버이 수령님의 부르심을 받고 조국으로, 그이의 품으로 가고 있는 것이다.

이것은 정녕 한덕수 한 사람의 운명만이 아닌 전체 재일동포들에게 있어서 그처럼 사변적 의의를 가지는 운명적인 길이였다.

어버이 수령님과의 첫 상봉에서 한덕수가 받아 안은 감동과 영광은 열광의 정을 안고 꿈결에도 그리고 또 그려보던 그 모든 상상을 훨씬 더 초월하는 것이였다.

그것은 진정 찬란하고 위대한 태양의 모습이였고 그 태양에서 눈부시게 빛발쳐 나오는 밝은 빛과 따사로운 볕이였다.

상봉의 첫 순간 한덕수의 심장을 통째로 틀어잡고 울게 한 것은 자기 하나만이 아닌 재일동포 모두에 대한 사무치게 따뜻한 친어버이의 동포애의 정이였다.

위대한 수령님께서는 재일동포들의 운명을 두고 《세상에 제 자식이 남의 집에서 구박을 받으며 사는 것을 보고도 그대로 참는 부모는 없을 것입니다.》라고 말씀하시였다.

재일동포들이 몸은 비록 일본 땅에 있어도 공화국의 당당한 해외공민으로서 머리를 들고 떳떳이 살아갈 수 있게 하는 것은 자신의 동포애적 도리로, 의무로 여기시는 우리 수령님이시였다. 그러시면서도 위대한 수령님께서는 《죽을 쑤어 나누어 먹더라도 동포들을 데려다 함께 살고 싶습니다.》라고 절절하게 말씀하시였다.

이 뜨거운 어버이 사랑만으로 가슴 속 격정을 누를 길 없는데 한덕수가 미처 목메여 흐느낄 새도 없이 그이께서 주신 가르치심은 더욱 놀랍고 눈이 번쩍 뜨이게 하는 것이였다.

위대한 수령님께서는 재일동포들은 다른 나라의 해외교포들과는 철저히 다르다고 하시며 그들은 스스로 조국을 떠나간 사람이 아니라 일제 놈들에게 강제로 끌려갔다가 놈들에 의해 되돌아올 수 없게 된 사람들이라고 하시였다. 하기에 그들은 마땅히 자기의 권리를 일본 당국에 요구할 수 있으며 또 요구해야 한다고 하시였다.

어버이 수령님께서는 조건이 어렵다고 해서 어떻게 제 자식을 남에게 맡길 수 있겠는가, 우리는 결코 그런 무책임한 부모로는 될 수 없다 하시며 재일동포들의 운명은 어떤 일이 있어도 우리가, 우리 조국이 책임져야 한다고 뜨겁게 말씀하시였다.

《그럼 어떻게 책임지는가? 그것은 바로 조국과 멀리 떨어진 일본 땅에서 사는 재일동포들이지만 그들을 조국의 두리에 튼튼히 뭉쳐 세우는 것, 이것이 곧 우리가 그들을 책임지는 것으로 되며 재일동포들 역시 자기의 운명을 조국과 함께하는 것으로 된다는 것입니다.

〈조국의 두리에 한 사람같이 뭉치자!〉 이것이 바로 재일조선인운동의 총적 방향이며 기본 과업으로 되여야 합니다.》

그러자면 모든 재일동포들을 공화국의 해외공민단체인 조련의 주위에 튼튼히 묶어 세워야 한다고 하시면서 바로 이것이 재일조선동포들과 재일조선인운동의 생명선이라고 강조하시였다. 그러시면서 위대한 수령님께서는 한 나라의 혁명을 저 대동강에 비유한다면 조국에서 벌어지는 투쟁은 강의 본류가 되는 셈이고 재일조선인운동은 저쪽에서 흘러드는 합장강처럼 지류라고 할 수 있다, 언제나 지류가 본류에 합류됨으로써 하나의 거류를 이루듯이 일본에서 벌어지는 재일조선인운동은 철저히 조국을 위한 투쟁의 일환으로 되여야 한다고 가르치시였다.

본류와 지류! 수령님의 말씀을 받아 안는 한덕수의 마음은 우리 수령님이 아니고서야 누가 재일동포들의 앞길을 이처럼 명철하게 밝혀줄 수 있단 말인가 하는 크나큰 감동과 함께 조국의 진군에 발을 맞추어 조련을 더 힘있게 떠밀고 나가리라고 저도 모르게 속으로 부르짖었다.

소설은 일본으로 돌아간 덕수가 위대한 수령님께서 밝혀주신 새로운 과업을 관철하기 위하여 얼마나 눈부신 투쟁을 벌려 나갔는가를 생동한 화폭으로 펼쳐 보이고 있다. 그것은 그대로 죽음을 각오한 결사의 적후투쟁이였다.

장편소설 《태양찬가》는 특히 미 제국주의자들과 일본 반동들의 폭압과 사대주의자, 민족허무주의자들의 책동으로 하여 민전이 붕괴의 운명에 직면했을 때 위대한 로선 전환 방침을 제시하시는 어버이 수령님의 숭고한 형상을 참으로 감명 깊게 그리고 있다.

그 형편이 얼마나 엄중했던지 철과도 같은 한덕수마저 벼랑 끝에 서 있는 심정이였고 재일동포들의 운명은 경각에 다달은 듯 했다. 정녕 꺼져가는 재일조선인운동을 다시 불러일으킬 힘은 이 세상 그 어디에도 없을 듯하였다.

바로 이러한 때 어버이 수령님께서는 그 위대한 로선 전환 방침을 제시하신 것이다.

위대한 수령님께서는 결연히 말씀하시였다.

《말하자면 일본 혁명을 위한 재일조선인운동로선을 조선혁명을 위해 복무하는 로선으로 전환하자는 것입니다.》

로선 전환! 그것은 재일동포들은 우리 공화국의 해외공민인 것만큼 일본에서 산다 하더라도 조선혁명을 해야지 남의 나라 혁명을 해서는 안 된다는 것이다.

그것은 실로 일시적인 전술적 전환이 아니라 재일조선인운동을 재생시키는 데 있어서 운명적 의의를 가지는 근본적인 로선 전환이였다.

소설은 준엄하고도 영광에 찬 로선 전환의 력사적 과정을 감동 깊은 극적 화폭으로 빛나게 그려 보이고 있다.

로선 전환 방침이 가지는 그 절대의 진리성은 그것이 사대주의와 민족허무주의 그리고 일본공산당의 책동을 짓부시고 력사적인 주체44(1955)년 5월 25일 위대한 수령님의 해외교포사상의 빛나는 산아이며 인류 해외교포 력사에 혜성과도 같이 나타난 첫 주체형의 해외교포조직인 재일조선인총련합회의 장엄한 탄생으로 빛나게 확증되였다.

위대한 태양의 찬란한 빛발 아래 힘차게 전진하는 조국의 본류와 더불어 재일 조선인운동의 지류가 거세찬 거류에 하나도 합류한 것이다.

소설은 그 거대한 의미를 이렇게 상징하고 있다.

《환히 트인 앞길 우에는 푸른 하늘이 가없이 펼쳐져 있는데 그 하늘 한복판에는 유난히 밝은 태양이 찬연한 빛을 뿌리고 있었다.》

태양은 누리를 비친다

총서 《불멸의 력사》 중 장편소설 《태양찬가》는 국제로동운동과 세계혁명의 공인된 수령으로서의 경애하는 김일성 동지의 위대성을 정면에서 형상하고 있다.

이것 역시 수령형상 창조에서 대담하고 특색 있는 혁신이라고 할 수 있다.

물론 지금까지도 수령형상 작품들에서는 경애하는 김일성 동지의 사상리론의 위대성, 령도예술의 비범성, 풍모의 숭고성으로 하여 세계혁명을 이끄시는 위대한 수령이시라는 사상이 강조되여 왔다.

여기서 인상 깊게 기억에 떠오르는 것이 총서 《불멸의 력사》 중 장편소설 《근거지의 봄》에서 국제당 파견원 류현민이 국제당에 보낸 보고이다.

그는 여기서 자신이 유격 근거지에서 직접 보고 느낀 실재한 사실과 김일성 동지를 만나 뵙고 충격적으로 받아 안은 감동에 대하여 상세히 전하고 나서 이렇게 썼다.

《인간에 대한 사랑, 인민대중에 대한 헌신적 복무정신을 중추로 하여 탁월한 리성과 다감한 감성, 철저한 원칙성과 적에 대한 비타협성, 대해 같은 포용력, 강철의 의지와 비범한 예지… 이 모든 훌륭한 자질들이 결합되여 령도자로서의 그의 인격의 총체를 이루고 있다.

그는 조선의 피 어린 력사와 인민대중이 낸 유일무이한 걸출한 령도자이다.

동지들, 놀라지 말라!

만민이 흠모하며 따르는 김일성 동지는 올해 22세의 청년 장군이다.

청년 장군!

청춘처럼, 봄처럼 아름답고, 순결하고, 생동하고 강의한 령도자!…》

류현민의 이 보고는 생활 속에서 그 스스로가 발견한 위대한 진실인 것으로 하여, 우리 군대와 인민 모두의 심정을 절절하게 대변한 것으로 하여 세월의 락엽 속에 묻히지 않고 오늘도 우리의 뜨거운 추억 속에 생동하게 살아 있다.

그러나 이것은 어디까지가 위대하고 유일무이한 조선의 젊은 령도자에 대한 감동이고 흠모심이였다. 그리고 국제당 파견원이라 하지만 류현민은 어디까지나 조선 사람인 것이다.

그런데 장편소설 《태양찬가》에서는 그 폭과 깊이를 훨씬 초월하여 그리고 객관적으로 실재한 력사적 사실을 통하여 국제로동운동의 공인된 수령으로서의 경애하는 김일성 동지의 위대성을 정면으로 대담하게 형상하고 있다.

물론 우리는 오늘 이 위대한 진리를 세계에 대고 소리 높이 말해야 할 력사의 순간에 살고 있다. 아니, 그것은 이미 오래 전에 이야기했어야 할 력사의 진실이기도 하다.

돌이켜보면 총서 《불멸의 력사》 중 장편소설 《열병광장》에 반영되여 있는 바와 같이 나라가 갓 해방된 빈 터에서 중국 인민의 항일전쟁을 피로써 도와주신 그 사실로부터 시작하여 위대한 력사적 사실이야 그 얼마나 많은 것이다.

그러나 그것을 어떻게 얼마나 진실하게 이야기하는가 하는 것은 어디까지나 작가의 몫이다.

소설은 재일조선인운동과 일본공산당과의 관계 문제를 중심으로 하여 수령님의 위대성을 깊이 있게 밝혀내고 있다.

당시 일본공산당은 일국일당 원칙으로부터 출발하여 재일조선인운동은 응당 일본공산당의 령도를 받는 일본혁명의 일환으로 되여야 한다고 하였으며 지어는 재일조선인들을 일본정권의 타도를 위한 무모한 무장투쟁의 돌격대로 내세우기까지 했다. 하여 5·1절 피의 메데사건까지 빚어지고 수많은 무고한 조선동포들이 희생되였다.

정세는 참으로 엄중하였으며 그것이 비록 일본 땅에서 벌어진 사태였으나 우리 민족의 운명과 직결된 심각한 문제가 아닐 수 없었다.

위대한 수령님께서는 이 문제를 일국일당제 원칙과는 관계가 없는 민족 문제로 보시고 우리의 처지와 립장으로부터 민족의 기본 징표를 기성 리론에서와 같이 거주 지역이나 경제생활의 공통성이 아니라 혈통과 언어에서부터 찾아야 한다고 투철하게 밝혀주시였다. 남녘동포들은 말할 것도 없고 일본에서 사는 재일동포들도 우리와 한 피줄을 잇고 조선말을 하며 조선의 넋을 간직하고 사는 한 겨레인 것이다. 따라서 위대한 수령님께서는 재일조선인운동 문제는 일국일당 원칙에 한하는 문제가 아니라 재일동포들의 운명과 관련되는 우리나라의 민족 문제라고 보시였다.

이것은 일찌기 해외교포운동사에 있어본 적 없는 전혀 새롭고 독창적인 것이였다. 하여 이러한 립장에서 천명된 위대한 수령님의 로선 전환 방침은 일본공산당

지도부나 그에 맹종해온 민대파는 물론 지어는 김운해와 같은 민전 일군들까지도 지금까지 해외에서 사는 교포들이 자기 나라 혁명을 위해서 복무하는 그런 로선을 세운 실례가 없지 않는가 하는 생각을 하게 하였다.

그러나 위대한 수령님께서는 단호하게 말씀하시였다.

《나는 재일동포들의 문제를 해결하기 위하여서는 이미의 해외교포운동에 대한 관점에서 벗어나야 한다고 봅니다. 설사 그 누가, 그 어느 나라 당이 반대한다고 해도 또 그들이 자기들의 주장 때문에 우리에 대한 립장을 바꾼다 해도 우리는 절대 양보하지 말아야 합니다. 불행에 처한 동포들의 운명을 뒤전에 밀어놓고 우리가 무슨 원칙을 지키고 도리를 지킨단 말입니까? 일본공산당의 지도자들도, 아니 그 누구도 우리 동포들의 피를 우리처럼 귀하게 생각할 수는 없습니다. 혈육들의 피는 혈육이 지켜야 합니다!》

혈육들의 피는 혈육이 지켜야 한다, 이 얼마나 그 뜨거운 동포애로 하여 가슴 끓이게 하는 명언인가!

위대한 수령님께서는 이런 비장한 결심을 하시고 이 문제를 중국에 망명하고 있는 일본공산당 수뇌부와 직접 해결하기 위하여 일본공산당 도꾸다 서기장에게 로선 전환 방침을 알리는 편지를 쓰시였다. 이리하여 사소한 문제까지도 중국당과 쏘련당의 긴밀한 련계와 동의 밑에 진행하는 일본공산당 수뇌부에 의해 그 편지 내용은 중국의 모택동과 쏘련의 쓰딸린에게 전달되였던 것이다.

소설은 위대한 수령님의 편지가 그들에게 불러일으킨 놀라운 반향과 감동에 대하여 력사적 사실 그대로 참으로 통쾌하게 전달하고 있다.

주은래는 위대한 수령님의 견해에 대한 모택동의 전적인 동감의 정과 커다란 감동에 대하여 전해드리면서 《모택동 동지는 2차 세계대전 전에는 제기되지 않았고 제기될 수도 없었던 새로운 해외교포운동에 대한 김일성 동지의 탁견에 감탄을 금치 못해 했습니다》라고 수령님께 말씀드리였다.

모택동은 위대한 수령님의 그 뜨거운 동포애, 민족애에 진심으로 감동되였다. 그러면서 그는 이 문제는 단순히 재일조선인 문제만이 아니라 자기들이 지금까지 애써 모색하고 있던 화교 문제에 대한 해답이기도 하다고 전적인 동감을 표시하였다.

직접 도꾸다가 전달해온 쓰딸린의 감동은 더욱 더 이례적인 것이였다.

《쓰딸린 동지 역시 전적인 긍정을 표시했다고 합니다. 그러면서 한 마디 더 첨부했는데 그것은 이제부터 공산주의운동을 틀어쥐고 나갈 정치가는 바로 조선의

김일성 동지라고 말했다는 것입니다.》

이것은 력사의 사실이면서 진실이기도 하다.

당년 40대의 걸출한 수령 김일성 동지의 불세출의 위인상을 이 사실보다 더 정당하게, 더 정확히 증언하기는 어려울 것이다.

모택동이나 쓰딸린은 물론 대국의 지도자들이다. 그러나 우리가 중시하는 것은 그들이 대국의 지도자들이였다는 것보다 국제공산주의운동에서 중요한 역할을 놀고 있던 세계적으로 가장 명망 높은 혁명의 지도자들이라는 데 있다.

더우기 놀라운 것은 일본공산당 수뇌부 자체의 크나큰 감동과 그에 따르는 당의 로선 전환 방침이였다.

일본공산당 당수 노사까 산조는 우리 대표단을 찾아와 45년 말 자기를 만나주셨을 때 그리도 뜨거운 동포애의 정을 지니시고 해방 전에 남다른 고생을 한 재일동포들이기에 더욱 마음에 걸린다고 하시며 옆에서 잘 도와달라고 만날 적마다 부탁하시던 위대한 수령님의 말씀을 자책 속에 되새기였다.

그때 그는 그러한 김일성 동지를 대하며 민족에 대한 사랑이 이처럼 뜨거운 지도자가 있었던가 하고 국제당에서 만나본 여러 나라 지도자들을 상기해 보았었다.

이러한 진정을 가지고 노사까 산조는 말하였다.

《…사실 우리가 이번에 새로 깨닫게 된 것은 재일조선인 문제만이 아닙니다. 김일성 동지의 편지가 재일조선인운동의 전환만이 아니라 우리 당이 이때까지 견지해 온 무장투쟁로선을 비롯한 모든 로선들을 새로운 눈으로 따져보지 않을 수 없게 했다는 것입니다. 말하자면 재일조선인운동에 대한 김일성 동지의 로선 전환 방침이 일본공산당 자체의 로선 전환의 시발점으로 되지 않을 수 없다는 것입니다.》

세계 정치의 원로로서의 경애하는 김일성 동지의 위대성을 론증하는 데 여기에 무슨 다른 설명이 필요하겠는가.

물론 이 모든 것은 다 력사적 사실이다. 그러나 력사 속에만 있던 이 사실들을 현실로 생동하게 재현하여 그것을 영원한 력사의 진실로 새겨놓은 것은 어디까지나 작가의 공로이다.

우리는 어버이 수령님의 혁명력사에 깃들어 있는 하많은 그 모든 위대한 사실들을 화폭에 담아 남김없이, 빠짐없이 영원한 진실로 력사에 아로새겨야 한다.

위대한 태양이 누리를 비치는 것은 자연의 법칙이기 전에 력사의 진리이다.

이런 의미에서 장편소설 《태양찬가》는 귀중한 경험을 준다.

한 걸음 더 깊이 인간학의 세계에로

총서《불멸의 력사》중 장편소설《태양찬가》는 인간성격과 인간관계 형상에서의 특색 있는 새로운 탐구로 하여 인간학의 세계에로 한걸음 더 깊이 전진하고 있다.

매력 있는 성격 형상과 의의 있는 인간관계의 형상은 문학을 참된 인간학으로 되게 하는 데서 중추적 의의를 가진다.

수령형상작품인 경우 그것은 위대한 인간의 숭고한 인간적 풍모를 보여주는 데서 특별히 큰 작용을 한다. 그것은 위대한 인간만이 지닐 수 있는 동지에 대한 열화의 사랑과 혁명적 의리의 관계를 보여주는 기본적인 형상 공간으로 되는 것이다.

장편소설《태양찬가》는 바로 여기서 한 걸음의 전진을 보이고 있다.

소설에서 가장 인상적으로 안겨오는 장면은 최현의 개성과 비겨 어버이 수령님의 시점에 비낀 한덕수의 류다른 성격이며 한생토록 못 잊을 김혁에 대한 추억과 더불어 수령님과 덕수 사이에 맺어지는 눈물겨운 인간관계이다.

장편소설《태양찬가》는 한덕수의 눈에 비낀 그렇게도 젊고 그렇게도 수려하신 미목의 어버이 수령님의 태양의 눈부신 모습을 감동적으로 그리고 있을 뿐 아니라 위대한 수령님의 시점에서 한덕수의 남다른 개성적 특징을 생동하게 형상하고 있다.

이것은 자식에 대한 어버이의 사랑, 그것과 같은 전사에 대한 애끌리는 수령님의 사랑과 혈육의 정을 천만 마디의 말보다 더 가슴 저리게 보여주고 있다.

위대한 수령님께서 보시게 된 덕수의 첫 모습.

《…첫눈에도 나이에 비해 겉늙어 보이는 모습은 못내 마음에 걸리시였다.

(이제 겨우 세 살짜리 아들 하나를 둔 사람이 그렇게 늙어 보이다니? 풍파 사나운 이국살이가 그를 이렇게 만들었는가?)

하지만 전체 모습, 크지 않은 다부진 몸매며 둥그스름한 얼굴, 우뚝한 코마루는 그에 대한 말을 들을 적마다 눈앞에 그려지군 하던 모습 그대로였다. 어딘가 무뚝뚝하고 과묵하게 느껴지기는 했으나 눈빛이며 숱진 눈썹 그리고 량옆으로 벗어져 올라간 이마까지도 상상하던 그대로였다. 다만 생각과 다른 점이 있다면 남달리 고집이 세다는 그였으나 얼굴 전체에서 풍기는 인상은 도리여 성이라고는 한 번도 내본 적이 없는 푸수한 농부와도 같이 더없이 온화한, 그런 순박하면서도 무던한 표정으로 해서 다시금 웃음이 새시였다.…》

여기서 독자들이 보게 되는 것이 어떻게 생동한 덕수의 개성뿐이겠는가.

위대한 수령님의 안광에 비낀 덕수의 이러한 모습은 첫 상봉의 순간 우리는 처음 만나지만 구면인 셈이라고 하신 그이의 말씀의 깊은 뜻을 그대로 새기여 준다. 여기에는 진정 멀리 그리고 오래 떨어져 고생하던, 그러나 언제 한시도 잊은 적 없는 자식을 대하는 어버이의 정이 가슴 뜨겁게 어려 있다.

한덕수의 개성을 통해서 본 어버이 수령님의 이 애틋한 혈육의 정은 그이께서 백전로장 최현을 보시게 된 순간 그와 나란히 한덕수의 모습을 세워보시는 데서 더 한층 가슴 저리게 안겨온다. 위대한 수령님께서는《이 최현이가 살아 있는 한》 1211고지에는 한 놈의 적도 기여오르지 못하게 하겠다는 최현의 말을 들으시며 아무리 적들의 탄압이 심하고 반동들의 책동이 악랄하다 해도 우리는 물러서지 않으며《한덕수가 주저앉지 않는다.》고 한 덕수의 편지를 생각하시였다.

《이 최현이가 살아 있는 한》,《한덕수가 주저앉지 않는다.》, 그들이 한 이 말들은 조국이 가장 준엄한 시련을 겪고 있을 때 가장 어려운 임무를 맡고 있는 전사가 가장 명백하게 자기의 심정을 드러낸 말이라고 생각되시였다. 순간 그이께서는 둘이 다 크지 않은 다부진 몸매에 숱진 눈썹, 아래로 처져 내린 고집스런 두 볼… 마치 친형제와 같은 두 사람의 용모에 저절로 웃음이 나오시였다.

최현을 보시게 될 때 한덕수의 모습이 떠오른 것은 신통히도 비슷한 그 용모와 함께 가장 믿고 아끼시는 진국의 전사들이기 때문일 것이다. 최현과만 비겨 말할 수 있는 덕수에 대한 어버이 수령님의 이 각별한 애정은 준엄한 전화의 날 최현을 가리켜 1211고지를 지켜낸 영웅이라 하시며 그런 영웅이 또 한 사람 있는데 그가 바로 일본에 있는 한덕수라고 거듭하여 회고하신 데서 참으로 뜨겁게 흘러넘치고 있다.

얼마나 적중한 개성의 비교이며 여기에 세상에서 제일로 믿고 아끼시는 혁명전사에 대한 그 얼마나 뜨거운 어버이의 정이 어려 있는 것인가.

알고 보면 당연하게 느껴지는 이런 형상은 확실이 작가의 창작적 발견이다.

작가는 덕수의 형상을 위대한 수령님의 시접에 비껴 그려 보임으로써 그 개성의 생동성을 부각시켰을 뿐 아니라 혁명전사에 대한 수령님의 사랑과 믿음을 혈육의 정 이상의 것으로 한껏 돋구어 보여주었다. 이런 묘사는 일찌기 없었던 듯 싶다.

이런 측면에서 소설은 인간학의 심오한 경지에 한 걸음 더 깊이 들어섰다고 볼 수 있다.

소설의 심오한 인간학적 세계는 뜻 깊은 인간관계의 형상에서도 특색 있게 안겨오고 있다.

위대한 수령님께서는 덕수의 개성적 특징을 최현과 나란히 해보시였다면 자신과 덕수와의 관계를 김혁과 있었던 못 잊을 추억에 실어 애절하게 생각하시였다.

그이께서 조국에, 수령님 곁에 남아 있고 싶어하는 덕수의 사무친 소망을 풀어주고 싶으신 간절한 마음을 힘겹게 누르시며 그를 또다시 생사를 기약할 수 없는 살벌한 적구로 떠나보내야 하셨을 때 그것이 얼마나 괴로우시였으면 한 생에서 가장 가슴 아팠던 김혁이와 헤여지던 때의 일을 되살리시였겠는가.

오랫동안 적구에서 갖은 신고를 다 겪으며 구사일생으로 살아 돌아온 김혁이를, 다문 하루 밤이라도 함께 있게 해달라는 그 부탁마저 들어주지 못하시고 다시 떠나보내신 김혁이였다. 할빈에서 돌아오면 잠시도 헤여지지 말고 동만에 함께 있자고 약속하시였건만 잠시라고 했던 그 작별이 영원한 것으로 되고 말았다. 바로 그날의 작별을 되새겨보시며 만리창파가 가로질러 안부조차 전할 길 없는 그 길로, 이제 헤여지면 언제 다시 만나게 될지, 아니 만날 수 있기나 하겠는지, 덕수를 보내는 그이의 가슴은 미여질 듯 하시였다.

김혁이 수령님의 심장 속에 얼마나 큰 자리를 차지하고 있는가를 잘 알고 있는 독자들은 그이께서 체험하시게 되는 덕수와의 리별의 아프심을 폐부로 절감하게 된다.

우리의 리별은 상봉을 담보하지 못하는 그런 리별이라 덕수에게 말씀하실 때 그이께서는 또다시 문득 오리나무숲이 우거진 강가에 나가 바래워 줄 때까지 뒤돌아보고 또 뒤돌아보며 손을 흔들던 김혁의 마지막 모습이 생생히 기억되시였다.

그이께서는 떨리는 목소리로 덕수에게 말씀하시였다.

《그렇지만 마음이 지척이면 천리도 지척이고 마음이 천리면 지척도 천리라는 말이 있지 않습니까…》

순간 그이께서는 어딘가에서 들려오는 바람소리 같은 것이 덕수가 터뜨린 흐느낌이라는 것을 아시였으나 차마 뒤돌아서지 못하시였다.

《장군님!》 하고 두 손을 뻗친 덕수는 어린애처럼 와락 그이의 품에 안기였다.

이 장면이야말로 극의 극치이며 참 인간학만이 창조할 수 있는 참 인간의 참세계이다.

극은 극으로 다시 이어지고 있다.

첫 작별의 그 날 어버이 수령님께서는 더는 헤여지지 말 것을 잊을 수 없는 전우였던 김혁이의 유한을 걸고 덕수에게 약속하시였건만 그이께서는 두번째로 그가 조국에 왔을 때에도 그 약속을 지키지 못하고 재일조선인운동과 재일동포들에게 있어서 생명선으로 되는 로선 전환 방침의 관철을 위해 또 다시 적구에로 그를 떠나보내시였다.

한 인간에 대한 인간적인 감정과 혁명의 요구!

차마 터놓을 수 없으신 작별의 그 사연을 덕수 자신이 제 먼저 알고 아뢰였을 때 덕수는 너무도 인정에 여리신 그이의 마음에 크게 놀랐다.

덕수는 부지중 탄성을 터뜨렸다.

《(아니, 그것을 어떻게 인정이라고 하랴! 그것이야말로 나 같은 평범한 인간을, 아니 우리 삼천만 겨레 모두를 강철로, 불사신으로 만드는 숭고한 사랑이 아니고 뭐랴! 우리 조국을 온 세상이 다 우러러 보는 그런 조국으로 만드는 위대한 힘, 오직 장군님께서만이 지니신 위대한 천품이 아니고 뭐랴!)》

진정 위대한 수령님을 우러러 태양이라 노래함은 그 광휘로운 빛과 따사로운 볕으로 만물을 품어 키우는 태양보다 위대한 존재는 이 세상에 없기 때문이다.

하늘은 넓어 끝이 없어도 그 하늘의 태양은 오직 하나이다.

이 위대한 력사의 진리를 뜨겁게 새겨주는 것으로 하여 총서 《불멸의 력사》 중 장편소설 《태양찬가》는 재일조선동포들은 물론 북과 남, 해외의 우리 겨레 모두를 위대한 수령님의 두리에 굳게 묶어 세워주는 참된 생활의 교과서로 되고 있다.

—『조선문학』 2007년 4호.

4. 개작 상황

개작 상황 없음.

—작성 : 강진호

총서 '불멸의 력사' 해제

24

『50년 여름』

1. 세부 사항

<table>
<tr><td>제목</td><td colspan="3">총서 '불멸의 력사'24 『50년 여름』</td><td>출간 권수</td><td>24</td></tr>
<tr><td>작가 및 창작단</td><td colspan="5">안동춘</td></tr>
<tr><td rowspan="2">발표 연도
(수상 연도)</td><td>발표 연도</td><td>1990</td><td rowspan="2">발표 지면
(수상명·집)</td><td colspan="2" rowspan="2">문학예술종합출판사</td></tr>
<tr><td>개작 연도</td><td>2001</td></tr>
<tr><td>스토리
주제</td><td colspan="5">한국전쟁 제1단계 작전 시기의 서울해방전투와 대전해방전투.</td></tr>
<tr><td>키워드1/ 테마</td><td colspan="5">평화적인 해결을 도모하던 김일성과 달리 비밀지령 29호로 한국전쟁을 일으킨 미국과 남한 정치 지도자들의 파렴치한 행태, 남한군의 불시 타격에 오히려 반공격으로 그 위기를 돌파한 김일성의 담대함과 군사적 탁월함, 인민에 대한 애정과 사랑으로 포 사격 대신 유격전으로 서울을 해방한 김일성의 뛰어난 영도력, 불리한 전투력에도 불구하고 대전 해방투쟁의 승리로 미국의 불패신화를 깨뜨린 세계사적 의미.</td></tr>
<tr><td>키워드2/ 구성</td><td colspan="5">총 22장(서장과 종장 포함)</td></tr>
<tr><td>키워드3/ 시점</td><td colspan="5">복합 시점–전지적 작가 시점과 1인칭 주인공 시점 (김일성에 한하여 주체존대법 사용)</td></tr>
<tr><td>키워드4/ 시간</td><td colspan="5">1950년</td></tr>
<tr><td>키워드5/ 장소</td><td colspan="5">38선, 서울, 평양, 대전.</td></tr>
<tr><td>키워드6/ 소재</td><td colspan="5">한국전쟁(조선전쟁), 김일성과 인민군 대 미국 및 남한의 고위관료와 남한군(괴뢰군), 반공격, 서울 및 대전해방투쟁, 한강 및 금강 도하 작전, 한미고위지휘관 비밀회의, 남한 형무소, 남한 토지개혁.</td></tr>
</table>

키워드7/ 인물(직업)	대통령, 국회의원, 유엔대사, 미 극동사령관, 미 합동참모본부 의장, 총사령관, 민족보위상, 총참모장, 사단장, 미 군사고문단, 국방장관, 통역관, 서북청년단, 미 8군사령관, 광산노동자, 머슴, 인민군 부대원, 국군 부대원.

2. 줄거리 소개

서장

전쟁의 기운이 날로 심화되는 가운데, 미 국무성 특사인 존 포스트 덜레스가 서울과 도쿄를 잇달아 방문한다. 김일성은 이러한 정세를 불안하게 주시하며 북한과 남한을 망라하는 회담 개최를 제의하여 평화를 위한 노력에 앞장선다.

1장

38경비여단장 최현 장령은 남한 군대의 공격으로 사망한 어린 전사의 얼굴을 바라보며 분노한다. 이 전사는 총참모부 군관 림운학의 동생으로, 림운학은 남한에 수감 중인 아버지와 함께 그의 동생마저 잃었다. 림운학은 자신을 여단의 병사로 꼭 넣어달라는 부탁을 하고, 최현 장령은 전차에서 우연히 송기덕의 처 리복순을 만난다.

2장

38선을 직접 순찰하고 돌아온 총참모장 강건은 전국 동원이나 긴급 조치가 필요한 위기상황임을 김일성 장군에게 보고한다. 김일성은 부수상 홍명희와 전쟁에 관련된 말을 주고받는다. 최현 장령은 병원에 입원해 있는 처 김철호와 딸 룡옥을 만난 후, 김일성과 환담한다. 김일성을 만나 최현 장령이 전해준 림운학의 이야기를 듣자, 보안간부 훈련소 시절 송기덕의 일을 떠올린다.

3장

홍명희의 친지인 성송암은 남한의 장관 리윤병의 며느리가 된 첫째 딸 성계화를 방문한다. 둘째 딸 성련화가 빨갱이로 몰려 옥중에 있기 때문이다. 성련화는 림운학의 연인이지만, 성련화를 마음에 두고 있던 백정식은 매부인 채병덕 몰래 인장을 찍은 석방서를 만들어 성련화를 석방하고, 이를 빌미로 결혼을 강요한다. 채병덕은 처남 백정식의 행태에 분노하고, 성련화를 다시 잡아들일 것을 명령한다.

4장

성련화는 백정식의 도움으로 감옥에서 풀려나 언니인 성계화의 집에 도착해 휴식을 취한다. 하지만 자신을 범하려 하는 백정식을 피해 도망치다가 당직 경관에게 붙들리고 만다. 이 시각 비밀지령 제29호로 조선전쟁을 일으킨 트루맨은 주말휴가를 즐기고, 38선 경비연대는 최현 장령의 지휘 아래 남한 군대의 침공을 저지하고자 전력을 기울인다.

5장

남한 군대의 침공 소식을 보고받은 김일성은 반공격을 지시한다. 반공격 명령이 내려진 한 시간을 전후하여 인민군 부대는 점령당했던 전체 지역을 탈환하고 38선 이남으로 진격하게 된다. 최용건은 김일성의 지시에 따라 전방 지휘소가 설치될 철원으로 서둘러 이동하여 전투를 지휘한다.

6장

송기덕은 아내 리복심과 조우하나 서둘러 전선으로 떠난다. 송기덕은 송기떡이라는 별명과 관련된 아픈 사연을 갖고 있는데, 왜냐하면 자신을 송기떡이라고 놀리던 지주 짝귀가 그의 어머니를 죽게 했기 때문이다. 그는 이후 김일성을 만나 자신의 개인적 복수심을 조국에 대한 헌신으로 바꾸며, 이런 결의에 따라 그를 찾아온 아내 리복심마저 냉정하게 내친다.

7장

전방 지휘소 참모진에 배속된 림운학은 최용건 보위상을 따라가던 중 성계화의 남편인 리영준과 마주친다. 리영준을 통해 성련화의 소식을 전해들은 림운학은 전방으로 보내달라고 요청하여 전방 지휘소로 가게 된다. 여기에서 마주친 52사단장 위청은 춘천 방위선을 뚫지 못하고 많은 병사들을 죽음으로 내몬 책임을 지고 해직된다. 김일성은 위청의 후임으로 최현 장령을 임명한다.

8장

위청의 후임으로 당도한 최현은 강건 참모장의 설명을 듣고 52사단으로 향하던 중 위청에 의해 철직된 2대대장 박로수를 만난다. 박로수는 오영혜의 연인으로, 위청의 명령에 불복종한 죄로 직위해제된 바 있지만 최현에 의해 복직되어 2개 중대로 전투에 참여한다. 송기덕은 중대장이 죽자 그의 후임이 된다. 의정부까지 진출한 전방 지휘소는 서울을 점령하기 위해 계속 진군한다.

9장

트루맨은 예상과 달리 전투에서 밀리자, 유엔 대사 오스틴에게 전화해 유엔군의 이름으로 한국 전선에 군대를 파견할 것을 지시한다. 이승만과 육본 담당 하우즈 모두 서울을 떠나면서 한강교를 폭파시키라는 명령과 함께 형무소 수인들을 모두 처형하라는 명령을 내린다.

10장

미국의 사주로 유엔군 참전이 결정되었다는 소식을 듣자 김일성은 내각전원회의를 열고, 인민과 도시의 보호를 위해 포 사격 대신 유격전을 이용해 서울을 해방시키기로 결의한다.

11장

채병덕은 애첩에게 은행에서 빼낸 금괴를 들려 일본으로 도피시킨다. 첫째 딸 성계화, 리윤병과 함께 피난을 가던 성송암은 눈앞에서 한강대교가 폭파되는 장면을 목격하게 된다. 한편 성련화는 감옥에서 그녀를 빼내려던 백정식에 맞서다가 백정식이 쏜 총에 그녀의 감방 동료를 잃는다. 이때 마침 서울에 당도한 인민군이 이들을 감옥에서 풀어준다.

12장

김일성은 안재홍, 김규식, 최동오 등 남한 고위급 인물들의 안전을 당부하고, 서울에 도착한 림운학은 아버지와 성련화를 찾으려고 애쓰나 찾지 못한다.

13장

아시아 대륙의 패권자가 될 욕망으로 가득 찬 맥아더는 한국을 방문하고 전선을 시찰한 후 트루맨에게 미 전투부대의 참전을 요구한다. 이로부터 24시간 후 미 지상군 전체의 전면 개입에 대한 트루맨의 지시가 하달된다. 한강 도하가 지체되자 김일성은 계속적인 진군을 독려한다.

14장

김일성 장군은 최고사령부를 조직하고 그 아래 전선사령부를 두어 인민군대의 작전지휘 체계를 개편한다. 이에 따라 김일성이 최고사령관이 되고 김책이 전선사령관이 되어 최용건의 임무를 대신하게 된다. 미군 전투기의 공습을 피하던 길에 김일성은 리복심의 열렬한 애국적 구호에 감동하고, 그녀를 격려한다.

15장

최용건의 임무를 대신하게 된 김책은 한강 도하 지체에 대한 최용건의 오류를 지적하고, 최용건은 김일성의 소환 지시에 따라 전선사령부를 떠나 김일성의 최고사령부로 배속된다.

16장

양음리의 이모 집에 와 있던 성련화는 토지개혁위원회의 서기 일을 하다가 서울에 와서 동창 옥금을 만나 전선부대에 입대한다. 여기에서 리복심을 알게 되고, 둘은 절친한 친구 사이가 된다. 하지만 리복심은 중상을 입고 이를 목격한 최현은 최선을 다해 그녀를 구완할 것을 지시한다. 한편 백 지주의 머슴이었던 김순남은 토지개혁을 맞아 2천 평의 토지를 분배받고 결혼까지 하게 되는 인생의 전환기를 맞이한다.

17장

한국전쟁에 일본이 개입했다는 서류철을 보고 있던 김일성은 위험을 무릅쓰고 작전 계획 수립을 위해 서울로 향한다. 김책 전선총사령관은 금강 도하 작전을 구상하고, 김책의 초조함을 달래주며 함께 작전을 구상하던 김일성은 병원에 중상을 입고 투병 중인 리복심을 발견하고 그녀를 위로한다.

18장

채병덕은 한강교 폭파의 장본인으로 지목되어 남한군에서 철저히 소외된 상태이다. 이에 분격한 채병덕은 맥아더에게 편지를 쓰고, 맥아더는 전투의 연속된 실패에 곤란을 겪던 중 도쿄로 채병덕을 부른다. 맥아더는 채병덕을 워커와 띤 장군을 돕는 보조자의 자리에 임명해 그를 최대한 이용하고자 한다. 한편 금강을 돌파하고 대전을 점령하는 작전은 김일성의 영민하고 정확한 판단 아래 결국 승리를 거둔다.

19장

적은 병력으로 힘든 싸움을 벌이던 최현 사단의 박로수 대대장은 결국 죽음을 맞고 만다. 띤은 채병덕의 조언에도 불구하고 자신의 작전을 그대로 밀고 나가며, 첫째 딸 성계화와 함께 피난하던 성송암은 미군의 총탄에 성계화를 잃는다.

20장

인민군 배후진출설에 대한 채병덕의 경고를 무시했던 띤은 대전 전투에서 패배하여 한 달 동안 산 속을 헤매다가 드디어 인민군에게 포로로

잡힌다. 송기덕의 부대원이었던 전호근은 이 대전 전투에서 목숨을 잃고, 림운학도 큰 부상을 당한다. 성송암은 성련화와 재회하는 기쁨을 누린 반면, 오영혜는 박로수의 죽음에 애통해 한다.

종장

대전 전투의 실패 책임은 전적으로 떤과 채병덕에게로 돌려진다. 이에 책임을 물어 그는 최전선으로 강등된다. 이 싸움에서 채병덕은 인민군의 총탄에 맞아 전사하고 만다. 김순남은 인민군대에 자진해서 전쟁물자를 지원하고, 성송암은 평양을 향해 가던 중 김일성을 만나 그의 고귀한 인품과 위대한 정열을 새삼 재확인하고 각성한다.

3. 북한의 소개와 평가

| 사전(년감) 자료 |

장편소설. 1990년 안동춘 창작. 총서 《불멸의 력사》 중의 한 권이다. 준엄한 조국해방전쟁시기에 세계 《최강》을 자랑하던 미국 놈의 거만한 코대를 꺾고 조선인민의 영웅적 기개를 남김없이 발휘하도록 우리 인민군 전사들을 현명하게 이끌어주신 위대한 수령 김일성 동지의 불멸의 혁명업적을 서사시적 화폭으로 형상한 작품이다. 소설은 위대한 조국해방전쟁 제1계단 작전시기를 시대적 배경으로 하여 력사적인 서울해방전투와 대전해방전투의 승리적 로정을 보여주고 있다. 소설의 첫 부분은 적들의 불의의 선제타격에 대처하여 즉시적인 반공격에로 넘어갈데 대한 독창적인 전략을 내놓으시는 위대한 수령님의 무비의 담력과 걸출한 군사전략적 예지를 보여주고 있다. 소설의 둘째 부분에서는 인민군부대들에 의한 서울해방전투 장면이 그려져 있다. 일부 부대들의 계획된 지역 진출이 늦어진 것과 관련하여 서울시 포위가 곤난하게 되었을 때 위대한 수령님께서는 이미 서울 계선에 진출한 부대들로써 서울해방전투를 조직하도록 하신다. 파죽지세로 내달려오는 인민군대의 반공격 앞에 질겁한 적들은 황급히 방어로 이전하여 서울 계선에 막대한 병력을 집중시킨다. 위대한 수령님께서는 시가에 대한 포사격이 인민들의 생명재산과 귀중한 문화재보에 피해를 줄 수 있으므로 땅크 소부대와 보병의 습격전으로 방어요충을 타격하고 도시를 해방하도록 현명하게 이끄신다. 셋째 부분에서는 인민군부대들에 의한 대전해방전투 장면을 보여주고 있다. 백전백승의 강철의 령장이신 위대한 수령 김일성 동지께서는 미제침략군의 대부대가 대전 쪽으로 몰려오고 있는 위급한 순간 전선서부의 54사 18련대를 동남쪽으로 급속히 우회기동시켜 대전의 후면포위를 완성할 대담한 작전을 짜신다. 그리하여 조선인민군 54사 18련대는 120리를 목표로 하는 류례없는 강행군을 시작한다. 태고의 수림과 날벼랑, 장마로 범람한 탕수와 캄캄한 어둠을 강의한 의지로 극복하면서 부대는 단 하루밤 사이에 목적지에 도착하여 대전의 숨통을 막아놓는다. 그리하여 7월 20일 조선인민군의 공격으로 대전은 함락되고 미24사가 완전히 포위 소멸된다. 대전해방전투를 계기로 세계면전에서 미제의 《강대성》의 신화가 여지없이 깨여졌다. 장편소설 《50년 여름》은 나라와 민족의 자주권을 수호하는 데서 인민대중의 무궁무진한 힘을 굳게 믿으시고 언제나 무비의 담력으로 적들을 칠 대담한 작전을 짜시며 몸소 최전선에까지 나오시여 우리 인민군 전사들을 영웅적 위훈에로 고무하시는 최고사령관 동지의 걸출한 군사전략적 예지와 령군술을 보여주는 데로 형상의 초점을 집중시킴으로써 정규무력으로 개편된 지 2년밖에 안 되는 청소한 군사력으로 100여 년의 침략 전쟁사를 가진 미제를 어떻게 꺾어버렸으며 그 위대한 힘의 비결과 승리의 요인이 어디에 있는가를 감동 깊게 보여주었다. 소설은 위대한 수령님의 뛰여난 령군술을 집중적으로 보여주면서 아울러 력사의 주인이며 추동력인 인민대중에 대한 수령님의 굳건한 믿음과 그 믿음에 기초한 무비의 담력을 예술적으로 강조하고 있다. 그리하여 위대한 김일성 동지를 수령으로 모신 여기에 조국해방전쟁승리의 결정적 요인이 있으며 혁명전쟁에서 로동계급의 탁월한 수령은 절대적인 지위를 차지하고 결정적 역할을 수행한다는 사상을 뚜렷이 내세우고 있다. 장편소설은 또한 위대한 수령님께 충직한 인민군 지휘관들과 영웅전사들의 고귀한 전형을 창조하고 있다. 특히 조선인민혁명군 출신 사단장인 최현의 형상은 어떤 역경 속에서도 불타는 충성의 넋만을 순결하게 품고 싸우는 충신의 전형으로 생동하게 그려지고 있다. 이밖에도 송기덕과 림운학, 복심이를 비롯한 전사-영웅의 형상은 소박하고 평범한 인간들이 위대한 수령님의 높은 뜻을 받들고 싸울 때 얼마나 놀라운 위훈의 창조자로, 영웅으로 되는가를 실감 있게 보여주고 있다. 그리고 소설에 감동 깊은 화폭으로 펼쳐진 김규식, 안재홍 등 실재한 남조선 민주인사들의 군상, 력사학자 성송암과 그의 딸 성련화의 형상은 위대한 수령님이시야말로 절세의 애국자이시고 민족의 태양이시며 경애하는 수령님을 따라갈 때에만 인생의 참된 삶을 누려나갈 수 있다는 진리를 천명하고 있다. 장편소설 《50년 여름》은 풍부하고 다방면적인 사적 자료에 철저히 기초하여 형상의 진실성을 담보하고 있으며 여러 갈래의 굵직굵직한 선들과 섬세한 선들이 다양하게 얽혀져 구성조직의 립체감과 박력, 인물들의 생동한 개성화 등 예술적 특징을 구비하고 있다. 이로부터 소설은 조국해방전쟁 첫 단계의 력사에 대한 매우 폭넓고 심오한 인식교양적 의의를 가진다.

—『문학예술사전』(하), 과학백과사전종합출판사, 1993.

| 평론 자료 |

조국해방전쟁의 승리를 마련한 위대한 령도에 대한 빛나는 형상

–장편소설 《50년 여름》에 대하여

최언경

총서 《불멸의 력사》(해방 후편) 중에서 장편소설 《50년 여름》(안동춘)은 우리 인민의 조국해방전쟁을 빛나는 승리에로 령도하신 위대한 수령 김일성 동지의 불멸의 업적을 서사시적 화폭에 담아 형상한 장편소설이다.

조선 인민은 위대한 수령님의 현명한 령도 밑에 력사상 처음으로 미제침략자들을 타승함으로써 세계《최강》을 자랑하던 미제의 코대를 꺾어놓고 그 《강대성》에 대한 신화를 산산이 깨뜨려버렸으며 미 제국주의자들이 내리막길에 들어서는 시초를 열어놓았다.

조국해방전쟁에서의 조선 인민의 승리는 위대한 수령의 두리에 일심단결되여 수령의 령도 따라 조국의 자유와 민족의 자주권을 지켜 싸우는 인민은 그 어떤 원쑤도 타승할 수 있다는 것을 뚜렷이 보여주었다. 이것은 지구상에 침략과 전쟁이 없이는 살 수 없는 제국주의가 남아 있고 제국주의에 환상을 가지는 사람들이 있는 한 인류가 한시도 잊어서는 안될 영원한 진리로 된다.

장편소설 《50년 여름》은 이 위대한 진리에 대한 력사의 증견자, 진실한 고증자로 된다.

소설은 제명이 보여주는 바와 같이 1950년 여름 조국해방전쟁 제1단계의 3차 작전까지를 묘사 대상으로 하고 있다. 작품은 이 과정에 있은 거대한 력사적 사변들을 기본으로 하여 이야기를 대서사시적 화폭 속에 폭넓게 펼쳐나가면서 우리 인민의 조국해방전쟁을 승리에로 이끄신 전설적 영웅이시며 백전백승의 강철의 령장이시며 탁월한 군사전략가이신 경애하는 수령님의 위대한 풍모를 인간학적으로 훌륭히 형상하고 있다.

장편소설 《50년 여름》이 경애하는 수령님의 위대성을 인간학적으로 훌륭히 형상할 수 있은 것은 주체의 군사사상과 세련된 령도력, 탁월한 전략전술을 한 몸에 체현하신 위대한 군사가로서의 풍모를 강철의 의지와 담력, 비범한 예지와 통찰력, 숭고한 인간애와 조국애를 지니신 가장 위대한 인간의 모습으로 진실하게 그린 데 있다. 위대한 사상과 령도, 그것은 인간의 위대성과 통일될 때, 오직 그때에만 만민의 심장을 틀어잡을 수 있으며 그들의 힘과 마음을 불러일으켜 승리를 이룩할 수 있다.

장편소설 《50년 여름》은 력사상 처음으로 미 제국주의를 굴복시킨 탁월한 군사령관의 전쟁 령도사인 동시에 위대한 인간의 력사이다.

장편소설 《50년 여름》이 조국해방전쟁의 거창한 사변들과 그 거대한 세계사적 의의를 한 편의 장편소설 속에 함축한 완결된 예술적 화폭으로 될 수 있은 것은 또한 형상체계 전반을 경애하는 수령님의 위대성을 부각하기 위한 목적에 맞게 능란하게 집중화하고 집약화한 것과 중요하게 관련된다. 소설에는 조국해방전쟁의 정의적 성격을 반증하는 가치 있는 자료들의 풍부히 리용되고 있으며 전쟁 개시로부터 시작하여 의정부 해방작전과 오산 전투, 서울 해방작전과 대전 해방작전 등 전쟁 1단계의 수많은 사건들과 사변들이 포괄되고 있다. 인물형상체계의 견지에서 볼 때 작품에는 또한 전선사령관 김책, 민족보위상 최용건, 조선인민군 총참모장 강건, 전선사령부 군사위원 김일, 52사단장 최현, 905땅크려단장 류경수 등 조선인민군 고위급 지휘성원의 거의 전부와 림운학, 송기덕, 박로수 등 인민군 군관들과 병사들 그리고 인민적 군상의 형상이 등장하고 있으며 홍명희 부수상과 성송암, 안재홍, 최동오 등 남조선의 중요한 민족주의 계렬의 거물급 인사들도 거의 다 등장하고 있다. 그런가 하면 적측 인물 계렬에서도 미국 대통령 트루맨과 리승만 역도로부터 시작하여 침략과 전쟁의 원흉들이 거의 모두 얼굴을 내밀고 있다.

소설은 이 모든 복잡하고 다양한 사건과 인물들 가운데서 가장 큰 봉우리를 이루는 서울 해방작전과 대전 해방작전 그리고 위대한 수령님의 형상 창조에서 뗄 수 없는 연고 관계에 놓여 있는 김책, 최용건, 강건, 최현 등 조선인민군의 고위급 지휘성원들의 형상을 기본으로 함으로써 위대한 수령님의 형상 창조에로 사건과 인물 형상을 집중화, 집약화하고 있다.

소설은 탁월한 군사전략가로서의 경애하는 수령님의 위대성을 이루는 한없는 풍모들 가운데서 가장 중요한 풍모들, 그 어떤 강적도 눈 아래 굽어보며 맞받아 공격하여 짓부셔버리는 거인적 담력과 강철의 의지, 그 누구도 상상할 수 없는 기상천외한 전략과 전술로 적을 한 손 안에 쥐락펴락하는 비범한 예지와 통찰력 그리고 이 모든 위대성의 원천을 이루는 열렬한 조국애와 인간애를 뚜렷이 부각하는 데 기본을 두고 형상을 집중화, 집약화하고 있다.

이것은 소설에서 형상을 성공에로 이끈 중요한 예술적 요인으로 되고 있으며 작가가 자기의 첫 장편소설로 독자들을 기쁘게 할 수 있는 형상적 근거가 있다.

장편소설 《50년 여름》은 무엇보다 먼저 강철의 의지와 무비의 담력이야말로 백전백승의 강철의 령장으로서의 경애하는 수령님의 가장 위대한 풍모이며 인간 중심의 학설인 주체사상에 원천하고 있는 이 위대성이야말로 준엄하고도 힘겨운 조국해방전쟁을 승리에로 이끈 가장 중요한 요인이였다는 것을 생동한 생활로 보여주고 있다.

미제에 의하여 강요된 전쟁은 조선 인민에게 있어서 참으로 엄혹한 시련이였다. 우리 공화국은 미 제국주의 침략자들과 맞서 싸우기에는 아직 너무도 청소하였다. 일제의 기반에서 해방된 지 불과 5년 밖에 되지 않는 조선 인민, 정규 무력으로 탄생한지 2년밖에 되지 않는 조선인민군, 그러므로 아직 경제력도, 국방력도 미약하였다.

이러한 우리 인민이 가장 강대한 군사력과 경제력을 가지고 있으며 100여 차례나 되는 침략 전쟁에서 한 번도 패한 적이 없다고 호언장담하던 미 제국주의의 침략을 반대하여 싸워야 했던 것이다.

그리하여 깊은 우려를 담은 세계의 시선이 동방 일각에 갓 태여난 작은 나라 조선에로 집중되였다. 사실상 그 누구도 조선 인민의 승산에 대하여 믿기 어려워하였다.

게다가 조선 인민은 완전한 평화의 상태에서 불의의 침공을 당하였던 것이다. 소설의 생동한 세부가 보여주는 바와 같이 전쟁이 일어나기 하루 전인 6월 24일, 토요일 경애하는 수령님의 탁상 일력에는 여느 때와 다름없이 평화적인 사업 계획을 말해주는 《백두산 림철 개통식 거행》이라는 친필이 적혀 있었고 1950년 6월 25일 일요일 전쟁이 일어난 바로 그날 새벽에도 그이께서는 거리에서 손에 낚시대를 든 한 아버지와 다라치를 든 아들을 만나게 되시였고 일요 휴식에 홍이 겨워 불 밝은 창가에서 아들애를 목마 태운 사나이의 행복한 모습도 띠여 보시였다. 이리하여 그이의 모든 사색과 활동은 그들에게 전쟁이 아니라 평화를 주기 위한 오직 한 곬으로 줄달음쳤으며 지어 적들의 무장 침공에 대한 통보를 받게 되신 그 순간에도 그이의 사색은 적의 무분별한 도발을 저지시키기 위한 마지막 가능성을 찾는 데로 집중되였다.

소설은 이처럼 진지한 평화 애호적인 우리의 노력에도 불구하고 전쟁이 피할 수 없는 기정의 사실로 되였을 때 위대한 수령님께서 적들의 불의의 침공으로 조성된 최악의 역경을 순경으로 역전시키시고 일찌기 세계 전쟁사에 있어 본 적 없는 기적을 창조하시여 전쟁을 어떻게 승리에로 이끄시였는가를 긍지 높이 이야기하고 있다.

조선인민군 최고사령관이신 경애하는 수령 김일성 동지께서는 적의 불의의 침공에 대처하여 전면적인 반공격을 명령하시였다.

위대한 수령 김일성 동지께서는 1950년 6월 25일 내각비상회의에서 다음과 같이 교시하시였다.

《우리는 조국의 독립과 민족의 자유와 영예를 수호하기 위하여 적들과 단호히 싸워야 합니다. 적들의 야만적인 침략전쟁에 우리는 정의의 해방전쟁으로 대답하여야 합니다.》

놈들의 불의의 침공에 단호한 반공격으로 맞서 적들의 침략전쟁에 정의의 해방전쟁으로 대답하려는 대용단, 이것은 정녕 온 우주도 통털어 쥐고 한 손으로 흔들 수 있는 거세찬 담력과 웅대한 배포, 강철의 의지와 철석의 신념을 지니신 그이께서만이 내리실 수 있는 용단이다. 전쟁의 운명은 이미 이 시각에 결정되였던 것이다.

일반적으로 전쟁 력사는 적의 불의의 공격을 좌절시키고 반공격에로 넘어가려면 적의 공격 력량보다 몇 배의 력량이 준비되여 있어야 한다는 것을 보여주고 있다. 우세한 잠재력을 가지고 충분한 방위태세를 갖춘 나라인 경우에도 적의 불의의 침공을 받았을 때에는 상당한 시일에 걸쳐 전선을 수습하고 힘을 마련한 다음에야 비로소 반공격에로 넘어갈 수 있다는 것이 기성의 군사학적 상식이다.

그러나 위대한 수령님께서는 전쟁의 법칙과도 같이 굳어진 이 모든 기성의 경험과 리론을 뛰여넘어 전면적인 불의의 침공에 대처한 전면적인 반공격을 명령하시였다.

적의 무력 침공을 좌절시키고 일단 반공격에로 넘어가면 적들에게 숨돌릴 틈을 주지 말고 공격하고 또 공격하여 적을 종국적으로 소멸하여야 한다는 것이 그이의 의지이며 신념이다.

이 위대한 신념과 의지에 떠받들리여 조선 인민은 조국을 지키기 위한 성전에 한 사람같이 일떠나 싸웠으며 영웅적인 조선인민군은 파죽지세로 진격하여 단 사흘 만에 적의 아성인 서울을 해방하고 남으로 남으로 전진할 수 있었다.

위대한 수령님께서는 《유엔군》의 조선 참전에 대한 유엔의 결정을 두고 홍명희가 찾아와 걱정할 때 자신께서는 오늘 유격대 초기 진퇴량난의 포위 속에 들었던 때의 느낌을 솔직히 내비치시면서도 바로 그때마다 참된 사랑의 힘은 불패한다는 신념의 기치가 앞길을 고무했다고 하시면서 신념의 원천에 대하여 다음과 같이 말씀하신다.

《진리에 자각된 인민의 힘은 위대한 것입니다. 인민대중이 이 진리로 무장되고 자기의 위대성을 깨달았을 때… 력사는 그야말로 우연과 필연의 사이길에서 방황하는 나그네로가 아니라 필연의 길로 줄기차게 내닫는 기관차로 될 것입니다. 우리의 광복도 그 필연의 길에서 이루어진 결실이 아니겠습니까. 나는 막막하고 불안할 때마다 이런 생각 속에 자신을 고무합니다. 오늘 역시 그랬습니다.》

이러한 뜻 깊은 형상은 위대한 수령님께서 지니신 담력과 의지야말로 20대의 청년 장군으로서 정권도, 후방도, 정규군의 지원도 없는 어려운 조건에서 발톱까지 무장한 강대한 일본 제국주의를 상대로 항일대전을 선포하고 일제를 타승한 전설적 영웅만이 체현할 수 있는 비범한 성품이며 인민의 마음을 믿고 그 힘을 불러일으킨다면 이 세상에 격멸하지 못할 적이 없다는 주체의 신념의 결정체이라는 것을 힘있게 확인하고 있다. 바로 여기에 소설이 위대한 사상가, 탁월한 령도의 예술가로서의 경애하는 수령님의 형상을 창조하는 데서 이룩한 귀중한 성과가 있다.

장편소설 《50년 여름》은 다음으로 비범한 예지와 통찰력이야말로 탁월한 군사전략가로서의 경애하는 수령님의 가장 위대한 풍모이며 그것이 낳은 백전백승의 전략전술과 주체의 전법은 미 제국주의자들의 힘의 우세, 기술적 우세를 타승하고 조국해방전쟁의 승리를 마련한 결정적 요인이였다는 것을 력사적 사실에 대한 생동한 화폭을 통하여 잘 보여주고 있다.

소설은 위대한 수령님의 현명한 령도 밑에 승리로 수놓아진 조국해방전쟁의 빛나는 화폭들을 폭넓게 펼쳐 보이면서 수령님의 령도 업적이 가장 빛나게 아로새겨진 두 개의 높은 봉우리인 서울해방전투와 대전해방전투를 중심으로 하여 형상을 집중하고 있다. 어떤 의미에서 소설은 전략과 전술의 독창성과 완벽성으로 하여 세계 전쟁사에 새 장을 펼쳐놓은 두 전투에 대한 예술적 일반화라고도 할 수 있다.

구성조직과 묘사의 이러한 집중성은 조선 인민의 조국해방전쟁사를 위대한 수령님의 탁월한 전략전술의 승리의 력사로 일반화할 수 있게 하였다.

서울해방전투, 이것은 실로 적의 불의의 침공에 맞서 반공격에로 넘어간 무장력이 련속적인 공격으로 전쟁의 주도권을 확고히 틀어쥐고 최단기간 내에 적의 주력을 소멸함으로써 전쟁 승리의 길을 열어놓은 대공격전의 빛나는 본보기였다. 이것은 일찌기 세계 전쟁사에 있어 본 적 없는 것으로서 경애하는 수령님의 탁월한 전략전술의 위대한 승리였다.

소설이 보여주는 바와 같이 서울해방전투는 참으로 간고하였다.

조선인민군의 반공격으로 의정부를 잃은 적들은 제 놈들의 본거지인 서울을 빼앗기지 않기 위하여 의정부에서 쫓겨난 괴뢰군 2, 7보병사단은 물론 작전적 예비대와 수도사단 등 패잔 력량을 집결하여 강력한 방어진을 구축하고 집요하게 발악하고 있었다.

조선인민군의 진격을 저지시켜 보려고 미제 침략군은 비행대를 동원하여 더욱 악랄하게 맹폭격을 감행하였으며 함선들로는 동서 해안에서 맹렬한 함포 사격을 가하였다.

게다가 위청을 대신하여 최현 장령이 지휘하는 52사단이 서울 측방으로 진출한다는 기미를 차린 적들은 집중적인 포격으로 그 앞길을 막아 나섰다.

참으로 돌파의 가능성은 그 어디에도 없을 듯하였다.

그러나 위대한 수령님께서는 서울 계선에 진출한 부대들로써 서울 해방작전을 조직할 데 대한 단호한 명령을 내리시고 작전의 승리를 위하여 탁월한 전략전술적 방침을 밝혀 주신다.

위대한 수령님께서는 우선 27일 밤중으로 미아리-월곡리 계선을 돌파하여 서울 포위망을 최대한 좁힘으로써 총공격 개시 후 신속히 거리 중심에로 돌입하여 시가전을 최단 시간 내에 결속 지을 조건을 마련하도록 하신다. 이와 함께 보병과 땅크의 소부대들을 시내에 진입시켜 적 방어거점들과 화력진지들을 기습 타격함으로써 적 방어에 일대 혼란을 조성하도록 하신다. 이러한 야간습격 전법은 항일무장투쟁시기의 성시습격전투를 참작하여 유격 전술을 현대전의 요구에 맞게 활용한 탁월한 전법이였다.

새벽 3시, 한강다리가 폭파되였다는 전화 보고를 받으신 위대한 수령님께서는 이것은 이미 적의 작전 수뇌부가 제정신을 잃었다는 것을 의미한다고 하시며 적이 수습되기 전에 공격을 개시하며 류경수 장령의 주력 땅크들도 곧 전투에 진입할 것을 명령하신다.

이리하여 두 종대로 나뉜 류경수의 땅크려단의 돌입으로 그 장엄한 서막이 열리고 1950년 6월 28일 새벽 4시 서울에 대한 력사적인 총공격이 개시되였으며 11시 30분, 그것은 조선인민군대의 빛나는 승리로 결속되고 서울은 완전히 해방되였던 것이다.

불의의 침공을 받은 조선인민군이 단 사흘 만에 서울을 해방했다는 전설 같은 기적은 세계 인민들 속에 폭풍 같은 반향을 불러일으켰다. 그것은 소설에서 위대한 수령님과 외교관들과의 접견 장면에 집약되여 있다. 이 력사적인 접견석상에서 위대한 수령님께서는 각성된 인민의 의지는 불패라고 하시면서 이 전쟁에서 우리 인민은 모두가 영웅으로 될 것이라는 유명한 말씀을 하시였다.

장편소설 《50년 여름》에서 절정을 이루는 것은 대전해방전투이다. 이것은 동시에 경애하는 최고사령관 동지의 전략전술의 위대성에 대한 절정이기도 하였다.

서울해방전투가 현대적인 공격전의 빛나는 본보기였다면 대전해방전투, 이것은 일찌기 전쟁사에서 보기 드문 현대 포위전의 완벽한 모범으로 된다.

위대한 수령 김일성 동지께서 몸소 조직 지휘하신 대전 해방작전은 항일무장투쟁시기 그이께서 창조하신 탁월한 전술들을 현대전의 요구에 맞게 발전시킨 작전으로서 각 병종부대들의 긴밀한 협동작전 밑에 정면 공격과 익측 공격, 민첩한 기동과 우회, 매복과 습격 등 다양한 전투 형식을 배합하여 전개한 현대적인 대포위전이였다.

소설이 보여주는 바와 같이 위대한 수령님께서는 적들이 최현 사단의 진출을 막기 위해 결사적으로 발악하고 있는 기회를 리용하여 전선 서부의 54사 18련대를 동남쪽으로 급속히 우회이동시켜 대전의 후면 포위를 완성할 데 대한 방침을 제시하신다.

이리하여 120리에 달하는 54사 18련대의 류례없는 강행군이 단행되였으며 마침내 미1기갑사단의 선견 땅크대는 조선인민군의 《유령》같은 매복에 걸려 송두리채 파멸되였다. 미25사의 일부가 최현의 52사와 최춘국의 62사 쪽으로 전개한다는 통보를 받으신 최고사령관 동지께서는 야간공격을 단행하여 적을 혼란에 빠뜨리며 대공격을 새벽으로 앞당길 데 대하여 명령하시였다.

이리하여 마침내 7월 20일 새벽 5시, 수만 명의 미군과 괴뢰군들로 올챙이 끓듯하는 대전 시가에 대한 조선인민군 련합부대들의 총공격이 개시되였으며 그것은 아군의 빛나는 승리로 결속되였다. 대전해방전투는 말 그대로 인간의 분노가 얼마나 무서운가를 보여주는 격전장으로 되였으며 위대한 수령님께서 예언하신대로 우리 인민이 어제날의 조선 인민이 아니라는 것을 세계에 떨쳐보인 력사의 날로 되였다.

경애하는 최고사령관 동지께서는 대전해방전투의 눈부신 승리를 두고 우리 인민은 조선 사람의 본때를 보임으로써 세계에서 미국 놈의 거만한 코대를 꺾어놓은 첫 인민으로 되였다고 말씀하시였다.

실로 서울해방전투와 함께 대전해방전투의 승리는 그 누구도 당할 수 없는 위대한 수령님의 거인적 담력과 더불어 비범한 예지가 낳은 탁월한 전략전술의 빛나는 결실이였다.

그리하여 금강 도하작전으로부터 대전 작전 전야에 이르기까지 잊을 수 없는 로정에서 자기가 체험한 정신-심리적 혼돈과 망설임의 과정을 돌이켜보면서 조선인민군 전선사령관 김책은 경애하는 김일성 동지의 명철한 판단이 없었다면 과연 어쩔 번했는가 하는 생각을 하였다.

그는 순간과 력사에 대하여, 위인과 민족의 운명에 대하여 깊은 상념의 세계에 잠겨들었으며 위대한 수령님께서 지니신 분석과 판단의 초인간적인 신속성과 정확성을 두고 그것은 어쩔 수 없는 숙명이라는 생각을 하였다. (그이야말로 진실로 인민적 지혜, 인민적 의지의 집대성이기 때문이다. 그이께서는 이 땅에 내려진 축복이며 행복이다)고 가슴 벅찬 기쁨을 감수한다.

그렇다. 위대한 수령님께서 지니신 강철의 의지, 그것은 인민적 의지의 집대성이며 그이의 비범한 예지, 그것은 인민적 지혜의 집대성이다. 이것으로 하여 그이의 사상과 령도는 그처럼 위대한 것이며 이 위대한 사살과 령도로 하여 조선 인민은 미 제국주의 침략자들을 타승할 수 있은 것이다. 이 위대한 력사의 진리에 대한 힘있는 확인에 장편소설 《50년 여름》이 경애하는 수령님의 형상 창조에서 차지하는 뚜렷한 몫이 있다.

장편소설 《50년 여름》은 다음으로 열렬한 조국애와 인간애야말로 경애하는 수령님의 위대성을 특징짓는 가장 중요한 풍모이며 바로 여기에 조국해방전쟁 승리의 근본요인이 있다는 것을 뜻 깊은 인간관계와 감명 깊은 생활 화폭으로 펼쳐 보이고 있다.

그이께서 체현하신 조국애와 인간애는 너무도 숭고한 것이여서 그것은 김책이 성송암의 집에서 가져온 신사임당의 한 폭의 그림에도, 무참하게 폭격당한 평천리의 집터에서 만난 복심이가 지은 작은 주머니의 《승리》라는 두 글자에 새겨진 이 나라 녀인들의 깨끗한 마음에도 살뜰하게 미쳐 있다.

조국과 인민에 대한 그이의 사랑은 너무도 헌신적이여서 그것은 그들에게 전쟁이 아니라 평화만을 주려는 그이의 절절한 념원 속에, 그들을 위해서라면 호위병도 없이 찾으신 최전선 길과 그이께서 건느신 파괴된 림진강 철교에 자욱자욱 뜨겁게 어려 있다.

그이의 조국애와 인간애는 너무도 엄청나고 위대한 것이여서 그것은 그이의 모든 사상과 감정, 사색과 삶의 전부를 차지하고 있으며 조국과 인민의 운명 모두가 그 속에 통채로 안겨져 있었다.

장편소설 《50년 여름》에서 가장 인상적이고 예술적으로 성공한 한 장면을 선택하라면 누구나 다 다음의 장면을 들게 될 것이다.

달리는 할 수 없는 정황에서 김책과 최용건은 서울 시가에 대한 포 사격을 하기로 결심하고 위대한 수령님께 보고드리였다. 포 사격 말고 다른 방법은 없겠는가고 하신 그이의 힘겨운 물으심에 김책은 파괴된 것은 다시 건설하면 되지 않겠는가고 하면서 우리 포병들의 사격술을 믿고 그대로 했으면 하는 의견을 말씀드리였다.

위대한 수령님께서는 이에 대하여 다음과 같이 말씀하신다.

《김책 동무, 도시는 복구한다 쳐도 사람들은 어찌합니까. 사람이야 다시 만들지 못하지 않습니까. 포탄에는 눈이 없습니다. 그 포 사격으로 페허가 된 도시에서 과연 승리의 만세를 부를 수 있습니까. 그런 승리가 우리에게 무슨 필요가 있습니까. 거기 서울엔 수십만이 넘는 우리 인민들이 살고 있습니다. 그래 우리가 그처럼 이 전쟁을 피하기 위하여 애쓴 것이 무엇 때문입니까.》

그러시면서 그이께서는 외래 침략자들의 침입으로 하여 얼마 남지 않은 선조의 유산들을 우리가, 우리의 손으로 파괴할 수 있는가고 근엄하게 말씀하신다. 이리하여 서울 시가에 대한 일체 포 사격이 불허되였으며 27일 밤으로 예견되였던 서울 공격 시간은 야간전투로 인한 도시의 파괴를 피할 목적 밑에 다음날 새벽으로 변경되였다.

전쟁이란 그 자체가 파괴와 죽음을 전제로 한 정치 현상이라는 것을 념두에 둘 때, 그리고 공격 속도의 신속성이 조선 전쟁의 운명을 결정하는 데서 얼마나 중대한 의의를 가지고 있었는가를 조금이라도 고려한다면 이것은 완전히 상상을 초월하는 것이며 세계 전쟁사에 전후무후한 것이다. 이것은 오직 조국과 인민에 대한 사랑을 천품과도 같이 사무치게 체현하신 그이께서만이 내리실 수 있는 대용단이다.

그리하여 《포 사격 중지!》를 알리는 무선수와 전화수들의 음악과도 같은 변신소리를 들으며 최용건은 《위대한 분이요!》하고 내심의 감격을 금치 못해 한다.

참으로 눈물 없이는 읽을 수 없는 이 감동적인 화폭은 인간의 위대성에 대한 극치를 보여준다고 말할 수 있다.

그이께서 체현하신 숭고한 인간에는 조선인민군 지휘성원들인 김책, 최용건, 강건, 최현 그리고 류경수, 최춘국 등 일찌기 항일혁명투쟁시기부터 생사고락을 함께 해온 혁명전사들에 대한 믿음과 사랑에서 참으로 가슴 뜨겁게 그려지고 있다.

그들에 대한 그이의 믿음은 자신에 대한 믿음과 같이 절대적인 것이였으며 그들에 대한 그이의 사랑은 자신을 초월한 헌신적인 것이였다.

그러한 믿음은 가장 어려운 때에 전선의 중하를 김책에게 맡기시며 때로 독자적인 결심을 내릴 때가 있을 수 있는데 동무가 있는 것이 그에게도 좋고 작전 진행에도 좋을 것이라고 하시며 강건을 최용건에게 보내주시는 데서 그리고 일찌기 항일혁명투쟁의 그 시절부터 38경비대를 거쳐 전쟁에 이르는 나날 가장 어렵고 힘든 곳으로 최현을 보내게 되시는 데서 뜨겁게 받아 안게 된다.

전사에 대한 그이의 사랑은 특히 최용건의 실책을 두고 필요한 조치를 취하시면서도 과묵한 성격에 속이 깊은 그가 체험하게 될 마음의 번뇌를 함께 나누시며 그를 자신의 가까이에서 일하도록 하는 데서 특별히 인상 깊게 그려지고 있다.

그리하여 경애하는 수령님의 이 위대한 사랑과 믿음은 그들 한 사람 한 사람을 죽어도 변할 수 없는 충성의 화신으로 되게 하였다.

장편소설 《50년 여름》은 이 뜻 깊은 형상을 통하여 위대한 수령님을 중심으로 하여 그 수뇌부가 그 무엇으로써도 허물 수 없는 사랑과 충성의 일심단결체로 된 여기에 전쟁을 승리에로 이끈 결정적 요인이 있다는 것을 웅변으로 보여주고 있다.

장편소설 《50년 여름》은 백전백승의 강철의 령장이시며 탁월한 군사전략가이신 경애하는 수령 김일성 동지의 위대성과 그이의 세련된 령도 밑에 우리 인민이 조국해방전쟁에서 이룩한 력사적 승리들에 대하여 형상한 이 모든 사상예술적 성과로 하여 우리 인민들 속에 혁명적 전쟁 관점을 바로 세우고 전쟁 경험을 배워주며 충실성 교양을 강화하는 데 훌륭히 이바지할 것이다.

—『문학신문』 1991년 4월 5일.

4. 개작 상황

장	1990	2001
서장	1면—"희망과 좌절은 엇바꿔 다가들며 사람들의 가슴을 조이고 끓게 하고 가랑잎처럼 타들게 하였다." 1면—"《5 · 30》선거에서 리승만이 대패했다는 소식은 《북진》광신자들의 함몰을 의미하는 서곡처럼 들리여져 밝은 희망의 미소를 던져주었고, 뒤미처 6월 7일 발표된"	2면—"희망과 좌절이 엇바꿔 도는 세월이었다"로 바뀐다. 2면—"《5 · 30》선거에서 리승만이 대패했다는 소식에 뒤이어 발표된 6월7일 발표된"으로 내용이 축약된다. 2면—두 번째 한 문단이 3 문단으로 나누어져 편집된다.
1	30면—"모두걸이로 인사를 하고 최현이와 악수를 나눈 강덕수는"	30면—"모두걸이로 인사를 하고난 강덕수는"으로 바뀐다.
7	144면—"가슴이 후두둑 뛰였다."	140면—단락이 바뀌어 "가슴이 후두두 뛰였다"로 된다.
8	180면과 181면—"30메터앞", "45미리포 사격", "45미리포", "45미리 포병"	176면과 178면—"30m앞", "45㎜포 사격" 등으로 단위기호가 바뀐다.
9	231면과 234면—"45미리포와 76미리 산포" 등	227면과 229면—"45㎜포와 76㎜ 산포" 등으로 단위기호가 바뀐다.
14	380면	371면—단위기호가 바뀐다.

19	551면	543면－단위기호가 바뀐다.
20	569면	555면－단위기호가 바뀐다.
종장	598~599면 누락 601면－"나 언제라도 다시 온다면" "모기불에 옛이야기"	587면－"내 언제라도 다시 온다면" "모래불에 옛 이야기"로 시 구절이 달라진다.

—작성 : 공임순

총서 ‘불멸의 력사’ 해제

25 『조선의 힘』

1. 세부 사항

제목	총서 ‘불멸의 력사’25『조선의 힘』		출간 권수	25
작가 및 창작단	정기종			
발표 연도 (수상 연도)	발표 연도	1992	발표 지면 (수상명·집)	문예출판사
	개작 연도			
스토리 주제	1950년 9월에서 1951년 1월까지의 ‘전략적 일시 후퇴’와 평양 탈환 전투 과정			
키워드1/ 테마	‘조국해방전쟁’의 전략적 일시 후퇴			
키워드2/ 구성	3편(1 · 2편+마감)			
키워드3/ 시점	전지적 작가 시점			
키워드4/ 시간	1950년 9월~1951년 1월			
키워드5/ 장소	낙동강, 서울, 김천, 문경, 대전, 평양, 철원, 평강, 원산, 임진강, 웨이크섬, 도쿄			
키워드6/ 소재	‘조국해방전쟁’, 낙동강전투, 인천상륙작전, 웨이크섬 회담, 중공군 개입, 도쿄 회의, 평양전투, 서울 탈환.			
키워드7/ 인물(직업)	최고사령관, 전선사령관, 군단장, 사단장, 공병중대장, 간호장, 보충수, 기사장.			

2. 줄거리 소개

1편

1950년 9월 13일 태풍 9호가 북상하여 낙동강 전선에 폭우가 내리는 가운데, 최현 사단장이 도하장에 나타나 전선을 지휘한다. 탱크와 포차(砲車)를 도하시키기 위한 배떼다리에서 최현 장령과 공병중대장 류현수가 만난다. 낙동강 도하가 끝나면 차후 임무를 대기하라는 전선사령관 김책의 명령이 하달된다. 미군의 인천상륙작전으로 인해 전선과 후방이 차단되고 낙동강 전선의 주력부대들이 적군에 포위될 수 있는 위기상황에서 최고사령관은 전쟁의 최후 승리를 위해 전략적인 일시 후퇴 명령을 내린다. 또한 전선사령부가 서울 내부를 방어하고, 후비 부대를 준비하는 동시에 적군의 전선과 후방을 차단하기 위해 제2전선을 적군의 배후에 두는 작전 구상을 제시한다. 전선사령관 김책의 명령에 따라 최현의 연합부대는 김천－문경간 도로를, 박정덕의 연합부대는 김천－대전간 교통로를 차단하고 적군을 견제하는 기동방어전을 벌인다. 한편 10월 15일 미국 대통령 트루맨과 맥아더 장군은 조선전쟁 문제를 회의하기 위해 웨이크섬 회담을 갖는다.

2편

1950년 10월 25일 중공군은 '항미원조보가위국'의 기치 아래 조선 전선에 파견된다. 최현은 반공격의 디딤돌이 될 제2전선에서 활동하는 군단을 책임지는 제2군단장이 된다. 11월에는 반공격의 결정적인 승리를 위한 제2전선부대의 맹렬한 활동이 전개된다. 최현은 박정덕 사단장에게 철원을 해방시키고 평강의 적 비행장을 습격할 것을 명령한다. 11월 25일 인민군대의 결정적인 반공격(3계단 2차 작전)이 벌어지며, 11월 28일 도교회의에서 맥아더는 참패를 인정하고 평양—원산 계선으로 퇴각할 것을 지시한다. 적후의 제2전선부대는 평양을 탈환하며 임진강 유역에서 적의 퇴로를 차단한다. 평양 전투에서 항일투사인 한창봉 연대장 등 많은 전사들이 희생되며, 마침내 12월 6일 평양을 탈환한다. 한편 군사적 명령을 어긴 죄로 무정에게서 처벌을 받아 죽을 뻔한 류현수는 김일성의 믿음으로 보병중대의 보충수가 된다. 그 후 류현수는 처절한 싸움의 길에서 과오를 깨끗이 씻고 다시 공병중대장이 되어 적 비행장을 파괴하는 등의 용맹을 떨친다. 또한 서병호를 비롯한 일부 일꾼들이 도망쳤다고 인정한 전기관리국 기사장 리성조는 적구를 뚫고 들어가 목숨을 걸고 전기를 끌어오며, 전쟁의 불길 속에서 파괴된 리성조의 가정은 새로운 모습을 찾는다.

마감

1951년 1월 4일 전선 서부의 연합부대는 서울을 다시 탈환하며, 1월 마지막 날 김책은 심장마비로 사망한다.

3. 북한의 소개와 평가

| 사전(년감) 자료 |

소설(정기종 작)은 1950년 9월부터 1951년 1월까지의 력사적 사변들을 시대적 배경으로 하여 조국해방전쟁에서 조성된 일시적 난국을 타개하고 미제의 내리막길의 시초를 열어놓으신 경애하는 김일성 동지의 탁월한 령도력과 위대한 업적을 보여주고 있다.

소설은 미제의 호전장군 맥아더 놈이 5만의 대군을 인천에 상륙시킨 불의의 환경 속에서 락동강까지 진출한 아군의 주력부대를 구출하시고 일시적인 전략적 후퇴를 조직하시며 력량을 재편성하여 반공격에로 넘어감으로써 전쟁 승리의 결정적 국면을 열어 가시는 탁월한 군사전략가이시며 백전백승의 강철의 령장이신 경애하는 수령님의 위대성을 폭넓고 깊이 있게 형상하였다.

1950년 가을 미제가 15개 추종국가의 무력까지 동원하여 인천상륙을 감행하자 세계는 조선의 운명은 조만간에 끝장이 날 것이라고 예견하고 있었다.

바로 이러한 때 위대한 수령님께서는 전략적인 일시적 후퇴를 결심하시는 한편 적후에 떨어진 련합부대들로써 강력한 제2전선을 펴나갈 데 대한 독창적인 방침을 제시하심으로써 북반부를 강점하였던 적들을 38도선 이남으로 구축하는 데서 결정적 국면을 열어놓으시였다.

소설은 일시적인 전략적 후퇴의 엄혹한 시련의 시기를 순경에로 역전시키신 탁월한 군사전략가, 강철의 령장으로서의 수령님의 위대성을 형상하는 데 모를 박으면서도 인민에 대한 믿음과 사랑을 지니신 정치가로서의 그이의 숭고한 철학세계를 높은 사상예술적 수준에서 보여주었다.

전쟁의 날에도 평화시기와 마찬가지로 변함없이 국립연극극장의 마당을 쓸고 있는 로인의 소박한 모습에서, 폭탄이 튀는 환경 속에서도 《발갈이 노래》를 부르며 웃고 떠드는 후방 인민들의 락천적 생활에서, 최고사령부로 새 전투 명령을 받으러 간다는 꼬마 전사의 힘찬 대답에서 용기와 힘을 얻으시고 새로운 작전적 구상을 무르익히시는 위대한 수령님의 모습은 백전백승의 령군술이 바로 인민에 대한 믿음과 사랑에 원천을 두고 있다는 것을 감동적으로 보여주고 있다.

소설은 김책, 홍명희, 최현, 최용건, 남일, 허정숙 등 측근 인물들과 복잡한 생활경위를 걸어온 전기기술자 리성조, 군벌주의자인 무정에 의하여 사형을 당할 번한 공병중대장 류현수 등 각이한 인물들의 형상을 통하여 수령님의 크나큰 사랑과 믿음의 자양분 속에서 수많은 사람들이 전쟁을 이겨내는 거대한 힘으로 뭉쳐졌음을 보여주었다.

소설은 수령과 인민이 하나의 사회정치적 생명체로 일심단결된 조선의 힘이야말로 미제의 거만한 코대를 꺾어버리고 승리의 새봄을 마련한 위대한 힘이라는 것을 격조 높이 보여주었다.

—『조선중앙년감』, 조선중앙통신사, 1993.

| 평론 자료 |

조국의 운명을 구원한 위대한 영도에 대한 불멸의 서사시적 화폭

—총서 《불멸의 력사》(해방 후편) 중의 장편소설 《조선의 힘》에 대하여

리성덕

총서 《불멸의 력사》의 해방 후편에 속하는 장편소설 《조선의 힘》(정기종 작)은 우리들의 관심을 끄는 작품이다.

우리는 이 작품의 첫머리에서 1950년 9월 13일 남태평양에서 발생하여 북상하기 시작한 태풍 9호가 치렬한 격전이 벌어지고 있던 락동강 전선에 이르러 미친듯한 폭우를 들씌우는 격정적인 사변에 접하게 된다.

《골마다에서 탕수가 끓어 번졌다. 바위돌이 굴러 내리고 아름드리 거목들이 뿌리채 뽑혔다. 하늘을 쩍쩍 가르며 창살 같은 번개가 무시로 번쩍이고 하늘과 땅이 맞붙어 흐느끼듯 떨었다. 구름 속을 파헤치며 뢰성이 사라져가면 지상에서는 또 열띤 포성들이 꽈당꽈당 화답하듯 울부짖었다.》

이러한 간결하면서도 힘있는 문장으로 시작된 소설은 포신마다에서 비방울이 자글자글 끓고 구령소리, 욕지거리, 예광탄의 긴 꼬리, 몸서리치는 비명, 폭발, 진창길에 철떡거리는 군화발 등의 간결한 묘사로 격전장인 낙동강반을 집약적으로

조명하면서 《유엔군》의 인천상륙을 알리는 적들의 삐라, 그런 것에는 아랑곳없이 한 걸음만 더, 조금만 더 전진하면 대구와 부산에 닿을 수 있다는 일념만을 안고 한 치 또 한 치를 더듬어나가는 우리 인민군 용사들의 불사신의 모습을 부각하고 있다.

여기에 풍도 없는 차를 타고 대줄 같은 비속을 달리는 최현 장령의 출현, 락동강 도하가 끝나면 차후 임무를 대기하라는 전선사령관의 명령, 땅크와 포차를 도하시키기 위한 배떼다리에서 만나게 되는 최현과 공병중대장 류현수.

불과 몇 폐지 안 되는 묘사 속에 팽배하게 집약된 극적인 정황을 놓고 우리 독자들은 성급한 마음을 안고 책장을 번지지 않을 수 없다.

온 세계가 커다란 우려를 안고 조선의 운명을 지켜보며 이제 청소한 조선민주주의인민공화국은 지도 우에서 영원히 자취를 감추게 되리라고 생각하던 조국해방전쟁의 일시적인 전략적 후퇴시기를 형상한 장편소설 《조선의 힘》은 이렇게 첫 대목에서부터 독자들의 심금을 틀어쥐고 놓지 않는다.

위대한 수령 김일성 동지께서는 다음과 같이 교시하시였다.

《지금 전 세계의 이목은 조선 전선에 집중되고 있습니다. 세계의 많은 군사전문가들과 인민들은 우리 인민군대의 주력이 미군의 〈포위〉를 돌파할 수 있겠는가 하는데 대하여 우려하면서 인민군대의 행동을 주시하고 있습니다.

미 제국주의 침략자들은 인민군대의 주력을 〈포위〉하였다고 기뻐하면서 자기들이 승리할 것이라고 호언장담하고 있습니다. 그러나 적들은 실패를 면치 못할 것이며 적들의 기쁨은 슬픔으로 전변될 것입니다.》

이것은 1950년 8월 27일 도당위원장협의회에서 하신 위대한 수령님의 연설 《일시적인 전략적 후퇴와 당 단체들의 과업》의 한 구절이다.

장편소설 《조선의 힘》은 30대의 젊은 장군이신 위대한 수령님의 이 명철한 예언이 어떻게 그대로 현실로 되였는가 하는 것을 력사적 사실과 생활의 구체성 속에서 예술적으로 힘있게 확증하고 있다.

장편소설 《조선의 힘》은 락동강 전선에 아군과 적들이 협착되여 이제 일격이면 대구와 부산을 해방하는 력사적 순간을 맞이할 수 있었던 결정적인 시기 맥아더가 이끄는 5만의 대병력이 인천에 상륙하고 15개 나라 제국주의 고용병들의 조선전선에 증강됨으로써 군사정치 정세가 급변하고 적아간의 력량 대비가 엄청나게 달라져 조국의 운명이 일대 위기에 처했을 때 그 최악의 역경을 순경으로 전환시킨 그 위대한 힘의 원천이 무엇이였던가를 형상적으로 깊이 있게 밝혀내고 있다.

온 세상 사람들의 우려와 예상을 송두리채 뒤집어엎고 전대미문의 군사적 기적을 창조함으로써 미제의 《강대성》에 대한 신화를 여지없이 짓부셔버리고 미제의 내리막길의 시초를 열어 놓은 그 위대한 힘이 백전백승의 강철의 령장이시며 탁월한 군사전략가이신 경애하는 수령 김일성 동지의 위대한 령도에 그 원천을 두고 있다는 것을 생활적으로 깊이 있게 확증한 여기에 이 작품이 가지는 커다란 인식교양적 의의가 있다. 장편소설 《조선의 힘》은 시대와 인민대중을 대표하는 주체형의 공산주의 혁명가의 최고 전형이시며 시대가 제기하는 혁명의 근본 문제를 독창적으로 풀어 나가는 사회정치적 집단의 최고 뇌수이신 경애하는 수령님의 위대성을 형상하는 데서 우리의 주체문학이 개척한 고유한 창작 생리와 미학적 원칙, 풍부한 창작경험에 기초하여 보다 새로운 경지에서 수령님의 위대성을 특색있게 형상함으로써 이채를 띠는 예술적 화폭으로 빛나고 있다.

장편소설 《조선의 힘》은 조국과 민족의 운명을 판가리하는 가장 엄혹한 시련의 시기 탁월한 군사적 예지와 지략, 강철의 의지와 무비의 담력으로 미제 침략자들을 서산일락의 운명에로 처박아 넣는 위대한 군사전략가, 위대한 령도의 예술가로서의 경애하는 수령님의 탁월한 풍모를 예술적으로 품위있게 형상하고 있다.

인류는 하많은 전쟁의 력사에서 무훈을 남긴 군사의 대가들을 많이 알고 있다. 그러나 창건된 지 불과 5년 밖에 안되는 청소한 공화국, 정규 무력으로 조직된 지 불과 2년 밖에 안되는 유년기의 인민 무력, 그 인민과 군대를 가지고 200년의 전쟁 력사에서 단 한번의 패전을 모른다면서 세계 《최강》을 자랑하는 미제 침략자들과 제국주의의 강대한 무력의 총집합체라고 할 수 있는 15개 추종국가의 현대화된 대정예부대들과 맞서 승리를 이룩한 30대의 청년 장군이신 위대한 김일성 동지와 같은 희세의 군사 대가는 아직 모르고 있다.

소설은 위대한 수령님의 그 위대성이 집중적으로 발현된 조국해방전쟁의 가장 어려운 일시적인 전략적 후퇴시기로부터 1951년 1월까지를 시대적 배경으로 하고 경애하는 수령님의 위대한 형상을 예술적으로 품위있게 부각하는 데서 큰 걸음을 내짚었다.

이 소설의 작가는 수령형상작품의 고유한 생리를 옳게 파악하고 형상에 구현함으로써 전쟁의 가장 엄혹한 시련의 시기 경애하는 수령님의 탁월한 군사활동의 본질적 측면들을 통하여 조성된 전쟁의 위기를 한몸으로 막고 조국의 운명, 전쟁의 운명을 구원한 희세의 군사 대가, 위대한 정치적 수령으로서의 경애하는 수령님의 걸출한 풍모를 형상하는 데서 새로운 경지를 보여주고 있다.

장편소설 《조선의 힘》은 수령형상작품의 고유한 생리에 맞게 형상 화폭의 중심에 수령님을 세우고 력사적 사건들을 기본 줄거리로 하여 수령님을 중심으로 인간 관계를 엮고 있으며 수령님에 의하여 구상되고 조직 령도되는 전쟁의 전모를 집약적으로 펼쳐 보이고 있다.

이 소설에서는 위대한 군사의 영재로서의 비범한 예지와 지략이 집중적으로 표현될 수 있는 기본 사건의 하나로 전략적 후퇴를 결심하게 되는 생활 국면을 설정하고 여기에서 령활한 작전 구상을 익히고 실현하시는 수령님의 숭고한 풍모를 깊이 있게 개방함으로써 이 위대한 작전적 구상은 오직 수령님께서만이 내놓으실 수 있었던 조성된 위기 극복의 유일한 방도였다는 것을 생활적으로 확증하고 있다.

엄숙한 정적 속에 잠겨 있는 최고사령부, 모든 사람들의 눈길과 고도로 긴장된 마음들이 쏠리고 있는 최고사령관 김일성 동지의 집무실.

위대한 수령님께서는 전선사령관 김책이 올린 전투상보와 총참모부에서 작성한 정황지도를 보고 계신다.

거기에는 락동강 전선의 처절한 공방전의 전모도 그려져 있고 사품치는 강을 건너 교두보를 차지한 최현 사단의 전투 행로도 밝혀 있으며 대구와 부산을 지향한 모든 련합부대 지휘관들과 전투원들이 마지막 총공격 명령을 기다려 가슴 조이고 있는 그 심정이 그대로 어려있다.

그러나 수령님의 탁상일력은 미제의 대규모적인 인천상륙작전이 감행된 지 3일째라는 것을 가리키고 있다.

세계전쟁사에서 그 류례를 찾아볼 수 없는 월미도의 가렬처절한 싸움터에서는 불과 4문의 포를 가진 포병 1개 중대와 보병 1개 중대가 1,000대의 비행기, 수백 척의 대소함선, 5만의 상륙부대와 맞서 최후의 결전을 벌리고 있는 것이다.

조국 앞에 닥쳐 온 이 커다란 위험, 전선과 후방이 차단되고 락동강 전선의 주력부대들이 적들의 포위 속에 들 수 있는 일대 위기!

조성된 위기는 우리 당내에 잠입한 간첩도당의 악랄한 책동에 의하여 더욱 우심해지고 있었던 것이다.

소설은 겹쳐든 난국과 위기를 한몸으로 막아 나서시여 감히 그 누구도 상상할 수 없는 작전적, 전략적 구상으로 위험에 처한 전쟁의 운명을 구원할 수 있는 탁월한 방침을 제시하고 천재적으로 실현해 나가시는 위대한 군사전략가의 숭고한 풍모를 감동 깊은 예술적 형상으로 빛나게 재현하고 있다.

새로 조직된 련합부대를 지도하시고 수도로 돌아오시는 장군님께서 눈앞에 펼쳐진 례사로운 가을 풍경을 바라보면서 겪으시는 착잡한 내면심리세계를 소설은 얼마나 깊이 있게 개방하고 있는가.

메고 갈 총이 없어 빈 몸으로 인천, 서울의 격전장으로 달려가던 병사의 모습, 조국의 머리 우로 어떤 무서운 메지 구름이 밀려오는지도 모르고 반두질에 여념이 없는 애들과 전선에 나간 아버지, 형님, 누나들이 얼마나 치렬한 싸움을 벌리고 있는지도 모르는 천진란만한 어린 것들, 여기에 미친 듯한 폭우 속에서 결전을 벌리고 있는 락동강 전선의 치렬한 모습이 겹친다. 눈앞에 있는 대구와 하루길 사이에 있는 부산을 두고 오직 공격만을 생각하고 있는 주력부대의 장병들, 그러나 적들의 인천상륙으로 군사 정세는 너무도 급변한 것이다.

전선사령관 김책도, 총참모부의 남일도 이 엄연한 현실을 알고 있고 보고 있지만 그 누구나 속수무책이다. 오직 위대한 장군님께서만이 역경을 뒤집어엎어야 할 비상한 대책을 세우고 단호한 결심을 내려야 하는 것이다.

그것도 단 하루를 늦춰도 안되는 초긴장상태에서. 소설은 이 수습하기 어려운 준엄한 사태 앞에서 괴로운 사색 속에 잠겨 계시면서도 하나의 작은 생활에서 실머리를 찾아 쥐시고 천재적인 작전적 구상을 무르익히시는 경애하는 수령님의 여유작작하신 내면심리를 깊이 있게 개방한 정서적인 화폭들을 펼쳐가고 있다.

한 해 농사를 결단내고 있는 새떼들을 쫓으며 장군님께서 세워주신 우리나라의 아름다움을 긍지 높이 노래하는 한 소년의 꿈을 헤아려 보시며 수령님께서는 전쟁이 아무리 가혹하다해도 그 아름다운 노래와 꿈을 간직한 우리 인민의 심장은 그 어떤 원쑤도 놀래우지 못할 것이며 우리 인민은 결코 전복할 수 없을 것이라고 확신하시고 가장 크고 억센 믿음에 기초한 단호한 결심을 내리는 것이다. 작품은 이렇듯 수령님의 위대성의 기초에 놓여 있는 믿음과 사랑에 대한 철학을 깊이 있게 밝혀내면서 전략적 후퇴라는 새로운 작전적 구상을 익히시고 실현해 나가시는 위대한 전략가의 심오한 철학세계를 개방하는데 모를 박고 있다.

남일의 종합된 정세 자료를 보고 받으신 수령님께서 홍명희와 담화하시는 과정에 발현되는 혁명전사들에 대한 크나큰 믿음과 사랑을 오직 우리의 수령님께서만 지니실 수 있는 위대한 인간세계임을 뚜렷이 보여주고 있다.

조성된 정세에 대한 랭철한 분석만 있고 단 한마디의 대책도 없는 남일의 보고에 불만을 간직한 홍명희에게 그의 보고야말로 엄중한 정세에 대처하여 그 어떤 방책도 세울 수 없다는 자신을 깨닫고 괴로와하면서 고민하고 있는 자신을 고지식하게, 솔직하게 대담하게 드러내 놓은 것이라고 하시는 수령님.

군사와는 거리가 먼 교육일군인 남일에게 총참모장의 중책을 맡기시려는 수령님의 의도를 알아차리고 못미더워하는 홍명희에게 엄혹한 정세 하에서 우리에겐 사람들에 대한 믿음과 기대만이 있을 뿐이라고 하시면서 안길과 강건 등이 지녔던 조국에 대한 열렬한 사랑과 인민에 대한 남다른 헌신성을 남일에게서도 보고 있다고 뜨겁게 말씀하시는 위대한 수령님.

소설은 인간에 대한 믿음과 사랑을 가장 숭고한 높이에서 체현하고 계시는 수령님의 위대한 인간세계에 매혹된 홍명희의 절절한 내면심리세계의 개방을 통하여 평범한 인간이 시대의 견결한 혁명가로, 재능 있고 충실한 참다운 충신으로 자라고 있는 그들의 견결한 혁명정신이 우러난 샘터가 바로 위대한 수령님의 믿음과 사랑에 기초한 숭고한 인간세계, 이 세상 그 누구도 따를 수 없는 인간세계의 극치였음을 격조 높이 구가하고 있다.

어찌 그뿐인가. 전선에 조성된 위험이 각일각 전쟁의 운명을 조이고 있는 순간에 리승기 박사를 비롯한 과학자들과 나누시는 담화는 또 얼마나 우리들의 가슴을 격동시키는가.

《물론 지금 전선에서는 한 명의 전투원이 귀한 때입니다. 그러나 우리는 어떤 경우에도 래일을 생각해야 하며 래일을 믿어야 합니다. 그러되 오늘을 반복하는 래일이 아니라 더 좋고 더 훌륭한 래일을 오늘에 준비해야 합니다. 이제 머지 않아 전쟁을 이기고 준비해야 합니다. 이제 머지 않아 전쟁을 이기고 파괴된 나라의 경제를 복구하고 더 발전시켜야 하겠는데 그때에 가서 또 무에서 새로 시작하겠습니까. 아니 그럴 수 없습니다.

리승기 선생! 이제 전쟁을 이기면 그처럼 영웅적으로 잘 싸운 우리 인민을 남부럽지 않게 잘 해입혀야 하지 않겠습니까. 그런데 선생은 그때에 가서야 실험기구며 설비들을 빨리 내라고 요구하겠습니까?! …》

이렇게 말씀하시며 인민을 위함이라면 욕심이 하늘에 닿을수록 좋다고 하시는 수령님.

이것은 작가의 예술적 허구도 과장도 아니며 력사적인 사실을 보태지도 덜지도 않고 재현한 진실 그대로이다.

소설은 조국의 운명이 경각에 달하고 있던 그 엄혹한 시기에도 승리를 확신하시고 인민을 위한 래일을 구상하고 실현에 옮기시며 조성된 정세를 역전시키기 위한 군사적 대책을 세워 나가시는 위대한 령장의 숭고한 모습을 최용건과의 관계 속에서도 감명 깊이 부각하고 있다.

위대한 수령님께서는 맥아더란 놈이 닷새동안이면 서울을 강점하고 전선과 후방을 완전히 차단해 버린다고 호언장담하고 있지만 그 방대한 무력을 가지고도 작은 섬인 월미도를 점령하지 못해 발광하였다고 하시면서 필요한 것은 시간을 쟁취하는 것이라고 강조하시고 서울에 가서 우리 인민 군대와 인민 대중에 의거하여 전인민적 항전의 바리케트로 10일 이상 서울을 방어하여 적들의 진격을 저지시킬 것을 명령하신다.

위대한 장군님께서 비상한 결심을 가지고 계신다는 것을 짐작하고 그것이 《기동방어》일 것인가, 전반적인 기동전일 것인가를 생각해보는 최용건에게 전략적 후퇴에 대한 결심을 알려주시고 그 전략적 목적이 무엇인가를 밝히시는 력사적 사실에 대한 사실주의적 묘사는 희세의 탁월한 군사전략가이신 수령님의 위대성을 웅변으로 확증하는 빛나는 화폭으로 펼쳐지고 있다.

소설은 일시적 후퇴의 전략적 의의와 서울해방전투의 중요성을 위대한 수령님과 최용건과의 관계를 보여주는 집약적인 생활 속에서 형상적으로 강조하면서 전세계적인 우려를 뒤집어엎은 탁월한 전략적 구상은 오직 수령님께서만이 내놓으실 수 있었다는 것을 확증하는 데 성공하였다.

바로 여기에 이 작품이 거둔 성과의 중요한 한 측면이 있다.

소설은 위대한 군사전략가이신 수령님의 빛나는 형상을 창조하기 위하여 방대한 무력으로 공화국 북반부를 단숨에 삼켜버리려고 공격속도를 높이고 있는 적들을 제압하기 위한 새로운 작전적 구상, 적들의 공격이 한계점에 이를 때까지 완강히 방어를 하며 후비부대를 더 많이, 더 빨리 준비하는 동시에 적의 전선과 후방을 차단하기 위한 제2전선을 적의 배후에 펴나가시는 천재적인 령군술을 발휘하시는 장엄한 모습을 형상적으로 두드러지게 부각하고 있다.

위대한 수령님께서는 46만에 달하는 적의 대병력이 동서 200키로메터에 이르는 전 전선에서 홍수처럼 밀려들고 있는 조건에서 전쟁의 종국적 승리를 위하여 중대한 결심을 내려야 한다고 하시며 김책에게 홍수로 불어난 강물을 여러 개의 물줄기로 갈라서 길들이듯 적의 대부대를 분산시켜 공격속도를 저지시킬 데 대한 비상한 작전적 구상을 피력하신다.

이것은 새로 정비된 일부 연합부대도 적후에 들이밀고 후퇴해 오는 부대들도 멈춰 세우고 적후에 강력한 제2전선을 형성함으로써 놈들의 뒤통수를 갈기고 적의 전선과 후방을 차단할 데 대한 또 하나의 위대한 전략으로서 세계 전쟁사가 알지 못하는 불멸의 의의를 가지는 사변이였다.

소설은 순간의 포착으로 적들의 약점과 전쟁의 전모를 간파하시고 승리를 위한 결정적인 국면을 열어 나가시는 위대한 수령님의 탁월한 풍모를 극명하게 형상하고 있다.

동서해안으로 갈라져 우리 지역으로 깊숙이 뛰어든 적들의 군단과 아군의 한개 중대나 소대가 대치하고 있다는 기막힌 보고들이 련이어 각 방향장들로부터 들어오고 있지만 위대한 수령님께서는 적의 동부 집단과 서부 집단의 련계가 끊어지고 통일적인 지휘가 보장되지 못하고 있다는 것을 제때에 간파하시고 놈들의 동서집단 사이에 놓여 있는 험한 산악지대를 장악하면 놈들의 전선과 후방을 차단하고 혼란에 빠뜨릴 수 있다고 확신하고 제2전선의 전개를 당면한 총적 목표로 내세우시는 것이다.

소설은 시시각각으로 조여드는 적들의 대공세 앞에서 괴로운 마음만을 안고 모대기던 김책의 시점에서 그 격동적인 사변의 의의를 이렇게 강조하고 있다.

(장군님, 장군님께서는 벌써 침략자들의 머리 우에 철추를 드시였습니다. 제2전선의 철추로 전생의 운명을 결정짓고 계십니다!…)

이것은 항일혁명전쟁시기 20여 년을 포위 속에서 살면서 그 포위를 뚫고 적들을 타승해온 김책이 제2전선을 생각하지 못한 자신을 두고 터뜨리는 자책의 목소리이다.

소설은 이렇듯 급변하는 군사정세에 대한 예리한 분석으로 적들의 본질적인 약점을 꿰뚫어보시고 전쟁의 운명을 결정지을 비상한 전략적, 작전적 구상을 령활하게 펴나가시는 위대한 수령님이시야말로 희세의 군사대가이심을 예술적으로 확증하고 있을 뿐 아니라 그 비상한 전략적 구상을 실현하시여 대승리를 이룩하시는 실천과정을 폭넓게 형상함으로써 탁월한 전략적 구상의 세계사적 의의와 독창성, 그 위대한 생활력을 깊이 있게 확증하고 있다.

장편소설 《조선의 힘》은 수령형상문학에서 수령이 지닌 인간적 풍모의 위대성을 형상하여야 한다는 본질적 요구도 훌륭히 해결하였다.

소설은 수령님과 측근 인물들인 홍명희, 김책, 최용건, 남일, 최현 등과의 관계에서뿐 아니라 전기관리국 기사장 리성조와 그의 가족, 병기생산국장 서병호, 군벌주의자 무정, 공병중대장 류현수 등 중요인물들과의 관계를 통하여 수령과 전사, 수령과 인민과의 관계는 령도를 받는 관계인 동시에 사랑과 믿음을 주고받으며 운명을 보살피고 의탁하는 정치적 보호자와 전사, 어버이와 자식 사이의 혈연적인 관계로 특정지어지고 있다는 것을 소리높이 구가하고 있다.

그 누구나 다 적후에서 잘못되였다고 속단하고 있는 최현을 굳게 믿으시고 아직은 소식도 없는 그의 부대를 골간으로 하여 제2전선 형성의 원대한 작전적 구상을 펴나가시는 위대한 수령님.

서병호를 비롯한 일부 일군들이 도망쳤다고 인정하는 전기기술자 리성호를 굳게 믿어주신 위대한 사랑과 믿음이 있어 그가 적구의 어려운 길에 뚫고 들어가 목숨을 내대고 전기를 끌어옴으로써 군수생산의 막혔던 고리가 풀려나가는 력사적 사실에 대한 감동적인 재현, 전쟁의 불길 속에서 파괴된 리성조의 가정을 새로운 모습으로 태어나도록 이끌어 주시는 위대한 수령님의 은정 어린 사랑, 군사적 명령을 어긴 죄로 무정에게서 무자비한 처벌을 받아 죽음을 당할 번한 류현수가 수령님의 크나큰 믿음과 은정 속에 처절한 싸움의 길에서 과오를 깨끗이 씻고 다시 공병중대장으로 되여 용맹을 떨치게 되는 감동적인 이야기, 군벌주의적 망동으로 수많은 대원들을 무자비하게 총살한 엄중한 죄과로 하여 인간으로서의 가치마저 상실하고 버림을 받게 된 무정을 호되게 추궁하고 질책하시면서도 피로써 자신을 되찾을 수 있도록 재생의 길을 열어주시는 장군님의 그 웅심 깊은 사랑, 군관학교 시절부터 굳게 믿으시고 사랑으로 키워 오신 박정덕이 젊은 사단장으로서 적후투쟁에서 용맹을 떨쳐 미국 놈들과 악랄한 종파 놈들의 간담을 서늘케 하는 이야기를 비롯한 수많은 생활 일화들의 생동한 형상을 통하여 위대한 수령님이시야말로 인간에 대한 참다운 사랑을 최상의 높이에서 체현하고 계시는 인간 중의 가장 위대한 인간이시고 사랑의 위대한 화신이심을 확증하고 있다.

수령님의 인간적 풍모의 숭고함을 가장 가슴 뜨겁게 형상한 대목은 자제분과의 작별 장면이다. 이 장면은 독자들의 눈물을 자아내는 격정적인 장면으로 되고 있다.

아버님의 곁을 떠나기 그토록 아쉬워하는 자제분들의 마음을 누잦혀주시기 위하여 김정숙 동지께서 그처럼 좋아하시던 《사향가》를 함께 부르시는 어버이 수령님, 멀고도 험한 후퇴의 길에 호위도 없이 어린 영실에게 의탁하여 떠나보내시면서 자제분들의 손에 김정숙 동지의 사진을 쥐여주시는 위대한 수령님.

작품은 눈물 없이는 볼 수 없는 이 장면을 허정숙의 녀성다운 심리에 굴절시켜 부각함으로써 깊은 감동을 주는 생동한 예술적 화폭으로 되게 하고 있다.

그 누구보다도 아픈 마음을 안고 계시면서도 강한 의지로 그 고통을 이겨나가시며 방송연설로써 전체 군대와 인민을 전민항쟁에로 불러일으키시는 위대한 인간, 그 누구보다도 다감하시고 뜨거운 인정을 지니신 위대한 수령님의 웅심 깊은 인간세계를 가슴 뜨겁게 펼쳐 보인 이 장면이야말로 독자들의 인상 속에 영원히 사라지지 않는 생동한 정서적 화폭으로 빛을 뿌리고 있다.

소설은 또한 열렬한 사랑과 믿음만이 아니라 불의에 대한 강렬한 증오와 규탄의 감정이 투철하신 위대한 수령님의 인간적 풍모도 형상적으로 깊이 있게 강조하고 있다.

군벌주의의 망동을 부린 무정을 대하시는 랭철한 태도에서도 서리발 같으신 수령님의 증오가 빛발치지만 당적 량심을 솔직하게 터놓은 리성조를 철직시킨 서병호 국장에 대한 태도도 그만 못지않게 준렬하시다.

자기의 당적 량심이 시키는 대로 장군님께 솔직한 대답, 너무도 하기 힘든 대답을 했다는 리유로 패배주의자라는 감투를 씌우고 철직시킨 서병호를 꾸짖으시는 수령님의 추궁은 준렬하지만 그 밑바탕에는 그래도 믿음과 사랑이 강렬하게 흐르고 있다. 그러나 준엄한 정세에 대처하여 최고사령부도 국경 너머로 옮길 것을 《권고》하는 박헌영에게 터뜨리시는 수령님의 격노는 일찌기 있어본 적 없는 증오의 감정으로 이글거리고 있다.

소설은 이처럼 긍정에 대하여서는 열렬히 사랑하시고 불의에 대해서는 강렬하게 끝없이 증오하시는 위대하신 수령님의 정의인, 열의인으로서의 뜨겁고도 견결한 인간적 풍모, 특출한 인간세계를 예술적으로 품위 있게 형상함으로써 우리 독자들을 매혹시키고 있다.

이 모든 생활들의 감동적인 예술적 형상은 세계 《최강》을 자랑하는 미제를 우두머리로 하는 제국주의 대련합세력과 피 어린 싸움에서 승리한 우리 인민군대와 인민들의 힘의 원천이 과연 어디에 있었는가 하는 심오한 철학적인 문제에 무게 있는 해답을 주고 있다.

장편소설 《조선의 힘》은 수령님의 위대성을 특징짓는 심오한 철학세계를 깊이 있게 개방하기 위하여 수령님의 체험세계, 내면심리세계에 깊이 침투하여 심리 묘사를 대담하게 실현하고 있다.

소설에서 보는 바와 같이 수령님의 형상을 부각한 여러 장면과 계기들에서 수령님의 외면적인 행동이나 강조하고 대사로 처리하는 손쉬운 방법을 택하지도 않았으며 다른 인물들의 시점에서 설명이나 하는 소극적인 방법을 리용하지도 않고 있다.

소설은 수령형상작품의 생리적 요구에 맞게 작품의 주인공인 수령님의 풍부하고도 심오한 내면심리세계를 깊이 있게 개방하는 데 묘사의 각광을 집중함으로써 수령님의 위대한 지성세계를 펼쳐 보이고 있을 뿐 아니라 숭고한 인간적 풍모를 짙은 정서 속에서 조명하고 있다.

이것은 이 작품의 작가가 위대한 수령님의 숭고한 인간적 풍모를 보여주는 데서 형상을 격식화하거나 기정사실화하지 않고 생활의 세부에 이르기까지 깊이 파고들어 생동하고 진실하게 그려냈기 때문이다.

최고사령부의 집무실에서 총참모부에서 작성한 정황지도 우에 전선사령관 김책이 올린 전투상보를 놓고 사색을 이어나가시는 수령님의 내면심리 묘사로부터 시작하여 탁상일력에 눈길을 돌리시고 월미도의 격전장을 더듬으시며 조국에 커다란 위험이 닥쳐오고 있음을 느끼시는 내면심리세계의 짙은 묘사, 새로 조직된 련합부대를 돌아보고 오시는 차 내에서 천 갈래, 만 갈래로 이어지고 변화를 일으키는 수령님의 심리적 굴곡에 대한 진실한 묘사, 참새를 쫓으며 조국의 아름다움을 노래하는 소년의 랑랑한 글소리를 들으시며 마음속에 새로운 확고한 결심을 다지시는 수령님의 심리세계에 대한 생동한 묘사.

작품은 이렇듯 하나의 문제를 놓고서도 사색하고 또 사색하고 행동에 옮기시는 수령님의 풍부하고도 심오한 내부적 체험세계를 깊이 펼쳐 보임으로써 수령님의 위대한 인간적 풍모를 그처럼 진실하고 생동하게 보여줄 수 있었다.

이것은 이 작품의 특징이며 형상의 풍격을 한층 높일 수 있게 한 결정적 요인의 하나이다.

이 작품에는 수령님의 직접심리를 진실하고 생동하게 묘사함으로써 우리 독자들의 심금을 울리는 격동적인 장면들을 적지 않게 펼쳐 보이고 있다.

전략적인 후퇴가 시작되면서 나타난 일부 심중한 문제를 놓고 심각한 사색에 잠겨 시간을 잊고 계시는 수령님의 내면심리에 대한 참신한 묘사, 특히 군벌주의자 무정이 공병중대장 류현수를 총살하려고 한 사건을 두고 저려오는 아픔을 누르시며 생각을 굴리시는 위대한 수령님의 심리적 굴곡에 대한 생동한 묘사는 얼마나 인상 깊은가.

병기생산국장 서병호로부터 전기관리국 기사장 리성조가 도주하였다는 보고를 들으시고 그에 대하여 회고하시며 믿음을 확신하시는 장면, 김정숙 동지의 서거일인 9월 22일 눈길을 아프게 끄는 일력장을 더듬으시는 수령님의 추억과 심리적 파동, 조용히 라지오에서 흘러 울려나오는 바이올린 협주곡을 들으시며 아픈 추억을 물리치시며 인민에 대한, 혁명전사들에 대한 사색에로 옮겨가시는 수령님의 깊은 체험세계, 군수 생산이 난국에 처한 형편을 두고 불가능하다고 솔직하게 보고한 리성조의 깨끗한 당적 량심을 되새겨보시는 수령님의 내면심리세계, 적구에서 소식이 없던 최현이 도착한다는 소식을 들은 순간, 최현이 그토록 사랑하던 딸 룡옥이가 잘못된 소식을 어떻게 알려줄 것인가를 생각하며 괴로와하시는 내면심리, 폭격에 허물어진 집을 길목의 그 자리에 다시 세우고 전선에 나간 아들을 맞이하겠다는 한 노인의 말에서 전쟁의 불길 속에서 우리 인민이 얼마나 변모되고 억세여졌는가를 새롭게 느끼시는 수령님의 심리세계, 하염없이 내리고 쌓이는 차창 밖의 하얀 눈송이들을 바라보며 만주광야에서 보내신 잊지 못할 시절을 회억하시며 먼저 간 혁명동지들에 대한 가슴 아픈 추억으로 하여 저려나는 심정을 누르지 못하시는 내면심리에 대한 묘사.

이러한 진실하고 생동한 심리 묘사는 작가의 높은 지성세계와 현실 생활에 대한 분석적인 묘사에 의하여 훌륭히 담보되고 있다.

강렬한 정서적 충동을 안겨주는 지성도가 높으면서도 간결하고 분석적인 묘사로서 깊이 있게 개방된 내면심리세계는 인민에 대한 뜨거운 믿음과 사랑을 천성적인 것으로, 절대적인 인간적 신념으로 간직한 수령님의 위대성을 추상적인 개념으로서가 아니라 생활을 통한 생동한 예술적인 형상으로 확증할 수 있게 하고 있다.

이것은 수령형상작품의 풍격에 맞게 형상의 높은 지성도와 심오한 철학성을 담보할 수 있었던 중요한 요인으로, 비결로 되고 있다.

수령형상작품을 높은 형상수준에서 창조하기 위해서는 수령과 인간관계를 맺는 상대인물들의 격을 높이고 적대적 관계에 있는 부정인물의 격도 응당한 높이를 보장하여야 한다.

작품은 무엇보다도 수령님을 보좌하는 측근 인물들의 성격이 응당한 수준에서 격이 높게 형상되였다.

작품에는 김책, 홍명희, 최용건, 남일, 최현 등 수많은 측근 인물들이 나오는데 그들은 다 뚜렷한 개성을 가진 성격으로 형상되면서도 위대한 수령님에 대한 충실성을 신념화, 량심화, 도덕화, 생활화한 참다운 충신의 전형들로 형상되고 있다.

전선사령관 김책의 위대한 수령님에 대한 절대화된 충실성을 보여주는 감동적인 생활들이 여러 측면에서 강조되고 있지만 특히 그가 결사의 각오를 안고 서해안의 방어임무를 받고 떠나가는 장면은 매우 감동적이다.

김책은 자기의 신변호위를 위해서 장군님께서 보낸 호위차가 나타났을 때 호위병들을 엄하게 추궁하면서 전쟁이 어려운 때일수록 장군님을 더 잘 모셔야 한다고, 조국과 인민의 운명, 나라의 흥망이 장군님에게 달려있다고, 이것은 우리가 명심하여야 할 신념이라고 절절하게 타일러줌으로써 장군님의 호위원들이 더는 따라서지 못하게 한다.

이러한 충성심이 절대화된 신념으로 되고 있는 형상은 총참모장 남일에게서도 발현되고 있다.

그것은 그가 대기 중인 최고사령관 동지의 전선지휘용 특별렬차에서 기관차를 떼내여 위생렬차에 보냈다는 것을 알고 강부관장을 엄하게 추궁하는 생활에서 뚜렷이 나타나고 있다.

작품에서 형상된 최현의 충신다운 면모는 특별히 이채롭다.

작품은 한 생을 무장으로써 수령님을 옹호하고 보좌한 참다운 충신인 그의 변함없는 충실성을 투박하고 무뚝뚝하면서도 인정이 더없이 깊은 기질적 특성과 결부시켜 참으로 개성적인 성격으로 부각하고 있다.

일시적인 전략적인 후퇴의 명령을 받자마자 고장난 차들을 다 버리도록 조처한 자기네 참모장을 꾸짖으면서 터뜨리는 분노는 버릇처럼 굳어진 그의 신념화되고 생활화된 충성심을 잘 보여주고 있다.

《어느새 동문!… 그리도 빨리 구겨지다니!… 여보! 참모장, 우리 장군님께서 후퇴를 명령하셨을 적엔 그 길이 바로 승리하는 길이라고 철석같이 믿어야 할 게 아닌가. 왜 흔들리는가, 엉?!… 장군님께서 가르치시는 대로만 하면 백 번 싸워 백 번 다 이긴다는 신념이 있어야 돼. 알겠소? 죽으나 사나 이 신념만은 흔들려선 안 돼!…》

간첩암해분자인 리승엽이 군사위원으로 있으면서 장군님의 명령을 5시간이나 어겼다는 것을 알았을 때 불같은 분노를 터뜨리는 최현의 형상은 그야말로 수령님에 대한 충실성을 신념화, 생활화한 충신의 귀감임을 뚜렷이 보여주고 있다.

《용서치 않을 줄 아오! 그가 누구던지… 다시 한 번 최고사령관 동지의 명령을 놓고 홍정하거나 한 치라도 어기면… 그 자리에서 쏴 죽일테요!…》

수령님을 견결히 옹호하는 절대화된 충실성이 개성적인 성격 속에 체질화되고 있는 여기에 충신의 참다운 전형으로서의 최현의 형상이 가지는 의의가 있다.

이외에도 작품은 홍명희, 최용건, 허정숙, 강부관 등 수령님을 보좌하는 충신들을 품위 있고 참신한 개성으로 격이 높게 형상하고 그들의 시점에서 느끼는 강한 심리적 충격의 개방으로써 수령님의 위대성을 형상하는 데 이바지하게 하고 있다.

작품에서는 적들의 형상을 창조함에 있어서도 희화하거나 왜소화함이 없이 력사적으로 실재한 현실적인 인간들로 재현하고 있으며 놈들의 패망상을 통하여 미제의 강대성의 신화가 어떻게 볼품없이 부셔져 나가고 놈들의 패배가 어찌하여 불가피적인 것으로 되였는가를 사실주의적으로 밝힘으로써 수령님의 위대성을 힘있게 반증하고 있다.

작품은 미합중국의 《영웅》으로, 힘의 《상징》으로, 《자유세계》의 희망으로 불리우던 5성장군 맥아더와 미국 대통령 트루맨, 미제8군사령관 워커를 비롯한 미제의 거물급들을 등장시키고 그들이 전쟁의 결음마다에서 참패를 겪으면서 자신들의 패배를 자인하고 위대한 수령님의 비범한 군사적 예지와 탁월한 전략에 대하여 인정하지 않을 수 없게 되기까지의 과정을 사실주의적으로 펼쳐 보이고 있다.

소설은 조선의 운명을 위협하며 속전속결을 꾀하던 제국주의 련합세력의 전면모를 현실 그대로 보여주면서 그것을 천재적 지략으로 여지없이 타승해 나가시는 수령님의 위대성을 통하여 주체철학에 기초한 사상과 리념의 위대한 승리, 뛰어난 군사전략과 예지에 의한 빛나는 승리가 어떻게 이루어졌는가 하는 것을 생활적으로 깊이 있게 밝혀냈다.

여기에 이 작품이 거둔 성과의 중요한 한 측면이 있다.

작가는 해박한 지식을 가지고 방대한 력사적 사실을 집적하였을 뿐 아니라 우리 독자들이 알지 못하는 실재한 인물들의 생활로정, 중요한 력사적 사건들을 생동하게 재현함으로써 력사문헌적 가치를 더욱 풍부하게 하였다.

작품은 또한 구성의 립체성을 보장하기 위하여 실재적 인물들과 함께 새로운 인물선들을 수많이 설정하여 인간관계들을 빈틈없이 짜고 지선과 부선들을 기본선에 유기적으로 맞물리고 있으며 치밀한 묘사와 철학적이고 감성적인 대사형상, 주정토로와 박력 있는 서술, 극성을 발현시킬 수 있는 치밀한 감정 조직 등 문학작품 창작에서 쓰이는 형상수단과 수법들을 종합적으로 잘 활용함으로써 수령형상 장편소설로서의 예술적인 풍격과 무게를 훌륭히 담보하고 있다.

소설문학의 고유한 특성인 묘사의 견지에서도 일련의 특성을 나타내고 있는 바 그것은 문체가 매우 간결하고 박력이 있으며 전쟁 시기의 생활 반영에 어울리게 속도감이 나게 씌여지고 있는 점이다.

작가는 현대인의 미감에 맞게 속도감을 보장하고 예술적 정서의 강렬성을 담보하기 위하여 표현력이 강한 어휘들을 선택하고 간결한 단순문으로 엮어나감으로써 작품을 읽을 맛이 있게 하고 있으며 독자들이 마음을 흥미 있는 이야기 속에 솜씨 있게 끌어들이고 있다.

작품은 또한 수령형상작품의 고유한 생리에 맞게 양상을 밝고 숭엄한 것으로 되게 하고 있다.

전쟁 시기, 그것도 일시적인 전략적 후퇴시기를 묘사하면서도 인간들의 심리를 무겁고 어두운 빛갈로 채색하지 않고 있다.

이것은 수령은 혁명의 희망찬 미래를 밝혀주는 위대한 태양이며 인민을 승리와 영광, 행복과 번영에로 인도하는 구심점이기 때문에 인민은 자기의 수령을 언제나 밝고 숭엄한 감정으로 대하게 된다는 형상원리로부터 출발한 것이다.

하기에 소설은 우리 력사에서 생사운명을 판가리하는 가장 준엄한 생활을 반영하고 있지만 무겁고 어두운 형상을 거의나 찾아볼 수 없다.

장편소설 《조선의 힘》은 수령형상작품의 고유한 생리를 살리려는 작가의 진지한 탐구와 사색, 피타는 노력에 의하여 심오한 철학이 있고 수령님의 위대성이 집중적으로 구현된 사상예술성이 높고 풍격이 담보된 우수한 총서 작품으로 창작되였다고 긍지 높이 말할 수 있는 충분한 근거가 있다고 생각한다.

우리는 이 작품을 통하여 지성과 그 정서적 체험이 수령의 위대한 인간세계를 구현할만한 높이에 접근하고 수령형상작품의 고유한 생리를 잘 살리는 작가만이 후손만대에 길이 전할 수령형상작품을 창작할 수 있다는 귀중한 교훈과 경험을 찾아낼 수 있다.

—『조선문학』 1992년 12호.

4. 개작 상황

개작 상황 없음.

—작성 : 남원진

총서 '불멸의 력사' 해제

26

『푸른 산악』

1. 세부 사항

<table>
<tr><td>제목</td><td colspan="3">총서 '불멸의 력사'26『푸른 산악』</td><td>출간 권수</td><td>26</td></tr>
<tr><td>작가 및 창작단</td><td colspan="5">안동춘</td></tr>
<tr><td rowspan="2">발표 연도
(수상 연도)</td><td>발표 연도</td><td>2002</td><td rowspan="2">발표 지면
(수상명·집)</td><td colspan="2" rowspan="2">문학예술종합출판사</td></tr>
<tr><td>개작 연도</td><td></td></tr>
<tr><td>스토리
주제</td><td colspan="5">1951년 '적극적 진지방어전'을 주창한 김일성의 전략적 방침에 대해 김웅을 비롯한 일부 군사지휘관들이 중국의 운동전을 본딴 '기동전'을 벌이다가 막대한 손실을 입게 되는 과정을 대비적으로 서술. 겉으로는 '정전 담판'을 제의하면서 배후로는 전선 서부와 중부에 대대적인 공격을 가하는 미국의 이중적 전략을 정확하게 파악하고, 모든 사람들이 우려함에도 불구하고 전선 동부에 병력을 집중해 1211고지를 수호하는 김일성의 지략. 정전 담판을 통한 군사분계선의 설정.</td></tr>
<tr><td>키워드1/ 테마</td><td colspan="5">'적극적 진지방어전'을 주창한 김일성과 상반되는 일부 군사지휘관들의 '기동전'의 무모함과 실패, 김일성의 전략을 충실히 수행하는 여러 전사들의 애국심과 충성심, 군사전략가로서 김일성의 탁월한 전략 수립과 통찰력, 1211고지의 치열한 전투와 물러서지 않는 인민군의 대담성, 겉으로는 '정전 담판'을 제의하면서 뒤로는 무차별 공격을 가하는 미국의 이중성, 허가이 등 기회주의자들의 반민족주의적 행태.</td></tr>
<tr><td>키워드2/ 구성</td><td colspan="5">총 42장(후기 포함)</td></tr>
<tr><td>키워드3/ 시점</td><td colspan="5">복합 시점－전지적 작가 시점과 1인칭 주인공 시점 (김일성에 한하여 주체존대법쓰임)</td></tr>
</table>

키워드4/ 시간	1951년
키워드5/ 장소	대우산, 개성, 1211고지, 양덕, 도쿄.
키워드6/ 소재	한국전쟁(조선전쟁), 정전 담판, 하기 및 추기공세, 적극적 진지방어전, 군사분계선.
키워드7/ 인물(직업)	대통령, 유엔군 총사령관, 최고사령관, 미 해군중장, 전선사령관, 호송군관, 총참모장, 참모총장, 소련대사, 국방장관, 한국군 보좌관, 미 대통령 특사, 인민군 부대원, 전선 간호원, 군단 후방부 운전사.

2. 줄거리 소개

1장

리지웨이가 제의한 정전 담판을 받아들이고 남일이 북측 대표로 참여하여 담판을 진행하나 별다른 진전은 없다. 김일성은 전선사령관 김웅에게 친서를 보내 중국의 '운동전'을 본딴 기동전이 낡은 개념이며 조선의 현실에 맞지 않음을 지적하고 대우산전투의 실패를 질타한다.

2장

대우산전투에서 패배한 김웅은 김일성의 비판을 받자, 즉흥적으로 대우산 탈환 작전을 벌인다. 그러나 이 계획도 실패로 끝나고, 황영학 부대는 큰 손실을 입는다.

3장

유엔 사령관 리지웨이와 미8군 사령관 밴플리트 그리고 리종찬 등은 대우산전투와 북한군의 동향에 대해 서로 의견을 주고받는다. 리지웨이는 조선전쟁이 이미 승리할 수 없는 전쟁임을 간파하고, 정전을 유리하게 이끌어갈 마음을 굳히게 된다.

4장

리지웨이는 '하기 및 추기공세'로 명명된 1211고지에 대한 돌파작전을 새롭게 구상하여 적어도 39계선까지 진출할 계획을 세운다.

5장

김웅의 무모한 작전안을 기각하고 대우산으로 진군한 사단들의 퇴군을 명령한 김일성은 대우산 전방 진출로에 수천 발의 폭탄이 떨어지자 탁월한 혜안을 보여준다. 한편 김일성은 새로운 보급로를 개척하기 위해 호송군관 김철규를 불러 격려한다.

6장

최현은 불치의 병에 걸린 무정을 방문한다. 무정은 돌이킬 수 없는 과오로 병마와 싸우며 칩거 중이다. 무정은 김웅과 박일우가 그 직위에 걸맞지 않는 인물임을 강조하며, 최현에게 주의할 것을 재차 당부한다.

7장

작전회의에서 리지웨이의 공격노선이 전선 서부인가 아니면 동부인가에 대한 논란이 벌어진다. 당중앙위원회 부위원장인 허가이는 김일성의 전선 동부안에 전폭적인 지지를 보내지만, 다른 중앙위원들의 생각은 달라 김일성이 이를 정연하게 설명한다.

8장

김일성은 최현을 불러 군단 방어시설을 구축할 것을 지시하고, 최현은 김일성의 명령에 따라 1211고지가 있는 전선으로 떠난다.

9장

호송군관 김철규는 양덕 고향집에 들러 전쟁 승리를 다짐하고 산길을 잘 타지 못하는 소를 대신해 정미순의 소를 끌고 다시 보급로를 개척하는 임무에 나선다.

10장

대우산 탈환 전투의 실패 책임을 묻기 위해 야전재판이 열린다. 여기서 모든 책임을 뒤집어쓸 뻔한 황영학은 때마침 최현이 도착해 이 재판을 끝냄으로써 위기를 벗어난다. 무정이 사망했다는 소식이 전해지고, 김웅의 부하인 로병관은 김웅의 차가운 태도에 적지 않게 실망한다.

11장

로병관, 황영학, 송우인 이 세 사람은 도쿄의 유학생들이자 친구들이었다. 일제 학병으로 끌려가던 중 운 좋게 탈출한 이들은 각기 다른 길을 걷게 된다. 김웅을 의지하던 로병관은 황영학에게 모든 책임을 뒤집어씌우던 김웅에 대해 차츰 의심을 품게 된다.

12장

최현은 황영학의 책임론 때문에 복잡한 마음으로 군단 지휘부로 향하고 참모장으로부터 전투 상황에 대한 보고를 받는다.

13장

최현은 김웅의 재촉으로 1121고지를 시찰하고, 여기에 로병관이 동행한다.

14장

밴플리트는 리지웨이에게 비로 인해 공격을 하루 늦추겠다는 전보를 치고 리지웨이는 이를 수락한다.

15장

정전 담판은 결렬되고, 한편 김일성은 로병관의 과오를 비판하려는 황영숙과 대화하며 로병관에게는 오히려 격려와 고무가 필요함을 일깨워준다.

16장

밴플리트의 보좌관인 송우인은 밴플리트와 동행해 앞으로 전투가 벌어질 현장을 답사한다. 한편 로병관은 최현과 함께 52사를 찾아 전력을 점검한다.

17장

정찰업무를 수행하던 황영학은 가벼운 부상을 입는다. 그가 로병관에 대해 품었던 의혹은 그의 여동생 황영숙이 로병관에게 보낸 편지를 읽고 상당 부분 해소된다.

18장

김웅은 제2방어계선을 설정하고자 전선사령부 포들을 옮기고, 최현은 이에 반대한다. 김일성은 최고사령부 보위용의 예비고사포대대들을 보내 전투를 지원한다.

19장

남한 대통령 이승만은 밴플리트를 찾아 전쟁 상황을 보고받는다. 송우인의 동생 송우식은 미국의 폭격이 한국군에게 잘못 퍼부어졌음을 알게 된다.

20장

이승만은 전략적 의도 하에 정전협상에 대한 반대 입장을 밴플리트에게 피력하고, 리지웨이는 1211고지와 전방고지에 대한 미한연합군의 대대적인 공격을 지시하여 983.1과 965 두 개의 고지를 빼앗는 데 성공한다.

21장

최고인민회의 상임위원장이며 김일성종합대학 총장이었던 허헌이 사고로 익사하자 김일성은 그의 죽음을 아쉬워한다. 최현은 미한연합군에 의해 빼앗긴 983.1고지와 965고지를 재탈환했음을 김일성에게 보고한다.

22장

최현의 오류와 적극적인 진지방어전의 무익함을 주장한 김웅의 보고서를 받아든 김일성은 2군단을 직접 지휘하기로 결정한다.

23장

허가이는 '당내정간화'를 주장하며 당 대열의 재정리라는 명목으로 혼란을 야기한다. 로병관은 김웅의 제2방어계선에 대해 김일성에게 상세하게 보고하고 김일성의 자상함에 감격한다.

24장

최현은 로병관이 가져온 김일성의 명령서에 따라 야간습격을 시행하고, 후방의 김만수 노인 등의 '영풍수송대'의 활약에 인민군은 고무된다.

25장

황영학은 부대원 김철규에게 휴가를 주어 정미순과 성례를 올리게 한다.

26장

림운학이 남한의 소식을 갖고 최현을 찾아오고, 남북한 군인들은 이틀 동안 휴식을 취하는 데 동의한다.

27장

밴플리트와 리지웨이는 항공기로 전선 일대를 시찰하고, 이 동안은 일체의 포 사격과 전투를 중단하도록 명령한다.

28장

소련 대사 라주바예브는 미군이 전선 서부를 공격할 것이라는 정보를 전해주지만, 김일성은 미군이 전선 동부를 공격할 것임을 예견한다.

29장

김일성은 전방 시찰을 하기 위해 최현을 방문한다. 리지웨이의 전선 동부 공격을 논의하기 위해 작전회의를 주재한 미 정부는 이를 '리지웨이의 추기공세'로 명명하고 이를 승인한다.

30장

전방을 시찰한 김일성은 떡살을 2군단 병사들에게 줄 것을 지시한다.

31장

'금강천의 미인'이라 불리는 마정옥은 최현의 운전수 장천일과의 사이에 아이가 있지만, 둘은 현재 헤어진 상태다. 황영숙은 로병관의 책임을 거론한 검찰국에 그를 보증하는 서명을 한다.

32장

김일성은 로병관에 대한 최현의 분명치 않은 태도를 질책하며 로병관에 대한 신임을 드러낸다. 또한 김일성은 '남로당' 정보선에 대한 의혹을 표시하면서 이들에 대한 비판의 강도를 높여간다.

33장

송우인은 그의 동생 송우식에게서 알 수 없는 분노와 절망으로 가득 찬 편지를 받고 당황해한다.

34장

김일성은 햇콩을 보내어 콩나물을 자급하게 하고, 장천일은 탄약상자를 보호하기 위해 적의 공격을 유도하다가 폭격을 맞아 사망하게 된다.

35장

황영학 연대는 목숨을 걸고 1211고지 좌측을 지킨다.

36장

황영학 연대는 반돌격을 개시해 적에게 타격을 가한다.

37장

인민군의 강력한 저항으로 밴플리트는 곤경에 빠진다. 송우식은 자신의 연인인 영희를 겁탈한 보튼에 대한 복수를 결심한다.

38장

인민군에 의한 집중 포 사격으로 미군(남한군)은 제대로 된 방어조차 하지 못한다. 이 전투에서 희생된 리수복과 조기천 등의 유품을 로병관이 정리한다.

39장

보튼에게 복수하려던 송우식이 오히려 위험에 빠져 있을 때, 인민군인 진갑수가 구출하여 그를 부대로 데려온다. 군무자 예술축전을 준비하는 동시에 2군단의 공격이 실시된다.

40장

추기공세의 실패로 군사분계선은 조중측이 원하는 방향대로 타결되고, 미 고위층에 의한 송우인의 죽음은 사고로 위장되어 처리된다.

41장

김일성은 허가이의 관료주의적 독단과 전횡을 비판한 후 그를 부위원장직에서 해임시킨다. '제비'라는 인민군 자체의 분사식 비행기가 하늘을 가르며 난다.

후기

1953년 1211고지에 오른 안동춘의 감회가 서술된다.

3. 북한의 소개와 평가

| 사전(년감) 자료 |

소설(안동춘 작)은 지난 조국해방전쟁시기 위대한 수령 김일성 동지께서 주체적인 전법과 령군술로 적들의 《하기 및 추기공세》를 격파하고 1211고지 방위전의 빛나는 승리를 이룩하신 새로운 산악 방위전의 력사를 펼쳐 보이고 있다.

주체 40(1951)년 여름, 인민군대의 거듭되는 타격에 만신창이 된 적들은 《정전담판》을 제기해 오는 한편 그 막 뒤에서 음흉하고 도발적인 대공세를 준비한다.

위대한 수령님께서는 천리혜안의 예지로 적들의 그 음흉한 기도를 사전에 간파하시고 적들의 공격이 전선동부, 특히는 1211고지계선으로 집중될 것이라는 명철한 판단을 내리시고 1211고지를 비롯한 전선동부의 산악들을 적의 죽음터, 함정골로 만드신 비범무쌍한 작전을 펼치신다.

그리하여 주체40(1951)년 여름부터 가을까지 진행된 력사에 류례 없는 적들의 《하기 및 추기공세》는 위대한 수령님의 현명한 령도와 수령님의 령도에 고무된 우리 군대와 인민의 영웅적 투쟁에 의하여 여지없이 격파, 분쇄되고 1211고지를 비롯한 전선동부의 산과 골은 미제 침략자들의 죽음터로 되고 만다.

소설에서는 이 과정을 통하여 위대한 수령님의 탁월한 군사 사상과 군사 전법, 비범한 지략과 담력, 군대와 인민에 대한 무한한 헌신성과 사랑을 폭넓게 보여 주면서 위대한 수령, 위대한 령장을 모신 군대와 인민은 백전백승한다는 진리를 사상예술적으로 깊이 있게 그려 내고 있다.

소설에서는 또한 당과 수령, 조국과 인민에게 충실한 인간에게는 참된 행복과 영광이 있고 반대로 인간적 량심이 결여되고 당과 조국을 등진 자들에게는 비참한 운명만이 차례진다는 것을 형상적으로 확증하고 있다.

소설에서는 적들의 작전 수립과 지휘 과정을 통해 미제의 정치사상적, 심리도덕적 취약성과 부패성도 낱낱이 밝혀 내고 있다.

—『조선중앙년감』, 조선중앙통신사, 2003.

| 평론 자료 |

푸른 산악에 메아리치는 인생철학의 교향곡

—총서 《불멸의 력사》 중 장편소설 《푸른 산악》에 대하여

김학

조선은 산이 많은 나라
(조기천의 《조선은 싸운다》 중에서)

선군혁명의 불바람 속에 수령형상문학의 면모도 일신되여 가고 있다.

영원한 우리 수령 김일성 동지의 위대한 생애를 품위 있게 형상한 총서 작품들이 련이어 창작되고 있는 가운데 탁월한 군사전략가, 백전백승의 강철의 령장의 비범한 위인적 풍모를 격조 높이 노래한 또 하나의 시대의 력작이 세상에 나와 독자들을 기쁘게 하고 있다.

총서 《불멸의 력사》 중 장편소설 《푸른 산악》은 주체적인 수령형상론의 요구를 높은 수준에서 실현한 것으로 하여 문단과 독자들에게 주는 영향이 자못 크다.

심오한 종자미

높은 산은 골이 깊은 법이다. 총서 《불멸의 력사》 중 장편소설 《푸른 산악》은 형상이 웅심 깊다. 그것은 종자가 심오하기 때문이다. 그래서 우리는 무엇보다 먼저 소설의 형상미를 종자미에서 찾는다.

위대한 령도자 김정일 동지께서는 다음과 같이 지적하시였다.

《수령을 형상하는 작품에서도 종자를 깊이 있게 심고 주제를 바로 세워야 한다.》

장편소설 《푸른 산악》에는 참으로 심오한 생활 철학이 종자로 심어져 있다. 우리는 감히 그것을 한 마디로 《선택》이라고 주장한다. 다시 말하여 소설은 인간은 물론 나라와 민족에게 있어서 선택은 흥망성쇠를 결정하는 운명적인 분기점이라는 것을 밝히고 있다.

지난 조국해방전쟁에서 가장 준엄한 시기의 하나였던 조국해방전쟁 4계단, 그중에서 1211고지 방위전을 전후한 시기는 정녕 우리 조국과 민족, 매 사람들의 운명에 가장 심각한 선택을 요구한 준엄한 나날이였다. 조국해방전쟁의 운명, 아니

민족의 생사존망이 일각의 선택에 의해 좌우되는 시기였다.

소설은 이 력사적 시기에 내포되여 있는 심각한 의미를 정확히 탐구, 포착하고 그것을 의의 있는 심오한 인간 문제로 전화시켜 감동 깊은 형상을 창조하였다.

소설의 표면에 올라 있는 사건은 적의 주타격 방향이 전선 동부냐 아니면 중서부냐, 작전전술적 전투 방식이 《기동전》이냐 진지 방어전이냐 하는 것이다. 어디를 결정하며 어느 방식을 취해야 전투에서 이기고 조국해방전쟁 승리의 결정적 국면을 마련하겠는가 하는 군사적 문제가 형상의 정면에 제기되고 있다.

그러나 소설은 선택에 관한 이 문제를 단순히 전선 동부를 결정하고 진지 방어전을 취하는 것과 같은 작전 전술적인 문제로만 다루지 않았다. 보다는 우리 식에 대한 선택으로, 자주적인 삶에 대한 선택으로 형상을 심화시켜 나갔다. 즉 자주적 인간의 운명 문제에 대한 심오한 생활 철학을 밝히는 각도에서 군사적인 문제를 비롯한 모든 사건과 사실들을 전개하고 있다.

두말할 것 없이 형상의 중심에는 위대한 수령 김일성 동지께서 서계시며 철학적으로 탐구된 종자는 위대한 수령님의 형상에 의하여 결정적으로 해명된다. 조국해방전쟁의 운명, 조국과 민족의 운명, 전사들과 인민들의 운명에 관한 문제는 수령님께 전적으로 체현되여 있고 수령님의 형상 과제로 명백히 제시되여 있으며 수령님의 사색과 활동으로 풀려나가고 있다.

우리 수령님은 역시 탁월한 천재이시고 전략가이시며 령장이시고 위대한 인간이시다.

고착 상태의 전선, 위력 정찰과 같은 소규모적인 공격, 6월 중순부터 개시된 리치웨이의 《도나츠 작전》이 계속됨에 따라 김화, 철원 계선에서 벌어지고 있는 국부적인 공방전, 혹가이도의 와다루 근해에서 진행되고 있는 미 16군단 관하 비행대와 함선들의 모의상륙작전 훈련, 유엔 주재 당시 쏘련 대사의 평화 호소 연설과 그에 따르는 리치웨이의 《정전》 담판 제의…

적들은 무엇을 꿈꾸고 어디를 노리는가?

민족보위상 최용건, 총참모장 남일, 군단장 최현, 정찰국장 강성찬, 전선사령부 참모 로병관을 비롯하여 중국 인민지원군 총사령 팽덕회, 전 집단군사령관 무정 등 고위급 군사지휘관들도 오리무중에 빠져 갈피를 잡지 못한다.

오직 천리혜안의 군사적 예지와 비범한 작전전술적 안목, 풍부한 전투 경험과 특출한 애국심과 인간성을 지니신 강철의 령장 김일성 동지께서만이 명철한 과학적 판단과 단호한 결심을 내리실 수 있었다.

적의 주타격 방향은 전선 동부! 우리의 전투 방식은 적극적인 산악진지 방어전!…

《영예로운 정전》을 꾀하면서 《성공》의 돌파구를 찾는 적들은 반드시 적극적인 공세로 나올 것이며 그 파구를 전선 동부 1211고지 계선에서 찾을 것이다, 만약 적들이 전선 동부를 포기하려 한다 해도 우리는 기어이 적들을 전선 동부의 산악에 끌어 들여 결정적인 강타로 사등뼈를 분지르고 더는 조선 강점의 야망을 품지 못하게 해야 한다…

실로 조국해방전쟁의 운명, 민족의 운명을 건 중대한 선택이 아닐 수 없다.

소설은 이러한 중대 선택이 이루어지기까지의 과정을 기정사실화, 단순화하지 않고 우리 수령님의 비범하고 자유분방하며 고심 어린 사색과 활동의 세계를 폭넓고 깊이 있게 펼쳐 보임으로써 커다란 형상적 감화력을 보장하였다.

정전 담판에 대한 주체적인 견해, 적에 대한 해부학적 파악, 우리 실정에 대한 전면적인 료해, 고전 군사리론으로부터 현대전의 경험과 교훈에 대한 해박한 지식, 형제 국가들의 동태와 침략련합세력들의 립장과 태도에 대한 폭넓은 분석 그리고 여러 인민군 지휘관들과 병사들, 중국 인민 지원군 총사령관, 평범한 각 계층 인민들 등 각이한 인물들과의 관계에 대한 묘사는 위대한 인간, 위대한 령장으로서의 우리 수령님의 위인적 풍모를 친근하게 부각시킴으로써 수령님에 대한 절대적인 숭배심을 불러일으키고 있다.

인생은 순간순간의 선택의 련속이라고 말할 수 있다. 이것이냐 저것이냐 하는 선택의 갈림길과 부단히 맞다들면서 삶이 흘러간다. 옳바른 선택에 의하여 무궁한 번영과 영생을 얻기도 하며 잘못된 순간의 선택으로 하여 영원히 치욕과 멸망의 나락에 굴러 떨어지기도 한다. 민족도 마찬가지요 조국도 마찬가지이다.

그러나 참다운 선택은 언제나 위대한 수령에 의해서만 결정된다. 진정한 수령의 사상이 있고 령도가 있어야 인간도 민족도 자기 운명의 참된 길을 옳바로 선택할 수 있는 것이다.

우리 수령님께서는 복잡다단한 혁명의 길에 민족의 운명, 인민의 운명을 좌우하는 수많은 선택의 계기에 맞다드셨지만 언제 한 번 탈선을 모르시였고 가장 옳바르고 정당한 선택을 단행하시여 민족번영의 곧바른 길을 열어 놓으시였다. 소설의 철학적 심오성이 여기에 있다.

조국과 민족의 운명은 물론 평범한 전사와 이름 없는 촌늙은이의 운명까지도 책임지셨기에 우리 수령님의 선택은 그처럼 중대하고 그처럼 고심참담하였다는 것을 소설은 사실주의적 필치로 깊이 있게 파헤치고 있다.

수령님께서 예견하신대로 적들의 전선 동부로 달려들고 수령님의 현명한 지략에 의하여 리치웨이의 《하기공세》가 비참한 종말을 고하자 이제는 많은 사람들이 적의 주타격 방향이 전선 서부로 될 것이라고 확신하고 있었다. 실로 적들의 움직임과 내외의 믿음직한 정보들이 그것을 실증해주고 있었다.

그러나 위대한 수령님께서는 여전히 전선 동부에 관심을 두시였고 산악 방어전을 강화하도록 하신다. 지어 서부의 6군단을 동부로 진출시키며 기만 작전으로 서부로 기동했던 4군단까지 되돌려 세우고 최고사령부 예비대도 전선 동부를 지원하게 하신다.

소설은 위대한 수령님의 이러한 대용단이 그 누구도 지닐 수 없는 천재적 군사전략가의 비범한 지략과 담력이 낳은 것이라는 것을 실재한 력사적 사실의 예술적 전형화를 통하여 진실하게 펼쳐 보여주는 동시에 그 밑바탕에 깔린 중요한 선택의 기초를 깊이 있게 파헤치는 것을 놓치지 않았다.

그것은 박일우에게 하시는 위대한 수령님의 말씀을 통해서 알 수 있다.

《…지금까지 일부 사람들 속에서는 〈지역이 문제를 결정하지 않는다〉고 하며 밀치고 끄당기고 하는 식을 제일이라고 했는데 백 번 양보해 지역을 무시한다 합시다. 그런데 그 밀치고 끄당기고 하는 사이에 희생되는 전사들을, 그럴 때마다 보짐조차 못 꾸리고 고향집을 떠나는 우리 인민들과 미처 떠나지 못한 인민들의 희생을 무엇으로 보상한단 말입니까.

내가 〈한 치의 땅도 적에게 내여주지 말자〉고 하는 것은 조상 대대의 우리 땅을 지켜야 한다는 의무감과 함께 바로 우리 군인들과 인민들의 희생을 최대한 막기 위한 데서부터입니다.》

우리 수령님의 모든 작전적 사색과 군사적 행동의 기초에는 바로 이러한 불타는 애국심, 군대와 인민에 대한 무한한 사랑이 깔려 있었다.

이 땅의 산악들이 알프스가 아니라 조선의 산악이고 이 땅의 인민과 군대가 패전의식에 차 있던 까르빠찌야의 도이췰란드군이나 마쟈르군대가 아니라 조선 땅의 인민과 군대이라는 관점과 립장, 불리하고 어려운 것을 안 이상 그것을 타개할 줄 아는 지혜와 지략을 가진 것이 우리 군대이고 인민이라는 크나큰 믿음이 바로 우리 수령님으로 하여금 주저 없이 전선 동부를 결심하게 하였고 산악전, 갱도전, 진지 방어전, 습격전, 땅크 사냥 군조운동, 비행기 사냥 군조운동, 반포전, 야간전 등을 제시하게 하였으며 화선 휴양소를 운영하게 하였고 로병관, 무정, 장천일 등

죄 많은 인간들에게도 재생의 길을 열어 주게 하였던 것이다.

군사에서 우리 식이란 자기 인민, 자기 군대에 대한 믿음, 자기 땅, 자기 나라에 대한 깊은 애정과 파악에서 출발한 것이다. 때문에 내가 말하는 우리 식, 우리 식 전법이란 자기를 믿고 자기 인민을 믿고 자기 군대를 믿고 사랑하라!라는 호소이기도 하다…

이것이 탁월한 정치가, 군사전략가, 위대한 인간으로서의 우리 수령님의 특출한 좌우명이고 승리와 영광의 절대의 비결이며 선택의 대명제이다.

참으로 수령의 위대성에 어울리는 전략적이며 로선적인 무게 있는 형상 과제를 제시하면서도 그것이 단순한 력사 기록이 아니라 심오한 인간 문제를 배태한 철학적인 형상으로 될 수 있도록 문학적인 종자를 탐구한 여기에 소설이 거둔 특출한 성과가 있다.

소설은 탐구된 종자가 수령에 의하여 전적으로 해명되게 하면서도 측근 인물들을 비롯하여 각이한 계급, 계층의 등장인물들에게도 뚜렷한 형상 과제를 주어 선택의 철학이 더욱 풍부하게 해명되도록 하였다.

여기서 군단장 최현의 형상은 특별한 의의를 가진다. 그는 작품에 등장하는 최용건, 남일을 비롯한 측근 인물들의 일반화된 형상을 체현하면서도 개성이 뚜렷한 전형이다. 사실 최현의 형상은 총서 《불멸의 력사》 광복 전편은 물론 광복 후편의 소설들에서 적지 않게 취급되였지만 이 소설에서는 보다 완성에 가까운 경지를 보여주었다고 말할 수 있다.

무서운 싸움군이면서도 끝없이 순진한 인간, 자기 수령밖에는 그 누구도 모르는 혁명가들 중의 참된 혁명가로서의 그의 성격적 풍모는 선택의 빛을 받아 더욱 인상 깊게 형상되였다. 한 번 맺은 수령과의 동지적 우정, 한 번 택한 혁명의 길을 신념과 의리로 받아들이고 수령의 사상과 의도에 한 치라도 빗나갈가보아 순간순간을 량심의 저울에 꼭꼭 달아보고야 집행을 결정하고 방향을 선택하는 최현의 모습은 눈물겹게 정이 간다.

선택의 철학은 전선사령부 참모 로병관이나 황영학 련대장, 허가이나 김웅, 무정이나 장천일, 리수복 등 각이한 인물형상에 체현되여 제 나름의 심오한 인생 리치를 깨우치고 있다.

특히 소설은 주요한 적대적 갈등 대상으로 설정된 리치웨이나 밴플리트, 리승만이나 송우인을 비롯한 원쑤들의 형상도 선택의 철학으로 풀어냄으로써 력사의 진리를 웅심 깊게 확인하고 있다.

적들의 형상을 통하여 선택의 권리는 침략자에게만 있는 것이 아니며 자주성을 유린하는 그 어떤 선택도 정의의 총칼 앞에서는 물거품이라는 것, 또 한 분의 김일성 동지이신 김정일 최고사령관 동지께서 령도하시는 우리 군대와 인민을 잘못 선택하고 또다시 덤벼든다면 침략자들은 1950년대 그때처럼 영영 무주고혼의 신세를 면치 못하리라는 것을 보여주는 여기에 또한 종자의 심오성과 시대성이 있다.

잘 여문 종자는 충실한 열매를 맺기 마련이다.

높은 지성도

산이 크면 그림자도 크다. 총서 《불멸의 력사》 중 장편소설 《푸른 산악》은 높은 지성도로 하여 인식교양적 및 사상미학적 반경이 크다. 즉 소설의 형상미는 지성미이기도 하다.

소설은 전쟁과 인간, 투쟁과 생활, 문학과 현실에 대한 상당히 폭넓고 깊은 인식과 형상적 기교를 가지고 조국해방전쟁의 짧은 한 구간에서 자주 시대의 전모를 보여주고 있으며 거대한 력사의 진리를 파헤쳐 드러내고 있다.

불구름이 타래치고 폭음이 진동하지만 그보다 증오의 감정을 론증하는 목소리가 더 크고 사랑의 진리를 밝히는 탐조등이 더 밝으며 자주적인 삶을 찬양하는 교향곡은 더 우렁차다. 작가의 탐구 어린 형상의 그 《목소리》, 《탐조등》, 《교향곡》을 타고 참으로 아름다운 미의 세계, 심오한 철학의 세계가 뚜렷이 밝혀지고 있다.

·《그런데 장군님 부하가 되는 것이 간단치 않아. 장군님의 진짜배기 부하가 된다는 건 장군님과 같아진다는 것이야…》(최현)

·《최현 동무, 이제 돌아가서 장군님을 뵙거들랑 이 무정이 장군님께 큰 죄를 지었지만… 마음상으로는 장군님 가까이 있고… 무릎 꿇어 용서를 빌더라고… 꼭 말씀드려주오.》(무정)

·《저는 장군님의 믿음과 사랑을 받아 안은 전사에게는 배신과 변절이 없다는 것을 굳게 믿습니다.

…제가 알건대 깨끗하고 고지식한 인간은 절대로 원쑤의 편에 설 수 없습니다.》(황영숙)

이밖에도 소설에는 사람들이 두고두고 사색할 수 있는 운명 개척의 새로운 인생철리, 자주적이며 창조적인 아름다운 생활세계에 대한 심오한 해명이 있으며 새롭고 풍만한 인식적 내용과 함께 지성도가 높은 리지적인 성격들이 창조되여 있다.

독자는 리치웨이의 《하기 및 추기공세》 작전을 둘러싸고 벌어진 적아간의 치렬한 심리전과 정보전, 외교전, 우리와 형제 국가들과의 관계와 적들 내부의 동향, 적아의 무력 편성과 군사기술장비 상태, 전선과 후방에 취해진 매 계기의 작전전술적 조치와 대책적인 명령, 우리 당과 군대, 고위인물들의 사상적 태도와 견해, 적우두머리들의 경력과 취미, 전술수법, 선행 고전 군사리론과 현대 군사리론, 1211고지를 비롯한 전선 동부의 자연지리적 상태와 행정구역 분포, 주민 구성, 갱도전, 습격전, 반포전을 비롯한 우리 식 전투조법 등 실재한 력사적 사건과 사실・인물・지명・지형・리론・전법 등에 대해 참으로 많은 지식을 얻게 된다. 한 마디로 소설은 《전쟁백과사전》이라고 말할 수 있다.

특히 소설에는 위대한 수령님을 중심으로 하여 무려 40여 명의 적아 인물이 등장하지만 그 누구도 성격화되지 않은 인물이 없다.

자기 수령에 대한 높은 충실성과 군사 실력이 겸비된 최현, 최용건, 남일 등 고위 군사지휘관들은 물론 조국과 인생, 사랑과 혁명에 대해 옳바른 지론을 가지고 자기 운명을 참답게 개척해나가는 로병관, 황영학, 황영숙, 강성찬, 김철규, 권석찬, 림운학, 성련화와 같은 젊은 지휘관들 그리고 리수복, 마정옥, 정미순, 장천일, 김만산을 비롯한 전사들과 촌늙은이까지도 모두 제 나름의 지성미를 갖추고 있다. 지어 김웅이나 허가이, 박일우까지도 작가는 높은 지성세계에서 그려냄으로써 소설의 무게를 한층 돋구고 있다.

소설이 리치웨이, 밴플리트, 브랫들리, 리승만, 리종찬, 백선엽, 송우인, 보튼, 송우식을 비롯한 미군과 괴뢰군의 고위 장성들과 사병들을 개성화한 것은 주목할만한 측면이다. 어느 독자가 말했듯이 《적의 성격을 매우 단수 있게 형상》하였다.

소설은 침략과 전쟁만을 일삼는 놈들이라고 하여 일면적으로 무모하고 무지하며 저속한 속물로만 그리지 않았다. 로회한 책략과 풍부한 실전 경험을 가지고 빈틈없이 작전을 펴는 리치웨이, 밴플리트 등 아메리카의 《백전노장》들, 그들은 자기 식의 인생관을 가지고 국가와 대통령의 신임에 《보답》하려 《용전분투》한다. 《우방국》의 《대통령》을 깍듯이 존대할 줄도 알며 《벗》들에 대해서는 사생활에 이르기까지 《관심》할 줄도 안다. 필요하다면 전투모를 쓰고 일선 격전장에 나가기도 하고 자기들의 가까운 《벗》을 《아쉬움》 속에 없애버리기도 하며 유치한 《전선 위문단》을 계책하면서 얼굴을 《붉히》기도 한다.

괴뢰들도 마찬가지이다. 《대통령》의 권력보다 늙은이의 하소와 《국부》의 《책임감》으로 자기의 전쟁 확대 계획을 력설할 줄 하는 리승만, 미군 고위 장성들 앞에서도 자기의 작전전술적 견해를 당당히 주장할 줄 하는 리종찬, 자기 군단 병사들의 억울한 죽음을 두고 강경히 《항의》할 줄 아는 백선엽, 《뜻》을 따르고 《뜻》에 살기 위해 애쓰는 송우인, 《꽃 피는 산골》과 애인을 애모쁘게 사랑하는 송우식…

만만치 않은 적들이다.

적에 대한 이러한 성격형상이 우리 혁명의 간고성과 승리의 무게, 경애하는 수령 김일성 동지의 위대성 부각에 얼마나 커다란 반증적 기여를 했는가에 대해서는 더 말할 필요가 없을 것이다.

수령형상작품일수록 지성도가 높아야 한다. 그래야 《사화산》에서도 《푸른 산악》을 볼 수 있다.

* * *

총서 《불멸의 력사》 중 장편소설 《푸른 산악》의 《산악미》를 겨우 한 귀퉁이나 들춰보고 펜을 놓자니 아쉬운 감이 든다. 다양한 색갈로 채색된 풍만한 정서, 집약과 집중에 기초한 립체적 구성, 생동한 묘사를 담보한 재치있는 언어 구사, 생활 론리에 충실한 각종 형상 수법… 다 못한 말은 다음 기회로 미룬다.

《50년 여름》에 떠나 오늘은 《푸른 산악》에 올라선 《전쟁 작가》여, 그대가 다음에 타고 앉을 명작의 봉우리는 어디메냐!

—『조선문학』 2003년 1호.

4. 개작 상황

개작 상황 없음.

— 작성 : 공임순

27 『전선의 아침』

1. 세부 사항

제목	총서 '불멸의 력사'27 『전선의 아침』	출간 권수	27
작가 및 창작단	박윤		
발표 연도 (수상 연도)	발표 연도: 2005 / 개작 연도:	발표 지면 (수상명·집)	문예출판사
스토리 주제	한국전쟁이 한창인 1952년 전후방을 돌보는 김일성의 지도력과 박정덕 장령의 활약상		
키워드1/ 테마	서천전투, 금화산 삼각지대전투. 김일성의 종횡무진 독려. 박정덕 장령의 영웅적 죽음.		
키워드2/ 구성	3편으로 구성, 각 편은 7장. 총 21개 장.		
키워드3/ 시점	전지적 작가 시점		
키워드4/ 시간	1952년		
키워드5/ 장소	평양, 서천, 금화, 동경.		
키워드6/ 소재	한국전쟁, 서천전투, 금화산전투, 평양 복구.		
키워드7/ 인물(직업)	김일성, 박정덕, 차국천, 이승엽, 정일권, 벤플리트, 젠킨스.		

2. 줄거리 소개

제1편(총 7장)

74군단장 박정덕은 서천 지역을 지키고 있다. 서천은 평양이 지척인 곳이다. 군사위원장 차국천은 전선 방어 전략에서 박정덕과 견해 차이를 보인다. 김일성, 홍명희, 최용건, 김일, 남일 등이 등장한다. 미9군단장 루빈 젠킨스 중장, 미8군 사령관 밴플리트 대장, 미9군단 부사령관 정일권 중장이 모여 전쟁의 양상에 대해 이야기를 나눈다.

전무송 중대가 8군의 적 군용차 행렬을 습격해서 3대의 차량을 탈취한다. 박정덕은 강남 계선의 고사포 1개 대대를 서천 계선으로 옮긴다. 김일성은 박정덕에게 군사들이 중요하다는 말을 한다. 북은 전투에서 미군의 신형 직승기를 빼앗는다. 소련에서도 나포한 신형 직승기에 대해 관심을 보인다. 김일성은 공화국 사수를 위한 반간첩투쟁을 전인민적으로 전개할 것을 지시한다. 북조선군 수뇌부와 주요 장령들에 대한 제거 임무를 받은 첩자 왕아바이가 등장한다.

미군과 북조선군은 샘물을 사이에 두고 공동경비구역을 둔다. 북의 군인들은 전투 상황이지만 신사 협정을 먼저 어길 수는 없다고 생각한다.

4월 김일성의 생일이 다가와 스탈린에게서 편지가 온다. 부수상 홍명희는 김일성에게 쉴 것을 당부한다. 군단장 박정덕의 노력으로 병사들은 염장무 신세를 면하게 된다.

김일성은 모란봉 지하극장에서 공연을 관람한다. 미군은 본격적인 서해안 공격을 실시하지만 박정덕 부대는 서천으로 들어오는 적을 여유있게 섬멸한다. 박정덕은 군사위원회 위원 이승엽과 차국천의 작전 계획에 의문을 갖는다.

제2편(총 7장)

보릿고개 시기이다. 김일성은 농촌에 대한 걱정을 놓지 못한다. 그는 박정덕에게 전선 전반을 연구하여 아군의 작전 방안을 만들어 보라고 지시한다.

일본 동경에서 클라크의 8가지 타격 계획이 수립되고 밴플리트에게 지시가 내려온다. 정전 담판 본회의가 열린다. 주계평과 웨닝통의 정전 회담이 묘사된다. 클라크의 8가지 행동 계획은 리지웨이의 교살작전이나 초토화작전을 능가하는 악명 높은 작전이다. 김일성은 건축가동맹 위원장 김정희와 함께 평양을 돌아보고 새로운 도시 계획에 대한 의욕을 드러낸다.

군사위원확대회의가 열리고, 미군의 공중타격이 계속된다. 김일성은 전시증산체제에 대해 관심을 보인다.

락원기계제작소 주철직장 당세포총회와 전선 동부 험준한 골짜기의 전투 장면이 묘사된다.

박정덕 장령이 부상으로 석하리 휴양소에 머문다. 그는 1952년 7월 22일 조선인민군 전선사령부 참모장에 임명되고, 8월 12일 공화국 군사위원회 위원이 된다.

제3편(총 7장)

클라크는 10월 공세, 금화공세라 일컬어지는 작전을 기획한다. 클라크는 전쟁의 5열이라고 하는 리승엽, 박헌영의 작전에 대해 언급한다. 9월 22일 밤1시 854.1 고지 점령을 위한 공격구분대의 돌격을 알리는 신호가 울리고 811.7고지 공격으로 남쪽의 군대는 혼란에 빠진다.

김일성이 전선사령부를 돌아본다. 동부 산악 금화, 평강, 철원을 연결하는 삼각지대의 전투를 지휘한다. 박정덕이 전선 시찰에 함께 한다.

왕아바이는 북의 군인들에 감화되어 북을 위해 무언가 해야겠다고 결심한다. 그는 인민군 군용차를 지켜낸다. 박정덕은 차가 굴러 죽게 되면서도 작전 가방을 놓지 않고 지켜내어 자유독립훈장 1급을 받는다.

10월 14일 남측 군대가 금화공세를 시작하지만 작전은 실패를 거듭한다. 미군 사령관 젠킨스는 포천에서 여우사냥을 하면서 시간을 보낸다. 정일권은 미군과 작전을 토의하는 과정에서 마찰을 일으킨다.

신형 직승기를 탄 클라크 대장이 전선을 돌아본다. 가을의 전선 산하를 돌아보며 클라크는 자신이 승리하지 못했음을 느낀다.

김일성은 내각에 가기 위해 집무실을 나선다. 박정애에게 내각을 지키느라 수고한다고 치하한다. 김정희 건축가 동맹 위원장과 평양시의 복구에 대해 이야기하고 다시 남쪽 전선으로 향한다.

3. 북한의 소개와 평가

| 사전(년감) 자료 |

총서 《불멸의 력사》 중 장편소설 《전선의 아침》은 하기 및 추기공세에 크게 패한 미제 침략자들이 새로운 군사적 공세를 준비하면서 우리의 후방을 초토화하기 위해 교살작전에 매달리던 1952년을 력사적 배경으로 하고 있다.

천리혜안의 예지와 비범한 통찰력으로 미제의 음흉한 기도를 꿰뚫어보신 위대한 수령님께서는 적들의 공세 준비에 대처하여 1952년 초에 전선과 후방을 철통같이 다질 것에 대한 전략적 방침을 제시하시고 군대와 인민을 조국보위성전에로 불러일으키신다.

위대한 수령님께서는 적들이 주요하게 노리는 해안, 특히 서해안의 서천 지역에 강력한 전략적 방어지대를 형성할 구상을 안으시고 74군단장 박정덕에게 평양시와 서해안 방어를 맡겨주시며 후방 상황에 깊은 관심을 돌리시고 원화리, 장산리 농민들과 낙원의 로동계급을 찾으시어 그들을 전시증산투쟁에로 힘있게 불러일으키신다.

위대한 소령님께서는 이 과정에 적 신형 직승기 나포작전을 빛나게 이끄시어 비행기 사냥군조운동의 생활력을 과시하도록 하시며 일부 편협한 일군들 때문에 문제가 선 전시 가요 〈결전의 길로〉에 대한 부당한 견해를 바로잡아주심으로써 이 노래가 전사들을 위훈에로 부르는 혁명군가로 전선에 울려 퍼지게 하신다.

시시각각으로 다가오는 적들의 대공세 기도를 심오한 통찰력으로 내다보신 위대한 수령님께서는 몸소 키우신 전선참모장 박정덕과 73군단장 류경수에게 임무를 주시여 군사적으로 중요한 요충지인 854.1 고지 공격 전투를 승리로 이끄신다.

1952년 9월 말에는 포화 속의 전선길을 달리시어 금강군 순갑리의 전선 사령부를 찾으시고 조중지휘성원들에게 미제의 금화공세를 짓부시기 위한 혁명적인 공격정신이 차넘치는 구체적인 방향과 방도를 가르쳐 주시며 금강산 표훈사에 자리잡은 전선부대까지 찾으시어 전사들의 가슴에 진정한 조국애를 심어주신다.

소설은 이러한 형상들을 통하여 강철의 령장이시며 탁월한 군사전략가이신 위대한 수령님의 숭고한 위인적 풍모를 뚜렷이 부각하면서 어버이 수령님의 조국과 인민, 전사들에 대한 뜨거운 사랑의 힘에 의하여 전승의 아침이 밝아오게 되었다는 것을 사상예술적으로 깊이 있게 보여주고 있다.

—『조선중앙년감』, 조선중앙통신사, 2006

| 평론 자료 |

새로운 서사시적 화폭의 창조와 구성의 기교

–총서 《불멸의 력사》 중 장편소설 《전선의 아침》에 대하여

리창유

최근에 나온 총서 《불멸의 력사》 중 장편소설 《전선의 아침》(박윤 작)은 광범한 독자들 속에서 널리 읽히우고 있다.

작품은 원수 미제의 서해안 상륙 기도와 무분별한 《금화공세》를 단호히 짓부시고 위대한 조국해방전쟁의 력사적 승리를 앞당겨 오신 백전백승의 강철의 영장 김일성 동지의 비범한 예지와 탁월한 령군술, 조국과 인민에 대한 불같이 뜨거운 사랑을 감명 깊게 보여준 소설이다.

소설이 거둔 성과는 여러 측면에서 이야기할 수 있지만 이 글에서는 위대한 수령님의 형상을 폭넓고 깊이 있는 구성 속에서 훌륭히 창조해낸 작품의 창작기교에 국한시켜 고찰해보려고 한다.

위대한 령도자 김정일 동지께서는 다음과 같이 지적하시였다.

《구성은 예술형상의 생리에 맞아야 진실하게 될 수 있다. 구성을 형상생리에 맞추는 것은 결국 작품이 담고 있는 구체적인 생활의 요구에 튼튼히 발을 붙이게 하는 것이다.》

일반적으로 구성을 예술형상의 생리에 맞게 엮는다는 것은 인간관계와 갈등, 이야기 줄거리를 모두 생명 유기체와 같은 인물형상의 고유한 생활의 흐름에 맞게 짜나간다는 것을 말한다.

생활의 흐름, 다시 말하여 생활이 어디로 흘러가야 하는가 하는 것은 문학예술이 밝혀내야 할 첫째가는 문제이며 항구적인 과제이기도 하다. 이 흐름은 작품에

서 해명하려고 하는 종자와 그에 따르는 문제 설정으로 규정지어진다.

장편소설 《전선의 아침》이 제기한 기본 문제는 위대한 조국해방전쟁의 승리의 아침은 어떻게 마련되었으며 이 승리가 가지는 세계사적 의의는 어디에 있는가 하는 것이다. 이러한 물음에 형상적 해명을 주려면 위대한 수령님의 탁월한 령도력과 령군술, 불같이 뜨거운 조국애, 혁명동지에 대한 헌신적인 사랑과 인민에 대한 고매한 덕성을 최고사령부 작전지휘성원들, 내각의 중요인물들과의 관계 속에서 뿐 아니라 전선 시찰과 공장, 기업소, 농촌 현지지도의 길에서 만나신 연구자들과의 관계 속에서 폭넓게 형상하여야 하였으며 조국해방전쟁을 제한된 공간 속에서가 아니라 사회주의 진영과 제국주의자들과의 첨예한 대결로 승화시켜 그려야 하였다.

실제상 이 장편소설의 구성이 시간적으로는 상대적으로 짧지만 인간관계의 폭이 매우 넓고 수많은 인물들이 등장하는 것은 바로 이러한 생활의 흐름과 그 요구에 따른 것이라고 할 수 있다.

작품을 구체적으로 살펴보자.

작품에서는 위대한 수령님께서 제시하신 전쟁 제4계단 전략적 방침에 따라 적극적인 진지방어전을 벌려 이미 차지한 계선을 튼튼히 지키면서 적을 끊임없이 타격 소멸하는 한편 정전 담판의 막 뒤에서 제놈들의 패배를 만회해보려고 비렬하게 책동하는 미제 놈들의 기도를 제때에 분쇄하고 전쟁의 종국적 승리를 위한 투쟁을 힘있게 벌리고 있던 주체41(1952)년 한 해 동안에 있은 몇몇 중요 전투들과 현지지도의 노정들을 중요사건 혹은 력사적 배경으로 취급하고 있지만 그와 관련된 수많은 인물들을 등장시켰고 시대적 화폭을 넓혀 나갔다.

미제 놈들의 서천상륙 기도를 제때에 간파하시고 서해안 방어를 강화하도록 조치를 취해주시였으며 정전 담판의 막 뒤에서 제놈들의 패배를 만회해보려고 날뛰던 클라크의 《금화공세》를 일격에 분쇄하도록 하신 위대한 수령님.

어제는 평원군 원하리의 농민들을 만나시여 전시 농업생산을 늘일 방도를 의논하시고 오늘은 용천군 하장리와 낙원기계제작소(당시 명칭) 당세포회의를 몸소 지도하신 어버이 수령님.

불비 쏟아지는 전선의 용사들을 찾으시어서는 그들에게 무적필승의 용맹을 안겨주시고 도시건설부문과 건축부문 설계 책임일군들을 만나시여서는 승리할 내일의 복구건설과 수도건설의 휘황한 설계도를 펼쳐주신 력사적인 그 나날들…

작품에서는 이러한 력사적 사실과 실재한 인물들과의 관계를 통하여 서사적 화폭을 폭넓게 그리면서도 그에 관여한 최고 사령부 작전 지휘성원들과 영웅적 위훈을 세운 인민군 장병들 그리고 내각의 중요 일군들과 후방 인민들과의 관계 속에서 위대한 수령님의 영광 찬란한 혁명력사와 불멸의 혁명업적을 훌륭히 형상하고 있다.

뿐만 아니라 작품에서는 조국해방전쟁의 세계사적 의의며 세계평화를 진두에서 수호하신 위대한 수령님의 령도 업적을 형상적으로 재현하기 위하여 쏘련의 쓰딸린을 비롯한 중요 정치가들, 중국의 모택동, 주은래며 중국 인민지원군의 중요 지휘성원들을 등장시키고 있다. 이리하여 작품에 등장한 인물들의 수는 이름이 밝혀진 범위에서만 하더라도 근 70여 명에 달한다.

이 수많은 등장인물들과 방대한 력사적 사실을 련관시켜 전쟁 한 해 동안에 있은 몇몇 사건을 폭넓고 깊이 있게 형상한 작품의 구성력은 참으로 놀랄만한 것이다.

자칫하면 상대적으로 짧은 시간 동안의 력사적 사실을 형상적으로 재현함에 있어서 수많은 인물들을 등장시키는 경우 작품의 구성은 평면성과 단순성을 면치 못하게 된다. 그것은 동일한 시간에 서로 다른 장소에서 벌어지는 다양한 사건들이 밀접한 내적 련관을 가지기 힘들게 되기 때문이다 그럼에도 불구하고 이 소설에서는 매 인물들 간의 내적 련계를 밀접히 하면서 그 모든 인물들의 운명선들이 궁극에는 위대한 수령님의 형상선을 주축으로 하는 주선에 튼튼히 맞물리게 함으로써 어느 한 지선이라도 들어내거나 바꾸어 넣을 수 없이 유기적으로 튼튼히 맞물려있는 것이 특징적이다.

여기에 바로 이 작품의 구성이 립체적으로 짜여있다고 말할 수 있는 근거가 있고 지선들이 많으나 구성이 산만하지 않게 보이는 비결이 있다.

작품의 몇 장면에 약간씩 나오는 인물인 《설악산 2호》라는 대호를 가진 《뉴욕타임스》기자 리지아 선만이라도 두고 보자.

그는 항일혁명투쟁시기 위대한 수령님께서 해외로 파견한 지하공작원 리신해의 딸로서 미국에 영주하면서 단독으로 공작 활동을 벌린다.

이 인물선이 부차적인 위치에 놓여있는 지선이라고 하여 작품에서 들어낸다고 해보자.

그러면 쓰딸린이 《까께베》 도쿄선을 통하여 입수한 중요한 정보를 위대한 수령님께 시급히 전달하기 위하여 쏘련 국가안전위원회 특수정찰 책임자인 드루가 대장을 우리나라에 파견할 타당성이 없게 되며 미제의 신형 직승기나 포작전이 어떻게 진행되였는가도 흥미진진하게 엮어질 수 없게 된다. 더욱이나 위대한 수령님께서 항일혁명투쟁시기에 세계평화를 수호하기 위하여 벌리신 원대한 작전의 한 분야가 생동하고 깊이 있게 그려지지 못하였을 것이다.

또 작품에 등장하는 인민군 전사인 조순근의 형상이 극히 부차적인 위치에 놓여있는 지선으로 그려졌다고 하여 그의 선을 구성에서 들어낸다고 해보자.

그러면 작품에서 중요인물로 등장한 박정덕과 류경수가 생사 여부를 모르는 그 전사의 부모를 찾기 위해 애쓰는 장면이며 조순근이 남조선군에 복무하던 한 고향내기인 김덕만을 설복하여 돌려세운 후 부상당한 몸으로 그의 등에 업혀 적후에서 아군진지로 돌아오는 희한한 장면을 묘사할 수 없었을 것이다.

참으로 위대한 수령님의 형상선을 주축으로 하고 수많은 인물들의 독자적인 선들을 지선으로 하여 이야기가 복잡하게 엉켜 있지만 이 지선들은 한 줄에 꿴 것처럼 밀접한 내적 련관을 가지면서 주선을 보강하는 위치에 놓여있음으로 하여 작품의 구성은 어느모로 보나 조형미가 있게 립체적으로 잘 엮어져 있다. 이것은 외곬을 타고 이야기가 평면적으로 흐르는 구성 형식과는 완전히 다른 구성 즉 위대한 수령님의 형상선을 주축으로 하는 해살무늬형의 립체적인 구성 형식이라고 말할 수 있다. 이러한 구성 형식은 시공간상으로 지선들이 겹놓이기도 하고 대부분 경우에 지선들 호상 간에는 아무러한 내적 련관이 없다 하더라도 주선과 내적 련관을 가짐으로 하여 그 어느 하나라도 들어낼 수 없이 이야기가 잘 맞물리게 된다. 이리하여 이 작품의 이야기는 외형상으로 볼 때 기본 사건이 펼쳐지는 시간의 길이가 인물들의 관계로 이루어지는 공간의 너비(횡적인 폭)에 비하여 상대적으로 짧다 하더라도 현재(작품에 취급된 전쟁 시기)를 중심으로 현재에서 과거로, 과거에서 현재로 부단히 오르내리다가 때로는 미래까지도 (지선에서 이야기된 개별적 인물들의 후기를 작가의 서술문으로 준 부분들) 제시하기도 함으로써 구성의 깊이를 잘 보장하고 있다.

장편소설 《전선의 아침》의 구성에서 찾아보게 되는 우점으로서는 또한 주선을 굵고 뚜렷하게 그어가면서도 시공간적으로 겹놓인 지선들을 주선을 중심으로 하여 튼튼히 잘 맞물리고 그것들 호상간의 비중을 주선을 보강하는 방향에서 그 차이를 합리적으로 준 것이다.

수령형상 장편소설에서 주선은 어디까지나 수령의 활동과 사색 과정에 대한 이야기선이라고 할 수 있다. 주선을 이루는 이야기는 수령의 심오한 내적 체험과 남다른 심리세계, 비상한 천품과 위대한 풍모에 대한 직접적인 묘사와 작가의 서술로 이루어지기도 하지만 주로 수령과 중요 상대인물들과의 관계에서 생겨난다. 따라서 수령형상 장편소설에서 수령의 형상선이 주축으로 된다고 하여 그것을 다른 인물들과의 관계 속에서 생겨나는 이야기와 별개의 것으로 고찰하여서는 안 된다.

장편소설《전선의 아침》의 주선을 이루는 위대한 수령님의 형상선은 어디까지나 수령님께서 미제 놈들이 혁명의 수도 평양을 불의에 기습할 목적으로 벌린 서해안 상륙 기도를 좌절시킬 탁월한 전략과 전술을 내놓으시고 군단장 박정덕에게 그 구체적인 방도를 제시하신 이야기며 또 무분별한《금화공세》를 물거품이 되게 하심으로써 전쟁 국면을 놈들의 패배로 치닫게 한 이야기라고 할 수 있다. 이밖에도 위대한 수령님께서 전선과 후방에 대한 끊임없는 현지지도를 하신 력사적인 노정들에 깃든 이야기며 최고사령부 작전지휘성원들과 내각성원들에게 혁명의 난국을 주동적으로 타개할 방도를 제시하시는 이야기 그리고 혁명전사 한 사람 한 사람에게 기울이신 동지적 사랑과 크나큰 믿음에 대한 이야기 등에서 주어지고 있다.

이 주선에서도 기본은 위대한 수령님께서 천리혜안의 탁월한 전략전술로 미제 놈들의 서해안 상륙 기도와《금화공세》를 짓부시게 하심으로써 정전 담판의 막뒤에서 어부지리를 얻으려고 교묘하게 획책하던 놈들의 기도가 전면적으로 파탄되는 이야기이다.

이 주선의 기본 이야기는 작품에서 굵고 명백한 주축을 이루고 있으며 주선의 다른 이여의 이야기 즉 위대한 수령님께서 전쟁의 종국적 승리를 확고히 마련하시기 위하여 전선과 후방에 대한 끊임없는 현지지도의 길을 이어가신 중요사적들이 실재적인 인물들과의 관계 속에서 폭넓게 펼쳐져 있다. 다시 말하여 작품에서는 주선에서도 기본을 이루는 이야기선에 형상의 초점이 집중되도록 위대한 수령님과 박정덕과의 관계에 큰 비중을 두고 다른 상대인물들과의 관계에서 펼쳐지는 이야기선들은 이 기본 이야기를 보강하는 위치에 놓이게 함으로써 주선의 주축을 굵고 명백하게 세울 수 있게 하였다. 때문에 작품에서 박정덕은 위대한 수령님의 형상을 부각시키는 가장 중요한 위치에 있는 인물이라고 할 수 있다.

실제상 작품에서 어버이 수령님과 박정덕과의 관계－이것은 수령과 전사와의 관계뿐 아니라 박정덕으로 하여금 위대한 수령님의 탁월한 영군술을 따라 배워 실천행동으로 수행하는 충직한 주체형의 인간, 선군투사로 자라는 과정이기도 하다.

1차 진공때 낙동강 계선까지 자기 사단을 이끌고 나갔다가 전략적인 일시적 후퇴시기 적의 포위 속에서 사단의 위치를 알리지 못한 박정덕. 놈들도 그가 이끄는 사단이 더는 존재하고 있지 못할 것이라고 떠들던 때 위대한 수령님께서만은 그 사단이 건재할 것으로 믿으신다. 그러던 박정덕은 적부에서 전과를 확대하면서 사단을 이끌고 위대한 수령님의 품에 다시 안기게 되였으며 수령님의 크나큰 신임에 의하여 수도 평양방위를 위한 전선 서부 군단장으로 활약한다.

미제의 서천 상륙 기도를 제때에 간파하였으나 잠깐 자리를 뜬 사이에 부대를 다른 곳으로 옮기게끔 조직한 불순분자들의 암해책동을 즉시 포착하고 놈들의 상륙 기도를 단번에 좌절시킨 박정덕, 그는 참으로 위대한 수령님의 작전적 의도를 항상 한 치의 드팀도 없이 훌륭히 수행한 유능한 군사지휘관이였다.

위대한 수령님께서는 박정덕이 놈들의 테로 음모에 의하여 부상당하게 되자 삭주 휴양소에 보내신다. 그러시고는 전선 동부와 관련한 작전임무를 주시고 그 후 전선 사령부 참모장으로 임명하신다. 박정덕은 위대한 수령님의 작전적 방침을 높이 받들고 놈들의 《금화공세》를 짓부실 작전안을 세운다.…

일반적으로 수령형상 장편소설에서 여러 가지 문제 제기와 그에 따르는 다면적인 해명을 위한 수많은 상대인물들이 등장하기 마련이다. 그렇다고 하여 어떠한 문제 해명을 중심에 놓는가 하는 기본이 없이 그 개개의 문제 해명을 똑같은 비중으로 놓고 이야기를 펼친다면 이러저러한 상대인물들과의 관계를 통하여 벌어지는 주선의 이야기가 구성의 기본 골격이라고 할 수 있는 주축이 없이 꼭 같은 비중으로 《조립》되여 펼쳐지게 된다. 그렇게 되면 이야기가 산만해지고 기본 이야기 줄거리도 뚜렷하게 안겨오지 않게 된다. 이런 점에서 장편소설 《전선의 아침》은 주선의 기본대가 명백한 점에서 매우 시사적이다. 이것은 위대한 수령님과 상대 인물들과의 관계에서 펼쳐지는 주선의 이야기 가운데서 박정덕과의 관계에서 벌어지는 이야기를 기본으로, 주축으로 하고 있기 때문이다.

일부 평자들은 이 소설에서 중요인물인 박정덕의 형상의 몫이 지내 크다보니 위대한 수령님의 형상 과제가 작게 보이지 않는가고 반문할 수도 있다. 이러한 의견은 지나친 속단이다. 왜냐면 중요인물 박정덕이 격이 높게 형상된 것으로 하여 위대한 수령님의 탁월한 영군술과 주체적인 군사전법들이 빛나게 실현되고 커다란 생활력을 나타내었음을 잘 알 수 있으며 혁명전사들에 대한 그이의 불같은 동지애와 사랑, 크나큰 믿음의 세계가 더욱 뜨겁게 안겨오고 있음을 형상적으로 깊이 체득할 수 있기 때문이다.

소설에서는 지선들 가운데서도 개개의 인물선의 비중을 균일하게 하지 않고 문제 해명에 따르는 형상적 몫에 따라 그 크기를 합리적으로 설정하고 있다.

수령형상소설에서 지선은 어디까지나 주선과 직접 련결되지 않은 (혹은 련결될 때까지) 상태의 인물선을 말한다. 이러한 지선들은 수령의 형상선과 독자적으로 설정되어 펼치다가 주선에 합류되기도 하고 주선에서 갈라져 따로 펼치기도 한다.

개개의 인물선으로 이루어지는 이러한 지선들은 형상 과제에 따르는 작중인물들의 형상의 몫에 따라 그 크기와 비중이 결정된다.

수령형상소설에서 상대인물의 선이 중요 위치에 놓여있다고 하여 다른 이여의 지선들을 거기에 많이 인입시킨다든가 그를 통하여 작품의 기본 문제 해명을 시도한다면 수령의 형상적 몫이 적어지게 된다. 그렇게 되면 수령형상소설의 풍격을 보장할 수 없게 된다.

이 작품에서는 중요인물인 박정덕선에 비중을 많이 주면서도 위대한 수령님의 형상을 돋구어주는 방향에서 그의 몫을 합리적으로 설정함으로써 지선으로서의 그의 인물선이 수령형상선을 가리는 폐단이 없도록 하였다. 여기에 이 소설에 지선이 많을 뿐 아니라 적지 않은 지선들이 박정덕선과 련계되어 있으나 산만하지 않고 또 수령형상선을 부각시키는 방향에서 인입되어 은을 내게 된 성과의 요인이 있다고 할 수 있다.

실제상 작품에는 중요 지선인 박정덕선과 련계된 개개의 지선들 즉 부관인 전무성, 그의 애인인 전선사령부 통신군관 김인정, 장기 명수인 전사 리만호의 선, 적의 화구를 가슴으로 막아 부대의 진격로를 연 신기철, 박원진 영웅들의 인물선, 윤애사를 비롯한 종군작가들의 선, 동향내기인 남조선군의 병사인 김덕만을 돌려세운 조순근 선 등이 서로 겹놓이거나 평행으로 놓여있으나 이 선들은 궁극에 가서 위대한 수령님의 형상선과 직접 혹은 간접적으로 련계되어 주선을 보강하고 있다. 그리고 위대한 수령님의 형상선에는 이밖에도 정전 담판 회의장에서 미제놈들을 족쳐대는 최고사령부 참모장 남일의 선, 장령인 류경수며 최현이의 선, 내각과 행정경제기관의 중요성원들인 홍명희, 박정애, 허정숙, 리용, 김정희의 선, 수령님께서 전선과 후방에 대한 현지지도의 길에서 만나신 원하리의 농민 김봉덕과 그의 딸 김상금, 낙원의 신포향, 하장리의 전무순, 사령부 작식대원인 장명선 아바이, 책임부관 김명수며 부관 공정수, 외국기자 윌프레트 버체트, 중국 임시대리대사 시서문, 쏘련의 드루가 대장 등 수많은 인물선들은 위대한 수령님의 형상선과 직접 련계되어 있는 지선들이다.

작품의 크고 작은 이 지선들은 작은 시내물이 저저마다 큰 강에 합류되여 바다로 흐르듯이 제 나름의 각이한 생활 경로를 펼쳐 보이고 있으나 주선을 보충하고 보강하는 위치에 놓여있으므로 하여 수령형상의 몫을 크게 하고 또 자기의 독자적인 형상 몫을 가질 수 있게 하고 있다.

장편소설 《전선의 아침》의 구성에서 특히 주목할 만한 것은 위대한 수령님의 탁월한 풍모와 업적을 후손만대에 길이 전할 수 있도록 수령님의 혁명활동 로정을 실재한 인물과의 관계 속에서 력사문헌적 가치가 있게 형상한 것이다.

수령형상소설에서 력사문헌적 성격을 살리자면 중요인물들의 관계와 사건 줄거리를 비롯한 작품의 기본대가 력사적 사실에 맞아야 한다. 이렇게 되자면 작품의 형상체계가 력사적 사실의 기본 흐름에서 벗어나지 말아야 하며 특히 수령의 혁명활동 노정, 수령이 기억하고 있는 인물과 사건, 생활적 내용이 실지 있은 그대로 재현되여야 한다.

작품에 등장하는 중요인물인 박정덕을 비롯한 수많은 연고자들은 다 원형에 기초한 실재적인 인물들이다. 뿐만 아니라 부정인물집단을 이루는 미제의 호전군사가들, 그에 추종한 인물들도 다 실재한 인물들이다.

작품에서는 실지 있은 력사적 사건과 실재한 원형에 기초한 방대한 인물들을 등장시켜 위대한 조국해방전쟁의 력사적 승리를 이룩하기 위한 위대한 수령님의 혁명활동과 불멸의 혁명업적을 실지 있은 그대로 실감 있게 형상적으로 재현하였다. 바로 여기에 이 작품이 가지는 력사문헌적 의의가 있고 총서 작품으로서의 성과의 한 측면이 있다.

작품에서는 력사문헌적 성격을 강조하기 위하여 이 시기에 있은 위대한 수령님의 현지지도노정이며 실지 있은 의의 있는 력사자료를 직접적으로 도간도간 삽입하고 있다.

예건대 《금화공세》를 짓부신 전과들, 거제도 포로 수용소의 조중포로 대표들이 대표자 회의를 열고 《전쟁포로 대표자대회가 전 세계 인민들에게 보내는 호소문》을 작성한 후 미군 돗드 준장에게 제기한 요구조건 사항과 같은 것 등을 들 수 있다.

이러한 력사적 자료들은 그 자체로도 력사문헌적 가치가 있고 또 작품의 이야기를 실재한 것으로 실감 있게 펼쳐 보임에 있어서 중요한 인식교양적 가치를 가진다.

긍부정 인물의 개인 경력과 생활적 취미 등에 대한 자료도 생활 소재의 실재성과 그 의의를 강조함에 있어서 자못 중요한 구성요소의 하나로 된다.

이 작품에서 이러한 자료들을 적지 않게 삽입하고 있다. 쓰딸린, 모택동 등 인물들의 생활 자료, 부정인물 클라크의 가계와 녀성관 등이 그 예증으로 된다.

장편소설 《전선의 아침》은 또한 여러 긍정인물들의 지나간 생활 경로와 연정관계 등을 처음에는 집약시켜 서술하고 그것을 이야기의 전개과정에 점차 확대시켜 보여주는 독특한 형상 수법으로 지선의 이야기를 펼쳐 나가는 구성 형식을 취하고 있는 것이 특징적이다. 이것은 독자들에게 예술적 흥미를 불러일으키고 이야기의 속도감을 보장한 특징적인 구성 수법이라고 할 수 있다.

또한 부차적인 인물일지라도 그의 과거와 현재 그리고 그 후의 운명선이 타당한 계기를 통하여 서술됨으로써 그 인물의 생활 경로에서 찾아보게 되는 특징적인 점들이 일목요연하게 느껴진다.

박정덕의 지나간 과거 생활에 대하여 소설에서는 이렇게 서술하고 있다.

《농가, 석하리의 고향집, 초가이영, 가물거리던 등잔불… 그리고… 광야, 광야… 비바람, 가도 가도 끝이 없는 수림과 잡관목들… 광야에 메아리치던 말울음 소리, 말발굽 소리…

번개치고 눈보라 울고 바람 찼던 그 길, 정처 없이 달린 그 길은 언제 시작되고 언제 끝났던가. 그것은 젊은 넋의 몸부림이였다.…

외로운 새는 몸부림쳤으나 나래를 퍼덕일 창공이 없었고 갈 길 잃은 배는 폭풍속을 헤매며 항구를 찾았으나 등대가 비치지 않았다. 젊은 넋이 그런 것은 안식의 항구가 아니었다.

해비치는 투쟁의 해안, 그토록 그려온 혁명의 품, 김일성 장군님의 전설적인 빨찌산 부대였다.

가고 싶었던 길, 에돌아온 길, 닻을 내린 곳…

해방 후에야 비로소 박정덕은 그처럼 그리던 태양의 품에 인생의 닻을 내리고 새 삶의 길을 찾았다.…》

작품의 첫 부분에 서술된 그의 과거사는 극히 함축된 시적 표현으로 이렇게 간단히 주어지고 있다. 그리고는 작품의 도간도간 그의 결혼 생활이며 두고 떠나온 자식들에 대한 이야기가 주어지고 나중에는 아내가 그에게 보내온 편지가 서술되고 있다.

전선사령부 통신군관인 김인정의 과거사도 이런 수법으로 소개되고 있다.

그는 전선에서 군관이였던 오빠 김광선이 전사한 소식을 들은 후 어머니마저 미제의 함포 사격에 의해 폭사하자 전선파견장을 손에 쥐고 렬차에 오른다.

작품에서는 그의 과거 생활을 회상의 수법으로 이렇게 간단히 집약시켜 서술하고 있다.

《어느 때든 그 여자가 인생의 그 뒷구간으로 돌아갈 수 있을까?

거기에는 사랑과 우정, 진심과 희망이 있었고 애모쁜 속삭임과 낭만의 채광이 있었다. 다정한 학우들, 대학 기숙사 그리고 축구 경기장, 문수봉의 애어린 나무모, 철학부의 그 미남자, 소비조합 화물차… 하지만 이제 그 모든 것은 지나가버렸다.》

작품에서는 매 인물의 과거사를 서술함에 있어서 이렇듯 단번에 그 내용을 상세하게 주지 않고 때로는 집약적으로 주고 그 다음 이야기의 진전 과정에 보다 상세하게 생활적으로 주고 있다.

말하자면 모든 것이 단번에 알려지지 않게 하면서도 작품의 중간 혹은 마지막에 가서야 다 알 수 있게 하고 있다.

이것은 작품의 첫 부분만 보아도 뒤가 빤드름히 내다보이는 구성이 아니라 이야기의 종심을 보장하는 구성을 지향하면서 작가가 탐구해낸 하나의 독특한 형식의 이야기 전개방식이라고 할 수 있다.

*　　*　　*

이상에서 나는 장편소설 《전선의 아침》이 거둔 창작적 성과를 구성의 측면에 집착시켜 논의하였다.

총서에 속하는 수령형상 장편소설에서 구성의 완벽성을 기하는 문제는 그의 력사문헌적 가치와 커다란 인식교양적 의의로 하여 더욱 중요한 과제로 나선다.

수령형상 장편소설에서 수령의 형상선을 주축으로 하고 력사적 사실에 기초한 사건 속에서 원형의 실재한 생활을 펼쳐 보이는 구성 형식을 새롭고 다양하게 창조하는 문제는 사실상 일반 장편소설에 비추어 볼 때 비할 바 없이 고심 어린 탐구와 사색을 기울일 것을 요구한다. 그렇다고 하여 창작에서 공인된 《처방》이란 있을 수 없는 것이다.

보다 새로운 형상세계의 높이에서 독특한 구성 형식을 탐구하는 것, 그것은 우리 작가들 앞에 나선 중요한 창작목표의 하나이며 새로운 형식의 창조이기도 하다.

—『조선문학』 2007년 1호.

4. 개작 상황

개작 상황 없음.

— 작성 : 김한식

총서 '불멸의 력사' 해제
28

『승리』

1. 세부 사항

제목	총서 '불멸의 력사'28 『승리』		출간 권수	28
작가 및 창작단	김수경			
발표 연도 (수상 연도)	발표 연도	1994	발표 지면 (수상명·집)	문학예술종합출판사
	개작 연도			
스토리 주제	전쟁 말기 치열한 전선전투 과정에서 발휘된 전투원들의 용맹성과 애국심, 희생정신. 김일성 장군의 영도력으로 전쟁을 승리로 이끌어 내는 과정.			
키워드1/ 테마	6·25전쟁, 정전회담.			
키워드2/ 구성	총 3편 35절			
키워드3/ 시점	전지적 작가 시점(김일성에 한하여 주체존대법 쓰임)			
키워드4/ 시간	1952~1953년			
키워드5/ 장소	38선 전투 지역(통천, 김화, 평강, 원산 등), 평양, 서울, 도쿄			
키워드6/ 소재	통천 '어촌고지'전투, 김화공세, '신공세', 351고지전투, '철의 3각 지대' 정형고지전투, 정전회담.			
키워드7/ 인물(직업)	전투병, 내각 관료, 미군 고위 장성, 농민.			

2. 줄거리 소개

1편(총 13절)

52년 여름, 통천 '어촌고지'를 방어하는 대대지휘부의 리충근 대대장, 홍준실 위생지도원, 김용택 연락병, 하윤종 전사 등이 함께 저녁식사를 하며 전쟁에 관한 이야기를 나눈다.

조선인민군 수석대표 남일은 판문점에서 미국측 수석대표 해리슨과 포로송환 등의 문제로 회담 중이다. 남일은 7일간 휴회를 선언한 후 회담장에서 나와 교통상 박문환의 방문을 받는다. 박문환은 철도 복구 문제로 고민한다.

평양군사위원회 내각에서 김일성은 아이젠하워의 연설문을 요해하고 있다. 집무실을 나서서 폭격현장에 도착한 김 장군은 가족을 잃은 여인의 슬픔을 보며 괴로워하고 승리를 다짐한다. 이때 남일이 찾아와 회의 결렬 내용을 보고한다. 김 장군은 나약한 그를 엄하게 질책한다.

김화·평강 계선에 보내는 미군 군수품 보급량이 급격히 늘어나고 있다는 보고를 들은 김 장군은 최현 군단장을 불러 1211고지에서 승리할 방도를 찾도록 지시한다. 한편 남일은 김 장군을 만나 포로들을 판문점에 집결시키는 원칙 제안을 착안한다.

클라크는 도쿄 유엔군사령부에서 김화공세와 통천상륙을 병행하여 인민군 주력부대를 포위 소멸할 작전을 세운다.

통천에 온 최현은 홍준실과 반갑게 해후하던 중, 송철무가 리충근을 닦달하는 것을 목격한다. 리충근은 추지령 갱도공사에 대대를 투입하라는 명령을 미룬 채 '어촌고지'에 갱도를 파고 있다. 최현은 '어촌고지' 갱도공사가 고지 사수와 적의 섬멸에 필수적이라는 리충근의 진심을 이해하고 그를 지지한다.

최현의 말을 따라 최고사령부로 온 홍준실은 김일성 장군을 만나 '어촌고지'를 사수하려는 리충근의 갱도공사를 보고한다. 준실의 이야기를 듣고 해안 전초진지의 중요성을 파악한 장군은 송철무를 사령부로 송환한다.

'어촌고지' 갱도를 시찰한 최현은 해안고지의 전략적 유용성을 파악한다.

최고사령부 작전실, 김일성 장군, 보위상, 김일 군사위원, 작전국장, 최현, 류경수, 송철무 등은 전략회의 중이다. 최현은 추지령보다는 해안고지가 전투에 유리함을 주장한다. 김일성 장군은 추지령 전력 집중을 굽히지 않는 송철무의 과오를 바로잡아 준다. 한편 군단은 추지령 후면으로 이동하고 전력을 통천에 집결하도록 명한다.

재개된 회담에서 중립국포로송환위원회 조직을 제안한 남일, 회담은 수차 연기된다. 남일이 미제의 포로살육 만행을 질타하자 회담은 다시 무기휴회된다.

무기휴회 후 총참모부 사업을 인계받은 남일은 최현을 만나기 위해 '어촌고지'로 간다. 남일은 12개 갱도에 포신을 앉히는 과정을 둘러보던 중 통천갱도에 넣어야 할 고사포가 박문환 교통상의 요구로 룡흥강 계선으로 간 것을 발견한다. 이 소식을 들은 최현은 격분하여 쓰러진다. 남일은 군단 지휘를 포여단장에게 대리시키고 갱도에 120밀리 포를 보충하도록 강조한다.

남일은 박문환을 만나 '어촌고지' 갱도의 중요성을 역설하고 고사포를 철수시켜 통천 '어촌고지'로 보낸다.

최현이 쓰러진 경위를 들은 김일성 장군은 전화를 거나 최현은 벌써 전연감시소에 가 있다. 최현의 단호함을 이해한 김일성은 그를 내버려둔다. 최현은 수백의 적함 상륙정이 500미터 이내로 접근하자 박격포와 고사포를 쏘아 전투를 승리로 이끈다. 동시에 854.1고지, 1211고지에서도 전술적 요충지를 차지하는 데 성공한다.

2편(총 12절)

김화공세와 통천상륙작전에서 참패한 클라크 앞에 아이젠하워가 당도한다. 클라크는 동서 해안과 지상전선에 수많은 병력을 투입하는 동시작전('신공세')을 위해 10개 사단 보병, 2개 여단의 항공육전대를 요구하지만 아이젠하워는 최종 결정을 미룬다. 미제3사 작전참모인 아들에게서 공산군 전 전선이 요새화되었다는 말을 들은 아이젠하워는 '신공세'를 결정한다.

최고사령부 주변에서 이상한 전파를 감지한 무전대는 박헌영, 리승엽을 의심한다. 최고사령부 회의실에 모인 참가자들은 원산과 대동강 하구에 150~200만의 대부대가 상륙할 것을 예측하고 대응안으로 유격전과 항공전을 논의한다.

김일성 장군은 근화리를 찾아 강보배 아주머니를 비롯한 인민들을 위로한다. 인민들은 마지막 힘까지 짜내어 전투에 참여할 것을 다짐한다.

원산으로 집결한 부대에 속한 오명일은 낙하산 간첩을 발견하고 수류탄을 던져 신호를 보낸다. 리충근, 홍준실 등은 부상당한 오명일을 돌보는 한편 간첩을 잡는 데 성공한다.

김일성 장군은 전선에 미제 30만 보병, 800여 척의 전투함선, 항공륙전대 등이 지상전선과 해안에 집결해 있음을 보고받고 방어지휘부 조직과 구성, 작전 구상에 여념이 없다. 마침내 월비산 계선을 중심으로 적을 부수고 요충지를 확보하기 위해 원산, 한천, 대동강 어구에 부대와 전력 기재를 밀집시킬 작전을 세운다.

전함 '미주리'호와 항공모함 '바딴'호 등이 원산 앞바다로 향하는 위급한 상황 중, 최고사령부 기습과 동시에 전 전선과 해안 중요지대에 '신공세'가 시작된다. 이때 박헌영, 리승엽이 최고사령부 위치와 중대한 군사기밀을 넘겨준 사실도 밝혀진다.

최고사령부가 초토화되었다는 선전을 듣고 송철무는 급히 최고사령부로 달려와 김일성 장군이 무사한 것을 확인하고 안심한다. 장군은 월비산 계선으로 가라는 규율을 무시하고 사령부로 온 송철무를 꾸짖고 육상, 해안, 항공, 매복을 망라한 전면전을 지시한다.

보건상 리병남이 쇠약해진 장군의 건강을 걱정하던 중 스탈린과 모택동이 의사들을 파견한다. 김 장군은 고열에도 불구하고 전투지휘를 위해 의사를 만나지 않는다. 한편 김 장군은 원산으로 내려와 전투 준비 상황을 검열하고 빈틈이 없도록 지시한 후 표표히 떠난다.

집중 포격에도 불구하고 원산에서 그럴듯한 승리를 얻지 못한 클라크는 불안해한다. 클라크는 철원 부근 '철의 3각 지대' 정형고지를 공격하기로 결심한다.

김 장군은 전선원호에 몸 바치고자 자식들을 애육원에 보낸 강보배 아주머니에게 아이들을 다시 데려오도록 설득한 후 스탈린과 모택동이 보낸 의사들을 만난다.

김 장군은 '철의 3각 지대' 정형고지 정황을 파악한 후 003호지점 중곡사포연대, 007호지점 특수포연대를 은밀히 기동시킨다. 정형고지로 은밀히 집결하던 중곡사포연대를 향해 폭격이 시작된다. 포병들은 목숨을 걸고 정형고지를 향해 싸워 나간다.

'철의 3각 지대' 정형고지 점령을 확신한 미군은 제7사단장을 비롯한 사령관 · 기자 · 대사 · 령사 · 장성들과 쌍안경을 들고 고지를 바라보다 패색이 짙자 당황하여 작전을 중지시킨다. 무지막지한 폭격에도 불구하고 대패하자 아이젠하워는 벤플리트를 해임하고 후임으로 테일러를 임명한다. 한편 실태 파악을 위해 육참모총장 코린스를 서울에 급파한다.

3편(총 10절)

월비산 계선 수비를 맡고 있는 송철무 군단은 351고지를 굽어보고 있다. 월비산에서 내려온 송철무는 고봉리 전선 원호대원들이 아바이라 부르는 리기성 노인이 리충무의 아버지임을 알고 반가워한다. 월비산 계선으로 돌아온 리충무는 가족을 만나 잠시 기쁨을 나눈다.

김일성 장군에게 병상자 포로교환을 위한 회담 재개를 제의하는 클라크의 서한이 도착한다. 장군은 포로송환사업에 중립국 포로송환위원회가 개입해야 한다는 조건을 건다. 한편 월비산 계선에서는 육박전 직전의 위급상황이 발생하는데 351고지를 공격한 미군은 송철무 부대의 반격으로 타격을 입는다.

궁지에 몰린 클라크는 머피와 함께 진해로 가 이승만을 만난다. 이승만은 정전을 반대하며 애원한다. 클라크는 전쟁을 장기전으로 이끌 계획을 세우며 조선에 원자탄을 투하하도록 아이젠하워를 설득하기로 머피와 합의한다.

정전반대운동, 원자탄 위협, 포로 문제 등이 급박하게 돌아가자 김일성 장군은 월비산 계선에서 임진강 하구에 이르는 연안 280킬로 지상전선 전 구간에서의 대전투를 결심한다.

홍준실, 송철무, 오명일, 김룡택 등이 351고지 부근에 도착하자 리충근, 하윤종 등이 기뻐하며 그들을 맞는다. 그들은 함께 351고지를 15분 내로 점령할 것을 굳게 다짐한다.

811.7고지, 1026고지, 1211고지 등을 점령하는 것으로 타격전이 개시된다. 전투원들은 월비산 '관통갱도'에서 돌격명령을 기다린다. 351고지 전투에서 대원들이 죽음을 불사하고 돌격하던 중 하윤종, 김룡택이 전사한다.

월비산 계선 전투에서 전투원들은 399고지까지 점령하는 데 성공한다. 김일성 장군은 최현에게 병치료를 위한 외국행을 명하는 한편, 철도수송계획에 자신감을 잃은 박문환을 설득한다.

다시 회담장으로 향한 남일은 정전 이후 남한이 재차 도발 시 미국이 협력하지 않겠다는 서약과 90일 이후에도 정전협상을 준수할 것을 요구해

회담을 승리의 분위기로 이끈다. 어머니, 아내와 함께 정전회담을 라디오로 듣던 클라크는 조선 전쟁에서의 패배를 실감하고 상실감에 젖는다.

월비산 '관통갱도'에서 처절한 전투를 벌인 리충근 대대. 351고지를 마침내 점령하고 승리의 기쁨에 젖는다. 7월 27일 오전 10시 남일은 정전 협정에 조인하고 협정서를 가지고 평양으로 향한다. 조국해방전쟁 승리를 경축하는 군중대회에 351전투 전투원들도 참가하여 환호의 물결에 휩싸인다.

3. 북한의 소개와 평가

| 사전(년감) 자료 |

장편소설. 주체83(1994)년 김수경 창작. 총서《불멸의 력사》중 해방 후편에 속하는 작품이다. 장편소설은 조국해방전쟁이 마지막 단계에서 치렬하게 벌어지던 1952년 8월부터 전쟁이 우리 인민의 빛나는 승리로 결속된 1953년 7월 27일까지를 시대적 배경으로 하여 백전백승의 강철의 령장이신 위대한 수령 김일성 동지께서 조국해방전쟁을 어떻게 승리에로 령도하여 오시였는가 하는 것을 감명 깊게 펼쳐 보이고 있다. 1952년 8월 포로송환문제를 두고 1년간 계속되여 오던 정전담판은 무력의 힘으로 조선전쟁을《영예롭게》결속하려는 미제의 책동으로 무기휴회에 들어가고 정세는 다시 엄혹해진다. 새로 대통령의 자리에 올라앉은 이전 나토군 총사령관 아이젠하워는《실력정책》을 제창하면서 3개월 동안에 조선전쟁을 끝내겠다고 줴쳤으며 때를 같이하여《유엔군사령관》으로 새로 취임한 클라크는 방대한 항공무력과 지상무력을 끌어들여 전선을 돌파하기 위한 지상에서의《김화공세》와 익측에서의 통천해상상륙작전을 준비한다. 위대한 수령 김일성 동지께서는 적들의 새로운 책동을 미리 꿰뚫어보시고 지상전선을 보다 강화하는 한편 한 개 군단을 해안에 기동시켜 상륙하는 적들을 모조리 바다에서 때려잡을 통이 큰 작전계획을 몸소 세우신다. 최고사령관 동지의 명령을 높이 받들고 인민군 전사들은 통천해안의 낮은 야산들에 갱도를 뚫고 천여 문의 포를 배치하여 해안을 강력한 방어진으로 꾸린다. 그리하여 적들의 새로운 공세는 시작하자마자 땅과 바다에서 막대한 손실만 당하고 완전히 파탄된다. 전선에서 패배만 거듭되자 아이젠하워는 직접 남조선에 날아들어 전선을 시찰하고 미국의《명예》를 회복하기 위하여 새로운《신공세》를 벌릴 것을 클라크에게 명령한다. 방대한 무력으로의 지상돌파와 동서해안상륙, 항공륙전대의 대대적인 투입, 우리 당 내부에 잠입한 반당반혁명종파분자들의 책동 등이 동시에 벌어지도록 계획된 전쟁 개시이래 최대규모의《아이젠하워 신공세》로 하여 조국 앞에는 준엄한 시련이 닥쳐온다. 최고사령관 김일성 동지께서는 이 준엄한 정세를 타개할 방도를 찾으시기 위하여 인민들 속으로 들어가신다. 위대한 수령님께서는 전쟁으로 인한 고통과 불행으로 이겨내면서 오직 우리 당만 믿고 따르며 언제든지 조국을 수호할 결사전에 떨쳐나설 각오로 준비되여 있는 인민들의 모습에서 힘을 얻으시고 전체 인민의 힘을 동원하여 원쑤들의 방대한 무력에 맞서 《신공세》를 파탄시키고 전쟁의 종국적 승리를 안아오실 원대한 구상을 세우신다. 그리하여 전당, 전민, 전군이 결사전에 떨쳐 일어나 전국을 요새화할 것을 호소한 당중앙위원회 편지가 하달되고 전체 군대와 인민이 떨쳐나서 모든 산과 벌판, 해안을 한 놈의 적도 발붙일 수 없는 철벽의 요새로 꾸린다. 이와 함께 당을 강화하기 위한 당중앙위원회 제5차 전원회의가 소집되여 적과 야합하여 혁명의 수뇌부를 해치려고 우리 당 내부에서 악랄하게 책동하던 반당반혁명종파분자들이 적발 숙청된다. 위대한 수령님께서는 너무도 과로하신 탓에 중환에 드시게 되지만 강철의 의지로 그것을 누르시고 몸소 험한 아호비령과 마식령을 넘어 동해안방어진을 찾으시여 전사들과 지휘관들에게 힘과 용기를 주시고 방어준비를 하나하나 완성시켜 주신다. 이렇게 되자 놈들은 아군의 주의가 덜미치고 있는 전선중부에서 돌파구를 뚫어보려고 비밀리에 작전계획을 세우고 막대한 무력을 은밀히 집중시켰다가 불의에 정형고지에 달려든다. 그러나 천리혜안의 예지를 지니신 위대한 수령님의 탁월한 전술 앞에 놈들의 모험은 여지없이 짓부셔진다. 최고사령관 동지의 명령을 받은 인민군 전사들은 만난을 무릅쓰고 은밀히 포를 끌고 하루에 수백 수천 리를 기동하여 만단의 전투준비를 갖추고 있다가 정형고지로 달려드는 적들에게 섬멸적 타격을 준다. 그리하여 정형고지 전투 실패를 계기로 놈들의 《신공세》 기도는 시작도 못해보고 좌절되고 만다. 1953년 봄에 들어서면서 놈들은 최대규모로 전선은 물론 후방의 저수지와 발전소까지 무차별적으로 폭격하며 리승만 괴뢰도당은 정전담판을 파탄시킬 목적으로 조국으로 돌아가기 위해 투쟁하는 인민군 포로들을 학살하는 만행을 감행한다. 이것이 놈들의 마지막 발악이라는 것을 내다보신 최고사령관 동지께서는 자신께서 품을 들여 키우신 강력한 예비대를 전선에 투입하여 전 전선에 걸쳐 강력한 대타격전을 벌리실 것을 명령하신다. 그리하여 적들의 주요 지탱점이던 351고지를 비롯한 고지들이 련이어 점령되고 노도와 같이 밀고 나가는 아군 타격 집단에 의하여 공대한 령토가 장악된다. 소설은 드디여 온 세계의 눈길이 지켜보는 가운데 판문점에서 미제의 패배를 인정하는 정전협정이 조인된다. 이어 평양에서 위대한 김일성 원수님을 모시고 승리한 인민군 전사들의 전승 열병식이 성대히 거행되는 장면으로 끝난다. 소설에서는 조국해방전쟁의 마지막 시기를 형상함에 있어서 위대한 수령님께서 지니신 비범한 군사적 천품과 그 령도의 위대성에 형상의 기본 초점을 집중하고있으며 인민군 장병들이 지닌 당과 수령에 대한 끝없는 충실성과 인민들의 불타는 애국심을 보여주고 있다. 작품에서는 이를 통하여 조국해방전쟁의 위대한 승리는 바로 천재적 군사전략가이시며 백전백승의 강철의 령장이신 조선인민군 최고사령관 김일성 동지의 탁월한 령도와 당과 수령의 두리에 군대와 인민이 굳게 뭉쳐 조국의 수호를 위해 하나같이 떨쳐나선 단결된 전체 조선인민의 불패의 거대한 힘에 의해 마련된 것임을 깊이 있게 보여주고 있다. 작품에는 이와 함께 위대한 수령님과 최현, 남일, 류경수 등 주요 인물들과의 관계를 통하여 수령과 전사 사이에 흐르는 사랑과 믿음, 충성과 보답의 세계가 깊이 있게 그려지고 있으며 위대한 수령님께서 지니신 인민에 대한 끝없는 사랑, 조국과 인민에 대한 헌신적 복무정신이 생활적으로 진실하게 형상되였다. 작품은 풍부한 력사적 사실 자료에 기초하여 형상의 진실성을 보장하면서 다양한 생활무대로 형상의 폭을 넓히고 있으며 개성화된 생동한 인물형상과 섬세한 심리 묘사, 속도감이 나는 문장 조직 등 예술적 성과로 하여 조국해방전쟁의 빛나는 승리를 형상하는 장편소설로서의 풍격을 보장하고 있다.

—『문학대사전』(3), 사회과학출판사, 1999.

| 평론 자료 |

강철의 령장, 불굴의 인민, 위대한 승리

–총서 《불멸의 력사》(해방 후편) 중 장편소설 《승리》에 대하여

최길상

1953년 7월 27일 밤 10시, 인류 전쟁 사상 류례없이 가렬처절했던 조선전쟁은 3년 1개월 2일 18시간 만에 조선 인민의 승리로 끝났다.

조선 인민은 세계력사상 처음으로 미국과 같은 큰 나라한테서 항복서를 받아냈다. 지금까지 전쟁에서 패한 적이 없다던 미국은 조선 인민 앞에 무릎을 꿇고 항복 문건에 도장을 찍었다. 이것은 실로 전례 없는 일이며 지구를 뒤흔들어 놓은 충격적인 사건이다.

동방 일각에 자리 잡고 있는 작은 나라, 해방된 지 불과 5년 밖에 안 되는 여기

조선 땅에서 어떻게 이처럼 세계를 놀래우는 기적이 일어날 수 있었는가. 20세기 초 동방의 문호로 널리 알려졌던 타고르가 《일찌기 아세아의 황금시대에, 빛나던 등불의 하나인 조선, 그 등불 다시 한 번 켜지는 날에, 너는 동방의 밝은 빛이 되리라》고 노래했던 것처럼 그 등불이 다시 켜져서인가.

오래동안 망각되였던 아세아에서 현 세기에 혜성과도 같이 두각을 나타낸 인민, 과연 그 인민은 어떠한 인민인가.

총서 《불멸의 력사》(해방 후편) 중 장편소설 《승리》(김수경 작)는 바로 이러한 문제를 제기하고 그것은 바로 수천 년 력사에서 처음으로 맞이한 전설적 영웅이시며 백전백승의 강철의 령장이신 경애하는 김일성 동지를 탁월한 수령으로 높이 모시고 주체사상의 혁명적 기치 높이 력사 무대에서 자기의 모습을 선명히 한 불굴의 인민이 이룩한 위대한 승리라는 것을 예술적으로 힘있게 확증하고 있다.

제2차 세계대전 후 세계반동의 원흉으로 등장한 미 제국주의는 그 강대성을 신화처럼 외우는 《최강》의 침략자로서 2백여 만의 대병력으로 청소한 우리 공화국을 향하여 달려들었다. 기존 상식과 관념에 의한다면 이것은 서로 상대가 안 되는 전쟁이였다. 미제는 조선에 전쟁의 불을 지르면서 날자까지 꼽아가며 이 전쟁은 저들의 승리로 쉽게 끝나리라고 믿었다. 그러나 3년간의 가렬처절한 이 전쟁에서 세계가 경탄 속에 확인한 것은 조선 인민의 위대한 승리와 미제의 수치스러운 참패였다. 강토는 비록 크지 않아도 여기서 사는 조선 인민에 의하여 미제의 《강대성》에 대한 신화는 산산이 부서졌다.

다름 아닌 조선전쟁에서 맥아더, 릿치웨이, 밴프리트, 워커, 클라크 등 이른바 미국의 《상승》 장군들이 패전 장군으로 굴러 떨어졌고 세계 반동의 우두머리인 미제의 내리막길의 시초가 열렸다.

장편소설 《승리》는 절세의 애국자이시며 전설적 영웅이시며 백전백승의 강철의 령장이신 위대한 수령 김일성 동지께서 조선전쟁의 마지막 단계에 미제의 발광적인 《신공세》를 격멸하시고 조국해방전쟁의 최후 승리를 이룩하시는 불멸의 업적을 높은 사상예술적 경지에서 훌륭히 반영한 작품이다.

*　　*　　*

장편소설 《승리》가 거둔 특출한 사상예술적 성과는 우선 미제의 침략책동이 극도에 이르고 우리 당 안에 기여든 반당 반혁명 간첩도당의 책동으로 전쟁의 운명에 엄중한 위기가 조성되였던 엄혹한 시기에 이 모든 난국을 타개하시고 조국해방전쟁의 력사적인 승리를 이룩하신 경애하는 수령님의 현명한 령도와 불멸의 업적을 수령형상작품의 고유한 생리에 맞게 무게 있는 형상 과제를 내세우고 감동깊게 그린 데 있다.

친애하는 지도자 김정일 동지께서는 다음과 같이 지적하시였다.

《로동계급의 수령은 조국과 민족, 혁명과 건설의 운명을 좌우하는 가장 근본적인 문제를 풀어 나간다. 작품에서는 사회정치적 집단을 움직이고 력사의 거창한 전진운동을 떠밀어 나가는 수령의 활동세계가 펼쳐질 수 있도록 무게 있는 형상과제를 내세워야 한다.》

소설에서 보여주고 있는 바와 같이 1952년 하반년도와 1953년 상반년도에 이르는 기간 조선전쟁의 형편은 매우 엄혹하였다. 조선전쟁을 도발한 이후 거듭되는 참패를 당한 미제는 어떻게 하나 전 조선을 강점하려는 저들의 침략적 목적을 실현해보려고 1952년 말부터 새로운 모험적인 《신공세》를 준비하면서 발광적으로 날뛰였으며 온갖 음모책동을 다 꾸미였다. 살인장군 클라크가 세번째 《유엔군》사령관으로 취임한 후 전선의 형편은 점점 첨예하여졌다. 적들은 군사적 방법으로 달성하지 못한 승리를 판문점에서 성취해보려는 망상을 품고 막부득이한 사정으로 적에게 잡힌 포로들을 가지고 롱간을 부리기 시작하는 한편 동해안 통천 일대에서 대상륙작전을 감행하였다. 그리고 《신공세》를 본격적으로 감행하기에 앞서 미제는 남조선 괴뢰들과 《동맹국》들에 신심을 불어넣기 위하여 《정형고지》전투를 《모범전투》로 조직하는 음모를 꾸몄고 항공 특전대를 투입하여 우리의 전선과 후방을 교란시키려고 날뛰였다. 여기에 반당 반혁명 종파분자이며 혁명의 배신자들인 박헌영, 리승엽 간첩도당이 당과 국가의 요직에 잠입하여 우리의 최고사령부를 해치려고 무서운 음모책동을 하였다. 참으로 조선전쟁의 운명, 조국과 민족의 운명 앞에는 가장 어렵고 준엄한 정세가 조성되였다.

장편소설 《승리》는 조국과 민족의 운명 앞에 가장 엄혹한 시련의 시기가 닥쳐왔을 때 과연 그 누가 이 어려운 전쟁의 국면을 타개하고 최후 승리를 이룩하여 조국의 자유와 독립, 우리 인민의 존엄을 지키였는가 하는 심각한 사회정치적 문제를 제기하고 이에 심오한 예술적 해답을 주고 있다.

작품이 보여주고 있는 바와 같이 위대한 수령 김일성 동지께서는 주체의 혁명적 신념과 의지를 지니시고 적들의 침략책동이 더욱 집요하고 악랄하게 감행될수록 조국의 자유와 독립을 위하여 과감히 일떠선 인민군 장병들과 우리 인민의 불굴의 혁명정신을 믿으시고 모든 난관을 타개해 나가신다. 여기에서 통천에 대한 상륙작전을 감행하려는 놈들의 침략책동을 일격에 저지시키고 적들에게 심대한 참패를 안겨주시는 위대한 수령님의 숭고한 풍모는 매우 가슴 뜨겁게 안겨온다. 조선에서 거듭되는 실패를 교훈으로 삼아 미국을 강대한 군사대국으로 건설해야 하며 조선전쟁을 빠른 기간 내에 《영예롭게 해결》하겠다는 것을 중요 골자로 하는 선거강령을 내걸고 《대통령》이 된 아이젠하워는 조선 전선에 방대한 무력을 투입시키고 어떻게 하나 제놈들의 《영예로운 승리》로 조선전쟁을 결속지으려고 최후의 발악을 다하였다. 적들은 군사적 《우세》를 믿고 판문점에서 오만하게 행동하다가 우리의 드센 반격을 받게 되자 우리의 주력 군단이 집결되여 있는 동부 산악지대를 어떤 방법으로든지 차지해보려고 김화 계선에서의 지상공격과 통천에 불의상륙하는 방법으로 목적을 달성하려고 하였다. 클라크는 갱도화, 요새화되여 있는 김화 계선의 지상공격이 어렵게 되자 통천에 대한 상륙작전에 모든 력량을 집중하였다.

위대한 수령님께서는 적들의 이러한 기도를 꿰뚫어보시고 통천에서 《적을 하늘 중천에 들어올렸다가 꺼꾸로 처박는》 전투를 구상하시고 통천 지역을 포신의 숲으로 만들도록 령활한 작전을 펴신다. 그이께서는 1211고지에서 직사포를 고지에로 끌어올려 적들을 소멸하고 조국의 한 치의 땅을 사수하는 데 혁혁한 위훈을 세운 최현의 군단을 통천 계선으로 이동시키신다. 이리하여 통천을 방어가 아니라 적을 답새기는 공격전투 장소로 역전시키시고 미국 놈들이 다시는 해안상륙을 생각할 수 없게 하고 조선의 해안을 보기만 해도 공포에 질려 떨게 만들도록 하심으로써 아이젠하워나 클라크가 공세요, 원자탄이요 하면서 소란을 피우며 조선에서 승리해보려던 《망상》을 짓부셔버릴 수 있게 하신다.

작품은 만고의 령장으로서의 위대한 수령님의 숭고한 풍모, 인민을 위해 모든 것을 다 바치시는 우리 수령님의 모습을 송철무 군단장의 체험세계를 통하여 뜨겁게 부각하고 있다. 송철무는 적들이 통천에 대한 상륙작전을 기도하자 이 지역 인민들을 철수시키고 놈들을 20키로메터쯤 끌여들였다가 소멸할 작전을 하였다. 그리고 중요 요충지인 추지령을 강화하기 위해여 해안고지에서 한창 갱도 공사를 진행하는 리충근 대대장에게 철수 명령을 내리고 그것을 제때에 집행하지 않았다는 리유로 그에게 책벌을 주려고까지 하였다.

위대한 수령님께서는 전쟁기간 공로도 있고 어깨 우에 큰 별을 올려놓게 되자 전과만을 생각하는 군사만능주의자가 된 송철무를 강하게 질책하신다. 그이께서는 이른바 추지령전투를 진행한다고 하면서 그 지역 인민들을 철수시키겠다고 한데 대하여 이렇게 말씀하신다.

《…군사위원회는 통천 인민들의 철수에 대해 지시한 일이 없습니다. 그런데 동무는 자기의 작전안을 세우면서 인민들의 철수를 먼저 생각했습니다. 통천 지역 인민들이 어떤 인민입니까? 나무껍질을 벗겨 먹으면서 폭격과 함포 사격이 심한 지역에서 올해 파종을 제일 먼저 끝낸 인민입니다. 만일 동무의 구상대로 전투를 하는 경우 통천 인민들이 피와 땀을 바쳐서 가꾼 곡식이 어떻게 되겠습니까? 동무는 인민들 속에도 들어가지 않다 보니 인민들의 뜨거운 마음도 그들의 생활도 전혀 알지 못하고 있는 것 같습니다. 인민군대는 언제나 인민의 보호자가 되여야 합니다.》

참으로 수령님께서는 한 치의 땅도 적들에게 내주지 않을 결심을 다진 우리 인민의 그 불굴의 정신을 굳게 믿으시고 전쟁의 승리를 확신하고 계신다.

위대한 수령님께서 지니신 이 주체의 신념을 가슴 뜨겁게 받아 안은 송철무는 경애하는 김일성 동지를 만고의 령장으로 우러러 보며 조국과 인민을 위하여 충실하느라고 했지만 인민에 대한 관점도 바로 서지 못하고 개인의 공명에 들떠 심지어 최고사령관 동지의 군사전략과는 상치되는 작전을 구상하는 데까지 이르게 된 자신을 타매한다. 그리고 자기와 같은 인간에게 군단의 지휘권을 계속 맡기시려는 장군님의 하해같은 은정에 고마움과 자책으로 어쩔 바를 모른다.

장편소설 《승리》는 수령의 위대성에 어울리는 무게 있는 형상 과제를 내세우고 수령을 력사발전과 인민대중의 운명 개척에서 결정적 역할을 하는 특출한 위인으로 형상의 중심에 내세우고 백전백승의 강철의 령장으로서의 위대한 풍모와 인간적 풍모를 다 같이 생동하게 그려내고 있다.

통천 일대에 대한 상륙작전에 3백여 척의 상륙정들을 들이밀었다가 10분 안팎에 섬멸적인 타격을 받은 클라크는 서울에 직접 날아든 아이젠하워에게 북조선의 공산정권은 조선전쟁을 민족해방을 위한 정의의 전쟁, 전 인민적인 전쟁이라고 주장하고 있는데 이것이 바로 미국의 현대적인 무기도 무력하게 만들고 《유엔군》의 방대한 무력을 무맥하게 만든다고 하였다. 그리고 북조선 공산군이 조선전쟁에 도입한 새로운 전법들은 명령하면 반드시 집행된다는 것을 확신한 하층 민중의 충실성에 기초한 것이라고 실토한다. 뿐만 아니라 김일성 총사령관이 전선을 지휘하는 한에 있어서는 조선전쟁에서 승리하기 어렵다고 비명을 울리였다. 미제는 《제공권》과 《제해권》을 쥐고 최신 무기와 수많은 고용병들로 그야말로 사면포위로 우리 인민을 굴복시키려 했지만 시간이 흐를수록 암담한 지경에로만 몰려 들어갔다. 더는 헤여날 길 없는 궁지에 빠진 적들은 박헌영, 리승엽 간첩도당들을 리용하여 조선인민군의 최고 수뇌부를 타격할 음흉한 기도를 한다. 적들은 일찌기 미국 목사가 첩자로 흡수한 당시 외무상이며 부수상직에 있는 박헌영과 그와 손을 잡은 리승엽을 리용하여 로출된 《사면포위》가 아니라 《5면포위》로 제놈들의 목적을 달성해보려고 발악한다. 놈들은 이 간첩도당들로 하여금 무선으로 우리의 최고사령부의 위치를 알려주어 항공대를 유도하게 하였고 지상표식도 하게 하였다.

간첩도당들은 위대한 장군님께서 현지에 나가시였다가 다시 돌아오시면 즉시에 신호를 하여 미국 놈의 비행기들이 폭탄을 투하하게 하는 몸서리치는 만행을 감행하였다.

장편소설은 이처럼 조국과 민족의 운명과 관련되는 사활적인 문제를 제기하고 그것은 오직 위대한 수령님께서만이 이 모든 역경을 순경으로 전환시켜 력사적인 승리를 이룩할 수 있었다는 것을 생동하게 보여주고 있다.

위대한 수령님께서는 자기 조국의 자유와 독립과 존엄을 지켜 일떠선 인민, 당과 수령에게 충직한 100만 당원들의 힘을 굳게 믿으시고 전체 당원들에게 당중앙위원회 편지를 보낼 것을 결심하지고 한 자 한 자 집필하신다. 그리고 당중앙위원회 제5차 전원회의를 소집하시고 이를 계기로 당을 조직사상적으로 강화하고 당원들과 인민들이 떨쳐 일어나 반당 반혁명 종파분자들을 반대하는 일대 사상전을 벌리도록 하신다.

위대한 수령님께서는 전화의 불비 속을 헤치시며 북부산 지대에 자리 잡고 있는 군수공장을 현지지도하러 가시는 길에 한 농촌마을에 들리시여 평범한 농민들과 함께 씨앗을 묻으시면서 바로 그들의 불굴의 신념 속에서 이처럼 우리 당 력사에 위대한 장으로 수놓아질 당중앙위원회 편지를 구상하셨던 것이다. 폭격에 부모를 잃은 어린이들을 집에 데려다 키우고 있는 늙수구레한 강보배라는 아주머니와 함께 이랑을 타고 씨앗을 묻어 나가시던 장군님께서는 이 소박한 녀인에게서 우리 인민의 신념과 의지를 찾아보신다. 이 녀인은 위대한 장군님께 미국 놈들의 락하산이 떨어지면 놈들을 빨래방치로 내려까구 하늘에 매달려 있는 놈들은 돌멩이를 던져서라도 잡아치우겠다고 결연히 말씀드린다.

《장군님, 방법만 가르쳐 주십시오. 우리가 살아있는 한 미국 놈들을 절대로 우리 땅에 발을 붙이지 못하게 하겠습니다.》 이 말을 듣는 순간 장군님께서는 한 가지 생각이 번개치셨다. 그것이 바로 그런 정신, 그런 각오를 가진 우리 당원들에게 편지를 보내여 조국에 들이닥친 엄혹한 정세를 사실대로 알려주고 백만 당원들이 떨쳐 일어나고 전민이 산악같이 일어나 전쟁의 최후 승리를 이룩하도록 불러일으키게 하시려는 구상의 계기였다. 이리하여 우리 당과 조국이 가장 어려운 시련을 겪고 있던 때에 전당, 전민이 떨쳐 일어나 반당 반혁명 종파분자들의 책동을 적발분쇄하고 미제의 강대한 군사력을 물거품처럼 만들게 한 경탄을 자아내는 조선전쟁의 새로운 국면이 마련되게 되였던 것이다.

위대한 령장의 지략과 백전백승의 령도를 받는 우리 인민과 인민군 전투원들은 기울어진 제놈들의 형세를 수습해보려던 적들의 망상을 여지없이 깨뜨려버렸으며 마침내 《정형고지》 전투를 지휘한 밴프리트는 철직을 당하게 하고 클라크를 궁지에 몰아넣었다. 그리고 클라크가 비유해서 실토했듯이 한 번에 10만 8천 리를 날아다니는 손오공이란 원숭이가 자기의 재간을 뽐내며 방자한 짓을 다 했지만 결국은 석가모니의 손탁 안에서 놀고 있는 데 불과했다는 환상적인 소설에서와 같이 자기도 그 원숭이처럼 김일성 총사령관의 주문에 걸려 뇌수가 마비되여버린 꼴이 되고 말았다. 결국 《정형고지》 전투의 참패로 하여 동요하기 시작한 《동맹국》들을 다시 묶어세워 기어이 《신공세》를 성사시켜 보려고 온갖 비렬한 책동을 다 하던 놈들의 음모는 전면적으로 파탄되고 또다시 판문점으로 기여 나오지 않으면 안 되게 되였다.

장편소설 《승리》는 이처럼 언제나 우리 인민과 인민군 전사들의 불굴의 의지와 신념을 믿으시고 그 무궁무진한 힘을 발양시켜 전쟁의 승리를 열어 나가시는 위대한 수령님의 숭고한 풍모를 철학적 깊이가 있게 보여주면서 《이민위천》의 리념을 지니신 위대한 그이의 모습을 뜨겁고 감명 깊은 필치로 부각하고 있다.

수령을 형상하는 문학작품에서는 수령이 지닌 인간적 풍모의 위대성을 깊이 있게 그리는 것이 중요하다. 경애하는 수령 김일성 동지께서는 혁명전사와 인민에 대한 사랑과 믿음을 가장 숭고한 높이에서 체현하고 한평생을 오로지 인민을 위하여 다 바쳐 오신다. 경애하는 수령님의 믿음과 사랑이 있기에 전사와 인민은 수령에게 충성과 효성을 다하는 것이다.

장편소설은 바로 경애하는 수령님과 혁명전사, 우리 인민 사이에 맺어진 새로운 인간관계를 깊이 있게 그림으로써 수령님께서 지니신 인간적 풍모의 위대성을 한껏 부각하고 있다.

인간 중의 인간이시고 사랑과 의리의 화신이신 경애하는 수령님께서는 조국의 운명이 판가름되는 작전대 우에서, 포연 서린 전선과 후방에서 온갖 위기와 위험을 한 몸으로 막아 나서시면서도 혁명전사인 최현 군단장의 건강을 념려하시여 최고사령관의 명령으로 담당 부분 일군들에게 그의 건강을 철저히 돌볼 데 대한 과업을 주기도 하시고 전쟁 승리의 확고한 전망이 열렸을 때에는 혁명을 위해 건강을 회복해야 한다시며 그를 외국으로 치료를 받도록 보내시며 그리고 보건상이 위대한 장군님께서 입으시기를 바라서 드리였던 털 내의를 또 보내주시는 것이다. 혁명전사 한 사람 한 사람에게 주시는 어버이 장군님의 사랑은 정녕 끝이 없으시였다. 그이께서는 혁명전사 남일의 둘째 아들 일철이에게 주시려고 운전 발디디개가 달린 련결식 썰매를 만들어 주도록 하시고 그가 적들의 폭격에 잘못되였다는 것을 아시고는 그를 묻을 때 썰매도 같이 묻어주라고 하시며 슬픔을 금치 못해 하신다. 송철무 군단장의 군사 만능주의적인 그릇된 사고방식을 바로잡아주시며 엄한 비판을 하시면서도 한없이 뜨거운 어버이의 사랑으로 그를 최전선으로 떠나보내시면서는 술이 센 그의 성미에 맞게 독한 술을 마련해주시고 군복도 자동차도 새것으로 바꾸어주도록 하신다. 참으로 혁명전사에 대한 사랑과 의리를 최상의 높이에서 체현하신 위대한 장군님이시기에 피 어린 전쟁을 이긴 전승의 광장에서 김책, 강건, 안길, 최춘국 등 조국의 광복과 민족의 자주권을 고수하기 위해 설한풍 속을 헤치며 함께 싸워온 전사들이 함께 서있지 못하는 것을 그토록 가슴 아파하시는 것이다.

장편소설은 혁명전사들에 대한 위대한 장군님의 사랑과 의리의 세계를 생동한 화폭으로 펼쳐 보이면서 우리 인민들에게 베푸시는 숭고한 사랑을 다양한 형상수법으로 감동 깊게 보여주고 있다. 모든 것이 불타버리고 폭탄 구뎅이만 남은 평양의 장대재를 돌아보시면서 놈들의 폭격에 아버님을 잃은 한 녀성의 슬픔을 함께 나누시며 고인이 두 번 다시 폭격에 상하지 않게 교외에 내다 안장하도록 하시고 그 묘소 가까이에 그 아주머니를 이주시키고 인민위원회에서 생활을 잘 돌봐주도록 하신다. 이와 함께 안전한 곳으로 이사를 가면 전선에 나간 아들에게서 편지가 와도 받지 못할 것 같아 군사우편에 말해서 전선에서 오는 편지가 아주머니한테가 닿게 하도록 대책을 세워주신다.

인민을 하늘처럼 여기시며 인민에 대한 끝없는 복무정신과 헌신성을 가장 숭고한 높이에서 체현하신 경애하는 수령님께서는 조국의 운명이 준엄한 시련을 겪고 있는 때에 내각전원회의에서 무상치료제를 실시할 데 대한 문제를 토의하시며 현지지도의 길에서 만나셨던 평범한 농촌 녀인인 강보배 아주머니가 놈들의 폭격에 희생되였을 때에는 삭일 수 없는 격분과 수난 당하는 민족의 슬픔이 하나로 응결되어 가슴 속에서 용암처럼 끓어 번지는 것을 누를 길 없어 그 아주머니가 데려다 기르던 두 전쟁고아의 등을 다독여주시며 자신의 댁으로 가자 하시며 질척거리는 진창길을 밟으며 걸음을 옮기시는 것이다.

인민을 위해서라면 천만 산악도 옮기고 불비도 헤치시고 역풍을 순풍으로 바꾸시는 위대한 사랑, 그것은 인민의 원쑤들에게는 뇌성벽력을 안기는 무서운 힘이다. 위대한 수령님께서는 우리 인민이 당하는 이 슬픔과 불행을 안으시고 조국해방전쟁을 일대 타격전으로 끝내버릴 단호한 결심을 하시고 전 전선에 엄숙한 명령을 하달하신다.

장편소설 《승리》는 또한 수령형상의 고유한 생리에 맞게 수령을 보좌하는 인물의 성격을 잘 형상하고 있다.

사회정치적 생명체에서 수령과 혁명전사 사이의 관계는 믿음과 충성, 사랑과 효성으로 특징지어진다. 이 소설에서는 위대한 수령님의 주위에 수령과 고락을 같이 하는 충신들의 전형이 서 있다.

위대한 수령님의 몸 가까이에서 생사 운명을 같이 하면서 수령님을 옹위하는 방패가 되고 정새가 되여 온 최현, 류경수, 김책을 비롯한 항일혁명투사들 그리고 남일, 리병남, 홍명희 등 수많은 충신의 전형들은 깊은 인상을 남겨주고 있다. 이 모든 인물들은 생활 경력과 맡은 직분이 서로 다르고 각이한 초소에서 일하고 있지만 경애하는 수령님에 대한 충성과 효성이 성격의 핵으로 되여 있다.

그러면서도 충실성에 기초하여 여러 가지 성격적 특질을 조화롭게 배합함으로써 개성을 잘 살리고 있다.

장편소설은 또한 평범한 인민군 전사, 우리 인민들의 형상을 수령에 대한 충성과 효성의 산 모범으로 그림으로써 수령과 인민과의 관계를 사회정치적 생명체의 견지에서 잘 해결하고 있다.

농민 출신 병사인 하윤종, 단독으로 적 항공특전대를 소멸하는 오명일, 351고지 전투에서 자기의 몸으로 적의 화구를 막은 김룡택, 간호원 홍준실, 대대장 리충근 등의 형상과 전쟁 승리를 위하여 장군님의 부르심에 모든 것을 다 바쳐 싸우는 인민들의 형상은 수령과 군대와 인민이 하나의 혈맥으로 이어지고 사랑과 믿음, 충성과 효성으로 혼연일체가 된 우리의 위력을 과시하는 의의 깊은 형상들이다.

장편소설 《승리》는 적대적 관계에 있는 부정인물을 그릴 때에도 그들의 힘을 강하게 보여주어 그것을 타승하는 수령의 위대성이 감명 깊게 안겨 오게 하고 있다.

수령을 형상하는 작품에 나오는 인물들은 일정한 사회적 계층의 대표자로 전형화되여야 한다. 문학작품에서 수령의 형상은 일정한 사회적 계층의 지향과 요구를 대변하는 전형적 인물과 관계를 맺을 때에만 사회적 집단을 통솔하고 인도해 나가는 최고뇌수로서의 수령의 지위와 역할을 원만히 보여줄 수 있다.

작품에 직접 또는 간접적으로 나오는 아이젠하워, 맥아더, 릿치웨이, 클라크, 밴프리트, 덜레스 등과 그 하수인들인 해리슨, 머피 등은 미 제국주의의 독점재벌과 군부계층을 대표하는 인물들이다.

소설은 대상 인물의 격에 맞게 패전을 모른다는 미제의 《강대성》을 진실하게 보여줌으로써 그것을 타승하시는 강철의 령장의 위대성을 더욱 의의 있고 감명 깊게 보여주고 있다.

장편소설은 조국해방전쟁에서 가장 준엄했던 시기에 있었던 력사적 사실들과 아차 하는 순간에 전쟁의 운명은 물론 조국과 민족의 운명에 상상할 수 없는 후과가 들씌워질 수 있는 아슬아슬한 위기일발의 위험한 사건들을 취급하면서도 작품의 총적 과제의 요구에 맞게 신심과 락관의 정서로 일관시키고 있으며 철학성 있는 정론적 분석과 주정 토로, 주인공들의 내면세계를 펼쳐 보여주는 심리 묘사와 많은 것을 련상하게 하는 깊이 있는 세부 묘사 등 형상 수준에서 새로운 전진을 보여주고 있다. 소설은 특히 묘사 문학이면서도 이야기 문학이라는 고유의 특성을 잘 살려 묘사와 함께 이야기 흐름을 사람의 마음을 조였다 풀었다 하면서 매혹과 감동의 련속으로 시종 재미있게 엮어나가고 있다.

총서 《불멸의 력사》(해방 후편) 중 장편소설 《승리》는 제기하고 있는 형상 과제에 있어서나 전반적 사상예술적 수준에서 수령형상문학의 미학적 요구를 잘 구현한 성과작으로서 감화력이 매우 큰 작품이다. 더우기 장편소설 《승리》는 제국주의자들과 반동들의 반사회주의적 책동이 더욱 악랄해지고 우리 식 사회주의를 고립 질식시키고 압살하려고 무모한 군사적 위협을 감행하고 있는 현 시기 독자들에게 백전백승의 강철의 령장이시며 문무충효를 겸비하신 희세의 영웅이신 김정일 장군님을 모시고 있는 한 우리는 그 어떤 대적도 강적도 다 물리치고 반드시 이긴다는 신심과 락관을 안겨주고 있는 것으로 하여 그 사상미학적 감화력과 견인력이 더욱 강화되고 있다.

—『문학신문』 1994년 8월 12일.

4. 개작 상황

개작 상황 없음.

—작성 : 이승윤

『번영의 길』

1. 세부 사항

<table>
<tr><td>제목</td><td colspan="3">총서 '불멸의 력사'29 『번영의 길』</td><td>출간 권수</td><td>29</td></tr>
<tr><td>작가 및 창작단</td><td colspan="5">박룡운</td></tr>
<tr><td rowspan="2">발표 연도
(수상 연도)</td><td>발표 연도</td><td>2001</td><td rowspan="2">발표 지면
(수상명 · 집)</td><td colspan="2" rowspan="2">문학예술종합출판사</td></tr>
<tr><td>개작 연도</td><td></td></tr>
<tr><td>스토리
주제</td><td colspan="5">전후 복구건설시기에 제강, 비료, 화학 등 중공업 복구 사업을 지도한 김일성 수상과 내각 관료, 기술노동자들의 복구 과정과 생산 증대.</td></tr>
<tr><td>키워드1/ 테마</td><td colspan="5">전후 중공업 복구 사업. 원조에 의존하지 않은 자주적 기술개발과 복구. 공업 생산량의 비약적 증가.</td></tr>
<tr><td>키워드2/ 구성</td><td colspan="5">6장 53절</td></tr>
<tr><td>키워드3/ 시점</td><td colspan="5">복합 시점－전지적 작가 시점과 1인칭 주인공 시점(김일성에 한하여 주체존대법 쓰임)</td></tr>
<tr><td>키워드4/ 시간</td><td colspan="5">1953~1955년</td></tr>
<tr><td>키워드5/ 장소</td><td colspan="5">평양, 함흥, 강선, 모스크바 등.</td></tr>
<tr><td>키워드6/ 소재</td><td colspan="5">국가계획위원회 사업, 강선제강소 복구 사업(특수용접봉, 전기로, 가열로, 축세기 등), 흥남비료공장 유안비료 생산, 소련의 전후 복구 원조금.</td></tr>
<tr><td>키워드7/ 인물(직업)</td><td colspan="5">국가계획위원회 관료, 기술자(제강기사, 방직기사, 용접공, 현장노동자 등), 노동자, 신문 기자, 화학자, 소련 고위관료.</td></tr>
</table>

2. 줄거리 소개

1장 결단(총 8절)

전승의 기쁨과 환희에 들떠 있는 평양 거리, 김일성은 강남요업공장으로 향한다. 초대 화학공업상인 백홍건이 굴뚝 없이 생산한 벽돌을 보고 기뻐하던 김일성은 지나치게 부족한 예상생산량을 듣고 생산량 증대 계획을 지시한다.

강선 역시 전승의 기쁨이 넘친다. 강선제강소 기사장 리웅천은 내각의 갱도 집무실에서 김일성을 처음 만나 복구건설의 임무를 맡던 날을 회상하며 신임에 보답할 것을 마음속으로 다짐한다. 그는 이웃인 용접공 림형관의 집에서 제강소 기술자 신철을 소개받는데 그의 도면과 열정을 보고 믿음직스러워 한다.

국가계획위원회 중공업부문 국장 한윤호는 중공업상 부상 최일만을 만나 소련이 전후 복구건설을 돕기 위해 10억 루블을 원조할 것이라는 소식을 듣는다. 최일만의 방에서 나온 그는 누이동생 옥산을 만나 모스크바 대사관 박순일 서기관과의 혼담을 떠본다.

전후 중공업 복구 사업이 소극적으로 진행되자 고민에 빠진 김일성은 할아버지의 위로에 힘입어 다시 기운을 얻는다. 김일성은 전후 복구의 새로운 논의를 위해 초대 국가계획위원장인 정준택의 집을 찾는다.

내각 사무실을 향해 돌아가는 길, 김일성은 나뭇짐을 지고 가는 12세 병철을 발견하고 그가 사는 사리원 하동마을을 둘러본다. 영세 농민이 토굴을 짓고 사는 어려운 사정을 살핀 후 가열찬 복구를 다짐한다.

내각으로 돌아온 김일성은 52년 여름 대폭격을 회상하는 중이다. 그는 김일, 정준택, 내각 사무국장 등이 모인 자리에서 중공업을 중심으로 경공업, 농업을 동시에 발전시켜 전후 복구 사업에 더욱 힘쓸 것을 지시한다.

중공업을 중심으로 경공업, 농업을 동시에 발전시키겠다는 국가계획위원회의 계획에 대해 최일만은 현실적 불가능성을 내세우며 비판적 의견을 개진한다. 한윤호가 이러한 의견을 전달하자 정준택은 강선제강소 리웅천을 만나 복구안을 검토하도록 지시한다. 한윤호는 반신반의하는 심정으로 정준택의 방을 나선다.

제강소를 둘러본 김일성은 노동자들을 모아 전후 경제복구에 대한 의견을 들은 후, 힘들더라도 중공업·경공업·농업을 동시에 발전시켜야 복구 토대를 만들 수 있다는 기본 원칙을 설파한다. 53년 8월 5일 당중앙위원회 제6차 전원위원회에서 전후 복구건설 기본노선이 선포되기에 이른다.

2장 간고한 출발(총 7절)

강선제강소 지휘부를 찾은 옥산은 자기가 쓴 기사를 모아둔 신철의 사진첩을 리웅천에게서 받는다. 옥산은 과거 로어강습소에서 만난 신철과의 인연을 회고하며 상념에 젖는다.

전기로에 박힌 시한탄을 해체하는 위급한 상황에 옥산은 신철을 걱정하는 마음을 감추지 못한다. 시한탄 해체 후 옥산과 해후한 신철은 제강소 복구에 대한 대화와 정담을 나누며 마음 속 깊이 간직한 열정을 다시 확인한다.

밤늦게 집에 들어온 백홍건의 얼굴에서 병색을 발견한 아내 옥순은 수심에 잠긴다. 옥순은 생선 장사를 하며 갖은 고생으로 학비를 마련해 백홍건의 공부를 도운 바 있다.

사회제반 분야의 '바란스'와 객관적 계획에 기준하여 수정한 중공업 부문 복구안의 비준이 거부되자 한윤호는 정준택과 대립한다. 현장노동자의 결의와 가능성을 중시하는 정준택과 실현가능한 객관성을 중시하는 한윤호 사이의 논쟁이 날카로워질 무렵 김일성 장군이 도착한다.

계획위원회 청사를 돌아보던 김일성 장군은 중공업부문 계획안을 지시하는 등 바쁘게 일을 처리한다. 내각 사무국과 사택, 집무실 복구를 권하는 정준택의 의견은 물리치고 만다.

딸의 생일잔치에 초대하는 최일만의 전화를 받은 한윤호는 옥산을 데리고 최일만의 집에 도착한다. 최일만의 집에는 당의 요직에 있는 사람들이 와 있다. 옥산은 사치스러운 살림살이, 음식 등을 보며 마음이 불편하다. 최일만이 소련으로 파견되는 정부 대표단의 일원으로 한윤호를 추천했다는 말을 들은 윤호는 기분이 좋아진다.

전기로 복구 작업 중 강냉이밭에 가로막힌 대형 변압기 운반 문제가 발생한다. 밭 주인의 도움으로 일이 해결되자마자 리웅천은 전기로 경정치자에 금이 간 것을 발견한다. 경정치자 복구와 가공을 위해 함흥기계공장을 찾기로 한 리웅천에게 소련방문대표단으로 선발되었다는 연락이 온다.

3장 환상 문제(총 11절)

기차에서 김일성 수상을 면담한 리웅천은 기계제작 발전모델로 체코, 스위스 등이 적당하다는 의견을 내놓는다. 담소 중 부의장과 외무상 남일이 와 소련 당 지도부가 교체될지도 모른다는 소문을 전한다. 김일성은 소련내각 제1부 수상 겸 외무상인 몰로또쁘가 이를 통보해주지 않은 일을 의아하게 생각한다.

크레믈린 쏘조 1차 회담장에서 김일성이 전후 경제복구 기본방향을 중공업 우선으로 할 것을 전제하자 흐루쑈브는 이의를 제기한다. 그의 이의 속에 조선을 사회주의 진영의 한 개 부속물로 만들려는 의도가 있음을 간파한 김일성은 조선혁명 이익에 맞게 자주적 정책을 관철할 것이라고 분명히 표명한다.

다음 날 붉은 광장에 있는 레닌과 스탈린의 묘를 찾은 김일성은 생전 정부 대표단을 이끌고 스탈린을 방문했던 일을 회상하고, 스탈린과 상이한 흐루쑈브의 태도에 마음이 무거워진다.

정부간 회담에 뒤이은 실무회담 역시 중공업 설비 원조 문제에 커다란 의견차이가 있어 지지부진하다. 김일성은 『프라우다』 지에 실린 강선제강소 강철생산 기사를 보고 기쁨에 휩싸인다. 리웅천과 정준택 등 실무자들은 원조를 기대했던 자신들을 부끄럽게 여기며 인민의 힘에 다시 한 번 감탄한다. 이튿날 소련은 조선 인민의 전후 경제복구건설에 적극적 원조를 제공하기로 했다고 통보한다.

최일만을 방문한 한윤호는 소련의 적극적 지원 코뮤니케의 소식을 나누며 흥분한다. 최일만은 한윤호에게 정부대표단 소련 방문 관련 제강을 쓰라고 지시한다.

귀국 후 국가계획위원회 사무실로 돌아와 복구 계획 서류를 검토 중인 정준택에게 강연제강을 든 한윤호가 찾아온다. 소련 원조에 대한 지나친 환상으로 가득 찬 문건을 질타하자 윤호는 심한 반감을 느낀 후 최일만에게 사실을 알린다.

홍남비료 질안계통 조업안을 올린 정준택은 한편으로 류안과 질안의 생산타당성을 검토하기 위해 함흥으로 간다. 백홍건 역시 류안에 자급 가능성을 기대하고 있음을 들은 정준택은 소련 원조에 지나치게 의지한 질안보다 직접 류안을 생산하려는 마음으로 신곡광산으로 향한다.

최일만은 소련측 조사단 찌모힌을 위해 천렵을 연다. 찌모힌에게서 흐루쑈브와 조선당 사이에 기본 노선이 다름을 들은 최일만은 놀란다. 그는 정준택이 류안 생산 전망을 알아보기 위해 신곡으로 간 것을 되새기며 찌모힌과 대화를 나눈다.

산곡광산을 실사한 김일, 정준택 등은 10여 년 동안 쓸 정도로 풍부한 유화철 광맥이 곳곳에 있음을 발견한다. 정준택은 폐광 위기를 맞이했던 산곡광산에 많은 오류가 있음을 깨닫고 계획일꾼들이 군중 속에 깊이 들어가야 한다는 김일성의 교시의 중요성을 새삼 깨닫는다.

광포호수를 돌아보던 김일성은 수초가 풍부함을 보고 오리를 사육해 고기 생산을 늘릴 계획을 세운다. 정준택은 김일성에게 만곡, 산곡의 유화철 생산량이 10여 년 이상 풍부함을 보고한 후 김일성과 함께 흥남비료공장으로 향한다.

김일성은 전쟁 시기 평양주재 기자로 인민군 전투의 영웅적 위훈을 취재하던 『쁘라우다』 특파기자 꼴랴꼬브를 함흥역 객차에서 접견한다. 김일성은 그에게 전후 3년 내 전쟁 전 수준의 경제회복에 관해 설명한다.

4장 돌파구(총 10절)

림형관은 용접봉의 피복제로 쓸 카리장석을 구해 강선으로 돌아온다. 분괴압연직장 복구공사를 위해서는 용접 기술과 특수용접봉이 필수적이다. 그는 신철에게 먹이려고 구해온 밀가루로 용접봉 접착제를 만들어 딸 금희를 서운하게 한다. 그러나 새로 만든 5개의 용접봉의 시험용접은 참담한 실패로 끝나고 만다.

강선제강소 지배인인 차승룡은 분괴압연기 수압 시험, 특수용접봉 시험이 연이어 실패하자 자리에 위협을 느끼고 뇌물로 잉어를 구해 한윤호의 집을 찾는다. 윤호와의 대화에서 그가 리웅천이나 신철에 대해 불신을 갖고 있다는 것을 느끼자 위기에서 빠져나갈 궁리를 한다.

소련설비 납입 일자가 지연되자 김일성은 정준택을 불러 공작기계공장 생산기지 터전을 마련해 자체적 경제복구를 앞당기기 위해 구성으로 향한다.

구성에 도착하기 전 경공업성에서 견방직 기술자 공선호를 만난 김일성과 정준택. 공선호는 영변견직공장 복구의 대표적 일꾼이다. 김일성은 구성공작 기계공장 부지를 둘러보며 계획을 수립하고 정준택에게 병중인 백홍건이 맡고 있던 화학건재공업부문 업무를 맡긴다.

국가계획위원회 부위원장 사업을 맡은 최일만은 소련의 원조를 배척하고 자력으로 복구를 달성하려는 강선제강소 일꾼들이 못마땅하다. 최일만의 지시로 강선제강소에 파견된 한윤호는 신철을 만나 가열로 도면 입수 경위를 트집 잡으며 그의 과오를 찾아내려 한다.

리웅천과 옥산, 가죽이김이 공은 분괴압연직장 복구장을 둘러보며 복구 방안을 찾는다. 림형관의 딸 금희는 옥산이 신철의 애인임을 알고 신경이 쓰인다. 노동으로 거칠어진 금희의 손을 본 옥산은 그녀를 끌어안고 울음을 터트리고 금희 역시 옥산에게 뜨거운 애정을 느낀다. 같은 시간, 한윤호와 리웅천은 제강소 축세기, 도면 문제 등으로 날카롭게 대립한다.

한윤호가 제강소 복구작업을 중단시키지만 리웅천은 스패너를 잡고 고집스럽게 일을 한다. 한윤호는 가열로 도면이 유출되었다는 의심을 품고 리웅천과 신철을 국제간첩으로 몰아간다.

간첩 혐의로 신철이 체포된 것과 강선제강소 분괴압연직장 복구공사가 중지된 것을 두고 옥산은 윤호에게 따진다. 옥산은 최일만을 찾아가 강선제강소 일꾼을 풀어주라고 하나 일만은 듣지 않는다.

함경북도를 현지지도하고 당중앙위원회로 돌아온 김일성은 림형관의 방문을 받는다. 림형관에게서 분괴압연직장 복구공사 중단 과정과 신철의 체포, 리웅천에게 책임이 돌아간 일 등을 들은 김일성 동지는 깊은 생각에 잠긴다.

김일성 동지는 최일만을 불러 리웅천과 신철에게 부당한 혐의를 씌운 일과 그의 편파적 사고를 질책한다. 1954년 9월 4일 드디어 강선제강소 분괴압연장의 조업이 시작된다.

5장 별들은 무엇을 속삭이는가(총 7절)

김일성은 국가계획위원회 책임일꾼과 농업부문을 겸직한 김일과 계획사업을 맡은 정준택을 불러 3개년 인민경제계획을 반년 내지 1년 앞당겨 실행하라고 지시한다. 최일만은 원조로 건설될 질안보다 류안비료 생산에 중점을 두는 정준택과 김일에게 불만을 갖고 여전히 소련의 원조를 기대하며 자신의 잇속을 챙긴다.

강선제강소 지배인 차승룡은 리웅천이 현실과 동떨어진 지나친 추가계획을 문제 삼자 최일만의 눈치를 본다. 최일만은 계획을 달성하지 못해도 차승룡에게 책임이 돌아가지는 않을 것이라며 그를 회유한다.

정준택은 흥남비료공장 류안계통 복구를 위해 고민 중이다. 현장에 투입된 외국 기술자들이 기술기밀을 위해 천막을 치고 작업하자 강선제강소 기술자들이 흥남으로 와 특수용접에 나선다. 강선 기술자들의 시험용접은 외국 기술자들이 놀랄 만큼 성공을 거둔다.

정준택이 국가계획위원회 위원장에서 화학건재공업상으로 옮겨 앉자 그의 아내 김정원은 불안하다. 정준택은 청사 가까이에 그의 새 집을 짓는다는 소식을 듣자 이를 만류하고 섭섭해하는 아내를 달랜다.

김일성에게 찾아온 최일만은 정준택을 겨냥해 화학비료 생산이 지연되고 있다고 보고하지만 김일성은 현지에 내려가 조사하지 않은 최일만의 독단적인 견해를 지적한다.

오랜만에 만경대 고향집을 찾은 김일성은 할아버지, 할머니, 삼촌과 전후 복구에 관한 이야기를 나누며 국수를 먹고 백홍건의 집으로 향한다.

요양 중에도 건재공업부문 공부에 여념 없는 백홍건과 그를 걱정하는 아내 옥순 사이에 가벼운 말다툼이 일어난다. 백홍건을 찾은 김일성은 신경쇠약에도 불구하고 일감을 청하는 그에게 아끼던 사냥개를 주며 사냥을 하도록 권한다.

6장 거목과 뿌리(총 10절)

상반년 인민경제계획 수행 정형을 총화하는 회의장, 최일만은 강선제강소 생산 미달, 흥남비료공장 폭발사고를 문제삼으며 림형관, 신철, 리웅천, 정준택의 처벌을 제안한다. 이에 맞선 리웅천은 최일만이 외국 원조의 환상에서 깨어나지 못했다며 비판한다. 백홍건은 실정을 모르고 보고를 올린 과오를 사죄한다. 김일성 수령은 강선제강소 실수는 성과를 위해 필요한 과정이라 결론을 내리고 정준택의 손을 잡아준다.

흥남비료공장에 온 백홍건은 류안계통 조업식 날짜가 8월 11일로 결정되자 연일 철야전투를 벌인다. 건강을 염려하는 정준택의 만류에도 불구하고 그는 불순물 제거 수치를 찾기 위해 유해가스가 있는 땅크에 들어갔다가 의식을 잃는다.

직일근무 주인홍은 김일성이 더위에 잠 못 이루자 안절부절한다. 김일성은 주인홍에게 대학 진학을 권유한다. 그때 흥남공장에 다녀온 김일이 도착한다.

편지와 생산된 비료를 남기고 백홍건이 순직했다는 소식을 들은 김일성은 침통해한다. 그의 편지에는 흥남비료공장 전처리탑 설치 문제 시비에 대한 반성이 담겨 있다. 김일성은 백홍건의 영구를 평양시의회에 안치하기로 한다.

1955년 11월 15일, 강선제강소에 온 김일성은 특수용접봉을 사용한 가열로와 축세기를 살펴보고 최일만은 자신의 과오로 전전긍긍한다.

강선제강소를 돌아보던 김일성은 림형관의 입원 소식을 듣고 병원을 찾고 림형관이 흥남폭발사고로 시력을 잃어버린 것을 알게 된다. 김일성은 병원장에게 림형관의 시력을 회복시킬 것을 당부한다.

가을날 새벽, 김일성은 륜관선 거리에 나가 인민들의 모습을 직접 살펴본다.

홍명희, 최용건, 김일, 정준택을 만나 김일성은 소련의 형식을 그대로 따온 『로동신문』의 기사를 들어 사대주의와 교조주의의 폐해를 지적한다. 한편 사상사업에서 교조주의와 형식주의를 퇴치하고 주체를 튼튼히 세우기 위해 최일만, 한윤호 등을 징벌하기로 결심한다.

사상투쟁회의에서 최일만은 집중비판을 받고 엄중경고, 해임당한다. 한윤호 역시 엄중경고, 차승룡은 심각한 비판을 받는다. 충격을 받은 한윤호는 소련으로 가기로 결심하고 조국을 버리지 말라는 옥산과 다툼을 벌인다. 그때 찾아온 정준택은 한윤호에게 김일성의 신뢰를 전한다. 깊이 뉘우친 한윤호는 다시 올 것을 다짐하며 두만강을 넘는다.

김일성은 『프라우다』 기자 꼴랴꼬브를 접견하고 전후 복구건설에 대해 다시 한 번 설명한다. 그 자리에 찾아온 정준택은 강선제강소 소식과 림형관의 시력이 회복되고 있음을 보고한다. 55년 공업생산이 53년에 비해 2~3배 증가했다는 도표를 들고 축하하는 노천시위대가 지나가는 모습을 보며 김일성은 많은 혁명동지와 산업일꾼을 떠올리며 기쁨과 감회에 젖는다.

3. 북한의 소개와 평가

| 사전(년감) 자료 |

소설(박룡운 작)은 전후 복구건설을 승리적으로 이끄신 위대한 수령 김일성 동지의 불멸의 업적을 감동 깊게 보여주면서 폐허 위에서 모든 것을 일으켜 세운 전후 복구건설은 바로 사회주의 거목의 뿌리를 마련하기 위한 력사적 투쟁이였다는 사상주제적 문제를 깊이 있게 해명하고 있다.

조국해방전쟁의 시련을 이겨낸 우리 조국은 모든 것이 파괴되고 불타버렸으며 인민생활은 극도로 영락되였다.

미제가 우리 조국에 들씌운 전쟁의 참화는 인류전쟁사에 없었던 전대미문의 것이였다.

과연 우리가 나아 갈 길은 어데 있는가. 이것은 시대와 력사가 제기하는 절박한 과제였다.

소설은 이처럼 어렵고 복잡한 당대의 력사적 환경을 진실하게 펼쳐 보이면서 이 땅에 륭성번영의 새 시대를 열어 놓기 위해 불면불휴의 정력을 다 바치는 위대한 수령님의 형상을 력사적 사실에 기초하여 사실주의적으로 묘사하고 있다.

소설에는 위대한 수령님께서 전쟁의 포화 속에서 승리할 래일을 내다보시고 휘황한 복구건설계획을 세우시고 그 준비를 다그치신 사실, 전승경축광장의 주석단에서 내리신 길로 강남요업공장을 찾으신 사실, 재가루 날리는 강선제강소를 찾으시여 복구건설의 방향과 방도를 의논하신 사실, 당 제6차 전원회의에서 전후 사회주의 경제 건설의 기본 로선을 선포하신 사실 그리고 우리나라 정부 대표단을 이끄시고 쏘련을 방문하신 력사적 사실 등이 그대로 그려져 있다.

이외에도 위대한 수령님께서 수수한 려객렬차에서 집무를 보시며 온 나라 방방곡곡을 현지지도하신 이야기와 저택에도 들어가시지 못하시고 집무실에서 쉬시다가 너무도 무덥고 답답하시여 옥상에 올라가셨으나 모기가 많아 온밤 주무시지 못한 가슴 저린 이야기들을 그대로 보여주고 있다.

위대한 조국해방전쟁이 승리로 끝나 모든 사람들이 기쁨과 환희에 넘쳐 있지만 위대한 수령님께서는 련사흘째 꼬박 지새우시며 무르익혀 오신 전후 사회주의 경제건설의 기본 로선을 선포하신다.

소설은 우리 당과 인민이 나아갈 앞길을 독창적으로 밝혀주시고 탁월한 령도로 복구건설의 길에 가로놓인 난국을 타개하시며 한없이 뜨거운 사랑으로 혁명전사들과 인민들을 보살펴주시는 어버이 수령님의 위대성을 감명 깊게 그려냈다.

소설은 또한 잿더미를 헤치고 나라를 일떠세우는 길은 오직 자기 인민을 믿고 자기 인민의 힘과 지혜에 의거하는 길이라는 주체의 진리를 예술적으로 밝히였다.

소설에서는 위대한 수령님의 품 속에서 성장하는 참된 충신들의 성격을 개성적으로 진실하게 창조하고 있다.

소설은 일제의 군사적 강점통치시기 대학까지 나오고 광복 후에는 위대한 수령님의 품 속에서 새 조국 건설에 떨쳐나선 인물들인 정준택, 백홍건, 리웅천의 성격을 깊이 있게 형상함으로써 수령님의 품 속에서만 주체의 신념을 지닌 시대의 전형이 자라난다는 생활의 진리를 예술적으로 밝히였다.

소설은 또한 국가 경제 관리의 책임적인 위치에 있는 두 인물들인 정준택과 최일만의 대조적인 형상을 통해 자기 수령의 사상을 신념으로 삼고 자기 인민의 힘에 의거하여 일하는 사람은 충신으로 될 수 있지만 민족의 넋을 잃고 큰 나라에 대한 환상에 빠지면 종당에는 자기 수령도, 조국과 인민도 모르는 간신으로 전락되여 헤여나올 수 없는 구렁텅이에 빠진다는 것을 심각하게 보여주고 있다.

—『조선중앙년감』, 조선중앙통신사, 2002.

| 평론 자료 |

태양과 거목의 뿌리

김선일

한 그루 거목이 푸르러 설레인다.

타드는 가물과 모진 비바람 속에서도 이 땅에 깊이 심어진 뿌리에서는 억센 줄기가 솟아오르고 무성한 가지가 펼쳐지며 해마다 꽃을 피우고 열매가 맺힌다.…

그 어떤 시련과 난관이 앞을 막아도 언제나 굳건히 서있는 사회주의 거목.

폐허 우에서 모든 것을 일으켜 세운 전후 복구건설은 바로 그 거목의 뿌리를 마련하기 위한 력사적 투쟁이었다는 것이 총서 《불멸의 력사》(광복 후편) 중 장편소설 《번영의 길》(박룡운)의 사상미학적 주장이다.

여기에 전후 복구건설을 위한 우리 인민의 투쟁에 대한 소설의 철학적 탐구의 세계가 있으며 예술적 일반화가 있다.

하다면 그 거목의 뿌리는 과연 어떻게 마련되였는가.

작품의 인물 형상과 사건 줄거리, 세부 묘사는 다 여기에 바쳐지면서 감동 깊은 형상세계를 펼친다.

위대한 령도자 김정일 동지께서는 다음과 같이 지적하시였다.

《수령을 형상하는 작품은 사람들에게 수령의 위대성을 깊이 인식시키고 그들을 수령에게 끝없이 충실하도록 교양하는 데서 힘있는 무기로, 혁명의 교과서로 된다.》

소설의 갈피마다에는 무엇보다도 전후 재더미 우에서 사회주의 거목의 뿌리를 튼튼히 마련하신 위대한 수령 김일성 동지의 형상이 참으로 감명 깊게 그려지고 있다.

조국해방전쟁의 시련을 이겨낸 우리 조국은 말 그대로 재더미였다.

모든 것이 파괴되고 불타버렸으며 인민생활은 극도로 령락되였다. 오죽하였으면 전후 복구건설 문제를 토의할 회의실 하나 변변한 것이 없었겠는가.

우리에게는 모든 것이 부족하였다. 아니 없었다. 한 장의 벽돌, 한 그람의 세멘트, 한 꼬투리의 강재도 없었다.

참으로 미제가 우리 조국에 들씌운 전쟁의 참화는 인류 전쟁사에 없었던 전대미문의 것이였다.

과연 우리가 나아갈 길은 어디에 있는가. 이것은 시대와 력사가 제기하는 절박한 과제였다.

당시 쏘련은 우리의 복구건설을 위해 10억 루블의 원조를 제공하기로 하였다. 형제국가들의 원조는 고마운 것이지만 그것으로 복구건설이 다 되는 것은 아니였다.

한편 뒤골방에서는 종파사대주의자들의 쑥덕공론이 벌어진다. 《큰집 아주바이》들의 덕분에 잘 살게 되였다고, 《생산수단》 생산과 《소비재》 생산의 호상관계가 어떻소, 복구건설의 현실적 가능성이 어떻소라고…

소설은 이처럼 어렵고 복잡한 당대의 력사적 환경을 진실하게 펼쳐 보이면서 이 땅에 륭성번영의 새 시대를 열어 놓기 위해 불면불휴의 로고를 바치시는 위대한 수령 김일성 동지의 형상을 력사적 사실에 기초하여 사실주의적으로 묘사하고 있다.

사실 위대한 수령님께서 재더미 속에서 전후 사회주의 경제건설의 기본 로선을 제시하시고 승리에로 이끄신 력사적 사실과 자료들은 사람들의 기억 속에 생생히 남아 있으며 그것은 그대로 우리 당의 력사에 길이 새겨질 불멸의 영웅서사시이다.

그러므로 작가는 위대한 수령님의 형상을 창조함에 있어서 구태여 력사에 없었던 이야기를 새로 꾸며낼 필요를 느끼지 않았다.

다만 격동적이고 가슴 뜨거운 그 사연들을 어떻게 예술적으로 재현하는가 하는 문제가 제기될 뿐이였다.

작품에는 위대한 수령님께서 전쟁의 포화 속에서 승리할 래일을 내다보시고 휘황한 복구건설계획을 세우시고 그 준비를 다그치신 사실, 전승경축광장의 주석단에서 내리신 수령님께서 강남요업공장을 찾으신 사실, 재가루 날리는 강선제강소를 찾으시여 복구건설의 방향과 방도를 의논하신 사실, 당 제6차 전원회의에서 전후 사회주의 경제건설의 기본 로선을 선포하신 사실 그리고 우리나라 정부 대표단을 이끄시고 쏘련을 방문하신 력사적 사실 등이 그대로 그려져 있다.

이외에도 위대한 수령님께서 수수한 려객렬차에서 집무를 보시며 온 나라 방방곡곡을 현지지도하신 이야기와 저택에조차 들어가시지 못하시고 집무실에서 쉬시다가 너무도 무덥고 답답하시여 옥상에 올라가셨으나 모기가 많아 온밤 주무시지 못한 가슴 저린 이야기들을 그대로 반영하고 있다.

그렇다고 하여 작품은 이런 일도 있었고 저런 일도 있었다는 식으로 력사를 단순히 《기록》하고 있지 않다.

작가는 실재한 력사적 사실에 충실하면서도 그 밑바탕에 깔린 깊은 의미와 본질을 밝혀내기 위해 위인의 내면세계에 대담하게 침투하여 깊이 있게 그리는 데 힘을 넣고 있다. 위대한 조국해방전쟁이 승리로 끝나 모든 사람들이 기쁨과 환희에 넘쳐 있지만 위대한 수령님께서는 련 사흘째 꼬박 지새우시며 사색에 사색을 거듭하신다.

미제의 야만적 폭격으로 모든 것이 재더미로 변한 데다가 일제가 남기고 간 식민지 예속경제의 기형성과 편파성의 후과도 심하지, 자금은 절대적으로 부족하고 일군들의 각오와 준비정도는 높지 못하지…

참으로 수령님의 심중은 안타깝고 고통스러우시였다.

그러나 수령님의 고충은 여기에만 있지 않다.

우리 인민에게 조상 대대로 내려온 가난을 영영 털어버리고 가장 행복하고 문명한 생활을 안겨주려면 어차피 중공업을 우선적으로 발전시켜야 하는데 그러자면 준엄한 조국해방전쟁의 시련을 겪은 우리 인민이 다시 허리띠를 졸라 매지 않으면 안 된다. 여기에 또한 인민의 어버이이신 우리 수령님의 괴로움과 아픔이 있는 것이다.

위대한 수령님께서는 갈리신 음성으로 말씀하신다.

《시련의 언덕을 넘으며 고생이란 고생은 다 겪은 우리 인민입니다. 이런 우리 인민은 마땅히 꽃수레에 태워 세상의 만복을 다 누리게 하여야 합니다. 그런데 우리 인민에게 락을 누리게 할 대신 또 다시 아니, 오히려 지난 전쟁 3년 기간보다 더 장기적이고 더 간고할 수 있는 그런 길에 나서게 해야 한다고 생각하니 나는 말할 수 없이 괴롭습니다. 가슴이 아픕니다.》

그때 수령님의 안광에는 물기 같은 것이 번쩍인다.

근심과 걱정, 강철의 의지와 한없는 인자함, 믿음과 확신이 가득 찬 그 눈길…

수령님께서는 결심하신다.

폐허가 된 조국강토를 일신하실 것을, 힘을 합치고 지혜를 모아 피눈물로 얼룩진 민족 수난사에 영영 종지부를 찍으실 것을, 오늘은 비록 어렵지만 다시금 허리띠를 졸라 매고 재가루가 날리는 이 땅에 민족이 영원히 번영할 튼튼한 토대를 다지는 전인미답의 그 길을 개척해 나가실 것을… 하여 수령님께서는 자신께서 무르익혀 오신 전후 사회주의 경제건설의 기본 로선을 엄숙히 선포하신다.

중공업을 우선적으로 발전시키면서 경공업과 농업을 동시에 발전시킬 데 대하여.

하다면 수령님의 이 결단은 무엇에 기초하신 것인가.

그것은 바로 인민을 믿고 인민의 힘에 의거하면 반드시 승리한다는 주체의 신념, 오랜 세월 대국들의 틈바구니에서 숨도 크게 쉬지 못하고 이 눈치 저 눈치 보며 눌리여 살던 우리 조선이 혜성처럼 솟구쳐 올라 당당한 자세로 대국들을 따라앞서야 한다는 드팀 없는 의지, 령토가 있고 인민이 있고 당과 주권이 있는 이상 우리의 리상은 반드시 실현된다는 확신, 비록 3년간의 어려운 조국해방전쟁을 겪었지만 온갖 난관을 이겨내고 이 땅 우에 부강한 조선을 제 손으로 일떠세우려는 우리 인민의 불굴의 의지에 대한 믿음에 바탕을 두고 있는 것이다.

이처럼 소설은 수령님께서 로선을 하나 채택하시고 정책을 하나 작성하시는 내용을 그려도 그 과정에 깃든 수령의 체험세계와 심리적 굴곡 과정을 다면적으로 깊이 있게 파고듦으로써 수령의 위대성에 대한 기정사실화의 경향을 극복하려는 진지한 탐구적 태도를 보여주었다.

이러한 창작 태도는 우리나라 정부 대표단을 이끄시고 쏘련을 방문하시였을 때

대국주의자들의 시비와 압력을 물리치시던 수령님의 무겁고도 확신에 엄친 심중의 세계, 국가계획 조절 문제를 두고 깊은 생각에 잠기신 수령님의 내면세계, 백홍건이 홍남비료공장 조업을 보장하고 희생되였다는 비보에 접하였을 때 그토록 가슴 아파하시던 수령님의 내면세계에 대한 묘사에서도 적극적으로 발휘되고 있다.

그리하여 작품은 전후 우리 당과 인민이 나아갈 앞길을 독창적으로 밝혀주시고 탁월한 령도로 복구건설의 길에 가로 놓인 난국을 타개하시며 한없이 뜨거운 사랑으로 혁명전사들과 인민들을 보살펴주시는 어버이 수령님의 위대성을 감명 깊게 그려내고 있다.

소설에서 수령님의 위대성에 대한 진실한 형상은 주체의 진리를 심오하게 밝히기 위한 사상적 지향과 밀접히 결부되여 있다.

다시 말해서 작품은 전후 복구건설을 위한 투쟁은 단순히 경제건설을 위한 투쟁이 아니라 혁명과 건설에서 사대주의, 교조주의를 극복하고 주체를 확립하기 위한 투쟁이였다는 것을 심오히 밝히고 있다.

그리하여 소설은 사대와 교조에 물젖었던 치욕의 력사에 종지부를 찍을 비장한 결심을 내리시고 사상사업에서 사대주의와 교조주의, 형식주의를 퇴치하고 주체를 튼튼히 세울 데 대하여 엄숙히 선포하시는 수령님의 위인적 풍모를 감동 깊이 그려내는 데 형상을 집중시켰다.

이러한 형상을 통하여 작품은 재더미를 헤치고 나라를 일떠세우는 길은 오직 자기 인민을 믿고 자기 인민의 힘과 지혜에 의거하는 길이라는 주체의 진리를 밝힘으로써 마침내 폐허 우에 사회주의라는 거목의 억센 뿌리를 마련하신 수령님의 위대성을 감동적으로 보여주고 있다.

소설에서는 위대한 수령님의 품 속에서 성장하여 전후 복구건설을 위한 길에서 사회주의 거목을 튼튼히 자래울 뿌리로 억세게 성장하는 참된 충신들의 성격을 개성적으로 진실하게 강조하고 있다.

항일의 그 날부터 화약내 풍기는 군복을 입고 위대한 수령님을 가까이에서 드팀 없이 받들어 온 김일, 성격이 쾌활하고 눈썰미가 빠르며 날파람 있으면서도 수령님의 안녕을 위해 남모르게 속 썩이는 부관 주인홍, 조선 로동계급의 억센 신념과 의지, 슬기를 체현한 강선제강소 용접공 림형관, 열렬한 조국애를 가슴에 안고 자기의 재능과 기술로 복구건설에서 한 몫 하는 신철 등의 성격은 인상적이다.

소설에서는 특히 정준택, 백홍건, 리웅천의 성격 창조에 많은 힘을 넣고 있다.

이들은 다 같이 일제 식민지통치시기 대학까지 나왔고 광복 후에는 위대한 수령님의 품 속에서 새 조국 건설에 떨쳐나선 인물들이다.

그들의 경력과 처지, 가정환경은 비슷하다. 또한 국가경제 관리의 책임적인 위치에 있다. 그러나 그들의 개성적인 면모는 서로 다르다.

우리나라 국가계획위원회 초대 위원장 정준택, 굵직한 검정테의 도수 높은 안경을 낀 그의 웃주머니에는 언제나 계산자가 있다.

자기가 직접 계산하고 분석하면서 과학적인 자료만을 수령님께 보고드리는 그는 순결한 량심의 인간이다.

작품은 수령에 대한 그의 충실성이 정직성과 밀접히 결부되여 있다는 것을 밝히는 데 모를 박고 있다. 정직성과 솔직성, 이것은 정준택의 개성을 이룬다.

소설에는 어느 날 이른 아침 정준택이 위대한 수령님을 기다리는 장면에 대한 묘사가 있다.

국가계획위원회가 제기한 계획조절안을 보신 위대한 수령님께서 다시 검토할 데 대한 의견을 주시였으나 정준택은 의연히 계획을 조절할 것을 제기하려고 하는 것이다.

쏘련의 원조로 건설하게 된 흥남비료공장 전망이 막연한 것과 관련하여 비료생산 계획을 수행할 방도를 정준택으로서는 찾을 수 없었던 것이다.

사실 수령님의 가르치심을 따르지 못하고 무엄하게도 계획조절안을 그대로 제기한다는 것은 범죄이며 배은망덕한 행위가 아닐 수 없다. 그렇다고 하여 미흡한 계획을 그대로 둬두고 볼가 하는 생각도 해보았지만 그렇게 할 수도 없는 것이였다.

과학적인 담보가 없다는 것을 뻔히 알면서도 수령님께 거짓말을 한다는 것은 정준택으로서는 상상조차 할 수 없었던 것이다.

(수령님을 만나 뵙자! 설사 내가 잘못 생각하고 잘못 판단한 것이라 해도 그이께 솔직히 말씀드리고 결론 받자.)

어버이 수령님께 걱정되는 보고를 드리는 때가 가장 괴로운 순간이지만 결코 자신의 괴로움과 고통을 덜기 위해 그런 순간을 외면하거나 피하려 하지 않는 정준택, 여기에 충신으로서의 그의 개성이 있다는 것을 작품은 뚜렷하게 보여주었다.

우리나라 초대 화학건재 공업상이였던 백홍건, 그는 투신력이 있는 정력적인 일군이다.

자기 몸을 돌보지 않고 생명의 마지막 순간까지 수령님의 뜻을 받들 줄 아는 인간, 백홍건은 이런 성격이다.

성격이 걸걸하고 호방하면서도 배짱이 있는 강선제강소 기사장 리웅천, 그는 언제나 로동계급과 호흡을 같이 하면서 주저와 동요가 없이 복구건설을 내미는 자력갱생, 간고분투정신의 소유자이다.

리웅천은 정준택과 함께 전후 복구건설의 나날에 우리 당의 핵심으로 성장한다.

이처럼 소설은 충신들의 개성적인 성격을 깊이 있게 형상함으로써 위대한 수령님의 품 속에서만 주체의 신념을 지닌 시대의 전형이 자라난다는 생활의 진리, 운명의 진리를 예술적으로 밝히면서 그들이 바로 온갖 병균에 오염되지 않은 사회주의 거목의 억센 뿌리라는 것을 예술적으로 밝히고 있다.

작품은 전후 복구건설에서 주체적 립장에 서는가, 사대주의에 빠지는가 하는 문제를 중심에 놓고 이에 맞게 구성을 합리적으로 조직하고 생활과 세부를 그리고 있다. 그것은 곧 사회주의 거목의 뿌리를 마련하는 과정—전후 복구건설이 사상분야에서의 심각한 투쟁을 동반하는 것이기 때문이였다.

바로 여기에서 복구건설을 자기 인민의 힘에 의거하는가 아니면 외국의 원조에 기대를 거는가 하는 작품의 기본 문제가 예리하게 드러난다.

즉 강선제강소 복구에서 제기되는 설비들을 수입하겠는가 아니면 로동계급 자체의 힘으로 해결하겠는가, 흥남비료공장 복구를 쏘련이 원조하기로 한 질안비료공장에 기대를 거는가 아니면 자기의 힘, 자기의 자원에 의거한 류안비료공장을 건설하겠는가, 하는 문제가 초점으로 된다.

이로부터 각이한 인물들의 사상적 립장과 태도가 예리하게 드러나면서 사건이 심화되고 줄거리가 뻗어 나간다.

작품에서는 크게 두 인물 집단, 자기 인민을 믿고 인민대중의 힘과 지혜에 의거하여 복구건설을 진행하여 나가는 참된 충신들과 외국의 원조에 대한 환상에 사로잡혀 인민의 힘을 믿으려 하지 않는 사대주의, 교조주의자들이 설정된다.

두 인물 집단은 처음부터 당의 경제건설로선을 두고 병행적으로 대립되여 나가다가 점차 심화된다. 여기서 작품은 성격 대조, 생활 대조, 세부 대조의 수법을 적극 활용하고 있다.

겉치레를 모르는 진심과 청렴결백성으로 오직 수령님의 구상과 의도를 관철하기 위해 자기의 모든 것을 다하며 그 길에서 기쁨과 괴로움을 느끼는 정준택과 야심, 권세욕에 눈이 어두워 딴 꿈을 꾸는 최일만은 사상적으로나 인격적으로 대립된다.

중공업성 부상으로 있을 때나 국가계획위원회 부위원장으로 있을 때에도 최일만은 당의 로선과 방침이 제시되기만 하면 그것이 쏘련에서 하는 것과 맞는가, 맞지 않는가부터 따져보면서 덮어놓고 의문시한다.

외국의 원조만을 절대시하면서 우리 힘으로 복구건설을 하는 것을 부정해 나선 그는 개인의 출세와 영달을 꿈꾸며 자기 힘으로 공장을 복구하는 《반쏘분자》들을 《숙청》하기 위해 음흉한 음모까지 꾸미는 비렬하고 악랄한 인간추물이다.

이처럼 작품은 국가경제 관리의 책임적인 위치에 있는 두 인물의 대조적인 형상을 통해 자기 수령의 사상을 신념으로 삼고 자기 인민의 힘에 의거하여 일하는 사람은 충신으로서 사회주의라는 거목을 자래우는 억센 뿌리로 될 수 있지만 민족의 넋을 잃고 큰 나라에 대한 환상에 빠지면 종당에는 자기 수령도 조국과 인민도 모르는 간신으로 전락되여 헤여나올 수 없는 구렁텅이에 빠진다는 것을 심각하게 보여주고 있다.

작품에서는 또한 한윤호와 그의 누의동생 옥산의 성격도 대조적으로 그리면서 생활의 교훈을 밝혀내고 있다.

그들은 한 피줄을 이은 남매라고는 도저히 볼 수 없으리만큼 생김새와 외모부터 판이하다.

한윤호는 국가계획위원회 중공업 담당 국장이였다. 쾌활하고 싱싱하며 랑만적인 동생과 달리 한윤호는 성격이 칼칼하고 내성적이며 무미건조한 사람이다. 《계획은 곧 바란스 과학이다》라는 지론을 가지고 있는 그는 객관적으로 엄밀하게 타산된 계획 작성만을 주장한다. 그는 인민의 힘을 믿지 못하고 남의 것만 쳐다보면서 종파사대주의자들에게 아부아첨하던 나머지 당의 신임과 기대를 저버리게 된다.

자기 인민의 힘을 보지 못하고 신념이 없으면 혁명의 길에서 락오자가 되고 만다는 것이 그의 형상을 통해 밝히려고 한 심각한 생활의 교훈이다.

옥산이는 오빠와 다르다.

리지적이고 정의감이 강한 그는 전후 복구건설의 나날에 조국이란 무엇이고 참된 사랑이란 어떤 것인지 깨달으며 인민의 힘이 얼마나 무궁무진한 것인지, 그 힘으로 민족 번영의 새 시대를 안아 오시는 우리 수령님은 얼마나 위대한 분이신지 온 몸, 온 심장으로 절감하는 인물이다.

벅찬 복구건설의 나날에 주체의 진리를 체득하면서 성장하는 인물로서 위대한 태양은 폐허 속에서도 거목의 뿌리를 심고 억세게 자래운다는 심오한 진리를 확인하는 데 그의 형상적 몫이 있다.

작품에서는 인물의 성격을 특징지을 수 있는 인상적인 생활 장면과 세부들도 대조의 수법으로 그리고 있다.

어렵고 곤난하지만 티 없이 깨끗하고 랑만적인 강선로동계급의 생활을 보여주는 장면과 사치와 허영에 찬 반당종파분자 최일만의 리면생활을 보여주는 장면, 조국애에 불타는 신철의 《조약돌》과 개인의 영달과 향락을 추구하는 최일만의 딸의 가슴에서 빛을 뿌리는 《보석 쁘로찌》, 정준택의 퇴색되고 낡아 빠진 만년필과 한윤호가 즐겨 피우는 《까즈베크》 담배 등은 대조적으로 묘사되면서 작품의 사상주제적 과제 해명에 적극 이바지하고 있다. 이처럼 소설은 전후 복구건설을 위한 장엄한 투쟁을 진실하게 형상함으로써 푸르싱싱하게 자라는 사회주의 거목의 뿌리가 어떻게 폐허 속에서 마련되었는가를 깊이 있게 해명하고 있다.

* * *

1950년대 전후 복구건설의 그 나날로부터 세월은 멀리 흘러 왔다. 그러나 전후 재더미 우에서 자주, 자립, 자위의 사회주의 강국을 일떠세운 우리 인민의 투쟁정신은 오늘도 빛나고 있다.

《고난의 행군》이라는 엄혹한 시련을 이겨내고 강성대국을 향해 우리가 앞으로 가야 할 길은 1950년대와 같은 시련의 길, 고난의 길이다.

이러한 현실은 재더미 우에서 허리띠를 조이고 전후 복구건설을 벌리던 그때 그 정신으로 살며 일할 것을 요구한다.

장편소설 《번영의 길》은 전후 복구건설을 승리적으로 이끄신 위대한 수령님의 불멸의 업적을 감동 깊게 형상함으로써 그 나날에 이룩된 귀중한 진리와 교훈을 통해 시대의 이 물음에 대답을 주었다는 데 그 의의가 있다.

위대한 태양의 빛발을 받아 폐허 속에 뿌리 내린 거목은 창공 높이 푸른 아지를 펼치며 억세게 자라리라.…

—『조선문학』 2002년 4호.

4. 개작 상황

개작 상황 없음.

— 작성 : 박선영

총서 '불멸의 력사' 해제

30

『대지의 전설』

1. 세부 사항

<table>
<tr><td>제목</td><td colspan="3">총서 '불멸의 력사'30『대지의 전설』</td><td>출간 권수</td><td>30</td></tr>
<tr><td>작가 및 창작단</td><td colspan="5">김삼복</td></tr>
<tr><td rowspan="2">발표 연도
(수상 연도)</td><td>발표 연도</td><td>1998</td><td rowspan="2">발표 지면
(수상명 · 집)</td><td colspan="2" rowspan="2">문학예술종합출판사</td></tr>
<tr><td>개작 연도</td><td></td></tr>
<tr><td>스토리
주제</td><td colspan="5">1958년 농업협동화 과정</td></tr>
<tr><td>키워드1/ 테마</td><td colspan="5">농촌복구건설 중 농업협동화 준비 사업의 어려움과 김일성 수령의 지도. 관료와 농민들이 어려움을 극복하고 협동조합을 성공리에 결성하여 비약적 식량증산에 성공하는 과정.</td></tr>
<tr><td>키워드2/ 구성</td><td colspan="5">8장 52절</td></tr>
<tr><td>키워드3/ 시점</td><td colspan="5">복합 시점-전지적 작가 시점과 1인칭 주인공 시점(김일성에 한하여 주체존대법 쓰임)</td></tr>
<tr><td>키워드4/ 시간</td><td colspan="5">1958년</td></tr>
<tr><td>키워드5/ 장소</td><td colspan="5">평양, 순안군 일대 농촌마을(현촌, 영평, 원화리 등).</td></tr>
<tr><td>키워드6/ 소재</td><td colspan="5">농업협동화 준비 사업, 농업협동조합, 소련식 협동조합.</td></tr>
<tr><td>키워드7/ 인물(직업)</td><td colspan="5">인민위원회위원, 내각 관료, 당 지도위원, 뜨락또르 운전수, 농민(부농, 영세농, 중농), 협동조합위원장, 장사꾼, 가수.</td></tr>
</table>

2. 줄거리 소개

1장(총 9절)

전국이 전승의 환희로 들뜬 가운데 김일성은 내각 사무실로 출근해 중앙당 과업과 국가계획위원회 산하 과업 처리에 여념이 없다.

김일성이 자신의 소소한 개인사까지 걱정해준 것에 감격한 협동단체 사업소 조인철은 협동단체 구성자료 완비를 위해 농업성 부상 강봉석을 만난다. 그러나 농업협동화 준비 사업에 있어 현실적 농촌 문제보다 공업화를 중시하는 강봉석의 소련식 사고에 실망한다.

김일은 농업협동화 문제를 언제나 소련식 공업화 문제와 연결하는 강봉석을 못마땅하게 여긴다. 그는 김일성을 만나 전후 복구 방향에 대한 의견을 나누며 농촌 실정을 간과하는 강봉석에 대한 의견을 피력한다.

평양 근교 농촌으로 실사를 나간 김일성은 전쟁 전 만났던 강춘보 노인 일가와 해후하고 기뻐하나 파괴된 농촌현실을 보고 나서 슬픔에 빠진다. 그러나 마을 농민들은 강한 복구의지를 나타낸다.

유명 가수인 아내가 퇴근한 강봉석을 반갑게 맞이한다. 내외는 우즈베키스탄에 남겨두고 온 자녀들의 편지를 읽고 고향과 자녀들을 향한 그리움에 젖는다.

전후 인민경제 복구발전의 기본방향을 결정할 당중앙위원회 제6차 전원회의에 참석한 책임일꾼들은 중공업과 농업 간 우선순위를 두고 열띤 논전을 펼친다. 회의 후 강봉석을 부른 김일성은 소련식 농업화에 의존한 그의 허무적 견해에 대해 사회주의적 협동화를 요해시켜 설득한다.

부상당해 요양 중인 아내를 찾아 현촌 처가로 향하는 조인철은 기차 안에서 이런저런 상념에 젖는다. 그는 실로 오랜만에 가족을 만나 상봉의 기쁨을 나눈다.

최옥금은 전쟁 중에 죽은 아버지를 대신해 가족을 돌보며 높은 수확을 올린 것으로 유명한 다수확 농민 처녀이다. 그는 어혈이 든 어머니를 치료하기 위해 곰열을 빌리러 갔었으나 매몰차게 거절했던 마을의 부농 정의춘 영감의 아들 정종원과 애틋한 사이이다.

리인민위원회를 소집한 조인철은 농민들과 공동작업에 대해 의견을 나누나 서로 간에 이해관계가 다르다. 때마침 김일성이 최옥금을 만나기 위해 당도한다. 최옥금, 조인철 등은 협동작업 없이는 농촌복구건설과 식량생산이 성공적으로 이뤄지지 못할 것이라 보고한다. 김일성은 최옥금에게 현촌마을에서 협동조합 일을 선참 조직해 보라고 지시한다.

2장(총 6절)

현촌에서 농민협동조합 조직 강연회가 열리자 마을 주민들이 모두 모인다. 옥금은 부농 정의춘, 장사꾼 조영란 등이 참석한 것을 보고 분위기를 보러 온 것이라 직감한다. 농민들은 서로의 이해관계를 말하며 회의를 이어간다.

옥금은 친구 아버지이자 마을의 부농인 현덕칠을 찾아 협동조합에 들 것을 권하지만 설득하지 못해 낙심한다. 마침내 현촌에 18호 농가 38명 조합원의 자발적인 등록으로 '홰불농업협동조합'이 결성되고 관리위원장에 최옥금이 선출된다.

조영란의 집으로 전 치안대장 현무림의 아들 현상도가 찾아온다. 영란에게서 협동조합과 현촌 관련 정보를 캐물은 현상도는 조합을 무너뜨릴 모략을 세운다.

조인철로부터 현촌 협동조합에 관해 보고를 들은 김일성은 협동화사업에 소극적인 중농을 운동에 인입시킬 방법을 요해한다. 이튿날 원화리 협동조합을 시찰한 김일성은 김일을 만나 협동화사업의 실질적 방안을 협의한다.

강봉석의 아내는 대사관 연회에 참석하고 돌아와 소련이 조선의 민족주의 경향에 대해 불만을 갖고 있다고 강봉석에게 전한다. 며칠 후 김일성은 강봉석에게 농업협동화사업 지도를 맡긴다. 강봉석은 고민 끝에 소련식 중공업화 방안의 맹점을 깨닫고 임무를 받아든다. 순안군 원화리에 나가 농업협동조합을 실사한 강봉석은 굳은 결심 하에 실제적 농업화의 세부계획을 수립하기 시작한다.

3장(총 9절)

정종원은 제대 후 고향에 가기 전 외삼촌 안대식을 찾아 갔다가 안대식에게서 청산 대상인 아버지와 결별하라는 충고를 듣고 충격에 빠진다. 안대식은 과오 후 좌천되었으나 농업부수상 최창익과의 인연으로 다시 평남도 농산국장으로 임명된 기회주의적 인물이다.

고향에서 아버지가 옥금을 냉대한 이야기를 들은 종원은 죄의식으로 괴로워한다. 종원이 돌아왔다는 소식을 들은 옥금은 종원에 대한 그리움과 정의춘에 대한 노여움 사이에서 괴로워한다.

영평군 당위원장 림충현은 현촌을 찾아본 후 협동농장에 열성인 조합원들에게 자극받는다. 안대식은 경포리에서 조합을 조직하나 조합은 강제적 조직 절차 때문에 자발성을 갖지 못한 채 지지부진하다. 경포리 협동조합이 강제적으로 조직되었다는 말을 듣고 놀란 림충현 앞에 강봉석이 찾아와 강하게 추궁한다. 강봉석은 조인철을 만나 영평협동농장의 강제성을 들어 전 조직 해체를 주장하나 조인철은 좋은 사례를 들며 해체를 반대한다. 강봉석은 최창익 부수상에게 안대식의 문제를 건의하나 강봉석을 문책할 기회라 생각한 그는 내심 쾌재를 부른다.

김일성은 영평군 협동농장 조직의 강제적인 편향 문제 해결을 고심하는 한편 최창익의 이중적 속내를 꿰뚫어본다. 김일은 협동화운동의 걸림돌인 강봉석에게 오히려 중책을 맡긴 김일성의 혜안에 감탄한다.

리당위원회 사무실에서 마주친 종원과 옥금은 서로에 대한 반가움, 서운함, 죄스러움 속에서 대화를 나눈다.

영평군을 찾은 김일은 협동조합이 강제적으로 가입하는 경우, 자발적으로 가입하는 경우, 의식화되지 않은 채 가입하는 경우 등을 따지지 않고 일률적으로 조직되었음을 파악한다. 김일은 무리해서 조직한 조합이라도 일단 그대로 두기로 결심하고 김일성과 의논하러 길을 떠난다.

당중앙위원회 상무위원회가 열리자 김일과 최창익은 영평군 조합조직 문제를 놓고 의견대립을 보인다. 김일성은 책임을 물어 조인철을 책벌하기로 결심하고 조인철은 원칙에 입각한 책벌을 달게 받고 협동화에 더욱 노력하기로 결심한다.

4장(총 9절)

조합 소 세 마리가 누군가 먹인 독으로 죽자 옥금과 조합원들은 의기소침해진다. 순찰을 돌던 장칠복은 한밤 중에 은밀히 집을 나서는 조영란을 목격하고 의심을 품는다.

현촌 소 독살 사건을 들은 안대식은 정의춘이 개입되었을까봐 전전긍긍한다. 안대식은 정의춘을 불러 농민착취 책임을 묻고 계급투쟁을 벌이지만 자신이 위험해질까봐 하는 일이다. 한편 현상도는 정의춘의 과수원에서 같은 편인 영구를 접선하나 그를 죽인다.

김일성은 농업협동화운동 과정에서 첨예하게 제기되는 부농계급에 대한 정책방향을 놓고 고민하던 중 현촌 소 독살 사건을 접한다.

국가에서 대부를 받아 조합 소를 살 꿈에 부푼 옥금은 대부 대상에 조합은 제외되고 영세농민만 가능하다는 말을 듣고 당황한다. 대부 건으로 조합은 위기에 빠지고 조합원들도 술렁인다. 현촌을 찾은 김일성은 대부 대상에서 조합이 제외되었다는 보고를 듣고 분노에 휩싸여 문제해결에 착수한다. 김일성은 대부금 문제로 최창익을 불러 엄하게 책망한다. 이때 정부청사 설계형성안을 들고 홍명희 부수상이 찾아온다. 김일성은 정부청사 건설예산안을 농촌지도사업에 올리도록 지시한다.

김일과 농촌 문제를 의논하던 수상은 그에게 내각부수상 겸 농업상 책임 자리를 권한다. 한편 김일성은 중공업상을 찾아 기기생산 현황을 파악한 후 중공업부문이 농업부문을 돕도록 할 것을 결심한다.

갓 조직된 협동조합에서 발생한 여러 문제를 접한 김일성은 중화군 세창마을로 향한다. 강춘보 노인과 재회한 김일성은 인민들이 서로를 배척하거나 조합의 목표보다 개인의 일을 앞세우지 않도록 간곡히 설득한다.

김일성은 세창마을을 비롯한 협동농장을 순회하며 농민들에게 조합의 미래가 조합원의 미래이며 그것이 향후 운명을 결정짓게 된다고 역설한다. 내각은 '농업협동조합의 강화받은 대책에 관하여', '협동경리의 국가 등록에 관한 규정'을 채택하여 협동조합을 물적·제도적으로 지원할 것을 결정한다.

5장(총 6절)

'홰불농업협동조합'은 넉넉한 대부를 받아 소를 산다. 조합 소를 책임진 박인수는 열성을 다해 소를 돌보고 밭을 간다. 옥금은 게으르던 박인수의 변모에 감동한다.

내각부수상으로 자리를 옮긴 김일은 조인철과 작별하는 자리에서 뜨거운 신뢰를 교환한다. 조인철은 오랜만에 가족들과 즐거운 해후의 시간을 보내고 아쉬운 마음으로 출장길에 오른다.

김일성은 강봉석을 만나 협동화사업에 대한 이야기를 나누고 첫인상과 달리 호감을 느낀다. 한편 김일성의 생일을 맞아 김일은 정성스런 생일상을 지시하지만 김일성은 이를 마다하고 소박한 일상을 이어간다.

마을을 떠난 종원은 옥금에게 자신을 잊어달라는 편지를 보낸다. 옥금은 강명우에게 종원이 성천군에 있는 전우의 집에 머물고 있다는 소식을 듣는다.

현덕칠은 협동농장에 대한 국가의 지원, 조합원들의 변화 등 농장의 능률성과 성과를 보고 고민에 빠진다. 개인농들은 점차 조합신청에 가담한다. 현덕칠은 엄청난 생산 증가를 보고 고개를 숙이고 조합원이 된다.

현촌마을 협동농장이 성공을 거둘수록 종곡창고 화재 사건 등 크고 작은 방해공작이 일어난다. 조영란을 감시하던 장칠복은 도리어 조영란을 따라다닌다는 소문에 휩싸이지만 굴하지 않고 감시를 강화한다.

6장(총 7절)

뜨락또르 운전수가 되어 현촌에 나타난 정종원, 옥금은 반갑기도 하고 서운하기도 하다. 현촌 농민들은 뜨락또르의 엄청난 경작 성과 앞에서 놀라고 대견해 한다.

종곡 화재사건과 소 독살사건을 의심한 현촌 주민과 정의춘 간에 싸움이 붙는다. 옥금의 중재로 싸움은 일단락되지만 종원과의 관계를 의심하는 소문이 퍼진다.

종원은 자신으로 인해 옥금이 피해를 당할까봐 걱정한다. 옥금은 종원에게 고향에 남아 농토를 갈며 살 것을 설득하지만 종원은 끝내 떠나기로 결심한다.

조인철과 강봉석은 협동화 사업 속도와 물질 기술적 방조의 속도, 균형 문제로 논쟁을 벌인다. 정기세포회의에서 강봉석은 최창익과 안대식의 음모에 의해 비판당하고 철당 철직의 위기에 처한다. 실망한 강봉석은 김일성에게 소련으로 돌아가겠다는 편지를 올리고 김일성은 분노한다. 김일성은 강봉석의 나약함을 엄하게 질책하고, 흔들림 없는 김일성의 믿음을 확인한 강봉석은 크게 뉘우친다. 강봉석은 읍 단위 농촌으로 내려가 협동화 과정을 체험하는 것으로 책벌을 받는 한편 이를 실태 파악의 계기로 삼으려 한다.

조영란의 집을 감시하던 장칠복은 은밀히 드나들던 현상도를 체포한다. 그 과정에서 장칠복을 돕던 종원이 전쟁 때 다친 척추를 다시 부상당한다.

7장(총 5절)

'군 지도 그루빠'의 일원으로 현촌에 내려온 강봉석은 농민의 힘을 확인하고 감동받는 등 분주히 지내지만 소련으로 돌아가고 싶어하는 아내와의 사이가 예전 같지 않음에 불안해 한다. 한편 자신이 매어야할 밭을 매다 옥금이 쓰러진 사실을 안 최근배는 그간의 이기적 행동을 뉘우친다.

농촌에서의 공연 실패로 시련을 겪고 있는 강봉석의 아내에게 김일성은 소련 오페라 대신 조선의 감성에 맞는 노래를 불러보라고 권한다. 한편 옥금은 종원의 참전 이야기를 듣고 영원히 그와 함께 할 것을 결심한다.

한 해의 마지막 시기, 김일성은 협동조합을 순회하며 농민들의 성과를 듣고 치하한다. 눈길을 달리던 중 옥금을 발견한 김일성은 현촌 농업협동조합 1년 수확을 듣고 기뻐한다. 옥금에게서 종원의 이야기를 들은 김일성은 부농이 교양 개조의 대상이지 배척의 대상이 아니라고 강조하고 그들의 사랑을 지원해준다.

정의춘은 일꾼이 부족해 경작지를 묵히게 되자 걱정에 휩싸인다. 옥금과 관리위원장 등이 조합에서 정의춘의 땅을 갈아주자 감격한 정의춘은 조합원이 되기로 결심한다. 한편 부상에서 회복한 종원이 현촌으로 돌아온다.

종장

조인철과 강봉석은 김일의 사무실에 모여 그간의 농업협동화 사업 성과를 나누며 기쁨에 젖어 김일성의 사랑과 지도를 회상한다. 현촌에 내려와 결과를 시찰한 김일성은 협동조합의 성공을 치하한다. 전국농업협동조합대회에 참가한 옥금은 열띤 토론을 벌여 박수를 받는다. 대회 참가자들은 그간의 성과와 환호, 기쁨을 김일성 수령에게 바친다.

3. 북한의 소개와 평가

| 사전(년감) 자료 |

총서 《불멸의 력사》 중 장편소설 《대지의 전설》 소설(김삼복 작)은 농업협동화시기의 위대한 수령님의 빛나는 혁명활동을 주제로 하고 있다.

전후 우리나라 농촌에서 농업협동화가 가장 성숙된 요구로 나서고 있던 시기에 위대한 수령님께서는 중화군을 비롯한 농촌 마을들에 나가시여 농촌의 실태를 구체적으로 료해하신 데 기초하여 독창적인 농업협동화 방침을 제시하신다.

위대한 수령님께서는 눈, 비 오는 날을 가리지 않으시고 농촌에 자주 나가시여 협동조합의 조직과 관리운영 문제에 이르기까지 가르쳐 주시며 일부 일군들 속에서 발로되는 좌경적 편향을 바로잡아 주기도 하시고 이 운동을 종파분자들이 악용하게 되었을 때에는 놈들은 제때에 적발 숙청하도록 이끌어주신다.

협동화운동을 정력적으로 이끌어 나가시는 과정에 현촌마을의 다수확 농민 처녀를 유능한 관리위원장으로 키우신 것을 비롯하여 수많은 사람들이 협동화운동의 담당자로 자라나며 다른 나라의 경험을 절대시하던 일부 일군들도 우리식 농업협동화의 진리성과 생활력에 감화되여 점차 개조되여 나간다.

소설은 농업협동화운동의 승리적 전진과 함께 수령님께서 독창적으로 제시하신 부농을 제한, 개조할 데 대한 계급정책이 집행되여 그들도 점차 사회주의 근로자로 개조되는 과정을 실감 있게 보여주었다.

이처럼 소설은 우리 농민들을 세기적 빈궁과 낙후에서 해방하고 우리 농촌을 문명하고 선진적인 사회주의 농촌으로 전변시키기 위하여 불면불휴의 노고를 바쳐 오신 수령님의 현명한 령도와 애민애족의 뜨거운 사랑의 자욱이 어려 있는 번영하는 대지, 이 대지가 전하는 전설의 한 장면을 감명 깊게 펼쳐 보여주고 있다.

—『조선중앙년감』, 조선중앙통신사, 1999.

| 평론 자료 |

전설은 계속된다

–총서 《불멸의 력사》 중 장편소설 《대지의 전설》에 대하여

김성우

전설은 태고적 인류의 신화적 환상의 산물로서 태여났다. 유년기 인류는 신비로운 자연의 미와 그 놀라운 위력 앞에 끝없이 매혹되여 당시 인간의 지성으로써는 알지 못할 그 모든 현상을 《신》의 조화, 《신》의 기적으로 설명하였다. 그러나 인간이 꾸준한 탐구의 길을 거쳐 과학의 열쇠를 찾아 쥐고 우주세계의 비밀의 문을 열어제끼였을 때 유년기의 환상은 깨여져 나가고 전설의 매력은 사라졌다.

하지만 총서 《불멸의 력사》 중 장편소설 《대지의 전설》(김삼복)을 펼치면 그 속에서 우리는 주체시대가 엮은 가장 매혹적인 전설의 한 페지를 읽을 수 있다. 여기에는 하늘이 낸 위인이 조선에 계시여 전후 이 땅에 펼쳐진 사회주의 농업협동화의 새 시대가 감동적인 필치로 그려져 있다. 말 그대로 전설이라고밖에는 달리 표현할 수 없는 조선의 기적에 대한 이야기를 읽으며 우리는 이 땅에서 전설의 시대가 다시 열려지고 꺼져버렸던 전설의 매력이 다시금 광채를 띠고 되살아나는 것을 황홀한 기쁨 속에 확인할 수 있었다.

위대한 령도자 김정일 동지께서는 다음과 같이 지적하시였다.

《위대한 수령님께서는 전후 우리나라 농촌의 구체적 실정과 농민들의 혁명적 지향을 과학적으로 통찰하시고 기술적 개조에 앞서 경리형태를 개조할 데 대한 농업협동화 방침을 제시하시였으며 개인 상공업을 사회주의적으로 개조할 데 대한 방침을 내놓으시였습니다.》

장편소설 《대지의 전설》은 전후 농업협동화운동을 승리에로 이끄신 경애하는 수령 김일성 동지의 위대성을 심오히 형상하고 있다.

작가는 어버이 수령님의 현명한 령도와 인덕정치의 은혜로운 빛발 아래 전후 우리나라 농촌에서 사회주의 협동화의 새 력사가 어떻게 펼쳐지게 되였는가를 참으로 생동한 예술적 화폭으로 재현하고 있다.

남들은 현대적 공업의 기초를 쌓은 다음 그 지원 밑에 비로소 집단 경리의 첫걸음을 떼였다. 그러나 우리에게는 무엇이 있었던가. 전쟁이 남겨준 참혹한 폐허와

봉건이 물려준 락후한 소농기구… 그것이 전부였다.

하기에 아직도 입에서 흘레브와 빠다 맛이 가시지 않은 《얼마우재》 강봉석 농업성 부장은 이렇게 말하였다.

《저걸 보오. 느릿느릿 세월없이 굴러가는 소달구지 하나가 겨우 눈에 뜨이고 있소. 저 소달구지 우에 꼴호즈라고 하는 짐을 싣자고 하오? 세상이 웃겠소.》

이전 쏘련에서 대규모 꼴호즈의 농산 기사로 일한 바 있는 그의 시점에서 보면 전후 농업협동화 문제는 완전한 공상에 불과한 것이였다.

그러나 우리 수령님께서는 《인민행렬차》를 타시고 농민들 속으로 들어가시였다. 평양시 근교의 한 농촌마을 강춘보 로인 일가를 만나보시고 그들이 마을의 빈농민들과 함께 호미를 들고 일떠서 불타고 파헤쳐진 논밭을 가꾸기 시작한 모습에서 형언할 수 없는 기쁨과 힘을 받아 안으시였다. 전쟁통에 사랑하는 가족들을 잃고 집마저 불타버린 우리 인민이 오히려 어버이 수령님께 괴로워 마시라고, 저희들이 전쟁 속에서도 좋은 작황을 마련해 놓았다고 위로의 말씀을 올릴 때 수령님께서는 한없이 고마운 심정으로 그들을 품에 안아주시는 것이다. 전쟁을 이긴 인민, 전쟁의 불길 속에서 단련되고 성장한 인민의 참모습을 보시게 된 것이 기쁘시였다. 이런 농민들을 가지고 있는데 복구건설을 왜 못하겠는가. 강봉석이가 우리 농촌을 느릿느릿 굴러가는 소달구지에 비유하여 숨답답한 모습으로 보고 있는 것이 얼마나 피상적이고 허황한 것인가.

어버이 수령님께서는 평남 관개공사를 앞당길 대책을 토의하는 협의회에서 개인 농민 경리의 협동화와 관련하여 이렇게 말씀하신다.

《우리에게는 전쟁에서 단련되고 성장한 인민의 혁명적 열의가 있습니다. 이것은 대단한 밑천입니다. 인민대중의 힘은 무궁무진합니다. 이 힘을 조직 동원할 수 있는 실체가 협동경리가 아니겠습니까?》

바로 여기서 두 개의 서로 다른 관점, 두 개의 서로 다른 철학의 대립이 제시되고 있다. 강봉석을 비롯하여 기성의 리론과 앞선 나라들의 경험만을 절대시하는 사람들은 객관적 조건을 고찰함에 있어서 물질적인 것만을 보고 있다. 다시 말하여 우리 공업과 농업의 물질적 파괴상만을 보고 있다. 그렇게 되면 마음은 침울해지고 의기소침해지며 허무감과 패배주의에 빠지게 된다. 또 다른 나라의 원조에 기대를 걸고 손을 내밀게 된다. 즉 자주성을 잃게 된다. 그러나 사람을 중심으로 하여 보면 문제가 달라지는 것이다. 전쟁을 통해 물질적으로는 손실을 보았지만 사람들의 사상정신 상태는 멀리 앞으로 나아갔다. 우리 농민들은 전쟁 기간에 품앗이반, 소겨리반을 무어 서로 돕고 이끌면서 난국을 타개하였고 전쟁이 끝난 오늘에도 그렇게 서로 의지하면서 합심하여 일할 것을 요구하며 또 그렇게 하고 있는 것이다. 이것이 귀중한 것이다.

농업협동화라는 건물을 공업화의 토대 우에 짓지 않으면 기초가 약한 건물이 허물어지듯 어차피 실패를 면치 못한다는 물질 중심의 관점과 바로 협동화를 해서 사람들을 묶어세워야만 령락된 인민생활도 안정시키고 현대적 기술로 장비된 사회주의 농촌도 건설할 수 있다는 사람 중심의 관점이 이 소설에 설정된 문제와 갈등의 기초에 날카롭게 얽혀있는 것이다.

위대한 수령님께서는 인민을 믿고 그들의 가슴 속에 불타는 혁명적 열의를 믿고 농업협동화의 웅대한 설계도를 펼치시였고 과감히 밀고 나가시였다.

그러나 농업협동화의 길은 순탄치 않았다. 소설은 경험적 단계를 거쳐 대중적 단계에로 이행하는 전 과정에 얼마나 복잡한 우여곡절이 있었고 그 모든 난관과 시련을 이겨내는 데서 수령의 현명한 령도가 어떻게 결정적 역할을 노는가를 실감 있게 보여주었다.

소설에서는 농업협동화의 《황금이삭》이 최창익 도당이 일구어놓은 좌우경의 찬바람도, 현상도와 같은 전복된 착취계급 잔여분자들의 악랄한 도전도 다 이겨내어 풍만한 열매로 주렁지게 된 근본요인을 위대한 수령님께서 지니신 인민에 대한 끝없는 사랑과 뜨거운 온정 속에서 찾고 수령님과 운명적으로 련결된 산 인간들의 생동한 형상을 통하여 철학적으로 깊이 있게 밝혀내고 있다.

진리는 백 번 정당하고 아름다운 것이지만 그것이 현실 속에 구현되는 것은 순탄치 않은 법이다. 당이 지펴준 신념의 홰불을 높이 들고 협동화의 초행길에 나선 현촌마을의 최옥금이네 《홰불농업협동조합》을 비롯한 집단경리의 첫 씨앗은 움터나자마자 혹심한 된서리를 맞게 된다. 계급적 원쑤들은 몇 마리 안 되는 부림소를 독살하였다. 최창익의 지령을 받은 졸개들은 령세 농민들의 생활을 돌보기 위해 내각결정으로 배당된 대부금을 협동조합에는 대부해줄 수 없다며 랭정하게 배척해버렸다. 락후한 조합원들은 온종일 연약한 몸으로 두엄지게를 진 처녀 관리위원장의 뒤소리를 하며 일터에 나오지 않는다. 당원들은 모여 앉아 나어린 최옥금을 도와 끝까지 조합을 지켜나갈 대책을 토론하지만 아직은 앞길이 막막하다. 봄비가 내리는데 지붕 우의 눈까지 녹으며 떨어지는 락수물 소리가 그치지 않는 밤…

문득 문 밖에서 옥금이를 찾는 목소리가 들린다. 너무도 귀에 익은 우렁우렁한 목소리, 그이이시다! 어비이 수령님이시다! 옥금이네는 문을 박차고 뛰여나갔다.

우리의 어버이 수령님께서 꿈처럼, 정말 꿈처럼 이 시골의 자그마한 마을에 너무도 평범하게 조용히 찾아오신 것이였다.

전설들은 이런 순간을 두고 가장 감동적인 말마디를 골라 시적인 노래를 엮는 법이다. 그러나 소설에서는 《우산을 드시고 뜨락에 서 계시는 그이의 모습은 평범한 날 허물없이 딸을 찾아온 친아버지의 모습 그대로였다》고 소박하게 그리고 있다.

그렇다. 모진 시련 속에 주저앉을 뻔 했던 우리 농민들을 일으켜 세우시고 그들의 앞길에 광명을 주시려고 찾아온 우리의 운명의 《신》이신 어버이 수령님의 모습은 이처럼 친아버지의 모습 그대로 평범하고 친근한 것이였다.

어버이 수령님께서는 그들의 고심을 일일이 다 들어주시고 농민은행에서 개인농들에게는 대부금을 주면서도 협동조합에는 주지 않은 사실에 대해 즉시 대책을 세워주시였다. 그러시고는 고마움에 겨워 눈물을 짓는 옥금이 앞에서 무슨 말씀을 하시였던가.

《…내가 조합원들한테 사죄하오.》

인민 앞에 죄 많은 일군들을 대신해서 사죄의 말씀을 하시는 수령님! 그 심중에 고패치는 크나큰 심려가 가슴에 마쳐오는 순간 농민들은 너무도 격정이 사무쳐 아무 말씀도 못 올리고 세차게 울음을 터뜨렸던 것이다.

《옥금이의 고충이자 내 고충이고 옥금이의 기쁨이자 내 기쁨이요. 그러니 우리 힘을 합쳐 농업협동화운동을 잘 이끌어 나가기요.》

어버이 수령님께서는 바로 이런 분이시였다.

어버이 수령님께서는 자신의 생신날에도 농민들을 찾아 조합일을 의논해주시였고 조합원들을 도와주기 위하여 자신에게 차례지는 모든 것을 다 양보하시였다. 홍명희 부수상이 정부청사 설계도를 안고 찾아왔을 때 그이께서는 우리가 이런 궁전 같은 정부청사에 틀고 앉아 정사를 보기 위하여 막대한 돈을 써야 하겠는가, 한 푼이라도 있으면 나는 농민들에게 주고 싶다, 나는 밥상에 마주앉을 때마다 농민들에게 약속한 대부금을 다 주지 못한 가책으로 숟가락이 잘 올라가지 않는다고 뜨겁게 말씀하시였다.

바로 이런 어버이 수령님이시기에 인민은 수령님을 친어버이로 믿고 따랐으며 그 모진 시련 속에서도 기어이 사회주의 협동경리를 생명처럼 지켜냈다.

어버이 수령님께서 사회주의의 길로 우리 농민들을 이끄시는 과정은 그이의 대해 같은 인간애의 품 속에서 사람들이 새 인간으로 탄생하고 사회주의 대가정의 한 식솔로 굳게 뭉쳐지는 인간 개조의 력사이기도 하였다. 소설에서는 정의춘과 같은 부농들, 현덕칠과 같은 중농들이 생활의 흐름 속에서 협동경리의 우월성을 깨닫고 사회주의 근로자로 교양 개조되는 모습을 진실하게 그렸을 뿐 아니라 강봉석과 같은 사대의 교조에 물 젖었던 일군들도 어버이 수령님의 품 속에서 주체의 신념을 체득한 새 일군으로 변모되는 모습을 감명 깊게 그리고 있다. 특히 강봉석의 개조선은 작품의 사상을 철학적으로 깊이 있게 밝히는 데서 중요한 자리를 차지한다.

강봉석은 어버이 수령님의 크나큰 믿음 속에서 농업성에서 협동화 문제를 책임진 부상으로 일하고 있다. 그는 허심하고 성실한 사람이여서 마음을 사고 비난받을 수 있어도 앞에서 말하는 성미였다.

하기에 어버이 수령님 앞에서도 공업화의 토대가 없으면 협동화가 실패하게 된다고 말씀드렸다. 그가 진심으로 자기 식의 걱정을 하면서 당의 로선과 정책에까지 감히 의문을 표시하였지만 어버이 수령님께서는 그것을 탓하지 않으시였다. 오히려 그의 진심을 믿고 현실 속에서 당 정책의 정당성을 몸과 마음으로 깨달을 수 있도록 보다 책임적인 임무를 맡겨주시였다. 그러나 그가 이전 쏘련에서 물 먹은 사대와 교조의 인습은 쉽게 빠지지 않았다. 그는 대중적 단계에서 거의 불가피하게 산생한 결함을 놓고 도로 쏘련으로 들어가겠다는 편지를 위대한 수령님께 올리였다.

어버이 수령님께서는 분노하시였다. 그러나 그 분노는 강봉석이가 범한 과오 그 자체 때문이 아니었다. 자신께서 안겨주신 믿음을 배반하고 스스로 의리를 저버리는 그의 나약성을 용서하실 수 없으시였다. 어버이 수령님께서는 그를 엄하게 질책하시면서도 이렇게 말씀하시였다.

《내 오늘 솔직히 말하겠소. 동무가 우리나라에서의 농업협동화를 정면으로 반대하면서 소달구지 우에 꼴호즈를 올려놓으려 한다고 말하고 있을 때 어떤 사람들은 강봉석이를 농업성 부상 자리에서 떼버리고 농업부문에서 제거해버리자고 했소. 사실 강봉석이가 제일 큰 방해군이였고 걸림돌이였소. 그러나… 나는 어째서인지 가슴이 쓰리였소. 나는 한 번 믿음을 준 사람은 그가 배신하기 전에는 버리지 않소. 나는 우리 같이 조선의 농업을 현대적으로 발전시키자고 약속을 한 당신을 떼버리자니 가슴이 쓰렸단 말이요. 그래 내 그때 당신에게 한 번 더 믿음을 주기로 했소.》

어버이 수령님께서는 이 김일성이 당신을 믿으면 됐지 그 밖에 또 무슨 담보가 요구되는가, 말하오, 다 주겠소라고 하시며 안타깝게 꾸짖으신다.

뼈저리는 가책 속에 모대기는 강봉석이가 무서운 처벌만을 기다리고 있을 때 어버이 수령님께서는 천만 뜻밖에도 김일 부수상에게 가서 과업을 받으라고 말씀하시는 것이다. 그를 당중앙위원회의 집중 지도 사업에 망라시켜 협동조합에 내려가 실지 체험을 통해 배우도록 이끌어주시는 것이다.

이런 사랑, 이런 믿음 속에서 《얼마우재》 강봉석이도 새 일군으로 재생하게 된다. 농업협동화운동이 승리적으로 결속되고 풍요한 가을이 왔을 때 어버이 수령님께서는 관리위원장 옥금이더러 풋강냉이를 구워서 점심식사를 마련하도록 이르신다. 처음으로 먹어보는 구운 강냉이를 들며 맛이 어떤가고 물으시는 어버이 수령님께 강봉석은 역시 그 다운 대답을 하였다. 사실 빠다나 고기 통졸임보다 구운 강냉이가 더 맛있을 수야 없지 않는가고, 하지만 지금 솔직히 말씀드리면 더 맛있다고… 그러나 어버이 수령님께서는 통쾌하게 웃으시였다.

《따와리쉬 강이 맛있다니 됐소!》

이 유모아에 담겨진 뜻은 얼마나 큰 것인가. 쏘련적인 강봉석이가 조선적인 구운 강냉이를 맛있다고 하니 되었다고 그 한 마디로만 해석할 수 있겠는가.

그때까지 사회주의라고 하면 사람들은 쏘련식만을 절대시하고 숭배해왔다. 그러나 이제는 우리도 우리 식, 조선식을 가지게 되였다. 주체의 신념과 의지를 지니신 위대한 수령 김일성 동지께서 계시여 자주적으로, 창조적으로 사회주의를 건설해 나가는 전변의 시대가 마련되였다. 기성의 궤도에서 벗어나 주체의 궤도 우에 새로 올라선 조선식 사회주의의 력사가 시작되였다.

소설에서는 위대한 수령님의 현명한 예지와 한없이 숭고한 인덕의 해발 아래 땅도 사람도 새로 태여나는 거창한 현실을 통하여 조선이 이룩한 기적의 참뜻을 심오히 밝혀주고 있다.

오직 전설로만 엮을 수 있는 이 기적의 신은 바로 우리의 어버이 수령님이시였다. 이 신은 하늘에 있는 것이 아니라 우리 인민들 속에 있었다. 인민들과 함께 진펄 길을 걷고 인민들과 함께 구운 강냉이를 들며 력사의 기적을 창조하고 있었다. 그런 의미에서 우리 운명의 신도 하늘에 있다고 할 수 있을 것이다. 우리의 어버이 수령님께서 한평생 생활의 본령으로 삼고 계신 《이민위천》의 지론에 담겨져 있는 것처럼 우리의 신—어버이 수령님의 하늘은 바로 인민이기 때문이다.

이처럼 장편소설 《대지의 전설》은 어버이 수령님께서 사회주의적 농업협동화를 승리의 한 길로 이끌어 오실 수 있었던 근본요인을 그이께서 지니신 주체의 신념, 인민의 힘에 대한 믿음에서 찾고 적절하게 설정된 인물관계를 통하여 깊이 있게 해명할 수 있었다.

소설이 우리에게 안겨주는 매력은 또한 위대한 수령 김일성 동지의 불멸의 형상과 함께 수령님의 령도를 받들어 충효의 한 길을 걸어온 우리 농촌 혁명가들의 형상을 진실하고 깊이 있게 창조한 것과도 관련되여 있다.

소설에는 스물한 살 나어린 처녀의 몸으로 《홰불농업협동조합》을 조직하고 이끌어가는 관리위원장 최옥금, 그를 적극 내세워주고 뒷받침해주는 리당위원장 강명우, 체소한 몸으로 협동화의 무거운 앞채를 메고 앞장서 나가는 빈농 박인수, 좀 과격하고 덜퉁하나 열정적인 자위대장 장칠복 등 각이한 개성을 가진 농민들의 형상이 등장하고 있다. 이들은 각이한 성격의 소유자들이지만 어버이 수령님만을 절대적으로 믿고 따르는 순박하고 근면하고 혁명적인 농촌 혁명가의 전형으로서 생동하게 묘사되여 있다. 그 가운데서도 가장 두드러지게 그려진 것은 최옥금이다.

작가는 농민 처녀 최옥금을 《작아도 고추》라는 속담을 생각하게 되는 몸매 작고 열정적인 모습으로 특징지었다. 전략적인 일시적 후퇴 시기 리인민위원장을 하던 아버지는 원쑤놈들에게 학살당하였고 같이 끌려갔던 어머니는 매 맞은 후과로 허리를 상해 누워있는데 두 어린 동생이 그에 매달리게 되였다. 하여 열여섯 살 처녀가 무슨 일인들 안 했으며 또 어떤 수모와 부끄러움과 고생인들 안 겪었겠는가! 그 해 말과 이듬해 초의 엄혹한 겨울과 굶주림을 이를 악물고 이겨낸 옥금이는 마을 사람들과 품앗이반을 뭇고 땅을 걸구었으며 이악하게 농사를 지어 식구들도 살리고 인민군대도 원호하였다. 그리하여 다수확 농민으로서 평양에서 열리는 전국농민열성자대회에도 참가했고 영광스럽게도 어버이 김일성 장군님을 만나뵙고 강령적인 가르치심과 친어버이 온정을 받아 안게 되였다.

최옥금은 전후 현촌마을에서 농업협동화운동의 앞장에 서며 모진 시련과 곡절 속에서도 쓰러지지 않고 조합의 첫 해 농사를 훌륭히 해내고야 만다. 무엇이 이 작고 연약한 처녀로 하여금 소달구지 하나 변변한 것이 없는 최악의 조건에서 사람들을 한마음 한뜻으로 묶어세워 첫 수확의 풍요한 가을을 가꾸어내게 한 것인가. 그것은 어버이 수령님께서 안겨주신 절대의 신념과 한량없이 뜨거운 사랑이였다.

어버이 수령님께서 가르치신 대로만 하면 우리 농민들이 잘 살게 된다는 신념, 오직 그 하나의 생각이 그 어떤 역경 속에서도 굽힘없이 땅을 딛고 일어서게 한 힘이였고 빛이였다. 어버이 수령님만을 절대적으로 믿고 따르는 그의 이 신념은 가장 어렵고 힘든 고비마다 구원의 손길을 뻗치여주시는 어버이 수령님의 뜨거운 사랑이 안겨준 것이였다.

어버이 수령님은 옥금이에게 있어서 농촌혁명의 선두에 자기를 내세워주고 이끌어주신 운명의 은인이시였을 뿐 아니라 자기의 사랑까지 지켜주고 꽃피워 주신 자애로운 어버이이시였다. 옥금이는 현촌마을에서 함께 자란 종원이란 청년을 사랑하였다. 그는 남 먼저 전선에 달려 나가 조국 수호의 성전에 청춘을 바친 영예군인이였다. 그런데 그가 바로 마을에서 따돌림을 받는 부농 정의춘의 아들인 것이다. 《과수원집》 아들과의 이 범연치 않은 사랑으로 해서 그는 심한 마음 속 고충을 겪게 되었다. 《계급적 원칙》을 떠드는 안대식(그는 정의춘의 처남이요, 종원이의 외삼촌이다.) 이와 같은 자들은 물론 중앙지도성원인 강봉석이도 이 문제를 엄격히 본다. 더우기 어머니가 결사반대한다. 온 마을이 반대하는데 오직 한 사람 당위원장 강명우가 지지하지만 그도 결정적인 해결책은 찾지 못한다. 바로 어버이 수령님께서 영영 갈라질 번 하였던 이들의 사랑을 따사로운 은정의 해발로 다시 꽃피워주시는 것이다. 옥금은 자기를 잊어달라고 하는 종원에게 무엇을 믿고 사랑을 고백했던가.

《나는 개개로 흩어져 살아가기 힘들어하는 우리 농민들을 협동화에로 이끌어주시는 김일성 수상님의 사랑의 품이 진정한 대지의 품이라고 생각해요. 어머니 대지의 참뜻은 그거예요!》

진정한 어머니 대지의 품—위대한 수령님의 사랑의 품은 마침내 두 청춘을 사회주의를 따르는 한 길에서 결합시켜주는 것이다.

어버이 수령님께서는 현지지도의 길에서 만난 옥금이를 차에 태우시고 그의 가슴에 맺힌 사랑의 사연을 들어주시였으며 이제는 누구도 동무의 가슴 속에 타고 있는 그 불을 끌 수 없을 것이라고, 나도 리당위원장과 같은 지지자라고 뜨겁게 말씀하시였다. 어버이 수령님께서 지니신 인간 사랑과 믿음의 해발 아래서 부농 정의춘도 마침내 협동 경리의 품 속에 안기에 되며 종원과 옥금의 사랑도 이루어질 수 있게 된다.

최옥금이가 농업협동화운동의 빛나는 승리를 총화하는 대회의 연단에서 토론한 것처럼 농업협동화의 《황금이삭》은 이렇게 열리여 온 나라 협동벌에 물결치게 되였다. 우리 농민들은 사회주의 지상락원으로 전변된 어머니 대지의 품에서 살게 되였다. 이것은 우리 농민들이 위대한 수령님을 어버이로 모신 하나의 대가정에서 살게 되였다는 것을 말해주는 것이다.

소설은 사회주의적 협동화의 과정을 우리 농민들이 어버이 수령님을 친어버이로 모신 하나의 대가정 속에서 살게 되는 과정으로 일반화함으로써 자기의 주제사상적 과제를 철학적으로 깊이 있게 해결할 수 있었다.

소설은 사회주의 협동 전야에 대한 시적인 묘사로 끝나고 있다.

흰 눈 덮인 논벌과 아담한 마을, 농가의 굴뚝들에서 오르는 흰 연기, 평화와 안식이 깃든 풍요한 대지… 이제 훈훈한 바람이 불어오고 해볕이 따뜻하게 비치면 땅

우에 두터운 솜이불처럼 덮인 눈이 녹으면서 토양은 단물을 흠뻑 빨아들이고 거밋거밋 부풀어 오를 것이다. 그러면 종다리가 우짖고 뻐꾹새 노래하고 겨우내 살이 오른 황소들에 연장을 메워 밭갈이를 시작하게 된다. 뜨락또르들이 달려와 협동벌을 갈아엎는다. 어느덧 벼들이 자라고 뜨거운 해볕이 내려 쪼이는 속에 이삭들이 여물어간다. 언덕과 들에 서늘한 바람이 불면서 익은 낟알 냄새와 과일 향기를 풍기는 속에 복 받은 대지는 황금빛 단장을 한다. 쏴— 황금이삭 물결치는 협동전야에 우리 수령님 걸어오신다. 만면에 환한 미소를 짓고… 겨울, 봄, 여름, 가을 빠짐없이 농민들을 찾으시여 논벌로, 마을로 쉬임 없는 길을 걸으시는 우리 수령님의 기쁨이 황금이삭의 물결을 타고 넘실거린다. …어제도 오늘도 래일도 영원히…

이렇게 대지의 전설은 끝나고 있다.

그러나 우리는 끝나지 않은 전설의 이야기를 계속 듣고 있다. 전설은 우리의 마음속에서 계속되고 있다. 아니 현실 속에서 전설은 계속 창조되고 있다.

인민의 힘을 믿고 사람들의 사상을 발동하여 빈 터 우에서 협동화의 새봄을 불러오신 어버이 수령님의 불멸의 업적에 대한 전설은 오늘 경애하는 김정일 장군님에 의하여 그대로 계승되고 있다. 오늘의 현실은 전후의 그 날처럼, 아니 그보다 더 엄혹하고 준엄하다. 남들 같으면 열백 번도 더 쓰러지고도 남았을 이 시련 속에서 조선은 사회주의 붉은 기를 계속 지켜내고 있으며 오히려 강행군을 다그쳐 강성대국 건설의 위대한 전환을 이룩하고 있다. 다시 한 번 세계는 놀라움 속에서 20세기의 최대의 기적을 창조하고 있는 위대한 혁명의 영재, 창조의 신을 우러러보고 있다. 위대한 김정일 동지의 령도 밑에 또 하나의 아름다운 전설을 엮고 있는 인민과 함께 우리 작가들도 나아가고 있다. 영원한 전설의 기수로 된 우리 작가들처럼 행복한 사람들이 또 어디 있으랴!

—『조선문학』 1999년 4호.

4. 개작 상황

개작 상황 없음.

— 작성 : 박선영

『인간의 노래』

1. 세부 사항

제목	총서 '불멸의 력사'31 『인간의 노래』		출간 권수	31
작가 및 창작단	김삼복			
발표 연도 (수상 연도)	발표 연도	2003	발표 지면 (수상명·집)	문학예술출판사
	개작 연도			
스토리 주제	천리마운동, 제1차 5개년 계획 수립 초과 달성, 뜨락또르 자체 생산.			
키워드1/ 테마	천리마운동, 반혁명분자와 불순이색분자 색출.			
키워드2/ 구성	총 59절(442면)			
키워드3/ 시점	전지적 작가 시점			
키워드4/ 시간	1956년 10월 초~1961년 4월 15일			
키워드5/ 장소	강선제강소, 기양기계공장, 평양.			
키워드6/ 소재	뜨락또르 '천리마' 자체 생산, 강선제강소 강재 증산, 종파분자 척결.			
키워드7/ 인물(직업)	문상혁(희천공작기계공장의 기술부장→기양기계공장 기사장), 현시택 부상(반종파투쟁 때 시련), 정일룡(부수상), 최일(내각참사), 리종옥(현 국가계획위원회 위원장), 박창옥(리종옥의 전임자, 종파 두목), 강영창(금속공업상), 박상두(압연공, 종파연루자로 오해), 박채운(조사공, 박상두의 딸), 김일(농업부수상), 리웅천(강선제강소 기사장→지배인), 진응원(천리마작업반원, 귀환병), 박기환(건설위원회 위원장, 부수상, 종파분자), 길옥실(천리마작업반원, 조사공), 장일남(조립식 건설사업소 작업반장), 김정일(민청원), 주영태(강선제강소 기사장).			

2. 줄거리 소개

1절

1956년 10월 초 기계공업성의 소환을 받고 희천공작기계공장의 기술부장인 서른 살의 문상혁이 평양역에 도착한다. 1953년 파괴된 평양에 도착했던 그는 3년이 지난 뒤에 다시 평양을 방문하고는 폐허의 도시였던 평양이 신생의 모습으로 솟아오르고 있음을 감지한다.

성에 도착한 문상혁은 현시택 부상을 찾아가지만, 그가 서운함과 불쾌감을 내비치는 모습을 보고, 부상이 최근 반종파투쟁 때 겪은 시련 때문에 인간에 대한 환멸을 느끼고 있는 것으로 여긴다.

2절

부수상 사무실에 정일룡 부수상과 내각참사 최일, 국가계획위원회 리종옥 위원장 등이 모인 가운데, 리종옥은 강선의 분괴압연기가 내년에 8만 톤의 강편을 밀어내야 한다고 진지하게 이야기한다. 김일성은 전후 3개년 계획이 성과적으로 진척되어가자 제1차 5개년 계획을 수립하는데, 박창옥과 최창익은 그 계획을 '공상'이고 '환상'이라고 규정한다. 결국 전임 국가계획위원장인 박창옥은 종파분자로 떨어져 나가고 그 자리에 리종옥이 등용된다. 김일성은 소련과 동유럽을 방문하면서 강재를 비롯한 일정량의 자재와 설비를 원조받기로 합의한다. 정일룡은 김책 부수상이 불시에 사망한 후 후임으로 중공업 부수상으로 등용된 일꾼이다. 김일성은 정일룡과 리종옥, 강영창을 불러 8만 톤을 생산해낼 것과, 사람들을 숙청할 것이 아니라 개조해서 대오를 튼튼히 다져야 한다며 신념・관점・각오의 중요성을 강조한다.

3절

문상혁은 육촌 형 형수의 여동생 딸(압연공 박상두의 딸) 박채운이 형수의 집에서 요양을 하고 있는 것을 본다. 그리고 미모의 여인인 박채운이 제강소 노동자 정양소에서 관리원으로 일하다가 평양으로 올라와서 식당 뒤골방 접대원 노릇을 하던 중에 종파분자들 때문에 채운의 아버지 박상두가 종파 연루자로 낙인찍혔다는 것과, 직총 중앙에 있던 사람에 의해 채운이 순결을 잃었다는 말을 듣는다.

정일룡 부수상을 만난 문상혁은 김일성의 신임에 의해 기양기계공장 기사장으로 임명된다. 문상혁은 5년이라는 기간에 첫 뜨락또르 공장을 건설해야 할 책임을 부여받고 각오를 다진다. 문상혁은 부임지에 도착한 첫 순간부터 공장의 시설이나 노력도 기능공도 기술자들도 부족함을 깨달으며 커다란 실망감에 한숨을 내쉰다.

4절

김일성은 관리위원장에게 봄에 굶어 죽은 세대가 없냐고 묻고 협동조합원 중에는 없지만 조합에 들지 않은 빈농 세대들 중에는 더러 있다는 보고를 받는다. 그 이야기를 들으며 김일성은 당의 농업협동화 방침을 반대하던 사람들의 교조주의적 논거와 방해를 물리치고 협동화를 시작한 것이 현명한 정책이었다고 자신한다. 집무실에 돌아온 김일성은 당 중앙위원회 정치위원이자 상무위원이며 농업 담당 부수상인 김일을 불러, 뜨락또르 수입의 한계와 자체생산의 시급함을 강조한다.

5절

김일성은 리종옥 국가계획위원장으로부터 강재 수입이 어렵다는 소련의 입장을 보고 받고 소련에 가보라고 지시하면서 정정당당하게 행동할 것을 강조한다.

6절

리웅천은 박상두와 그의 딸 때문에 마음을 많이 쓴다. 박상두는 강선제강소가 조업한 날부터 분괴압연기와 운명을 같이하고 있는 제강소의 첫 세대 노동자이다. 특히 기술혁신에서 핵심적 역할을 담당한다.

반종파투쟁 때 박상두가 딸 채운이로 인해 검토를 당한다. 더구나 후퇴 시기에 처가 앓아서 후퇴하지 않고 처가에 숨어 있었다는 사실, 처남이 치안대에 있었다는 사실이 엄중하게 비판당한다. 그때 리웅천이 박상두를 보증하면서 박상두는 가까스로 종파 연루자의 혐의를 벗는다. 리웅천은 그를 교대반장으로 일하게 한다. 딸 박채운의 일로 박상두는 늘 수치감과 죄책감에 잠겨 살아간다.

리웅천은 누군가 모래를 뿌려 수압탱크를 돌리는 전동기가 불타서 분괴압연기가 멈췄다는 보고를 받는다. 리웅천은 반동들이 준동하고 있음을 직감한다. 군 내무서의 곽 대위는 전후 포로교환 때 돌아온 귀환병들 중에 간첩임무를 받은 사람이 있다고 강조한다. 리웅천은 8만 톤의 강편을 밀어내야 한다는 중압감을 느끼며 분괴직장으로 향한다.

7절

곽 대위가 의심을 받는 박상두를 불러 담화를 나눈다. 리웅천은 반동놈을 잡아야 하지만 박상두는 전동기 수리작업장에 있어야 할 사람이라면서 박상두를 전적으로 믿는다고 이야기한다. 8만 톤 예비를 찾아내라는 리웅천의 말에 직장장 라용섭은 부대설비를 보강해야 한다고 말한다. 리웅천은 박상두같은 고급 기능공들과 협의를 계속하라고 라용섭에게 지시한다.

8절

리웅천은 제3호 전기로에서 일하고 있는 진응원을 보면서, 일전에 부직장장 강명준이 안기호 대신 진응원에게 반장 일을 시키자고 제기했던 일을 떠올린다. 당시에 리웅천은 진응원이 남한 출신으로 거제도 포로수용소에서 돌아온 귀환병이라는 사실에 문제를 느꼈었던 일을 떠올린다. 진응원에게 제강소 주변 농촌마을 처녀를 소개해서 짝을 찾도록 해준 사람도 강명준이었기에 리웅천은 일도 잘 하고 사람도 볼 줄 아는 부직장장의 제의를 받아들이기로 결심한다. 리웅천이 입원 중인 반장을 면직시키고 진응원에게 반장을 맡기자고 하지만 평남도 당에서 파견되어 내려온 당위원장 한국성은 안기호가 일시적 후퇴 시기에 잘 싸운 당원이고 진응원은 귀환병이라는 사실을 들어 반대한다. 리웅천은 강철과 강재를 증산하자면 가장 중요한 것이 인력이므로, 그들을 믿고 생산에 적극 인입해야 한다고 강조한다. 금속공업상 강영창으로부터 전화를 받은 리웅천은 김일성이 자체의 힘과 지혜로 난관을 뚫자고 했다는 이야기를 전달받는다.

9절

11월의 찬바람 부는 대동강에 박채운이 수치심을 못 이겨 자살하려 뛰어들자 머리를 짧게 깎은 제대군인 남자(장일남)가 그녀를 구해 병원으로 옮긴다.

10절

김일성은 집무실에서 기계공업과 살림집 건설이 강재에 달려 있다고 생각한다. 부수상이자 건설위원회 위원장인 박기환은 조립식 살림집 건설을 받아들이지 않지만, 김일성은 조립식의 비중을 높여야겠다고 말한다. 김일성은 12월 전원회의 전에 고민을 끝내려 한다. 모스크바에서 리종옥이 전화를 걸어 소련이 강재 2만 톤을 기어이 잘라냈다고 김일성에게 보고한다. 김일성은 1955년에 주체를 선언한 사실을 회상하며 밤늦도록 여러 가지 일을 숙고한다.

11절

김일성은 부수상들을 모두 불러 리종옥 국가계획위원회 위원장으로부터 보고를 듣게 한다. 김일, 정일룡, 정준택 등은 심중한 표정인데, 박기환은 무사태평한 얼굴이다. 박기환은 박창옥과 짝패지만 아직 반정부 음모에 가담했다는 자료가 없다. 김일성이 1957년 계획을 증산하는 식으로 전진의 길을 가자고 말하지만, 박기환은 제3의 길로서 김일성이 소련에 다시 가서 머리를 숙여야 한다고 강조한다. 이에 대해 김일성은 전진하는 길밖에 없다고 재차 강조하고, 강재증산 자체보다 일부 일꾼들의 사대주의적 굴종의식, 동요, 패배주의, 전쟁에 대한 공포증 등이 더 큰 문제라고 생각한다.

12절

리종옥과 함께 소련에 다녀온 최일은 금속공업상 강영창의 사무실에 앉아서 풀이 죽어 있다. 최일은 모스크바가 세계정치의 중심지이기 때문에 소련에 조선이 엇서는 것은 무모한 짓이라고 생각한다. 최일은 계획지표를 낮춰야 한다고 주장하지만, 정일룡이 강영창에게 전화를 걸어 강재 2만 톤을 더 증산해야 한다고 강조한다. 강영창은 증산 방법을 고민한다.

13절

김일성이 강영창을 저택으로 불러 점심식사를 함께 하자고 한다. 찰강냉이 지짐을 먹은 뒤에 강영창과 산책하며 강영창과의 기억을 더듬는다. 겉으로는 요란한 언사를 쓰던 최창익과 박창옥이 내각수상직과 당중앙위원회 위원장직을 내정해놓고 반변을 일으키려다 실패하자 8월 전원회의에서 당과 수령을 정면으로 공격한다. 그때 일을 생각하면서, 언행이 일치하며 신심이 있는 강영창에게 인민대중이 박사이고 로동계급 속에서 해결방도가 나온다며 자신과 함께 강선제강소로 가자고 말한다.

14절

최일은 박기환 부수상을 찾아가 소련에 유학 중인 딸의 소식을 전해준다. 술을 많이 마신 두 사람은 취중에 러시아어로 대화한다. 최일은 불순분자를 척결해야 한다고 흥분해서 강조하면서 박기환의 집을 나온다.

15절

강선제강소에 김일성이 방문한다는 소식을 듣고 오백룡 국장은 계급적 원수들과 반동들이 준동한다면서 적극 반대한다. 김일성은 민생단혐의 문서 보따리를 불태웠던 일화를 강조한다. 그때 열네 살의 김정일이 들어와 김일성의 안색을 살피는 말을 하자 혁명적 신념이 중요함을 강조한다. 혁명은 신념과 의지, 배짱을 가지고 한다고 지적하면서 힘의 원천은 노동계급임을 강조한다. 김정일이 강선제강소에 따라가겠다고 말하자 김일성은 허락한다.

16절

당위원장 한국성과 기사장 리웅천은 보좌성원들과 함께 김일성보다 먼저 온 김정일을 보며 김일성과 흡사하다고 감탄한다. 현장을 돌아보던 김일성은 부직장장 강명준을 만나 용해공이 되기 전에 무엇을 했는지 묻고, 강명준은 1211고지에서 싸웠다고 이야기한다. 리웅천은 김일성에게 종파분자들을 제강소에 보내면 전기로에 처넣든가 분괴압연기에 밀어버리겠다는 노동계급의 적대감을 이야기한다.

17절

리웅천은 박상두의 딸이 종파 연루자의 불명예스러운 오명에서 벗어나야 유능한 기능공 문제가 완전히 해결될 것이라는 결론을 내린다. 그러다가 안전핀이 부러지며 기계가 멈춰 선다. 기계 사고의 원인은 가열과 압하에 있었다. 그때 김일성이 들어서자 박상두는 얼른 사고를 퇴치하자고 압연공들에게 지시한다. 김일성이 박상두를 면담하는 동안에 분괴압연기가 다시 돌아간다.

18절

김일성이 지배인실에서 협의회를 소집한다. 그때 분괴압연직장장 라용섭이 부대시설 증설을 제안하자 리웅천이 분노한다. 김일성은 협의회 이후에 리웅천의 집에 방문해 점심식사를 한다. 리웅천은 김일성과 독대하면서 종파 연루자 박상두와 귀환병 진응원에 대해 이야기하고, 김일성은 사람에 대한 신뢰가 중요하다고 지적한다. 김일성은 전체 노동자들 앞에서 연설을 해서 강재 1만 톤 증수를 호소하고자 한다.

19절

김일성은 연설을 통해 믿을 것은 우리 자신밖에 없다며 우리 힘으로 강재 증산을 해내자고 강조한다. 또한 강철을 만드는 사람들은 심장이 커야한다면서 1만 톤 증산을 호소한다.

20절

김일성의 연설에 감동한 박상두는 김일성이 준 물주리 달린 가치담배를 보고는 압연공들 전체가 같이 피우자고 말한다. 그리하여 고봉이, 재수, 기술이, 경호 등이 연달아 피운다. 기계가 멈춘 사고에 대해 박상두는 압연공들 앞에서 자신이 잘못했다며 반성한다.

다음 날 리웅천을 만난 박상두는 김일성이 박상두의 후퇴 시기 일을 백지화하며 채운이의 오명을 벗겨주고 압연공의 딸답게 재생의 길을 걷도록 하라고 했음을 전달받는다.

그 날 밤 진응원과 아내 은옥이도 잠 못 든다. 김일성의 연설에 감동받은 진응원은 이제 강철을 더 많이 생산할 결심을 한다. 교대반장이 된 진응원은 더욱 열심히 생산에 매달린다.

21절

강선에서 어머니가 왔다간 후 박채운의 건강 상태가 호전된다. 박채운은 평천리에 있는 제사공장에 입사하여 노동을 하게 된다. 견습 기간에 채운이는 자기가 직업을 잘못 택했다고 생각하기도 하지만, 결국 길옥실 조사공과 함께 견습생활을 시작한다.

22절

모범적인 조사공 길옥실은 오빠의 친구인 강기룡을 만난다. 강기룡은 제대 이후 서평양 철도공장에 배치되었다고 이야기한다. 작업반장은 며칠 결근한 명옥이에게 공장을 그만두라고 이야기하고, 옥실이는 화목하지 못한 작업반에서 생산이 떨어질 것은 뻔하다는 생각을 한다.

23절

12월 어느 날 문상혁이 근무하는 기양기계공장으로 김일성과 정일룡, 내각참사 최일이 현지지도를 나간다. 뜨락또르 시험제작직장에 들어선 김일성은 16세의 처녀 기대공 리애숙이 8시간 노동을 한다는 말을 듣고는 소년노동이므로 6시간 노동으로 줄이라고 지시한다. 그리고는 고아들을 모두 학원에 보내고 부모 있는 아이들은 6시간 노동을 시키라고 강조한다. 또한 공장 일꾼들 앞에서 개건확장공사와 함께 4~5년 안으로 뜨락또르를 생산할 수 있는지를 기술자, 노동자들과 진지하게 의논하라고 지시한다.

24절

김일성이 다녀간 뒤 문상혁은 사생결단의 각오로 뜨락또르 생산에 전력을 다한다. 문상혁은 강재 추가를 요구하기 위해 내각으로 최일 참사를 만나러 간다. 최일은 문상혁의 공명심을 북돋아줄 생각이 없다며 거부한다. 문상혁은 돌아오는 길에 강선제강소 리웅천 기사장을 찾아간다. 리웅천은 당중앙위원회 12월 전원회의에 참가하기 위해 분주한 상태이다. 리웅천은 남는 강재가 없다며 문상혁에게 돌아가라고 이야기한다.

25절

김일성은 당중앙위원회 전원회의 중공업 분과회의에서 생산자 대중 속으로 들어갈 것을 강조한다. 분과회의에서 강선제강소가 1만 톤, 황해제철소와 성진제강소가 각각 5천 톤씩 맡아 강재 2만 톤을 증산보충하기로 결정한다. 김일성은 '증산하고 절약하여 5개년 계획을 기한 전에 넘쳐 완수하자'는 구호를 강조한다.

26절

김일성은 리웅천을 강선제강소 지배인으로 결정한다. 김정일도 동행하여 회의를 녹음하려고 지배인실에 녹음 장치를 설치한다. 눈이 내리는 가운데 지배인실에 도착한 김일성은 협의회에서 박상두, 진응원, 강명준 등의 이야기를 들으며 기일 단축을 통해 강재를 더 증산할 수 있을 것을 알게 된다. 그러면서 천리마를 탄 기세로 달려 나가야 한다고 강조하고 이는 우선 강재 9만 톤을 생산해내는 데서 시작된다고 말한다. 김일성은 리웅천을 지배인으로 임명하고, 리웅천은 자신감을 드러낸다.

27절

김일성은 돌아오는 길에 강영창에게 12월 전원회의 정신을 강조하며 강선노동계급이 1차 5개년 계획 수행을 위해 돌파구를 열었다고 이야기한다. 그리고는 강영창의 손을 잡고 낙관주의 정신을 갖자며 적기가를 부른다.

28절

박채운은 퇴근길 황혼 무렵에 제대군인을 만난다. 주택건설사업소에서 일하는 장일남은 인사를 청하지만 채운은 인사하지 말 것을 당부한다. 토굴집에 사는 장일남은 박채운에 대한 동정과 사랑을 느낀다.

29절

국가건설위원회 위원장이자 부수상인 박기환이 일남의 건설사업소에 찾아와 발전된 유럽식의 화려한 건물들을 일떠세우겠다는 이야기를 강조하며 부기원 처녀를 성희롱한다. 당위원장을 환영하는 술좌석에서 당위원장은 지배인, 기사장, 부지배인들, 과장들을 향해 조립식 건설의 당위성을 주장하고, 야간작업 중인 노동자들에게 술자리의 음식을 가져다준다. 당위원장은 지배인이 사표를 내겠다고 말하자 정신을 차리고 부수상을 맹종맹동하지 말 것을 강조한다.

30절

강영창은 리웅천 지배인으로부터 강재 10만 톤 생산도 가능할 것 같다는 전화를 받는다.

31절

기양기계공장 기사장 문상혁은 기양에 온 지 1년 만에 사리원 뜨락또르 부속품 공장으로 향한다. 사리원에서 돌아온 문상혁은 기계공업성을 찾아가 현시택 부상을 만나 성의 인정과 승인을 받고자 한다. 문상혁은 직접 의견서를 올리자는 판단에 김일성을 찾아가지만 접견하지 못한다. 그 날 뜨락또르를 만들 자신이 있다는 문상혁의 의견서가 최일 참사에게 올라가지만, 참사는 문서를 탁상에 던져버린다. 현시택 부상에게 의견을 물은 뒤 의견서를 서류함에 넣어 놓은 채 넉 달을 보낸다.

32절

리웅천 지배인은 12만 톤 생산이 완료되는 것을 보기 위해 분괴압연 직장에 내려간다. 리웅천은 평양 금속공업상에게 전화를 걸고 잠이 든다. 강영창 금속공업상은 김일성에게 전화로 보고를 하며, 지금 기적이 창조되고 있다고 생각한다.

33절

강영창으로부터 보고를 받은 김일성은 흥분을 가라앉히지 못한다. 1957년 12월 김일성은 김일, 정일룡 부수상들, 국가계획위원회 리종옥 위원장과 협의를 마치고 강영창과 리웅천을 기다린다. 김일성은 그들의 노고를 치하하면서 건설부문에 보수주의와 술풍이 제일 많았고 여기에는 박기환의 여독이 크다면서 박기환이 종파 우두머리들과 한 짝패였음을 명백히 하고 그를 모든 직책에서 해임한다.

34절

당 대표자회의에서 박기환이 전면적으로 검토비판된 이후 그 불똥이 최일에게도 튄다. 김일성은 정일룡으로부터 문상혁의 의견서를 최일이 망각하고 있었으며, 자신의 과오로 인해 자살까지 생각했었다면서 처분을 기다리고 있다는 말도 전해 듣는다. 최일은 김일성 앞에서 과오를 씻겠다며 기양기계공장에 나가 문상혁 기사장을 돕겠다고 말한다. 김일성은 내각참사를 그곳에 파견하는 것이라며 최일에게 광복 후처럼 본때있게 일하라고 강조한다.

35절

1958년 정월 김일성은 건설장에 들러 작업반장 장일남을 만난다. 조립식 건설이 우월하다고 말하는 장일남에게 제대군인들이 보수주의 타파에 앞장설 것을 당부한다. 당위원장의 지지를 받아 제대군인들로 구성된 청년작업반이 조직된다. 장일남은 평양을 일떠세운 뒤에 장가를 가겠다고 말한다. 1월 18일, 김일성은 설계가들을 불러 원가를 극력 낮추어 빨리, 많이 짓는 방법이 필요하다면서 건설의 질을 높일 것을 강조한다. 설계가들은 외랑식 다층 살림집 설계안을 내놓아 건설원가를 50% 이상 낮출 수 있는 담보를 마련하고, 이후 평양시 건설부문 열성자회의에서 7천 세대분의 자금으로 1만7천 세대 이상의 주택을 지을 결의를 다지며, 조립식 건설 비중을 90% 이상 높이기로 결의한다.

36절

박채운은 길옥실과 같은 혁신자가 되기 위해 노력한다. 장일남은 이모에게 김일성을 만난 이야기와 더불어 박채운에 대한 마음을 고백하고 도와줄 것을 부탁한다.

37절

장일남은 박채운으로부터 배척당했다고 생각하면서도 마음을 크게 먹는다. 처녀의 미모가 그의 넋을 지배한 것이 그에게는 중요하기 때문이다. 3월 평양에서 진행된 전국청년사회주의건설자대회에서 장일남은 긍지와 희망을 얻는다. 평양시 청년건설자들은 '평양속도'를 창조하고 있다.

38절

열여섯 살 민청원 김정일이 다니는 평양제1중학교 고급반도 수도 건설에 참가한다. 김일성은 김정일이 어느 날 5월 하순 전투총화에서 고급중학교 부문 3등을 했다며 분해하는 말을 듣는다. 그리고 김정일의 말을 들을 때는 현실의 숨결이 느껴지는데, 신문의 글을 보면 시대의 맥박과 정신, 참신한 새 모습이 잘 전해지지 못하는 것 같다면서 『로동신문』 책임주필을 찾는다.

39절

기자들이 김일성의 비판을 듣고는 리웅천 지배인을 찾아간다. 리웅천은 제강직장 3호 전기로 진응원 작업반에 가서 먼저 취재할 것을 당부한다. 뒤이어 『로동신문』에 「천리마」라는 제목의 글이 나가고 천리마시대 인간들의 사상정신상태와 도덕적 풍모에 대한 글이 실린다. 이후 시인 박세영과 작곡가 김원균 등도 강선제강소에 내려와 본다.

40절

길옥실에게 강기룡의 편지가 온다. 김일성이 학현—신주막 사이 노반성토 작업을 하고 있을 때 다녀갔다면서 감사해한다. 강기룡은 옥실이와 사진을 찍으며 배웅 나온 옥실에게 약혼사진으로 치자고 말한다. 김일성은 해주—하성간 광궤철도 부설 공사에서 위훈을 세운 모범일꾼들에게 표창장과 선물을 보낸다. 강기룡은 준공식을 앞두고 간첩파괴분자들의 철교 폭파 음모를 저지하려다가 단도에 맞아 사망한다. 이후 길옥실은 강기룡에게 훈장이 수여되었음을 오빠에게 전해 듣는다. 길옥실은 작업반장이 되어 48명의 작업반원들을 제대로 알기 위해 더욱 노력할 것을 다짐한다.

41절

김일성은 강영창에게 중공업부장 직책을 맡을 것을 제의한다.

42절

강영창은 기양에 가서 당위원장과 문상혁 기사장을 만난다. 문상혁을 방조하겠다는 최일은 문상혁의 청을 들어 농기계 작업소에서 고장난 구식 뜨락또르 '아떼즈' 한 대를 끌어온다. 그리고는 방도를 연구해서 다음 회의 때에 제출하라고 지시한다.

43절

김일성은 시작이 절반이라면서 만족해한다. 그리고 10월에 기양기계공장을 방문하여 올해에 시제품을 만들어 내년에 우선 3천 대를 생산할 수 있게 준비할 것을 지시하고, 뜨락또르의 명칭은 '천리마'로 하자고 제안한다. 11월 14일, 김일성은 뜨락또르 '천리마'의 시제품을 확인한다. 조립공이 차에 올라 시험 운전을 하고, 이를 지켜본 김일성은 '천리마'는 대중적 영웅주의의 결실이라고 격동된 어조로 말한다.

공장 합숙소에서 최일과 문상혁이 작별의 술잔을 나눈다. 최일은 부속품의 주물에 암해책동을 했던 간첩을 잡아내고 올라간다. 그러면서 기술적 준비 사업도 중요하지만 반동들과 불순이색분자들을 잡아내는 일도 소홀히 하면 안 된다고 강조한다.

44절

길옥실은 작업반 상호간의 생산실적을 보여주는 경쟁도표 앞에서 실망한다. 그리고는 작업반원들에게 심장을 주자면서 새로운 결의를 다진다. 길옥실은 조사공 고아들을 어머니 심정으로 돌보리라 결심한다.

45절

길옥실의 집을 찾아간 박채운은 옥실과 강기룡의 사연을 듣고 가슴 아파하고, 채운의 이야기를 들은 옥실은 장일남을 피하지 말았어야 한다고 말한다. 12월 말에 길옥실은 평양시 건설자 회의에서 장일남 작업반장을 만나본다.

46절

김일성은 고아들을 다정하게 거두는 작업반장 길옥실의 인간애에 감동을 받는다. 그는 천리마운동이 인간개조의 새 시대를 열고 있으며, 천리마 진군이 새 인간들의 탄생과 결부되고 있다고 느낀다.

47절

강선제강소 주영태 기사장의 집으로 낯선 손님이 찾아와 셋째 아들 주영복이 남한에서 정보부 과장으로 일하고 있으며, 그가 어머니와 만형 영태를 보고 싶어 한다고 전한다.

48절

진응원 작업반원인 형만이 강명준 직장장을 만나 교대부직장장이 전쟁 때에 자신의 아버지를 학살한 악질 치안대라고 말한다. 그리하여 당위원장과 직장장은 군중대회 때에 죄상을 폭로하자고 결의한다. 당위원장은 리웅천 지배인이 후임으로 주영태 기사장을 잘못 선정했다는 결론에 도달한다.

49절

김일성은 노동계급이 5개년 계획을 3년 안에 끝내겠다고 궐기한 것을 자랑스러워 한다. 그리고 계급적 원수들을 적발 소탕하는 것도 중요하지만, 무조건적인 타도보다는 교양 개조, 인간 개조가 중요함을 강조한다.

50절

리웅천 지배인은 곽 대위가 당위원장과 협의하여 기사장을 불러간 사실을 전해 듣고 한국성 당위원장과 말다툼 한다. 반혁명분자들과의 투쟁을 지도방조하기위해 최일이 파견되어 온다.

51절

최일은 주물직장의 오종기가 일시적 후퇴 시기에 백골부대에 들어 억지로 문신한 사람임을 알게 되고 체포한다. 최일은 리웅천에 대한 포위망을 형성하려 한다.

52절

최일은 설을 쇠고 반혁명분자들, 불순이색분자들을 색출하기 위해서 강선제강소로 내려간다. 3호 전기로에서 사고가 나자 최일은 리웅천을 불러 주영태 기사장을 취조하겠다고 하지만 리웅천은 반대한다.

53절

강선제강소는 1월 계획을 달성하지 못한다. 리웅천은 망신이라면서 직장장과 기사장을 다그친다.

54절

예고 없이 강영창이 강선제강소로 찾아오고 지배인실에 리웅천, 최일, 한국성이 모인다. 강영창은 강선제강소가 1월 계획을 미달한 것이 비상사건이라고 말한다. 하지만 원인을 분석하는 과정에서 자기가 풀 수 없는 엉킨 매듭이 있음을 느낀다.

55절

김일성은 강영창으로부터 강선제강소 1월 계획이 미달된 내용을 보고받고 직접 강선에 가겠다면서 강영창에게 함께 가자고 말한다. 2월 중순 강선에 도착한 김일성에게 리웅천은 반혁명과의 투쟁을 당분간이라도 중지하면 어떻겠냐고 제안한다.

56절

김일성은 제강소 책임일꾼들 앞에서 1월 계획의 미달이 계획을 높이 세웠기 때문이 아니라고 강조한다. 그러면서 리웅천이 개인영웅주의에 물들었으며 당 조직 관념이 없음을 비판한다. 김일성은 빨치산 시절의 이야기를 들어 사람들에 대한 의식화 교양이 중요함을 강조한다. 그리고 작업반 단위의 천리마작업반운동을 벌리는 것이 좋겠다고 말한다. 끝으로 주영태를 내각으로 데려가 자신이 책임지겠다고 말한다.

57절

리웅천은 책임일꾼들과 모여 어느 작업반을 첫 천리마작업반으로 내세우겠는가를 논의한다. 당 위원회에서는 진응원 작업반을 첫 작업반으로 결정한다. 3월 8일 저녁, 제강직장 3호전기로 진응원 작업반이 처음으로 천리마작업반운동에 궐기하는 작업반 총회를 가진다. 진응원과 함께 11명의 작업반원이 천리마작업반원, 천리마기수의 칭호를 받는다.

58절

장일남이 박채운에게 찾아와 길옥실의 고마움을 전하면서 채운을 끌어안는다. 장일남과 박채운은 채운의 부모를 찾아가 결혼승낙을 받는다. 조선노동당원이 된 길옥실은 낙후한 5작업반으로 가면서 박채운을 새 작업반장으로 추천한다.

59절

김일성은 3·8국제부녀절 50돌 평양시 보고대회에서 길옥실을 불러 간부들에게 인사를 시킨다. 김일성은 인간개조의 모범을 보여준 길옥실에게 고맙다고 이야기한다.

1960년 8월 평양대극장에서 전국 천리마작업반운동 선구자 대회가 열린다. 김일성에게 천리마 휘장을 달아주기 위해 길옥실이 나간다. 만수대 언덕에 천리마 동상이 높이 솟아오르고, 1961년 4월 15일 제막이 거행된다.

3. 북한의 소개와 평가

| 사전(년감) 자료 |

총서 《불멸의 력사》 중에서 장편소설 《인간의 노래》(김삼복 작)는 준엄했던 1950년대 후반기 위대한 수령님께서 로동계급 속에 들어가시여 그들의 심장에 불을 지펴주시고 사회주의 건설에서 혁명적 대고조를 일으키도록 이끌어주신 천리마 시대의 령도 업적을 형상하였다.

5개년 계획을 시작하던 시기 우리 혁명 앞에는 엄중한 난관이 겹쌓이게 된다.

위대한 수령님께서는 몸소 강선제강소(당시) 로동계급을 찾아가시여 나는 동무들을 믿고 동무들은 나를 믿고 혁명의 난국을 타개해 나가자, 동무들이 강재 1만 1t만 더 생산하면 나라가 허리를 펼 것이라고 호소하신다.

위대한 수령님께서는 로동자들의 아픈 마음 속 상처도 헤아려보시고 다 가셔주시며 생활형편까지 세심히 보살펴주신다.

위대한 수령님의 사랑과 믿음에 충성으로 보답할 굳은 결의를 다진 강선의 로동계급은 6만t 능력의 분괴압연기에서 12만t의 강편을 밀어낸다. 이리하여 우리나라에서 천리마운동이 시작되게 된다.

위대한 수령님의 현명한 령도 밑에 사회주의 건설의 모든 전선에서 위대한 변혁이 일어나며 인간개조의 서사시가 펼쳐지고 대중적 영웅주의가 발휘된다.

시대의 영웅들인 천리마 기수들이 곳곳에서 태여나고 역경은 순경으로 바뀌며 우리나라는 《천리마의 나라》로 세상에 높이 솟아오른다.

소설은 력사적 사실에 기초한 내용들을 심각한 극적정황과 다양한 인간들의 성장과정 속에서 폭넓은 생활 무대를 통하여 감동 깊이 보여주었다.

—『조선중앙년감』, 조선중앙통신사, 2004.

| 평론 자료 |

소설에 흐르는 인간의 노래

–총서 《불멸의 력사》 중에서 장편소설 《인간의 노래》를 론함

리정웅

총서 《불멸의 력사》 중에서 장편소설 《인간의 노래》(김삼복)의 첫 페지에는 가요《우리는 빈 터에서 시작하였네》가 올라 있다.

작품의 제사는 작가의 미학적 의도와 직결되여 있다.

하다면 소설에서 《인간의 노래》는 과연 어떻게 울리고 있는가에 대하여 보기로 하자.

① 무게 있는 형상 과제

매 작품에 등장하는 인물들은 다 자기의 형상 과제를 안고 있다. 인물의 성격적 면모와 형상의 높이도 결국은 여기서 결정되게 된다.

위대한 령도자 김정일 동지께서는 다음과 같이 지적하시였다.

《수령의 풍모를 격이 있게 형상하자면 무엇보다도 수령의 위대성에 어울리는 무게 있는 형상 과제를 내세워야 한다.》

로동계급의 수령은 조국과 민족, 혁명과 건설의 운명을 좌우하는 가장 근본적인 문제를 풀어나간다.

장편소설 《인간의 노래》에서는 사회정치적 집단을 움직이고 천리마 시대의 거창한 력사를 떠밀고 나가시는 위대한 수령님의 활동세계가 펼쳐질 수 있도록 무게 있는 형상 과제를 내세우고 있다.

소설은 제1차 5개년 계획 작성이 시작되던 1956년 말부터 전국 천리마작업반운동 선구자 대회가 열린 1960년까지를 시대적 배경으로 하고 있다.

이 시기로 말하면 우리 혁명에 있어서 준엄한 시련의 년대가 아닐 수 없었다. 우리가 전쟁에서 승리한 후 3개년 인민경제계획을 수행할 때 프로레타리아 국제주의적 의리와 의무를 지켜 적지 않은 원조를 주던 이전 쏘련과 중국을 비롯한 형제 국가들이 1차 5개년 계획에 착수하려 하자 경제 협조와 원조를 잘 주려 하지 않았다. 수령님께서 내놓으신 새로운 전략 목표 즉 사회주의 공업화의 기초 축성

이라는 높은 목표에 대해 반당반혁명분자들이 도전해 나섰다.

믿을 것은 오직 로동계급뿐이였다.

그런데 우리 로동계급의 구성 상태는 어떠했는가?

소설에서 보는 바와 같이 전시에 전쟁에서 단련된 제대 군인들이 있는가 하면 일부 사람들 속에는 사회생활 경위와 가정 주위 환경이 복잡한 로동자들도 있었다.

이렇게 우리 로동계급의 가정 주위 환경이 복잡하다고 하여 그들을 제거하거나 배제한다면 사회주의 공업화는 과연 누구와 실현해 나가겠는가?

위대한 수령님께서는 강선제강소 책임일군 회의에서 이렇게 말씀하신다.

《여기에는 오직 한 가지 길이 있을 뿐입니다. 그들을 교양하여 혁명적 로동계급으로 개조하는 것입니다. 다시 말하여 인간 개조 사업을 해야 합니다.》

《안 따라와도 따라오게 만들어야 하겠는데 따라오는 사람을 왜 의심합니까.

…새 시대는 새 인간들의 탄생을 의미합니다. 새 인간들이란 하늘에서 떨어지지 않습니다. 사람들은 사람들이지만 달라지고 있습니다. 이것이 천리마운동입니다.》

인간 개조의 서사시, 천리마운동! 바로 이것이 우리 시대의 노래이며 인간의 노래이다.

시대를 진감하는 새 인간의 노래는 누구나 창조할 수 있는 것이 아니다.

소설은 바로 위대한 수령님께서만이 해결하실 수 있는 형상 과제를 제기하고 깊이 있게 풀어나감으로써 우리 당의 영광 찬란한 혁명투쟁사에 빛나는 장을 펼친 천리마 시대가 어떻게 창조되였는가에 대하여 예술적으로 힘있게 확인할 수 있었다.

이것으로 하여 작품은 근 59절에 달하는 방대한 장편소설에 매 장면마다 위대한 수령님께서 등장하지는 않지만 모든 형상선들이 수령님의 령도선에 유기적으로 련결되여 이야기 줄거리들을 하나로 관통하고 있는 것이다.

② 숭고한 회폭

밤이 깊어가는 저택의 서재에 인기척이 느껴진다.

위대한 수령님의 건강을 념려하여 열네 살의 어리신 장군님께서 찾아오신 것이다. 수령님께서는 자신께서 광복의 천 리 길을 걸으신 그 나이를 돌이켜보시며 장군님께서도 조선혁명의 운명에 대한 책임감을 자각할 나이에 이르렀다고 생각하신다.

그런데 경애하는 장군님께서 먼저 쏘련에서 우리나라에 주기로 했던 강재를 잘랐기 때문에 래년도 계획 수행에 난관이 조성된 데 대하여 물으신다.

위대한 수령님께서는 머리를 끄덕이시며 쏘련이 가해오고 있는 경제적 압력에 대해 이야기하시고 나서 《혁명가들에게는 죽을 때에도 버리지 말고 베고 죽어야 할 것이 있다.》고 뜻 깊은 말씀을 하신다.

《아버지, 저는 그것이 혁명적 신념이라고 생각합니다. 살아도 혁명적 신념을 지켜 싸우고 죽을 때에도 그것을 베고 죽는 것이 혁명가의 인생이 아니겠는가 생각합니다.》

경애하는 장군님의 이 말씀에 수령님께서는 혁명가의 특질에 대해 멋진 정식화를 내렸다고 경탄하시며 자신께서는 래일 강선제강소 로동계급을 찾아가서 현 정세와 우리가 직면한 난국 그리고 우리의 결심을 터놓고 이야기하려다고, 지금 믿을 것은 로동계급밖에 없다고, 우리의 힘의 원천이 거기에 있다고 말씀하신다.

경애하는 장군님께서는 수령님께서 강선의 로동계급을 찾아가시는 걸음이 우리 혁명 앞에 조성된 엄혹한 난국을 타개하시기 위한 력사적인 걸음으로 된다고 생각하시며 자신께서도 함께 가실 의향을 심중히 말씀드린다.

계속하여 중학생 옷차림을 단정히 하신 경애하는 김정일 동지께서 강선제강소를 찾으시려는 숭고한 화폭들, 이것은 소설이 거둔 특출한 성과의 하나이다.

이것이야말로 일찌기 전화의 날 최고사령부 작전대에서 천출명장의 자질을 키워 오신 경애하는 장군님께서 강선제강소를 찾으신 그때부터 벌써 우리 혁명과 경제 건설의 진두에 나서신 데 대한 힘있는 예술적 확인이 아니겠는가!

③ 측근 인물들의 형상

수령에 대한 충실성은 그 인물의 성격에서 기본 핵이며 그에 기초하여 여러 가지 성격적 특질을 조화롭게 배합하여야 측근 인물의 개성을 잘 살려 나갈 수 있다.

이 소설에서 위대한 수령님을 보좌하는 측근 인물은 금속공업상이며 후에 당중앙위원회 일군으로 되는 강영창과 강선제강소 지배인 리웅천이다.

수령형상작품의 력사문헌적인 성격을 살리자면 중요인물의 관계와 사건 줄거리를 비롯한 작품의 기본대가 력사적 사실과 맞아야 한다는 주체적 문예리론의 요구를 구현하는 데서 이 두 인물이 중요한 자리를 차지한다.

특히 소설의 중간중간에 삽입된 강영창의 회상 자료들은 경애하는 수령님의 위인적 풍모에 대한 산 력사적 기록으로서 작품의 실재한 사실에 대한 힘있는 반증자료로 된다.

《나는 김일성 동지의 실무성에 탄복을 금할 수 없었다. 그이께서는 수자와 사실을 놓고 수첩에 계산하시며 따지는데 전문가들이 얼굴을 붉힐 정도였다. 그이는 압연공들보다 압연기를 더 잘 아시는 것 같았고 가열공들보다 가열로를 더 잘 아시는 것 같았다. …그이의 뛰여난 실무성은 사람들의 속마음을 들여다보며 그들의 넋을 틀어쥐고 그들의 사상을 움직이는 데서 나온다고 나는 확신한다. 랭철한 수자와 사실 밑에는 근로인민의 정신력이 깔려 있다. 그이께서는 이것을 끌어당기시는 천부적 매력을 소유하고 계신다.》

앞으로 총서 작품 창작에서 객관적 사실과 예술적 진실의 이러한 유기적 결합은 더 탐구되여야 한다고 본다.

강영창이 금속공업의 참모부에서 위대한 수령님을 보좌해드리는 지휘성원이라면 리웅천은 제강소 현장에서 수령님을 받들어 강철과 강재 생산을 맡아 보좌해드리는 일군이다.

이 소설에서 리웅천 지배인은 사실상 수령의 령도선을 실현하는 기본 인물이라고 말할 수 있다. 그것은 작품의 적지 않은 비중이 리웅천의 성격형상에 돌려져 있다는 것만으로도 충분히 알 수 있다.

위대한 수령님께서는 왜정 때 일본에서 공부한 지식인 리웅천을 제강소 기사장으로, 지배인으로, 당중앙위원회 후보위원으로까지 내세워주시고 몸소 자신의 집무실에 직통 전화까지 놓아주시는 크나큰 신임을 안겨주신다.

사랑과 믿음은 기적을 창조한다.

리웅천은 위대한 수령님께서 걱정하시는 강재 생산을 위해 로동자들 속에 들어가 헌신분투하며 마침내는 6만 톤 능력의 분괴압연기에서 12만 톤의 강재를 뽑아내는 놀라운 성과를 이룩한다.

위대한 수령님께서는 일부 사람들이 리웅천을 관료주의자, 개인영웅주의자라고 할 때에도 그가 개인영웅주의자라면 어떻게 제강소가 대중적 혁신 운동의 앞장에 설 수 있겠는가고 하시며 결함보다도 그의 우점을 더 귀중히 여기신다. 그토록 리웅천을 사랑하시기에 그이께서는 제강소 책임일군 모임에서 그에게 엄중한 비판을 하시는 것이다.

《…지배인 동무의 높은 요구성을 관료주의라고 하는 것이 무엇 때문이겠습니까? 지배인 동무가 당 조직과 합심해서 당 조직의 지도 밑에 아래 일군들과 사업하지 않고 있기 때문에 그런 소리를 듣습니다.…

리웅천 동무, 동무는 당위원장뿐만 아니라 도당위원회, 지어 중앙의 지시나 충고에 대해서도 귀 밖으로 흘려보내고 제 배짱대로만 한다는데, 일시적인 성과는 거둘 수 있어도 궁극에는 개인영웅주의자로 떨어지고 맙니다. 당위원장이 동무 밑에서 기를 펴지 못한다고 하오. 이게 도대체 당 조직 관념이 있는 표현이요? 동무에게는 아주 위험한 요소가 싹트고 있소.》

위대한 수령님께서는 리웅천에게 칭찬은 한 마디도 하지 않으시고 되게 비판을 주신다. 그러시면서 리웅천이가 제강소를 떠메고 나가는 것이 아니라 전체 당원들이 떠메고 나간다는 것, 당 조직을 떠난 개인은 무력하다는 것을 하나하나 일깨워 주신다.

그렇다. 위대한 수령님께서 주시는 이 비판은 리웅천에게 있어서 사랑의 보약이다.

이 소설에 나오는 최창익이나 박창옥, 박기환의 운명은 당의 신임을 떠난 존재의 응당한 말로이다.

부언한다면 소설에서 얼핏 등장하는 김일, 홍명희, 리병남, 박정애, 정일룡 등 실재한 력사적 인물들도 작품의 실재적 사실을 보여주는 데 적극 이바지하고 있다는 것이다.

④ 생리에 맞게

문학의 일반적 요구를 철저히 지키면서 수령을 형상하는 작품에 고유한 생리를 특색있게 살린 데 이 작가의 재능이 있고 작품이 성공하게 된 비결이 있다.

소설에서 박채운의 형상은 자못 중요한 자리를 차지한다.

본의 아니게 억울하게 오명을 쓰게 된 박채운은 그의 아버지인 오랜 기능공 박상두와 련결되여 있으며 리웅천은 제강소의 생산 능력을 높이는 주요 고리인 박상두 문제를 수령님께 보고드려 그의 가정에 비낀 어두운 그늘을 깨끗이 가시게 한다.

대동강에 빠져 자살하려던 박채운을 구해주고 그와 류다른 사랑을 맺게 되는 장일남의 형상은 16분에 조립식 살림집 한 세대씩 건설하는 수도 건설자들을 보여준 의의 있는 형상으로 된다.

더우기 새 생활 창조의 길에 들어선 채운을 따뜻이 손잡아 이끌어 천리마작업반의 반장으로까지 키워주는 길옥실(인간 개조 운동의 선구자)의 성격형상은 얼마나 인정미에 넘치는가!

하기에 위대한 수령님께서는 최일 참사가 제강소의 불순이색분자가 85%나 된다는 론거를 들고 나왔을 때 이렇게 말씀하신다.

《여기서 최일 동무랑 사람들을 공연히 의심하고 검토하며 부산을 피울 때 평양제사 공장의 조사공인 한 처녀 작업반장은 작업반에 속한 고아들을 비롯한 말썽꾸러기들을 어머니다운 애정을 기울여 하나 둘 개조해 나가고 있습니다. 내가 항상 생각해왔고 방금도 말한 인간 개조가 현실에서 실현되고 있습니다. 그 처녀 작업반장의 소행은 하나의 인간 개조의 서사시입니다. 이것이 천리마 시대의 새로운 면모입니다.》

보다 중요한 것은 붉은 군대에 입대하여 도이췰란드와의 전쟁에서 적기 훈장까지 타고 꿀라크를 청산하는 투쟁에 참가했던 최일 자신이 위대한 수령님의 크나큰 인덕의 품에 안겨 진정한 혁명가로 개조되는 것이다.

소설에서는 또한 채운의 친척인 기계공장 기사장 문상혁을 통하여 맨손으로 뜨락또르를 생산해낸 기양 로동계급의 모습도 력점을 찍어 형상하고 있으며 천리마 작업반의 선구자인 로력영웅 진응원도 새로운 각도에서 생동하게 형상하고 있다.

총체적으로 장편소설 《인간의 노래》는 인간 개조, 천리마운동의 불길을 지펴주시는 위대한 수령님의 숭고한 정서 세계에 흐르는 기본 선률에 기타 인물들—강영창, 리웅천, 최일, 길옥실, 박채운, 박상두, 장일남, 진응원, 문상혁, 주영태(그가 제강소 기사장으로서 복잡한 가정 환경으로 고민하고 있을 때 위대한 수령님께서 친히 내각에 소환하신다) 등의 부주제 선률들이 합쳐지며 하나의 웅대한 교향곡으로 울리고 있는 것이다.

하기에 1960년 8월 전국 천리마작업반운동 선구자 대회장에서 길옥실은 위대한 수령님께 금빛 천리마 휘장을 달아드리며 뜨겁게 말씀 올린다.

《수상님은 첫 천리마 기수이십니다.》

그렇다! 위대한 수령님께서는 전설의 천리마를 로동당 시대에 불러오시여 우리 인민들을 천리마의 기수로 키워주시고 천리마 대진군의 맨 앞장에 서 계시며 우리 인민 모두를 이끌어주신 첫 천리마 기수이시다.

바로 이것을 예술적으로 힘있게 확인한 여기에 이 소설이 거둔 성과가 있는 것이다.

—『청년문학』 2006년 10호.

4. 개작 상황

개작 상황 없음.

—작성 : 오태호

총서 '불멸의 력사' 해제

32

『영생』

1. 세부 사항

제목	총서 '불멸의 력사'32『영생』		출간 권수	32
작가 및 창작단	백보흠, 송상원			
발표 연도 (수상 연도)	발표 연도	1997	발표 지면 (수상명·집)	문학예술종합출판사
	개작 연도			
스토리 주제	1993년 12월에서 1995년 1월까지의 '핵 위기'와 김일성 주석 사망 과정.			
키워드1/ 테마	김일성 주석 사망			
키워드2/ 구성	5장			
키워드3/ 시점	전지적 작가 시점			
키워드4/ 시간	1993년 12월~1995년 1월			
키워드5/ 장소	평양, 서울, 제네바			
키워드6/ 소재	단군릉 개건 확장공사, 카터의 조선 방문, 카터-김일성 회담, 조미회담, 남북 최고위급회담, 중앙추도대회.			
키워드7/ 인물(직업)	농민, 외교부장, 책임서기, 농업지도일꾼, 상업관리소 소장, 기업소 조립공, 재미언론인, 항일혁명열사 유자녀, 여성 법률가, 미국 종교 지도자, 미국 대통령.			

2. 줄거리 소개

1장

김일성은 1994년 신년사를 한 후, 협동농장을 현지지도하고, 단군릉 개건 공사장을 찾아가 단군릉 개건 확장공사 문제를 해결하며, 정당, 사회단체 일꾼협의회, 전국 농민열성자대회에 참석한다. 그는 국방위원들의 협의회에서 '핵 문제'를 검토하면서, 김정일의 흑연감속로 노심교체 주장을 받아들인다.

2장

미국 대통령 클린턴은 핵 문제와 관련된 북조선의 동향을 검토한 후 전직 대통령 카터를 북조선에 파견할 것을 생각한다. 김일성은 조선에 대한 유엔의 제재와 카터의 조선 방문을 생각하며, 김정일과 함께 국제원자력기구 탈퇴 문제를 결정한 후, 눈 수술을 받는다. 또한 항일혁명열사 유자녀 량귀동녀를 만나고, 조선소년단 제5차 대회에 참가한 소년단원들을 축하해주며, 쿠바의 여성법률가 깐델라리아, 재미교포 언론인 리영숙, 손정도 목사의 아들 손원태를 만난다.

3장

1994년 6월 카터는 핵 문제를 해결하기 위해 서울을 출발하여 평양에 도착, 외교부장 및 김일성과의 회담을 갖는다. 이 회담에서 경수로 문제를 3차 조미회담에서 토의할 것과 미국이 유엔에 제출한 제재 결의를 취소하는 등의 외교적 문제가 해결된다. 김일성은 카터와 회담을 끝낸 후, 서해 지구 협동농장을 돌아보고 월남고위군사 대표단을 만나며, 만경대 학생소년궁전 미술소조원의 그림첩을 살펴본다.

4장

김일성의 저택 시험포전을 관리하는 오삼수 노인은 농업위원회 부위원장 안덕상을 만나서 농업부문 일꾼들의 공명주의와 형식주의를 비판한다. 김일성은 김정일과 '북남경제합작문제' 등의 광범위한 문제를 토의하는 경제부문 책임일꾼협의회 참석 문제에 대해 논의한다. 6월 28일 '북남최고위급회담'을 위한 예비회담에서 7월 25일부터 27일까지 평양에서 북남최고위급회담을 개최하는 등의 원칙적인 방향이 최종 합의된다. 김일성은 대안체계라는 새로운 경제관리 체계가 창조된 대앙중기계연합기업소를 방문하고, 7월 5일과 6일에 경제부분 책임일꾼협의회를 지도한다. 1994년 7월 8일 2시 통일회담 문건에 아직 수표를 못한 채 심장의 고동이 멈춘다.

5장

김정일은 김일성의 죽음을 고통스러워하며, 7월 11일부터 조문객들을 맞이하기 시작한다. 한편 스위스 제네바에서 열린 조미3단계회담에 참가한 조선민주주의인민공화국 대표단은 김일성 사망 급보를 접하고 회담 도중에 귀국한다. 7월 20일 12시 평양에서 중앙추도대회가 진행된다. 김정일은 김일성 주석의 유훈 관철을 다짐하며 '위대한 수령 김일성 동지는 영원히 우리와 함께 계신다'는 영생사상을 제시한다.

3. 북한의 소개와 평가

| 사전(년감) 자료 |

장편소설(백보흠, 송상원 작)은 총서 《불멸의 력사》의 마지막 단원을 이루는 종결편으로서 위대한 수령 김일성 동지의 빛나는 생애의 마지막 해인 주체83(1994)년의 혁명활동 내용을 감명 깊게 형상하였다.

어버이 수령님께서는 주체83(1994)년 신년사를 하시고 새해 첫날부터 농촌들에 대한 현지지도, 조국통일을 위한 사업들을 지도하시는 등 불면불휴의 로고를 바치신다.

수령님께서는 눈에 위중한 병이 발생되여 수술을 받으셔야 했지만 새해 벽두부터 누구도 대신할 수 없는 나라의 중대사들이 일별로 맞물려져 있어 계속 미루어 오시다가 몇 달이 지나서야 병원에 입원하신다.

수령님께서는 입원 기간에도 쉬지 않으시고 병원 일군들도 모르게 전화로 책임일군들과 련계를 가지시면서 각 분야의 사업을 정력적으로 지도하신다.

6월 초에 이르러서는 세계의 이목이 집중되는 가운데 미국의 전 대통령 지미 카터와의 력사적인 회담을 진행하시여 나라의 통일과 조미관계를 개선하는 데서 전환적인 국면을 열어 놓으신다. 회담을 통하여 수령님의 위대성과 인간미에 끝없이 매혹된 카터는 남조선에서 가진 기자회견에서 김일성 주석은 미국의 죠지 워싱톤, 토마스 제퍼슨, 아브라함 링컨 3대 대통령을 다 합친 것보다 더 위대하다고 말하여 세계를 놀라게 한다.

카터와의 회담 이후에도 수령님께서는 끊임없는 현지지도의 길을 걸으시며 조국통일을 위한 사업을 정력적으로 지도하시여 마침내 북남최고위급회담을 실현할 수 있게 하신다.

어버이 수령님께서는 경제부문 책임일군 협의회를 발기하고 지도하시며 분망하게 사업하시면서도 자신의 몸에 그 어떤 위험한 이상현상이 일어나고 있는지 전혀 감각하지 못하신다. 밤 늦게도록 집무실에서 통일관련 문건을 검토하시고 거기에 수표를 하자고 하실 때 그이께서는 비로소 심장의 동통을 느끼신다. 비가 내리고 우뢰가 우는 소란한 밤에 어버이 수령님께서는 력사적인 그 문건에 가까스로 수표를 하시고 심장의 고동을 멈추신다.

소설은 인류 력사에 있어보지 못한 가장 비통한 애도 상황을 사실 그대로 펼쳐 보이면서 경애하는 장군님께서 영결식을 하루 앞둔 날 우리 수령님은 인민의 심장 속에 영원히 살아 계신다고 말씀하심으로써 새로운 영생의 철리를 밝히신 데 대하여 형상하고 있다.

소설은 생애의 마지막 순간까지 일신의 모든 것을 다 바치고 순직하신 어버이 수령님의 불멸의 업적과 함께 경애하는 장군님의 숭고한 도덕 의리의 세계를 사실 그대로 생동하고도 진실하게 형상한 것으로 하여 주체문학사에서 특출한 자리를 차지하게 되였다.

—『조선중앙년감』, 조선중앙통신사, 1998.

| 평론 자료 |

수령영생기원의 숭엄한 서사시적 화폭

—총서 《불멸의 력사》 중 장편소설 《영생》에 대하여

최언경

《영생》(백보흠, 송상원 작)

총서 《불멸의 력사》 중의 장편소설 《영생》(백보흠, 송상원 작)은 위대한 수령 김일성 동지의 서거 3년상에 삼가 드리는 영생기원의 서사시적 화폭이다.

여기에는 일찌기 인류가 알지 못하는 위대한 수령, 위대한 인간의 혁명적 생애의 가장 빛나는 나날이 아로새겨져 있으며 우리 인민과 진보적 인류가 어버이 수령님께 삼가 드리는 영생기원의 절절한 념원이 뜨겁게 담겨져 있다.

위대한 령도자 김정일 동지께서는 다음과 같이 지적하시였다.

《우리 수령님은 한평생을 오로지 인민들 속에 계시면서 대중의 자주적인 요구와 리익을 가장 철저히 옹호하고 그 실현을 위한 투쟁을 현명하게 령도하여 오신 인민의 위대한 어버이이시다.》

돌이켜보면 우리 수령님의 한평생은 복잡다단한 혁명의 초행길들을 쉼없이 헤치시여 인민의 행복을 안아오신 위대한 사랑과 로고의 나날이였다.

하기에 위대한 수령님의 크나큰 사랑 속에 자라온 우리 인민은 민족의 대국상을 당한 이래 3년 세월 어버이 수령님에 대한 한없는 그리움을 안고 경애하는 장군님의 두리에 굳게 뭉쳐 수령님의 유훈교시관철에 산악같이 떨쳐나섰다.

이런 인민이 마음의 기둥으로 굳게 간직한 것은 경애하는 김정일 장군님께서 인민의 가슴에 새겨주신 《위대한 수령 김일성 동지는 영원히 우리와 함께 계신다》는 구호였으며 경애하는 장군님께서 계시여 어버이 수령님께서 오늘도 래일도 영원히 우리 인민의 심장 속에 영생하신다는 철석의 신념과 의지였다.

장편소설 《영생》은 이 위대한 력사의 진리를 생동한 예술적 화폭으로 힘있게 확인하고있다. 하여 소설은 어버이 수령님 서거 3년상을 맞는 우리 인민에게 수령님은 영원히 우리와 함께 계신다는 신념을 더욱 굳게 해주었으며 수령님의 생전의 뜻을 받들어 위대한 령도자 김정일 동지를 천년만년 충효일심으로 받들어 나갈 충성의 맹세를 더욱 뜨겁게 다지게 한다.

바로 여기에 장편소설 《영생》이 총서 《불멸의 력사》에서 차지하는 독특한 력사적 지위와 그 거대한 사상교양적 의의가 있는 것이다.

총서 《불멸의 력사》 중 장편소설 《영생》은 경애하는 수령 김일성 동지의 위대한 생애에서 우리 인민의 심장 속에 가장 가슴 저리게 새겨진 그리고 가장 빛나게 새겨진 1994년에 대한 진실한 예술적 화폭이다. 바로 여기에 영화문헌 《위대한 생애의 1994년》과 더불어 장편소설 《영생》이 가지는 력사문헌적 의의와 영원한 가치가 있는 것이다.

인간이 위대하여 위대한 인간학이 있고 생활이 위대하여 위대한 예술이 있다.

우리 인민이 잊을래야 잊을 수 없고 되새기면 새길수록 가슴 뜨겁게 하는 1994년의 위대한 력사적 사변들, 1994년의 신년사로부터 시작하여 1994년 7월 8일 위대한 심장의 고동이 멈출 때까지 어버이 수령님께서 걸으신 한 걸음 한 걸음의 길, 친히 보아주신 한 건 한 건의 문건들… 저택시험포전의 한 늙은이와 나누신 평범한 담화에 이르기까지 수령님께서 보내신 그 한 초 한 초의 시간들과 사건들이 위대하고 비범하기에, 그것이 인간적이기에 그에 대한 진실한 예술적 형상인 소설도 그처럼 눈물겹도록 감동적인 것이다.

소설에는 기승전결로 맺어지고 발전하는 사건과 인물 관계는 없다.

그러나 여기에는 시종 독자들이 책을 덮을 수 없게 하는 거대한 사건선이 있으니 그것이 바로 경애하는 수령님의 위대한 생애의 1994년의 나날에 있었던 력사적 사변들과 사건들이며 그 력사의 나날에 있었던 잊을 수 없는 생활의 이야기들이다.

여기에는 또한 자기 고유의 운명선 속에서 발전하는 기타 인물들의 성격은 없으나 저택시험포전의 관리원인 오삼수 로인, 담당간호원 채순이, 책임서기인 리대천 그리고 외교일군 문선규 등과 같이 어버이 수령님의 가장 가까이에서 수령님과 운명적으로 련결되여 있는 뚜렷한 개성의 인간 성격들이 있다. 뜨거운 사랑과 충성으로 맺어진 이 눈물겨운 인간 관계들은 소설에 극을 주고 감동을 주고 있으며 그 어느 소설보다도 더 비상한 견인력을 보장해 주고 있다.

바로 여기에 력사문헌적 소설로서의 장편소설 《영생》의 고유한 양상과 함께 진실한 예술적 화폭으로서의 소설의 가치가 있다.

이 고유한 양상 속에서 소설은 위대한 수령, 위대한 혁명가, 위대한 인간으로서의 경애하는 수령 김일성 동지의 위대성을 참으로 감동적으로, 깊이 있게 형상하고 있다.

만민의 심장을 틀어잡고 놓지 않는 김일성 동지의 위대성에서 가장 위대한 것은 조국과 인민, 혁명에 대한 무한하고 절대적인 충성심이다.

위대한 수령 김일성 동지께서 불멸의 회고록 《세기와 더불어》에서 다음과 같이 교시하시였다.

《〈이민위천〉, 인민을 하늘같이 여긴다는 이것이 나의 지론이고 좌우명이였다. 인민 대중을 혁명과 건설의 주인으로 믿고 그 힘에 의거할 데 대한 주체의 원리야말로 내가 숭상하는 정치적 신앙이며 바로 이것이 나로 하여금 한생을 인민을 위하여 바치게 한 생활의 본령이였다.》

계속하여 어버이수령님께서는《나는 나의 한생이 결코 남달리 특별한 것이라고 생각지 않는다. 다만 조국과 민족을 위해 바친 한생이며 인민과 더불어 지나온 한생이였다고 자부하는 것으로 만족할 뿐이다.》라고 감회깊이 한생을 회고하시였다.

장편소설 《영생》은 경애하는 수령님의 생의 좌우명이였던 《이민위천》의 인생관, 인민관, 혁명관의 진리성, 그 위대성을 력사적 화폭 속에 고증하고 있다.

1994년, 참으로 나라의 천만 가지 중대사가 겹쳐든 그 복잡다단한 해에 80 고령에 계신 어버이 수령님께서는 단 하루의 휴식도 없이 지어는 급한 수술과 그 수술 후 치료까지도 뒤로 미루시며 불철주야 인민을 위해, 혁명을 위해 로고를 바치시였으며 집무탁에 보시던 일감을 그대로 놓으신 채 집무실에서 순직하시였다. 력사여, 인류여 물어보라, 우리 언제 이런 수령, 이런 위인을 본 적 있었던가.

어버이 수령님께서는 신년사를 하신 그 길로 협동농장들을 찾으시였고 불같은 애민애족의 정을 안으시고 단군릉 개건 공사장에 몸소 나가시였다. 밤이면 밤마다 예나 다름없이 새벽 3시가 되도록 문건을 보시고는 정당, 사회단체 일군협의회, 전국농업대회, 국방위원들의 협의회도 지도하시였으며 소년단원들의 대회에까지 몸소 참석하시였다. 위대한 생애의 마지막 7월 5일과 6일에도 경제부문 책임일군들의 협의회를 친히 지도하시였다.

항일혁명렬사 유자녀 량귀동녀로부터 시작하여 꾸바의 녀성법률가, 재미교포언론인 리영숙 그리고 손원태 지어는 미국의 전 대통령 카터에 이르기까지 어버이 수령님께서 친히 귀중한 시간을 아낌없이 내시여 만나주신 사람들 또한 그 얼마인지 모른다.

눈 수술이 있은 후 다문 얼마간이라도 치료휴식을 하셨던들, 경제부문 책임일군협의회 지도사업만이라도 뒤로 미루시였던들 7월 8일과 같은 비보는 없었을 수도 있을 것이였다. 허나 수령님께서는 그 어느 하나도 뒤로 미루지 않으시였다. 미루실 수가 없으시였다.

어버이 수령님께서는 그처럼 안타까이 휴식과 치료를 바라시는 간절한 장군님의 권고에 그것을 들어주시지 못하는 것이 가슴을 어이듯 괴로우시였으나 그 참기 어려운 고통을 참으시며 이렇게 말씀하시였다.

《…내가 인민들 앞에는 백 살이 문제없다고 말하지만 나도 인간이니 명에 한계가 있는거요. 사람들은 내가 인민을 위해 해줄 수 있는 것을 다 해주었다고 하지만 나는 아직 인민들에게 주자던 것을 다 주지 못했소. 나는 혁명을 하면서 나라의 완전 광복을 내다보았지 절반을 찾자고 하지는 않았소. 나는 아직 인민들에게 나라의 절반 땅을 찾아주지 못했소. 통일을 주지 못했소. 앞날은 많지 못한데 해야 할 일은 많소! …》

소설은 이 모든 실재한 위대한 력사적 사실들을 더하지도 덜지도 않고 성실하고 진실하게 그리고 있다. 하여 피에 젖고 눈물에 씻기운 우리 인민의 가슴에 어버이 수령님에 대한 애타는 그리움을 자아내주고 있다. 바로 여기에 력사문헌적 성격의 장편소설로서의 《영생》의 특징과 의의가 있다.

장편소설 《영생》은 이처럼 조국과 인민에 대한 무한한 헌신성을 기본 축으로 하면서도 그 어떤 복잡성 속에서도 중심 고리와 사태의 본질을 단번에 갈라내시는 천재적인 선견지명, 인민에 대한 다함없는 사랑과 거룩한 동지애, 인민적인 사업작풍 그리고 위인적인 인간적 풍모 등 경애하는 수령님의 위대성의 전모를 참으로 의의 깊게 보여주고 있다.

전 미국 대통령 카터와의 접견 장면은 경애하는 수령님의 위대성을 보여주는 가장 빛나는 장면의 하나로 소설에 그려지고 있다.

빌리 그라함과 카터, 사실상 적들 편에 서 있는 그들의 시점에 비낀 김일성 동지의 위대성은 그들을 놀라게 하고 경탄케 한 그 이상의 것, 심장을 통채로 매혹시킨 너무도 거대한 것이였다.

핵문제와 관련한 경애하는 수령님의 박식은 원자력 전문가인 카터를 무색케 하였다.

화제가 우리나라에 대한 제재문제에 이르렀을 때 우리는 《제재》를 무서워하지 않는다고 하신 위대한 수령님의 말씀에 카터는 완전히 매혹되였다. 《제재》의 해제가 주석님께 기쁨을 드리리라고만 생각했던 카터로서는 오히려 미국에 대하여 쌓인 분노를 자극시키리라고는 상상조차 할 수 없었던 것이다.

그리하여 위대한 수령님을 접견하고 돌아간 카터는 기자 회견에서 이렇게 말하였던 것이다.

《김일성 주석은 미국의 건국과 운명을 대표했던 죠지 워싱턴, 토마스 제퍼슨, 아브라함 링컨 3대 대통령을 다 합친 것보다 더 위대하다. 김일성 주석은 세계의 건국자들과 태양신을 다 합친 것보다 더 위대한 인간 운명의 태양신이라는 것을 나는 서슴없이 말하게 되는 바이다.》

그 어떤 명문가도 경애하는 수령님의 위대성을 이보다 더 진실하게 표현하지는 못했을 것이다. 하물며 카터는 적대국의 대표 정객이다. 김일성 동지의 위대성은 절대적이고 만인공인의 것인 것이다.

소설은 세상에 널리 알려진 이 력사의 진리를 영원히 화폭에 새겨 놓았다.

장편소설 《영생》은 외교책임일군의 하나인 문선규와의 관계를 통해서도 김일성 동지의 위대성을 훌륭히 부각하고 있다. 그것은 한마디로 수령님식이라고 밖에는 달리 부를 수 없는 인민적 작풍의 위대성이며 세상만사에 막힐 데 없는 만능의 위대성이다.

경애하는 수령님께서는 그처럼 매듭을 찾기 어려울 듯하던 적들의 《핵의혹》 소동의 본질도 한눈에 꿰뚫어보시고 그것을 타개할 만능의 열쇠를 그에게 안겨 주시였다. 김일성 동지께서는 하많은 자료들 중에서 본질적인 것을 재빨리 포착하시고 중심 고리를 틀어쥐고 거기를 돌파하는 관점에서 정치적 개괄과 결론을 도출하는 뛰여난 능력을 지니고 계시였다.

그러나 그이께서는 언제 한번도 결론을 서두르시지 않으시였으며 일군들의 의견을 어느 하나도 소홀히 하지 않으시였다.

경애하는 수령님께서는 카터의 영접 정형에 대한 문선규의 보고를 받으시면서도 그의 그 긴 보고를 한번도 끊지 않고 다 들으시였던 것이다. 그이께서는 아래 일군들이 사업 보고를 하거나 의견을 말할 때 좀해서는 중단시키는 법이 없으시였다. 간혹 의문이 생긴다든가 부정확하다든가 혹은 확인할 대목이 있다해도 다 듣고 난 다음에야 하나하나 반문하군 하시였다.

그리고 위대한 수령님께서는 자신의 판단이 결코 틀리지 않으리라고 확신하시면서도 자신의 그 판단을 두 번 세 번 두드려 보는 습관, 습관이라기보다 자신 스스로가 선택하신 계률을 엄격히 준수하시였다.

이러한 습관과 계률은 얼핏보면 위대한 위인의 풍모에는 너무도 어울리지 않는 듯하다.

그러나 경애하는 수령님께서는 그 누구도 지니지 못한 이 인민적인 작풍과 겸허성, 심중성으로 하여 수십 여 년 전인미답의 길을 열어 나가시면서도 단 한번의 정책상 착오도 범하지 않으시였던 것이다.

바로 여기에 또 하나의 절대적 위대성이 있다.

소설은 경애하는 수령님의 위대성을 부각하는 데 있어서 《핵의혹》에 대한 일본과 로씨야, 남조선, 미국의 동향을 손금보듯 헤갈라내시는 선견지명을 보여주는 자료들을 적중하게 인용 확인하는 묘사 방법을 적용함으로써 력사문헌적 성격의 소설로서의 예술적 진실성을 훌륭히 담보하고 있다.

력사적 사실이 그러한 바와 같이 빌리 그라함, 카터와 함께 위대한 수령님의 접견을 받은 외국인들과 해외교포들의 눈에 비낀 수령님의 영상은 참으로 위대하였다.

경애하는 수령님의 접견을 받고 나서 재미교포 기자 리영숙은 위인의 위대성이 바로 그 어떤 최악의 사태에서도 마음 흔들리지 않고 신념에 넘쳐 웃으시는 위대한 령도자의 락관성, 인민에 대한 절대적인 사랑과 믿음, 강철같은 의지에 기초한 것임을 알았다.

그리하여 그는 접견 끝에 자기의 취재수첩에 무한히 강하면서도 무한히 부드러우신 분, 한없이 격렬하고도 따뜻하신 분, 인류 력사 그 어디에도 그러한 령도자는 있어 보지 못하였다고 썼다.

장편소설 《영생》은 경애하는 수령님께서 지니신 인간애의 위대성, 동지애의 위대성에 대하여서도 감명 깊게 이야기하고 있다.

그것은 저택시험포전 관리원 오삼수, 강희원, 안달수와 그의 아들 안성철, 림근상과 그의 아들 림경찬, 도농촌경리위원장 허복덕, 천태협동농장 관리위원장 배련실 그리고 담당간호원 채순에 이르기까지 그이와 연고관계를 맺고 있는 모든 인물들과의 뜻깊은 인간관계 속에서 가슴 뜨겁게 그려지고 있다.

30여 년 함께 계시면서 인연을 맺은 오삼수 로인과의 관계는 류다른 것이였으며 그에 대한 어버이 수령님의 사랑은 각별한 것이였다. 그이께서는 올해 여든 두 살이 된 로인을 친히 《동갑이》라 불러주시며 시간이 있을 때면 그와 만나 이야기하는 것을 그리도 즐겨하시며 그에게서 농사 형편, 인민생활 형편도 료해하시였다. 특히 오삼수가 그이를 위하여 만들어드린 지팽이를 어버이 수령님께 그에 대한 뜻깊은 감회를 불러일으켰다.

참으로 위대한 수령님께 있어서 평범한 모든 인민들이 그 누구라없이 귀중한 혁명 동지였던 것이다.

세상에 널리 알려진 바와 같이 어버이 수령님께서 한평생을 두고 그처럼 귀중히 간직하신 그이의 숭고한 혁명적 동지애는 그이의 서거 이후 그리도 소중히 금고 속에 보관되여 있은 사랑하는 혁명전사와 함께 찍은 사진 속에 가장 빛나게 체현되여 있다.

우리 수령님께서 누구도 모르게 생전에 그처럼 소중히 건사하신 금고 속에는 억만금이 아니라 사랑하는 전사와 함께 찍으신 한 장의 사진이 보관되여 있었던 것이다.

우리 수령님은 이처럼 불같은 인간애, 동지애의 인간이시였으며 우리 인민에게 있어서 김일성 동지는 수령이기 전에 가장 존경하는 동지이시고 친어버이이시였다.

소설에는 위대한 수령님의 풍부한 인정미, 인간미를 보여주는 잊을 수 없는 세부들과 기름진 생활 화폭들이 잘 그려지고 있다.

그 수많은 눈물겨운 생활 세부들과 화폭들 중에서도 류다르게 우리의 가슴을 뜨겁게 해주는 것은 류달리 더 따뜻이, 오래 했었을 수도 있는 장군님과의 마지막 작별에 대한 어버이 수령님의 저리신 마음, 그것과 함께 경희 동지가 어버이 수령님을 위하여 가지고 왔던 새벽이슬에 대한 세부이다.

경희 동지가 눈 수술을 받으신 어버이 수령님을 찾아왔을 때 그이께서는 사사로운 면회를 뒤로 미루시고 그대로 돌려 보내시였다.

경희 동지가 써놓고 간 편지에는 이렇게 적혀 있었다.

《수령님, 새벽에 받은 찬이슬이 눈병에 좋다기에 꽃잎에서 듣는 이슬을 한 병 받았습니다. 약효가 있겠는지는 모르겠으나 아침마다 그 이슬물로 눈부위를 씻어

보십시오… 김경희 올림.》

편지를 보신 김일성동지의 가슴은 뭉클해오고 눈시울이 젖어 들었다. 그이께서는 해빛에 비쳐보시는 그 유리병에서 삼라만상이 고요히 잠든 어두운 새벽마다 꽃밭에 나가 이슬을 받는 경희 동지의 모습을 보시였다. 그리고 이렇게 한 병이 넘치도록 많은 이슬을 받으려니 얼마나 많은 품이 들었겠는가. 참으로 돌에도 꽃을 피울 지성이라고 가슴뜨 거이 생각하시였다.

진정 우리 수령님의 령도자이시기 전에 정에 뜨거우신 정의인, 인의인이시였다.

총서 《불멸의 력사》 중의 장편소설 《영생》은 그 화폭의 중심에 위대한 수령님과 함께 경애하는 장군님의 영상을 높이 모시고 시종일관 두 위인의 교감 속에서 형상을 창조함으로써 소설의 무게를 최상의 경지에 올려 세우고 있다. 여기에 또한 장편소설 《영생》이 총서 《불멸의 력사》에서 차지하는 또 하나의 이채로운 양상과 독특한 지위가 있으며 거대한 력사적 전환기에 대한 빛나는 예술적 화폭으로서의 작품의 불멸의 가치와 력사적 의의가 있다.

장편소설 《영생》은 위대한 수령님의 형상과 함께 경애하는 장군님의 형상을 화폭의 중심에 높이 모시고 있으나 령도자로서의 위대한 풍모를 전면적으로가 아니라 주로는 수령님과의 관계 속에서 그리고 있다. 여기에 경애하는 장군님의 형상에서 총서 《불멸의 향도》의 소설들과 구별되는 특징이 있다.

장편소설 《영생》은 조미회담을 비롯하여 경제부문 책임일군 협의회 등 중대 국사를 중심에 놓고 수령님과 장군님의 형상을 창조하면서도 주로는 어버이 수령님의 눈 수술과 건강 문제를 놓고 그토록 심려를 놓지 못하시고 지성을 다하시는 충신 효자의 최고 화신으로서의 장군님의 형상을 그리는데 묘사를 집중하고 있다.

그 누구도 간파하지 못하였으나 신년사를 하시며 멀리 혹은 가까이로 원고를 옮기시며 초점을 맞추느라 애쓰시는 어버이 수령님의 전에 없는 모습을 마음을 조여가며 뵙게 된 장군님께서는 좀처럼 걱정을 놓지 못해 하신다. 과연 자연의 법칙 앞에서 인간은 무력한 것인가? 어떤 위대한 인간도 한 해 두 해 더해 가는 세월의 흐름 앞에서는 무력한 것인가…?

경애하는 장군님께서는 즉시에 어버이 수령님의 눈 수술을 조직하시고 빨리 눈 치료를 받으시도록 수령님께 권고를 드리였으나 수령님께서는 좀처럼 그 권고를 받아들이실 수 없으시였다. 그 지성이 그 얼마나 뜨거운 것인가를 너무도 잘 아시면서도 그것을 받아들일 수 없는 위인의 심장!

수령님께서 자신의 간절한 소원을 받아들이지 못하시게 되자 장군님의 색안경

밑으로는 눈물이 흘러내렸고 그것을 보시게 된 수령님께서도 참기 어려우시였다. 극이면 이보다 더 심각한 극이 어디 있겠는가!

극은 극으로 이어져 최절정에 이르고 있다.

어버이 수령님의 만수무강을 위한 경애하는 장군님의 지성은 진정 끝이 없는 것이였다. 소설이 보여주는 바와 같이 그것은 경제부문 책임일군 협의회 참가 문제를 놓고 최절정을 이루고 있다.

어버이 수령님께서는 년로하신 몸으로 단 하루의 휴식도 없이 현지지도의 길을 걸으시였으며 방금 얼마 전에는 카터를 접견하시였고 며칠 후에는 최고위급회담이 그이를 기다리고 있다.

바로 이러한 때 무엇보다도 중요하고 귀중한 것이 어버이 수령님의 만수무강이다. 그런데 수령님께서는 또 다시 경제부문 책임일군들의 협의회에 참석하시려하는 것이다.

경애하는 장군님께서는 수령님의 부담을 덜어드리는 것은 자신 개인의 소원만이 아니라 인민들의 간절한 소원임을 몇 번이나 절절하게 말씀올리였다.

두 분께서 들고 계시는 전화기는 침묵을 지키는데 어버이 수령님께서는 자신께서는 어떻게 해서라도 나라가 통일되고 우리 인민들이 잘 살게 되는 것을 보고야 말겠다고, 그래서 협의회에 기어이 참가하자는 거라고 격정을 터치시였다.

조국과 인민을 위하여 자신의 온몸을 불태우시려는 수령님의 그 열렬한 갈망을 장군님께서인들 어찌 막으실 수 있겠는가! 장군님께서는 회의에 참석하시는데 동의하시였다. 이렇게 되여 수령님께서 생전의 마지막 날들인 7월 5일과 6일마저 회의를 친히 지도하셨던 것이다.

어버이 수령님께서는 《정일 동무, 정일이!》라고 자신도 모르게 갈리신 음성으로 그이의 이름을 부르시는데 장군님께서는 《아버님!》하고 부르시였다. 소설은 마침내 극의 절정에 이르고 있다.

수령님께서는 하마트면 수화기를 떨굴번 하시였다. 이 나라 수많은 사람들로부터 《아버지!》라는 부름을 받고 계시는 그이이시지만 이 순간에 참으로 놀라시였다. 김정일동지로부터 오래간만에 《아버지!》라는 소리를 들어보시는 것이였다.

아마 인민학교에 입학한 때부터였을 것이다. 김정일 동지께서는 그때로부터 오늘에 이르기까지 수십 년 동안 《수령님》, 《장군님》, 《총비서》라고만 부르시였다. 간혹 명절이나 가정적 분위기에 휩싸이게 되는 때조차도 결코 다르게 부르시지 않으시였다.

수십 평생을 두고 그 어떤 경우에도 사사로이 《아버지!》라고 부르지 않으시였다. 그런데 방금 그이께서 《아버님!》이라고 부르신 것이다.

수령님께서는 수화기에 귀를 강구시였다. 다시 한번 아버지라는 그 부름을 듣고 싶으신 것이였다. 그러나 다시는 들을 수 없으시였다. 전화는 끊어졌다.

독자들이여, 우리 어찌 눈물 없이, 뼈어이는 아픔 없이 여기서 눈길을 멈추지 않을 수 있겠는가!

《아버님!》이라는 그 부름이 생전에 수령님께서 듣게 되신 마지막 기쁨이였음을, 장군님께서 수십 년만에 불러보신 그 정다운 아버지란 부름을 더는 다시 불러보지 못하게 되실 줄 우리 어찌 상상이나 할 수 있었으랴! 장군님께서인들 차마 생각이나 하실 수 있었으랴!

평범한 사람이면 누구나가 다 누리는 이 평범한 행복을 위대한 두 분께서는 그것을 누리지 못하시고 가슴에 묻어 두시였던 것이다.

어버이 수령님께서는 그것이 마치도 아드님과의 마지막 작별이 될 줄 예감이라도 하신 듯 그때 문득 평양역두에서 김정일 동지와 헤여지실 때 미처 하지 못했던 그 간절한 말씀을 이제 터놓아야 되겠다고 생각하시였다. 허나 금시 불처럼 뜨겁게 울려나올 것 같던 그 말씀이 과연 무엇이였던지 머리에 떠오르지 않으시였다. 가슴에 사무친 간절한 말이 왜 그처럼 쉬이 떠오르지 않는단 말인가.

수령님께서는 목이 메이시였다.

전화가 끊어진 뒤에야 수령님께서는 《조직비서 동무, 내 걱정은 말고 조직비서 동무 자신의 건강을 돌보오. 조직비서만 건강하면 나는 더 바랄게 없소. 그러면 나는 자연히 건강해지고 나라도 튼튼해지오.》하고 마음 속으로 뇌이시였다. 어쩌면 그리도 간절히 하시고 싶었던 말씀이 이것이였던 것 같으시였다. …

진정 인간이 인간에게 주고 바칠 수 있는 사랑과 충효성의 정화라고 해야 할 것이다. 인간이 인간적임을, 인간의 위대함을 어떻게 이 위대한 사실보다 달리 더 잘 표현할 수 있겠는가!

장편소설 《영생》은 우리 인민의 심장에서 영원히 가시여지지 않을 이 만점짜리 장면의 묘사로 하여 독자들에게 깊은 감명을 주고 있다.

이처럼 소설은 경애하는 수령님의 위대성과 더불어 가장 위대한 두 분의 인간관계의 위대성을 빛나게 형상함으로써 수령 형상을 전에 없이 높은 경지에 올려세웠다.

소설의 이러한 특징은 위대한 수령님 서거 이후 경애하는 장군님의 위인상을 정면으로 형상한 제5장 부분에서 더욱 뚜렷이 부각되고 있다.

그것은 일찌기 공산주의 운동 력사에 있어본 적 없는 숭고한 도덕관, 철저한 수령관의 최절정에 대한 감명 깊은 화폭이였다.

경애하는 김정일 장군님께서는 어버이 수령님을 잃은 크나큰 상실의 아픔을 당하시고도 그 슬픔을 천백 배의 힘과 용기로 바꾸어 거연히 일떠서시여 비애를 잠겨 있던 우리 인민을 위대한 수령님의 유훈교시 관철에로 불러 일으키시였다.

경애하는 장군님께서는 수령님의 영생의 모습을 안겨주시기 위하여 더욱더 완강하게 일을 하시였다.

첫물과일이 생겼을 때는 수령님의 뜻대로 과일이 적은 북부지구 인민들에게 지체없이 보내주어 어버이 수령님께서 생존해 계실 때나 다름없이 수령님의 사랑이 우리 인민들에게 안겨지도록 하여주신 경애하는 장군님.

그이께서는 바쁘신 속에서도 《로동신문》 사설도 예전같이 보아주시고 강선제강소 1강철직장의 전기로 로장도, 평양화력발전소 타빈직장 담당기사도 만나주시였다.

경애하는 장군님께서는 어버이 수령님을 뵙고 싶어하는 우리 인민의 소망을 헤아려 추모행사 날자를 두 번이나 연기하시고 영결식 날에는 우리 인민들에게 해빛같은 미소를 지으시는 수령님의 위대한 태양상을 안겨 주시였다.

경애하는 장군님께서는 위대한 수령님의 영생에 대하여 말씀하시면서 수령님께서 생존해 계실 때의 조금도 다름없이 우리는 수령님의 사상을 백 프로 받아들이고 백 프로 계승하여야 한다고 강조하시였다.

그이께서 내놓으신 구호《위대한 수령 김일성 동지는 영원히 우리와 함께 계신다》,《위대한 수령 김일성 동지의 혁명사상으로 더욱 철저히 무장하자!》는 우리 인민들로 하여금 피눈물의 바다를 헤치고 어버이 수령님의 영생을 기원하고 그이의 유훈교시 관철에 떨쳐나서도록 하였다.

위대한 수령님의 생전의 뜻대로 우리 인민은 위대한 령도자 김정일동지를 충효일심으로 받들어 수령님께서 개척하신 주체혁명위업을 끝까지 완성할 것이다.

하여 위대한 수령님께서는 오늘도 어제와 같이, 래일도 영원히 우리와 함께 영생하시는 것이다.

이것이 총서 《불멸의 력사》 중 장편소설 《영생》이 우리 인민에게 안겨주는 철의 신념이며 불변의 의지이다.

—『조선문학』 1998년 1호.

4. 개작 상황

1997년 6월 30일 문학예술종합출판사에서 초판이 출간된 후 재판이 1998년 5월 30일 문학예술종합출판사에서 간행된다. 그리고 『통일문학』 1998년 4호(1988년 12월)에서 2002년 2호(2002년 6월)까지 총 15회에 걸쳐 분재되나 내용상의 변개(變改)는 없다.

— 작성 : 남원진

| 작가 소개 |

권정웅

권정웅은 1925년 1월 평안북도 박천군에서 태어났다. 유년시절 탄광노동자로 일하던 아버지를 따라 고원탄광에서 일하기도 했다. 소학교 졸업 후 잠시 공장노동자로 생활했으며 전후에는 검덕광산의 지배인을 지냈다.

권정웅의 창작활동은 비교적 시기가 늦은 30대부터 시작되었다. 그는 1959년에 평양문학대학의 전신인 2년제 작가학원을 마친 뒤 작가동맹에서 당 사업을 하며 『문학신문』의 편집 담당, 영화문학창작사 주필을 거쳐, 4·15문학창작단 작가로 활동하였다. 『문학신문』 주필로 일할 무렵 혁명전통주제의 장편소설 『준엄한 길』을 『평양신문』에 연재했다.

1961년 단편 「백일홍」을 발표하면서, 처음으로 '천리마시대의 숨은 영웅'을 소설로 형상화하였다는 평가를 받고 나서 김일성상 계관인에 오른다. 이 작품은 이후 예술영화로 각색되고 중학교 문학 교과서에 실릴 만큼 당과 대중의 찬사를 받았다. 4·15문학창작단에 초창기부터 참여하여 1972년 총서 '불멸의 력사' 첫 장편소설 『1932년』을 발표했다. 그는 이후 영화문학의 창작지도 사업에도 참가했으며, 1982년 다시 4·15문학창작단에 소환되어 장편소설 『시대의 숨결』을 발표했고, 1988년에는 '불멸의 력사' 총서 해방 후편의 첫 장편소설 『빛나는 아침』을 창작했다.

그는 1988년 5월 김일성상을 수상하고, 1992년 4월 '노력영웅' 칭호를 수여받는 등 작가로서 최고의 영예를 누렸다. 2000년 11월 23일 조선중앙통신은 권정웅을 "수령형상문학 창작의 선구자"로 높이 평가했다. 권정웅은 매 시기마다 그 시대가 요구하는 첨예한 문제들을 선도적으로 형상화하며 "인간 내면심리세계를 정서적으로 파고들면서도 열정과 높은 격조로 일관"하여 독자들의 호응을 받는 작가로 평가받고 있다. 이처럼 그가 높은 인기와 명예를 누릴 수 있었던 것은 무엇보다 수령형상문학에서 특별한 공을 세웠기 때문이다. 그의 장편소설은 『준엄한 길』, 『시대의 숨결』을 비롯하여 수십 편에 이른다. 그는 수령형상을 주제로 한 장편소설을 10편 가까이 창작하여 수령형상문학의 대표적 작가로 인정받고 있다.

| 권정웅 연보 |

1925년(1세) 1월 평안북도 박천군에서 탄광노동자의 아들로 출생한다. 소학교 졸업 후 공장노동자 광산 지배인으로 근무한다.

1953년(29세) 고원인민유격대로 활동한다.

1957년(33세) 평양문학대학의 전신인 2년제 '작가학원'에 입학한다.

1959년(35세) 작가학원을 졸업한다. 『조선문학』 5호에 「감자」를 발표한다. 『문학신문』의 편집 담당을 거쳐 영화문학창작사 주필을 역임하고, 현재 4·15문학창작단 작가로 활동한다.

1961년(37세) 단편 「백일홍」(『조선문학』 9호)을 발표한다. 처음으로 천리마시대의 숨은 영웅을 소설로 형상화하였다는 평가를 받는 이 작품으로 김일성상 계관인에 오른다.

1962년(38세) 「봄이 왔다」를 『조선문학』 8호에 발표한다.

1963년(39세) 「옥자」를 『조선문학』 10호에 발표한다.

1964년(40세) 「순희 아버지에게」를 『조선문학』 4호에 발표한다.

1969년(45세) 「세대 앞에서」를 『조선문학』 5호에 발표한다.

1972년(48세) 「'주체의 조국'이여, 영원히 번영하라!」(정론)을 『조선문학』 4호에 발표한다. 4·15문학창작단 권정웅은 총서 '불멸의 력사' 첫 장편 『1932년』을 문예출판사에서 출간한다.

1981년(57세) 수기 「친근한 길 안내자」를 『조선문학』에 발표한다.

1982년(58세) 영화문학 창작지도 일군으로 사업하다가 다시 4·15문학창작단에 소환되어 소설 창작을 시작하면서 장편 『시대의 숨결』을 발표한다.

1983년(59세) 「심장의 메아리」를 『조선문학』 12호에 발표한다.

1985년(61세) 『시대의 숨결』를 문예출판사에서 출간한다.

1986년(62세) 「전사가 받은 한 통의 편지」를 『조선문학』 4호에 발표한다.

1987년(63세) 수필 「눈꽃 날리는 2월이 오면」을 『조선문학』 2호에 발표하고, 「명월구의 밤길」(련속기행 1, 『조선문학』 4호), 「소사하의 추억」(기행문, 『조선문학』, 5호)을 연이어 발표한다.

1988년(64세) 5월 김일성상 수상. 8월 총서 '불멸의 력사' 중 해방 후편의 첫 장편 『빛나는 아침』을 발표한다. 수기 「나는 로동당원이다」를 『조선문학』

10호에 발표한다.

1989년(65세) 『1932년』을 문예출판사에서 개작 발표한다.

1991년(67세) 『청년문학』 7호에서 10호까지 4회에 걸쳐 창작수기 「작가와 사색」을 연재한다.

1992년(68세) 4월 '노력영웅' 칭호를 수여받는다. 총서 '불멸의 향도' 중 첫 장편 『푸른 하늘』을 발표한다.

1995년(71세) 수기 「50년의 가치」를 『조선문학』 10호에 발표한다.

1997년(73세) 「태양과 생명」을 『조선문학』 10호에 발표한다.

1999년(75세) 『전환』을 문학예술종합출판사에서 출간한다.

2000년(76세) 「동지에 대한 추억」을 『조선문학』 4호에 발표한다. 11월 23일 조선중앙통신은 4·15문학창작단 단장이었으며, 현재에도 4·15문학창작단의 작가로 활약하고 있는 노력영웅 권정웅의 기사를 싣고, 권정웅을 '수령형상문학 창작의 선구자'로 높이 평가한다.

2001년(77세) 「눈보라만리」(『천리마』 1호), 「동지에 대한 추억」(『통일문학』 2001년 2호)을 게재한다.

2002년(78세) 「친위전사」(『통일문학』 2002년 4호)를 게재한다.

2004년(80세) 「백일홍」을 『조선문학』 3호에 게재하고, 『북으로 가는 길』을 문학예술출판사에서 출간한다.

2007년(83세) 수기 「총서 '불멸의 력사' 중 장편 『1932년』이 나오기까지」를 『조선문학』 6호에 발표한다.

김병훈

김병훈(金炳勳)은 1929년 11월 14일 함북 무산에서 철도노동자의 아들로 태어났다. 1살 때 어머니의 등에 업혀 고향을 떠난 그는 철도노동자인 아버지를 따라 전국 각지를 유랑했으며, 8살에 아버지를 여읜 후 어머니와 형을 따라 간도로 이주한다. 그는 간도에서 어머니와 형의 도움으로 소학교를 다녔다. 그가 어려운 살림 속에서 학업을 지속할 수 있었던 것은 아버지의 유언 때문이었다.

김병훈이 반일의식과 혁명의식을 키울 수 있었던 것은 당시 간도의 분위기와 학교 선생의 영향 때문이었다. 그의 학교 선생님과 학우들로부터 전해들은 항일 빨치산들에 대한 동경은 그가 빨치산의 투쟁을 그린 조기천의 장편서사시 『백두산』을 소중히 여겼다는 점에서도 잘 드러난다. 해방 후 귀국길에 오른 그는 1946년부터 1948년 여름까지 함경북도 고무산 시멘트 공장에서 노동자 생활을 했고, 그 후 조선민주청년동맹 평양시위원회 부원, 평안남도 조국보위후원회 부원으로 일했으며, 한국전쟁 중인 1951년에는 인민군 군관(소위)로 복무하였다. 그는 1961년 『문학신문』 8월 22일에 실린 기자와의 대담에서, 군복무 시절 운수계통의 기계화 부대에서 복무했기 때문에 기계에 대한 지식을 조금 가지고 있다고 말하고 있다. 기계화 부대에서 군관으로 선발된 그는 정치부에서 복무하다 52년에 전역했다. 전쟁이 끝난 직후 그는 평양사범대학(현 김형직사범대학) 어문학부에 입학하여 1957년에 졸업했다.

소설 창작을 시작한 것은 평양사범대학에 재학하던 시기부터이지만, 그는 어려서부터 문학에 대한 꿈을 품어왔다고 회고하고 있다. 그는 「가슴속에 묻어 둘 수 없는 절절한 이야기를 썼다」(『청년문학』 1962년 9호)에서 습작한 시가 100여 편이지만 한 편도 발표하지 못했다고 고백하고 있다. 그는 동북시절 소학교를 다니며 들었던 이야기가 오래도록 가슴 속에 남아 자신을 흥분시키고, 나아가서는 그것을 다른 사람들에게 전달하지 않고는 견딜 수 없게 만들었는데 이 이야기들을 시로 담아낼 능력이 없어 소설을 쓰게 되었다고 말하고 있다.

평양사범대학 시절인 1956년 그는 『청년문학』 7호에 처녀작인 첫 단편소설 「아버지의 노래」를 발표한다. 이 작품은 혁명전통을 주제로 한 작품이다. 그는 이 작품을 친한 친구와 선생님에게 보여 조언을 받아 개작했다. 작품은 원래 3인칭으로 썼으나 세 번째 추고 과정에서 1인칭으로 다시 고쳐 썼으며 작가동맹에 보낸 후 그곳의 의견에 따라 다시 처음부터 끝까지 총 네 번을 수정한 후 이듬해에 발표했다.

혁명전통을 주제로 한 이 작품은, 간도 소학교 시절 선생님과 학우들이 들려준 이야기를 모티프로 삼고 있다. 「아버지의 노래」는 화약을 항일유격대에게 보내고 또 그들이 전해준 『3・1월간』을 실어와 국내 조선인들에게 유포하는 조국광복회 조직원인 뱃사공 노인과 그의 조수인 아들에 관한 이야기이다.

그는 단편소설 「그날 밤의 이야기」 1959년 『조선문학』 7호에 발표하고, 이후 60년대 들어서부터 천리마 기수들을 형상화한 작품을 창작하기 시작한다. 1960년 『조선문학』 4호에 실린 편지 형식의 「〈해주―하성〉서 온 편지」(『조선문학단편집』 2에 재수록)는 '사회주의건설의 대고조 시기'에 진행된 '해주―하성' 사이의 철도부설공사에서 기적적 위훈을 세운 청년 건설자들의 영웅적 투쟁을 형상한 작품으로 남한에도 소개되었다.

같은 해 그의 대표작 중 하나인 「길'동무들」을 『조선문학』 10호에 발표했고, 1961년에는 『문학신문』에 단편 「별」(5월 16일), 「새지도를 가지고 온 사람」(7월 21일)을 발표했고, 「나의 벗들」을 『조선문학』 9호에 발표했다. 1962년에는 『문학신문』에 단편 「봄이 왔다」(3월 2일), 『조선문학』 3호에 「궁지」를 발표했고, 1963년에는 그의 대표작 중 하나인 단편 「노을이 불타는 땅」(『문학신문』 4월 12일)과 「청춘의 길」(『조선문학』 12호)을 발표했다.

1964년에는 천리마의 기수를 다룬 중편 『봄 소나기』를 발표했다. 『봄 소나기』 역시 천리마 기수들의 공사시일 단축을 주요 소재로 다룬 작품이다. 이 작품은 농업협동화를 다룬 작품의 교과서로 불리는 리근영의 『첫 수확』이나 천세봉의 『석개울의 새봄』 등 농업협동화를 다룬 내용에서 크게 벗어나지 않는다. 그러나 이 작품은 농업협동화 문제를 다루면서도 농촌에서 활약하는 '천리마 기수'를 비중 있게 다루고 있어서 두 작품과 변별된다.

1968년 『조선문학』 5호에 발표된 「파도치는 기슭에서」는 1972년에 발간한 단편소설집 『햇빛을 따라서』에 재수록된다. 「파도치는 기슭에서」는 김일성을 경모하는 마음 때문에 유격대를 적극 돕는 한편 유격대원을 목숨으로 구하고, 하나밖에 없는 아들을 김일성의 유격대로 보내는 한 포수 노인에 대한 이야기를 담고 있다. 이 소설은 처녀작인 「아버지의 노래」와 비슷한 구조와 내용을 보이고 있다. 작품에 등장하는 포수 노인은 『숲은 설레인다』의 장태민 노인(의병 출신 포수), 「아버지의 노래」의 뱃사공 노인에서 발전된 인물이다. 비슷한 성격과 직업을 가진 노인의 반복적인 등장은 그가 어린 시절에 들은 투쟁담의 한 인물을 창작의 원형으로 삼고 있음을 짐작하게 한다.

단편집인 『해빛을 따라서』에서는 「파도치는 기슭에서」와 함께 주요 작품으로 꼽히는 「고향집」도 수록하고 있다. 이 단편집은 국내에 입수되지 않았기 때문에 「고향집」의 자세한 내용을 확인할 길이 없지만, 『문학예술사전』에 의하면 "친애하는 지도자 김정일 동지께서 항일의 녀투사와 함께 백두산 일대를 친히 답사하시며 경애하는 수령 김일성 동지께서 이룩하신 주체의 혁명 전통을 견결히 옹호고수하고 대를 이어 빛내여 나가실 신념과 의지를 철석같이 다져가시는 이야기"이다.

1960년대에 들어오면서 천리마 기수를 주제로 한 단편소설을 주로 창작하던 김병훈은 1962년 첫 장편 『숲은 설레인다』를 발표한다. 그는 이 작품에서 혁명전통 주제를 다시 다루기 시작한다. 이 작품은 1940년대 낙오된 항일유격대원들이 밀림을 헤매며 투쟁하는 과정과 민중들과 결합해 다시 무장대오를 일으켜 김일성을 찾아가는 과정을 그리고 있다.

혁명전통 주제로 작품 창작의 방향을 전환한 김병훈은 이후 장편 창작에 몰두하기 시작했다. 『불타는 시절』(1970)은 그의 간도 체험이 묻어 있는 작품으로, 소학교 시절 안도와 화룡에서 온 아이들과 선생님에게서 들었던 이야기들을 주요모티프로 삼고 있다. 또한 작품에서 담임 선생 고찬명의 희생 역시 자신의 어린 시절에 만났던 교사를 원형으로 하고 있는 것으로 보인다.

이후 4·15문학창작단에 들어간 김병훈은 그의 최고 작품이라 일컬어지는 『준엄한 전구』(1981)를 창작했다. 이 작품은 혁명유적지 답사와 항일 빨치산들에 대한 취재를 통해 완성된 대작이다.

단편집 『불멸의 영상』(1982)에 실려 있는 「금반지」 역시 혁명전통을 주제로 하고 있으며, 김정숙의 인간됨을 다룬 소설이다. 회상의 형식으로 된 작품에서 김정숙은 철구 어머니의 병구완을 위해 아낌없이 헌신하는 희생정신을 보여주는 인물이다. 또한 그녀는 김일성의 곁을 떠나 후방 병원으로 가게 된 철구 어머니에게 자신이 끼고 있던 금반지를 철구 어머니의 은반지와 바꾸는 이타적인 인물로 그려지고 있다.

1984년 『조선문학』 6호에 단편 「귀결」(『꽃피는 계절』(1989)에 재수록)을 발표하고, 1987년에는 「충복」(『조선문학단편집』 5권(2002)에 재수록)을 창작하였으며, 장편 『개이지 않는 하늘』(1994)을 발표했다. 이 작품은 남한사회를 배경으로 재일동포 간첩단과 광주 항쟁을 다루고 있다. 2002년 1호에는 『조선문학』에 연속소설 「빈 말은 없다」

를 연재하였으며, 이밖에도 여러 편의 시와 수필 등을 잡지와 신문에 연재하였다.

그는 『준엄한 전구』 출간 다음 해인 1982년, 노력영웅 칭호와 함께 김일성상을 수상하고 1985년 9월 조선문학창작사 사장직을 맡는다. 1986년 9월에는 작가동맹 제1부위원장이 된다. 1988년에는 김일성훈장을 받고, 같은 해에 작가동맹 단장으로 튀니지에서 열린 아시아-아프리카지역 작가협의회에 참석했다. 1990년 1월, 그는 작가동맹중앙위 위원장에 올랐으며 1990년 4월에는 최고인민회의 제9~10기 대의원으로 활동했다. 1994년 7월 김일성 국가장의위원회 위원, 1998년 8월 작가동맹 중앙위 제1부위원장, 1999년 6월에는 조선작가동맹 위원장, 2003년 8월 최고인민회의 제11기 대의원 등을 역임했으며 2006년 6월에 조선문학예술총동맹중앙위원회 위원장이 되었다.

| 김병훈 연보 |

1929년(1세) 함북 무산에서 철도노동자의 아들로 출생했다. 부모님을 따라 전국 각지로 유랑한다.

1936년(8세) 아버지를 여읜 후 어머니와 형을 따라 간도로 이주한다.

1946년(18세) 1948년 여름까지 함경북도 고무산 시멘트 공장에서 노동자 생활을 한다.

1948년(20세) 조선민주청년동맹 평양시위원회 부원, 평안남도 조국보위후원회 부원으로 활동한다.

1951년(23세) 한국전쟁에 참전한다. 인민군 군관(소위)로 복무한다.

1952년(24세) 제대 후 7월 평양사범대학(김형직사범대학)어문학부에 입학한다.

1955년(27세) 평양사범대학 기숙사에서 엿새 동안 「아버지의 노래」를 집필한다.

1956년(28세) 『청년문학』 7호에 처녀작인 첫 단편소설 「아버지의 노래」를 발표한다.

1957년(29세) 평양사범대학을 졸업한다.

1959년(31세) 단편 「그 날 밤 이야기」를 『조선문학』 7호에 발표한다.

1960년(32세) 「〈해주-하성〉서 온 편지」를 『조선문학』 4호에 발표하고(『조선문학 단편집』 2권에 재수록), 「길동무들」을 『조선문학』 10호에 발표한다.

1961년(33세) 『문학신문』에 단편 「별」(5월 16일), 「새 지도를 가지고 온 사람」(7월

21일)을 발표하고, 『조선문학』 9호에 「나의 벗들」을 발표한다.

1962년(34세) 『문학신문』에 단편 「봄이 왔다」(3월 2일), 『조선문학』 3호에 「긍지」를 발표한다. 첫 장편 『숲은 설레인다』를 발표한다.

1963년(35세) 그의 대표작중 하나인 단편 「노을이 불타는 땅」(『문학신문』 4월 12일)과 「청춘의 길」(『조선문학』 12호)을 집필하고, 조국해방전쟁주제 작품인 「꼬마대장」을 발표한다.

1964년(36세) 천리마의 기수를 다룬 중편 『봄 소나기』를 발표한다.

1965년(37세) 『숲은 설레인다』를 조선문학예술총동맹출판사에서 출간한다.

1968년(40세) 『조선문학』 5호에 「파도치는 기슭에서」를 발표한다.

1969년(41세) 4 · 15문학창작단 작가로 활동한다. 이 시기에 『한 자위단의 운명과』, 『꽃 파는 처녀』를 소설로 옮기는 작업을 시작한다.

1970년(42세) 『불타는 시절』을 집필한다.

1972년(44세) 「파도치는 기슭에서」, 「고향집」이 문예출판사에 발행된 단편집 『햇빛을 따라서』에 재수록 된다.

1981년(53세) 4 · 15문학창작단에서 『준엄한 전구』를 발표한다.

1982년(54세) 「금반지」가 단편집 『불멸의 영상』(1982)에 실려 출간된다. 노력영웅의 칭호를 받는다.

1984년(56세) 『조선문학』 6호에 단편 「귀결」을 발표한다. 12월 조선문학창작사 사장으로 재직한다.

1986년(58세) 9월에 작가동맹 제1부위원장에 위촉된다.

1988년(60세) 김일성훈장을 받는다. 작가동맹 단장으로 임명된다.

1989년(61세) 「귀결」이 금성청년출판사에서 발행된 『꽃피는 계절』에 재수록 된다. 작가동맹중앙위원회 위원장이 된다.

1990년(62세) 1월에 작가동맹중앙위 위원장이 된다. 4월에는 최고인민회의 제9-10기 대의원으로 활동하게 된다.

1994년(66세) 장편 『개이지 않는 하늘』을 발표한다. 7월에 김일성 국가장의위원회 위원으로 위촉된다.

2002년(74세) 1월에 『조선문학』에 연속소설 「빈 말은 없다」를 연재한다. 「충복」이 『조선문학단편집』 5권에 수록되었다.

2003년(75세) 8월 최고인민회의 제11기 대의원(제339호 선거구)이 된다.

2006년(78세) 6월부터 조선문학예술총동맹 중앙위원회 위원장으로 재임하고 있다.

김삼복

김삼복은 김일성종합대학 어문학부에서 희곡을 전공하였다. 1962년에는 조선작가동맹 소설분과 위원장 황건의 부원으로 있었으며, 현재 조선작가동맹중앙위원회 소설분과 부원으로 활동하고 있다.

수필과 단편소설, 수기로는 「수풍호반사람들」(『조선문학』 1972년 4호), 「단편소설을 짧게 쓰자」(『조선문학』 1974년 1호), 「고귀한 칭호」(『조선문학』 1974년 1호), 「우리를 부르는 노래」(『문학신문』 1993년 5월 14일), 「시대의 명곡을 심장으로 부르며」(『문학신문』 1995년 7월 14일), 「반세기전의 그 날을 돌이켜보며」(『조선문학』 1998년 9호), 「소설가의 모습」(『조선문학』 2003년 6호), 「고귀한 칭호」(김영길 외, 『태양을 따라』, 문예출판사, 1977), 「긴등벌」(김석주 외, 『보금자리』, 문예출판사, 1988) 등이 있다.

단행본으로는 『성장의 봄』(문예출판사, 1982), 『세대』(문예출판사, 1985), 『향토』(문예출판사, 1988), 『기념비』(문예출판사, 1992), 『대지의 전설』(문학예술종합출판사, 1998), 『나의 추억, 40년』(문학예술출판사, 2002), 『인간의 노래』(문학예술출판사, 2003), 『청산벌』(문학예술출판사, 2007) 등이 있다.

| 김삼복 연보 |

1972년 「수풍호반사람들」을 『조선문학』 4호에 발표한다.
1974년 수필 「단편소설을 짧게 쓰자」를 『조선문학』 1호에 발표한다.
1976년 단편 「고귀한 칭호」를 『조선문학』 1호에 발표한다.
1977년 단편 「고귀한 칭호」가 『태양을 따라』(김영길 외 지음)에 수록된다.
1982년 『성장의 봄』이 문예출판사에서 간행된다.
1985년 문예출판사에서 『세대』를 간행한다.

1988년	『향토』를 문예출판사에서, 『대지의 전설』을 문학예술종합출판사에서 출간한다. 단편 「긴등벌」이 '공화국 창건 40돌 기념작품집' 『보금자리』(김석주 외 지음)에 수록된다.
1993년	5월 14일에 수필 「우리를 부르는 노래」를 『문학신문』에 개제한다.
1995년	7월 17일에 수필 「시대의 명곡을 심장으로 부르며」를 『문학신문』에 게재한다.
1998년	수기 「반세기 전의 그 날을 돌이켜보며」를 『조선문학』 9호에 싣는다.
2002년	『나의 추억, 40년』을 문학예술출판사에서 출간한다.
2003년	수필 「소설가의 모습」(20세기 추억)을 『조선문학』 6호에 발표한다.
2007년	『청산벌』을 문학예술출판사에서 간행한다.

김수경

김수경은 1931년 6월 평남 대동군의 한 빈곤한 간이학교 교원가정에서 태어났다. 어린 시절을 평양에서 보내고 해방 전에 남강원도로 이주하였다. 그는 한국전쟁 때 의용군에 입대하여 7년 간 군복무 생활을 했다. 학력은 대학을 중퇴한 것으로 알려져 있다.

군 생활 당시 김수경은 작가동맹에 단편소설을 투고했는데, 그것이 인연이 되어 제대 후에 작가동맹기관지 『문학신문』의 기자로 일하게 된다. 『문학신문』에서 약 10년간 일한 이후 문예출판사로 직장을 옮긴 그는 10여 년간 기자 편집원으로 근무하였다. 이 기간에 그는 실화문학과 함께 단편 「무호섬」을 집필한다.

직장생활과 창작활동을 병행하던 김수경은 그의 나이 50세가 다 되어서야 비로소 전문작가의 길로 들어서게 된다. 그는 전문작가가 된 이후 첫번째로 단편 「신념」(1959.3)을 발표한다. 또한 기자로 일하던 시절 집필한 초기 단편 「무호섬」은 1965년 발표되어 독자들의 커다란 호응을 받았다. 이 작품은 1940년 가을부터 1949년까지를 배경으로 남해의 고도 무호섬에서 투쟁한 인민들의 삶을 그리고 있는데, 무호섬의 호랑이로 불리는 강신옥의 투쟁에 대한 이야기를 통하여 남한에서의 반미구국투쟁을 다루고 있다. 이 작품은 1978년 문예출판사에서 간행된 『조선단편집』 제3권에 권정웅 등 유명 작가의 소설들과 함께 실리게 된다.

이외에도 단편 「탄생」(『조선문학』 1983년 4호)과 장편 『탄생하는 계절』(문예출판사, 1985)을 발표했다. 이후 4·15문학창작단에 소환된 그는 351고지 전투를 소재로 한 장편소설 『승리』를 1994년에 문학예술종합출판사에서 출간했다. 2000년에는 조선민주주의 인민공화국 건설과정을 형상화한 『삼천리 강산』을 문예종합출판사에서 발간했는데, 이 작품은 이후 2002년 3호부터 2006년 1호까지 잡지 『통일문학』에 총 15회에 걸쳐 다시 연재되었다.

| 김수경 연보 |

1931년(1세) 6월 평남 대동군 재경리에서 교사 집안의 장남으로 출생한다.

1950년(20세) 의용군에 입대한다.

1957년(27세) 군에서 전역한다. 작가동맹기관지 『문학신문』에서 약 10년간 기자 생활을 하며, 작가 방문기, 정론, 문학비평 등을 발표한다.

1958년(28세) 10월 23일, 『문학신문』에 「저조한 원인은—극작가 박령보 방문기」를 발표한다.

1959년(29세) 『조선문학』 3호에 단편 「신념」을 발표한다.

1962년(32세) 12월 『조선문학』, 「휘황한 전망에 고무되여」(정론)를 발표한다.

1965년(35세) 『조선문학』 10호에 단편 「무호섬」 발표로 많은 독자들의 호응을 얻는다.

1967년(37세) 문예출판사에서 약 10년간 편집위원으로 근무한다.

1978년(48세) 「무호섬」이 권정웅 등의 작품과 함께 『조선단편집』 3권(문예출판사, 1978)에 수록된다.

1983년(53세) 『조선문학』 4호에 「탄생」을 발표한다.

1984년(54세) 「탄생」이 여러 작가들의 단편모음집 『뜨거운 은정』(문예출판사, 1984)에 실린다.

1985년(55세) 문예출판사에서 『탄생하는 계절』을 출간한다.

1994년(64세) 4·15문학창작단의 일원으로 351고지 전투를 소재로 한 『승리』(문학예술종합출판사)를 발표한다.

2000년(70세) 조선민주주의 인민공화국 건설 과정을 형상화한 『삼천리 강산』(문학예술종합출판사)을 발표한다.

2007년(71세) 『문학신문』 6월 9일에 창작수기 「작가의 사명감으로부터」를 게재한다.

2002년(72세) 『통일문학』 2002년 3호부터 총 15회에 걸쳐 『삼천리 강산』을 연재한다.

2006년(76세) 『통일문학』 2006년 1호 『삼천리 강산』 연재를 마친다.

김정

김정은 1940년 1월 함경북도 명천군에서 출생하였으며 1974년 김일성종합대학을 졸업했다. 현재 4·15문학창작단 단장으로 일찍부터 주목을 받았던 소설가이다. 그는 김일성종합대학 조선어문학부 창작과에서 아동소설을 전공하였는데, 대학 입학 전인 1969년에 단편 「노을이 불타는 집」을 발표할 만큼 문학적 재능을 선보였다. 김일성종합대학을 졸업한 김정은 조선문학창작사(현 조선작가동맹)에서 작가로 활동했다. 조선문학창작사에서 작가로 능력을 인정받아 1970년대 중반 4·15문학창작단으로 자리를 옮기면서 수령형상문학 창작에 참여하게 된다. 김정의 대표작인 『닻은 올랐다』는 수령형상창조사업의 일환으로 기획된 총서 '불멸의 력사'의 김일성혁명역사의 첫 시기를 다룬 작품으로 1982년 간행되었다.

그는 『닻은 올랐다』 외에도, 김정일 위원장의 생모인 김정숙의 활동을 그린 단편소설 「첫 수술」을 비롯해 김일성 주석 가계의 인물을 중심으로 한 많은 작품을 발표했다. 또한 김일성 주석의 회고록인 『세기와 더불어』의 집필 주역으로 참가한 김정은 1992년에 발표된 제1권을 비롯하여 여러 권의 집필에 참여했고, 김일성 주석과 김정일 위원장으로부터 높은 평가를 받은 것으로 알려져 있다. 그가 4·15문학창작단 단장으로 임명되고 '김일성상' 계관인이 된 것도 이러한 배경이 크게 작용한 것으로 보인다. 그는 현재 최고인민회의 제11기 대의원이기도 하다.

대학에서 아동문학을 전공한 김정은 수령형상문학 외에 아동소설도 다수 창작했다. 1983년에 발표한 중편 「1학년생」은 초등학교 1학년생들의 동심을 생동감 있고 진실하게 묘사한 작품으로 많은 인기를 누리면서 문단으로부터 높은 평가를 받았다. 그가 쓴 아동 소설집 중 대표적인 것으로는 『영원한 불빛』(1979), 『일요일』(1984) 등이 있다. 이외에도 단편으로는 「출발점」(1983), 「열일곱 사람의 웃음」(1989), 「사냥의 아침」(1995), 「너와 나」(1998), 「일요일」(2004), 「빨간 저고리」(2006) 등이 있으며 창작집으로 『영원한 불빛—조선아동문학문고 1』(금성청년출판사, 1984), 장편 『닻은 올랐다』(문예출판사, 1986) 등이 있다.

| 김정 연보 |

1940년(1세) 1월 함경북도 명천군에서 출생한다. 대학 입학 전인 1969년에 단편 「노을이 불타는 집」을 발표할 만큼 문학적 재능을 보였다.

1954년(15세) 4월 26일, 김정일이 아동문학 편집부를 찾아 현지지도한 것을 계기로 단편소설 「일요일」을 비롯해 여러 편의 수령형상소설을 『아동문학』 잡지에 발표한다.

1974년(35세) 김일성종합대학 조선어문학부 창작과에서 아동소설 전공으로 졸업한다. 졸업 후 조선문학창작사(현 조선작가동맹)에서 작가로 활동한다. 1970년대 중반 4·15문학창작단으로 자리를 옮기면서 수령형상문학 창작에 참여한다.

1982년(43세) 수령형상창조사업의 일환으로 기획된 총서 '불멸의 력사'의 첫시기 작품으로 『닻은 올랐다』를 문예출판사에서 간행한다.

1992년(53세) 김일성 주석의 회고록인 『세기와 더불어』의 제1권을 비롯하여 여러 권을 집필하는 주역으로 참가한다. 12월 30일 김정을 비롯한 4·15문학창작단 작가들이 김일성과 만나 4시간 남짓 항일혁명투쟁시기의 회고담을 듣는다. 현재 4·15문학창작단 단장을 맡고 있으며 '김일성상' 계관인이기도 하다.

1998년(59세) 단편 「너와 나」를 『조선문학』 6호에 발표한다.

2004년(65세) 단편 「일요일」을 『아동문학』 7호에 발표한다.

2006년(67세) 단편 「빨간 저고리」를 『조선문학』 7호에 발표한다.

남대현

남대현은 재일 조총련계 출신으로 현재 북한에서 활발한 활동을 하고 있는 작가이다. 그는 1947년 경상북도 안동에서 태어나 서울에서 초등학교를 졸업했다. 어려서부터 교단에서 학생들을 가르치는 것이 소망이었던 그는, 1960년 아버지가 있는 일본으로 건너간다. 17살 되던 해인 1964년에는 도쿄조선중고급학교를 중퇴하고 혼자 북한으로 귀국하여 김일성종합대학 어문학부 창작과에서 공부한다. 그는 이 시기에 과오때문에 황해제철소 용해공으로 잠시 일했는데, 김일성의 배려로 작가양성반을 거쳐 문학예술출판사 기자, 조선작가동맹 기자로 일하게 된다.

문학예술총동맹 산하 문예출판사의 기자로 재직하던 중 1980년 조선로동당 제6차 대회 기념 '전국 문학예술작품 현상모집'에 광주민중항쟁을 다룬 소설 「광주의 새벽」으로 응모하여 단편소설 부문 제2등을 수상하면서 작가로서의 명망을 얻는다. 1987년에는 용해공 생활에서 얻은 체험을 토대로 장편소설 『청춘송가』를 발표해 북한에서 "광범한 독자층의 커다란 관심과 반향"을 불러일으켰다. 1992년에는 4·15 문학창작단의 일원으로 창작활동을 시작하여 총서 '불멸의 력사' 중에서 김일성의 해외교포운동 영도 사업을 주제로 한 장편 『태양찬가』를 창작하였다. 이 밖에도 비전향 장기수를 주제로 한 소설 『통일련가』 및 다수의 단편을 발표하였다. 그는 아시아·아프리카 청년작가 회의에 북한 대표로 파견되었고, 남북작가회담이 개최되었을 때 북측 작가 대표로 참가했다.

| 남대현 연보 |

1947년(1세) 6월 21일 경상북도 안동군 일직면 망호리에서 태어나 서울에서 초등학교를 졸업한다. 어릴 적부터 선생님이 되어 교단에서 학생들을 가르치는 것이 유일한 소원이었던 그는 1960년 아버지가 있는 일본으로 건너간다.

1964년(18세) 도쿄조선중고급학교를 중퇴한 17살 나이에 독신으로 북한으로 귀국한 후 김일성종합대학 어문학부 창작과에서 공부한다. 이후 과오로 인하여 황해제철소 용해공으로 일하게 되었으나 김일성의 배려로 다시 작가수업에 임한다.

1971년(25세) 김일성종합대학을 졸업한다. 첫 작품 서정시 「수령님 모시였던 용해장에서」(『청년문학』)를 발표한다. 이어 단편 「지학선생」(『청년문학』, 1973), 「용해장의 젊은이」(『조선문학』, 1974), 「청춘시절」(『조선문학』, 1976) 등을 발표한다.

1980년(34세) 조선문학예술총동맹 산하 문예출판사의 기자로 재직하던 중 조선로동당 제6차 대회 기념 '전국 문학예술작품 현상모집'에 광주민중항쟁을 다룬 소설 「광주의 새벽」으로 응모하여 단편소설 부문 제2등을 수상한다. 이후 「량심선언」(『조선문학』, 1987), 「대장부」(『조선문학』, 1989)를 발표한다.

1987년(41세) 황해제철연합기업소에서의 현실체험을 토대로 장편 『청춘송가』를 발표한다. 이 작품은 북한에서 "광범한 독자층의 커다란 관심과 반향을 불러일으키는" 것으로 평가받고 있다.

1989년(43세) 남북작가회담 예비회담 대표. 4·15문학창작단 작가가 된다.

1992년(46세) 4·15문학창작단의 일원으로 창작활동을 시작한다. 「상봉」(『조선문학』, 1992)을 발표한다.

1997년(51세) 12월, 33년 만에 일본으로 가 한 달 동안 취재활동을 벌인다.

2003년(57세) 문예출판사에서 장편 『통일련가』를 출판한다.

2005년(59세) 평양과 백두산에서 개최된 '6·15 실천을 위한 민족작가대회'에 북한측 대표로 참가한다.

2008년(59세) 수기 「조국을 안고사는 사람들」(『조선문학』 9호)을 발표한다.

리종렬

리종렬은 1934년 4월 함경북도 청진에서 출생했다. 현재까지 생존해 있는 그는 전쟁 발발 당시 전쟁에 참전하려 했지만 군사동원부에서 나이가 어리다는 이유로 허가하지 않았다고 한다. 입대 후, 그는 조선인민군 동부 전선의 상등병 전사로 근무하면서 1953년에 그의 대표작인 「명령」(『조선문학』 1954년 10호)을 창작하게 된다. 그는 이 작품을 군인 문예잡지에 투고하였고 때마침 황건이 이를 읽고 그의 재능을 높이 사 그를 전국문학작품공모에 입상시키는 한편 군복무 중인 그를 평양으로 소환하여 소설 분과 후보 맹원으로 가맹시키는 특혜를 베풀었다.

리종렬은 왕성한 필력과 황건의 후원 아래 제2세대 작가로서 입지를 굳혔다. 그는 1978년에 출간한 『조선단편집』 2권에 단편 「명령」을 게재했고 1974년에 장편 『돌파구』를 발표했으며, 1976년에는 단편 「해빛을 안고 온 사나이」를 거쳐 1977년에 중편 『불바람』을 발표했다. 그는 1981년 4·15문학창작단 작가단의 일원으로 참여하여 총서 '불멸의 력사' 에 속한 장편 『근거지의 봄』을 창작·발표했다. 1982년에 단편 「시인의 소원」을 발표하고, 이듬해에는 단편 「고요」를 발표했다. 또한 이 시기에 그는 김일성의 아내 김정숙의 혁명활동을 그린 '충성의 한 길에서'의 제5부에 해당하는 『진달래』를 집필했다.

1990년에는 임수경과 박세영 미망인 간의 이야기를 소설화한 단편 「산제비」를 『통일예술』 창간호에 발표했고 1933년과 1934년 사이의 김일성의 항일무장투쟁을 그린 장편 『우등불』을 발표했다. 그는 북한의 원로문인으로, '김일성상' 계관인이기도 하다.

| 리종렬 연보 |

1934년(1세) 4월 함경북도 청진에서 출생했다.

1953년(20세) 데뷔작이자 대표작인 단편 「명령」을 창작하여 군인 문예잡지에 투고한다. 이 작품이 황건의 눈에 띄어 소설 분과 후보 맹원으로 가입하게 된다.

1955년(22세) 작가학원(문학대학전신)을 졸업한다.

1973년(40세) 『조선문학』에 소설 창작에서 묘사의 중요성을 강조한 「소설문학창작에서의 묘사정신」이라는 제목의 평론을 발표한다.

1974년(41세) 총 10장 51절로 구성된 장편 『돌파구』를 창작한다.

1976년(43세) 제련소에 파견된 한 3대혁명소조원의 헌신적인 투쟁과 숭고한 풍모를 그린 작품 「해빛을 안고 온 청년」을 창작한다.

1977년(44세) 북방의 대흑색야금기지 건설을 위한 노동계급의 영웅적 투쟁을 반영한 중편 『불바람』을 창작한다.

1981년(48세) 총서 '불멸의 력사' 중 『근거지의 봄』을 문예출판사에서 출판한다.

1982년(49세) 혁명송가 「김일성장군의 노래」 창작을 뒷받침한 김정숙을 형상화한 단편 「시인의 소원」을 창작한다.

1983년(50세) 김정일의 인민에 대한 뜨거운 사랑을 형상화한 단편 「고요」를 창작한다.

1985년(52세) 김일성의 아내 김정숙의 혁명활동을 그린 '충성의 한 길에서' 제5부에 해당하는 『진달래』를 책임 집필한다.

1990년(57세) 『통일예술』 창간호에 실린 임수경과 박세영 미망인간의 이야기를 소설화한 단편 「산제비」 및 1933~1934년 김일성의 유격 근거지를 마련하여 항일투쟁을 서사화한 장편 『우등불』을 발표한다.

1993년(60세) 좌담회 「신념의 노래, 승리의 노래 높이 부르던 전화의 그날을 더듬으며」(『문학신문』 7월 16일)에 참석한다.

1997년(64세) 총서 '불멸의 향도'에 속한 장편 『평양은 선언한다』를 집필한다.

2000년(67세) 총서 '불멸의 력사'에 속한 장편 『붉은 산줄기』를 문학예술종합출판사에서 출판한다.

2007년(74세) '장편력사소설' 『남이장군』을 평양출판사에서 출간한다.

박룡운

현재 박룡운에 대한 자세한 자료는 접할 수 없지만, 『조선문학』(2001년 1호)에 실린 새해 결의 「세기를 이어 전해질 본보기작품을!」에서 '4·15문학창작단 부단장'으로 명기되어 있으며, 중편 『젊은 선장』(2006)에서는 '오랜 창작생활과 창작지도 일꾼'으로 활동하고 있다고 소개한다.

그는 '과학연구 성과가 조국과 인민을 위해 이바지할 수 있게 하기 위해 애쓰는 청년지식인들의 모습'을 담은 중편 『지향』(1992), 1953년 여름에서 1956년 5월까지의 주체적 입장에서의 전후 복구건설 과정을 다룬 총서 '불멸의 력사'에 속한 장편 『번영의 길』(2001), 1980년대 '간석지 건설 전투장'에서의 체험을 바탕으로 한 중편 『젊은 선장』(2006) 등을 창작했다.

| 박룡운 연보 |

1992년 중편 『지향』(문예출판사)을 간행한다.

2001년 새해 결의 「세기를 이어 전해질 본보기작품을!」(『조선문학』 1호), 「한없는 긍지와 행복을 안고」(『문학신문』 8월 25일)를 발표하며, 총서 '불멸의 력사'에 속한 장편 『번영의 길』(문학예술종합출판사)을 간행한다.

2002년 「시대가 요구하는 명작을!」(『문학신문』 1월 12일)을 발표한다.

2006년 중편 『젊은 선장』(금성청년출판사)을 간행한다.

박유학

현재 박유학에 대한 자세한 자료는 접할 수 없다.

그는 1937년 5월에서 8월까지의 김정숙의 신파 지구 혁명활동을 담은 '충성의 한길에서' 제4부에 속한 장편 『그리운 조국산천』(1985)을 창작했으며, 1934년 10월부터 1936년 2월까지의 제1차 북만원정으로부터 남호두회의까지 시기의 김일성의 투쟁 과정을 담은 총서 '불멸의 력사'에 속한 장편 『혈로』(1988)를 발표했다. 그 외 단편 「림산마을 풍경」(1972), 「벗이 많은 사람」(1980) 등을 창작했다.

| 박유학 연보 |

1972년	단편 「림산마을 풍경」(『조선문학』 7호)을 발표한다.
1978년	실화문학 「생활의 길동무」(『조선문학』 6호)를 발표한다.
1980년	단편 「벗이 많은 사람」(『조선문학』 4호)을 발표한다.
1985년	'충성의 한길에서' 제4부에 속한 장편 『그리운 조국산천』(문예출판사)을 출간한다.
1988년	총서 '불멸의 력사'에 속한 장편 『혈로』(문예출판사)를 출간한다.

박윤

박윤은 조선인민군문예창작사 부장이며, '김일성상' 계관인으로 군인 출신 작가이다. 박윤은 2002년 1월 『조선문학』 「새해결의」에서 자신을 "문학수업의 첫걸음부터 최고사령관 동지의 각별한 관심" 속에서 자라난 40대의 중견 작가라고 소개하고 있어서 그의 나이는 50대 초반으로 추정된다.

그는 1980년대 초반부터 작품 활동을 시작했다. 1990년대에 장편 『순간과 영원』, 『고요한 행성』을 창작하였다. 2002년 6월에는 『조선문학』에 「인간의 노래」를, 2003년에는 총서 '불멸의 향도'의 한 권인 『총대』를 출간하였으며, 단편 「타격」을 『조선문학』 7호에 발표했다. 그는 주로 군인을 주인공으로 한 군인문학, 선군문학을 주로 창작하고 있다.

| 박윤 연보 |

1982년 새해결의 「인민이 즐겨부르는 명가사를」을 『조선문학』에 게재하였다.

1991년 단편 「그아버지에 그아들」을 『문학신문』(4월 5일)에 게재하였다.

1992년 단편 「시대의 축복」을 『문학신문』(1월 17일)에 실었다. 『통일문학』(1992년 4호) 에 다시 게재하였다.

1992년 단편 「기슭」을 『문학신문』(4월 24일)에 게재하였다.

1995년 단편 「앞으로」를 『문학신문』에 게재하였다.

1997년 단편 「추억과 소묘」 3호, 혁명실화 「붉은 눈보라」 4호를 『조선문학』에 게재하였다.

2001년 단편 「더운 겨울」을 『문학신문(4월 21일)에 게재하였다.

2002년 『조선문학』에 새해결의 「선군문학건설의 전초선에서」 1호를, 단편

「인간의 노래」 6호를, 「바다밑에도 땅이 있다」 12호를 게재하였다.

2003년 『조선문학』 7호에 「타격」을, 12월에는 「오늘이 가면」을 게재하였으며, 『총대』를 문학예술출판사에서 출간하였다.

2004년 『조선문학』 6호에 「선군혁명문학령도의 자욱을 따라」를, 「대지의 음향」 10호를 게재하였다. 단편소설집 『타격』을 문예출판사에서 출간하였다.

2005년 「총대문학의 기수로」 1호를 『조선문학』에, 「겨울노을」을 『청년문학』에 게재하였으며, 「공격」 7호, 「불타는 백설」 8호, 「위대한 령장의 품속에서」10호를 『조선문학』에 게재하였으며, 『전선의 아침』을 문예출판사에서 출간하였다.

2006년 「그대의 심장」을 『조선문학』 5호에 게재하였으며, 그림책 『순간과 영원』 1~2부를 문학예술출판사에서 출간하였다.

2007년 「반격」을 『조선문학』 9호에 게재하였다.

백보흠

백보흠은 1938년 평안북도 박천군에서 출생했다. 15살 나던 초급중학교 시절부터 『조선문학』을 즐겨 읽으며 문학에 관심을 보였다. 18세가 되던 1955년 고향에 있는 유적을 취재하며 썼던 기행문이 조선작가동맹 도지부에서 평가를 받아 고급중학교 학생 신분으로 평북도 신인작가대회에 참가했다. 그는 지질 부문의 정규교육을 받고 지질탐사 배낭을 지고 사회생활의 첫 걸음을 시작했지만, 『조선문학』을 끼고 다니면서 단편소설을 꾸준히 습작하여 문학작품 현상모집에 투고했던 것으로 알려져 있다.

그는 1962년부터 소설이나 과학환상 이야기를 신문과 잡지에 투고하기 시작했고, 1968년 5월 『조선문학』에 단편 「뜨거운 심장」을 발표했다. 이 작품은 20일 동안 특별휴가를 받고 탐사현장을 취재하면서 조국의 푸른 산줄기를 타고 다니던 낭만적인 탐사의 길을 다루고 있다. 20년 동안 지질연구기관 탐사 부문에서 일하면서도 창작휴가를 받아서 우산창작실이나 기타 안정된 장소에서 유능한 작가들의 지도를 받으며 「화서골 청년」(1974), 「맑은 물」(1975) 등을 『조선문학』에 발표했다.

그는 1978년부터 작가 생활을 시작하였으며, 1989년부터 4·15문학창작단 작가로 활동하면서 총서 '불멸의 력사'에 속한 장편 『영생』(1997), 총서 '불멸의 향도'에 속한 장편 『라남의 열풍』(2004) 등을 창작했다.

그는 위의 장편 이외에도, 처녀 시절에 범한 잘못을 씻기 위해 성실하게 노력하는 한 여성 측량기사의 생활을 담은 「발걸음」(1978), 노학자(지질학자)에 대한 김일성 주석의 사랑을 담은 「천암산」(1982), 항일혁명가 유자녀인 량귀동녀의 이야기를 담은 「리별과 상봉」(1996), 젊은 연공의 깨달음과 겸허한 당 일꾼을 형상화한 「백두산 바람」(1998) 등의 단편을 발표했고, 지식인들과 탐사 일꾼들의 윤리와 정신적 면모를 그린 중편 『탐사대원의 수기』(1980), 한 조선인민혁명군 정치공작원이 군중들을 반일통일전선으로 이끄는 투쟁 과정을 담은 장편 『동트는 강산』(1986), 중소형발전소 건설을 위해 선도적인 역할을 해나가는 일꾼의 모습을 그린 중편 『우리의 벗』(1990) 등을 꾸준히 발표했다. 또한 그는 수령영생문학의 본보기 작품이 된, 김일성 주석의 1994년 혁명 역사와 김정일 위원장의 의리를 형상화한 장편 『영생』(1997), 김정일 위원장의 '선군영도'와 'HM기(선압기)' 개발 과정을 담은 장편 『라남의 열풍』(2004) 등의 작품을 발표했다. 최근 강반석이 무송 지구에서 활동한 모습을 다룬 장편 『새날을 불러(상)』(2007)를 출간했다.

| 백보흠 연보 |

1938년(1세) 평안북도 박천군에서 출생한다.

1955년(17세) 평북도신인작가대회에 참가한다.

1968년(30세) 단편 「뜨거운 심장」(『조선문학』 5호)을 발표한다.

1972년(34세) 수필 「은혜로운 해빛아래」(『조선문학 10호)를 발표한다.

1974년(36세) 단편 「화서골청년」(『조선문학』 4호)을 발표한다.

1975년(37세) 단편 「맑은 물」(『조선문학』 1호)을 발표한다.

1978년(40세) 단편 「발걸음」(『조선문학』 2호)을 발표한다.

1980년(42세) 중편 『탐사대원의 수기』(문예출판사)를 출판한다.

1982년(44세) 단편 「천암산」(『조선문학』 4호), 「가지 못한 길」(『조선문학』 8호)을 발표한다.

1986년(48세) 단편 「터전」(『조선문학』 6호), 장편소설 『동트는 강산』(문예출판사)을 출판한다.

1987년(49세) 단편 「소생」(『조선문학』 6호)을 발표한다.

1989년(51세) 단편 「렬사의 후손」(『조선문학』 12호)을 발표한다.

1990년(52세) 중편 『우리의 벗』(문예출판사), 단편소설집 『발걸음』(문예출판사)을 출판한다.

1996년(58세) 단편 「리별과 상봉」(『조선문학』 1호)을 발표한다.

1997년(59세) 수기 「나의 스승」(『조선문학』 10호)을 발표하며, 송상원과 함께 총서 '불멸의 력사'에 속한 장편 『영생』(문학예술종합출판사)을 창작해 출판한다.

1998년(60세) 단편 「백두산 바람」(『조선문학』 10호)을 발표한다.

2001년(63세) 단편실화문학 「보이지 않던 별」(『문학신문』, 1월 20 · 27일)을 발표한다.

2004년(66세) 새해결의 「후세에 길이 전해질 선군시대의 문학작품을」(『조선문학』 1호) 발표하며, 총서 '불멸의 향도' 에 속한 장편 『라남의 열풍』(문학예술출판사)을 출판한다.

2007년(69세) 장편 『새날을 불러(상)』(문학예술출판사)를 출판한다.

2008년(70세) 단편 「열다섯번째 해」(『조선문학』 7호)를 발표한다.

석윤기

석윤기(石潤基)는 1929년 10월 22일 경상북도 대구시 동구 불노동(달성군 동촌면 불노동 47번지)에서 농부인 석용주(石用柱)의 1남 1녀 중 장남으로 태어났다. 그는 1939년 부모를 따라 북간도로 이주하여 1942년 12월 목단강 장안공립초등학교(牡丹江長安公立國民學校)를 졸업하였다. 3년 후 다시 대구로 돌아와 1943년 4월 친척들의 도움으로 대륜중학교에 입학했다.

북한에서는 그가 대구에서 중학교에 다닐 때 문화 수업을 시작하였고 중학을 졸업한 다음 해인 1946년에 해방의 기쁨을 안고 쓴 시 「출항」을 지방잡지에 발표하였다고 기록하고 있다. 그는 1948년 단독선거 반대 투쟁에 나섰다 체포된 후 병보석으로 출옥한다. 그 후 화물선의 선원으로 일하며 남조선문학가동맹에 가입하였으며, 한국전쟁이 발발하자 의용군에 입대하여 수송부대에서 3년간 복무했다. 군복무시기 희곡 「밤을 헤쳐가는 사람들」을 『전선신문』에 발표하였고, 전역 후 전상자병원에서 치료를 받으면서 첫 단편 「두 번째 대답」(1956)을 『청년문학』에 발표하였다. 이 작품을 창작할 당시 그는 고급중학교에 재학 중이었던 것으로 보인다.

그는 1956년 가을 조선작가동맹출판사 단행본 편집부에 입사하였으며, 1958년 「특수차 37호」를 『조선문학』에 발표했다. 작가동맹출판사 기자 생활을 하던 1960년에 중편소설 『전사들』과 『청춘의 길』을 발표하여 독자들의 주목을 끌었으며, 같은 해 「미완성력사화」를 발표한다.

석윤기는 1961년부터 활발하게 창작활동을 하면서 「행복」(1963), 「눈석이」(1968)를 비롯하여 20여 편의 단편을 발표했다. 1964년에는 한국전쟁을 다룬 장편 『시대의 탄생』을 창작하였는데, 2년 뒤인 1966년 『시대의 탄생』 2부를 발표한 뒤 같은 해 2월부터 개작에 들어간다. 그는 1970년에는 한국 전쟁 당시 여성 영웅 안영애를 원형으로 삼아 당원의 모범을 제시한 예술영화 「한 간호원에 대한 이야기」, 장편 『무성하는 해바라기들』을 발표했다.

그는 1971년 4·15문학창작단에 소환되어 혁명가극 「피바다」를 소설로 옮겼다. 그는 1972년 『피바다』의 초고를 탈고한 후 김정일의 지도에 따라 작품을 수정한다.

이후 그는 총서 '불멸의 력사' 창작에 몰두하여 『고난의 행군』(1976), 『두만강 지구』(1980), 『대지는 푸르다』(1981), 『봄우뢰』(1985) 등을 발표하였다. 조선민주주의인민공화국 최고인민회의 상설회의 의원으로, 1986년 조선작가동맹중앙위원회 위원장, 4·15문학창작 단장을 역임했으며, 1989년 운명했다. 북한의 최고 국가훈장인 김일성훈장 수상자이자 김일성상 계관인으로, 노력영웅의 칭호를 받은 그는 신미애국열사능에 안치되어 있다.

| 석윤기 연보 |

1929년(1세) 10월 22일 경상북도 달성군 동촌면에서 출생한다.

1932년(4세) 할아버지로부터 천자문을 배운다.

1939년(11세) 중국 동북 목단강성으로 이주한다.

1942년(14세) 목단강 장안공립초등학교 졸업 후 대구로 이주한다.

1943년(15세) 대륜중학교에 입학한다.

1945년(17세) 중학교를 졸업한다.

1946년(18세) 중학졸업 다음 해에 시 『출항』을 지방 잡지에 발표한다.

1947년(19세) 성균관대에 입학했다는 기록이 있으나 확인이 되지 않고 있다. 1947년 8월부터 '예술평론사'의 기자로 활동했다.

1948년(20세) 학비 문제로 대학을 중퇴한다. 단독선거 투쟁에 참가해 체포되었다가, 병보석으로 풀려난다.

1950년(22세) 한국전쟁이 발발하자 의용군에 입대하여 3년간 수송전사로 활동한다. 이 시기 『전선신문』에 희곡 「밤을 헤쳐가는 사람들」을 발표했다.

1956년(28세) 전상자병원에서 단편 「두 번째 대답」을 창작하고, 가을부터 조선작가동맹출판사에서 기자생활을 한다.

1958년(30세) 『조선문학』 4호에 단편 「특수차 37호」를 발표한다.

1959년(31세) 『조선문학』 4호에 단편 「경쟁」을 발표한다.

1960년(32세) 조선작가동맹출판사에서 기자생활을 하면서 중편 『전사들』과 『청춘의 길』을 발표한다.

1961년(33세) 현역작가로 본격적인 활동을 시작한다. 덕천 자동차 공장에서 노동자 생활을 하며 창작활동을 이어나간다. 『산맥』(가제)을 집필한다.

1963년(35세) 단편 「행복」을 집필한다.

1964년(36세) 장편 『시대의 탄생』을 집필한다.

1968년(40세) 단편 「눈석이」를 집필한다.

1970년(42세) 장편 『무성하는 해바라기들』을 집필하고, 예술영화 「한 간호원에 대한 이야기」의 영화문학 집필을 마무리한다.

1971년(41세) 4·15문학창작단 단원으로 소환된다.

1972년(44세) 「피바다」를 소설로 각색한다.

1976년(48세) 장편 『고난의 행군』을 집필한다.

1980년(52세) 장편 『두만강 지구』를 집필한다.

1981년(53세) 장편 『대지는 푸르다』를 집필한다.

1982년(54세) 4·15문학창작단원들을 인솔하여 소련과 동독에 휴양여행을 떠난다.

1983년(55세) 단편소설집 『조선의 행복』에 「도하장 부근」이 수록된다.

1985년(56세) 장편 『봄우뢰』를 집필한다.

1986년(57세) 작가동맹중앙위원회 위원장, 4·15문학창작단 단장으로 취임한다.

1989년(60세) 4월 28일 향년 60세로 사망. 신미리 애국열사능에 안치되었다.

송상원

송상원은 1940년 2월 20일 함경북도 무산군 강선구의 노동자 가정에서 11남매의 맏아들로 태어났다. 그는 김일성종합대학 어문학부 창작과를 졸업했으며, 인민경제대학과 김일성고급당학교 특설반을 수료했다.

그는 군복무 시절 조선인민군 군무자 예술축전에 1등으로 입선한 극작품들인 「정치부중대장과 초병들」, 「어머니의 옷고름」 등을 창작했다. 또한 김일성의 항일무장투쟁을 다룬 「조선의 별」(1980~1987)과 「민족의 태양」(1987~1991) 등 많은 혁명영화 창작에 참가하였다. 김일성고급당학교에서 교원 생활을 하다가 40대에 이르러 혁명영화 창작기지인 백두산창작단 작가로 활동하기 시작했다.

그는 백인준과 함께 창작한 김정숙의 혁명투쟁을 담은 영화문학 「해발」(전・후편, 1985)을, 김철주의 혁명투쟁을 다룬 영화문학 「혁명전사」(전・후편, 1987)을, 김철주의 풍모를 담은 영화문학 「영생」(전・후편, 1988)을 각각 창작했으며, 50대에 4・15문학창작단 작가가 되었다.

송상원은 백보흠과 함께 총서 '불멸의 력사' 중 김일성 주석의 마지막 해를 다룬 장편 『영생』(1997)을 창작했다. 이 작품은 1993년 12월에서 1995년 1월까지를 시대적 배경으로 미국과 이북의 핵 위기와 김일성 주석 사망 과정을 형상화한 것이다.

또한 그는 '고난의 행군' 시기를 다룬 총서 '불멸의 향도' 중 장편 『총검을 들고』(2002)를 창작했다. 이 작품은 안변청년발전소(금강산발전소) 1단계 공사 과정과 김정일 위원장의 영도력을 형상화한 것이다.

| 송상원 연보 |

1940년(1세) 함경북도 무산군에서 출생한다.

1985년(45세) 영화문학 「해발」(전 · 후편)을 창작하며(『조선영화』 1986년 2~3호에 수록), 혁명영화로 발표된다.

1987년(47세) 영화문학 「혁명전사」(전 · 후편)를 창작하며(『조선영화』 1988년 4호에 수록), 혁명영화로 발표된다.

1988년(48세) 영화문학 「영생」(전 · 후편)을 창작하며(『조선영화』 1989년 2호에 수록), 혁명영화로 발표된다.

1997년(57세) 백보흠과 함께 총서 '불멸의 력사' 에 속한 장편 『영생』을 출판한다.

2002년(62세) 총서 '불멸의 향도' 에 속한 장편 『총검을 들고』를 출판한다.

안동춘

안동춘은 해방 이듬해인 1946년에 15당사 당위원장의 아들로 태어났다. 그는 4·15문학창작단의 부단장 직책을 맡아 총서 '불멸의 력사'를 기획·추진했다. 그는 총서 '불멸의 력사' 중 '해방 후편'에 해당하는 장편 『푸른 산악』과 『50년 여름』을 창작하였다. 그는 1953년 가을 1211고지를 탐방하여 『푸른 산악』을 썼다고 작품 후기에서 밝힌 바 있다. 대표작 『50년 여름』은 '불멸의 력사' 중 '해방 후편'에서 중심적인 위치를 차지하고 있다. 이 작품은 1950년 한국전쟁, 특히 서울과 대전 전투에 초점을 맞추어 이야기를 전개하고 있다. 그는 총서 '불멸의 향도' 창작에도 참여하여 『평양의 봉화』를 창작했다.

그는 장편 외에도 1976년 『조선문학』에 발표한 「전호 속에서」를 필두로 「생활의 층계」(『청년문학』, 1980), 「삶」(『조선문학』, 1983) 등의 단편들을 발표했으며, 최근까지도 단편 「까툴골 사람」(『조선문학』, 2002)과 「언약」(『조선녀성』, 2003) 등을 꾸준히 창작해왔다. 또한 2003년에는 창작 수기 「력사탐구와 책임」, 2005년에는 지상좌담회 「선군태양의 빛발을 따라—위대한 선군정치를 붓대로 억세게 받들겠다」를 참가했고, 2007년에는 『청년문학』에 단편소설 「영원」을 싣는 등 왕성한 작품 활동과 함께 당 문화 정책을 수행해왔다.

북한 문학계의 최고 지위인 김일성상 계관인에 오른 안동춘의 작가적 입지는 확고하다. 현재 조선작가동맹 위원장으로 활동하고 있다.

| 안동춘 연보 |

1946년(1세) 15당사 당위원장의 아들로 출생한다.

1976년(21세) 『조선문학』에 「전호 속에서」를 발표한다.

1978년(24세) 『조선문학』에 「사랑의 금물결 설레이는 북관땅」이라는 기행문을 게재한다.

1980년(26세) 『청년문학』에 「생활의 층계」를 발표한다.

1983년(29세) 『조선문학』에 단편 「삶」을 게재한다.

1985년(31세) 『조선문학』에 「대지의 표정」을 발표한다.

1985년(31세) 『조선문학』에 수기 「조국과 인생, 40년」을 발표한다.

1987년(33세) 『조선문학』에 「영원」을 발표한다.

1990년(36세) 한국전쟁기 김일성의 영도를 작품화한 『50년 여름』을 문예출판사에서 출판한다.

1992년(38세) 『조선문학』에 수필 「인식의 한계를 두고」를 발표한다.

1994년(40세) 『조선문학』에 「'화선사랑'」을 발표한다.

1999년(45세) 『평양의 봉화』를 문학예술종합출판사에서 출간한다.

2002년(48세) 『조선문학』에 비전향장기수의 이야기인 「까틀골사람」을 발표한다.

2002년(48세) 1953년 가을 한국전쟁 당시 치열한 전투가 벌어졌던 1211고지 탈환을 다룬 『푸른 산악』을 문학예술출판사에서 출간한다.

2002년(48세) 『조선문학』에 「걸음걸음 장군님을 따르며—지금은 그 어디에」를 게재한다.

2003년(49세) 『조선문학』에 「력사탐구와 책임」이라는 창작수기를 발표한다.

2003년(49세) 『조선녀성』 3호에서 5호까지 단편 「언약」을 연재한다.

2005년(51세) 『조선문학』 1월호에 「선군태양의 빛발을 따라」라는 지상좌담회에 참가한다.

2006년(52세) 『조선문학』에 「백두산 3대장군의 형성 창조에서 혁신을 이룩하겠다」는 새해 결의를 게재한다.

2006년(52세) 『조선문학』에 「매혹과 보답의 60년」이라는 수기를 발표한다.

2007년(53세) 『조선문학』에 「빛」이라는 단편을 창작한다.

2007년(53세) 『청년문학』에 단편 「영원」을 발표한다.

정기종

정기종은 25년 간의 군사 복무 경험을 바탕으로 하여 전쟁이나 군사물 주제를 즐겨 다루고 있는 4·15문학창작단의 작가이다. 그는 1945년 함경북도 금야군의 노동가정에서 출생했다. 1963년 인민군대에 입대하여 병사 생활을 하면서 창작한 첫 단편 「장군님의 해발아래」가 인민군 문예작품 현상 모집에서 1등으로 당선되었다. 이후, 그는 단편 「밀림의 바다로」를 발표하며, 단편 「교두보」(1964)를 발표하였다. 그 후 정기종은 군인으로서 창작을 병행하게 되었고, 1982년 「7명의 사수들」로 인기작가의 반열에 오르게 된다.

1985년에는 장편 『태백산줄기』를 발표하였으며, 단편 「사랑과 위훈」, 「행진곡 1번」과 중편 『마지막 북행렬차』 등을 발표하면서 주목을 받았다.

4·15문학창작단에 소속된 후, 총서 '불멸의 력사'에 속하는 장편 『조선의 힘』(1992)을 창작하였다. 이 작품은 1950년 9월에서 1951년 1월까지의 '조국해방전쟁(한국전쟁)' 시기의 '전략적 일시 후퇴'와 평양 탈환 전투를 다루고 있다. 이어서 그는 총서 '불멸의 향도'에 속하는 장편 『력사의 대하』(1997)를 창작했다. 이 작품은 1993년 봄에 있었던 미국과 조선의 핵 대결전을 주요 내용으로 하고 있다. 또한 그는 총서 '불멸의 력사'에 속하는 장편 『열병광장』(2001)을 발표했다. 이 작품은 해방 직후 건군 과정을 주요 내용으로 한다. 또한 김진서(본명 김인서)를 비롯한 비전향장기수들의 신념과 충정의 세계를 다룬 장편 『별의 세계』(2002)를 총서 '불멸의 향도' 중 한 권으로 발표하였다. 이 밖에도 '태양의 노래'와 여가수의 삶을 다룬 장편 『녀가수』(2004), 비전향장기수 리송을 다룬 장편 『약속』(2005)을 발표했다.

최근 그는 김정일의 경제건설 영도를 다룬 총서 '불멸의 향도'에 속한 장편 『불』(2007)을 발표했다.

| 정기종 연보 |

1945년(1세) 함경북도 금야군에서 출생한다.

1963년(18세) 인민군대에 입대한다.

1978년(33세) 단편 「교두보에서」(『조선문학』 6호)를 발표한다.

1985년(40세) 단편 「행진곡 1번」(『조선문학』 10호)을 발표, 장편 『태백산 줄기』(문예출판사)를 출판한다.

1992년(47세) 총서 '불멸의 력사' 중 장편 『조선의 힘』(문예출판사)을 출판한다.

1993년(48세) 단상 「취주악을 들으며」(『문학신문』 12월 17일)를 발표한다.

1994년(49세) 평론 「진실성과 작가의 탐구」(『문학신문』 4월 29일)를 게재하며, 단편 「기차는 정시로 간다」(『조선문학』 6호)를 발표한다.

1995년(50세) 단편 「수류탄등불」(『아동문학』 7호)을 발표한다.

1997년(52세) 「「김정일장군의 노래」와 함께 한생을 영원히」(『문학신문』 4월 25일)를 게재하며, 총서 '불멸의 향도' 중 장편 『력사의 대하』(문학예술종합출판사)를 출판한다.

1998년(53세) 작가반향 「웨치노라!」(『조선문학』 9호)를 게재한다.

2001년(56세) 총서 '불멸의 력사' 중 장편 『열병광장』(문학예술종합출판사)을 출판한다.

2002년(57세) 「기적소리 울린다!」(『조선문학』 10호)를 게재하며, 총서 '불멸의 향도' 중 장편 『별의 세계』(문학예술출판사)를 출판한다.

2003년(58세) 창작수기 「추구한것과 발견한것」(『조선문학』 2호)을 게재한다.

2004년(59세) 장편 『녀가수』(문학예술출판사)를 출판한다.

2005년(60세) 장편 『약속』(문학예술출판사)를 출판한다.

2007년(62세) 새해결의 「선군령의 자욱자욱을 따르며」(『조선문학』 1호)에 기재하며, 단편 「고향으로 가는 길」(『조선문학』 1호)를 발표하고, 총서 '불멸의 향도' 중 장편 『불』(문학예술출판사)를 출판한다.

진재환

진재환은 1935년 황해북도 사리원시 상하동에서 출생했다. 고급중학교를 졸업한 뒤 중국 베이징대학 중국어문학부에서 유학했다. 귀국 후 1958년에는 송남 청년탄광의 개발자로 부임하였는데, 그는 이 시기부터 습작활동을 시작했다.

그는 1963년 『문학신문』에 첫 작품인 단편 「기사」를 발표하는데, 이 작품은 대학을 졸업한 기사가 채탄 현장에 들어가 생산혁신을 주도한다는 내용을 담고 있다. 1964년 1월에는 단편소설 「고기떼는 강으로 나간다」를 『조선문학』에 발표하였다. 이 작품은 칠색송어를 기르는 양어공의 일상을 신구세대의 갈등 구조 안에서 다루면서 천리마시대의 활력을 담아냈다는 평가를 받고 있다. 이 작품은 진재환의 대표작 중 하나로 꼽힐 만큼 호평을 받았다.

당 창건 20주년을 맞아 1965년 8월부터 이듬 해 2월까지 『조선문학』에 중편 『새 탄전에서』를 연재했다. 이 작품은 탄전을 일구려는 탄광노동자들의 삶을 다루고 있는데, 여기서 작가는 "버럭으로 지은 살림집"에 살면서 진폐증, 호흡기 질환이 일상이 되는 탄광 현장의 열악한 환경 문제를 취급하고 있다. 1976년 『조선문학』에 발표된 단편소설 「보통날 아침」은 밥 공장을 비롯한 편의 시설이 늘어나는 현실에 주목한 작품이다.

그는 사회안정성출판사(당시)에 근무하는 한편, 4·15문학창작단에서 창작지도 일꾼으로 일하면서 중국문학을 번역 출판해온 것으로 알려져 있다. 그는 혁명전통을 세우는 주제를 다룬 「크나큰 사랑 속에서」(『조선문학』 1972년 4호) 및 「사랑의 행군길」(『조선문학』 1977년 12호)등의 단편을 꾸준하게 창작하였다. 1984년에는 수령형상문학을 작업한 총서 '불멸의 력사'에 속한 장편소설 『잊지못할 겨울』을 창작했다. 최근작으로는 장편 『한피줄』(2003)이 있다.

| 진재환 연보 |

1935년(1세)	황해북도 사리원시 상하동에서 태어난다. 고급중학교 졸업 후 중국 베이징대학 중국어문학부에 유학한다.
1958년(24세)	송남 청년탄광 개발자로 부임한다. 이때부터 습작활동을 시작한다.
1963년(29세)	처녀작 단편 「기사」를 『문학신문』(7월 30일)에 발표한다.
1964년(30세)	대표작 「고기떼는 강으로 나간다」(『조선문학』 1호)를 발표한다.
1965년(31세)	당 창건 20주년 기념 중편 『새 탄전에서』(『조선문학』 1965년 8호~1966년 2호)를 발표한다.
1972년(38세)	단편 「크나큰 사랑 속에서」(『조선문학』 4호)를 발표한다.
1976년(42세)	단편 「보통날 아침」(『조선문학』 2호)을 발표한다.
1977년(43세)	단편 「사랑의 행군길」(『조선문학』 12호)을 발표한다.
1979년(45세)	단편 「신념」(『천리마』 1호)을 발표한다.
1984년(50세)	단편 「금메달을 수여받던 날」(『천리마』 9호)을 발표하며, 총서 '불멸의 력사' 항일혁명투쟁시기편(1937~1938년)에 속한 장편 『잊지못할 겨울』(문예출판사)을 창작한다.
1992년(58세)	수기 「만대불멸의 위대한 영상」(『문학신문』 2월 16일)을 발표한다.
1995년(61세)	「당의 사상과 의도를 심장에 새기고」(『문학신문』 5월 12일)를 발표한다.
2003년(75세)	장편 『한피줄』(문학예술출판사)을 간행한다.

천세봉

천세봉(千世鳳)은 북한의 대표적인 2세대 작가이다. 그는 1915년 함경남도 고원군 덕지리에서 머슴의 아들로 태어나 소년기를 머슴살이를 하며 지냈다. 동창생들의 도움으로 보통학교를 겨우 졸업한 그는 상급학교에는 진학하지 못한 채 철도 공사판 인부, 신문배달원, 운송점의 탁송원, 하급 사무원 등으로 전전하다 해방 후 고원군 자치위원회에서 일하게 된다.

천세봉이 창작을 시작한 것은 해방 직후이다. 그는 첫 작품으로 장막희곡 「고향의 인상」을 집필했으나 연출가의 보류로 공연되지 못했다. 이후 1946년 북조선문학예술총련맹에 가입한 그는 고원군 자치위원회에 있을 당시의 체험을 반영한 첫 단편 「령로」를 발표했다.

그의 작품 활동은 1947년 신병으로 고향에 머무르며 쓴 소설 「새로운 맥박」이 『함남일보』가 주관한 8·15 해방 2주년 전국 현상 모집에서 3등에 당선되면서부터 본격적으로 시작된다. 그 후 단편 「소낙비」(『문학예술』, 1948), 「밤나무 있는 집」(『농민신문』, 1948), 「신혼 부처」(『새조선』, 1948), 「땅의 서곡」(1948), 「호랑령감」(『문학예술』, 1949), 「5월」(1949), 중편 「싸우는 마을 사람들」(1953) 등을 발표하며 왕성한 작품 활동을 한다.

1954년 '조선작가동맹' 중앙위원으로 선출된 그는 이때부터 장편소설을 쓰기 시작하여, 전후 농업협동화운동에 나선 농민들의 투쟁을 그린 『석개울의 새봄』(1955~1963), 해방 직후 농촌의 변화를 그린 『대하는 흐른다』(1961), 1920~1930년대의 농촌모습을 묘사한 『고난의 력사』(1963) 등을 발표했다.

천세봉의 창작 경향은 1970년을 전후하여 전반기와 후반기로 나누어볼 수 있다. 전반기에 그는 주로 농촌생활의 형상화와 농민 문제를 제기하고 있는 데 비해, 후반기에는 혁명문학 건설을 목적으로 삼은 작품들을 주로 창작하였다. 1966년 발표한 『안개 흐르는 새 언덕』이 김일성의 비판으로 판금된 이후 1970년대에 들어 4·15문학창작단 초대 단장으로 활동하며 총서 '불멸의 력사'에 속한 장편 『혁명의 려명』(1973), 『은하수』(1980), 『조선의 봄』(1991)과 김정숙을 형상화한 '충성의 한길에서' 1부 『유격구의 기수』와 2부 『사령부로 가는 길』 등을 발표했다.

1954년 조선작가동맹(작가동맹) 중앙위원으로 선출되는 것을 시작으로 1958년 조선문학예술총동맹(문예총) 중앙위원을 거쳐 1961년에는 작가동맹 중앙위 소설분과 위원장을 역임했다. 1968년 4·15문학창작단 초대단장으로 선출되었다. 56세 되던 해인 1970년에는 제5차 당대회에서 노동당 중앙위원회 후보위원, 작가동맹 중앙위 위원장으로 선출되었다. 또한 1972년에는 최고인민회의 제5기 대의원 및 상설회의 위원으로, 1977년에는 중앙선거위원회 위원과 최고인민회의 제6기 대의원 및 상설회의 의원으로 선출되었다. 천세봉은 이후 1980년 10월 '조선로동당 제6차 대회'에서 노동당 중앙위 위원으로 선출되었다.

천세봉은 1985년 김일성 훈장과 김일성 상을 수여받았다. 1986년 천세봉은 향년 71세의 일기로 사망하였으며 애국열사능에 안치되었다. 세상을 떠난 그해 10월 26일 아시아·아프리카 작가회의에서는 그에게 로터스(LOTUS)상을 수상하였다.

| 천세봉 연보 |

1915년(1세) 함경남도 고원군 덕지리에서 대대로 머슴 집안의 아들로 출생한다. 고향에서 보통학교를 다니다 생활고로 중퇴할 처지에 놓이나 동창생들의 도움으로 보통학교를 졸업한다. 그후 상급학교에 진학하지 못한 채 농사꾼이 된다. 어려운 여건에도 당시 발행되던 소년 잡지를 비롯한, 「치악산」, 「사씨남정기」, 「구운몽」 등의 고대 소설, 신소설, 세계명작들을 탐독하였으며, 야학을 꾸려 10여 년 동안 농민들에게 글을 가르친다.

1945년(30세) 고원읍 운송점 탁송원, 하급 사무원으로 전전하다 해방을 맞는다. 해방 후 고원군 자치위원회에서 일하면서 장막희곡 「고향의 인상」을 집필하였으나 연출가의 보류로 공연되지 못한다.

1946년(32세) 북조선예술총련맹에 가입한다. 처녀작 단편 「령로」를 『예술』에 발표한다.

1947년(33세) 신병으로 고향에서 요양한다. 『함남일보』가 주관한 8·15해방 2주년 전국현상 모집에서 「새로운 맥박」으로 3등에 당선, 본격적으로 작품 활동을 시작하게 된다. 이 작품은 『조선문학』에 재수록 된다. 단편 「오월」을 발표한다.

1948년(34세) 「소낙비」를 『문학예술』에 발표, 「밤나무 있는 집」을 『농민신문』에 발표. 「신혼 부처」를 『새조선』에 발표. 「땅의 서곡」 집필을 시작한다.

1949년(35세) 「호랑령감」을 『문학예술』에 발표, 「안해의 뜻」을 『함남 인민일보』에 발표, 「다리」를 『청년생활』에 발표하며, 단편소설 「농부」가 『소설집』(8 · 15해방4주년기념출판)에, 「땅의 서곡」이 『문학예술』에 실린다. 「푸른 산맥」을 발표한다.

1950년(36세) 농업협동조합 준비위원회 위원으로 선출된다.

1951년(37세) 「은하리의 전투」을 『함남일보』에 발표한다.

1952년(38세) 「고향의 아들」을 『문학예술』에 발표한다.

1953년(39세) 「소나무」가 『8 · 15해방 8주년 기념 소설집』에 실린다. 중편소설 『싸우는 마을 사람들』이 단행본으로 출판된다. 중편 『흰 구름 피는 땅』을 『조선문학』에 발표한다.

1954년(40세) 조선작가동맹 중앙위원으로 선출된다.

1955년(41세) 이전까지 중 · 단편에 치중하던 천세봉은 이때부터 장편을 쓰기 시작한다. 7월부터 『조선문학』에 장편 『석개울의 새봄』 1부를 연재하기 시작하는데 이 작품은 그의 대표작이다. 그리고 「모내기」를 『함남일보』에 발표한다.

1956년(42세) 「봄의 서곡」을 『조선녀성』에 발표, 「모내기 무렵」을 『새세대』에 발표. 「나무를 심는 사람들」을 『민주조선』에 발표하고, 이 해에 단편집 『어머니』를 간행한다.

1957년(43세) 「옳은 길」을 『인민조선』에 발표하고, 『춘희의 경우』가 조선문학문고에서 출판된다.

1958년(44세) 「한 조합원의 이야기」를 『민주조선』에 발표, 「어린 사양공」을 『문학신문』에 발표, 「참된사람들의 문제」, 「두 조합원」을 『조선문학』에 발표했으며, 「지난밤의 질곡」이 단편집 『영광의 기록』에 실린다. 그리고 『조선문학』에 2년 동안 연재되던 장편대하소설 『석개울의 새봄』 1부가 간행된다.

1959년(45세) 8월부터 『조선문학』에 장편 『석개울의 새봄』 2부 연재를 시작한다. 슬로바키야 인민봉기 15주년(1959년 8월 19일)을 맞아 체코를 여행한다.

1960년(46세) 10월에 장편 『석개울의 새봄』 2부가 총 12회로 마무리된다.

1961년(47세) 조선작가동맹중앙위원회 소설분과 위원장으로 선출되며 『새봄에 온 청년』, 장편대하소설 『대하는 흐른다』를 발표한다.

1962년(48세) 3월부터 『조선문학』에 장편 『석개울의 새봄』 3부 연재를 시작한다.

1963년(49세) 장편 『고난의 력사』 창작, 『석개울의 새봄』 2부가 조선문학예술총동맹 출판사에서 간행된다. 6월에 『석개울의 새봄』 총 16회로 3부 연재가 끝난다.

1964년(50세) 장편 『고난의 력사』가 조선문학예술총동맹 출판사에서, 『대하는 흐른다』 1부가 조선문학예술총동맹출판사에서 간행된다. 「백일홍」을 발표한다.

1966년(52세) 6월 5일 대하장편소설 『안개 흐르는 새 언덕』 상권이 조선문학예술총동맹출판사에서 간행되었으며 하권이 같은 해 7월 10일에 간행된다. 그러나 이 소설은 북한 문학계에서 벌어진 논쟁에 휘말려 김일성의 교시 「혁명주제작품에서의 몇 가지 사상미학적 문제—예술영화 「내가 찾은 길」 첫 필림을 보고 영화예술인들과 한 담화」(1967년 1월 10일)의 발표 후 판금된다. 67년부터 70년대 초반까지 그에 관한 언급이나 작품평이 『문학신문』, 『조선중앙년감』 등에서 사라진다.

1970년(53세) 제5차 당 대회에서 조선로동당 중앙위원회 후보위원으로 선출된다.

1971년(57세) 『안개 흐르는 새 언덕』 이후 총서 '불멸의 력사'에 속한 장편 『혁명의 려명』의 발표로 작품 활동을 시작한다.

1975년(61세) 장편 '충성의 한길에서' 제1부 『유격구의 기수』를 발표한다.

1977년(63세) 중앙선거위원회 위원과 최고인민회의 제6기 대의원 및 상설회의 의원으로 선출된다.

1979년(64세) 장편 '충성의 한길에서' 2부 『사령부의 기수』를 발표한다.

1981년(66세) 조선작가동맹 기관지 『조선문학』 400호 기념 보고회에 참석한다.

1982년(67세) 총서 '불멸의 력사'에 속한 『은하수』를 발표한다.

1985년(70세) 김일성 훈장과 김일성 상을 수여받는다.

1986년(71세) 4월18일에 지병으로 사망한다. 10월 26일 아시아 · 아프리카 작가 회의로부터 로터스(LOTUS)상을 수상한다.

1991년(76세) 유고 『조선의 봄』이 문예출판사에서 간행된다. 이 작품은 말년에 넷

째 아들 천태식의 도움을 받아 구술로 창작한 유작이다.

1994년(79세) 『향도의 태양』 1(외저, 평양출판사) 등의 수기가 그의 사후에 간행된다.

최창학

현재 최창학에 대한 자세한 자료는 접할 수 없다.

그는 '1937년 여름 중일전쟁 발발 후 홍두산 밀영과 지양개 부근 후방 밀영에서 생활하고 있던 100여 명의 소년들을 혁명의 대를 이어 나갈 기둥감으로 키운 김일성의 혁명 역사'를 다룬 총서 '불멸의 력사'에 속한 장편소설 『위대한 사랑』(1987)을 창작했다. 또한 대부대선회작전을 전후한 시기 김일성을 옹호 보위하는 김정숙을 형상화한 '충성의 한길에서' 제6부에 속한 장편 『설령의 붉은기』(1992)를 출간했다. 그 외 「위훈자들」(1966), 「높은 곳에서」(1967), 「사랑의 길」, 「영원한 기발」(1975), 「자세」(1988) 등의 단편을 발표했다.

| 최창학 연보 |

1966년	단편 「위훈자들」(『조선문학』 1호), 수기 「시대의 주인공을 그리고저」(『청년문학』 11호)를 발표한다.
1967년	단편 「높은 곳에서」(『조선문학』 4호)를 발표한다.
1975년	단편 「사랑의 길」(『조선문학』 2호), 「영원한 기발」(『조선문학』 11호)을 발표한다.
1977년	「좋은 종자를 골라 쥐고 꽃을 피워야 한다—영화문학 「대지에 뿌리 내린다」를 창작하고」(『조선예술』 6호)를 발표한다.
1987년	총서 '불멸의 력사'에 속한 장편 『위대한 사랑』(문예출판사)을 출간한다.
1988년	단편 「자세」(『조선문학』 11 · 12호)를 발표한다.
1992년	수필 「세상에서 제일 높은 봉」(『문학신문』 2월 21일)을 발표하며,

'충성의 한길에서' 제6부에 속한 장편 『설령의 붉은기』(문예출판사)를 출간한다.

2008년 '위대한 수령 김일성 동지의 탄생 100돌 기념 단편소설집(1)' 『력사의 자취』(문학예술출판사)에 단편 「사랑의 길」을 수록한다.

최학수

최학수는 1937년 12월 함경북도 성진시(지금의 김책시) 쌍화리 계동촌에서 태어났다. 소학교를 다니기 시작한 8세에 해방을 맞은 그는 중학교, 고급중학교를 거쳐 1958년 4월부터 조선작가동맹중앙위원회 직속 작가학원(졸업 당시에는 평양문학대학)에서 2년간 문학수업을 받으면서 본격적인 문학 활동을 시작했다. 최학수는 1957년 반년 동안 중학교 교원이 되어 문학과 문법을 가르친다. 작가학원에 재학 중이던 1958년, 평양의 대학생들이 모두 동원되어 진행된 평양건설에 참가하여 '평양속도'를 직접 체험하게 되는데, 이 경험은 이후 "소설문학의 기념비적 작품"(최길상, 『주체문학의 새 경지』, 1999)이라고 평가받는 장편 『평양시간』(1976) 창작의 밑거름이 된다.

최학수는 1960년 작가학원을 졸업하고, 단편 「무궁화」를 발표하면서 작가로서 첫발을 디디게 된다. 이후 조선작가동맹출판사 단행본 편집부와 조선문학 편집부에서 편집원으로 일하면서 문학 활동을 본격화했다. 1967년 단편 「맑은 아침」과 수령형상 작품인 단편 「큰 심장」 등을 발표하였다. 1969년에는 작가동맹중앙위원회 현역작가로 활동하면서 전쟁의 '일시적 후퇴시기'에 군민이 협동하여 유격투쟁을 진행한 내용을 그린 첫 장편 『그들은 함께 싸웠다』(1970)를 정순봉과 공동창작하여 간행했다.

1976년 3월부터는 북한작가의 최고 명예라 할 수 있는 4·15문학창작단 작가로 활동하기 시작했다. 이때에 집필된 그의 대표작 『평양시간』(1976)은 사회주의 건설의 대고조로 들끓던 1958년을 전후하여 새로운 발전의 속도인 '평양속도'를 창조한 평양시 건설자들의 영웅적 투쟁과 위훈을 담아낸 작품으로 평가된다. 여러 번 김일성의 치하를 받은 이 작품은 이후 25만 부나 재발행되었다.

1978년에는 개인 단편집 『큰 심장』이 출간되었고 총서 '불멸의 력사'에 속한 장편 『백두산 기슭』을 현승걸과 함께 공동 창작했다. 이 작품은 1936년 '조국광복회 창립' 과정을 다루고 있다.

1984년에는 총서 '불멸의 력사'에 속한 장편 『압록강』을 발간했다. 이 작품은 1936~1937년을 배경으로 '보천보전투'의 승리를 다루고 있다. 2002년 4월 총서 '불멸의 력사' '해방 후편'에 속한 장편 『개선』을 간행했다. 이 작품에서는 1945년 8월

15일 해방으로부터 10월 14일 김일성 장군을 환영하는 평양시 민중대회까지를 다루고 있다.

수령형상문학의 대가급 반열에 오른 최학수는 2008년 4월 향년 72세로 사망했다. 북한 조선중앙방송은 4월 28일 김정일이 작가의 서거에 깊은 애도의 뜻을 표시하며 27일 화환을 보냈다고 짤막하게 보도했다. 최학수는 수령형상문학에서 '수령'을 가장 탁월하게 그려낸 작가로 평가받고 있다.

| 최학수 연보 |

1937년(1세) 12월 4일 함경북도 성진시(오늘의 김책시)에서 태어났다.
1957년(21세) 반년간 중학교 교원으로 문학과 문법을 가르치며 생활한다.
1958년(22세) 4월부터 조선작가동맹중앙위원회 직속 작가학원에서 문학수업을 받는다.
1960년(24세) 단편 「무궁화」를 발표한다.
1961년(25세) 습작 단편 「궤도를 따라」의 초고를 집필한다.
1963년(27세) 결혼. 이후 세 자녀를 두게 된다.
1964년(28세) 건군절 『문학신문』에 「즐거운 때마다」라는 수필을 발표한다.
1967년(31세) 단편 「큰 심장」과 단편 「맑은 아침」 등을 발표한다.
1969년(33세) 8월부터 조선작가동맹중앙위원회 현역작가로 활동한다.
1970년(34세) 장편 『그들은 함께 싸웠다』를 정순봉과 공동창작한다.
1975년(39세) 단편 「해빛 밝은 나라」를 발표한다.
1976년(40세) 3월부터 4·15문학창작단 작가로 활동한다. 『평양시간』을 창작한다.
1978년(42세) 개인단편집 『큰 심장』을 발행한다. 총서 '불멸의 력사'에 속한 장편 『백두산 기슭』을 현승걸과 함께 공동창작한다.
1980년(44세) 「『평양시간』을 쓰던 때를 더듬으며」를 『조선문학』 7호에 발표한다.
1982년(46세) 4월에 김일성상을 수여받는다.
1983년(47세) 4월에 총서 '불멸의 력사'에 속한 장편 『압록강』을 발간한다.
1988년(52세) 단편 「눈부시다」(단편소설집 『절정』(1989) 재수록)를 발표한다.

1997년(61세) 김정일의 표창장과 60돌 생일상을 받는다.

2002년(66세) 4월 총서 '불멸의 력사' '해방 후편'에 속한 장편 『개선』을 창작한다.

2003년(67세) 석윤기와의 기억을 회상하는 「영생하는 작가의 초상」을 『조선문학』 5호에 발표한다.

2007년(71세) 수기 「평생을 마음속에 태양의 영상을 모시고」를 『조선문학』 6호에 발표한다.

2008년(72세) 4월 27일 사망. 북한의 조선중앙방송은 4월 28일 김정일이 최학수의 서거에 깊은 애도의 뜻을 표시하며 27일 화환을 보냈다고 짤막하게 보도한다.

허춘식

허춘식은 1935년 10월 11일 함경북도 길주군 금천리에서 출생했다. 그는 철도부설 공사장에서 일하는 아버지를 따라 백무선이 뻗어 있는 산간벽지들을 떠돌아다니며 불우한 유년시절을 보내다가 연사에서 해방을 맞았다. 그는 부모를 따라 청진으로 이사하며 초급중학교를 다니다가 전쟁이 일어나 농촌으로 피난을 갔으나 미군의 폭격으로 어머니와 동생, 누이를 잃는다. 어린 나이에 인민군에 입대하여 정찰무전수로 근무했다.

전쟁 후 제대하여 천리마운동이 벌어지고 있는 강선 제강소(製鋼所)에서 일하면서 문학수업을 병행하여 자신의 체험을 형상화한 단편소설들을 발표했다. 1959년 9월에는 문학대학에 입학했고, 졸업 후 1963년 4월부터 문예출판사 조선문학 편집부와 문학도서 편집원으로 일했다. 1966년부터 조선작가동맹 현역작가 생활을 시작하여, 1997년부터 4·15문학창작단에서 활동하고 있다.

그는 전쟁과 사회주의 건설을 주제로 한 작품들을 묶은 단편소설집 『시내물소리』를 출간한 바 있으며, 1974년에는 첫 장편 『불길을 헤치고』를 출판했다. 이 작품은 평범한 노동자, 농민 출신의 인민군 전사들이 '조국해방전쟁(한국전쟁)'의 불길 속에서 혁명전사로 자라나는 과정을 그리고 있다. 1977년에는 청수화학공장에서 기술혁신운동에 앞장서는 청년들의 모습을 보여 준 중편 『뜨거운 일터』를 발표했고, 1986년에는 야금공업(금속공업)의 주체화를 위한 신세대 과학자, 기술자들의 참된 모습을 그린 장편 『야금기지』를 발표했다. 또한 1988년에 남북고향방문단의 왕래 실현과 지형욱 일가의 비극적인 상봉을 통하여 통일의지를 다룬 중편 『혈맥』을 발표했다.

그는 또한 만포에서부터 혜산에 이르는 600여 리의 산간 지대에 철길을 놓은 청년돌격대원들의 투쟁과 생활을 그린 『북부철길』을 1995년에 발표했으며, 2000년에는 총서 '불멸의 력사' '항일혁명투쟁시기편'에 속하는 장편 『천지』를 출간했다. 이 작품은 1940년 8월에서부터 1941년 가을까지를 시대적 배경으로 소할바령회의 직후 소부대 작전과 백두산 진군 과정을 그리고 있다. 최근에는 비전향 장기수를 다룬 장편소설 『인간의 한생』(2004)을 발표했다.

| 허춘식 연보 |

1935년(1세) 함경북도 길주군 금천리에서 출생한다.

1959년(25세) 문학대학에 입학하며, 오체르크 「'신입대원'－한 제대 군인의 수기에서」를 『청년문학』 9호에 발표한다.

1961년(27세) 단편 「노래」를 『조선문학』 7호에, 단편 「새로 안 사람」을 『조선문학』 10호에 발표한다.

1962년(28세) 단상 「내가 배운 것」을 『청년문학』 6호에 발표한다.

1963년(29세) 단편 「무성한 뚜깔나무」를 『문학신문』 5월 10일자에 발표한다. 문예출판사 조선문학편집부와 문학도서 편집원에서 근무한다.

1964년(30세) 단편 「결전의 길」을 『문학신문』 2월 25일자에 발표한다.

1965년(31세) 단상 「개성화와 지성적 높이」를 『청년문학』 7호에 발표한다.

1966년(32세) 조선작가동맹 현역작가가 된다. 단편 「창조」를 『조선문학』 5호에 발표하며, 「성격의 진실한 추구와 의의있는 문제의 제기」를 『문학신문』 12월 27일자에 발표한다.

1967년(33세) 단편 「지휘관」을 『조선문학』 7호에, 단편 「세 사람」을 『조선문학』 9호에 발표하며, 수필 「리행하지 못한 약속」을 『조선문학』 1호에, 수필 「심장이 뛰는 한…」을 『문학신문』 10월 6일자에 발표한다.

1969년(35세) 단편 「바위샘」을 『조선문학』 3호에 발표한다.

1970년(36세) 단편 「'창고장'」을 『조선문학』 6호에 발표하며, 작가 반향 「투쟁에도 고무하는 불후의 대작」을 『조선문학』 9호에 발표한다.

1971년(37세) 단편 「울안의 감나무」를 『조선문학』 7호에 발표하며, 작가 결의 「크나큰 자부심을 안고」를 『조선문학』 2호에 발표한다.

1972년(38세) 수필 「승리에 대한 회상속에서」를 『조선문학』 7호에 발표한다.

1973년(39세) 「생활탐구에서 개성화와 독창성」을 『조선문학』 8호에 발표한다.

1974년(40세) 새해 작가의 결의 「충성의 일념으로」를 『조선문학』 1호에 발표하며, 장편 『불길을 헤치고』를 문예출판사에서 출판한다.

1977년(43세) 단편 「준엄한 길에서」를 『조선문학』 4호에, 단편 「영심이」를 『조선문학』 8호에 발표한다. 중편 『뜨거운 일터』를 문예출판사에서 출판한다.

1986년(52세) 장편 『야금기지』를 문예출판사에서 출판한다.

1987년(53세) 단편 「해솟는 아침에」를 『청년문학』 2호에 발표한다.

1988년(54세) 중편 『혈맥』을 문예출판사에서 출판한다.

1995년(61세) 장편 『북부철길』을 문학예술종합출판사에서 출판한다.

1997년(63세) 4 · 15문학창작단 작가로 활동한다.

2000년(66세) 총서 '불멸의 력사'에 속한 장편 『천지』를 문학예술출판사에서 출판한다.

2004년(70세) 장편 『인간의 한생』을 문학예술출판사에서 출판한다.

현승걸

현승걸은 1937년 11월에 함경남도 이원군에서 태어났으며, 1965년에 김일성종합대학을 졸업하였다.

단편 「충복」(1956)으로 작가생활을 시작한 그의 주요 작품으로는 최학수와 함께 쓴 『백두산 기슭』(1978)과 장편 『아침해』(1988)가 있다. 그 밖에 「붉은 기발」(1968), 「기억」(1985) 등의 단편을 발표하였다. 총서 '불멸의 력사' '항일무장투쟁시기편'에 속한 장편 『백두산 기슭』은 1936년 봄 김일성 유격대가 백두산에 진입하여 조국광복회를 결성한다는 내용을 다루어 '높은 사상과 예술적 경지를 보여준 작품'으로 평가되고 있다. 그는 장편 『아침해』에서 황해도 은율광산의 간석지 건설총국 지도원(로동권)과 그의 애인(지홍실) 사이의 사랑 등을 통하여 자연의 거대한 대상에 도전하며 이를 극복해가는 민주의 긍정적인 모습을 그리고 있다. 특히 이 작품에는 인해전술보다는 직승기를 써서 은율의 '버력(잡석)'을 헐어내고 옮겨서 솟아오르는 아침해를 대하듯 서해안에 새 축을 세울 시발점으로 삼는 공사의 진척 과정과 두 남녀 사이의 문제마저 당중앙인 김정일이 해결해 준다는 내용까지 담고 있어 목적성 짙은 부자연성이 눈에 띤다.

현승걸은 1986년 4월 이래 강능수 밑에서 작가 진재환과 더불어 4·15문학창작단 부단장직을 수행하고 있다. 또한 그는 1984년 10월 이래 조선문학예술총동맹 산하의 조선작가동맹중앙위원회 부위원장직을 역임했을 뿐 아니라 김일성 이론이나 연설문까지도 직접 집필하여 김일성·김정일 이름으로 발표하는 것으로 알려져 있다.

| 현승걸 연보 |

1937년(1세) 11월 함경북도 이원군에서 출생한다.

1956년(20세) 단편 「충복」을 발표한다.

1965년(29세) 김일성 종합대학을 졸업한다.

1968년(32세) 단편 「붉은 기발」(『천리마』 9호)을 발표한다.

1978년(42세) 최학수와 함께 총서 '불멸의 력사'에 속한 장편 『백두산 기슭』을 창작한다.

1982년(46세) 단편 「바다」를 『불멸의 영상』(1982), 『당은 우리 어머니』(1985)에 수록한다.

1984년(48세) 조선작가동맹중앙위원회 부위원장 역임한다.

1985년(49세) 단편 「기억」(『천리마』 1호)을 발표한다.

1986년(50세) 4월 4·15문학창작단 부단장직을 역임한다.

1987년(51세) 단편 「대지」를 『문학작품집(1985)』(1987), 『1980년대 단편선』(1990)에 수록한다.

1988년(52세) 장편 『아침해』를 출판한다.

찾아보기